Ines Kallis

Griechenlands Weg nach Europa

Ines Kallis

GRIECHENLANDS WEG NACH EUROPA

DAS RINGEN UM DEMOKRATISCHE STRUKTUREN IM 20. JAHRHUNDERT

Theophano Verlag Münster

Titelbild

Mosaik im Archäologischen Museum Sparta (3. Jh. v. Chr.)

Nach einem beliebten Motiv der griechischen Mythologie entführt Zeus in der Gestalt eines Stiers die phönikische Prinzessin Europa über das Meer nach Kreta.

ISBN 3-9806210-4-9

Umschlaggestaltung: Klaus Kallis
Gesamtherstellung: Druckwerkstatt Hafen GmbH, Münster

Inhaltsverzeichnis

Vorwort

Zu meinen ersten Erinnerungen an Griechenland gehört das Bild lebhafter Diskussionen in Kafenions und auf den Marktplätzen, die den Eindruck von Streitgesprächen erweckten, doch, wie ich zu meinem Erstaunen erfuhr, politische Debatten waren, an denen sich nicht nur Intellektuelle, sondern Menschen aller Schichten beteiligten. In vielfacher Weise hat sich später dieser Eindruck bestätigt, dessen Eigenart in dem Sprichwort „drei Griechen gründen vier Vereine“ zum Ausdruck kommt.

So ergab sich, daß ich dieses Spezifikum griechischer politischer Kultur zum Schwerpunkt meines politikwissenschaftlichen Studiums gewählt habe, aus dem die vorliegende Arbeit gewachsen ist, die im Sommersemester 1999 von der Philosophischen Fakultät der Westfälischen Wilhelms-Universität in Münster als Dissertation angenommen wurde.

Allen, die mir mit Anregungen und in persönlicher Begegnung eine Hilfe waren, möchte ich herzlich danken, vor allem aber Herrn Professor Dr. Wichard Woyke, der diese Arbeit betreut hat. Meinen Dank sage ich auch Herrn Professor Dr. Dietrich Thränhardt, der das Zweitgutachten übernommen hat.

Meinen Eltern, die durch ihre kulturelle Identität und Umwelt mein Studium in vielfacher Weise gefördert haben, gilt mein besonderer Dank, der sich überhaupt auf die Pflege einer politisch-dialogischen Gesinnung als Lebensprinzip erstreckt.

Nicht unerwähnt soll auch E. v. St. W. bleiben, der in der Zeit der Anspannung und Spannung durch seine Treue und Gelassenheit auch mir immer wieder ein Stück Ruhe zum Ordnen und Schreiben meiner Gedanken gegeben hat.

Münster, August 1999 Ines Kallis

Einleitung

Geographisch, politisch, kulturell und institutionell zur europäischen Staaten- und Wertegemeinschaft gehörig, kommt Griechenland in der europäischen Politik, Berichterstattung und politikwissenschaftlichen Forschung nur eine Außenseiterrolle zu. Aufmerksamkeit erhält es in erster Linie als Urlaubsland und Ort antiker Stätten. In der politischen Wahrnehmung herrscht das Bild eines schwierigen EU-Partners vor und mischen sich antikisierende Klischees mit Vorurteilen von „balkanesischen" Zuständen.[1] Für die einen das orientalischste Land Europas, für die anderen das europäischste Land des Orients, besteht insbesondere in Deutschland ein recht oberflächliches Bild des EU-Mitgliedlandes Griechenland, fehlt oft das Verständnis für die inneren Probleme und äußeren Zwänge, denen das Land ausgesetzt ist, sowie die anders geartete politische Kultur.

Diese Arbeit will einen Beitrag leisten, Griechenland aus diesem Schattendasein hervorzuholen, indem sie den gesamtgesellschaftlichen Prozeß eines zu Beginn des 20. Jahrhunderts rückständigen, isolierten und instabilen Landes auf dem Weg zu einer modernen, in Europa integrierten Demokratie aufzeigt[2], ein Weg, der gekennzeichnet ist durch abrupte Übergänge und folgenschwere Brüche, gravierende interne Konflikte und nachhaltige Einwirkungen externer Faktoren. Sie unternimmt dabei zugleich den Versuch, „das Bestehende in seiner Struktur und in seiner Geschichte zu begreifen, zu erklären und [...] zu bewerten"[3] und ist daher historisch-genetisch angelegt. Zur Vermittlung eines umfassenden, gesamtgesellschaftlichen Bildes werden vor allem die politische, aber auch die soziokulturelle sowie ökonomische Ebene deskriptiv und analytisch betrachtet und zueinander in Beziehung gesetzt.

---

[1] Vgl. z. B. die Berichterstattung im Oktober 1993 anläßlich des erneuten Wahlsieges Andreas Papandreous. Die Süddeutsche Zeitung sprach von einer „griechischen Tragödie ohne Ende", für die Frankfurter Allgemeine Zeitung war die Wahl ein Zeichen für die „insulare und xenophobe Selbstbezogenheit der Griechen als Nation".

[2] Eine vergleichbare, ebenfalls das 20. Jahrhundert umfassende Arbeit gibt es zum auch erst Mitte der 70er Jahre erfolgreich demokratisierten Portugal: R. Sänger, Portugals langer Weg nach „Europa". Die Entwicklung von einem autoritär-korporativen Regime zu einer bürgerlich-parlamentarischen Demokratie. Frankfurt a. M. 1994, zugl.: Gießen, Univ., Diss., 1993.

[3] Braun/Heine/Opolka (1984: 342) zur kritischen Funktion der politischen Philosophie von Jürgen Habermas.

Griechenlands Weg nach Europa, d. h. sein Ringen um demokratische Strukturen und die geistig-kulturelle sowie politische Zugehörigkeit zu Europa unter Wahrung der eigenen Identität beginnt schon mit der Erlangung der griechischen Unabhängigkeit im 19. Jahrhundert, gewinnt aber mit zwei tiefgreifenden, umwälzenden Ereignissen im 20. Jahrhundert an Bedeutung und tritt in eine entscheidende Phase ein: die Balkankriege 1912/13, die eine Vergrößerung des griechischen Staatsgebietes und der Bevölkerung um nahezu 70%[1] mit sich brachten, und der griechisch-türkische Krieg 1921/22 bzw. die Kleinasiatische Katastrophe, durch die die griechische Politik ihr staatstragendes Ziel, die Verwirklichung der *Megali Idea*, der „Großen Idee", d.h. der Traum, alle auf der Balkanhalbinsel und in Kleinasien lebenden Griechen territorial zu vereinigen, verlor und sich mit dem Problem der Integration von 1,5 Millionen Flüchtlingen[2] konfrontiert sah.

Durch die jahrhundertelange osmanische Besatzung blieb Griechenland der typische westliche Entwicklungsweg seit dem Mittelalter über Renaissance, Aufklärung, und bürgerliche Revolution versperrt, hatte es an der entstehenden Neuzeit lange keinen Anteil. Mit der Gründung des neugriechischen Staates trafen in der ersten Hälfte des 19. Jahrhunderts „westliche" Ideen und Institutionen auf durch Türkenherrschaft geprägte politische, gesellschaftliche und sozioökonomische Strukturen. Griechenland war gezwungen, eine Entwicklung, die sich in westeuropäischen Ländern in verhältnismäßig langen Zeiträumen abgespielt hatte, gleichsam im Zeitraffertempo nachzuholen; eine schrittweise, ausgeglichene Entwicklung demokratischer Institutionen und sozialer Strukturen war vor diesem Hintergrund nicht möglich.

Der aus dieser Zeit stammende Modernisierungsrückstand ist auch heute noch auf verschiedenen Gebieten spürbar, etwa in Form eines geringen Grades der Institutionalisierung gesellschaftlicher Strukturen sowie eines ausgeprägten Personalismus und Klientelwesens. Treffender als der Begriff der „verspäteten Nation" scheint für Griechenland der einer „verspäteten Gesellschaft".

Grundlegendes Kennzeichen der Entwicklung des Landes blieb seit seiner Unabhängigkeit eine Gleichzeitigkeit des Ungleichzeitigen, die sich in dreierlei Hinsicht zeigt[3] und aus der sich Spannungen, Widersprüche und Unvereinbarkeiten ergeben:

1) funktionell zwischen dem Streben nach der parlamentarischen Demokratie, das sich in verschiedenen Verfassungen bzw. Verfassungsentwürfen ausdrückt, und dem reellen Funktionieren der Verfassungen, die in ihrer Anwendung oft verzerrt und umgekehrt wurden;

---

[1] Vgl. Vakalopulos 1985: 191f

[2] Vgl. Vakalopulos 1985: 209.

[3] Vgl. dazu Daminankos 1975: 411f.

2) instrumentell, insofern als Versuche zur Etablierung eines wirklich repräsentativen Systems sich im Bereich des politischen Apparates lange Zeit nur durch ein fehlerhaftes System ausdrückten, dessen wesentliche Merkmale das Fehlen organisierter Massenparteien, eine Administration des Favoritismus sowie die Macht außerparlamentarischer Kräfte - wie der König, die Armee, Finanzeliten und ausländische Akteure - und ihre vorherrschende Rolle in der Politik waren;
3) historisch zwischen institutionellen Erneuerungen und hinterherhinkenden sozialen Reformen, was zum in der griechischen Entwicklung bekannten Phänomen des Fehlens von Kontinuität, plötzlichen Brüchen und Wendungen beitrug.

Dem im 19. Jahrhundert entstehenden griechischen Nationalstaat gelang es nicht, den Anschluß an Europa und den Weg zu einer eigenständigen demokratischen Entwicklung zu finden. Seit seiner Gründung blieb er in seiner politischen und gesellschaftlichen Entwicklung von Interventionen externer Mächte abhängig, so sehr, daß es für diese beständige Einflußnahme eine eigene Bezeichnung, der „ausländische Faktor" (*o xenos parágontas*), gibt. Die Reihe der vor allem rückblickend als Bevormundung empfundenen Interventionen reicht von der Einsetzung der Monarchie, Seeblockaden, um sich die Regierung den eigenen Interessen entsprechend gefügig zu machen, sowie der Bestimmung Georgs I. zum König, obwohl in einem Volksentscheid Prinz Alfred von England gewählt worden war, im 19. Jahrhundert über die Intervention der Entente im 1. Weltkrieg, die de-facto-Regierung durch die britische Botschaft in Athen 1945 bis 1947, den amerikanischen Eingriff in den Bürgerkrieg und die Einflußnahme auf das Militär, die Durchsetzung des Mehrheitswahlrechts 1952, um eine konservative Regierung gegenüber der aufkommenden Linksopposition zu sichern, bis zur zwiespältigen Rolle der Vereinigten Staaten beim Putsch der Obristen.

Diese Bedeutung des „ausländischen Faktors", aber auch insgesamt die geographisch und historisch bedingte Brückenstellung des Landes zwischen Ost und West, Orient und Okzident, trugen zu einer bis in die heutigen Tage spürbaren Identitätskrise bei, die ihren Ausdruck in den von Karamanlis und Papandreou geprägten Slogans „Griechenland gehört zum Westen" und „Griechenland gehört den Griechen" findet. Dem entspricht ein Schwanken zwischen heftiger Kritik am Ausland und teilweise blinder Bewunderung westlicher Modernität, zwischen einem exaltierten Selbstwertgefühl und dem Wunsch, sich an Europa anzupassen.

In einem bitteren Resümee kommt der derzeitige griechische Ministerpräsident Simitis in seiner Regierungserklärung zu dem Schluß, daß vertane Chancen und das Unvermögen, einmal Begonnenes zu Ende zu bringen, das „Hauptmerkmal griechi-

scher Politik im 20. Jahrhundert“[1] seien. Ein Entwicklungsweg, der in der Zeit von 1909 bis 1974 über wiederholte Coups des politisierten Militärs und den Wechsel zwischen Republik, Monarchie und Diktatur führt, legt den Vergleich mit lateinamerikanischen Ländern nahe. An Stelle der vor und nach der Jahrhundertwende in den ökonomisch entwickelteren Ländern die politischen Auseinandersetzungen und den Formierungsprozeß der Parteien bestimmenden Klasseninteressen trat in Griechenland die Auseinandersetzung um die nationalen Fragen der „Großen Idee“ und der Staatsform. Der Erste und der Zweite Weltkrieg wurden in Griechenland durch den Kleinasienfeldzug bzw. den Bürgerkrieg um Jahre verlängert, während das übrige Europa bereits in eine Phase des Wiederaufbaus überging. Zweimal in diesem Jahrhundert wurde Griechenland in zwei unversöhnliche Lager gespalten, erst nach dem 1. Weltkrieg durch den Streit zwischen Liberalen und Royalisten, dann nach dem Zweiten Weltkrieg im unter den Vorzeichen der Ost-West-Konfrontation stehenden Bürgerkrieg. Beide Spaltungen hatten mit der Verfälschung der parlamentarischen Regierungsweise und verfassungsmäßigen Ordnung ähnliche Folgen, beide endeten mit der Entstehung von Diktaturen 1936 bzw. 1967.
Erst nach 1974 gelang der Aufbau der - trotz aller Unzulänglichkeiten - freiheitlichsten, demokratischsten und pluralistischsten Demokratie der neugriechischen Geschichte und löste sich Griechenland durch die Teilnahme am europäischen Integrationsprozeß aus der einseitigen Auslandsabhängigkeit und Isolation von Europa.

Vor dem Hintergrund dieser Vorbemerkungen und dem allgemeinen Forschungsgegenstand ist die Arbeit chronologisch aufgebaut und umfaßt fünf Teile, wobei ein besonderer Schwerpunkt auf der Herausbildung und Entwicklung der gegenwärtigen griechischen Demokratie liegt:

Einen theoretischen Rahmen (Teil I) bilden die Forschungen über Systemwechsel, die vor allem nach dem letzten Übergang Griechenlands zur Demokratie Mitte der 70er Jahre im südeuropäischen und lateinamerikanischen Kontext entwickelt worden sind. Diese Theorien sind aber auch im Hinblick auf die gesamte Entwicklung des griechischen Staates von Bedeutung, eine Entwicklung die reich ist an Instabilität, abrupten Übergängen und Brüchen und die ihresgleichen in Europa sucht: „zwei Dynastien, sieben Könige, sechs Absetzungen oder Abdankungen sowie drei Suspendierungen von Monarchen, sieben Regentschaften, sieben Wechsel oder grundsätzliche Änderungen der Verfassung, sieben Diktaturen [...], fünfzehn Revolutionen bzw. militärische Staatsstreiche, davon zehn mit Erfolg, 155 Regierungen, davon 43 in der Nachkriegszeit; ferner zwölf Kriege oder Feldzüge und einen fünfjährigen Bürgerkrieg. In anderer Perspektive: zwölf Jahre absolutistischer, 114 (mehr oder minder)

---

[1] Zit. nach FAZ vom 11.01.1997.

konstitutioneller und vier Jahre diktatorischer Monarchie, zehn Jahre Republik und über zwölf Jahre Diktatur."[1] Anhand der Transformationstheorien wird das Ringen Griechenlands um demokratische Strukturen untersucht.

Auf die historischen Grundlagen dieses Entwicklungsprozesses wird im II. Teil eingegangen. Eine griechische Besonderheit stellen dabei der Rückgriff auf die Antike, die Zeit der Osmanenherrschaft, die mitbedingte, daß Griechenland nicht nur geographisch, sondern auch geistig zwischen Orient und Okzident steht, sowie die unter fremder Vorherrschaft stehende Gründung des neugriechischen Staates im 19. Jahrhundert dar.

Politische Wirrungen und nationale Umwälzungen bestimmten die griechische Politik in der ersten Hälfte des 20. Jahrhunderts (Teil III). Von großer Bedeutung ist in den Jahren 1909 bis 1935 der modernisierende Liberalismus Eleftherios Venizelos'. Mit ihm begann Griechenlands Entwicklung als Rechts-, Sozial- und Wirtschaftsstaat. Gleichzeitig entwickelte sich jedoch vor dem Hintergrund der Frage der griechischen Haltung im Ersten Weltkrieg ein die Nation tief spaltender Konflikt zwischen „Venizelisten" und Royalisten um die Frage der Staatsform, der sich bis in die 30er Jahre fortsetzte. Durch die in den Balkankriegen 1912/13 erfolgte Vergrößerung des Landes um mehr als die Hälfte erhielt die *Megali Idea* neuen Auftrieb. Der 1922 katastrophal endende kleinasiatische Feldzug gegen die Türkei bedeutete jedoch das Ende der bis dahin vorherrschenden politischen Vision. Vergleichbar der Weimarer Republik erwies sich die nach der Kleinasiatischen Katastrophe errichtete - von der Diktatur Pangalos' 1925/26 unterbrochene - Zweite Griechische Republik als von Krisen geschüttelt. Ausgehöhlt durch zunehmende Mißachtung der Verfassung und Verfälschung des parlamentarischen Systems mündete sie1935 in die Restauration der Monarchie und 1936 in die nach deutschem und italienischem Vorbild geführte Diktatur des Generals Metaxas.

Im Gefolge des Zweiten Weltkrieges gerät Griechenland zwischen die Mühlsteine der Großmächte (Teil IV). Nach der deutsch-italienisch-bulgarischen Okkupation formierten sich mehrere Widerstandsgruppen, doch schon zur Zeit der Besatzung trat die Bekämpfung des innenpolitischen Gegners immer deutlicher in den Vordergrund. Die Befreiung von der deutschen Besatzung kam einer „Freiheit zum Bruderkampf"[2] gleich, der Griechenland weit über sein Ende hinaus in zwei Lager spaltete. Infolge der traumatischen Bürgerkriegserfahrung entwickelte sich der Antikommunismus zur neuen Staatsideologie, mit der starke Beschneidungen der rechtsstaatlichen wie demokratischen Garantien gerechtfertigt wurden. Die „disziplinierte Demokratie" unter Papagos und Karamanlis bedeutete zwar für Griechenland zwischen 1952 und 1961

[1] Gaitanides 1975: 3.
[2] Gaitanides 1978: 236.

eine Phase wirtschaftlichen Aufschwungs und bisher ungekannter Stabilität, blieb jedoch belastet durch die Hypothek des Bürgerkrieges, die systematische Benachteiligung der Opposition und Übergriffe parastaatlicher Kräfte. Als Georgios Papandreou versuchte, die überfällige innenpolitische Liberalisierung und gesellschaftliche Modernisierung durchzuführen, widersetzten sich die traditionellen Kreise um König und Militär. Der „königliche Staatsstreich“ leitete einen Degradationsprozeß ein, an dessen Ende die Machtübernahme durch die Obristen stand. Nach sieben Jahren ließen jedoch innen- und außenpolitische Erschütterungen das lateinamerikanischen Diktaturen gleichende Militärregime zusammenbrechen.

Nach 1974 folgte erstmals dem Übergang zur Demokratie auch deren dauerhafte Konsolidierung (Teil V). Die ersten Jahre standen ganz im Zeichen der Demokratisierungs- und Stabilisierungspolitik Karamanlis', der durch die EG-Mitgliedschaft Griechenlands Zugehörigkeit zu Europa untermauern und ihm politische Stabilität verleihen wollte. Der friedliche und darum für griechische Verhältnisse ungewöhnliche Regierungswechsel 1981, der erstmals eine sozialistische Partei an die Macht brachte, sprach für eine weitere Festigung der Demokratie. Dem Anspruch der PASOK (Panhellenische Sozialistische Bewegung) auf den „großen Wandel“, den sie in ihrem ehrgeizigen Regierungsprogramm propagierte, stand jedoch zunehmend die politische Praxis entgegen, die Ende der 80er Jahre in den größten Skandal der Nachjuntazeit gipfelte. Für die feste Verankerung und Konsolidierung der griechischen Demokratie spricht die Bewältigung der folgenden turbulenten Ereignisse der Jahre 1989/90 mit der Meisterung des politischen Patts und den dadurch bedingten dreimaligen Parlamentswahlen innerhalb von 10 Monaten. Das Scheitern der (wirtschaftlichen) Konsolidierungspolitik der Regierung Mitsotakis 1993 und die Rückkehr Papandreous an die Macht ließen zwar Bedenken über Griechenlands künftigen Entwicklungsweg gerade im Hinblick auf seine Position in Europa aufkommen, doch vollzog sich mit der Regierungsübernahme durch Simitis ein politischer Rollentausch: Bei den vergangenen Parlamentswahlen im September 1996 waren es ein sozialistischer Regierungschef, der zur Sparsamkeit mahnte und einen proeuropäischen Kurs steuerte, und eine konservative Opposition, die populistisch Wahlgeschenke in Aussicht stellte und versuchte, mit nationalistischen Parolen an das Selbstwertgefühl der Griechen zu appellieren.

In der Gesamtkonzeption der Arbeit ergeben sich damit vor allem folgende Leitfragen:

- Warum scheitern die verschiedenen Demokratisierungsversuche vor 1974?
- Welche Rolle spielen die historischen und nationalen Besonderheiten?
- Inwiefern hat die ausländische Einflußnahme eine demokratische Entwicklung behindert oder begünstigt?

- Hat die Monarchie die Entwicklung demokratischer Strukturen in Griechenland befördert oder behindert?
- Inwieweit haben Demagogie, extreme Politisierung und Polarisierung der Gesellschaft die Entwicklung des Landes beeinflußt?
- Welche Bedeutung hat die Brückenstellung Griechenlands zwischen Ost und West?
- Welche Rolle spielten die Parteien und gesellschaftlichen Akteure?
- Warum folgte nach 1974 im Unterschied zu früheren Versuchen dem Übergang zur Demokratie erstmals auch eine Konsolidierung?
- Welche Unterschiede und Gemeinsamkeiten gibt es im Vergleich zum Demokratisierungs- und Konsolidierungsprozeß in Spanien und Portugal?
- Inwieweit trug und trägt die Eingliederung Griechenlands in die EG/EU zur weiteren Stabilisierung der Demokratie und Ausbildung der politischen und nationalen Identität der Griechen bei?

I. THEORETISCHER RAHMEN

Die wissenschaftliche Beschäftigung mit Systemwechseln erhielt in den vergangenen zwei Jahrzehnten eine besondere Aktualität durch die mit der Rückkehr der südeuropäischen Staaten Portugal, Griechenland und Spanien zur Demokratie in den 70er Jahren eingeleitete „Ära der Transformation", der die Demokratisierung mehrerer lateinamerikanischer Staaten Ende der 70er und vor allem während der 80er Jahre sowie schließlich der Zerfall der sozialistischen Systeme in Mittel- und Osteuropa Ende der 80er Jahre folgten.

Historisch betrachtet lassen sich mehrere Wellen der Demokratisierung durch Systemwechsel feststellen:[1]

(1) Die erste Welle der Demokratisierung beginnt im weiteren Sinne mit der Durchsetzung demokratischer Regierungsformen in den jungen Vereinigten Staaten von Amerika, im engeren Sinn nach dem 1. Weltkrieg und reicht etwa bis zum Jahre 1920. Oft war der Systemwechsel mit dem Übergang von der konstitutionellen Monarchie zur Republik verbunden (Deutschland, Österreich, Spanien, später auch Griechenland[2]). Im Kern demokratisierten sich zwei unterschiedliche Gruppen von Staaten: Die einen hatten - etwa wie Deutschland 1871 mit dem allgemeinen Wahlrecht - einen vergleichsweise hohen Grad an Rechtsstaatlichkeit verwirklicht, doch die parlamentarische Verantwortlichkeit der Regierung konnte erst spät durchgesetzt werden (Deutschland, Österreich 1918, Schweden 1917), die anderen waren das Ergebnis des Zerfalls multinationaler Großreiche (Rußland, Osmanisches Reich, Österreich-Ungarn). In Mittel- und Osteuropa entstanden durch die Pariser Vorortverträge zahlreiche neue Staaten, die alle mit demokratischen Verfassungen experimentierten. Die Mehrzahl dieser Staaten[3] erlebte jedoch in einer Gegenwelle, die 1922 mit der Machtergreifung Mussolinis in Italien einsetzte, einen Rückfall in die autoritäre Herrschaft.

(2) Die zweite Welle der Demokratisierung nach 1945 kann so auch als „zweiter Anlauf im Prozeß der Demokratisierung"[4] gesehen werden. Mit dem Sieg über

---

[1] Vgl. dazu Beyme 1994: 11f u. Huntington 1991a, 1991b: 12.

[2] Die griechische Republik dauerte - unterbrochen von der Diktatur Pangalos' 1925/26 - von 1924 bis 1935.

[3] In Europa Deutschland, Italien, Österreich, Griechenland, Spanien, Portugal, die baltischen Staaten, Polen, die Tschechoslowakei, Bulgarien und Rumänien, außerhalb Europas u. a. Argentinien, Brasilien und Japan.

[4] Beyme 1994: 11.

die faschistischen Mächte wurde eine Wiedereinführung der Demokratie in Deutschland, Österreich, Italien und Japan möglich. Mit Abstrichen kann man auch Griechenland hinzufügen, das 1952 die Staatsform der „gekrönten Demokratie“ einführte. Den meisten mittel- und osteuropäischen Staaten blieb ein zweiter Anlauf jedoch versagt, sie wurden „auf den Weg von einer rechten in die linke Diktatur gezwungen, mit kurzen Intermezzi einer manipulierten Demokratie zwischen 1944 und 1948“[1]. Auch der zweiten Welle der Demokratisierung folgte mit Beginn der 60er Jahre eine Gegenwelle, in der u. a. in Griechenland, der Türkei und zahlreichen lateinamerikanische Staaten militärische Staatsstreiche die - wenn auch oft unzulänglichen - demokratischen Strukturen beseitigten.

(3) Im Unterschied zu den beiden vorangegangenen Wellen war die dritte Welle der Demokratisierung[2], die zu Beginn der 70er Jahre in Südeuropa und Lateinamerika einsetzte, weniger durch kriegerische Ereignisse als durch das politische und ökonomische Versagen der Militärregime und die innenpolitische Dynamik politischer Kräfte beeinflußt. Ein bedeutender Teil der Theorien über Systemwechsel ist an Hand der Beispiele dieser Demokratisierungswelle entwickelt worden. Im Mittelpunkt der Einzelfall- und Vergleichsstudien stehen die Frage nach den Destabilisierungsursachen der autoritären Regime, die Rolle der Initiatoren und Verantwortlichen des Transformationsprozesses sowie die Voraussetzungen für eine erfolgreiche Konsolidierung der demokratischen Systeme.[3] Sandschneider erwähnt im Zusammenhang mit der dritten Welle auch den ebenfalls Mitte der 70er Jahre einsetzenden Demokratisierungstrend ökonomisch erfolgreicher industrieller Schwellenländer Ost- und Südostasiens, der wegen seines evolutionäreren und weniger spektakulären Ablaufs häufig übersehen wird. Die Ursachen dieser Entwicklung liegen nicht im Versagen des alten Systems, sondern vielmehr in dessen ökonomischer Leistungsfähigkeit.[4]

(4) Die vierte Welle der Demokratisierung Ende der 80er Jahre in Mittel- und Osteuropa kann man auch wie Huntington als Höhepunkt der dritten Demokratisierungswelle ansehen.[5] Auslöser waren das Versagen der realsozialistischen Systeme und damit verbunden der Niedergang der Blockführungsmacht Sowjetunion. Die Besonderheit der vierten Welle liegt im „Dilemma der Gleichzeitigkeit“[6], vor das sich die politischen Eliten gestellt sehen. Erstmals gilt es nicht nur einen Wechsel des politischen, sondern auch des wirtschaftlichen und ge-

[1] Beyme 1994: 11.
[2] Zur dritten Welle vgl. auch Sandschneider 1995: 12f.
[3] An führender Stelle kann man hier O'Donnell/Schmitter/Whitehead 1986 nennen.
[4] Vgl. Sandschneider 1995: 13.
[5] Vgl. Huntington 1991a.
[6] Offe 1991. Vgl. dazu auch Beyme 1994: 192ff.

sellschaftlichen Systems zu bewältigen, womit sich auch für die Theoriebildung eine neue Situation ergibt.

Wenngleich in der dritten bzw. vierten Demokratisierungswelle mehr Staaten als je zuvor den Status einer freiheitlichen Demokratie erlangten, sind die Demokratien mit rund 40% unter den Staaten der Welt[1] nach wie vor eine - allerdings wirtschaftlich dominierende - Minderheit. Überdies gibt es auch im Gefolge der beiden letzten Demokratisierungswellen Rückbildungen zu semidemokratischen oder autoritären Formen; insbesondere in Südosteuropa und den ehemaligen Sowjetrepubliken ist der Ausgang des Systemwechsels noch mit erheblichen Unsicherheiten verbunden.[2]

Im Zusammenhang mit dem Systemwechsel wird drei Aspekten besondere Aufmerksamkeit geschenkt:[3] dem Zusammenbruch eines alten und Übergang zu einem neuen Regime sowie dessen Konsolidierung.

Hinsichtlich der Ursachen des Zusammenbruchs dominieren Theorien über den Zusammenbruch von Demokratien[4], im Zuge der südeuropäischen Redemokratisierung wurde die Aufmerksamkeit aber auch auf den entgegengesetzten Fall, den Niedergang autoritärer Regime[5] gelenkt. Die Umstände der autoritären Machtergreifung, der Typ des autoritären Systems und dessen Untergang determinieren die Art und den Verlauf des Systemwandels. Die Erfahrungen mit der autoritären Herrschaft, deren Entstehung und Zerfall wirken prägend auf die Ausgestaltung der zukünftigen Demokratie.

Die Untersuchung des Übergangs steht als besonders entscheidende Phase im Mittelpunkt der Forschung über Systemwechsel. Dabei haben sich zwei konkurrierende Theorieschulen herausgebildet: der funktionalistisch-sozioökonomische Ansatz (System-/Modernisierungstheorie) einerseits und der genetisch-historische Ansatz (Akteurstheorie) andererseits. Die in den 50er und 60er Jahren dominierende funktionalistische Schule befaßt sich mit den Minimalvoraussetzungen für die Demokratie, wobei es vor allem um die sozioökonomische Entwicklung geht. In den 80er Jahren rückten vor dem Hintergrund der Redemokratisierung in Südeuropa genetische Ansätze in den Vordergrund., die weniger auf die Korrelation zwischen Politik und Ökonomie setzten, sondern stärker politische Prozesse betonten: die Ausgangslage, den Zeitpunkt und die Art und Weise des Übergangsprozesses sowie die herausra-

---

[1] Mindestens ebenso viele Staatsformen sind hybride Formen, teils demokratisch, teils autokratische Regime. Die übrigen 20% sind vollentfaltete autoritäre Regime; vgl. Schmidt 1996: 184. Leftwich kommt auf 68% der Staaten, die demokratisch oder auf dem Weg zur Demokratie sind; vgl. A. Leftwich, Voting can damage your wealth, in: The Times Higher Education Supplement, 13 Aug. 1993, zit. nach Pridham 1995a: xii.

[2] Vgl. Beyme 1994: 355ff u. Schmidt 1996: 185.

[3] Vgl. dazu Beyme/Nohlen 1991: 691.

[4] Insbesondere Linz/Stepan 1978.

[5] Z. B. Linz 1990 u. Schmitter 1985.

gende Rolle verschiedener (politischer) Akteure und deren Strategien. Mit dem Zusammenbruch der kommunistischen Regime nach 1989 gewannen auch wieder system- und modernisierungstheoretische Analysemuster an Bedeutung, die in der politischen Übersteuerung, die die Modernisierung von Wirtschaft und Gesellschaft blockierte, einen wesentlichen Grund für den Zusammenbruch der realsozialistischen Herrschaftssysteme sehen.[1]

Versuche, zu einer Synthese beider Ansätze zu kommen, indem funktionalistische, handlungstheoretische und kulturalistische Elemente verknüpft werden, konnten bislang nicht zu einer allgemein gültigen sozialwissenschaftlichen Transformationstheorie führen.[2]

Differenziert man innerhalb der beiden Theorieschulen nach dem Typ der methodischen Orientierung, ergibt sich folgendes Bild:[3]

		Theoretische Ansatzhöhe	
		Systemansatz	Akteursansatz
Methodische Orientierung	deskriptiv typologisch	Typologien von Systemwechseln und Entwicklungspfaden (z. B. Lipset 1959)	Typologien von Akteuren (z. B. Karl/Schmitter 1991, Huntington 1991a, Stepan 1986)
	erklärend quantifizierend	Quantifikation von Systemwechselfrequenzen (z. B. Gurr 1974, Vanhanen 1984, Welzel 1993)	rational choice-Modelle (z. B. Offe 1994, Przeworski 1986)

Im Gegensatz zur Transitionsproblematik ist die Konsolidierung nur zu einem verhältnismäßig geringen Maß theoretisch erfaßt worden[4], was vielleicht daran liegt, daß viele der jüngeren Demokratien sich noch in dieser Phase befinden, aber auch, daß es sich bei der Konsolidierung um einen undurchsichtigeren, umfangreicheren Prozeß handelt als beim Übergang zur Demokratie. Im Mittelpunkt des Interesses stehen hier die Konsolidierungschancen der neuen Demokratie, mögliche Gefährdungspotentiale und Prognosen für die weitere Entwicklung des Systems. Eine zentrale Rolle nimmt dabei die politische Kulturforschung ein.

[1] Vgl. Merkel 1996: 30f.
[2] Vgl. Beyme/Nohlen 1991: 693 u. Merkel 1996: 31.
[3] Nach Beyme 1994: 88. Vgl. auch Merkel 1996: 30f.
[4] Vgl. Pridham 1990b: 8.

1. Systeminstabilität autoritärer Regime als Chance zur Demokratisierung

1.1 Grundlegende Kennzeichen des Systemtyps der autoritären Diktatur

Autoritäre Regime stellen neben demokratischen und totalitären Systemen einen eigenen Regimetyp dar, der gekennzeichnet ist durch einen nur begrenzten Pluralismus, den Rückgriff auf lediglich allgemeine Werte wie Patriotismus, Nationalismus, Modernisierung, Ordnung etc. und das Fehlen einer umfassenden Ideologie sowie damit verbunden den Verlust an Mobilisierungsfähigkeit und affektiver Identifikation der Bevölkerung mit dem System.[1]

Autoritäre Regime treten sowohl in vorindustriellen als auch in modernisierenden und industrialisierten Gesellschaften auf. Sie sind das Ergebnis[2]

1) des Fortbestehens, der Auflösung oder der Ablösung traditioneller Herrschaft, wobei bei letzterer die Führungselite die Rückständigkeit und Stagnation des traditionellen Herrschaftsverbandes erkennt und diesen durch einen umwälzenden politischen und sozioökonomischen Wandel in möglichst kurzer Zeit zu überwinden versucht;[3]
2) der Instabilität nach der Dekolonialisierung und oft damit verbunden
3) des Konflikts in multi-ethnischen Gesellschaften, denn angesichts der demokratischen Unerfahrenheit, der Schwäche administrativer Bürokratien, des artifiziellen Charakters postkolonialer Staatsgrenzen sowie ethnischer, linguistischer, religiöser und sozioökonomischer Konfliktlinien quer durch die Bevölkerung erschien den Führungseliten der unabhängig gewordenen Staaten eine autoritäre Herrschaft als das erfolgversprechendste Instrument im Prozeß der Staatswerdung;
4) der „Veralltäglichung" des totalitären Utopismus[4];

und schließlich

---

[1] Vgl. Linz 1991: 35f.
[2] Vgl. zum Folgenden Linz 1991: 36ff.
[3] Moore (1968: 475ff) macht drei Wege aus der vorindustriellen in die moderne Welt aus: Der erste führt über die bürgerliche Revolution zur kapitalistischen Demokratie (England, Frankreich, USA), der zweite über die „Revolution von oben" in die faschistische Diktatur von rechts (Deutschland, Japan), der dritte über die Bauernrevolution von unten in die kommunistische Diktatur von links (UdSSR, China).
[4] Unter diesem Typus lassen sich die entstalinisierten Staaten Osteuropas und die UdSSR bis 1989 zusammenfassen.

5) der Krise und des Zusammenbruchs demokratischer Regime. Die Ursachen hier sind vielfältiger Natur: So können etwa infolge von Kolonialisierung oder anderen kriegerischen Ereignissen importierte oder oktroyierte demokratische Verfassungsmodelle nicht den traditionellen Strukturen und Gegebenheiten des Landes entsprechen[1], so daß die Demokratie von vornherein nicht funktionstüchtig bzw. lebensfähig ist. Aber auch die Verschärfung sozialer und politischer Konflikte, die Unfähigkeit der politischen Parteien und Institutionen, Systemloyalität bzw. stabile Regierungen zu produzieren, die permanente Verletzung demokratischer Spielregeln, wiederholte Rückgriffe auf Notstandsgesetzgebungen sowie die Verwilderung politischer Sitten in Form von Korruption und Vetternwirtschaft können eine Demokratie in Mißkredit bringen und autoritäre Umsturzversuche geradezu provozieren.

Dieser historisch-strukturelle Hintergrund, vor dem ein autoritäres System entstanden ist, stellt bereits eines der Merkmalskriterien dar, nach denen verschiedene Typen autoritärer Regime unterschieden werden können. So sind z. B. autoritäre Systeme, die auf hochgradig politisierte und sozialrevolutionäre Verhältnisse folgen, repressiver und demobilisierender.[2] Des weiteren lassen sich autoritäre Regime differenzieren nach:[3]

- ihrer Politikorientierung und Zielsetzung. In keinem Bereich treten die Divergenzen zwischen Bewahrungsdiktaturen einerseits und Entwicklungsdiktaturen andererseits so deutlich zu Tage. Ersterer geht es um die Fortschreibung des politischen und ökonomischen Status quo[4], sie lehnt Modernisierungskräfte, die die traditionelle Ordnung stören könnten, ab. Letztere hingegen zielt auf eine umfangreiche Modernisierung des politischen, sozioökonomischen und kulturellen Lebens;[5]
- ihrer sozialen und politischen Machtbasis, die von unterschiedlichen gesellschaftlichen Gruppen gebildet werden kann. So können autoritäre Regime zivil, militärisch, ethnisch, religiös und/oder bürokratisch gestützt sein. Grundlegend ist die Unterscheidung zwischen zivilen Diktaturen mit einer mehr oder weniger strukturierten Einheits- oder Führungspartei bzw. -bewegung (z. B. Spanien bis 1975, Portugal bis 1974, Warschauer-Pakt-Staaten bis 1989, Haiti), direkten Militärdiktaturen (z. B. Griechenland 1967-1974, Chile) und der Mischform der

---

[1] Oft kommt in diesen Fällen auch noch das Problem demokratischer Unerfahrenheit der Eliten hinzu.
[2] Vgl. Nohlen 1991: 72.
[3] Vgl. zum Folgenden Nohlen 1991: 70ff und außerdem die Klassifikation autoritärer Regime von Linz, 1991: 36ff.
[4] Vgl. Blondel 1972: 58f, 222.
[5] Vgl. Huntington 1968: 32f. Natürlich gibt es auch Mischformen, etwa in Form einer graduellen Liberalisierung von Bewahrungsdiktaturen angesichts wachsenden sozioökonomischen Drucks oder einer Verhärtung von Entwicklungsdiktaturen, wenn die eigene Machterhaltung prioritäres Ziel wird.

indirekten Militärdiktatur mit einer Einheitspartei (z. B. Paraguay, Birma, Syrien). Die Gefahr eines Militärputsches ist besonders groß, wenn das Militär so weit in innergesellschaftliche Auseinandersetzungen hineingezogen wird, daß es mit anderen (zivilen) Gesellschaftsgruppen konkurriert und durch Androhung oder Anwendung von Gewalt seine Vorstellungen gegen die zivile Führung durchsetzen kann. Ein derart politisiertes Militär stößt dann leicht in ein durch Ineffektivität und Zerissenheit der führenden Kräfte eines Landes erzeugtes Machtvakuum;[1]

- nach ihrem Legitimationsmuster, das traditionell, charismatisch, politisch-situativ sein kann, d. h. die Bevölkerung sieht etwa durch einen Militärputsch eine schlimmere Entwicklung abgewendet, oder entwicklungsideologisch, d. h. die Legitimität gründet sich auf eine (vermeintlich) höhere Entwicklungsleistung autoritärer Regime;
- nach der Struktur der politischen Macht. In der Regel haben autoritäre Regime die Macht zentralisiert. Gewaltenteilung im Sinne einer funktionalen und organisatorischen Gewaltentrennung und Kontrolle bestehen allenfalls rechtlich-formell, um nach außen den Anschein eines präsidentiellen Repräsentationssystems zu wahren. Unterschieden werden muß zwischen personalistischer Machtausübung in Form von Klientelismus und Personalismus und der institutionell verankerten Herrschaft im bürokratisch-militärischen Autoritarismus;
- nach der Beziehung zwischen Machthabenden und Machtunterworfenen, die in autoritären Systemen durch ein einheitliches Muster, das der „Gewalt von oben", gekennzeichnet ist. Ausmaß und Form der Repression differieren allerdings, so daß man unterscheidet zwischen ausschließenden Regimen, in denen die politische Partizipation der Bevölkerung unterbunden wird (Verbot politischer Parteien und autonomer Interessenverbände), und einschließenden Regimen, wo das autoritäre Regime versucht, die Bevölkerung für seine politischen Ziele zu mobilisieren und die Partizipation durch kontrollierte Partizipationskanäle steuert. Almond und Verba[2] charakterisieren die bei der Bevölkerung in autoritären Systemen entwickelten Wertmuster und Verhaltensweisen als Untertanenkultur. Die „Partizipation" besteht demnach aus zivilem Gehorsam und passiver Hinnahme des Gegebenen. Politische Apathie und Rückzug ins Privatleben kennzeichnen die allgemeine Haltung der Bevölkerung. Sofern Instrumente der Demokratie wie Wahlen, Referenden und Plebiszite zugelassen werden, sind diese inhaltlich ausgehöhlt und verfälscht und dienen lediglich der nachträglichen Akklamation.

---

[1] Vgl. dazu ausführlicher Perlmutter 1971: 305ff.
[2] Vgl. Almond/Verba 1963.

1.2 Der Zerfall autoritärer Regime

Schmitter[1] hat vier Erklärungen für den Zerfall autoritärer Regime aufgelistet:

a) Erfolg, d. h. das Regime hat den Zweck, zu dem es errichtet wurde, erfüllt, seine Aufrechterhaltung ist somit nicht länger notwendig oder sogar nicht mehr möglich;

b) Delegitimierung, d. h. das Regime hat seine Legitimität verloren, und kein Regime kann auf Dauer ohne Legitimität in Form von Unterstützung, Einverständnis oder Zustimmung bestehen. Die in autoritären Systemen gängigen Appelle an das Nationalgefühl, Angst vor Repressalien und Sanktionen sind auf Dauer nicht ausreichend;

c) Versagen, d. h. dem autoritären Regime gelingt es nicht, die Probleme, die zu seiner Errichtung führten oder die erst durch seine Errichtung verschärft worden bzw. entstanden sind, unter Kontrolle zu bekommen, so daß die ursprüngliche Opposition von Regimegegnern und -opfern noch um enttäuschte frühere Anhänger vergrößert wird, was schließlich zum Sturz des Regimes führen kann. Der deutlichste und am häufigsten zum Untergang eines autoritären Systems führende Fall ist die Niederlage in einem Krieg, die am geeignetsten ist, eine Negativkoalition gegen das Herrschaftssystem zu erzeugen;

d) Verfall, d. h. die Unwillig- und Unfähigkeit autoritärer Systeme, sich dem Wandel der Zeit und sich verändernden Gegebenheiten anzupassen, kann zu deren Niedergang führen. Demgegenüber sind Demokratien im Vorteil, indem sie durch Regierungswechsel oder Veränderungen der Koalitionszusammensetzung dem veränderten Wählerwillen entsprechen.

Ebenso wie Schmitter sieht Przeworski[2] Erfolg und Delegitimierung als mögliche Ursachen für den Zerfall autoritärer Systeme an. Als weitere Destabilisierungsmomente nennt er

1) Konflikte innerhalb des herrschenden Blocks, insbesondere des Militärs, die sich nicht (mehr) intern lösen lassen und einen Teil der autoritären Führung veranlassen, außenstehende Gruppen zu mobilisieren mit der Folge des Zerfalls des herrschenden Blocks; und

2) ausländischen Druck in Richtung auf Demokratisierungsschritte, der einen Regimewechsel zumindest beschleunigen kann.

---

[1] Vgl. Schmitter 1985: 95ff.

[2] Vgl. Przeworski 1986: 50.

1.3 Liberalisierung und Demokratisierung

Auf diese wachsenden Krisenerscheinungen und insbesondere den Legitimitätsverlust reagiert die autoritäre Herrschaftsführung nicht selten mit Liberalisierungsmaßnahmen, in denen Repressionen vermindert und Konzessionen hinsichtlich der bürgerlichen und politischen Rechte gemacht werden, um den Druck der Opposition zu vermindern oder diese sogar zu integrieren. Gleichzeitig vermindert der Liberalisierungsprozeß die Anreize der Unterstützung des autoritären Regimes und eröffnet Regimegegnern einen größeren Handlungsspielraum, so daß es oft nach kurzer Zeit zu einer erneuten Verschärfung des Autoritarismus kommt. Dieser Rückfall enttäuscht die (gestiegenen)Erwartungen, verstärkt die Frustrationen und trägt zum weiteren Verfall des Systems bei. Auf diese Weise kann die Liberalisierung eher zu einem Anwachsen denn zu einer Verminderung oder gar Neutralisierung der Opposition und schließlich dem Ende des autoritären Regimes führen.[1]

Mit Dahl[2] kann man zwei Dimensionen postautoritärer Demokratisierung unterscheiden: einerseits eine Liberalisierungsdimension, die sich auf die Gewährung bürgerlicher Grundrechte bezieht, andererseits eine Inklusionsdimension, die die Ausweitung partizipatorischer Rechte in relevanten politischen Bereichen und Institutionen beinhaltet.[3] Eine Liberalisierung ohne Partizipationsmöglichkeiten führt zur „weichen Diktatur" (*dictablanda*), die Gewährung von Partizipationsrechten ohne entsprechendes Liberalisierungsprogramm zur „harten Demokratie" (*democradura).*[4]

In der Definition eines demokratischen Systems avancierten, orientiert an Schumpeters „realistischer" Demokratietheorie, Dahls „prozedurale und institutionelle Minima" zum gemeinsamen Ausgangspunkt der Forschungen über Systemwechsel[5]:

- aktives Wahlrecht,
- passives Wahlrecht,
- Recht politischer Eliten, um Wählerstimmen zu konkurrieren,
- Pluralismus der Informationsquellen,
- freie und faire Wahlen,
- Meinungsfreiheit,
- Assoziationsfreiheit,

---

[1] Vgl. Linz 1991: 111f.
[2] Vgl. Dahl 1971: 5ff.
[3] Vgl. dazu auch Kraus 1990: 192.
[4] Vgl. O'Donell/Schmitter 1986: 9.
[5] Vgl. Merkel 1996: 33.

- Institutionen, die die Regierungspolitik vom Wählerwillen und anderen Ausdrucksformen der Bürgerpräferenzen abhängig machen.[1]

Dem fügen Karl und Schmitter[2] noch hinzu, daß die gewählten Entscheidungsträger in der Lage sein müssen, ihre verfassungsgemäße Macht unabhängig auszuüben ohne Beeinträchtigungen durch ungewählte Kräfte oder gar eine Vetomacht bestimmter Gruppen wie etwa des Militär oder einer ausländischen Regierung.

Przeworski und Morlino[3] verstehen Demokratie als ein abstraktes Regelwerk zur friedlichen Bearbeitung gesellschaftlicher Konflikte. Anders als in autoritären Herrschaftssystemen sind die politischen Ergebnisse nicht ex ante bestimmbar. Diese Unsicherheit wird jedoch eingeschränkt durch a priori festgelegte und demokratische Spielregeln. Die Liberalisierung unterscheidet sich von der Demokratisierung u. a. auch durch eine nur begrenzte Unsicherheit, da die Herrschaftselite weiterhin den Ausgang des politischen Entscheidungsprozesses vorherbestimmt.[4]

Wichtig im Zusammenhang mit der Demokratisierung ist die Unterscheidung zwischen dem Staat als Ort politischer Macht und dem Regime, das die Normen und Verfahren beinhaltet, nach denen die Macht des Staates durch die jeweilige Regierung ausgeführt wird.[5] Je demokratischer die politischen Strukturen eines Systems sind, um so klarer ist die Differenzierung zwischen Staat, Regime und Regierung; je autoritärer sie dagegen sind, desto mehr wird die Unterscheidung verwischt bis hin zum gänzlichen Verschwinden in totalitären Systemen. Bei Regimewechseln in Richtung auf Demokratisierung ist demnach das Ausmaß, nach dem die Unterscheidung zwischen Staat, Regime und Regierung deutlich wird, ein wichtiger Indikator.

Für die Demokratisierung spielt eine Rolle, welche politischen Systeme ein Land bereits durchlebt hat. Hier muß zwischen (erstmaliger) Demokratisierung und Redemokratisierung unterschieden werden. Im ersten Fall sind weder Erfahrungen mit dem Funktionieren demokratischer Institutionen vorhanden noch eine kollektive Erinnerung an die vergangenen Schwierigkeiten dieser Institutionen, die zum Zusammenbruch der Demokratie führten.[6]

Festzuhalten ist abschließend, daß die Krise und der Zusammenbruch autoritärer Regime nicht zwangsläufig die Voraussetzungen zur erfolgreichen Einführung eines demokratischen Systems schafft. Nicht selten führt die Krise eines autoritären Systems zur Einführung eines neuen, folgt ein militärischer Staatsstreich dem anderen.[7]

---

[1] Vgl. Dahl 1971: 3 u. 1982: 11.
[2] Vgl. Karl/Schmitter 1991a: 81f.
[3] Vgl. Przeworski 1986: 56ff und Morlino 1995: 572f.
[4] Vgl. Morlino 1995: 588, Anm. 8.
[5] Vgl. dazu Fishman 1990: 427ff u. Lawson 1993: 184ff.
[6] Vgl. Linz 1990: 144.
[7] Vgl. Linz 1990: 144.

Die Instabilität autoritärer Regime bietet somit lediglich eine Chance zur Demokratisierung. Damit diese aber auch erfolgt, bedarf es einer Reihe weiterer Faktoren, auf die im folgenden Abschnitt über die Übergangsphase eingegangen wird.

2. Übergang zur Demokratie

2.1 Funktionalistischer Ansatz

Die sozioökonomische Perspektive bildet den Ausgangspunkt des modernisierungstheoretisch-funktionalen Ansatzes, der sich insbesondere auf Länder der Dritten Welt bezieht, aber auch im Hinblick auf die südeuropäischen Demokratisierungsprozesse interessant ist, zumal sich gewisse Parallelen zeigen wie die traditionelle Rolle des Militärs in der Politik, sozioökonomische Unterentwicklung und institutionelle Instabilität[1]. Im funktionalistischen Ansatz werden die sozialen und wirtschaftlichen Eckdaten eines Landes in Beziehung zu möglichen Chancen der Demokratisierung und Stabilisierung gesetzt. Makroanalytisch und deterministisch orientiert, versteht dieser Ansatz die Demokratie als zwangsläufige Folge von sozialer und ökonomischer Entwicklung. Der Modernisierung wird in ihrer Bedeutung für den Systemwandel gegenüber anderen Faktoren absolute Priorität eingeräumt; Akteure und Träger der Transition, ihre Entscheidungen und Strategien bleiben weitestgehend unberücksichtigt.

Modernisierungstheorien setzen traditionelle und hochentwickelte (westliche) Industriegesellschaften als Ausgangs- bzw. Endpunkt eines Weges, den unterentwickelte Staaten, Wirtschaften und Kulturen zu durchlaufen haben. Im Laufe dieses Prozesseses werden die traditionellen Werte, Denk- und Verhaltensweisen sowie gesellschaftlichen Strukturen dynamisiert und modernisiert. Allgemein kann zwischen einer kulturellen, wirtschaftlichen, gesellschaftlichen, politisch-institutionellen und technologischen Dimension der Modernisierung unterschieden werden.[2]

Unterschiedliche Autoren machen ein unterschiedlich definiertes Modernisierungsniveau als notwendige Voraussetzung für die Entstehung eines demokratischen Systems aus. Zu den Funktionsvoraussetzungen der Demokratie zählen zum einen objektive Bedingungen wie ein Minimum an Gleichheit und ökonomischer und sozialer

[1] Vgl. Pridham 1984b: 22. Demgegenüber gibt es aber auch entscheidende Unterschiede, etwa die Zugehörigkeit zum politischen und ökonomischen Umfeld Westeuropas als eine günstige Rahmenbedingung. Vgl. auch Kraus 1990: 203f.

[2] Vgl. Nohlen/Mansilla 1991: 463.

Entwicklung, zum anderen subjektive Bedingungen wie die Existenz eines Minimalkonsenses.[1] Lipset, Huntington, Apter, Ake und Collier[2] wählen objektive Meßwerte wie das Pro-Kopf-Einkommen, den Urbanisierungs- und Alphabetisierungsgrad, den Prozentsatz der Arbeitskräfte in der Landwirtschaft und die durchschnittliche Lebenserwartung als Indikatoren für den Entwicklungsstand eines Landes. Eine ökonomische Modernisierung beinhaltet im wesentlichen einen langfristigen Anstieg des Bruttosozialprodukts, eine Diversifizierung und Technologisierung der Wirtschaftssektoren sowie die Dominanz des Industrie- und Dienstleistungsbereichs gegenüber der Landwirtschaft. Vanhanen[3] geht in seinem Konzept der Machtressourcenstreuung, in dem die Verteilung wirtschaftlicher und wissensmäßiger Ressourcen und die berufliche Diversifikation erfaßt werden, davon aus, daß die Funktionsvoraussetzungen der Demokratie sowie die Wahrscheinlichkeit einer funktionierenden Demokratie um so größer sind, je breiter die Machtressourcen einer Gesellschaft gestreut sind.

Als soziale Merkmale des Wandels bzw. Kennzeichen sozialer Fortschrittlichkeit nennen Lerner, Pye, Eisenstadt und Moore[4] das Übergewicht der mittleren Einkommensschichten, ein gestiegenes Maß an horizontaler und vertikaler Mobilität, den Ausbau des staatlichen Vor- und Fürsorgenetzes, die qualitative Ausweitung des Bildungssystems sowie die Integration ethnischer und religiöser Minderheiten. Almond und Verba[5] sehen in der Entwicklung einer „civic culture“ eine wesentliche Voraussetzung für das Funktionieren und vor allem den Erhalt der Demokratie, wobei für sie die Erziehung ein bedeutender Faktor bei der Schaffung von eine partizipative Kultur begünstigenden Einstellungen und Werten ist.[6]

Die sozioökonomische Modernisierung stellt gerade autoritäre Regime - insbesondere, wenn es sich dabei um eher kurzlebige ohne verwurzelte Strukturen handelt - vor ein politisches Managementproblem und erzwingt nach modernisierungstheoretischer Auffassung gewissermaßen eine demokratische Ausrichtung des politischen Systems.[7] Dieser Auffassung entspricht Druwes Konzept der „politischen Modernisierung“[8], nach dem ökonomische Probleme und soziale Mobilisierung als alleinige Auslöser von Systemtransformationen fungieren: Aufgrund ökonomischer Schwierigkeiten können Erwartungen und Bedürfnisse nicht mehr befriedigt werden, mit der Folge sozialer Frustrationen, die sich in Form von Protesten und Streiks äußern. In dem Maße, wie die autoritäre Führungselite den Forderungen nach ökonomischer

---

[1] Vgl. Beyme/Nohlen 1991: 692.
[2] Lipset 1959, Huntington 1968, Apter 1968, Ake 1974 u. Collier 1978.
[3] Vanhanen 1990.
[4] Lerner 1964, Pye 1966, Eisenstadt 1966 u. Moore 1968.
[5] Almond/Verba 1963.
[6] Vgl. auch Lerner 1964: 49ff u. 60ff.
[7] Vgl. Apter 1968: 329 u. Collier 1975: 337.
[8] Vgl. Druwe 1992: 10.

Verbesserung nicht gerecht werden kann, richtet sich die gesellschaftliche Mobilisierung auch gegen das Regime selbst. Ist nun ein politisches System aufgrund seiner Strukturen - etwa, weil es keine Parteien gibt - nicht in der Lage, sich an die neuen Formen der sozialen Mobilisierung und Partizipation anzupassen, hat dies politische Instabilität und schließlich politischen Wandel mit der Ausbildung neuer politischer Institutionen und Prozesse zur Folge.

Die Modernisierung erzeugt also einen Anpassungsdruck, der sich nach Pye[1] in sechs Krisen mit transformationsauslösendem Charakter äußert:

- Identitätskrisen bei der Ausformung des Nationalgefühls,
- Legitimitätskrisen etwa beim Wechsel von religiösen zu säkularisierten Grundwerten,
- Partizipationskrisen durch wachsende Beteiligung der Bevölkerung,
- Integrationskrisen als Reaktion auf strukturelle Differenzierung,
- Penetrationskrisen durch das Eindringen moderner Verwaltungsstrukturen und schließlich
- Distributionskrisen aus Veränderungen der Verteilungslage von Werten und Gütern.[2]

Angesichts fehlender Lösungskapazitäten des autoritären Systems ist der Übergang zur Demokratie der einzige Ausweg.

In eine ähnliche Richtung geht Kirchheimers These der „restriktiven Bedingungen“[3], nach der das soziale und ökonomische Gerüst einer Gesellschaft einen konditionierenden Umfang festlegt, an den das politische System gebunden ist. Kommt es infolge ökonomischen Wandels zu einer Dynamisierung der „restriktiven Bedingungen“, muß sich zwangsläufig auch das politische System verändern, und zwar in Form einer Erweiterung des politischen Handlungsrahmens.[4]

2.1.1 Bewertung des funktionalistischen Ansatzes

Bestätigung findet der Modernisierungsansatz z. B. durch die Tatsache, daß man in Südeuropa zu Beginn der 70er Jahre von einem Widerspruch sprechen kann zwischen autoritären politischen Strukturen und sozioökonomischen Strukturen, die sich

[1] Pye 1966.
[2] Vgl. Sandschneider 1995: 64.
[3] Kirchheimer 1981: 30ff.
[4] Der Vollständigkeit halber seien hier noch die u. a. von Gurr (1974), Vanhanen (1984) und Welzel (1993) erstellten quantitativen Studien über Systemtransformationen erwähnt, die mit langen Zeitreihen arbeiten, die z. T. bis ins 19. Jh. reichen.

durch überdurchschnittliche Wachstumsraten,[1] Transnationalisierung des Kapitals und der Produktion, Arbeitsmigration und Urbanisierung Westeuropa angenähert hatten.[2] Der Wirtschaftsaufschwung der 60er Jahre hatte die „restriktiven Bedingungen" erheblich dynamisiert. Gleichzeitig fand eine Umkehr des sogenannten „Tunneleffektes" statt[3], d. h. die Toleranz von in absoluter oder relativer Armut lebenden Bevölkerungsteilen gegenüber soziopolitischer Ungleichheit und Unterprivilegierung sinkt mittelfristig, wenn in eine Etappe raschen Wachstums eingetreten wird und die Hoffnung auf eine gerechtere Ressourcenverteilung entsteht. Dementsprechend nahmen auch egalitär-partizipatorische Pressionen zu.[4] Demgegenüber fällt aber auch auf, daß der Demokratisierungsprozeß mit der ersten großen Wirtschaftskrise nach 1945 zusammenfiel, als wirtschaftliche Erfolge nicht mehr zu einer gewissen Hinnahmebereitschaft der Bevölkerung beitrugen.

Auch aus historischer Perspektive kann sich eine Verknüpfung von Modernisierung und Demokratisierung aufdrängen, insofern als sich demokratische Repräsentativsysteme zuerst in den industriell am weitesten fortgeschrittenen Staaten ausbildeten. Die Mehrheit der industriellen Massengesellschaften wird heute demokratisch regiert. In einer Untersuchung von 120 Ländern zeigt sich jedoch, daß in nur acht Fällen ein unmittelbarer Zusammenhang zwischen einer Ausweitung demokratischer Strukturen und einem Anstieg des wirtschaftlichen Entwicklungsniveaus besteht.[5] Karl und Schmitter sehen dementsprechend wirtschaftliches Wachstum, gerechtere Einkommensverteilung, bessere Bildung und Erziehung sowie Zunahme sozialer Kommunikation weniger als Vorbedingungen, sondern mehr als das Ergebnis eines demokratischen Prozesses.[6] Ähnlich argumentiert Rustow, der die Notwendigkeit einer Unterscheidung zwischen Korrelation und Ursache betont, d. h. daß Faktoren, die die Stabilität einer Demokratie begünstigen, nicht unbedingt auch zu ihrer Entstehung beigetragen haben.[7]

Mit der vierten Demokratisierungswelle gelangten Staaten auf den Weg zur Demokratie, von denen man dies am wenigsten erwartet hätte: die ehemaligen sozialistischen Staaten und wirtschaftlich wenig entwickelte Staaten, wie z. B. Bangladesh, Benin, Namibia und Nepal.[8] Grundsätzlich scheint Demokratisierung also bereits auf

---

[1] 1968 bis 1973 betrug die durchschnittliche Wachstumsrate des Bruttoinlandsprodukts in Griechenland 7,5%, in Portugal 7,4% und in Spanien 5,8%. Vgl. Beyme/Nohlen 1991: 692.
[2] Vgl. Kraus 1990: 201ff.
[3] Hirschman, 1989: 79.
[4] Vgl. Hermet, 1979: 134f.
[5] Vgl. Arat 1988: 28ff.
[6] Vgl. Karl/Schmitter 1991b: 270.
[7] Vgl. Rustow 1970: 342, 346. Er verweist auch darauf, daß Lipset (1959) von „Some Social Requisites" und nicht „*prerequisites* of Democracy" spricht.
[8] Vgl. Schmidt 1996: 199.

einer relativ niedrigen, frühindustriellen Entwicklungsstufe realisierbar und können die Prozesse der Modernisierung und Demokratisierung auch wie in Mittel- und Osteuropa gleichzeitig verlaufen. Umgekehrt muß ein vergleichsweise hoher Grad ökonomischer und sozialer Differenzierung nicht zur Demokratisierung führen. So hatte etwa das deutsche Kaiserreich von seinen Funktionsvoraussetzungen her bessere Bedingungen für die Demokratie geboten als Frankreich, sie aber dennoch nicht vor 1918 verwirklicht.[1] Ebenso wenig konnte der hohe Entwicklungsstand die Erosion der Demokratie in der Weimarer Republik verhindern.

Vor diesem Hintergrund reicht der modernisierungstheoretisch-funktionale Ansatz zur Erklärung des Übergangs vom Autoritarismus zur Demokratie nicht aus. Indem die Demokratisierung auf ein zwingendes Kausalverhältnis von sozioökonomischer Entwicklung und politischem Wandel reduziert wird, erweist sich seine Betrachtungsweise als zu einseitig und deterministisch. Andere wichtige politische Faktoren, Kultur und Geschichte eines Landes sowie die Rolle der Träger und Akteure des Übergangsprozesses werden vernachlässigt. Mit Lipset[2] hat einer der führenden Vertreter des funktionalistischen Ansatzes seine Theorie auch zum akteurstheoretischen Ansatz geöffnet: „[...] socioeconomic correlations are merely associational, and do not necessarily indicate cause. Other variables, such as the force of historical incidents in domestic politics, cultural factors, events in neigbouring countries, diffusion effects from elsewhere, leadership and movement behaviour can also affect the nature of the polity."[3]

2.2 Genetischer Ansatz

Im Gegensatz zum funktionalistischen Erklärungsmuster verzichtet der mikroanalytisch und deskriptiv ausgerichtete genetisch-historische Ansatz auf die Ermittlung der sozioökonomischen Voraussetzungen von Demokratisierung. Er versucht vielmehr durch den Vergleich verschiedener Fallbeispiele typische Verlaufsmuster und Probleme des Systemwechsels systematisch zu erfassen und zu generalisieren. Demokratisierung entsteht demnach nicht zwangsläufig als Folge veränderter sozioökonomischer Faktoren, sondern ist vielmehr das Ergebnis der strategischen Entscheidungen, Ziele und Perspektiven von verschiedenen Akteuren.[4] Im Mittelpunkt der stark auf den Einzelfall abzielenden Analyse stehen somit zum einen Typologien von Ak-

---

[1] Vgl. Beyme/Nohlen 1991: 692 u. außerdem Rustow 1970: 352.
[2] Lipset 1994.
[3] Lipset 1994: 16.
[4] Vgl. Karl/Schmitter 1991b: 270.

teuren, zum anderen rational-choice-Modelle, die die freie Auswahl seitens der herrschenden Eliten und oppositionellen Kräfte zwischen noch nicht determinierten Handlungsalternativen nach dem Prinzip der Nutzenmaximierung als entscheidende Variable im Transitionsprozeß sehen.

2.2.1 Alternative Schritte zur Demokratie nach der Typologie von Stepan

Für die erste Phase des Übergangs kommt Stepan zu einer weitgefächerten Typologie, in der er alternative Schritte zur Demokratie aufzeigt:[1] Die ersten drei Fälle des Systemwechsels treten als Folge äußerer Einwirkungen (*debellatio*) ein. Die große Mehrheit historischer Beispiele von Demokratisierung vor allem in Europa fällt in diese Kategorie. Unterschieden wird nach

1) innerer Wiederherstellung nach äußerer Wiedereroberung, d. h. es findet eine Redemokratisierung statt, nachdem eine Besatzungsmacht, die eine ursprünglich funktionierende Demokratie zerstört hat, mit externer Kraft besiegt worden ist, wie z. B. nach dem 2. Weltkrieg in den Niederlanden, Belgien, Norwegen und Dänemark;
2) innerer Reformulierung, bei der die Redemokratisierung ebenfalls nach einer mit externer Kraft erzielten Niederlage einer Besatzungsmacht stattfindet, bei der allerdings entweder interne Umstände den Untergang des vorherigen demokratischen Regimes bewirkten, dem vorherigen Regime die Schuld an der Besetzung gegeben wird, ein Übermaß an Kollaboration wahrgenommen wird, eine mächtige, im Gegensatz zu den früheren demokratischen Machthabern stehende Widerstandsbewegung entstanden ist oder aber sich fundamentale Veränderungen während der Besatzungszeit ergeben haben. Dieser Schritt beinhaltet ein weitaus größeres Risiko politischer Instabilität als der vorherige. Je mehr die o. g. Faktoren zutreffen, desto größer ist die Gefahr eines Bürgerkrieges zwischen rivalisierenden Gruppen. Je nach Ausgang des Konflikts kann das Ergebnis sein, daß wie im Nachkriegsgriechenland bestimmte Gruppen vom politischen System ausgeschlossen werden, also nur eine partielle Demokratisierung stattfindet;
3) von außen kontrollierter Einführung der Demokratie, nachdem demokratische Mächte ein autoritäres Regime besiegt haben; klassische Beispiele hierfür sind die Bundesrepublik und Japan.

Bei der Mehrzahl der Redemokratisierungen seit den 60er und 70er Jahren spielten jedoch mehr soziopolitische denn externe militärische Kräfte eine Schlüsselrolle:

---

[1] Vgl. Stepan 1986: 66ff.

4) Von einer von innen (aus dem autoritären Regime) eingeleiteten Redemokratisierung spricht Stepan, wenn ein Teil der autoritären Herrschaftsführung seine langfristigen Interessen bei einem Übergang zu einem demokratischen System besser oder eher gewahrt sieht. Mögliche Varianten sind die Einleitung der Transition durch
   a) zivile Kräfte (z. B. Spanien),
   b) das Militär, das die Regierung selbst übernimmt (z. B. Brasilien 1981) und
   c) das Militär, das zivile Kräfte einsetzt (z. B. Portugal, Griechenland 1974).
5) Ein Umsturz des Regimes unter Führung gesellschaftlicher Kräfte, d. h. durch Proteste von *grassroots*-Organisationen, massive Streiks und allgemeinen Entzug der Unterstützung, schien Stepan noch 1986 mehr theoretisch zu sein als praktisch möglich. Er sah den gesellschaftlichen Protest eher als - allerdings oft ausschlaggebende - Komponente im von innen eingeleiteten Demokratisierungsprozeß, wie etwa die in Griechenland 1973 einsetzenden Studentenrevolten. Mit der in Mittel- und Osteuropa, insbesondere in der DDR und CSSR, beginnenden Demokratisierung wurde dieser Typ jedoch äußerst aktuell.[1]
6) Ein Pakt der Parteien kommt zustande, wenn sich wesentliche Kräfte der Opposition zum Sturz des autoritären Regimes zusammenschließen und die Grundlagen für ein demokratisches System schaffen. Beispiele hierfür sind 1958 Kolumbien und Venezuela. 1977, zwei Jahre nach dem Tod Francos, schlossen in Spanien die größeren Parteien den sogenannten Moncloa-Pakt zur Absicherung des weiteren Demokratisierungsprozesses. In Osteuropa kommen Polen und Ungarn diesem Demokratisierungstyp am nächsten.[2]
7) In Europa ohne Beispiel ist die von demokratischen Parteien koordinierte und organisierte Revolte (Costa Rica 1948, Bolivien MNR-Machtübernahme 1952 und Venezuela 1958).
8) Der letzte Typ des marxistischen revolutionären Krieges leitete zwar auch einen Systemwechsel ein, indem er reaktionäre Systeme in Rußland, China, Jugoslawien, Vietnam und Kuba stürzte, führte jedoch nirgends zu einer freiheitlichen Demokratie.

2.2.2 Einflußfaktoren des Demokratisierungsprozesses

Wie diese Typologie zeigt, können Ablauf und Erfolg von Demokratisierungsprozessen erheblich voneinander abweichen. Von grundlegender Bedeutung sind einer-

---

[1] Vgl. Beyme 1994: 92.
[2] Vgl. Beyme 1994: 92.

seits langfristige, historische und strukturelle Faktoren, d. h. die politische Tradition eines Landes sowie der Typ und die Besonderheiten des autoritären Regimes, andererseits eher kurzfristige, situative und prozessuale Faktoren, etwa militärische Niederlagen, Koalitionszerwürfnisse oder interne Opposition.[1] Krisen, wie sie durch eine eventuelle Führungsnachfolge oder die Niederlage in einem Krieg entstehen können, erweisen sich oft als „Katalysatoren des Demokratisierungsprozesses"[2], indem sie die ohnehin fragliche Legitimität des autoritären Regimes unterminieren. Dem „Erbe der Vergangenheit", den bisher durchlebten politischen Systemen, dem vorautoritären Zustand und traditionellen Charakteristika des politischen Lebens - etwa in Lateinamerika und zum Teil auch in Griechenland die Politisierung des Militärs - kommt gewissermaßen die Rolle von „restriktiven Bedingungen" zu.[3] Als relevante Variablen können sich des weiteren die Umstände der autoritären Machtergreifung sowie Artikulationsformen und Strategien der Machtsicherung erweisen.[4] Bei bürgerkriegsartig entstandenen repressiven Regimen ist der Übergang eher gewaltsamer und revolutionärer, wohingegen unblutig, mit passiver Zustimmung der Bevölkerung entstandene Regime, die vielleicht sogar bestimmte Formen der Partizipation zugelassen haben, leichter eine friedliche und graduell verlaufende Transition zulassen.

Von Bedeutung sind insbesondere auch die interne Zusammensetzung und das politische Umfeld des herrschenden Blocks.[5] O'Donnell und Schmitter unterscheiden idealtypisch zwischen einem „weichen" und einem „harten" Sektor.[6] Im Gegensatz zu den *Hardlinern* plädieren die *Softliner* mittelfristig für Liberalisierungsmaßnahmen und betrachten langfristig die autoritäre Herrschaft nur als Durchgangsstadium mit Ausnahmecharakter bis zu dem Zeitpunkt, wo die Verhältnisse wieder „reif" für eine Rückkehr zur Demokratie sind. Im Falle einer Regimekrise neigen *Softliner* zur Kooperation mit gemäßigten Kräften der Opposition, um einen möglichst konfliktarmen Übergang zur Demokratie auszuhandeln, aber auch um ihre Interessen auch bei einer Auflösung des autoritären Regimes aus einer gesicherten Position heraus vertreten zu können. Von der Position und Stärke der *Hard-* bzw. *Softliner* hängt es u. a. ab, ob die Demokratisierung eher den Charakter einer graduellen Reform oder eines radikalen Bruchs annimmt.

Wichtig ist des weiteren das Verhältnis der Streitkräfte zum autoritären Herrschaftsapparat.[7] Bei einer neutralen oder gar kritischen Haltung des Militärs gegenüber dem

---

[1] Vgl. dazu Nohlen 1991: 156ff.
[2] Kraus 1990: 196.
[3] Vgl. Karl/Schmitter 1991b: 272.
[4] Vgl. Kraus 1990: 194. Vgl. auch Abschnitt 1.1
[5] Vgl. Kruas 1990: 195. Vgl. auch Abschnitt 1.1
[6] Vgl. O'Donell/Schmitter 1986: 15ff.
[7] Vgl. Kraus 1990: 195f, 208 u. Linz 1990: 154f.

autoritären Regime dürften die Gefahren einer restriktiven Einflußnahme auf den Demokratisierungsprozeß gering sein. Im Falle einer Militärdiktatur jedoch stehen die politischen Akteure vor dem Problem der Demilitarisierung von Staat und Gesellschaft, die einerseits für eine vollständige Demokratisierung unabdingbar ist, andererseits einen (erneuten) militärischen Staatsstreich provozieren kann.

2.2.3 Kontinuität und Diskontinuität im Übergangsprozeß

Als eine wesentliche Frage im Übergangsprozeß stellt sich dementsprechend die der Kontinuität bzw. Diskontinuität, d. h. ob er in Übereinstimmung mit unter dem bisherigen Regime aufgestellten Normen und Prozeduren stattfindet oder ob diese aufgegeben werden [1], zumal das damit verbundene Problem der Behandlung der autoritären Vergangenheit die Legitimität der neuen Demokratie beeinflußt. Eine Schlüsselrolle spielen dabei die den Übergangsprozeß beeinflussenden Eliten und deren Motive. Rustow[2] zufolge können verschiedene Gruppen den ausschlaggebenden Impuls zur Demokratie geben. Bestimmte Umstände können auch Nichtdemokraten zu einem demokratischen Verhalten bringen[3], so daß man unterscheiden kann zwischen „funktionalen" oder „pragmatischen" Demokraten auf der einen und „kulturellen" auf der anderen Seite. Merritt[4] unterscheidet zwischen *minimisers*, die - bemüht, die grundsätzlichen Strukturen zu erhalten - aus rein taktischen Gründen die Initiative ergreifen, und *maximisers*, deren Vorstellungen von unklaren Liberalisierungs- bis zu konkreten Transformationsabsichten reichen.

In diesem Zusammenhang kann man auch auf das Kostenmodell von Dahl[5] verweisen, nach dem die Demokratisierungschancen um so größer sind, je mehr die Kosten der Unterdrückung einer Opposition durch die Regierung die Tolerierungskosten überschreiten. Schmitter begründet das Abwägen von Kosten und Nutzen der Demokratisierung mit dem hohen Risiko und dem fraglichen Erfolg des Versuchs, eine neues System einzuführen, denn „for he who introduces it has all those who profit from the old system as his ennemies and he has only lukewarm allies in all those who might profit from the new system"[6].

---

[1] Vgl. Pridham 1984b: 6.
[2] Rustow 1970: 337ff.
[3] „circumstances may force, trick, lure or cajole non-democrats into democratic behaviour"; Rustow 1970: 344f.
[4] Merritt 1980.
[5] Dahl 1971: 15.
[6] Schmitter 1985: 85.

Sind in Demokratien im Gegensatz zu autoritären Systemen die Ergebnisse politischer Entscheidungsprozesse und Konfliktregulierungen nicht ex ante vorherbestimmmbar[1], so verstärkt sich dieses Ungewißheitsmoment noch während des Übergangs von der Diktatur zur Demokratie, da sich der alte Regimetyp in der Auflösung befindet, ohne daß sich bereits die Konturen des Nachfolgeregimes verfestigt haben.[2] Pasquino[3] hebt in diesem Zusammenhang die Bedeutung von dominanten Persönlichkeiten hervor. Angesichts der Tatsache, daß weite Teile der Eliten - vor allem in Militär und Wirtschaft - durch ihre Teilhabe oder ihr Profitieren an dem autoritären Regime diskreditiert sind, sieht er politische Parteiführer als tragende Akteure im Demokratisierungsprozeß, die das Signal für eine Mobilisierung der Bevölkerung geben, eine Identifikationsmöglichkeit für die neu entstehende Demokratie bieten, unterschiedliche Ideen, Erfahrungen und Erwartungen miteinander verbinden, Revanchegedanken mildern und eventuell sogar ein gewisses Maß an Kontinuität mit der vordiktatorischen Zeit repräsentieren und damit in dieser durch große Unsicherheit gekennzeichneten Phase eine mäßigende, stabilisierende Funktion übernehmen können.[4]

2.2.4 Akteure und Strategien im Übergangsprozeß

Transaktionen werden also geleitet von Akteuren, die Strategien wählen, die zum Wechsel von einem Regime zu einem anderen führen. Die spezifische Kombination von Akteuren und Strategien definiert den Typ des Übergangs. Dabei kann die Interaktion der Strategien durchaus zu einem Ergebnis führen, das anfangs niemand bevorzugte. Die Demokratie kann dann als „zweitbeste" Lösung[5] das Ergebnis eines Kompromisses zwischen „mattgesetzten"[6] rivalisierenden Akteuren sein, die ihr eigentliches Ziel nicht durchsetzen können.

Karl und Schmitter[7] gehen davon aus, daß die Strategien entlang eines Kontinuums variieren, das von einseitigem Rückgriff auf Gewalt bis zum multilateralen Willen zum Kompromiß reicht, und daß seitens der Akteure der Anstoß zum Systemwechsel einerseits „von unten", d. h. von im autoritären Regime untergeordneten oder ausge-

---

[1] Vgl. Abschnitt 1.3

[2] Vgl. Kraus 1990: 197.

[3] Vgl. Pasquino 1990: 42ff.

[4] In eine ähnliche Richtung geht Huntingtons (1968: 140ff) „modernizing monarch", auf den sich die gesamte Autorität während des Entwicklungsprozesses konzentriert und der eine Koalition zwischen modernisierenden und traditionellen Elementen bildet.

[5] Rustow 1970: 357.

[6] Schmitter 1985: 89.

[7] Karl/Schmitter 1991b: 274ff.

schlossenen Akteuren, andererseits „von oben“, d. h. aus Kreisen der alten Systemeliten selbst, ausgehen kann. Aus der Kombination dieser vier Eckpunkte ergeben sich für Karl und Schmitter vier Idealtypen der Transition:

- der Pakt, in dem Eliten sich auf einen multilateralen Kompromiß einigen;
- die Auferlegung durch einen Teil der Elite, der einseitig, gewaltsam einen Regimewechsel gegen den Widerstand des verbliebenen Teils der autoritären Machthaber durchsetzt;
- die Reform, in der mobilisierte Massen einen gewaltfreien Kompromiß erreichen;

und schließlich

- die Revolution, bei der ein Aufstand der Massen mit einem militärischen Sieg über die früheren Machthaber endet.[1]

		Strategie	
		Kompromiß multilateral	Gewalt einseitig
Akteure	Eliten	Pakt	Auferlegung
	Massen	Reform	Revolution

In einem anderen Modell nimmt Schmitter[2] eine größere Differenzierung der Akteure vor. Als mögliche Träger eines Systemwechsels sieht er Protagonisten des autoritären Systems, Anhänger und Nutznießer des autoritären Systems, die jedoch nicht unmittelbar daran beteiligt sind, Unterworfene, die von der Herrschaft zwar ausgeschlossen, aber nicht verfolgt sind, sowie vom Regime direkt bekämpfte Antagonisten. Ähnlich wie in der vorhergehenden Typologie unterscheidet er zwischen einem hohen und einem niedrigen Grad der Gewaltbereitschaft und kommt so zu vier Modelltypen der Demokratisierung:

- die Machtfestnahme, bei der ein Teil der autoritären Führung gegen die restliche Führung putscht, wobei das Ergebnis nicht selten ein noch restriktiveres Regime sein kann;
- die Machtübernahme, in der frühere Anhänger des autoritären Systems, die nicht durch die direkte Beteiligung kompromittiert sind, friedlich die Macht übernehmen;
- die Machtübergabe seitens (eines Teils) der früheren autoritären Machthaber an gemäßigte Kräfte der Opposition;

[1] Dazwischen gibt es natürlich eine Vielzahl von Situationen, in denen Akteure und Strategien „gemischt“ sind, z. B. indem Gewalt durch einen Kompromiß gemäßigt wird oder mobilisierte Massen unter der Kontrolle der früheren Eliten stehen.

[2] Schmitter 1985: 86ff.

- die Machtergreifung durch die Antagonisten, der sich die autoritären Führer gewaltsam, aber erfolglos widersetzen, wobei hier die Gefahr eines Bürgerkrieges besteht.[1]

		Träger des Systemwechsels			
		Protagonisten	Anhänger	Unterworfene	Antagonisten
Grad der Gewaltbereitschaft	hoch	Machtfestnahme			Machtergreifung
	niedrig		Machtübernahme	Machtübergabe	

Anders aufgebaut ist die Typologie von Share[2], der zur Einordnung eines Systemübergangs zwei klassifikatorische Fragen stellt:

1) ob die Entstehung des demokratischen Regimes mit Teilnahme oder zumindest Tolerierung der autoritären Führung erfolgt, wonach zwischen „konsensualer" und „nicht-konsensualer" Transition unterschieden wird; und
2) nach der Dauer des Übergangs, der graduell oder schnell sein kann.

Hiervon ausgehend unterscheidet auch Share vier Idealtypen der Demokratisierung:

- die konsensual und allmählich gewachsene Demokratisierung wie in Großbritannien, die er jedoch in der heutigen interdependenten Welt angesichts von Massenkommunikationsmitteln und Demonstrations- und Nachahmungseffekten für kaum mehr realisierbar hält ebenso wie
- die Transition durch einen langatmigen revolutionären Kampf, der für gewöhnlich das Zeichen ist für ein besonders unnachgiebiges und autoritäres Regime oder aber eine revolutionäre Opposition, deren Absichten nicht wirklich demokratisch sind.

So verbleiben noch

- der Übergang durch Transaktion, vergleichbar Karls und Schmitters „Pakt" sowie
- die Transition durch Bruch, die einem Großteil der heutigen Demokratien zugrunde liegt und nochmals unterteilt wird in
  a) den Zusammenbruch des autoritären Systems nach einer militärischen Niederlage und eventuell Besetzung durch eine fremde Macht;
  b) die Freimachung, wenn das autoritäre Regime einen plötzlichen Legitimitätsverlust erleidet und die Macht an demokratische Kräfte übergibt,

[1] Auch hier wird es in der Realität Kombinationen der verschiedenen Typen geben, z. B. daß der Errichtung eines noch repressiveren Systems nach einer Machtfestnahme eine gewaltsame Machtergreifung folgt.
[2] Share 1987: 529ff.

c) den Staatsstreich durch Teile des Militärs, das die autoritäre Führung entmachtet, und
d) die Revolution mobilisierter Massen.

		Demokratisierung durch oder gegen Regimeführer	
		konsensual	nicht-konsensual
Tempo der Demokratisierung	graduell	Gewachsene Demokratisierung	Transition durch langatmigen revolutionären Kampf
	niedrig	Transition durch Transaktion	Transition durch Bruch a) Zusammenbruch b) Freimachung c) Staatsstreich d) Revolution

2.2.5 Kompromisse und Pakte

Unabhängig vom Aufbau der Typologie werden der elitengesteuerten, friedlich verlaufenden Transition größere Chancen auf eine langfristig erfolgreiche Demokratisierung eingeräumt. Um die Chancen eines undramatischen Übergangs zu erhöhen bzw. die Gefahr eines autoritären Umschwungs zu neutralisieren, können sich die politischen Akteure um eine möglichst breite Koalition bemühen aus Diktaturgegnern, die untereinander selbst oft verschiedene, teils sogar widersprüchliche Interessen und Ziele haben[1], sowie früheren Anhängern des autoritären Regimes. Eine solche „coalition of consent for democracy"[2] beinhaltet jedoch zwangsläufig einen Kompromiß, der konkrete Politikinhalte, genau umrissene politische Vorgaben (noch) ausklammert und lediglich allgemeine Spielregeln und Basisnormen festlegt.[3] In keinem der erfolgreichen südeuropäischen Systemwechsel Mitte der 70er Jahre fand ein uneingeschränkter Bruch oder gar eine drastische Abrechnung mit der Vergangenheit statt.

Am wohl nachdrücklichsten betonen O'Donnell und Schmitter[4] die Bedeutung des Paktierens und der partiellen Kooperation zwischen konfligierenden Gruppierungen als Ausgangsbasis für die Strukturierung des neuen Systems indem sie den Übergang von der Diktatur zur Demokratie als „Verklammerung militärischer, politischer und ökonomischer 'Konflikte'" begreifen, „die jeweils auf die Sicherung der Kontrolle

[1] Das Problem hierbei ist, aus einer Negativkoalition (gegen die Diktatur) eine Zustimmungskoalition (für die Demokratie) zu bilden; vgl. Kraus 1990: 207.
[2] Di Palma 1984: 175.
[3] Vgl. Di Palma 1984: 176f.
[4] O'Donell/Schmitter 1986: 37ff. Zu Pakten vgl. auch Kraus 1990: 198ff.

über die Streitkräfte, die parteiübergreifende konzertierte Ausrufung von *founding elections* sowie die Überwindung einer aufgrund der Hinterlassenschaften des autoritären Regimes und der Turbulenzen des Regimewandels häufig mehr als prekären Lage gerichtet sind"[1]. Ähnlich argumentiert Dahl[2]; auch er macht die Erfolgsaussichten postautoritärer Demokratisierung davon abhängig, in welchem Maße es gelingt, ein vertragsförmiges System wechselseitiger Garantien auszuhandeln. *Hardliner* des alten Regimes und revanchistische, nicht kompromißbereite Teile der Opposition werden bei diesem Systemwechsel ausgeschlossen[3] und können sich als Störfaktor für einen reibungslosen Übergang erweisen.

Dieser Aspekt findet auch schon bei Rustow Berücksichtigung, der die Demokratisierung als einen eine Generationen umfassenden evolutionären Prozeß sieht und ein dreistufiges Stadienmodell[4] entwickelte, das sich nicht nur auf den Übergang, sondern auch auf die Konsolidierung der Demokratie bezieht:

a) In der Vorbereitungsphase (*preparatory phase*) wird der dynamische Prozeß der Demokratisierung durch einen längeren unentschiedenen politischen Kampf zwischen rivalisierenden oder sogar antagonistischen politischen Kräften in Gang gesetzt. Das entscheidende Problem in diesem Stadium besteht darin, einen Weg zwischen absoluter Unnachgiebigkeit und mildem Konflikt zu finden, um die nationale Einheit nicht zu gefährden.
b) Der eigentliche Übergang erfolgt in der Entscheidungsphase (*decision phase*) als Ergebnis eines genuinen Kompromisses, in dem die rivalisierenden Blöcke der Herrschaftseliten und oppositionellen Gegeneliten demokratische Prozeduren zur Konfliktneutralisierung institutionalisieren. Die demokratische Option erscheint den Parteien als jeweils „zweitbeste" Lösung zur Wahrnehmung ihrer Interessen.[5]
c) In der Gewöhnungsphase (*habituation phase*) wird das in der Entscheidungsphase erzielte Übereinkommen auf Politiker und Bürger übertragen, werden durch praktische Erfahrung demokratische Verfahren und Regeln ausgeweitet und Vertrauen in die neue junge Demokratie aufgebaut, so daß hier der Wechsel vom Übergang zur Konsolidierung der Demokratie stattfindet.

Tendenzen zu einer Demokratisierung aus dem Inneren des autoritären Regimes verhindern jedoch einen Bruch mit allen Elementen des autoritären Regimes, so daß derartige Übergangsprozesse durch mehr oder weniger ausgeprägte „Moment[e] der

[1] Zit. nach Kraus 1990: 199.
[2] Dahl 1971: 40.
[3] Vgl. Schmitter 1985: 89.
[4] Vgl. Rustow 1970: 352ff.
[5] Vgl. dazu auch Di Palma 1984: 175.

Beharrung“[1] gekennzeichnet sind. Es besteht die Gefahr, daß die autoritären Machthaber versuchen, formelle und informelle Spielregeln festzulegen, die ihre Interessen und ihren Einfluß auch im folgenden Regime sicherstellen, so daß es nur zu einer begrenzten Demokratisierung kommt.[2] Darüber hinaus ergeben sich Restriktionen für das Vorgehen in sensiblen Bereichen[3], etwa der Wirtschaft, des Staatsapparates und insbesondere des Militärs, die sich in der Regel als die Diktatur tragende Kräfte erwiesen haben, bei denen aber eine allgemeine Abrechnung oder massive Umstrukturierungen nicht ohne Gefährdung des Demokratisierungsprozesses möglich sind. Hier bestehen für die Demokratisierungsbestrebungen zunächst „Grenzen, deren Überschreitung in Erwartung einer günstigeren Konjunktur im Zuge der Konsolidierung der Demokratie aufgeschoben werden“[4] muß.

2.2.6 Bewertung des genetischen Ansatzes

Ebenso wie der funktionalistische Ansatz kann auch die genetische Transitionsforschung den Systemwandel nicht ausschließlich erklären. Sie muß sich den Vorwurf gefallen lassen, Interaktionen der Akteure, ihre Strategien und Entscheidungen überzubetonen, die strukturellen und institutionellen Bedingungen des Systemwandels dagegen nur marginal zu beleuchten. Daß die Eliten, gewissermaßen abgehoben von der Gesellschaft rational die Ergebnisse steuern können, erscheint unwahrscheinlich und wurde gerade durch den Verlauf des Systemwandels in Mittel- und Osteuropa widerlegt. Eine umfassende Bestandsaufnahme eines Systemwechsels kann deshalb auf keinen der Ansätze ganz verzichten.

3. Konsolidierung der Demokratie

3.1 Definition - Abgrenzung zur Übergangsphase

Transitions- und Konsolidierungsphase gehen ineinander über und lassen sich nicht exakt voneinander trennen. Allerdings handelt es sich bei der Konsolidierung der Demokratie um mehr als eine bloße Verlängerung der vorhergehenden Entwicklung:

---

[1] Kraus 1990: 207.
[2] Vgl. dazu Stepan 1986: 72.
[3] Vgl. Di Palma 1984: 175f u. Kraus 1990: 207f.
[4] Kraus 1990: 206.

So können sich neue Machtkonstellationen ergeben, die Bedeutung früher entscheidender Kräfte abnehmen, während der Einfluß anderer steigt, die politischen Akteure sich mit neuen Problemen und Aufgaben konfrontiert sehen sowie Interessen und Verhaltensweisen wechseln.[1]

Aus der vorhergehenden Darstellung der Transition ergibt sich, daß die Übergangsphase als beendet angesehen werden kann, wenn allgemeine Regeln für den Ablauf politischer Entscheidungsprozesse aufgestellt und für das neue demokratische System grundlegende Elemente der Grundrechte, Volkssouveränität, Gleichheit, allgemeiner, gleicher und geheimer Wahlen, Partizipation, Herrschaftslimitierung und -kontrolle, Gewaltenteilung, Rechtsstaatlichkeit und Pluralismus festgelegt sind sowie die neuen Institutionen ihre Funktion aufzunehmen beginnen. Objektiv sichtbare Endpunkte sind die ersten freien Wahlen bzw. die Bildung einer ersten frei gewählten Regierung sowie die Verabschiedung einer neuen Verfassung. Während der Prozeß der Transition unter Umständen - wie das Beispiel Griechenlands 1974 zeigt - nur einige Monate umfassen kann, handelt es sich bei der Konsolidierung um einen länger andauernden Prozeß der vertiefenden Institutionalisierung und Legitimierung eines neuen Regimes[2], bei dem der Faktor Zeit eine wichtige Rolle spielt.

Schmitter bezeichnet die Konsolidierung als „process of converting patterns into structures, of endowing what are initially fortuitous interactions, episodic arrangements, *ad hoc* solutions, temporary pacts etc. with sufficient autonomy and value to stand some chance of persisting. Actors respond by adjusting their expectations to this likelihood and come to regard the rules and resources of these emergent structures as acceptable, if not desirable“[3]. Die die Transformation noch kennzeichnenden Unsicherheiten werden zunehmend abgebaut, je mehr das Verständnis und die Zustimmung zur neuen demokratischen Struktur zunehmen und die Akzeptanz demokratischer Normen wächst[4], d. h. daß das neue politische System von möglichst breiten, wenn nicht allen Teilen der Gesellschaft als legitim akzeptiert wird. Dementsprechend versteht Huntington[5] unter Konsolidierung die Überwindung demokratiegefährdender Probleme wie die Beseitigung noch verbliebener autoritärer Gegenspieler und die Entpolitisierung des Militärs sowie die Entwicklung einer demokratischen politischen Kultur und Institutionalisierung demokratischer Entscheidungen. Im Kern geht es also um „die Herstellung jener politischen wirtschaftlichen, sozialen

---

[1] Vgl. Schmitter 1995b: 537.
[2] Vgl. Liebert 1990b: 269.
[3] Schmitter 1995b: 550.
[4] „The new regime becomes *institutionalized*, its framework of open and competitive political expression becomes *internalized*, and thus in large measure the preceding uncertainties and insecurities are overcome.“ L. Whitehead, The Consolidation of fragile democracies, European Consortium for Political Research (ECPR), paper 1988, S. 6ff, zit. nach Pridham 1990b: 9f. Vgl. auch Morlino 1995: 574.
[5] Huntington 1991a: 208ff.

und sozio-kulturellen Bedingungen, die den Bestand der Demokratie höchstwahrscheinlich machen"[1].

Dabei darf jedoch nicht übersehen werden, daß dem Übergang zur Demokratie nicht unbedingt eine Konsolidierung des Systems folgen muß. Nicht zuletzt werden Ablauf und Erfolg bzw. Mißerfolg des Konsolidierungsprozesses durch die Art und Weise der Transition mitbestimmt.[2] Es kann sein, daß die in der Transition gelegte Grundlage des politischen Systems eine Konsolidierung erschwert oder sogar gar nicht zuläßt,[3] etwa durch die institutionell verankerte systematische Benachteiligung bestimmter Gruppen oder informelle, von den verfassungsrechtlichen Normen abweichende Übereinkünfte zwischen Parteien und dem Militär.[4] Erschwert werden kann die Konsolidierung auch, wenn die gegen Ende der Transition verabschiedete Verfassung allein den Vorstellungen der Mehrheit entspricht, von der Opposition jedoch rigoros abgelehnt wird[5] oder wenn Institutionen ohne Rücksicht auf Besonderheiten des Landes importiert werden.

Insgesamt ist festzuhalten, daß es sich bei der Konsolidierung um einen weniger dramatischen, dafür aber vielschichtigeren Prozeß als bei der Transition handelt, in dem es nicht nur auf die Interessen, das Verhalten und den Umgang der relevanten (politischen) Kräfte ankommt, sondern auch auf die Entwicklung der Einstellungen zum neuen System.

3.2 Der Prozeß der demokratischen Konsolidierung

Verlauf, Dauer und Erfolg des Konsolidierungsprozesses zeigen sich abhängig von einem Bündel exogener und endogener Faktoren.[6] Erstere umfassen vorautoritäre Demokratieerfahrungen, auf die ein Land evtl. zurückgreifen kann, Charakter, Existenzdauer und Zusammenbruch des autoritären Systems, den - bereits genannten - Verlauf der Transition sowie die von den Akteuren in der Transition und Konsolidierung verfolgten Strategien und deren Wahrnehmung durch die Massen. Zu den exogenen Faktoren zählen die demokratische Stabilität der Nachbarstaaten, die eventu-

[1] Nohlen 1988: 6.
[2] Vgl. Schmitter 1995: 536f.
[3] In unkonsolidierten Demokratien wird nur ein „prozedurales Minimum" akzeptiert, die politischen Akteure zeigen sich jedoch unfähig, einen weitergehenden Konsens zu erzielen und die Unsicherheiten der Transitionsphase abzubauen. Vgl. Schmitter 1992: 429.
[4] Vgl. Karl/Schmitter 1991b: 272f.
[5] Vgl. Linz 1990: 157f.
[6] Vgl. P. C. Schmitter, The Consolidation of Political Democracy in Southern Europe (and Latin America). Unveröff. Ms., Florenz 1985: 64 u. ders., The Consolidation of Political Democracy in Southern Europe. Unveröff. Ms.; Florenz 1988: 93, zit. nach Merkel 1996: 36.

elle Einbindung in supra- und internationale wirtschaftliche und politische Organisationen, internationale Unterstützungsleistungen, die Art der Einbindung in die internationale Arbeitsteilung und wirtschaftliche Konjunkturzyklen.[1]

Während im Übergangsprozeß vor allem die Interessen und das Handeln der verschiedenen Eliten im Vordergrund stehen, gewinnt in der Konsolidierungsphase die Beziehung zwischen dem politischen System und der Gesellschaft eine größere Bedeutung.[2] Eine wesentliche Rolle für Ausmaß und Schnelligkeit der Konsolidierung der neuen Demokratie spielt der gesellschaftliche Rückhalt; es muß unterschieden werden zwischen der Etablierung der politisch-institutionellen Strukturen auf der einen und der Bildung einer systemunterstützenden politischen Kultur auf der anderen Seite.[3]

Anders als in der Übergangsphase, wo die Führungsrolle oft noch durch andere Gruppen, etwa das Militär, streitig gemacht wird, sollten idealerweise die politischen Parteien die tragende Rolle bei der die Konsolidierung ausmachenden institutionellen und kulturellen „Verwurzelung“[4] des demokratischen Systems übernehmen.[5] Nach Huntington[6] sind allein Parteien in der Lage, das in sich in einem Modernisierungsprozeß befindenden Ländern existierende „vacuum of power and authority“ langfristig auszufüllen, indem sie einerseits die Partizipationsmöglichkeiten erweitern, andererseits aber auch mäßigend auf die sich mobilisierenden Gruppen einwirken und systemschädigenden oder revolutionären Aktivitäten zuvorkommen bzw. diese ablenken.

In Analogie dazu sieht Liebert[7] das Parlament als zentralen Ort der demokratischen Konsolidierung, der auf dreierlei Weise zur Festigung der Demokratie beiträgt durch:

1) die Integration der politischen und sozialen Kräfte des Landes,
2) die Stabilisierung einer friedlichen Konfliktregulierung unter den politischen Akteuren und
3) den Aufbau von Unterstützung in der Bevölkerung.

Zur Festigung der Demokratie muß der in der Transitionsperiode eingegangene Kompromiß fortentwickelt werden, vor allem was die Austragung bisher in der Regel durch scharfe Polarisierung und Unversöhnlichkeit gekennzeichneter Konflikte be-

[1] In den exogenen Faktoren liegt ein wichtiger Grund für den in Südeuropa erfolgreicher verlaufenden Konsolidierungsprozeß im Vergleich zu Lateinamerika.
[2] Vgl. Pridham 1990b: 10.
[3] Vgl. dazu Pridham 1984b: 11f
[4] Pridham 1990b: 7.
[5] Entsprechend stehen sie im Mittelpunkt der Forschungen über demokratische Konsolidierung, z. B. bei Liebert 1990a, Pridham 1990b u. 1990c, Pasquino 1990, Morlino 1995, Schmitter 1995b u. Merkel 1996.
[6] Huntington 1968: 397ff.
[7] Liebert 1990a: 15ff.

trifft, wobei die Parteien sich unter Umständen von ihrer weniger toleranten (vor-) diktatorischen Vergangenheit lösen müssen. Für die weitere Institutionalisierung des neuen Systems ist von Bedeutung, in welcher Art und Weise die Parteien den konstitutionellen Regeln Substanz verleihen und so das formale Ergebnis des Übergangs bestätigen, modifizieren und/oder erweitern.

Auch bei der Entwicklung einer für den langfristigen Fortbestand entscheidenden Loyalität zum neuen Regime übernehmen die politischen Parteien eine wichtige Funktion durch das Ausüben von Entscheidungsautorität und gleichzeitige Verkörperung sozialer Verschiedenartigkeit und unterschiedlicher Ansichten. Nach Schmitter[1] ist ein kompetetives Parteiensystem entscheidend für die Legitimierung eines Systems, indem aus ihm eine Regierung hervorgeht, es gleichzeitig aber sicherstellt, daß die Unterlegenen freiwillig im System verbleiben. Dies setzt einen Konsens der politischen Akteure voraus, daß einerseits der Wahlsieger bzw. die Regierung ihre gewonnene, aber zeitlich begrenzte Macht nicht dazu einsetzt, die Aktivitäten der Wahlverlierer bzw. Opposition zu behindern oder sogar zu unterbinden und die Möglichkeit eines späteren Machtwechsels aufzuheben, andererseits aber die Wahlunterlegenen das Recht der Regierungsmehrheit, bindende Entscheidungen zu treffen, akzeptieren und ihre Opposition gegen Politikinhalte der Regierung, nicht aber gegen die Legitimität des konstitutionellen Regimes selbst richten.[2] Ein durch extreme Polarisierung und Fehlen oder Verlust dieses Konsenses gekennzeichnetes Parteiensystem kann somit gerade in der noch sensiblen Phase der Konsolidierung den Ruf nach der „ordnenden Hand“ militärischer Kräfte provozieren.

Als „Schlüsselkategorie“[3] im Konsolidierungsprozeß gilt die Legitimation des Regimes bzw. dessen Ergebnis, die Legitimität.[4] Ohne ein ausreichendes Maß an Legitimität bleibt ein demokratisches politisches System unkonsolidiert und instabil. Für Lipset bedeutet Legitimität „the capacity of a political system to engender and maintain the belief that existing political institutions are more appropriate or proper ones for the society“[5]. Legitimität ist demnach der Glaube, daß es zur Gesamtheit der bestehenden politischen Institutionen und Verfahren zur Zeit keine bessere Systemalternative gibt.[6] Daraus folgt, daß die Legitimität eines demokratischen politischen Systems nicht statisch ist, sondern vielmehr laufend bestätigt und erneuert werden

---

[1] Schmitter 1995b: 548..
[2] Vgl. dazu Karl/Schmitter 1991a: 82 u. Lawson 1993: 192f.
[3] Merkel 1996: 51.
[4] Vgl. dazu Merkel 1996: 51ff u. Schmitter 1995b: 546ff.
[5] Lipset 1959: 68.
[6] Letztlich bedeutet das, daß ein noch so unzulängliches System solange legitim ist, wie es von den Herrschaftsunterworfenen als die immer noch am wenigsten schlechte Herrschaftsform angesehen wird.

muß. In diesem Zusammenhang differenziert Easton[1] nach Bezugsobjekten - die politische Gemeinschaft, die politische Herrschaftsordnung und die Träger der politischen Herrschaft - sowie Arten der Unterstützung. Die „spezifische Unterstützung“ bezieht sich auf die Handlungen der politischen Herrschaftsträger und die damit in Verbindung gebrachten Leistungen (*output*), wohingegen die tiefer verwurzelte „diffuse Unterstützung“ sich unabhängig vom *output* auf alle drei Bezugsobjekte bzw. das politische System als ganzes richtet.[2] Angesichts des diskreditierten autoritären Vorgängerregimes verfügen junge Demokratien in der Regel über einen Vertrauensvorschuß[3], der sich jedoch - wie auch das Beispiel der ehemaligen DDR zeigt - mit der verblassenden Erinnerung an die Vergangenheit vermindert oder sogar durch das Verhalten der politischen Akteure verspielt werden kann.

Neben den bereits genannten wichtigen Elementen, die den Konsolidierungsprozeß ausmachen - die Vertiefung des in der Transition erzielten Kompromisses, die Neutralisierung des Militärs, der Aufbau eines Parteiensystems und die Legitimierung des demokratischen Regimes - nennt Morlino[4] noch einen weiteren wichtigen Faktor: die Achtung der Rechtmäßigkeit, d. h. die Fähigkeit der Regierungseliten und der Verwaltung „to stand as guarantors for the rule of law and for the decisions that have been taken“[5]. Als ein Hindernis bei der demokratischen Konsolidierung hat sich in Lateinamerika, zum Teil aber auch bei Griechenlands verschiedenen Demokratisierungsanläufen das Problem des „schwachen Staates“ erwiesen:

- Organisatorische Schwächen der Finanzverwaltung und damit verbunden ein geringes direktes Steueraufkommen einerseits, mangelhafte Steuergerechtigkeit andererseits,
- der Mangel an qualifiziertem Verwaltungspersonal und das Vorherrschen von Klientel- und Patronagebeziehungen,
- fehlendes Durchsetzungsvermögen des Staates gegenüber dem Auslandskapital und internationalen Kreditorganisationen und/oder
- vielfältige Formen der Korruption

erschweren nicht nur demokratischen, sondern auch autoritären Systemen eine Konsolidierung bzw. machen sie unmöglich.[6]

Auf der Grundlage der bisher gemachten Feststellungen entwickelt Merkel[7] ein umfassendes und differenziertes Konsolidierungskonzept in Form eines Mehrebenen-

---

[1] Easton 1965: 176.
[2] Vgl. Easton 1975: 445.
[3] Morlino (1995: 586) spricht von „negativer Legitimierung“ durch die kollektive Erinnerung an Repressionen und ökonomische Mißerfolge des autoritären Systems.
[4] Morlino 1995: 579f.
[5] Morlino 1995: 579.
[6] Zu den Kennzeichen des „schwachen Staates“ vgl. auch Nuscheler 1991: 125ff.
[7] Merkel 1996: 38ff.

modells. Er geht dabei von vier Ebenen aus, deren Konsolidierung zwar gleichzeitig beginnt, aber erst nach unterschiedlich langen Perioden abgeschlossen sein kann:

1) Die institutionelle Konsolidierung bezieht sich auf die Konsolidierung der zentralen Verfassungsorgane und politischen Institutionen wie Staatsoberhaupt, Regierung, Parlament, Judikative und Wahlsystem. Durch ihre normativen, strukturierenden, handlungseingrenzenden Vorgaben wirkt sie auf die
2) Ebene der repräsentativen Konsolidierung ein. Diese beinhaltet die Formen der Interessensvermittlung zwischen Gesellschaft und staatlichen Entscheidungsinstanzen, wobei eine territoriale (Parteien) und funktionale (Interessenverbände) Dimension unterschieden wird. Der Konsolidierungsstand dieser beiden Ebenen entscheidet mit darüber, ob auf der
3) Ebene der Verhaltenskonsolidierung tatsächlich die Anreize gemindert sind, daß unter Umständen systemfeindliche Akteure wie das Militär, Großgrundbesitzer, Unternehmer, radikale Bewegungen oder klandestine Gruppen ihre Interessen außerhalb der demokratischen Institutionen und gegen die demokratisch legitimierten repräsentativen Akteure durchsetzen. Eine weitgehende Konsolidierung dieser drei Ebenen wiederum wirkt sich positiv aus auf
4) die Konsolidierung der *civic culture*, d. h. die Herausbildung einer demokratiestützenden Bürgergesellschaft.

3.3 Wann ist die demokratische Konsolidierung erreicht?

Die Frage, wann die demokratische Konsolidierung als erreicht angesehen werden kann, ist nicht eindeutig zu beantworten und hängt v. a. davon ab, was unter einem konsolidierten System verstanden wird. Hinsichtlich der Dauer des Konsolidierungsprozesses reichen die Meinungen von maximal 10 bis 12 Jahren[1] bis zu einer ganzen Generation[2], doch besteht Einigkeit darüber, daß mit fortschreitender Verwurzelung der neuen Institutionen leichter die in ihrer Zahl ohnehin abnehmenden Herausforderungen bewältigt werden können und somit das erste Jahrzehnt als entscheidend anzusehen ist, in dem - einen erfolgreichen Verlauf vorausgesetzt - die Wahrscheinlichkeit einer autoritären Umkehr sukzessive abnimmt.[3]

In Anlehnung an die in der Übergangsphase gemachte Unterscheidung zwischen „funktionalen“ und „kulturellen“ Demokraten kann man die Konsolidierung als ab-

---

[1] Vgl. Morlino 1995: 578.

[2] Vgl. L. Whitehead, The Consolidation of fragile Democracies, European Consortium for Political Research (ECPR), paper 1988, zit. nach Pridham 1990b: 10 oder auch den unter 2.2.5 behandelten Ansatz von Rustow.

[3] Vgl. Converse 1969: 139.

geschlossen ansehen, sobald erstere durch letztere ersetzt sind[1] bzw., wenn man über die Ebene der Eliten hinausgeht, mit der Ausformung einer systemstützenden politischen Kultur sowie der Beseitigung der Unsicherheitselemente der Übergangsphase[2]. Morlino betont stärker die politischen Strukturen als die politische Kultur - daher geht er auch von einer relativ kurzen Konsolidierungsphase aus -, indem er die Konsolidierung als erreicht betrachtet, wenn der Faktor Zeit keinen offenkundigen Einfluß mehr auf nunmehr etablierte Verfahrensweisen und bewährte Strukturen und Normen hat.[3]

Przeworski[4] konzentriert sich auf das Verhalten der Eliten und hält eine Demokratie dann für konsolidiert, wenn kein relevanter Akteur außerhalb der demokratischen Institutionen agiert und auch diejenigen, die ihre Macht verloren haben, diese nur unter jenen demokratischen Regeln wiederzugewinnen suchen, unter denen sie sie verloren haben. Eine ähnlich minimalistische Konzeption hat Linz[5], der von einer Vollendung der Konsolidierung spricht, wenn

1) keiner der wesentlichen politischen Akteure, Parteien, Interessenverbände oder Institutionen eine Alternative zum demokratischen Prozeß sieht, um an die Macht zu gelangen, und
2) keine Institution oder Gruppe über ein Vetorecht gegen das Handeln demokratisch gewählter Entscheidungsträger verfügt.[6]

Dem entspricht Pridhams[7] Begriff der „negativen Konsolidierung"; negativ insofern als sie sich auf das Handeln der relevanten Akteure beschränkt, die die demokratischen Regeln nicht verletzen, da sie in einer bestimmten historischen Situation keine Systemalternative zur Demokratie sehen. Demgegenüber bezieht sich die „positive Konsolidierung" auf die Legitimität des Gesamtsystems und berücksichtigt die Einstellungsmuster der Bevölkerung. Ein wichtiges Zeichen für einen erfolgreichen Verlauf ist in dem Zusammenhang, daß die Regierungsleistung weniger ausschlaggebend ist für das politische System als für den Ruf und das Ansehen der Regierungspartei(en). Dem entspricht Eastons These der „diffusen Unterstützung"[8], nach der sich Stabilität trotz gelegentlicher Fehlleistungen entwickeln kann, indem in günstigeren Zeiten eine „reserve of good will" aufgebaut wird, auf die in Krisenzeiten zurückgegriffen wird, so daß das System weiterhin Bestand hat. Ein Konsolidierungs-

---

[1] Vgl. Pridham 1990b: 14.
[2] Vgl. ebd., 15.
[3] Vgl. Morlino 1995: 578.
[4] Przeworski 1991: 26.
[5] Linz 1990: 58.
[6] Sofern noch systemfeindliche Minderheiten verblieben oder entstanden sind, sind diese politisch isoliert.
[7] Pridham 1990b: 15.
[8] Easton 1965: 273f.

konzept, das sich auch auf die Entwicklung einer demokratieunterstützenden politischen Kultur in der Bevölkerung bezieht, rechnet mit weitaus größeren Zeiträumen.

Berücksichtigung finden die verschiedenen Dimensionen der Konsolidierung bei Linz und Stepan[1], für die eine Demokratie dann als konsolidiert gilt, wenn

1) kein relevanter politischer, militärischer oder wirtschaftlicher Akteur noch nennenswerte Ressourcen gegen die Demokratie mobilisiert,
2) eine starke Mehrheit der Bevölkerung die demokratischen Strukturen und Verfahren als die alternativlos beste Herrschaftsordnung akzeptiert und
3) keine „Reservedomänen" mehr bestehen, die der Kontingenz demokratischer Entscheidungen entzogen sind und von mächtigen korporativen Akteuren wie dem Militär jenseits demokratischer Entscheidungsarenen kontrolliert werden.

Zusammenfassend stellt Schmitter[2] somit fest, daß die Konsolidierungsphase beendet ist, „when rules and resources of basic democratic institutions are sufficiently entrenched - sufficiently protected by their own and other vested interests and sufficiently endowed with symbolic significance and normative approval - so as to withstand forseeable changes in their environment."

Als untrüglicher und wohl deutlichster Beweis einer konsolidierten Demokratie kann ein friedlicher bzw. ohne größere Unruhen verlaufender Regierungswechsel angesehen werden, der nur dann möglich ist, wenn ein gewisses Maß an Konsens über grundsätzliche politische Kursrichtungen besteht und die wesentlichen politischen Kräfte sich gegenseitig vertrauen, daß sich jeder an die elementaren demokratischen Spielregeln hält. An diesem Punkt, wo sich die Offenheit demokratischer Systeme[3] zeigt, hat das neue Regime breiten, wenn nicht allen Teilen der Gesellschaft seine Legitimität bewiesen.[4]

Demgegenüber sind aber auch in einer anscheinend konsolidierten Demokratie Rückschläge möglich. Dies läßt sich zum Beispiel modellhaft aufzeigen an Pridhams dreistufigem Konzept der parlamentarischen Institutionalisierung als wesentlichem Bestandteil der Transition und Konsolidierung[5]: Auf der Ebene der *macro-choice* wird ein bestimmtes politisches System oder Modell „gewählt", unter denen die libe-

---

[1] J. Linz/A. Stepan, Democratic Transition and Consolidation: Eastern Europe, Southern Europe and Latin America. Unveröff. Ms. 1991: 3, zit. nach Merkel 1996: 38.

[2] Schmitter 1995b: 544.

[3] Di Palma (1984: 175) sieht als wesentliche „Trumpfkarte" der Demokratie ihre Offenheit an, die dazu führt, daß es keine endgültigen Verlierer gibt.

[4] Zum Regierungswechsel vgl. Pasquino 1990: 58, Pridham 1990b: 14 u. Schmitter 1995b: 543f. Huntington (1991a: 226) sieht sogar erst einen zweimaligen machtpolitischen Wechsel in der Regierung als untrüglichen Beweis der Konsolidierung an, weil sich dadurch zeige, daß die zwei wichtigsten politischen Führungsgruppen eines Landes den Machtverlust nach einer demokratischen Wahlniederlage akzeptieren. Dies führt allerdings zu der Absurdität, daß die Bundesrepublik erst 1982 als konsolidiert anzusehen und Japan noch immer als unkonsolidiert gelten müßte. Vgl. Merkel 1996: 37 u. Linz 1990: 159.

[5] Pridham 1990c: 226f.

rale Demokratie eine von mehreren Möglichkeiten ist. Dem folgt das Stadium der *meso-choice*, in dem innerhalb der Option der liberalen Demokratie die Entscheidung über verschiedene strukturelle Versionen, präsidial oder parlamentarisch, zentralistisch oder föderal, getroffen wird. Zu dieser Phase zählt auch wegen der damit verbundenen Auswirkungen auf das Parteiensystem und den politischen Wettbewerb die Entscheidung über das Wahlsystem. Den Abschluß bildet die Ebene der *micro-choice*, in der genauere Verfahren und Regelungen innerhalb der zuvor festgelegten Strukturen eingeführt werden. Doch selbst im Fall einer erfolgreichen Demokratisierung muß diese Entwicklung nicht chronologisch verlaufen, sondern ist eine zeitweilige Rückkehr auf die mittlere Ebene - zum Beispiel bei einer neuen Verfassung oder einem grundsätzlichen Wahlrechtswechsel - oder sogar auf die erste Ebene - etwa bei einem Putsch(versuch) - möglich. Andererseits muß nicht jede im Entwicklungsverlauf einer Demokratie auftretende Instabilität automatisch ein Problem der Konsolidierung bedeuten[1], wenngleich sich dies in jungen Demokratien anbietet, insbesondere wenn deren bisherige Geschichte durch ein hohes Maß an Unsicherheit, Polarisierung und tiefgreifenden Konflikten gekennzeichnet ist und sich aus den verschiedensten Gründen keine ungefährdete demokratische Tradition entwickeln konnte.

[1] Vgl. dazu Pridham 1984b: 13 u. 1990b: 13f. Schmitter (1995: 536) vertritt sogar die Ansicht, daß angesichts der die Demokratie kennzeichnenden „Unsicherheit“ ein demokratisches System letztlich nie als vollends konsolidiert bezeichnet werden kann.

II. HISTORISCHE GRUNDLAGEN

1. Das antike Erbe

Stark idealisiert, erfährt das antike Griechenland oft mehr Aufmerksamkeit als das heutige. So ist es nicht erstaunlich, daß das antike Erbe für das moderne Griechenland eine wichtige Rolle spielt, um so mehr als die Antike entgegen weitverbreiteten Vorstellungen in der Zeit des Oströmischen bzw. Byzantinischen Reiches fortlebt und nach dessen Zusammenbruch (1453) durch die orthodoxe Kirche bewahrt wurde. Dies zeigt sich nicht nur am Unterrichtsstoff der Schulen, der Namensgebung oder der Wahl Athens zur Hauptstadt des neugriechischen Staates. Charakteristika des heutigen Lebens wie die Begeisterung für hitzige politische Diskussionen, die ausgeprägte Freiheitsliebe sowie die Neigung zu List und Schläue - nicht umsonst identifiziert sich ein Großteil der Griechen mit Odysseus[1] - finden sich auch schon in der Antike.[2]

Die Antike, d. h. das Bewußtsein einer gemeinsamen „großen Vergangenheit", stellte und stellt auch heute noch ein identitätstiftendes Element dar, auf das vor allem während der osmanischen Herrschaft, aber auch allgemein in Krisenzeiten zurückgegriffen wurde bzw. wird. Die Berufung auf die antike Vergangenheit spielte im griechischen Befreiungskampf 1821-1829 eine tragende Rolle ebenso wie der gegen Ende des 18. Jahrhunderts durch die Bewunderung für die Antike aufkommende Philhellenismus, der sich auch auf das unterdrückte Volk ausweitete.[3]

Demgegenüber erwies sich das antike Erbe in mancher Hinsicht aber auch als Belastung für das moderne Griechenland.[4] Der „großen Vergangenheit", in der die Griechen eine kulturelle, politische und wissenschaftliche Führungsfunktion innehatten, standen in der neugriechischen Gegenwart meist eine bescheidene Realität und Zukunft gegenüber. Treffend ist in diesem Zusammenhang eine Bemerkung der 1993 gestorbenen Schauspielerin und Kulturministerin Melina Mercouri: „Als Grieche oder Griechin geboren zu sein ist ein erhabener Fluch. Für erstaunlich viele Leute

---

[1] Vgl. Coulmassis o. J.: 3.

[2] Vgl. Richter 1984: 146 u. 1990: 9f.

[3] Vgl. Vakalopulos 1985: 87ff, 98ff.

[4] Vom griechischen Nobelpreisträger Georgios Seferis (1900-1972) einmal bildhaft ausgedrückt:

„Ich erwachte und hielt diesen Marmorkopf in meinen Händen,
der mir die Ellenbogen schwermachte, und ich weiß nicht,
wo ich sie aufstützen soll"

(Poesie, Frankfurt a. M. 1962, S. 13).

heißt das offenbar, daß man persönlich die Akropolis gebaut, Delphi gegründet, das Theater erschaffen und den Begriff der Demokratie erfunden hat. In Wirklichkeit aber bedeutet es, daß man arm ist, eine Menge Landsleute hat, die weder schreiben noch lesen können, und daß einem das bißchen Demokratie und Unabhängigkeit, das man in seltenen Augenblicken genießen durfte, alsbald von fremden Schutzmächten wieder weggeschnappt wurde."[1]

Ideologisch mißbraucht wurde das antike bzw. byzantinische Kulturerbe durch die Diktatur Metaxas' 1936-1941, die im Bemühen, eine eigene Weltanschauung zu entwickeln, die „dritte griechische Kulturepoche", nach der ersten, dem antiken Hellas, und der zweiten, Byzanz, propagierte, sowie durch die Obristen 1967-1974, die unter der Parole „Griechenland christlicher Griechen" ein faschistisches Regime errichteten.

Eine weitere Folge des Bezugs zur Antike ist der lang währende, um die Jahrhundertwende zu bürgerkriegsähnlichen Zuständen führende Sprachenstreit zwischen den Verfechtern der *katharevousa*, der reinen Sprache, mit der auch auf sprachlicher Ebene an die antike bzw. byzantinische Vergangenheit angeknüpft werden sollte, und der *dimotiki*, der Volkssprache. Erst seit 1975 ist der Sprachdualismus, in dem sich auch soziale Gegensätze ausdrückten, offiziell beendet, da sich die neue Verfassung nicht mehr auf eine bestimmte Sprachform festlegt; die *dimotiki*, die im Bildungsgesetz von 1976 zur alleinigen Unterrichtssprache an allgemeinbildenden Schulen erklärt worden ist, ist heute die alltägliche Sprache, während die *katharevousa* lediglich in einigen Bereichen der Wissenschaft und wenigen - vorwiegend konservativen - Zeitschriften Verwendung findet.[2]

Abschließend ist jedoch festzuhalten, daß, obwohl das Athen Perikles' als „Wiege der Demokratie" in die Geschichte einging und die Demokratie das wichtigste Erbe der Antike darstellt, sie in Griechenland zerbrechlicher ist als in westeuropäischen Staaten, da ihr wichtige Strukturen fehlen, die zu ihrem Schutz notwendig sind.[3] Die Ursachen für diesen Mangel liegen in der späteren historischen Entwicklung.

---

[1] M. Mercouri, Ich bin als Griechin geboren, Reinbek 1974, zit. nach Axt 1985a: 9.

[2] Zum Sprachenstreit vgl. Hering 1987: 125ff.

[3] Entsprechend äußerte sich auch Karamanlis nach 1974: „Wenn die Demokratie in Griechenland nicht normal funktioniert hat, so ist diese Tatsache darauf zurückzuführen, daß die Bedingungen ihrer Existenz fehlten oder nicht geschaffen werden konnten. Diese Bedingungen sind das 'milde politische Klima' und die gezähmten politischen Sitten sowie Institutionen, die den besonderen Verhältnissen unseres Landes angepaßt sind"; Karamanlis o. J.: 36.

2. Das Oströmische Reich

Bereits durch die Teilung des Römischen Reiches im 4. Jahrhundert wurde ein Prozeß der geistigen und politischen Entfremdung zwischen Ost und West eingeleitet, der 1054 mit den gegenseitigen Exkommunikationen der Päpstlichen Legaten und des Konstantinopeler Patriarchen, Michael Kerrullarios, eine Zuspitzung in der Auseinandersetzumg zwischen der griechischen und der lateinischen Kirche erreichte. Insbesondere nach der Eroberung Konstantinopels im Vierten Kreuzzug 1204 nährte sich das Selbstverständnis der Griechen in hohem Maße auch von der Abgrenzung gegenüber den Lateinern bzw. Franken, d. h. den Völkern des westlichen Europas.[1] Weit verbreitet war in dieser Zeit die Meinung, es lasse sich unter den Osmanen trotz aller Benachteiligung immer noch besser leben als unter der Latinokratie, was in dem dem letzten Premier des Reiches, Lukas Notares, zugeschriebenen Ausspruch zum Ausdruck kam: „Es ist besser, mitten in der Stadt den türkischen Turban herrschen zu sehen als die lateinische Mitra“[2]. Weit verbreitet ist das Pauschalurteil vom finsteren, dekadenten Byzanz, von der byzantinischen Periode als einer im Gegensatz zur Antike stehenden Epoche des ununterbrochenen kulturellen Verfalls. Dabei wird oft die historische Leistung des über eine Zeitspanne von mehr als 1000 Jahren bestehenden multikulturellen Oströmischen Reiches vergessen: Der Religion nach christlich, in der politischen Organisation römisch, im Denken und in der Sprache griechisch, trug es nicht nur zur Wahrung und Überlieferung des altgriechischen Kulturerbes bei, sondern schuf durch die Verbindung von hellenischem Erbe und christlicher Tradition eine das gesamte christliche Abendland beeinflussende eigene Kultur.[3]

Von großer Bedeutung für das Schicksal Europas war die achthundertjährige politisch-militärische und geistige Abwehrleistung des Oströmischen Reiches gegenüber dem Islam. Dabei nahm der „byzantinische Wettstreit mit dem Islam je nach der geschichtlichen Konstellation die Form einer Konfrontation oder aber einer (oft mit dem Gedanken der Assimilation verbundenen) Annäherung“[4] an.

Neben der Synthese von Antike und Christentum wurde die byzantinische Kultur auch stark durch orientalische Elemente geprägt[5] und übernahm somit die Rolle eines

---

[1] Vgl. Vakalopulos 1985: 21f u. Tzermias 1991: 34ff.
[2] M. Dukas, Historia Turcobyzantina (1341-1462), B. Grecu (ed.) (Scriptores Byzantini 1), Bukarest 1958, 37, 10: S. 329, 11, zit. nach Kallis 1991: 585.
[3] Zu diesem „anderen Byzanz“ vgl. Tzermias 1991.
[4] Tzermias 1991: 131.
[5] Für Wenturis (1984: 17) ist Byzanz der „Schmelztiegel“, in dem Orient und Okzident vereinigt wurden.

geistigen Vermittlers zwischen dem Osten und dem Abendland. Mit dieser „außereuropäischen Komponente“[1], die durch die Zeit der Osmanenherrschaft noch verstärkt wurde, begründete sich in Byzanz ein bis heute spürbares antinomisches Europaverständnis der Griechen: Zwar gehört man geographisch, kulturell und geschichtlich zu Europa, hat jedoch als Brücke zwischen Okzident und Orient, Europa und Asien eine Außenposition inne.[2]

3. Die osmanische Herrschaft

Der Ost-West-Gegensatz zwischen Griechen und Lateinern, die Zersplitterung der Byzantiner untereinander sowie politische und soziale Unruhen begünstigten den Aufstieg der Osmanen im 14. Jahrhundert. Der Fall von Konstantinopel 1453 hatte welthistorische Bedeutung und besiegelte den Untergang des Byzantinischen Reiches. Die folgende vierhundertjährige Osmanenherrschaft ist für die Griechen ein bis heute unvergessenes Trauma. Es entwickelte sich zwar ein gewisses Maß an lokaler Selbstverwaltung, das man gegenüber dem nach der Befreiung eingeführten Zentralismus als fortschrittlich ansehen könnte, und im Rahmen des „Millet-Systems“, d. h. der Aufteilung des Osmanischen Reiches nach religiösen Gemeinschaften, war eine bedingte Bewahrung der religiösen, sprachlichen und kulturellen Identität möglich, doch blieb die türkische Besatzung insgesamt von grausamer Willkür, Rechtlosigkeit und Unruhen geprägt. Die Masse der christlichen *Rajas* (nichtmuslimische Untertanen des Osmanischen Reiches) fristete ein elendes Dasein; als „Ungläubige“ unterlagen sie einer hohen Steuerlast und der sogenannten Knabenlese, der Zwangsrekrutierung christlicher Jugendlicher zwischen 15 und 20 Jahren für das Janitscharenkorps.[3]

Als Ausweg bot sich nur ein Abenteuerleben in den schwer zugänglichen und kontrollierbaren Bergen an. Die dort entstandene Bewegung der *Klephten*, eine Mischung aus Räubertum und Freiheitskampf, entwickelte eine Partisanentaktik, die später den Unabhängigkeitskampf und den griechischen Widerstand gegen die deutsche Besatzung im Zweiten Weltkrieg prägte. In jener Zeit entstand auch ein Hang zum Partikularismus, der immer wieder bei Konflikten in der griechischen Gesellschaft zum Ausbruch kam. Den Angriffen der *Klephten* setzten die türkischen Behörden die

---

[1] Tzermias 1991: 48.
[2] Bezeichnend ist die Redewendung „Ich reise nach Europa“, wenn man nach Deutschland, Frankreich oder England fährt.
[3] Zu den Lebensbedingungen der Griechen während der osmanischen Herrschaft vgl. Vakalopulos 1985: 36ff.

„Ordnungstruppe" der *Armatolen* entgegen. Die Grenzen zwischen *Klephten* und *Armatolen* waren jedoch fließend, häufig tauschten sie sogar die Rollen.[1]

Durch die Turkokratia verstärkte sich der orientalische Einfluß, gleichzeitig wurde Griechenland von der politischen, gesellschaftlichen und kulturellen Entwicklung Europas abgeschnitten. Es fand kein Übergangsprozeß vom Feudalismus über einen absolutistischen zu einem bürgerlichen Staat statt. Seit dem 17. Jahrhundert bildete sich innerhalb des Osmanischen Reiches eine neue griechische städtische Oberschicht um die „Phanarioten" (benannt nach ihrem Wohnviertel in Konstantinopel, dem Sitz des Ökumenischen Patriarchats), die eine Reihe wichtiger Staatsämter besetzte und das politische, geistige und wirtschaftliche Leben der Griechen und anderen Balkanvölker beeinflußte.[2] Zugleich entwickelte sich ein Netz blühender griechischer Handelskolonien nicht nur im östlichen Mittelmeerraum, sondern von Rußland bis nach Mitteleuropa.[3] Die Kontakte dieser Auslandsgriechen mit dem Gedankengut der Aufklärung und Französischen Revolution spielten eine wichtige Rolle für den 1821 beginnenden Freiheitskampf. Die Bildung eines nationalen, wirtschaftlich innovativen Bürgertums wurde jedoch unter der türkischen Feudalherrschaft verhindert. Daraus resultierte ein Modernisierungsrückstand, der sich auch heute noch auf das politische und gesellschaftliche Leben auswirkt.

Obwohl oft versucht wird, die osmanische Epoche zu verdrängen, trug sie wesentlich zur Herausbildung von Besonderheiten der politischen Kultur in Griechenland bei: Der ausgeprägte Nationalstolz[4], der dazu führt, die Bedeutung der griechischen Probleme zu überschätzen, ist auch eine Folge der jahrhundertelangen Bemühungen, die eigene Identität, das Bewußtsein, Grieche zu sein, gegenüber den fremden Herrschern zu bewahren, d. h. an der griechischen Sprache und der orthodoxen Kirche festzuhalten. Die Kirche, die als einzige Institution des Byzantinischen Reiches erhalten blieb, übernahm dabei eine „Normenerhaltungsfunktion"[5] und diente als Vermittler zwischen der Hohen Pforte, dem Sultanspalast, und der griechischen Bevölkerung.[6] Gleichzeitig wurde die Herausbildung eines positiven Staatsbegriffes verhindert, da dieser dem Griechen über Jahrhunderte als fremder Unterdrücker gegenübertrat. Der Staat wurde vielmehr als Feind betrachtet, gegen den jedes Mittel, ob Ge-

---

[1] Vgl. dazu Vakalopulos 1985: 57ff.
[2] Vgl. Vakalopulos 1985: 73f.
[3] Vgl. Vakalopulos 1985: 83.
[4] Ende 1994 zeigte eine Umfrage, daß 91% der Griechen sehr oder ziemlich stolz sind, Angehörige ihres Landes zu sein, womit Griechenland nach Irland an der Spitze der EU-Staaten liegt, deren gemeinsamer Durchschnitt bei 70% liegt (vgl. Eurobarometer 42, Frühj. 1995: 67). Ähnlich hohe Werte ergaben auch Umfragen in den 80er Jahren, während der EG-Durchschnitt zwischen 76% und etwas mehr als 80% schwankte; vgl. Gabriel/Brettschneider 1994: 560.
[5] Wenturis 1990: 306.
[6] Zur orthodoxen Kirche während der Türkenherrschaft vgl. Runciman 1970: 163ff.

walt, Betrug oder List, erlaubt war. Es entwickelte sich ein Zweckbündnis zwischen Stärkeren und Schwächeren. Während der Ranghöchste eines Dorfes seine schwächeren Mitbürger vor der Willkür staatlicher türkischer Institutionen schützte und ihre Interessen vertrat, erwiesen diese ihm ihre Loyalität und unterstützten ihn im Ausbau seiner Machtstellung. Die Protegés nahmen am Aufstieg ihres Beschützers ebenso teil wie an seinem eventuellen Fall. Dies gegenseitige Abhängigkeitsverhältnis bildete den Ausgangspunkt des für Griechenland und seine politische Praxis so charakteristischen Klientelsystems.[1]

Bei alledem ist aber festzuhalten, daß die beschriebenen Charakteristika zwar ihren Ursprung in der Osmanenzeit haben, sie jedoch durch die weitere Entwicklung und die Einwirkungen auf das befreite Griechenland weiter tradiert bzw. sogar noch verstärkt und damit zu einem mehr hinderlichen als förderlichen Faktor der griechischen Demokratisierung wurden.

4. Griechenland im 19. Jahrhundert: Ein junger Staat strebt nach Selbstverwirklichung

Der Unabhängigkeitskampf 1821-1829 gegen die Türken, in den die Großmächte Großbritannien, Frankreich und Rußland zögerlich unter dem Druck des Philhellenismus[2] eingriffen, befreite zwar einen Teil des heutigen griechischen Staatsgebiets - genauer gesagt die Peloponnes, den südlichen Teil Zentralgriechenlands, Euböa und die Kykladen - von der osmanischen Herrschaft, brachte aber nicht die ersehnte Souveränität.

Obwohl vorhergehende, sich an der amerikanischen und den französischen Revolutionsverfassungen orientierende Verfassungstexte, 1822 die Verfassung von Epidaurus, 1823 die Verfassung von Astros und 1827 die Verfassung von Trizina[3], eine liberale Staatsform vorsahen und sich auf das Prinzip der Volkssouveränität, die Garantie der Menschenrechte und die Gewaltenteilung gründeten, wurde im Londoner Protokoll vom 22. Januar 1830 Griechenland von den Großmächten die Monarchie oktroyiert. Nach dem gewaltsamen Tod des bereits seit 1827 regierenden Grafen Kapodistrias, eines früheren russischen Außenministers griechischer Herkunft, bestimmten die Großmächte 1832 den bayerischen Prinzen Otto, einen Sohn Ludwigs I. von Bayern, als König Griechenlands.

[1] Zur Entstehung des Klientelsystems vgl. u. a. Richter 1984: 151 u. Wenturis 1984: 25f.
[2] Vgl. dazu Vakalopulos 1985: 98ff.
[3] Zu den Verfassung vgl. Wenturis 1984: 43ff. Hier wird bereits von der Ersten neugriechischen Republik gesprochen.

Die Gründe für die widerstandslose Hinnahme der Einführung einer landesfremden Monarchie lagen in der außen- und innenpolitischen Konstellation jener Zeit:[1] Im Zeitalter der Restauration war eine republikanische Staatsform gegen den Willen der Großmächte nicht durchsetzbar. Darüber hinaus ließen die Uneinigkeit der Griechen untereinander sowie die Anarchie, die der Ermordung Kapodistrias' folgte, auch bei den Griechen selbst den Gedanken wachsen, daß der neue Staat zu seiner Ordnung und Festigung eines neutralen, über den rivalisierenden politischen Kräften stehenden Monarchen bedurfte.

Bereits während des Unabhängigkeitskampfes war es zu bürgerkriegsartigen Zusammenstößen der Griechen gekommen. Im Kern stritten dabei auch zwei verschiedene Welten gegeneinander: auf der einen Seite die der Westler bzw. Modernisten mit ihren aus dem zeitgenössischen Europa mitgebrachten Ideen, auf der anderen Seite die der am „orthodoxen Rußland" orientierten Traditionalisten mit ihren durch vierhundertjährige Türkenherrschaft geprägten bzw. verfälschten Vorstellungen von Freiheit und freien Bürgern.[2]

Trotz der durch einen militärischen Aufstand erzwungenen, seit 1844 verfassungsrechtlich bestehenden konstitutionellen Monarchie[3] regierte Otto bis zu seiner Absetzung 1862 in absolutistischem Stil. Insbesondere in der Anfangszeit stützte er sich dabei vor allem auf seine bayerischen Ratgeber.[4] Die Entfernung griechischer Politiker und Militärs aus den verantwortlichen Stellen, das häufig überhebliche Verhalten der Bayern sowie unvermeidliche Differenzen und Zusammenstöße zwischen diesen und den Griechen trugen dazu bei, daß die in ihrem Stolz verletzten Griechen sich gegen die *Varvarokratia*, die Bayernherrschaft, wandten.[5]

Ungeachtet des durch die osmanische Herrschaft bedingten „Stück[es] fehlender europäischer Vergangenheit"[6] wurde nach 1830 eine zentralistische Staatsverwaltung eingeführt, die im Widerspruch zu den traditionellen Selbstverwaltungsstrukturen des Landes stand, die sich in den Jahrhunderten der osmanischen Besatzung herausgebildet hatten. Es fand eine maßlose Einfuhr westeuropäischer politischer Institutionen statt, die nicht den Gegebenheiten, der wirtschaftlichen Unterentwicklung, der griechischen Kultur und Identität entsprachen, so daß der neue Staat nicht als der eigene angenommen, sondern vielmehr als Feind betrachtet wurde, dem man mit List, Betrug, Mißtrauen und einem Ausbau des Klientelsystems gegenübertrat.[7] Die Nichtent-

---

[1] Vgl. Wenturis 1984: 51f.
[2] Vgl. Manousakis 1993: 63 u. Diamandouros 1983: 47.
[3] Zur Verfassung von 1844 vgl. Hering 1992: 224ff.
[4] 1837 war Otto gezwungen, erstmals einem Griechen das Amt des Ministerpräsidenten zu übergeben.
[5] Vgl. Vakalopulos 1985: 128.
[6] Bakojannis 1972: 31.
[7] Vgl. Ganslandt 1990: 31f.

sprechung von politischen und sozialen Gegebenheiten bzw. deren ungleichzeitige Entwicklung wurde fortan zu einem Charakteristikum des griechischen Staates. Darüber hinaus entwickelte sich eine bis in die gegenwärtige Demokratie reichende Einstellung, den Staat als Beute der jeweiligen Machthabenden zu sehen. Begleitet wurde dies von einer maßlosen Aufblähung des Staatsapparats, der weit über die Bedürfnisse der Gesellschaft hinausging.[1]

Gleichzeitig setzten sich unter Otto die Eingriffe der drei „Schutzmächte“ in die Politik des Landes fort: Die ausländischen Gesandten mischten sich in die Parteikämpfe und Regierungsbildungen ein, 1850 verhängte England eine Seeblockade gegen Griechenland und beschlagnahmte griechische Handels- und Kriegsschiffe, um Forderungen englischer Staatsbürger gegen den griechischen Staat zu unterstützen, vier Jahre später blockierten Engländer und Franzosen den Hafen Piräus, und die französische Armee besetzte die Stadt, um Griechenlands Neutralität im Krimkrieg zu erzwingen.[2] Die Einwirkung des „ausländischen Faktors“ wurde durch die Tatsache begünstigt, daß 1829 erst ein Teil der griechischen Bevölkerung von der osmanischen Herrschaft befreit war und man sich vom Ausland Hilfe erhoffte. Auch versuchten griechische Politiker selbst immer wieder, mit Hilfe ausländischer Mächte ihre Interessen durchzusetzen. Bis 1855 waren die sogenannten ausländischen Parteien[3] tätig, die sogar den Namen ihrer jeweiligen Schutzmacht trugen, mit der sie sich verbunden fühlten bzw. von der sie abhängig waren (englische, russische und französische Partei).

Ottos kompromißloses Sichhinwegsetzen über die Verfassung führte zu einem verschärften Gegensatz zwischen König und bürgerlicher Opposition, der 1862 in einer Revolte gipfelte, der die Absetzung Ottos folgte. Mit Einverständnis der „Schutzmächte“ wählte die griechische Nationalversammlung den dänischen Prinzen Christian Ferdinand Adolf Wilhelm aus dem Hause Schleswig-Holstein-Sonderburg-Glücksburg als Georg I. zum „König der Griechen“[4].

Die für ihre Zeit fortschrittliche Verfassung von 1864 führte die Staatsform einer - wie es seit 1952 hieß - „gekrönten Demokratie“ ein; sie bildete die Grundlage der griechischen Verfassungstradition bis 1968. Indem sie den Grundsatz der Volkssouveränität proklamierte und das Volk zum Träger der Staatsgewalt machte, nahm sie gegenüber der Verfassung von 1844 eine Umkehrung der Vermutung über den Ur-

---

[1] Vgl. dazu Tsoukalas 1981: 86ff. Im Jahr 1889 kamen so in Griechenland auf 10.000 Einwohner 214 Beschäftigte im öffentlichen Dienst (Frankreich 176, Deutschland 126, Großbritannien 73).
[2] Vgl. dazu Vakalopulos 1985: 141f.
[3] Vgl. dazu ausführlich Hering 1992: 174ff.
[4] Und nicht wie Otto zum „König von Griechenland“, um so der Krone die souveräne Herrschaft über das Territorium des griechischen Staates abzusprechen.

sprung der Rechtmäßigkeit der Herrschaft vor.[1] Die Anerkennung des „Prinzips des erklärten Vertrauens“ 1875 durch Georg I., d. h. daß die von ihm berufenen Regierungen das Vertrauen der Mehrheit des Parlaments haben müssen, bedeutete den Beginn des Parlamentarismus in Griechenland. Allerdings wurde in der Praxis regelmäßig davon abgewichen. Die politische Situation blieb angespannt durch Eingriffe des Königs, die Bildung von Minderheitsregierungen, das Vorherrschen von Korruption und Nepotismus sowie den sich verschärfenden Gegensatz zwischen konservativen und progressiv-liberalen Kräften, zwischen der um den Thron versammelten Finanz- und Honoratioren-Oligarchie und aufstrebendem Bürgertum..

Die Regierung Trikoupis versuchte durch die Förderung der heimischen Wirtschaft[2], Reformen in Verwaltung, Justiz und Armee sowie die Verbesserung der Infrastruktur die Entwicklung des Landes zu beschleunigen.[3] 1893 war der griechische Staat jedoch faktisch bankrott, und nach der Niederlage in dem um Kreta geführten Krieg gegen die Türkei 1897 wurde das Land unter eine internationale Finanzkontrolle zur Sicherung des Schuldendienstes gestellt. Trikoupis, der als der bedeutendste Politiker Griechenlands im 19. Jahrhundert gilt, zog sich 1895 nach einer Wahlniederlage mit der Erkenntnis, daß „die Bedingungen in Griechenland nicht reif für das Funktionieren der parlamentarischen Institutionen“[4] gewesen seien, resigniert ins Ausland zurück.

Insgesamt kam es in der zweiten Hälfte des 19. Jahrhunderts zu einer Desillusionierung über die westlichen politischen Institutionen, die sich auch in den Werken verschiedener Intellektueller ausdrückte, die darin die Ursache für das, was sie als ‘Korruption’ griechischer Sitten, Gebräuche und Traditionen bezeichneten, sahen. Dem „westlichen Staat“ war es nicht gelungen, zu einer Stabilisierung des Landes beizutragen. Darüber hinaus stand die Haltung der seit 1875 alleinigen „Schutzmacht“ Großbritannien, die im Interesse des europäischen Status quo vor einer vorzeitigen Lösung der „Orientfrage“, d. h der Nachfolge des Osmanischen Reiches, zurückschreckte, den griechischen Territorialansprüchen entgegen.[5] Diese Enttäuschungen trugen dazu bei, die Gültigkeit und Legitimität ausschließlich westlicher Institutionen in Griechenland in Frage zu stellen. Kombiniert mit einem idealisierten Bild „einheimischer“ Verfahren der politischen und sozialen Organisation wirkte dies auf die

---

[1] Zur Verfassung von 1864 vgl. Hering 1992: 379ff u. Wenturis 1984: 60ff.

[2] Dem vor allem aus Finanz- und kleinen Geschäftsleuten, Händlern und Reedern bestehenden, oft vom Ausland, wo es einen Teil seiner Geschäfte abwickelte, abhängigen Bürgertum war es nicht gelungen, eine eigenständige ökonomische Entwicklung des Landes einzuleiten; vgl. Manessis 1985: 778f.

[3] Zur Regierung Trikoupis vgl. Hering 1992: 497ff u. Vakalopulos 1985: 165f u. 168ff..

[4] Dafnis 1961: 85.

[5] 1881 erhielt Griechenland nur Thessalien und Süd-Epirus.

Ausbildung der politischen Kultur ein, indem es zur Zweideutigkeit der politischen Identität und Orientierung des Landes beitrug.[1]

---

[1] Vgl. Diamandouros 1983: 49.

III. POLITISCHE WIRRUNGEN UND NATIONALE UMWÄLZUNGEN IN DER ERSTEN HÄLFTE DES 20. JAHRHUNDERTS

Ein erneuter Versuch, Griechenland innere soziale und wirtschaftliche Stabilität zu geben, erfolgte zu Beginn des 20. Jahrhunderts. Im Anschluß an den sich zu einer liberalen Bewegung entwickelnden Militäraufstand von Goudi 1909 kam Eleftherios Venizelos an die Regierung. Unter ihm und der auf seine Initiative hin 1911 revidierten Verfassung begann Griechenlands Entwicklung als Rechts-, Sozial- und Wirtschaftsstaat. Venizelos und die von ihm gegründete Liberale Partei setzten eine Ausweitung der Grundrechte durch, ergriffen Maßnahmen zur Reformierung bzw. Modernisierung der politischen und sozialen Institutionen sowie der Wirtschaft, führten eine Agrarreform durch, verabschiedeten Arbeitsgesetze und beugten so sozialen Unruhen vor, führten die Schulpflicht ein und entwickelten ein einfacheres Gesetzgebungsverfahren.

Infolgedessen, aber vor allem aufgrund der Frage der griechischen Haltung im Ersten Weltkrieg entstand 1915 ein die Nation tief spaltender Konflikt zwischen König Konstantin I., dem Sohn Georgs I., der eine pro-deutsche Haltung einnahm, und Venizelos, der auf seiten der Entente stand. Eigentlicher Hintergrund des Streits zwischen Venizelisten und Antivenizelisten bzw. Royalisten, der sich bis in die 30er Jahre fortsetzte, war die Frage der Staatsform, ein Konflikt, der das Land teilte, aber an den wahren Interessen und Problemen der Bevölkerung vorbeiging.

Bei weitem intensiver als der Ausbau der Sozial- und Wirtschaftsstruktur wurde die *Megali Idea*, die „Große Idee", verfolgt, d. h. der Traum, alle auf der Balkanhalbinsel und in Kleinasien lebenden Griechen territorial zu vereinigen. Durch die in den Balkankriegen 1912/13 erfolgte Vergrößerung des Staatsgebiets und der Bevölkerung um nahezu 70% hatte die *Megali Idea* neuen Auftrieb erhalten; der katastrophal endende Kleinasienfeldzug 1922 gegen die Türkei stellte gleichzeitig den Höhepunkt und das Ende dieses Traumes dar. Die griechische Politik hatte damit nicht nur ihr sichtbares Ziel verloren, sondern war auch mit dem Problem von 1,5 Millionen kleinasiatischen Flüchtlingen - bei einer Bevölkerung von 5 Millionen - konfrontiert. Der Zeitraum zwischen den beiden Weltkriegen war nicht zuletzt infolge der bürgerkriegsartigen Spaltung und des Problems der Flüchtlingsintegration durch politische

Instabilität gekennzeichnet. Dies zeigt sich daran, daß Griechenland in dieser Zeit drei Perioden unter Königen lebte, zwei Regenten sowie vier Präsidenten der Republik hatte und die Regierung im Durchschnitt alle sechs Monate wechselte.[1]

1924 wurde unter einer erneut revidierten Verfassung die Zweite Griechische Republik errichtet, die sich jedoch - unterbrochen von einer kurzen Zeit der Diktatur unter General Pangalos 1925/26 - als von Krisen geschüttelt erwies. Angesichts der schlechten wirtschaftlichen Verhältnisse und der angespannten sozialen Lage von vornherein nur mit geringen Überlebenschancen ausgestattet, wurde die Republik durch die zunehmende Mißachtung der Verfassung und die Verfälschung des parlamentarischen Systems ausgehöhlt. Dieser Degradationsprozeß mündete schließlich 1935 in die Restauration der Monarchie unter Georg II. und 1936 in die nach deutschem und italienischem Vorbild geführte Diktatur des Generals Metaxas, die bis zur Besetzung des Landes 1941 durch deutsche und italienische Truppen dauerte.

1. Griechenland unter dem Einfluß von Venizelos

1.1 Die politischen Ideale und Erfolge der Liberalen Partei

Die Dekade nach der als „Schande von 1897“ in die Geschichte eingegangenen Niederlage gegen die Türkei und dem finanziellen Staatsbankrott war „eine der frustrierendsten der griechischen Geschichte“[2]. Es bot sich das Bild eines durch verschleppte Probleme bzw. Reformen, fehlende Initiative, überholte gesetzliche Regelungen, eine mangelhaft funktionsfähige Verwaltung, Nepotismus und Korruption gelähmten, leistungsschwachen Staates. Das System der sogenannten „alten Parteien“ war unfähig, auf die wachsende Unzufriedenheit im Land befriedigende Antworten zu geben. Nach dem Tod ihrer Führer Trikoupis und Diligiannis zerfielen sie in rivalisierende, sich im Parlament erbittert bekämpfende Klientelnetze. Gleichzeitig wurde die Situation dadurch verschärft, daß das aufstrebende Handels- und Wirtschaftsbürgertum der bisher herrschenden agrarisch orientierten Oligarchie zunehmend die Macht streitig machte.

Parallel dazu gründeten Offiziere zu Beginn des 20. Jahrhunderts mit dem Ziel der Reorganisation und besseren Ausrüstung des Militärs einen „Militärischen Bund“, aus dem 1909 die Initiatoren des Putsches von Goudi hervorgingen. In einer Massen-

---

[1] Vgl. Korisis 1980: 23.
[2] Richter 1990: 19.

kundgebung von der Bevölkerung unterstützt, forderten sie neben der Besserstellung und Reorganisation der Armee auch Reformen in Verwaltung, Justiz und Wirtschaft sowie eine Revision der Verfassung.[1] Im griechischen Selbstverständnis bildete die Revolution von Goudi nach dem Befreiungskampf 1821-1827 den zweiten Versuch einer nationalen Wiedergeburt.[2] Wenngleich der Putsch unmittelbar keine grundlegende Änderung des griechischen politischen Systems bedeutete, so leistete er doch - vergleichbar ähnlich reformistischen Armeeinterventionen in Lateinamerika - den Zusammenbruch des griechischen 'Ancien Régime' und den Eintritt neuer politischer Kräfte in das politische Leben[3] des Landes ein.

Nachdem schon im Protokoll der ersten Sitzung der Militärliga nach ihrer Gründung der Vorschlag festgehalten worden war, mit dem kretischen Politiker Eleftherios Venizelos einen von der griechischen Parteiszene unabhängigen, d. h. auch nicht diskreditierten, Mann, der sich als Außen-, Justiz- und Premierminister der autonomen Region Kreta ausgezeichnet hatte, als Regierungschef nach Griechenland zu holen[4], übergaben die Militärs im Juni 1910 die Handlungsinitiative an Venizelos, nachdem der hinhaltende Widerstand des Königs, der „alten" politischen Kräfte und des Staatsapparates die Durchführung eines Reformprogramms verhinderten und sich erste Anzeichen der Abwendung der Bevölkerung bemerkbar machten.

Venizelos riet zur Durchführung von Wahlen, um ein neues Parlament zu bilden, dessen Aufgabe die Revision der Verfassung und Verwirklichung nötiger Reformen wären. In seiner berühmten programmatischen Rede am 5. September 1910 auf dem Athener Verfassungsplatz dominierten Schritte zur organisatorischen Modernisierung des politischen Systems und der Versuch, dieses System durch einen begrenzten Interessenausgleich mit mittleren und niederen sozialen Schichten zu stabilisieren. Er kritisierte ein unzweckmäßiges Justizsystem, veraltete Rechtsnormen und unzureichenden Schutz der Bürger vor Unrecht, Cliquenwirtschaft und Korruption der Verwaltung, Mangel an wirtschafts- und finanzpolitischen Konzepten, die hohen indirekten Steuern zu Lasten der ärmeren Schichten wie überhaupt ein allgemeines Desinteresse am Schicksal der Bauern und Arbeiter, was einen systemgefährdenden Antagonismus zwischen Großgrundbesitzern und Pächtern, Arbeit und Kapital erzeuge, sowie schließlich die Unfähigkeit bisheriger Regierungen, kampfbereite Streitkräfte aufzustellen sowie eine klare Konzeption „nationaler Politik" zu entwickeln und zu

---

[1] Zum Putsch vgl. Papacosma 1977: 173ff.
[2] Vgl. Richter 1990: 25f.
[3] Bei den Wahlen im Dezember 1910, aus denen die Liberale Partei von Venizelos als überragender Sieger hervorging, waren die meisten Abgeordneten Parlamentsneulinge; 87% waren vor 1910 nie gewählt worden; vgl. Hering 1992: 695.
[4] Vgl. Hering 1992: 673.

realisieren.[1] Gerade vor dem Hintergrund des späteren Konfliktes zwischen Venizelisten und Royalisten ist jedoch hervorzuheben, daß er an der Monarchie bzw. „gekrönten Demokratie“ als Staatsform festhalten wollte und hoffte, daß sich der König an die Spitze der Reformbewegung stellen (lassen) würde.[2]

Venizelos nutzte die Chance, die sich durch die begeisterte Zustimmung der Bevölkerung und die Auflösung der Klientelnetze der „alten Parteien“, die die Wahlen vom Dezember 1910 boykottierten, bot, zum Aufbau einer für diese Zeit in Griechenland fortschrittlichen Partei, der Partei der Liberalen, die durch die Schaffung eines zentral gesteuerten Netzes von liberalen Stützpunkten im Land auch in der Organisation neue Wege ging.

Ein grundlegendes Projekt der liberalen Regierung war die 1911 vorgenommene Revision der Verfassung von 1864, mit der Griechenlands Entwicklung als Rechts-, Sozial- und Wirtschaftsstaat begann. Wesentliches Anliegen und Kennzeichen der revidierten Verfassung waren „die Stärkung des liberalen und demokratischen Charakters des Staates sowie die Modernisierung und die Sicherung des guten Funktionierens des staatlichen Apparates“[3]. Entsprechend den liberalen Grundsätzen zählten zu den wichtigsten Bestimmungen der Verfassung Regelungen, die dem verstärkten Schutz der persönlichen Freiheit sowie der Garantie der Grundrechte dienten und für ein größeres Maß an Rechtssicherheit sorgten.[4] Zur Verbesserung des Bildungs- und Erziehungswesens wurde die Schulpflicht für einen kostenlosen Elementarunterricht eingeführt. Die Neufassung des Eigentumsartikels, der die Möglichkeit der Enteignung im Interesse des „öffentlichen Nutzens“, d. h. auch der sozialpolitischen Opportunität, vorsah, ermöglichte die spätere Landreform in Thessalien. Grundlage dieses umstrittenen Artikels war Venizelos’ Drängen, Möglichkeiten zu schaffen, um sozialen Unruhen vorzubeugen.[5]

Die Revision der Bestimmungen über die Staatsgewalten und Verfassungsorgane zielte im wesentlichen darauf, den Ermessensspielraum der Königs einzugrenzen, die Regierungs- und Parlamentstätigkeit effizienter zu gestalten sowie das Prinzip der Gewaltenteilung zu stärken. So wurde beispielsweise die im 19. Jahrhundert häufig genutzte Möglichkeit einer destruktiven Obstruktionspolitik im Parlament durch niedrigere Mindestpräsenzen eingeschränkt. Das Wahlprüfungsverfahren, das bisher

---

[1] Vgl. Hering 1992: 686f.

[2] Trotz Kritik an der Krone war Venizelos der Ansicht, daß die Demokratie mit einem König als Staatsoberhaupt „hervorragend zu der politischen Bildung des Volkes paßt und den nationalen Interessen am gedeihlichsten dient“; zit. nach Hering 1992: 687.

[3] Manessis 1967: 219. Zur Verfassung vgl. außerdem Hering 1992: 696ff, Sovolos 1929: 380ff u. Wenturis 1984: 66f.

[4] Vage und oft mißverständlich formulierte Bestimmungen der alten Verfassung, etwa über die Dauer der Untersuchungshaft, waren in der Vergangenheit oft zum Nachteil der Bürger ausgelegt worden.

[5] Vgl. Hering 1992: 697f.

in der Kompetenz des Parlaments gelegen hatte und in der Vergangenheit von der Mehrheit manipulativ genutzt worden war, wurde einem Gericht übertragen. Zur Sicherung einer unabhängigen Rechtsprechung wurden Richter und Staatsanwälte vor Entlassung geschützt, wie überhaupt für Angehörige des öffentlichen Dienstes ein Beamtenstatus (Unkündbarkeit) geschaffen wurde, um so die destabilisierenden Auswirkungen des *spoils system* zu vermindern. Des weiteren wurde die Gründung eines - allerdings erst 1929 eingerichteten - Staatsrates vorgesehen, der zugleich als Oberstes Verwaltungsgericht fungierte und der zur Ausarbeitung von Gesetzesentwürfen herangezogen werden konnte und dem Bürger einen besseren Schutz vor der Verwaltung gewährte.

Parallel dazu unternahmen die Liberalen, insbesondere in den Jahren 1911 bis 1915[1], entsprechend ihrem programmatischen Anspruch Schritte zu einer Modernisierung des Staatswesens nach westlichem Vorbild. Dazu zählten die Reorganisation der Ministerien und staatlichen Administration, Maßnahmen zur Rationalisierung der Behördenarbeit, vor allem in der Finanz- und Justizverwaltung, die Restrukturierung der Kommunalverwaltung, Revisionen im Staats- und Bürgerlichen Recht sowie die Einführung einer progressiven Einkommensteuer.

Trotz der Aufnahme einer neuen Anleihe erwirtschaftete die liberale Regierung bis 1914 Überschüsse, die größtenteils in die Rüstung und den Ausbau des Militärs flossen. Mit Hilfe französischer und englischer Offiziere wurden Armee und Marine modernisiert. Hier zeigt sich eine Besonderheit des griechischen Liberalismus im europäischen Vergleich:[2] Neben der Modernisierung des Staatswesens und der Entfaltung der bürgerlichen Gesellschaft stand die Verfolgung irridentistischer Ziele im Vordergrund. Im Zweifelsfall wurden die liberalen Werte der individuellen Freiheit und Rechtsstaatlichkeit der *Megali Idea* untergeordnet. Eine Nebenwirkung dieser Rüstungs- und Kriegspolitik war, daß durch die Aufblähung des Offizierskorps eine Machtapparatur entstand, die sich im weiteren Verlauf als eine „verhängnisvolle innenpolitische Belastung“[3] erweisen sollte.

Weitere Maßnahmen der Liberalen Partei bezogen sich auf die Förderung der Wirtschaft durch ordnungspolitische Maßnahmen, Investitionen in die Infrastruktur, die Gründung von Handels-, Industrie- und Landwirtschaftskammern sowie die Einrichtung von Berufsschulen und technischen Mittelschulen mit landwirtschaftlicher, industrieller und kommerzieller Ausrichtung. Im Zuge einer Bildungsreform führten die Liberalen 1918 erstmals seit der Staatsgründung die *Dimotiki* in den unteren vier

---

[1] Vgl. zu dieser Zeit ausführlich Hering 1992: 702ff, außerdem Stavrianos 1958: 513ff u. Campbell/Sherrard 1968.
[2] Vgl. Hering 1992: 709f.
[3] Hering 1992: 710.

Klassen der Volksschule als Unterrichtssprache sowie für den Unterricht des Neugriechischen an Gymnasien ein.[1]

Weniger aus ideellen denn aus taktischen Gründen, um der Gefährdung des politischen, wirtschaftlichen und sozialen Systems durch unzufriedene Unterschichten vorzubeugen, förderte die Regierung Venizelos auch sozialpolitische Maßnahmen. Vollkommen neu für Griechenland war die Einführung von Arbeitsschutzregeln, die unter anderem die Begrenzung der Arbeitszeit, die Arbeit von Frauen und Minderjährigen mit dem generellen Verbot der Beschäftigung von Kindern unter 12 Jahren, die Sicherheit am Arbeitsplatz, die Entschädigung bei Betriebsunfällen und den Modus der Lohn- und Gehaltszahlung betrafen. 1914 erhielten die griechischen Arbeiter das Recht, Gewerkschaften zu gründen. Das französische Modell der Arbeiterzentren (*Bourses du travail*) verhinderte jedoch die Entstehung unabhängiger größerer Gewerkschaften.[2] 1929 wurden die Arbeitsschutzgesetze durch ein umfassendes Sozialversicherungsgesetz (Kranken-, Invaliden- und Alterssicherung) ergänzt.[3]

Trotz der grundsätzlich als positiv zu bewertenden Bilanz der liberalen bzw. venizelistischen Politik bis Mitte der 30er Jahre müssen auch - nicht zuletzt im Hinblick auf die im folgenden Abschnitt behandelte Spaltung des Landes in Venizelisten und Antivenizelisten - einige Abstriche gemacht werden. Grundlegende Schwächen des griechischen Systems überlebten auch unter den Liberalen bzw. wurden von diesen weiter praktiziert. Der Zerfall der Klientelnetze der „alten Parteien“ bedeutete nicht das Ende des Klientelismus. Venizelos' autoritärer Führungsstil hemmte die Entfaltung der formalen Parteiorganisation. Auch bei den Liberalen bestand eine „Tendenz, Beschränkungen der Exekutive zu unterlaufen, ihre Kontrolle zu reduzieren, Fragen der Legalität nach Gesichtspunkten politischer Opportunität zu entscheiden“[4]. Regelmäßig umging die Regierung das Parlament, indem sie Verordnungen in Bereichen erließ, die eigentlich gesetzlich zu regeln gewesen wären. Zwischen 1917 und 1920 konnte de facto von einer Diktatur der Liberalen gesprochen werden.[5] Schließlich trugen das Verhalten Venizelos' in den Endjahren der Zweiten Republik (1933-35), seine Beteiligung am Putsch von 1935 zum Untergang der Demokratie mit bei.[6]

---

[1] Vgl. Vakalopulos 1985: 215.
[2] Vgl. Richter 1990: 32.
[3] Allerdings wurde dies 1933 unter dem Druck der Arbeitgeber von der Regierung der Volkspartei zunächst suspendiert und dann abgeschwächt. Erst 1937 trat es in vollem Umfang in Kraft, so daß das Metaxas-Regime den propagandistischen Erfolg für sich verbuchen konnte; vgl. Hering 1992: 1007f u. Voyatzis 1969: 75ff.
[4] Hering 1992: 711.
[5] Z. B. Hering 1992: 801 u. Vakalopulos 1985: 196.
[6] Vgl. Abschnitt 4.4 über die Republik in der Krise.

1.2 Die Spaltung in Venizelisten und Royalisten

Die Spaltung des Landes in Venizelisten und Antivenizelisten bzw. Royalisten hatte nachhaltige Auswirkungen auf die griechische Politik bis 1941[1] und stand jahrzehntelang einer ungefährdeten demokratischen Tradition entgegen. Vordergründiger Anlaß war 1915 die Meinungsverschiedenheit zwischen der Regierung Venizelos und König Konstantin über die außenpolitische Orientierung Griechenlands, d. h. die Frage eines Eintritts des Landes in den Ersten Weltkrieg: Während Venizelos für einen Kriegseintritt auf seiten der Entente plädierte, da er von deren Sieg überzeugt war und hoffte, Griechenland könne so seine territorialen Ansprüche befriedigen, wollte der germanophile, mit der Schwester des deutschen Kaisers verheiratete Konstantin einen neutralen Kurs beibehalten. Im Kern handelte es sich bei dieser Auseinandersetzung um einen verfassungspolitischen Konflikt über die Rechte des Königs,[2] in dessen Folge ein tiefer Riß durch die griechische Gesellschaft ging. Weit davon entfernt, sich auf eine persönliche Auseinandersetzung der beiden Hauptakteure, Konstantin und Venizelos, zu reduzieren, standen sich in dieser Auseinandersetzung die antagonistischen Sichtweisen, Vorstellungen und Zielsetzungen zweier politischer Gruppierungen gegenüber, die praktisch alle Schichten einer überpolitisierten Gesellschaft in ihren Konflikt hineinzogen: Auf der einen Seite die traditionalistischen, der Krone zugewandten und den Werten einer vergangenen Epoche verpflichteten Kräfte - später im wesentlichen verkörpert durch die Volkspartei um Tsaldaris -, auf der anderen Seite die vor allem vom aufsteigenden Bürgertum unterstützte, sich für eine Reformierung des Staatswesens und der gesellschaftlichen Strukturen einsetzende Liberale Partei. Von diesem Gesichtspunkt her hatte die die folgenden Jahrzehnte bestimmende Auseinandersetzung um die Frage der Staatsform - Monarchie oder Republik - auch eine symbolische Bedeutung, die über die politisch-konstitutionellen Aspekte des Problems hinausging.[3]

Bereits im August 1914 unternahm Konstantin hinter dem Rücken der von der Mehrheit des Volkes bzw. des Parlaments gestützten Regierung Verhandlungen mit den Mittelmächten über Gegenleistungen für die griechische Neutralität auf, in denen

---

[1] Vgl. Stavrianos 1958: 566ff, 661ff, Clogg 1979: 105ff u. Dafnis 1955.

[2] Vgl. Wenturis 1984: 69 u. Hering 1992: 764ff.

[3] Vgl. Alivizatos 1979:11f. Bemerkenswert ist, daß Venizelos sowohl im Dezember 1916, als die Liberalen den König für abgesetzt erklärten, als auch nach Konstantins faktischer Entthronung im Jahr darauf und nach der Niederlage in Kleinasien, der die Errichtung der Zweiten Republik folgte, für die Beibehaltung des Königtums plädierte: Ihm kam es auf das Funktionieren der Demokratie und nicht den Unterschied zwischen einem König und einem gewählten Staatsoberhaupt an; vgl. Hering 1992: 795.

er auch die Möglichkeiten der Destabilisierung und des Sturzes der Regierung Venizelos erörterte.[1] Im Februar 1915 führten die Differenzen zum Rücktritt der Regierung, doch ging die Liberale Partei aus den daraufhin für Mai angesetzten Neuwahlen als deutlicher Sieger hervor. Als der König sich im September gegen Venizelos' Entscheidung stellte, den Durchzug französischer Truppen durch griechisches Territorium zu gestatten, kam es zum erneuten Rücktritt der Regierung; erneut griff Konstantin zum taktischen Mittel der Parlamentsauflösung, um Zeit zu gewinnen und die liberale Mehrheit allmählich aufzuweichen. Die Liberalen sahen darin einen Verfassungsbruch und boykottierten die Neuwahlen im Dezember, aus denen folglich eine einseitig antivenizelistische Kammer hervorging: „Damit war aus dem politischen Dissens zwischen Venizelos und Konstantin über den richtigen Kurs des Landes ein offener Bruch geworden, der das Land so tief spaltete, daß von einem Schisma gesprochen werden darf"[2].

Konstantin war der Auffassung, sich nur in der Innenpolitik der Wählerentscheidung beugen zu müssen, in der Außenpolitik und in den großen nationalen Fragen jedoch die alleinige Verantwortung zu tragen.[3] Demgegenüber war die Liberale Partei auf der Grundlage des parlamentarischen Regierungssystems der Überzeugung, daß der König, der keine politische Verantwortung trage, keine eigene, persönliche Politik vertrete. Als Organ des demokratischen Staates dürfe der König von seinen Prärogativen - in diesem Fall der Parlamentsauflösung und Ansetzung von Neuwahlen - nur Gebrauch machen, um das „normale Funktionieren" der Verfassungsorgane zu gewährleisten, nämlich um Störungen im Verhältnis zwischen Exekutive und Parlament zu beseitigen, d. h. Neuwahlen anzusetzen, wenn aus der Kammer keine lebensfähige Regierung (mehr) hervorgeht oder um bei Anzeichen einer gravierenden Vertrauenskrise zwischen Volk und parlamentarischen Repräsentanten dem Volk die Möglichkeit der Entscheidung in Neuwahlen zu geben. Keinesfalls dürfe der König wegen eines Dissenses zwischen ihm und der auf die Parlamentsmehrheit gestützten Regierung das Kabinett entlassen, zum Rücktritt nötigen oder das Parlament vorzeitig auflösen. Wenn der Wähler nach einer verfassungskonformen Parlamentsauflösung in den beiden genannten Fällen entschieden habe, müsse sich der König der Entscheidung beugen; eine erneute Auflösung kurze Zeit später wäre ein Mißbrauch der königlichen Prärogative, um den Wählerwillen zu neutralisieren und die Exekuti-

---

[1] Vgl. Hering 1992: 758ff.

[2] Richter 1990: 43. Begleitet wurde die zugespitzte innenpolitische Situation von Interventionen der „Schutzmächte". Am 5. Oktober 1915 begann in Thessaloniki die Landung englischer und französischer Truppen; Ende Januar 1916 waren dort 125.000 Franzosen und 100.000 Engländer stationiert; vgl. Vakalopulos 1985: 193f.

[3] Vgl. Hering 1992: 764.

ve zu behindern.[1] Das verfassungswidrige Vorgehen Konstantins hatte zur Folge, daß im kritischen Jahr 1915 insgesamt sieben Monate und fünfundzwanzig Tage Männer regierten, die lediglich das Vertrauen des Königs besaßen.[2]

Infolge der zweiten Parlamentsauflösung kam es zu einer schweren Legitimitätskrise, in deren Folge der Fundamentalkonsens über die Methoden der Konfliktaustragung zerstört wurde mit desintegrativen Wirkungen für das politische System. Ab 1916 schreckten beide Konfliktparteien auch nicht mehr vor Gewalt zurück, um ihre Ziele zu erreichen, „wobei jeder Gewaltakt als Verteidigung gegen vorausgegangene Gewaltakte und illegale Praktiken der anderen Seite hingestellt wurde"[3].

Gleichzeitig entstanden die Voraussetzungen für die Prätorianergesellschaft der Zwischenkriegszeit: Beide Konfliktparteien versuchten immer mehr Gruppen für den Konflikt zu mobilisieren. Es setzte eine Politisierung sämtlicher sozialer Kräfte und Institutionen ein, wobei kein Minimalkonsens über den Konfliktaustrag bestand, so daß jeder seine Machtmittel einsetzte: „Der Reiche bestach, Offiziere putschten, Arbeiter streikten, der Mob demonstrierte, Abgeordnete tyrannisierten die Verwaltungsbeamten."[4] Der Grad der Mobilisierung war höher als der der politischen Institutionalisierung und Sozialisation.[5]

Das Ausmaß der Polarisierung wird an der stigmatisierenden Zweiteilung der griechischen Gesellschaft deutlich: „Wer gegen den Kriegseintritt war, geriet leicht in Verdacht, auch gegen die parlamentarische Demokratie, gegen die nationalen Interessen, aber für den deutschen Kaiser, für den bulgarischen Erbfeind und für Gewaltakte gegen die Liberalen zu sein. Auf der anderen Seite sah man im Venizelisten den gewalttätigen Agenten der Entente, der gegen den König auftrat, die Einheit der Nation zerstörte, die Traditionen erschütterte und die Existenz des Griechentums, die Integrität des Staates gefährde."[6]

Ende September 1916 war die Spaltung des Landes auch territorial vollzogen: Venizelos bildete in Thessaloniki eine Provisorische Regierung, bekannt als das „Triumvirat", und proklamierte den „Staat von Thessaloniki".[7] Die Entente erkannte diese Regierung an und verstärkte den Druck auf Konstantin und die Athener Regierung, wobei es zu militärischen Zusammenstößen zwischen englisch-französischen und griechischen Truppen kam. Die vorübergehende Besetzung strategisch wichtiger

---

[1] Vgl. Hering 1992: 766f u. Wenturis 1984: 69.
[2] Vgl. Hering 1992: 767.
[3] Hering 1992: 785.
[4] Hering 1992: 905.
[5] Vgl. Hering 1992: 785, 905 u. Huntington 1968: 194ff, 197f.
[6] Hering 1992: 786. Wenngleich nicht in diesem extremen Ausmaß ist die Diffamierung des politischen Gegners als Agent des Feindes bis in die heutige Zeit ein Kennzeichen politischer Auseinandersetzungen in Griechenland.
[7] Vgl. dazu Antonakeas 1950-54: I, 60ff u. Aspreas 1963: I, 392ff.

Punkte in Athen durch alliierte Truppen radikalisierte das innenpolitische Klima in Athen noch weiter. Einen Tag nach dem Truppenabzug ließen die Antivenizelisten ihrer Empörung freien Lauf: Die royalistischen Behörden ließen Anhänger Venizelos' verhaften und deportieren, Erzbischof Theoklitos verstrickte die Kirche Griechenlands in diesen Konflikt, indem er Venizelos exkommunizierte und als Verräter des Vaterlandes verfluchte, es kam zu Plünderungen und Verwüstungen.[1] Die dabei eingesetzten parastaatlichen Kampf- und Terrorgruppen, die überall dort gegen die Venizelisten vorgingen, wo die Behörden keine Handhabe hatten, können als „Vorläufer des nach dem Zweiten Weltkrieg entstandenen *Parakratos*"[2] bezeichnet werden.

Im Juni 1917 landeten französische Truppen in Athen und zwangen Konstantin ultimativ zur Abdankung zugunsten seines zweiten Sohnes, Alexander.[3] Die royalistische Regierung trat zurück und der nach Athen zurückgekehrte Venizelos bildete ein neues Kabinett und rief das aus den Wahlen vom Juni 1915 hervorgegangene Parlament wieder ins Leben. Territorial und formal waren die Griechen wieder vereint, die eigentliche Spaltung wurde jedoch nicht überwunden. Vor allem im südlichen Griechenland hatte Konstantin an Popularität gewonnen, während Venizelos Sympathien verloren hatte, da er sich allzu deutlich auf das gewaltsame Vorgehen der Entente stützte.[4]

Als verhängnisvoll erwiesen sich die folgenden verfassungswidrigen Säuberungsmaßnahmen der Venizelisten gegen ihre politischen Gegner.[5] Die Unkündbarkeit von Richtern und anderen Beamten wurde vorübergehend aufgehoben, um aus Justiz, Verwaltung und Militär mißliebige, royalistische oder einer royalistischen Einstellung verdächtige Personen zu entfernen.[6] Dabei ging es nicht nur darum, Royalisten aus Schlüsselpositionen zu entfernen, sondern auch den Nachholbedarf der liberalen Klientel, die während der territorialen Spaltung im Athener Teilstaat weitestgehend aus Justiz, Verwaltung und Armee verdrängt worden war und die Kompensation für die Repressalien der Royalisten erwartete, zu befriedigen. Durch die Fortsetzung dieses Systems der Ämterpatronage erreichten die Liberalen auch nicht das Ziel, möglichst viele Personen aus dem Staatsapparat zu entfernen, die nicht ihren Wertvorstellungen von „Modernität", Aufklärung und „westlicher" Administration entspra-

[1] Vgl. Hering 1992: 757ff.
[2] Richter 1990: 45. Zum *Parakratos* („Parastaat") vgl. den späteren Abschnitt 2.3 unter IV.
[3] Konstantin und der als zu deutschfreundlich abgelehnte Kronprinz, der spätere Georg II., mußten das Land verlassen.
[4] Vgl. Vakalopulos 1985: 196.
[5] Vgl. Hering 1992: 892ff u. Richter 1990: 46f.
[6] Betroffen waren ca. 570 Richter u. a. Justizbeamte, 6.500 Zivilbeamte, 2.300 Offiziere, 3.000 Unteroffiziere und Soldaten der Gendarmerie sowie etwa 880 Marineoffiziere; vgl. Vakalopulos 1985: 196.

chen.[1] Vielmehr wirkte sich ihr unversöhnliches Vorgehen destabilisierend auf die weitere Entwicklung des Landes aus und bekräftigte die Feindschaft beider Lager. Die Opfer der Säuberungswelle, die sich oft nichts weiter zuschulden hatten kommen lassen als eine antivenizelistische Einstellung, sannen auf Rache; neue Säuberungen bei einem zukünftigen Machtwechsel waren somit vorprogrammiert.[2]

Als Reaktion auf einen Anschlag royalistischer Marineoffiziere auf Venizelos in Paris zwei Tage nach der Unterzeichnung des Friedensvertrages von Sèvres (1920) kam es in Athen zu den sogenannten „Juliausschreitungen", bei denen Angehörige eines venizelistischen Parteikampfverbandes den royalistischen Politiker Ion Dragoumis töteten. Diese Ausschreitungen, aber auch die während der durch die Friedensverhandlungen bedingten Abwesenheit von Venizelos verstärkte Korruption und der Machtmißbrauch der Regierung und Parteiverantwortlichen trugen zu einem allmählichen Stimmungsumschwung der Bevölkerung bei,[3] der schließlich zur Wahlniederlage der Liberalen Partei und zur Rückkehr Konstantins im Dezember 1920 führte.

Die Royalisten leiteten nun ihrerseits eine Säuberung des Staatsapparates von Anhängern Venizelos' ein; es kam zu Ausschreitungen royalistischer Schlägertrupps gegen Liberale.[4] Insbesondere die Ersetzung erfahrener venizelistischer Offiziere durch royalistische „Neulinge" erwies sich im späteren Kleinasienfeldzug als katastrophal.[5]

Nach der Niederlage in Kleinasien wurde Konstantin durch eine von den zurückkehrenden Truppen getragene Revolution im September 1922 erneut zur Abdankung gezwungen. Mehr noch als die Ereignisse der Jahre 1915 bis 1920 vergiftete die folgende blutige Abrechnung mit den Antivenizelisten die Politik der Zwischenkriegszeit.[6] Die Exekution von fünf führenden Regierungsmitgliedern und des letzten Oberkommandierenden in Kleinasien trug zwar unmittelbar zu einer Beruhigung der innenpolitischen Lage bei insofern, als sie die Unruhe und Unzufriedenheit im Militär und unter den Flüchtlingen besänftigte,[7] mittel- und langfristig stand die Hinrichtung der „Sechs" einer Aussöhnung zwischen Liberalen und Royalisten entgegen.

Ein nicht nur von royalistischen Kräften getragener erfolgloser Gegenputsch[8] führte zu heftigen Reaktionen der führenden Militärs der Revolution von 1922, insbesonde-

---

[1] Vgl. Hering 1992: 803.
[2] Vgl. Richter 1990: 46f.
[3] Vgl. Richter 1990: 59.
[4] Vgl. Hering 1992: 838.
[5] Vgl. Richter 1990: 61.
[6] Vgl. Hering 1992: 901f u. Richter 1990: 74f.
[7] Vgl. Dafnis 1955: I, 14, 16 u. II, 11.
[8] Auch einzelne venizelistische Offiziere waren daran beteiligt, so daß nicht - wie in der liberalen und republikanischen Propaganda - von einer royalistischen Konterrevolution gesprochen werden konnte. Aufgrund dieser heterogenen Zusammensetzung verfolgten die Aufständischen auch kein einheitliches Ziel.

re der republikanischen Offiziere. Die nunmehr eingeleitete Entfernung von Oppositionellen aus den Streitkräften setzte neue Maßstäbe. Entlassen wurden nicht nur die am Putsch beteiligten Offiziere, sondern alle, die Sympathien für die Monarchie zeigten oder einer solchen Einstellung verdächtig waren.[1] Diese Säuberungswelle der Armee von Royalisten ging noch über die bisherige Einflußnahme beider Parteien hinaus und bedeutete die endgültige Politisierung der Streitkräfte, die ihre eigenen Vorstellungen über den von den Politikern einzuschlagenden Kurs entwickelten und so die Rolle des „innenpolitischen Schiedsrichters"[2] übernahmen. Da sich darüber hinaus die klientelistischen Strukturen innerhalb der Armee verstärkten, entwickelte sich so eine Situation, in der einige wenige politisierte, zudem untereinander selbst rivalisierende Offiziere die Geschehnisse in der griechischen Politik maßgeblich beeinflußten.[3] Bis 1935 kam es so zu 37 militärischen Interventionen und Akten der Verschwörung.[4]

Am 25. März 1924 beschloß die Nationalversammlung, in der die Royalisten aufgrund ihres Wahlboykotts vom Dezember 1923 - abgesehen von einer kleineren Partei - nicht vertreten waren, einstimmig die Absetzung der Dynastie Glücksburg und die Ausrufung der Griechischen Republik mit parlamentarischer Regierungsform; am 13. April 1924 folgte in einer Volksabstimmung die Bestätigung: 69,95% stimmten für die Republik, 30,05% für die Monarchie.[5] Die Mehrheit der Bevölkerung, insbesondere im Norden, wo die Abstimmung wesentlich deutlicher zugunsten der Republik ausfiel als im Süden, machte also die Monarchie für die mißliche Entwicklung in der Vergangenheit verantwortlich.

Politisch dominierend blieben auch in der folgenden Zeit die Liberalen und die Volkspartei, wobei sich einige kleinere politische Gruppierungen absplitterten. Die Freisinnige Partei des späteren Diktators Metaxas, der auch am Gegenputsch von 1923 beteiligt gewesen war, anerkannte die Republik bereits 1924, die große Volkspartei folgte ihm allerdings erst 1932.[6]

Zwar wurde die fanatische Konfrontation zwischen venizelistischem und antivenizelistischem Lager allmählich entschärft[7] und begann sich in der Zeit zwischen 1928 und 1933 die Versäulung der Wählerschaft aufzulösen[8], doch kam es in der

---

[1] U. a. wurden 1.284 Offiziere entlassen, darunter auch der spätere Ministerpräsident (1952-55) Papagos; vgl. Vakalopulos 1985: 205 u. Richter 1990: 97.

[2] Richter 1990: 98.

[3] Vgl. Richter 1990: 98.

[4] Zur Rolle des Militärs in dieser Zeit vgl. Veremis 1977: insbes. 303ff.

[5] Ein Ergebnis, das fast identisch ist mit dem des Referendums vom Dezember 1974.

[6] Vgl. Wenturis 1984: 74.

[7] Nach dem Ende der Diktatur Pangalos' kam sogar vorübergehend eine Große Koalition zustande.

[8] 1928 konnten die Liberalen bei ihrem überragenden Wahlsieg Stimmen in antivenizelistischen Hochburgen gewinnen, 1932 konnte die Volkspartei Wähler der Liberalen zu sich herüberziehen, so daß sie etwa gleich stark im Parlament vertreten war (vgl. Hering 1992: 917, 1001). Allerdings gab es auch in

Endphase der Republik 1933 bis 1935 zur Neubelebung der nationalen Spaltung, in der sich die Antivenizelisten behaupten konnten und nach einem niedergeschlagenen, unter der Beteiligung von Venizelos stehenden, Militärputsch tiefgreifende Säuberungen im Offizierskorps und Beamtenapparat vornahmen und schließlich eine Umstrukturierung des politischen Systems herbeiführten.[1] Das juristische Nachspiel des Putsches vom März 1935 - der ins Ausland geflohene Venizelos und seine engsten Mitarbeiter wurden in Abwesenheit zum Tode verurteilt, insgesamt kam es in über 1.000 Fällen zu Anklagen und zur Vollstreckung von drei Todesurteilen[2] - spaltete die Nation aufs neue. Am 10. Oktober 1935 setzte die nach dem Wahlboykott der Liberalen und Wahlfälschungen einseitig royalistische Nationalversammlung die republikanische Staatsform außer Kraft. Eine massiv, zum Teil mit Gewalt, manipulierte Volksabstimmung, in der laut offiziellem Ergebnis 97,80% der Stimmen auf die Monarchie entfielen, bestätigte diese Entscheidung. Der Rückkehr Georgs II. folgte wenig später die Errichtung der Diktatur Metaxas'.[3]

Die 1915 durch die Meinungsverschiedenheit zwischen Venizelos und Konstantin offen zum Ausbruch gekommene Konfrontation zweier politischer Lager, die über Jahrzehnte eine Vergiftung des politischen Klimas bewirkte, die Entstehung eines Prätorianerstaates begünstigte und den Zustand einer permanenten Legitimitätskrise erzeugte, in der die politischen Alltagsfragen und anstehenden, vor allem sozioökonomischen Probleme immer wieder von der Grundsatzfrage Republik oder Monarchie, Venizelismus und Antivenizelismus überlagert wurden, mündete schließlich in den Untergang des - ob nun „königlichen" oder republikanischen - demokratischen Systems.

2. Das Erbe der Balkankriege 1912/13 - Die „Neuen Länder"

Der griechische Unabhängigkeitskampf befreite nur einen Teil des heutigen Griechenland von der osmanischen Herrschaft. Bis 1913 lebten mehr Griechen in den osmanischen Gebieten als im kleingriechischen Königreich. Erst im Zuge der Balkankriege 1912/13 nahm das griechische Staatsgebiet in etwa die Form des heutigen Griechenland an.[4]

---

dieser Zeit Anlässe, die das Schisma wieder aufflackern ließen, etwa 1929, als die Liberalen beabsichtigten, zwei Hauptakteure der Revolution von 1922, Plastiras und Gonatas - in den Augen der Volkspartei Hauptschuldige am Tod der „Sechs" -, in den Senat zu wählen (vgl. Richter 1990: 119).

[1] Vgl. Hering 1992: 917, 1048 sowie Abschnitt 4.4 über die Republik in der Krise.

[2] Vgl. Dafnis 1955: II, 359ff.

[3] Vgl. die Abschnitt 5.2 über den Weg zur Diktatur.

[4] Hinzu kamen 1918 im Vertrag von Neuilly Westthrakien und 1947 im Vertrag von Paris der Dodekanes.

Der äußere Anstoß ging dabei von Italien aus, das - die zweite Marokkokrise nutzend - 1911 das damals osmanische Tripolis und die Kyreneika im heutigen Libyen besetzte und im folgenden italienisch-türkischen Krieg von 1911/12 auch den Dodekanes. Das erfolgreiche Vorgehen der Italiener ermutigte die sich im Balkanbund, einem System von vier zweiseitigen Verträgen, zusammenschließenden Länder Bulgarien, Serbien, Griechenland und Montenegro zum Krieg gegen das zerfallende Osmanische Reich mit dem Ziel, die Türkei vom Balkan zu vertreiben, ohne jedoch Einigkeit über die mögliche Aufteilung eroberter Gebiete erzielt zu haben.[1] Die zahlenmäßig stärkeren Truppen der Verbündeten schlugen die Türkei an allen Fronten. Am 8. November 1912 besetzten die Griechen Thessaloniki, einen Tag vor der Ankunft der Bulgaren, die ebenfalls Anspruch auf die Stadt erhoben.[2] Mitte Dezember 1912 hatte die Türkei fast ihre gesamten europäischen Gebiete verloren und war bei den Friedensverhandlungen in London bereit, sich auf Istanbul und einen Streifen entlang der Meerenge zurückzuziehen.

Nachdem die Feindseligkeiten nach einem Putsch in Istanbul im Januar 1913 wieder aufgenommen worden waren, wurde am 30. Mai 1913 der Londoner Vorfriede unterzeichnet, in dem die Türkei auf alle Gebiete westlich der Linie Enos - Midia und ihre Ansprüche auf Kreta verzichtete. Über den Status des nach Unabhängigkeit strebenden Albanien und die Ägäisinseln sollten die vermittelnden sechs Mächte, Deutschland, Österreich-Ungarn, Frankreich, Großbritannien, Italien und Rußland, entscheiden.

Über den Streit um die Aufteilung Makedoniens - zwischen Serbien und Bulgarien einerseits sowie Griechenland und Bulgarien andererseits[3] - zerfiel die antitürkische Allianz, und es kam zum nur wenige Wochen dauernden Zweiten Balkankrieg zwischen Bulgarien und den übrigen Mitgliedern des Balkanbundes sowie Rumänien. Im Frieden von Bukarest am 10. August 1913 mußte sich Bulgarien mit dem Nord-Ost-Zipfel Makedoniens (10,4%) sowie einem schmalen Zugang zur Ägäis begnügen und

---

[1] Zu den Balkankriegen vgl. Richter 1990: 34ff, Vakalopulos 1985: 189ff u. Woodhouse 1991: 190ff.

[2] Bereits aus diesem Anlaß kam es zu einem gerade noch eingedämmten Konflikt zwischen Venizelos und Kronprinz Konstantin, der den Oberbefehl über die griechischen Truppen führte, wegen des Primats der politischen Führung: Nur mit Mühe gelang es Venizelos, die angesichts des Verhältnisses unter den Partnern des Balkanbundes und der diplomatisch-militärischen Gesamtkonstellation wichtige Besetzung Thessalonikis vor den Bulgaren gegen die enge militärisch-technische Auffassung Konstantins, daß die Verfolgung der geschlagenen türkischen Truppen nach Norden Priorität habe, durchzusetzen; vgl. Hering 1992: 716.

[3] Serbien, dessen erwarteter Gebietszuwachs durch die Schaffung eines albanischen Staates kleiner ausfiel als erwartet, erhob Anspruch auf zuvor Bulgarien zugestandene Gewinne. Griechenland und Bulgarien stritten um das Gebiet um Thessaloniki; Griechenland verlieh seinem Anspruch dadurch Nachdruck, daß Georg I. sich in Thessaloniki niederließ, wo er im Februar 1913 von einem Geistesgestörten ermordet wurde.

zudem die Süd-Dobrudscha an Rumänien abtreten. Serbien erhielt den größten Teil Nordmakedoniens (39,5%) und Griechenland Südmakedonien (51,5%).[1]

Bis in die jüngste Vergangenheit blieb Makedonien jedoch ein Zankapfel auf dem Balkan: Während des Zweiten Weltkriegs besetzten bulgarische Truppen Ostmakedonien und Westthrakien, bei der Pariser Friedenskonferenz verlangten Jugoslawien und Bulgarien mittels Annexion von Teilen des griechischen Makedoniens und Thrakiens einen Zugang zur Ägäis. Auf jugoslawischer Seite forderte die 1944 von Tito gegründete „Föderative Republik Makedonien" ein autonomes Makedonien unter Einschluß der jugoslawischen Republik, des griechischen „Ägäisch-Makedoniens" und des bulgarischen Makedoniens. Bulgarien wiederum erhob Anspruch auf das jugoslawische Makedonien, das widerrechtlich usurpiert worden sei und dessen Einwohner einen bulgarischen Dialekt sprächen. Die griechische Auslegung hingegen ging und geht von Makedonien als lediglich einer Landschaft aus, die sich über drei Staaten erstreckt und in der mit Slawen, Griechen, Türken, Albanern, Vlahen und Roma verschiedene Völkerschaften leben; die von Skopje behauptete Existenz einer unterdrückten slawo-makedonischen Minderheit in Griechenland wird energisch bestritten.[2] Der Zerfall Jugoslawiens wiederbelebte das Makedonien-Problem: Es kam zum Konflikt über die von Griechenland als Provokation empfundene Namensgebung seines schließlich als „Ehemalige jugoslawische Republik Makedonien" in die UN aufgenommenen nördlichen Nachbarlandes, der in den Jahren 1991 bis zum Interimsabkommen vom 13. September 1995 noch dadurch verschärft wurde, das auf der makedonischen Nationalflagge der „Stern von Vergina" zu sehen war, der auf dem Grabmal Philips von Makedonien gefunden wurde, auf Geldscheinen der früheren jugoslawischen Republik der weiße Turm von Thessaloniki abgedruckt war und nationalistische Publikationen Landkarten abdruckten, die einen Teil Nordgriechenlands annektierten.[3]

Nach den Balkankriegen wurde Albanien auf Insistieren Italiens und Österreichs durch die Resolution von Florenz vom 19. Dezember 1913 der zu diesem Zeitpunkt noch von griechischen Truppen besetzte nördliche Epirus hinzugefügt, wo insgesamt 120.000 Griechen lebten.[4] Als Kompensation für den Rückzug aus Südalbanien/Nordepirus durfte Griechenland die bereits im Ersten Balkankrieg eroberten Ägäisinseln mit Ausnahme von Imbros, Tenedos und Kastellorizo behalten. Regierung und König protestierten gegen diesen Beschluß, die Griechen in Nordepirus reagier-

---

[1] Prozentangaben nach Axt 1993b: 245.

[2] Vgl. Axt 1992a: 100f.

[3] Vgl. zum Konflikt, den Verhandlungen und dem Interimsabkommen Axt1993a: 65ff u. 1996: 187ff, Reuter 1995: 333ff u. Rozakis 1996.

[4] Vgl. Vakalopulos 1985: 191. Etwa 20% aller albanischen Einwohner bekannten sich zu der Zeit zum griechisch-orthodoxen Glauben. Vgl. Axt 1993b: 247.

ten mit der Bildung einer provisorischen Regierung in Argyrokastro und der Ausrufung eine unabhängigen Staates „Nordepirus“, doch mußten sie sich schließlich den Entscheidungen der Großmächte fügen.[1] Nach Ausbruch des Ersten Weltkriegs besetzten griechische Militäreinheiten erneut das umstrittene Gebiet, mußten es aber wieder räumen; auf den Nachkriegskonferenzen nach 1945 wurde die Lösung der Nordepirus-Frage auf die Zeit nach dem Abschluß eines österreichischen und deutschen Friedensvertrages verschoben. Bis Ende der 60er Jahre forderte Griechenland von Albanien den Nordepirus und kritisiert bis heute die Behandlung der dortigen griechischen Minderheit, die insbesondere während der kommunistischen Herrschaft einem starken Assimilationsdruck unterlag.[2] Erst 1971 kam es zur Aufnahme diplomatischer Beziehungen zwischen Griechenland und Albanien und es dauerte nochmals bis 1987, ehe die Regierung Papandreou gegen den heftigen Protest der Opposition die seit 1940 formal noch immer bestehende Kriegserklärung an das Land zurücknahm.[3] In jüngster Zeit wurde der Konflikt um Nordepirus vor allem wegen der griechischen Minderheit und der Flüchtlingsströme über die kaum zu kontrollierende 200 km lange Grenze wieder aktuell.[4]

Trotz der Enttäuschungen über Nordepirus, die drei Ägäisinseln und den bei Italien verbleibenden Dodekanes ging Griechenland aus den Balkankriegen als großer Gewinner hervor. Die „Neuen Länder“, Makedonien, Kreta und die Ägäisinseln, brachten eine Ausdehnung des Staatsgebiets um 60% von 64.786 km2 auf 108.606 km2 sowie eine Zunahme der Bevölkerung um 61% von 2.666.000 auf 4.363.000.[5] Die Eingliederung Südmakedoniens und vor allem größerer Städte wie Thessaloniki, Ioannina und Kavalla mit verhältnismäßig entwickelten Industrien belebte die griechische Wirtschaft.[6] Die Tabakindustrie, lange Griechenlands Hauptexportzweig, konzentrierte sich in Makedonien.

Innenpolitisch trug der Erfolg , der die Schmach des Krieges von 1897 wiedergutmachte, zum Ruhm Venizelos' und Konstantins bei und erzeugte - nur kurze Zeit vor

---

[1] Vgl. Vakalopulos 1985: 191.

[2] Griechische Schätzungen beziffern die Minderheit auf rund 300.000, albanische Angaben kommen auf lediglich 60.000 (Zensus 1981); vgl. Axt 1993b: 248. Generell zum Epirus-Problem vgl. Antonopoulos 1994.

[3] Vgl. Axt 1992a: 107.

[4] Vgl. dazu auch Axt 1993b: 248f.

[5] Vgl. Vakalopulos 1985: 191f. Der bis dahin homogene Nationalstaat sah sich dadurch mit einer ansehnlichen Minorität konfrontiert, die etwa 14% der Gesamtbevölkerung ausmachte und sich zu drei Fünfteln aus Türken, zu zwei Fünfteln aus Bulgaren zusammensetzte (vgl. Gaitanides 1978: 167). Bei der Besetzung Salonikis durch griechische Truppen bildeten die Juden, zum größten Teil Nachkommen der aus Spanien und Portugal vertriebenen und ins Osmanische Reich eingewanderten Sephardim, mit 38,9% die größte Gruppe der Einwohner gegenüber 29% Türken und 25,3% Griechen (vgl. Hering 1992: 712).

[6] Vgl. Vakalopulos 1985: 192.

dem Ausbruch der Nationalen Spaltung - das Bild „nationaler Eintracht“[1]. Konstantin, der für die Niederlage von 1897 verantwortlich gemacht und 1909 von der Militärliga seiner militärischen Position enthoben worden war, gab der Krone als Oberbefehlshaber in den Balkankriegen viel verlorengegangenes Prestige zurück. Als er nach der Ermordung seines Vaters den griechischen Thron bestieg, war er für viele nicht Konstantin I., sondern der Zwölfte in Nachfolge des letzten byzantinischen Kaisers Konstantin XI.[2] Der durch die Balkankriege erreichte Machtzuwachs machte aus dem bis dahin kleinen Land einen zu beachtenden Faktor in Südeuropa und gab der *Megali Idea* neuen Auftrieb: Weit verbreitet war die Hoffnung, mit Konstantin auch die alte Kaiserstadt, deren Namen er trug, zurückzuerobern.

3. Eine politische Vision und ihr Untergang

3.1 Die *Megali Idea*

Der neu entstandene griechische Nationalstaat umfaßte 1832 nur einen Teil der seit alters von Griechen bewohnten Gebiete: die Peloponnes und einige ihr naheliegende Inseln, Mittelgriechenland, Euböa, die Kykladen und die nördlichen Sporaden. Die Eingliederung der abgetrennten hellenischen Gebiete in das Mutterland wurde dadurch bis in die 20er Jahre dieses Jahrhunderts zur - unter der Bezeichnung *Megali Idea* („Große Idee“) in die Geschichte eingegangenen - zentralen politischen Idee in Griechenland.[3] Eine wichtige Rolle spielte dabei auch die Auffassung, das Land könne in den engen Grenzen nicht dauerhaft existieren.[4]

Sehr schnell entwickelte sich jedoch das berechtigte Streben nach der Integration der Irredenta zu einem utopischen Traum von der Wiedererrichtung des Byzantinischen Reiches unter griechischer Hegemonie. Nationalistische Versionen gingen über die Befreiung der von Griechen bewohnten Gebiete hinaus und gaben der *Megali Idea* eine das Nationalitätsprinzip übersteigende expansionistische Dimension. Ein

---

[1] Hering 1992: 752.

[2] Vgl. Hering 1992: 752 u. Woodhouse 1991: 194.

[3] Elemente der *Megali Idea*, den Traum der Wiedererrichtung des multinationalen Byzantinischen Reiches unter griechischer Führung, enthielt bereits auch die Ideenwelt der Phanariotenschicht im Osmanischen Reich; vgl. dazu Tzermias 1994: 151ff. Zur *Megali Idea* im 19. und 20. Jahrhundert vgl. Petropulos 1968: 345ff, Campbell/Sherrard 1968: 83ff, Dakin 1972: 82ff u. Dimaras 1970.

[4] Eine markante Formel prägte der - ursprünglich Mitglied der Regierung Trikoupis, später mit einer eigenen Partei zu diesem auf Distanz gegangene - Politiker Dimitrios Rallis 1891 im Hinblick auf die griechisch-italienische Rivalität bei der Kulturpropaganda im Orient: „Vergessen wir nicht, daß Griechenland, wenn es in den heutigen Grenzen bleibt, verurteilt ist zu sterben, weil lebensunfähig geboren.“ Zit nach Hering 1992: 613, Anm. 54.

führender Vertreter dieses *Megali-Idea*-Nationalismus war im 19. Jahrhundert Ioannis Kolettis, der politische Führer der französischen Partei.[1] Einer seiner Gesinnungsgenossen zählte 1848 im Parlament folgende Gebiete des ersehnten Großgriechenland auf: Kleinasien, Thessalien, Epirus, Makedonien, Albanien, Serbien, Thrakien, Bulgarien, Dakien, die Ionischen Inseln, das ganze Mittelmeer und Syrien.[2] Hier muß man unterscheiden zwischen einem gerechtfertigten und realistischen, auf die Befreiung der von Griechen bewohnten Gebiete gerichteten Patriotismus und einem überspannt-expansionistischen Nationalismus.

Innenpolitisch diente die *Megali Idea* als ideologisches Instrument der Demobilisierung und Ersatz für sonst fehlende soziale Bindungen der Gesellschaft.[3] Durch sie wurde von inneren, vor allem sozioökonomischen Problemen und überfälligen Reformen abgelenkt, war doch das Volk bereit, für dieses Ideal jedes Opfer zu bringen, wirtschaftliche Rückständigkeit und soziales Elend mit der Hoffnung auf das „goldene Zeitalter"[4] nach Verwirklichung der *Megali Idea* in Kauf zu nehmen. Dies war auch ein wesentlicher Grund für die Schwäche der sozialistischen Bewegung und das Ausbleiben einer sozialistischen Massenpartei,[5] die lange nur ein linker Flügel der Liberalen blieb. Ihre Ergänzung auf kulturellem Gebiet fand die *Megali Idea* in der Einführung der antikisierenden Hochsprache, der *Katharevousa*.

Im griechisch-türkischen Krieg von 1897 erlitt die *Megali Idea* ihre erste Niederlage, doch trat sie mit Venizelos in eine neue entscheidende Phase ein. Er untermauerte seine *Megali Idea* mit grundlegenden Reformen im administrativen, sozialen und militärischen Bereich,[6] die jedoch im Zweifelsfall der *Megali Idea* untergeordnet wurden, „eine Unterordnung, die sich in mancher Hinsicht als Nachteil erwies"[7]. Nach dem Untergang der *Megali Idea* kam Venizelos selbst zu dem Schluß, daß die starke Beanspruchung durch die *Megali Idea* sich auf die Bemühungen um den Aufbau eines modernen Staates negativ ausgewirkt habe.[8]

Während der venizelistische Nationalismus westlich - insbesondere franko- und anglophil - orientiert war, verbanden bestimmte Gegner des Venizelismus ihre Deutschfreundlichkeit mit dem sogenannten „Orientalischen Ideal" (*Anatoliko Idaniko*).[9] Nach Ansicht des konservativen Politikers und Schriftstellers Dragoumis, eines führenden Vertreters dieser Richtung, sollte sich die griechische Nation zunächst

[1] Vgl. dazu auch Hering 1992: 189ff.
[2] Vgl. Tzermias 1994: 155ff.
[3] Vgl. Manousakis 1975: 63 u. Diamandouros 1986: 141.
[4] Richter 1990: 33.
[5] Vgl. dazu Axt 1985a: 53f.
[6] Vgl dazu Abschnitt 1.1 über die politischen Ideale und Erfolge der Liberalen Partei.
[7] Tzermias 1994: 158f.
[8] *Eleftheron Vima* v. 14.05.1930, zit. nach Tzermias 1994: 158f.
[9] Vgl. dazu Tzermias 1994: 160ff.

darum bemühen, gemeinsam mit den Türken im Osten zu herrschen, um dann allmählich deren Platz einzunehmen und das Wunder des Östlichen Kaiserreiches wiederherzustellen; im Gegensatz zur *Megali Idea* sollten die unter osmanischer Herrschaft stehenden Gebiete von innen erobert werden.

Für die antivenizelistischen Parteien läßt sich insgesamt ein „gebrochene[s] Verhältnis"[1] zum liberalen Expansionsprogramm feststellen. Dabei waren die Antivenizelisten in zwei Dilemmata verstrickt:[2] Dem Wunsch, die Irredenta von den unerträglich gewordenen Verhältnissen in der Türkei zu befreien, stand die Einsicht gegenüber, daß ohnehin nicht alle weithin über Kleinasien verstreuten griechischen Siedlungen von den neuen Grenzen umschlossen werden könnten; man fürchtete sich vor den Folgen einer durch eine griechische Expansion provozierten Dauerfeindschaft mit einer nationalistischen Türkei. Während sich die Liberalen an der moderneren Nationalstaatskonzeption orientierten und ethnographische Daten zur Begründung der territorialen Ansprüche anführten, wollten die Antivenizelisten im Grunde an der ökumenischen, universellen Variante der *Megali Idea* festhalten: Die griechische Siedlungs- und Kulturtradition außerhalb des Königreichs sollte erhalten und die territoriale Expansion auf risikoarme Gelegenheitserwerbungen beschränkt werden. Nachdem sich durch den Vertrag von Sèvres die verführerische Chance zum Ausgriff nach Anatolien zu bieten schien,[3] konnten sie jedoch „auch keine andere Politik als Venizelos offerieren: nämlich in den fahrenden Zug einzusteigen"[4].

Rückblickend auf den Untergang des kleinasiatischen Griechentums 1922 hat Metaxas 1935 die universelle Konzeption der *Megali Idea* noch einmal aufgegriffen:[5] Die *Megali Idea* sei nur in ihrer territorial-etatistischen Variante gescheitert, Ihren guten Sinn behalte sie hingegen bei, wenn man von der historischen Ausnahme der Einigung aller Griechen im Byzantinischen Reich absehe und auf die Eigenart der griechischen Geschichte in Antike und Neuzeit reflektiere, in der immer mehrere Zentren bestanden hätten, deren Einheit in der Kultur und Dominanz des griechischen Elements zu suchen sei. Erst der Versuch, diese territorial zu vereinen, habe zum Untergang vieler Zentren geführt.

Das zweite Dilemma der Antivenizelisten lag darin, daß sie zwar die Kulturmission der Irredenta und die dortigen Traditionen des Griechentums betonten, gleichzeitig aber fürchteten, in einem viel größeren Staat oder aber in engeren Grenzen mit einer Vielzahl von Flüchtlingen und Umsiedlern, d. h. in einer umstrukturierten Gesell-

---

[1] Hering 1992: 820.
[2] Vgl. zum Folgenden Hering 1992: 820ff.
[3] Vgl. dazu den folgenden Abschnitt.
[4] Hering 1992: 821.
[5] Metaxas 1935: 382f.

schaft, majorisiert bzw. an den Rand gedrängt zu werden.[1] Ihre Konzeption der *Megali Idea* stand immer auch in einem Spannungsverhältnis zu einem anderen zentralen Ideologem, dem insbesondere in der alltäglichen Polemik gegen die Liberalen zum Ausdruck kommenden Autochthonismus, der sich auf dreierlei Weise äußerte:[2]

- dem Anspruch der etablierten Machteliten im kleinen Königreich, „Herr im Hause" zu bleiben und sich nicht durch Griechen aus den „Neuen Ländern", durch Flüchtlinge und die Irredenta majorisieren zu lassen;
- dem Vorurteil, die Griechen der alten Länder seien von überlegener Zivilisation und schließlich
- der Besorgnis, durch eine stärkere Integration des Landes in internationale Wirtschaftsbeziehungen und internationale Verflechtungen in ihren Interessen benachteiligt zu werden.

Mit dem Konflikt zwischen Venizelisten und Antivenizelisten und der politischen Vision der *Megali Idea* wirkten also zwei zentrale Elemente der griechischen Politik mit weitreichenden Folgen für die Entwicklung des Landes in der ersten Hälfte der 20er Jahre aufeinander ein.

3.2 Die Kleinasiatische Katastrophe

3.2.1 Der Vertrag von Sèvres

Die Gebietsgewinne aus den Balkankriegen, insbesondere aber die Niederlage der Türkei im Ersten Weltkrieg schienen endgültig den Weg zur Verwirklichung der *Megali Idea*, des „Griechenlands der zwei Erdteile und fünf Meere", zu öffnen. Auf der Pariser Friedenskonferenz erhob Venizelos Anspruch auf Teile von Nordepirus, West- und Ostthrakien sowie Smyrna und sein Hinterland, verzichtete jedoch aus taktischen Gründen zunächst auf Konstantinopel.[3] Noch während der Konferenz landeten am 15. Mai 1919 griechische Truppen im Auftrag der Entente in Smyrna und hatten rasch einen großen Teil Westkleinasiens besetzt; im Konstantinopeler Hafen lagen u. a. auch griechische Kriegsschiffe.[4] Im Vertrag von Neuilly vom 27. Novem-

[1] Vgl. Hering 1992: 822f.
[2] Vgl. dazu Hering 1992: 724f.
[3] Zum einen wollte er die Amerikaner nicht mit Vorstellungen von einem „Dardanellen-Staat" verärgern. Darüber hinaus war er überzeugt, daß Konstantinopel, wenn Griechenland Smyrna erhielt, früher oder später in seinen Besitz übergehen würde. Zu Griechenland auf der Pariser Friedenskonferenz vgl. Petsalis-Diomidis 1978 u. zusammenfassend Richter 1990: 48ff.
[4] Vgl. dazu Petsalis-Diomidis 1978: 202f, 215ff, Llewellyn Smith 1973: 86ff u. Sachar 1969: 311ff.

ber 1919 mußte Bulgarien Westthrakien mit dem Hafen Alexandroupolis (Dedeagatsch) an Griechenland abtreten, womit es seinen Ägäis-Zugang verlor. Darüber hinaus sah der Vertrag einen Bevölkerungsaustausch vor.

Am 10. August 1920 wurde der Friedensvertrag von Sèvres unterzeichnet, der das Herrschaftsgebiet des Sultans auf Konstantinopel und Umgebung sowie das innere Anatolien mit 10 Millionen Einwohnern beschränkte, faktisch also eine Zerstückelung der Türkei bedeutete. „Im Vergleich zu den Bestimmungen von Sèvres waren die des Vertrages von Versailles geradezu mild. Der Versailler Vertrag schwächte Deutschland; der Vertag von Sèvres hätte die Existenz eines souveränen türkischen Staates in Frage gestellt“[1]: Griechenland sollte Ostthrakien und die Ägäisinseln einschließlich Imbros und Tenedos erhalten sowie die Souveränitätsrechte über Smyrna und sein Hinterland. Dort sollte ein Regionalparlament eingerichtet werden, das nach fünf Jahren beim Völkerbund ein Plebiszit beantragen konnte, in dem die Bevölkerung über die endgültige Zugehörigkeit entscheiden sollte. Außerdem wurden verschiedene Einflußzonen festgelegt: Italien erhielt die Regionen von Antalya und Konia, Frankreich Kilikien und Syrien, Großbritannien den Irak, Palästina und die Schutzherrschaft über Arabien; die britische Herrschaft über Zypern und Ägypten wurde formell anerkannt. Der türkische Teil Armeniens sollte zu einem selbständigen Staat werden und Kurdistan einen Autonomiestatus erhalten. Die Meerengen sollten unter internationale Kontrolle gestellt werden und für Handels- und Kriegsschiffe offen bleiben. Ebenfalls unter internationaler Kontrolle sollten die türkischen Finanzen und das 50.000-Mann-Heer sowie sämtliche Häfen und Eisenbahnlinien stehen.[2]

Auf den ersten Blick konnte Griechenland mit dem Vertag von Sèvres zufrieden sein - die *Megali Idea* schien in greifbare Nähe gerückt -, doch „außer den Griechen, den Armeniern und [dem britischen Premierminister] Lloyd George nahm niemand diesen Vertrag ernst“[3].

3.2.2 Die Niederlage in Kleinasien

Der Einmarsch der Griechen in Smyrna, in dessen Zuge es zu Übergriffen gegen die türkische Bevölkerung gekommen war,[4] trug maßgeblich zur Entstehung eines neuen türkischen Nationalbewußtseins bei, das durch die harten Bedingungen des Vertrages

---

[1] Richter 1990: 48.

[2] Auszüge des Vertrages bei Markesinis 1966/1969: IV, Anhang 16ff.

[3] Richter 1990: 58.

[4] Bei den Unruhen kamen ca. 300 Türken und 100 Griechen ums Leben. Berichte in der türkischen Presse übertrieben mit wachsender Entfernung vom Schauplatz die Zahlenangaben über die Toten, so daß sie schließlich in die Zehntausende gingen; vgl. Richter 1990: 51.

von Sèvres noch verstärkt wurde. An die Spitze der nationalen Bewegung setzte sich Kemal Pascha, später Atatürk („Vater der Türken") genannt, der sich schon im Juni 1919 vom absterbenden Sultansregime losgesagt und die nationale Revolution ausgerufen hatte, die sich die Erneuerung der Türkei und die Erhaltung der Unabhängigkeit zum Ziel setzte.[1] Am 23. April 1920 konstituierten sich die Abgeordneten seiner Republikanischen Volkspartei als die Große Türkische Nationalversammlung, übertrugen Kemal die Regierungsgewalt und erklärten sämtliche von der Regierung in Konstantinopel eingegangenen internationalen Verpflichtungen für nichtig.

Der Friedensvertrag am 10. August wurde folglich von einer inzwischen nahezu machtlosen Regierung des Sultans unterzeichnet und nie ratifiziert. Die Durchsetzung der Bestimmungen von Sèvres war nur durch einen Sieg über Kemal möglich; dies hätte jedoch einen neuen Krieg bedeutet, zu dem aber außer Venizelos niemand mehr bereit war. Die Alliierten waren erschöpft und kriegsmüde und wollten auch aus innenpolitischen Gründen - Großbritannien war durch Aufstände in Irland und Indien in Anspruch genommen, Frankreich war damit beschäftigt, Syrien unter seine Kontrolle zu bringen, und in Italien zeichnete sich ein Umsturz ab - nicht in die beginnenden griechisch-türkischen Auseinandersetzungen hineingezogen werden. Darüber hinaus rückten insbesondere Frankreich und Italien, die den Vertrag von Sèvres ohnehin als alleinigen diplomatischen Erfolg Englands und dessen Satelliten Griechenland betrachteten und mit ihrem Anteil am zerfallenen Osmanischen Reich unzufrieden waren, vor dem Hintergrund der Veränderungen in der Türkei und auch aufgrund ökonomischer Interessen[2] von ihrer bisherigen Position ab und „vergaßen, daß sie die Griechen zur Landung in Smyrna autorisiert hatten"[3].

Hinzu kam, daß Griechenlands internationale Position durch innenpolitische Wirren geschwächt wurde: Venizelos, der mit einer Anerkennung seiner Erfolge auf der Pariser Friedenskonferenz rechnete, beging Mitte September 1920 den Fehler, für den 14. November Neuwahlen anzuberaumen. Er verkannte dabei grundlegend die Stimmung in der Bevölkerung, in der sich zunehmende Kriegsmüdigkeit breit machte und die aus der Kritik und Gelegenheitsäußerungen der Royalisten die Hoffnung auf ein Ende des Kleinasien-Krieges gewann.[4] Nach den mit den Balkankriegen 1912 beginnenden nahezu ununterbrochenen Kriegsjahren schreckte ein Großteil der Bevölkerung vor weiteren Auseinandersetzungen zurück und „reagierte zurückhaltend auf die

---

[1] Kemal war zwar bereit, den Verlust nicht-türkischer Teile des Osmanischen Reiches zu akzeptieren, nicht jedoch die im Vertrag von Sèvres vorgesehene Verstümmelung des türkischen Rumpfstaates; vgl. Richter 1990: 53ff.

[2] 80% der türkischen Staatsschulden beispielsweise befanden sich in den Händen französischer Gläubiger; vgl. Richter 1990: 55.

[3] Richter 1990: 53.

[4] Vgl. Hering 1992: 835f.

großgriechischen Perspektiven, die die Venizelisten propagierten“[1]. Die *Megali Idea* war zwar als - wenngleich recht vages - Konzept fest in der Vorstellungswelt der meisten verankert, doch als es konkret darum ging, für diesen Traum in Kleinasien zu kämpfen, und die Liberalen, um die Solidarität mit den Verbündeten zu demonstrieren, sich auch auf Stellvertreterkriege einließen, indem sie Truppen gegen die Bolschewiki nach Rußland schickten, erschien die ganze Angelegenheit doch einer immer größeren Zahl von Menschen vor allem im kleinbürgerlichen und bäuerlichen Milieu als „absonderlich und fremd“.[2] Hinzu kam Ärger über die nach der Absetzung Konstantins oft diktatorischen Praktiken der Liberalen und die während der Abwesenheit Venizelos' gewachsene Korruption und Machtmißbrauch von Parteiverantwortlichen. Der sich anbahnende Stimmungsumschwung wurde durch den unerwarteten Tod König Alexanders am 2. Oktober 1920 beschleunigt. Sein Bruder Paul weigerte sich, die Thronfolge anzutreten, da sein Vater nie abgedankt hätte. Die Royalisten nutzten diese Chance, um die Rückkehr Konstantins zu fordern, und der Wahlkampf begann sich auf die Frage einer Rückkehr oder nicht zu reduzieren. Offensichtlich trug der Tod Alexanders zu einer nostalgischen, promonarchischen Grundstimmung bei.[3] Zwar konnte Venizelos nochmals eine Stimmenmehrheit erreichen, doch gewann seine Partei aufgrund des sich für sie nachteilig auswirkenden Mehrheitswahlrechts nur 120 von 370 Parlamentssitzen und mußte die Regierung an die Royalisten abgeben. Diese hielten - trotz der Drohung der Entente, die finanzielle Unterstützung einzustellen - am 5. Dezember 1920 ein Referendum über die Rückkehr Konstantins ab, das zu dessen Gunsten ausging.

Diesen innenpolitischen Wechsel - insbesondere Frankreich betrachtete Konstantin als einen ehemaligen Feind, dem man keine Loyalität schuldete - nahmen die alliierten zum Anlaß, sich endgültig von ihren Verpflichtungen zu lösen und ihre offizielle Haltung Griechenland gegenüber zu ändern: Frankreich und Italien begannen sich mit Kemal zu arrangieren, und auch seitens Großbritanniens konnte Griechenland nur noch auf begrenzte diplomatische Unterstützung zählen.[4] Frankreich hatte bereits im Mai 1920 die Feindseligkeiten in Kilikien durch einen separaten Waffenstillstand beendet und trat seit der Rückkehr Konstantins immer offener für eine Revision des Vertrages von Sèvres ein. Ähnlich Italien, das den Vertrag ohnehin nur nach einigem Zögern unterzeichnet hatte. Im März/April 1921 zogen die Italiener, die zuvor bereits

[1] Richter 1990: 99.
[2] Hering 1992: 836.
[3] Vgl. Richter 1990: 59.
[4] Vgl. Llewellyn Smith 1973: 180ff. Illusorisch geworden war auch Venizelos' - allerdings damals schon gewagte - Vorstellung, daß, wenn die Türkei den Friedensvertrag nicht ratifiziere oder nicht erfülle und „wir die Auflösung der Türkei übernehmen, diese Aufgabe die Kräfte Griechenlands und Englands nicht übersteigt“ (zit. nach Hering 1992: 818). Im Mai 1921 schloß sich auch Großbritannien einer Neutralitätserklärung der Alliierten an.

türkischen Guerillabanden Unterschlupf in dem von ihm besetzten Küstenstreifen gewährt hatten, im Gegenzug zu Wirtschafskonzessionen im südöstlichen Anatolien ihre letzten Truppen zurück und versprachen, Kemal bei der Wiedergewinnung von Smyrna und Thrakien diplomatisch zu unterstützen.[1] Dieser Richtungsumschwung der Alliierten führt auf griechischer Seite zu dem nicht unberechtigten Vorwurf, „daß die verbündeten Großmächte Griechenland in ein Abenteuer stürzten, und in der Folgezeit nicht nur nicht unterstützten, sondern im Gegenteil alles zu ihrer Vernichtung unternahmen, sobald die griechischen Interessen ihre eigenen zu stören begannen."[2]

Die royalistischen Parolen, die ein Ende des „kleinasiatischen Abenteuers" von Venizelos angekündigt hatten, erwiesen sich als vordergründiges Wahlversprechen, über dessen konkrete Realisierung sich die royalistischen Führer keine Gedanken gemacht hatten. Auch sie waren nicht bereit, das von Venizelos Gewonnene ohne weiteres aufzugeben. Sehr rasch zerschlugen sich die Hoffnungen auf eine möglichst baldige diplomatische Lösung: „Mit sonderbarer Halsstarrigkeit plädierte gerade [der royalistische Führer] Gounaris für den Krieg, den man nicht gewollt hatte, ja es schien, als sollte dem Westen die Verläßlichkeit des antivenizelistischen Verbündeten mit aller Gewalt demonstriert werden."[3] In der sich anbahnenden Veränderung der internationalen Konstellation - der faktischen Aufkündigung der Unterstützung durch die Alliierten - sahen Konstantin und seine Regierung letztlich sogar einen Vorteil, insofern als man in seinen Entscheidungen ungebunden war und keine diplomatischen Rücksichten mehr nehmen mußte. Ungeachtet der Warnungen seines ehemaligen Generalstabschefs Metaxas votierte Konstantin für eine militärische Lösung, die auf den ersten Blick - die griechische Armee verfügte über 120.000 Mann, während Kemals Truppen auf gerade 60.000 kamen[4] - vielversprechend schien.[5]

Die auf Initiative von Lloyd George im Februar 1921 aufgenommenen Friedensverhandlungen in London scheiterten „hauptsächlich an der Intransigenz von Türken und Griechen"[6]. Konstantin und die griechische Regierung überschätzten die eigenen Kräfte und beschlossen, gegen Ankara vorzurücken, um die kemalistische Bewegung zu besiegen.[7] In der Entscheidungsschlacht am Sakarya-Fluß im September 1921 konnte zwar keine Seite einen klaren Sieg erringen, aber allein das kam schon einer griechischen Niederlage gleich, da man die Hoffnung, die kemalistischen Truppen zerschlagen und den Frieden von Sèvres gewaltsam auf Dauer durchsetzten zu kön-

[1] Zu diesem Umschwung vgl. Richter 1990: 60f.
[2] Vakalopulos 1985: 200.
[3] Hering 1992: 839.
[4] Vgl. Richter 1990: 62.
[5] Vgl. Richter 1990: 61. Zur weiteren Entwicklung vgl. ebd.: 61ff u. Sachar 196941 1ff.
[6] Hering 1992: 839.
[7] Vgl. Llewellyn Smith 1973: 228ff.

nen, begraben mußte[1]. Die erfolgreiche Abwehr seitens der Türken beschleunigte den Erosionsprozeß der Alliierten. Die französische Regierung nahm Verhandlungen mit der Türkei auf, die am 20. Oktober 1921 zur Beendigung des Kriegszustandes zwischen beiden Ländern führte. Dabei räumte Frankreich nicht nur Kilikien, sondern trat sogar Teile seines syrischen Gebietes ab. Der Vertrag von Ankara bedeutete die endgültige Aufkündigung des Vertrages von Sèvres und darüber hinaus den Bruch der Verträge aus der Zeit des Ersten Weltkriegs, in denen die Alliierten sich gegenseitig garantierten, keine Separatfriedensverträge abzuschließen.[2]
Darüber hinaus entwickelte sich jetzt ein regelmäßiger Strom von Waffen und Munition aus Italien und Frankreich in die Türkei. Erneute Verhandlungen in Paris und London blieben ergebnislos, zumal die Kemalisten im Vormarsch waren und keine Zugeständnisse mehr zu machen brauchten.

Nach nunmehr zehn fast ununterbrochenen Kriegsjahren (1912-1922) waren die Bevölkerung und Armee Griechenlands erschöpft. Mit dem kostspieligen kleinasiatischen Krieg war das Land auch wirtschaftliche überfordert. Das Offizierskorps war gespalten in Royalisten und Venizelisten, die nicht selten mehr Zeit auf gegenseitige Intrigen als auf Verteidigungsvorbereitungen verwendeten. Negativ wirkte sich zudem die Ersetzung erfahrener venizelistischer durch unerfahrene royalistische Offiziere aus. Die griechische Front erstreckte sich über 300 km, und die Versorgung wurde durch ein hohes Maß an Korruption bei Heereslieferungen beeinträchtigt. Die Moral der Mannschaften erreichte einen Tiefpunkt, es kam zu Desertionen und Fast-Meutereien. In Griechenland selbst gab es Antikriegsdemonstrationen.[3]

In dieser Situation begann Ende August 1922 die türkische Gegenoffensive. Die schwache griechische Frontlinie wurde auf einer Breite von etwa 35 km durchbrochen, mit der Folge, daß die gesamte Front zusammenbrach. Die griechischen Truppen waren überall zum Rückzug gezwungen und verließen schließlich Kleinasien: „Damit war zwar der militärische Teil des kleinasiatischen Abenteuers Griechenlands beendet, aber das Martyrium für die Griechen in Kleinasien begann erst."[4] Als am 9./10. September 1920 die türkischen Truppen das von griechischen und armenischen[5] Flüchtlingen überlaufene Smyrna erreichten, wüteten sie erbarmungslos. Vor den Augen der Kommandierenden der alliierten Kriegsschiffe kam es zu Massakern,

[1] Vgl. Hering 1992: 839.
[2] Vgl. Richter 1990: 65f.
[3] Vgl. Richter 1990: 67.
[4] Richter 1990: 70.
[5] Bereits im Dezember 1920 mußten die Armenier formell auf ihre im Vertrag von Sèvres zugesicherte Unabhängigkeit verzichten, nachdem türkische und sowjetische Truppen weite Landesteile besetzten und die Truppen Kemals brutal jeden Widerstand unterdrückt hatten.

denen weit über 50.000 Menschen zum Opfer fielen; ein Großbrand zerstörte weite Teile der Stadt.[1]

Unterdessen riefen rebellierende Offiziere der zurückkehrenden Truppen, die in Konstantin und der Athener Regierung die Verantwortlichen für die katastrophale Niederlage sahen, unter der Führung von Nikolaos Plastiras, Stylianos Gonatas und Alexandros Chatzikyriakos, die Revolution aus und zwangen Konstantin zur Abdankung zugunsten des Kronprinzen Georg und zum Verlassen des Landes[2]; führende Politiker und Militärs wurden festgenommen.[3]

Innenpolitisch wurden die folgenden Monate durch das Flüchtlingsproblem, den Prozeß gegen die Verhafteten und die Reorganisation der Armee bestimmt, außenpolitisch durch die Friedensverhandlungen. Insgesamt befand sich das Land in einer trostlosen Lage: Die zahlreichen Flüchtlinge konnten oft nicht einmal notdürftig versorgt werden. Einen weiteren Unruheherd bildete die sich auflösende Armee, die die Niederlage nicht verkraften konnte und nach Verantwortlichen suchte, die zur Rechenschaft gezogen werden konnten. Vor diesem Hintergrund steht der Prozeß gegen die verhafteten Politiker und Militärs und das Todesurteil gegen sechs von ihnen mit seinen verheerenden Nachwirkungen auf das Verhältnis zwischen Venizelisten und Royalisten[4]. Neuer Ministerpräsident wurde Oberst Gonatas; mehrere jüngere liberale und republikanische Politiker traten in das Kabinett ein, die von nun an in der griechischen Politik eine wichtige Rolle spielten, darunter der spätere Ministerpräsident Georgios Papandreou, der das Amt des Innenministers übernahm. Kriegsminister wurde der spätere Diktator Theodoros Pangalos, der im Dezember wieder zurücktrat und den Oberbefehl in Thrakien übernahm. Es gelang ihm, die Armee zu reorganisieren und bis April 1923 auf 100.000 Mann aufzubauen, was nicht ohne Bedeutung war, da die griechische Position bei den nun folgenden diplomatischen Verhandlungen ohne eine wieder einsatzfähige Armee erheblich schwächer gewesen wäre[5]. Am 3. Oktober 1922 begannen in Mudania die Waffenstillstandsverhandlungen zwischen den Alliierten und Vertretern Kemals, am 11. Oktober wurde der Waffenstillstandsvertrag unterzeichnet, der als Grenze zwischen Griechenland und der Türkei in Thrakien den Fluß Evros bestimmte; Griechenland wurde dabei vor vollendete Tatsachen gestellt. Vier Tage später begann der Rückzug der griechischen Armee aus Ostthrakien, mit dem - aus Furcht, daß sich die Ereignisse von Smyrna wiederholten - eine weitere Massenflucht einsetzte.[6]

---

[1] Vgl. das Buch von Marjorie Housepain: Smyrna 1922. The Destruction of a City. London 1972.
[2] Anfang Januar 1923 starb Konstantin in Palermo.
[3] Zur Revolution von 1922 vgl. Dafnis 1955: 5ff.
[4] Vgl. dazu unter III. Abschnitt 1.2 über die Spaltung in Venizelisten und Royalisten.
[5] Vgl. Richter 1990: 75.
[6] Vgl. Richter 1990: 77.

3.2.3 Der Friedensvertrag von Lausanne

Am 21. November 1922 begannen in Lausanne die Verhandlungen zwischen den Alliierten[1] und der Türkei, um nach dem Scheitern des Vertrages von Sèvres vier Jahre nach dem Ersten Weltkrieg endgültig zu einem Friedensvertrag zu kommen, mit dem Unterschied, daß im Gegensatz zu den vorherigen Verträgen, bei denen die Alliierten den besiegten Gegnern ihre Bedingungen diktierten, ein Verlierer des Ersten Weltkrieges als Sieger auftrat. Der Friedensvertrag von Lausanne läßt sich also in die Reihe der Verträge stellen, die den Ersten Weltkrieg beendeten; nur in zweiter Linie ist er ein Friedensvertrag zwischen Griechenland und der Türkei, der allerdings bis heute Bedeutung für die Beziehungen zwischen beiden Ländern hat.

Während sich bei den Verhandlungen der Pariser Vorortverträge die alliierten Sieger noch weitgehend einig waren, waren die Alliierten in Lausanne zerstritten und ein gemeinsames gewaltsames Vorgehen von vornherein ausgeschlossen. Jede der europäischen Mächte bemühte sich um die Durchsetzung ihrer Ziele; das unterlegene Griechenland „war in dem bevorstehenden diplomatischen Schachspiel kaum mehr als eine Bauernfigur, der man Opfer abverlangen konnte."[2]

Neben dem Friedensschluß zwischen Griechenland und der Türkei waren die Kontrolle der Meerengen, der Besitz der Ölfelder von Mossul und die Allianz zwischen der Türkei und der Sowjetunion Themen der Konferenz von Lausanne, auf der Griechenland erneut durch den von den Revolutionären von 1922 zurückgerufenen Venizelos vertreten war. Dabei gelang es den die Konferenz bestimmenden Briten, im wesentlichen ihre Interessen durchzusetzen: Die Meerengen wurden unter die Kontrolle einer internationalen Kommission gestellt, auf beiden Uferseiten durften in einem Abstand von 15 km keine Befestigungen errichtet werden, Handelsschiffe sollten frei passieren dürfen, ebenso Kriegsschiffe in Friedenszeiten, wobei keine dieser Flotten allein stärker als die sowjetische Schwarzmeerflotte sein durfte; einem Verbund westlicher Flotten wäre es somit jederzeit möglich gewesen, im Süden der Sowjetunion zu intervenieren. Dadurch und durch den gleichzeitigen Eintritt der Türkei in den Völkerbund konnte Großbritannien das bisherige gute Einvernehmen zwischen der Türkei und der Sowjetunion stören. Ferner wurden die britischen Ölinteressen gesichert, indem die Türkei akzeptierte, daß die Felder von Mossul dem iraki-

---

[1] Vertreten waren die ehemaligen Siegerstaaten, Großbritannien, Frankreich, Italien, Japan, Rumänien, Serbien, Kroatien, Slowenien und Griechenland. Hinzu kamen auch als Nachbarstaaten der Türkei Bulgarien und die Sowjetunion.

[2] Richter 1990: 77. Zu den Verhandlungen vgl. ebd.: 77ff u. Sachar 1969: 442ff.

schen Mandatsgebiet zugeordnet wurden. Darüber hinaus wurde die endgültige Abtretung Zyperns an Großbritannien bestätigt.

Das griechische Anliegen war für den britischen Außenminister Curzon, der anders als der im Oktober zurückgetretene Lloyd George keine besonderen Sympathien für Griechenland hegte, nur von nebensächlicher Bedeutung. Entsprachen die griechischen Interessen den britischen, bemühte er sich um deren Durchsetzung, was besonders für die Festlegung der zukünftigen Grenzen galt.[1] Im Vergleich zum Vertrag von Sèvres erlitt Griechenland deutliche Gebietsverluste: Smyrna, Ostthrakien und die Inseln Imbros und Tenedos fielen an die Türkei. Insbesondere im Fall von Imbros wurden die strategischen Interessen der Türkei über national-kulturelle und ethnische Fakten gestellt, denn nach der türkischen Volkszählung von 1893 lebten dort 9.357 Griechen, aber nur 99 Türken, meistens Beamte der örtlichen Verwaltung; auf Tenedos betrug das Verhältnis Griechen - Türken immerhin noch zwei zu eins.[2] Weitere Forderungen auf Westthrakien und die Inseln Samothrake und Limnos konnte der türkische Vertreter, Ismet Pascha, jedoch nicht durchsetzen. Um den Sicherheitsinteressen beider Länder zu entsprechen, wurde für die fraglichen Inseln ein Entmilitarisierungsstatus festgelegt. Für die unmittelbar vor der kleinasiatischen Küste liegenden griechischen ostägäischen Inseln Lesbos, Chios, Samos und Ikaria - sowie nach dem Pariser Friedensabkommen von 1947 auch den Dodekanes - wurde lediglich eine Teilbewaffnung zugelassen, Griechenland durfte auf keiner der Inseln eine Marinebasis oder Befestigungen errichten, Streitkräfte durften nur in Höhe der Zahl der örtlichen Wehrpflichtigen stationiert werden. Griechischen Flugzeugen war das Überfliegen der anatolischen Küste verboten, entsprechend durften türkische Maschinen die griechischen Inseln nicht überfliegen. Diese Bestimmungen bewährten sich weitestgehend bis 1974, als im Zusammenhang mit der türkischen Invasion auf Zypern die Frage des militärischen Status der Inseln wieder akut wurde. Nachdem bereits im Abkommen von Montreux vom 20.07.1936 die Entmilitarisierung der Meerengen aufgehoben worden war und Griechenland im Gegenzug die Inseln Samothrake und Limnos remilitarisiert hatte - bereits aus diesem Grunde entstanden im Lauf der Zeit Meinungsverschiedenheiten über die Gültigkeit bzw. die Tragweite der Remilitarisierung der Inseln -, fühlte sich Griechenland mit der Begründung, daß die türkische Zyperninvasion die akute Gefährdung der griechischen Inseln bewiesen habe, nunmehr zur Militarisierung der ostägäischen Inseln berechtigt. Als weitere Streitfragen im Ägäiskonflikt stellen sich:[3]

---

[1] Vgl. Richter 1990: 77.
[2] Vgl. Kyrikou 1986: 120.
[3] Vgl. dazu Axt/Kramer 1990: 20ff u. Veremis 1997: 22ff. Grundsätzlich zum griechisch-türkischen Verhältnis vgl. Veremis: 1991.

- die Abgrenzung des Festlandsockels: Nach Auffassung der Türkei erstreckt sich der türkische Festlandsockel als natürliche Verlängerung Anatoliens bis etwa Mitte der Ägäis womit auch einige griechische Inseln auf dem türkischen Festlandsockel liegen. Griechenland hingegen hält sich an die Regelungen der UN-Konventionen von 1958 und 1982, wonach alle griechischen Ägäisinseln einen eigenen Festlandsockel besitzen und die Grenze zum türkischen Festlandsockel nach dem Mittellinien-Prinzip im wesentlichen zwischen den Inseln und dem anatolischen Festland verläuft. Damit unterläge die Ausbeutung des Meeresboden in der Ägäis - hier geht es um Ölvorkommen - fast gänzlich der griechischen Souveränität;
- die Ausdehnung der Territorialgewässer: Die Türkei droht für den Fall, daß Griechenland seine Hoheitsgewässer - gemäß dem Völkerrecht - von sechs auf zwölf Seemeilen ausdehnen würde, mit dem „casus belli". Eine Ausdehnung hätte zur Folge, daß die Durchfahrt von den westanatolischen Häfen ins Mittelmeer durch griechische Hoheitsgewässer führen müßte. Griechenland hat mehrfach erklärt, von diesem Recht keinen Gebrauch machen zu wollen, ist aber nicht bereit, auf das Rechtsprinzip zu verzichten;
- die Begrenzung des Luftraumes zwischen beiden Staaten: 1931 hat Griechenland für seinen Luftraum eine Grenze von zehn Seemeilen festgelegt, die von der Türkei seit 1974 nicht mehr respektiert wird, da der Luftraum gemäß internationalen Konventionen lediglich den Grenzen der Territorialgewässer - also sechs Seemeilen - entsprechen dürfe. Zur Bekräftigung dieser Position überfliegen türkische Militärmaschinen regelmäßig den von Griechenland reklamierten Luftraum, was zu Protesten und Abfangmanövern der griechischen Seite führt.

Das Ausmaß der Spannungen in der Ägäis kam auch in jüngster Zeit am Beispiel der Auseinandersetzungen um die Felseninsel Imia Anfang 1996 zum Ausdruck, die innerhalb weniger Tage eine gewaltige Sprengkraft entwickelten:[1] Am 25. Dezember 1995 strandete ein türkisches Handelsschiff bei der aus mehreren Felsen bestehenden unbewohnten Inselgruppe Imia östlich der Dodekanes-Insel Kalymnos. Mit der Begründung, sich in türkischen Hoheitsgewässern zu befinden, lehnte der Kapitän griechische Hilfe ab und verlangte ein türkisches Schiff. Zwei Tage später zog doch ein griechischer Schlepper das Schiff ins Meer hinaus. In den folgenden zwei Wochen tauschten beide Länder in diplomatischen Noten ihre unterschiedlichen Standpunkte zu dem Fall aus: Griechenland stützte sich dabei auf den Vertrag von Lausanne (Artikel 15) und den Pariser Friedensvertrag von 1947 (Artikel 14), in denen von den Dodekanes-Inseln „und den umliegenden Inselchen" die Rede ist, die 1923 von der

[1] Vgl. Reuter 1996: 660f u. Ioannou 1997: 33ff.

Türkei an Italien und 1947 von Italien an Griechenland abgetreten worden sind. Die Türkei hingegen betonte, daß die Inseln im Kataster des anatolischen Küstenortes Mugla verzeichnet und folglich türkisch sind. Am 25. Januar 1996 hißte der Bürgermeister von Kalymnos auf einer der Felseninseln die griechische Flagge, die zwei Tage später von türkischen Journalisten durch die türkische ersetzt wurde. Es entwickelte sich ein Medienkrieg zwischen beiden Ländern. Griechenland entsandte Marineeinheiten, die die griechische Flagge wieder aufstellten; auch die Türkei schickte Kriegsschiffe in die Region. Auf telefonische Vermittlung des US-Präsidenten Clinton konnte die Krise in der Nacht des 31. Januar insoweit entschärft werden, als beide Staaten ihre Schiffe wieder abzogen und den Status quo ante wiederherstellten. In der Türkei wurde dies als Sieg angesehen, während der griechische Ministerpräsident Simitis für die Zustimmung, die griechische Fahne wieder einzuholen, auch aus den eigenen Reihen Kritik erntete. In Griechenland gibt die Imia-Krise Anlaß zur Befürchtung, daß der Ägäiskonflikt eine neue Dimension bekommt, da die Türkei nun erstmals die griechische Souveränität über - vertragsmäßig - griechisches Territorium in Frage gestellt hat.[1]

Ein weiteres großes Problem zwischen Griechenland und der Türkei auf der Lausanner Konferenz stellten die jeweiligen Minderheiten dar. Der am Ende des Ersten Weltkriegs vom Völkerbund zum Kommissar für Flüchtlingsfragen ernannte norwegische Diplomat Fridtjof Nansen, der im September 1922 damit beauftragt worden war, zwischen griechischer und türkischer Regierung in der Flüchtlingsfrage zu vermitteln, machte angesichts des unaufhaltsamen Massenexodus den radikalen Vorschlag eines Bevölkerungsaustausches zwischen Griechenland und der Türkei.[2] Anfang des Jahres 1923 betrug die Zahl der in Griechenland eingetroffenen Flüchtlinge über eine Million; in Kleinasien waren noch ca. 400.000 Griechen zurückgeblieben, inbegriffen waren ca. 130.000 Einwohner von Istanbul und eine unbekannte Zahl von Zivilinternierten. In Griechenland selbst lebten etwa 450.000 Moslems. Da auch Venizelos realistisch erkannte, daß eine Rückkehr der Flüchtlinge unter den gegebenen Bedingungen ausgeschlossen war, ging es in den folgenden Verhandlungen nur noch darum, in welchem Ausmaß der Minoritätenaustausch durchgeführt werden sollte. Die Türkei forderte einen totalen Austausch, d. h. auch der in Istanbul lebenden Griechen, wogegen sich Venizelos entschieden wehrte, da dies nicht nur den finanziellen Ruin einer recht wohlhabenden Gemeinde bedeutet hätte, sondern auch die Vertreibung des Patriarchats von Konstantinopel. Schließlich einigte man sich auf einen Kompromiß, der die Griechen Istanbuls und der Inseln Imbros und Tenedos sowie eine etwa gleich große Zahl von Moslems, Türken, Pomaken und Zigeunern (Roma)

---

[1] Vgl. Veremis 1997: 29 u. Ioannou 1997: 33.
[2] Zum Minoritätenaustausch vgl. Pentzopoulos 1962, Streit 1929 u. Tsouloufis 1989.

in Westthrakien vom Zwangsaustausch ausschloß. Eine gemischte Kommission aus Griechen, Türken und Neutralen sollte den Bevölkerungsaustausch und insbesondere die damit verbundene Liquidation des unbeweglichen Eigentums überwachen. Am 30. Januar 1923 wurde die „Konvention über den Austausch der griechischen und türkischen Bevölkerungen" unterzeichnet.

Die Behandlung der verbliebenen griechische Minderheit in Istanbul und der muslimischen Minderheit in Westthrakien stellt bis heute ein Konfliktpotential zwischen beiden Ländern dar.[1] Zum Schutz der Minderheiten wurden im Lausanner Vertrag ungestörte Religionsausübung, Zugang zu öffentlichen Ämtern, Errichtung eigener Schulen und Gebrauch der Muttersprache garantiert. Die Wirklichkeit in der Türkei wich und weicht jedoch immer wieder davon ab. Der nationalistische Anspruch der von Kemal gegründeten Republik ließ sich nur schwer mit der Existenz nichttürkischer Bevölkerungsteile vereinbaren; noch heute aktuelles Beispiel ist das Kurdenproblem. Zu regelrechten Ausschreitungen kam es, als die Spannungen zwischen Griechenland und der Türkei wegen Zypern zunahmen. Als Reaktion auf die *Enosis*-Politik (*Enosis* = Einheit, Vereinigung) der zypriotischen Griechen überfielen 1955 fanatisierte Massen die von Griechen bewohnten Stadtteile Istanbuls, zerstörten und plünderten Häuser und Geschäfte. 1964 kam es zu türkischen Zwangsmaßnahmen, in deren Folge mehrere tausend Griechen die Türkei verließen, wobei deren Eigentum in türkische Verfügungsgewalt überging. Infolge dieser Lebensumstände ging die Zahl der in Istanbul lebenden Griechen von über 100.000 Mitte der zwanziger Jahre auf weniger als 3.000 zurück; auf Imbros blieben von 9.000 noch etwa 10%, auf Tenedos nur noch 150 ältere Personen.[2] Ein Aussterben der griechischen Minderheit scheint absehbar.

Demgegenüber sind die Angehörigen der muslimischen Minderheit in Westthrakien weder durch organisierte Übergriffe noch durch diskriminierende gesetzliche Bestimmungen beeinträchtigt, wenngleich sie sich in ihrem Alltagsleben durch die Behörden benachteiligt fühlen. Ihre Zahl stieg von rund 100.000 auf etwa 120.000 an.[3] Bei den Parlamentswahlen 1989/90 beteiligte sich die muslimische Minderheit erstmals erfolgreich mit einem eigenen Wahlbündnis,[4] was in Griechenland den Verdacht der „Fremdbestimmung" durch Ankara weckte. Unstimmigkeiten herrschen bereits schon über die Bezeichnung der westthrakischen Minderheit: Für Griechenland handelt es sich - wie im Wortlaut des Lausanner Vertrages - um „Muslime", d. h. ei-

---

[1] Vgl. dazu Meinardus 1985: 489ff u. Axt 1992 a: 64ff.

[2] Vgl. Meinardus 1985: 511 u. Kyriakou 1986: 130.

[3] Vgl. Meinardus 1985: 511.

[4] Bei den Wahlen im Juni und November 1989 gelang einem, bei der Wahl im April 1990 zwei Kandidaten der Einzug ins Parlament. Bisher waren die der muslimischen Minderheit zustehenden zwei Abgeordneten über die Listen der etablierten griechischen Parteien gewählt worden.

ne religiöse und keine ethnische oder nationale Minderheit. Griechischen Angaben zufolge ist nur etwa die Hälfte auch türkischer Abstammung, 34% sind Pomaken, 16% Zigeuner.[1] Die Türkei hingegen sieht in der muslimischen Minderheit ausschließlich ihres Schutzes bedürftige „Türken", vertritt aus griechischer Sicht somit eine Auffassung, die wie im Fall von Zypern die Gefahr einer türkischen Intervention in sich birgt. Neue Nahrung erhielt dieser Streit Anfang 1990, als ein griechisches Gericht zwei der muslimischen Minderheit angehörende Politiker, darunter einen ehemaligen Parlamentsangehörigen, zu einer 18monatigen Gefängnisstrafe und einer dreijährigen Aberkennung der bürgerlichen Ehrenrechte verurteilte, da sie sich in Flugblättern als „türkischer Abstammung" bezeichneten.[2]

Ein weiteres Problem des Lausanner Konferenz bestand in der türkischen Forderung nach Reparationen,[3] die von Venizelos zurückgewiesen wurde, da Griechenland im Auftrag der Alliierten Anatolien besetzt hatte und außerdem eher die Türkei zu Reparationen für die Verluste der Flüchtlinge verpflichtet wäre. Schließlich anerkannte Griechenland seine moralische Verantwortung für Zerstörungen der griechischen Armee in Anatolien, erklärte sich aber für zahlungsunfähig. Am 24. Juli 1923 wurde der Friedensvertrag von Lausanne unterzeichnet.

3.2.4 Das Ende der *Megali Idea*

Der Friedensvertrag von Lausanne beendete die Periode der bewaffneten Auseinandersetzungen zwischen Griechenland und dem Osmanischen Reich bzw. der Türkei. Durch den damit verbundenen Bevölkerungsaustausch zwischen beiden Ländern sowie den bereits im Vertrag von Neuilly 1919 vereinbarten Minoritätenaustausch mit Bulgarien[4] kam der Prozeß der Herausbildung eines die gesamte Nation umfassenden Nationalstaates zum Abschluß oder - um es mit dem Titel eines gleichnamigen Buches zu sagen - war 1923 die 'Vereinigung Griechenlands'[5] vollzogen. Griechenland verfügte nunmehr über eine weitgehend national homogene Bevölkerungsstruktur, welche nicht zuletzt auch den Vorteil hatte, möglichen irredentistischen Forderungen der Nachbarstaaten vorzubeugen. Zwar gab es noch immer Griechen außerhalb der

[1] Vgl, Meinardus 1985: 493.
[2] Vgl. Axt 1992a: 65f.
[3] Vgl. Richter 1990: 80.
[4] Hier waren die Ausmaße erheblich geringer: Nachdem schon in den Jahren 1913-1919 150.000 Bulgaren remigrierten, kamen 1923 noch 50.000 hinzu. Aus Bulgarien kamen 170.000 Griechen; vgl. Vakalopulos 1985: 209 u. Gaitanides 1978: 184.
[5] Douglas Dakin: The Unification of Greece, 1770-1923. London 1972.

Staatsgrenzen, doch lebte jetzt die Mehrzahl innerhalb des griechischen Nationalstaates.

Der „Preis“ dafür waren mehr als eine halbe Million Tote, etwa 1,5 Millionen entwurzelte Menschen, die ihre Jahrtausende alte Heimat verlassen mußten, und der endgültige Verlust der Ansiedlungen im inneren Kleinasien und Ostthrakien, der Städte an der anatolischen Westküste und des Pontusgebiets und mit ihnen auch der Verlust von „Reichtum, wirtschaftlicher Macht und kultureller Eigenart der anatolischen Griechen“[1].

Die Kleinasiatische Katastrophe bedeutete auch das endgültige Aus für die *Megali Idea*, den Traum eines „Griechenland der zwei Erdteile und fünf Meere“. Außerhalb des Staatsgebiets waren 1923 allein der italienisch besetzte Dodekanes und das britische Zypern mehrheitlich von Griechen bewohnt, so daß die *Megali Idea* nur noch „in den Köpfen von Träumern und Reaktionären“[2] politisch Bedeutung hatte. Die historische Mission der Befreiung der Irredenta, der sich alle Parteien verpflichtet gefühlt hatten und der im Zweifelsfall alles andere untergeordnet worden war, gehörte nunmehr der Vergangenheit an. Außenpolitisches Ziel war jetzt die Sicherung des Bestehenden. Während der Regierungsperiode 1928-1932 bemühte sich Venizelos, für den es nicht mehr darum ging, „ein grosses Hellas zu schaffen, sondern dem bestehenden Staat, der gross genug sei, ein modernes Gesicht zu geben und ihm im Schosse der Völkergemeinschaft einen ehrenhaften Platz zu sichern“[3], um eine Ausgleichspolitik mit den Nachbarstaaten, die in Freundschaftsverträgen mit Italien (23. September 1928), Jugoslawien (27. März 1929) und der Türkei (30. Oktober 1930) zum Ausdruck kam.[4]

Ungeachtet dieser Bemühungen hatten der endgültige Verlust der die griechische Politik seit der Unabhängigkeit des Landes beherrschenden Leitidee, „das abrupte Ende griechischer Kontinuität in Kleinasien, der plötzliche Verlust der anatolischen Dimension im Bewußtsein der Denkenden, der Zusammenbruch der Fundamente, auf denen die Außenpolitik, die Rüstung und in den Augen vieler Menschen die Existenzberechtigung des Staates schlechthin beruht hatten“[5], ein ideologisches Vakuum zur Folge.[6] Für die griechische Gesellschaft war die Kleinasiatische Katastrophe eine

---

[1] Hering 1992: 883.

[2] Hering 1992: 884.

[3] Zit. nach Tzermias 1994: 166.

[4] Die durch einen nach mehreren Balkankonferenzen zwischen Oktober 1930 und November 1933 unterzeichneten Pakt gegründete Balkanentente zwischen Jugoslawien, Griechenland, Rumänien und der Türkei war jedoch mehr symbolischer denn praktischer Bedeutung; gegen die aggressive Politik des faschistischen Italien und des nationalsozialistischen Deutschland bot die Entente, der Bulgarien und Albanien ohnehin fernblieben, keinen Schutz; vgl. Tzermias 1994: 56f u. Vakalopulos 1985: 214.

[5] Hering 1992: 884.

[6] Vgl. dazu Doulis 1977.

traumatische Erfahrung, der ein Gefühl des Verlorenseins, der Desorientierung und Entfremdung, der Unsicherheit und Verzweiflung folgte. Dies wirkte sich zwangsläufig auf die kollektiven und individuellen Einstellungen zum Staat und zur Politik aus. Neben der „Nationalen Spaltung“ in Venizelisten und Royalisten waren die Kleinasiatische Katastrophe bzw. ihre Folgen ausschlaggebend für die die Zwischenkriegszeit bestimmende Atmosphäre der politischen Krise, die wiederholten militärischen Interventionen bzw. Versuche, den Wechsel zwischen Monarchie, Republik und Diktatur sowie das Versagen der Republik beim Aufbau des für ihr Überleben notwendigen Maßes an Legitimität.

Die Identitätskrise wurde verstärkt durch die Präsenz der Flüchtlinge, die „in ein Griechenland [kamen], das sie gar nicht kannten, und das weder das Land ihrer Träume noch das des nationalen Mythos war“[1]. Da die Flüchtlinge im Wahlsieg der Antivenizelisten 1920 und der Rückkehr Konstantins die Hauptgründe für den Verlust ihrer Heimat sahen, wählten sie bis zu Beginn der 30er Jahre mehrheitlich die Venizelisten,[2] so daß die tiefe Spaltung der Nation - verschoben zugunsten der Liberalen - nicht etwa durch den Schock der Niederlage überdeckt wurde, sondern fortdauerte.

3.2.5 Die Integration der Flüchtlinge

Ein zentrales Problem der griechischen Politik der Zwischenkriegszeit war die Integration der Flüchtlinge.[3] Im Zuge der „kleinasiatischen Katastrophe“ und des Bevölkerungsaustausches zwischen Griechenland und der Türkei strömten zwischen 1,3 und 1,5 Millionen Menschen aus Thrakien und Kleinasien nach Griechenland. Darin inbegriffen waren etwa 170.000 Flüchtlinge aus Bulgarien sowie eine geringere Zahl von Flüchtlingen aus dem Kaukasus, aus Südrußland, Jugoslawien, Albanien und dem Dodekanes. Darüber hinaus nahm Griechenland 50.000 armenische Vertriebene auf.[4] Das entsprach einem Bevölkerungszuwachs von 26-29%.[5]

---

[1] Hering 1992: 884.
[2] Vgl. Mavrogordatos 1983a: 183ff
[3] Vgl. dazu Pentzopoulos 1962 u. Campbell/Sherrard 1968: 127ff.
[4] Die Schwankungen in den Zahlenangaben ergeben sich durch die sehr hohe Sterblichkeitsrate unter den Flüchtlingen - Nansen schätzte allein in den Monaten Septemebr 1922 bis Juli 1923 70.000 Menschen, die an Seuchen und Unterernährung starben - und die Auswanderung einer großen Zahl von Flüchtlingen insbesondere nach Ägypten und in die USA; vgl. Pentzopoulos 1962: 97ff, Hering 1992: 884f u. Vakalopulos 1985: 209.
[5] Vgl. Pentzopoulos 1962: 188. In Deutschland betrug der Vertriebenenanteil nach dem Zweiten Weltkrieg etwa 17%; vgl. Gaitanides 1978: 183.

Etwa die Hälfte der Flüchtlinge wurde in den Städten bzw. in neu entstehenden Trabantensiedlungen („Neu-Smyrna", „Neu-Philadelphia", „Neu-Chalkedon") im Umkreis von Athen, Piräus und Thessaloniki untergebracht. Im Unterschied zum Urbanisierungsprozeß im übrigen Europa wuchsen die Städte nicht nur auf Kosten der Landbevölkerung, sondern parallel zu der Ansiedlung der anderen Hälfte der Flüchtlinge in den ländlichen Regionen vor allem des Nordens. Ca. 750.000 Flüchtlinge ließen sich in den „Neuen Ländern", insbesondere in den bisher von Bulgaren und Türken bewohnten Gebieten nieder.[1]

Mit seinen begrenzten Mitteln war Griechenland - zudem geschwächt durch die zehnjährige Kriegsperiode - nicht in der Lage, dieser Situation Herr zu werden, und war zur Aufnahme einer vom Völkerbund garantierten Anleihe von 12,3 Millionen Pfund gezwungen.[2] Darüber hinaus wurde unter Führung des Völkerbundes ein internationales „Komitee für die Eingliederung der Flüchtlinge" gebildet, das über sieben Jahre, von Ende November 1923 bis Ende des Jahres 1930, die Verwendung der Anleihe überwachte, ein ländliches Ansiedlungsprogramm durchführte und für die Unterbringung der Flüchtlinge in den Städten sorgte.

Entsprechend dem agrarischen Charakter der griechischen Wirtschaft[3] stellte sich vor allem das Problem der Landreform.[4] Dabei muß man berücksichtigen, daß Griechenland von allen Balkanstaaten die ungünstigsten geomorphologischen Bedingungen hat: 68% des Staatsgebiets sind Gebirge, 32% Ebenen; 55% sind landwirtschaftlich nicht nutzbar, nur etwas über 15% sind urbar.[5] Daneben bestand weiterhin das Problem der ungleichen Verteilung des Bodens. Im Zuge einer in ihrem Ausmaß im Europa jener Zeit radikalsten Landreform wurden 50% des kultivierbaren Landes umverteilt. Der Schwerpunkt lag dabei im Norden: 90% der bäuerlichen Flüchtlinge wurden in Makedonien und Thrakien angesiedelt, 62% der bis dahin landlosen einheimischen Bauern erhielten ebenfalls dort und in Epirus Land, 26% in Thessalien und 12% in Zentralgriechenland.[6] Darüber hinaus führte die Regierung in Zusammenarbeit mit dem Komitee insbesondere in diesen Regionen ein umfassendendes Modernisierungs- und Beschäftigungsprogramm durch, ließ Straßen und Brücken

---

[1] Vgl. dazu Eddy 1931: 114ff, 133ff u. Hering 1992: 885.

[2] Davon wurden jedoch nach Abzug von Zinsen, Steuern und Bearbeitungsgebühren nur 10 Millionen Pfund ausgezahlt, so daß sich ein ungünstiger Zins von 8,71% ergab. Richter (1990: 90) bemerkt dazu, daß Anleihen anderer Staaten zum gleichen Zeitpunkt zwischen 4% und 5% lagen: „Einen Kredit zu solch ungünstigen Bedingungen hätte Griechenland auch ohne Vermittlung des Völkerbundes erhalten können."

[3] 1920 arbeiteten 70% der Beschäftigten in der Landwirtschaft, 13,1% in Industrie und Handwerk und 15% im Bereich Handel/Banken/Verkehr, sonstige Dienstleitungen und Verwaltung. 1928 lagen die entsprechenden Zahlen bei 68,3%, 14,7% und 16,5%; vgl. Nikolinakos 1970: 213.

[4] Zur ländlichen Ansiedlung der Flüchtlinge vgl. Richter 1990: 83ff u. Vakalopulos 1985: 208f.

[5] Vgl. Richter 1990: 82.

[6] Vgl. Richter 1990: 83.

bauen, baute das Bewässerungssystem aus, verteilte Pferde, Rinder, Schafe und weiteres Kleinvieh, versorgte die Neuansiedler mit Werkzeugen und errichtete 50.000 Einfachsthäuser.

Das Ziel der Regierung war, durch diese Landreform eine Klasse von Kleinbauern zu schaffen, die nicht nur sich selbst versorgen, sondern auch einen Beitrag zur Ernährung des Landes leisten konnte und die keinen politischen Unruheherd bilden würde. Diese Vorhaben wurden jedoch nur teilweise realisiert. Zwar paßten die Flüchtlinge sich ihrer neuen Heimat insgesamt schnell an und nutzten die sich bietenden Möglichkeiten: Nicht zuletzt durch die aufwendige Trockenlegung der makedonischen Marschen und die Neugewinnung von Agrarland in Gebirgsgegenden verdoppelte sich zwischen 1923 und 1939 die landwirtschaftliche Nutzfläche. Der 70% der kultivierten Fläche ausmachende Getreideanbau verzeichnete einen Anstieg von 429.214 Hektar im Zeitraum 1920-1924 auf 865.809 Hektar 1935-1939,[1] was dem Land ermöglichte, die Getreideeinfuhr zu drosseln[2]. In Makedonien und Thrakien, wo eine Krankheit in den vergangenen Jahren die Reben vernichtet hatte, pflanzten die Flüchtlinge 50.000 Hektar Reben neu. Auf Kreta wurde der Anbau von Sultaninen durch Bauern aus der Gegend von Smyrna neu eingeführt, womit Griechenland ein zusätzliches Exportprodukt gewann. Noch deutlichere Steigerungen als beim Getreideanbau erzielten die Flüchtlinge beim Anbau von Tabak,[3] dem lange Zeit bedeutendsten Exportartikel des Landes[4]. Dadurch stieg auch die Zahl der Arbeitsplätze in der tabakverarbeitenden Industrie. Weitere ebenfalls durch die Flüchtlinge ausgebaute Sektoren waren die Baumwoll- und Seidenproduktion. Diese beachtlichen Erfolge wurden 1930 vom Völkerbund folgendermaßen gewürdigt:

> „The aspect of the country has entirely changed. Everywhere one sees cheerful red roofs of the colonisation settlements. Where formerly vast uncultivated plains stretched, there are now flourishing villages, full of bustling activity, and showing obvious signs of comfort, and in many cases of prosperity. The whole countryside is awake and alive with new life [...] The progress achieved is surprising and most gratifying [...] These results are due, in the first place, to the courage, the energy, the capacity for work, the receptivity to new ideas, which characterise the mass of the refugees.“[5]

Dennoch belastete das Flüchtlingsproblem die Innenpolitik über die ganze Zwischenkriegszeit hinweg. Zwar erhielten insgesamt auch 88% der Alteingesessenen ohne Besitz Boden, doch kam es in manchen Gegenden zu scharfen Konflikten zwischen Flüchtlingen und Einheimischen, die gleichfalls ehemals türkischen Besitz er-

---

[1] Vgl. Nikolinakos 1970: 192.

[2] Das Verhältnis Produktion/Konsum in Prozent verbesserte sich von 30,30% auf 63,8%; vgl. Nikolinakos 1970: 192.

[3] Von 25.306.656 kg 1922 auf 85.944.990 kg 1929. Etwa zwei Drittel der Tabakproduktion von 1926 stammte von Flüchtlingsbetrieben; vgl. Pentzopoulos 1962: 103

[4] 1935 machte die Tabakproduktion 50,2% des Gesamtexports aus; vgl. Nikolinakos 1970: 194.

[5] League of Nations, Official Journal, 11:6 (June 1930), zit. nach Pentzopoulos 1962: 111.

werben wollten, sowie zwischen Inhabern kleiner Ländereien und Landlosen.[1] Die Antivenizelisten nährten die bestehenden Antipathien und Ressentiments und erweckten den Eindruck, die Integrationsmaßnahmen wieder rückgängig machen zu wollen. Man bezweifelte, ob die Flüchtlinge „richtige Griechen“ seien, und ging sogar so weit, ihnen die politischen Rechte absprechen zu wollen.[2] Außerdem war das von Großgrundbesitzern enteignete Land den neuen Besitzern nicht einfach übereignet, sondern - wenn auch weit unter dem tatsächlichen Wert - verkauft worden. Viele Bauern waren durch die Ablösezahlungen derart verschuldet, daß ihre Betriebe keinen Gewinn erbrachten, was Investitionen verhinderte. Darüber hinaus waren die Flächen angesichts der Masse der zu versorgenden Flüchtlinge mit einer Größe von meist nur 0,4 Hektar[3] extrem klein, wurden durch Erbteilung noch weiter parzelliert, so daß die meisten Betriebe kaum mehr als Subsistenzcharakter hatten.

Politisch entzweite die Agrarreform das Land: Wer von der Landreform profitiert hatte, stimmte für deren Initiatoren, die Venizelisten, die dadurch im Norden - neben Kreta, der Heimat Venizelos', - ihren Schwerpunkt gewannen. Demgegenüber bildeten Zentral- und Südgriechenland („Altgriechenland“) ein Zentrum des Antivenizelismus. Während im Norden durch die dort schwerpunktmäßige Landreform die sozialen Unterschiede deutlich vermindert waren, bestanden sie in „Altgriechenland“ fort. Dieser Nord-Süd-Gegensatz korrelierte auch mit dem Antagonismus zwischen Republikanismus und Monarchismus sowie später zwischen „links“ und „rechts“.[4] Tendenziell hielt sich die Zweiteilung in einen „progressiveren“ Norden und einen „traditionelleren, konservativeren“ Süden bis heute.[5]

Problematischer als die ländliche Ansiedlung gestaltete sich die Eingliederung der städtischen Flüchtlinge, bei der die Integrationskapazitäten des Staates überfordert wurden.[6] Hatte die bisherige Landflucht - von 1883 bis 1920 stieg der Anteil der städtischen Bevölkerung von 11,85% auf 25%[7] - schon zu problematischen Wohnverhältnissen geführt, so wurden diese durch die Ankunft der Flüchtlinge noch verstärkt: In Athen waren 1926/27 138% mehr Einwohner ansässig als noch 1914, der Wohnraum hatte jedoch nur um 30% zugenommen.[8] Trotz des Baus von 50.000 neu-

---

[1] Vgl. Hering 1992: 887.
[2] Vgl. Mavrogordatos 1983a: 193ff, 198ff, 202ff.
[3] Vgl. Richter 1990: 84.
[4] Dies zeigt auch beispielhaft ein Vergleich des Wahlverhaltens in den 60er Jahren in zwei ähnlich strukturierten - agrarisch orientiert mit geringer Industrieansiedlung - Regionen: Während auf dem Peloponnes mehrheitlich konservativ abgestimmt wurde (der Anteil liegt zwischen 50 und 60%), war in Thessalien ein deutliches Erstarken der liberalen Zentrumsunion zu beobachten; vgl. Wenturis 1984: 182, 185.
[5] Vgl. Richter 1990: 86.
[6] Zur Integration der städtischen Flüchtlinge vgl. Richter 1990: 86ff.
[7] Vgl. Richter 1990: 86.
[8] Vgl. Hering 1992: 897.

en Häusern allein in der Hauptstadt und Umgebung konnte das Problem bis zum Zweiten Weltkrieg nicht gelöst werden: 1930 lebten noch 30.000 Familien in Behelfsheimen, 1952 immerhin noch rund 14.000.[1]

Mehr noch als für die ländlichen Flüchtlinge, denen das Ansiedlungprogramm immerhin eine Existenzgrundlage schaffte, sahen sich die städtischen Flüchtlinge oft mit einer erheblichen Statusverschlechterung konfrontiert. Dies galt vor allem für die früher Selbständigen, die sich nicht selten nur mit Gelegenheitsjobs durchschlugen und deren Hoffnung, daß wenigstens ihre Kinder wieder aufsteigen würden, oftmals enttäuscht wurden. Soziale Gegensätze und Interessenkonflikte kamen somit eher in den Städten, in denen die neugebildete Kommunistische Partei Zulauf gewann, als auf dem Land zum Ausbruch. In Wirtschaftszweigen, in denen Arbeiter und Angestellte konzentriert waren (Verkehrs- und Transportbetriebe, Tabakverarbeitung) kam es zu Streiks in einem bisher ungekannten Ausmaß.[2]

Trotz dieser Krisenerscheinungen waren auch hier positive Ansätze zu verzeichnen. Die Notwendigkeit, die Flüchtlinge mit Lebensmitteln, Kleidung und Möbeln zu versorgen, aber auch die Initiative der Flüchtlinge selbst trugen zu einer Beschleunigung des bis dahin schleppenden Industrialisierungsprozesses bei und ließen Griechenland zum „Träger des Fortschritts in Südosteuropa und dem östlichen Mittelmeerraum“[3] werden. Volumen und Wert der Produktion von Handwerk und Industrie nahmen am stärksten in der Welt nach Japan und der UdSSR zu, und zwar über die Weltwirtschaftskrise hinaus; 1932 war Griechenland das einzige Land der Welt, in dem der Index der Industrieproduktion knapp über dem Basiswert von 1928 lag.[4] Zwischen 1923 und 1930 entstanden 918 neue Fabriken und stieg die Zahl der in der Industrie Beschäftigten um mehr als das Doppelte auf rund 430.000 an, ebenso verdoppelte sich die Industrieproduktion.[5] Die meisten dieser Betriebe produzierten Lebensmittel, aber auch die Zahl der Textilbetriebe stieg deutlich an. Hinzu kamen Betriebe, die Baumwolle, Seide und Holz verarbeiteten. Weitere Bereiche waren die Teppich- und Keramikindustrie, bei der die aus Kleinasien vertriebenen Griechen Traditionen mitbrachten, die bis ins Mittelalter zurückreichten, so daß auch diese Branchen rapide anwuchsen und sich zu ernsthaften Konkurrenten für die Länder des Orients, beson-

[1] Vgl. Richter 1990: 87.
[2] Vgl. Hering 1992: 897f.
[3] Vakalopulos 1985: 211.
[4] Zum Vergleich (1928 = 100) USA und Deutschland 53, Frankreich 72, England 84, Japan 98; vgl. Hering 1992: 889f.
[5] Vgl. Pentzopoulos 1962: 162. Das hieß aber auch, das sich die Produktivität nicht erhöhte.

ders für die Türkei, entwickelten.[1] Das gesamte wirtschaftliche und geistige[2] Leben Griechenlands erhielt durch die Flüchtlinge neuen Auftrieb.[3]

Der Aufschwung der Industrie bedeutete jedoch keine Verbesserung der Situation der Arbeitnehmer: Die Reallöhne waren in den zwanziger Jahren eher niedriger als 1913.[4] 1939 lag das jährliche Pro-Kopf-Einkommen bei 75$ im Vergleich zu 469$ in Großbritannien.[5] Hinzu kam eine hohe Dauerarbeitslosigkeit, von der besonders die Flüchtlinge betroffen waren; 1928 waren noch 39% ohne oder zumindest ohne regelmäßige Arbeit. Darüber hinaus belastete ein ungerechtes Steuersystem die Bauern- und Arbeiterhaushalte überdurchschnittlich.[6]

Einem kleinen Teil der Flüchtlinge, meist Händlern und Geschäftsleuten, war es gelungen, ihr Vermögen aus dem Zusammenbruch zu retten. Durch ihr Kapital und Know-how erhielt der griechische Handel neue Impulse. So wuchs die griechische Handelsflotte zwischen 1920 und 1930 von 7,5 Millionen auf fast 18 Millionen Bruttoregistertonnen.[7] Dies bedeutete zugleich einen beachtlichen Zustrom an Devisen, da die Flotte fast ausschließlich für den internationalen Transport arbeitete. Ein weiterer Teil der kleinasiatischen Geschäftsleute engagierte sich im Bankengeschäft. War die Nationalbank bis zum Ersten Weltkrieg fast die einzige Bank in Griechenland, so kamen bis zum Börsenkrach von 1931 über 40 weitere hinzu, deren Hauptaktivität in der Finanzierung von Industriegründungen durch die Beteiligung an Aktiengesellschaften lag. Da fast keine dieser Banken über ausreichendes Eigenkapital verfügte, refinanzierten sie sich bei der Zentralbank und vor allem bei ausländischen Geldgebern. Die Folge war, daß nach dem Börsenkrach, dem viele Banken zum Opfer fielen, einerseits die Nationalbank Mitinhaber fast aller größeren Unternehmen wurde, andererseits der Einfluß der ausländischen Geldgeber auf die griechische Wirtschaft wuchs.[8]

---

[1] Vgl. Vakalopulos 1985: 212. Mit 25,5% aller Betriebe stand die Lebensmittelproduktion 1930 an erster Stelle vor der Lederwarenerzeugung (20,5% der Betriebe), der Maschinen- und Werkzeugproduktion (12,8%) und den Spinnereien und Webereien (12,8%).

[2] Der erste Literaturnobelpreisträger Griechenlands, Georgios Seferis (1963), stammte aus Kleinasien.

[3] Pentzopoulos (1962: 150) schreibt über die Flüchtlinge: „They were courageous and intelligent people, eager to work, possessing a spirit of inventiveness and boldness that the native Greeks lacked [...] It was evident that by adopting the methods and techniques of the old inhabitants the newcomers could not expect to advance rapidly and win the position they deserved. To compete sucessfully with the already established enterprises, they had to employ modern technological tools and make use of the most recent agricultural methods. In this respect they became the pioneers of progress in Greece and were considered by foreign observers 'the only encouraging fact in Greek economic life'." Zu den Flüchtlingen als dynamischem Element für Griechenland vgl. auch Mathiopoulos 1961: 99f.

[4] Vgl. Nikolinakos 1970: 210.

[5] Vgl. Richter 1990: 88f.

[6] 42% ihrer Ausgaben waren indirekte Steuern; vgl. Richter 1990: 89.

[7] Vgl. Hering 1992: 889, Anm. 22.

[8] Vgl. Richter 1990: 89.

Die Anstrengungen zur Integration der Flüchtlinge waren nur durch den Einsatz erheblicher Kapitalmengen möglich. Da die griechische Regierung pünktlich ihren Verpflichtungen aus der ersten Anleihe nachkam, befürwortete der Völkerbund 1928 einen weiteren Kredit in der Höhe von 9 Millionen Pfund. Allerdings beschränkte sich die griechische Regierung nicht auf diese Anleihen für die Unterbringung der Flüchtlinge, sondern nahm weitere Kredite auf, die vor allem für den Ausbau des Eisenbahn- und Straßennetzes, den Aufbau des städtischen Nahverkehrsnetzes in Athen, die Athener Wasserversorgung, die Elektrizitätsversorgung und das Telefonnetz verwendet wurden. Auf diese Weise erreichte die griechische Staatsverschuldung bis 1935 89 Millionen Pfund, wovon man über die Hälfte britischen Banken schuldete. Bereits 1930 belief sich der griechische Schuldendienst auf rund ein Drittel der staatlichen Einnahmen, die Pro-Kopf-Verschuldung lag bei 100$ gegenüber einem jährlichen Pro-Kopf-Einkommen von 75$. Die in dieser Entwicklung implizierte finanzielle und wirtschaftliche Abhängigkeit des Landes stellt neben der politischen einen weiteren Bestandteil der nach den 60er Jahren populären Kritik an der griechischen Auslandsabhängigkeit dar. Als infolge der Weltwirtschaftskrise die griechischen Exporte 1930 und 1931 um 23,2% im Umfang und 29,8% im Wert zurückgingen, die Einnahmen der Reeder sanken und auch die Geldüberweisungen der Auswanderer zunehmende ausblieben, war Griechenland vorübergehend zahlungsunfähig.[1]

4. Die Zweite Griechische Republik 1924-1935

4.1 Die Ausrufung der Republik

Als Dauerproblem der griechischen Politik der Zwischenkriegszeit erwiesen sich das Verhältnis zwischen ziviler Regierung und Offizierskorps sowie die Frage der Staatsform. Konnten die Offiziere um den Kommandeur der Evros-Armee, General Theodoros Pangalos, in der Friedensfrage noch gebändigt werden,[2] so gelang dies bei den nach der Revolution von 1922 verstärkten Kontroversen über die Frage der Staatsform nicht mehr.[3] Radikale Republikaner im Militär, denen sich alle die an-

[1] Zu den Zahlenangaben vgl. Richter 1990: 90f.

[2] Pangalos hatte binnen kürzester Zeit aus den nach der kleinasiatischen Niederlage noch intakten Resten des Militärs ein schlagkräftiges 100.000-Mann-Heer in Thrakien aufgestellt (vgl. Dakin 1985: 211ff) und wollte Ostthrakien nicht aufgeben. Während der Friedensverhandlungen bereitete er einen neuen militärischen Vorstoß vor.

[3] Vgl. Hering 1992: 922ff.

schlossen, die sich davon Vorteile in ihrer Karriere erhofften, drängten auf die schnelle Proklamation der Republik, während sowohl das Revolutionsregime als auch die liberale Parteiführung aus außenpolitischen Rücksichten, aber auch der Furcht, den Weg zu einer stabilen, legitimen Ordnung zu verbauen, eine staatsstreichartige Änderung der Verfassung über den Kopf der Nationalversammlung hinweg ablehnten.

Im Lauf des Jahres 1923 wurde eine Offiziersorganisation gegründet, die sich in Anlehnung an die Revolution von Goudi als *Stratiotikos Syndesmos* (Militärliga) bezeichnete und royalistischen Verschwörungen entgegenwirken wollte. Mit Pangalos und Kondylis übernahmen zwei führende Mitglieder dieser Vereinigung die Führung bei der Niederschlagung der von einer heterogenen Gruppe unzufriedener Offiziere inszenierten „Gegenrevolution“ vom 21./22. Oktober 1923.[1] Trotz des zweideutigen Charakters dieses Putsches - beteiligt waren sowohl Venizelisten, die sich durch das Revolutionsregime benachteiligt fühlten, als auch Royalisten um eine konspirative Gruppe von Hauptleuten, zu denen Ioannis Metaxas, der Gründer der Partei der Freisinnigen, Kontakte unterhielt - diente dies als Anlaß zu Säuberungsmaßnahmen, in deren Verlauf 1.284 royalistische oder auch nur vermeintlich royalistische Offiziere aus dem Militär entlassen wurden[2], was nicht nur zur weiteren Politisierung der Armee beitrug, sondern auch der „Nationalen Spaltung“ neuen Nährboden lieferte.

Darüber hinaus begann aber auch das venizelistische Lager sich zu entzweien. Nachdem die Republikaner bislang kaum mehr als eine Fraktion innerhalb der Liberalen waren, meldeten sie sich nun - unterstützt vom Militär - lautstark zu Wort und forderten die unverzügliche Proklamation der Republik. Venizelos hielt die Republik zwar jetzt auch für eine angemessene Staatsform, für die das Volk reif sei, fürchtete jedoch, daß eine Lösung durch Staatsstreich oder eine knappe Mehrheit zur erneuten Änderung der Staatsform nach dem Wahlsieg einer royalistischen Partei, zu neuen Putschen und folglich zu permanenter Instabilität führen würde.[3] Am 4. November 1923 erklärte die Liberale Partei in einer Stellungnahme, daß in den kommenden Wahlen nur über die Zusammensetzung der Nationalversammlung und nicht über die Staatsform entschieden werde; wenn die Abgeordneten später nach ruhiger, eingehender Diskussion für die Republik plädierten, könne die Nationalversammlung einen Volksentscheid durchführen.[4]

Aus den Wahlen am 16. Dezember ging jedoch keine allgemein anerkannte Konstituante hervor, die eine von allen als legitim akzeptierte Regierung hätte stützen

[1] Vgl. dazu Dafnis 1955: I, 110ff.
[2] Vgl. Dafnis 1955: I, 151f.
[3] Vgl. Papacosma 1981: 187f.
[4] Vgl. Hering 1992: 925.

können: Die Antivenizelisten sahen aufgrund der Tatsache, daß der ihre Aktivitäten behindernde Ausnahmezustand weiter aufrecht erhalten wurde, faire Prozeduren nicht gewährleistet und boykottierten die Wahlen. Angesichts dessen war die Wahlbeteiligung mit 70% sehr hoch, so daß man davon ausgehen kann, daß ein Teil der antivenizelistischen Wähler den gemäßigten Kandidaten der Liberalen ihre Stimme gab, die 250 von 397 Mandaten gewannen. Zweitstärkste Gruppe war die Fraktion der Republikanischen Liberalen mit 120 Sitzen. Die restlichen Mandate verteilten sich auf verschiedene kleine Parteien und Unabhängige, darunter auch sieben Antivenizelisten.[1]

Unmittelbar nach der Wahl verstärkte sich der Druck der Republikaner. Die Militärliga verlangte in einem Memorandum die unverzügliche Absetzung der Dynastie. Die Führer der Revolution von 1922, Plastiras und Gonatas, mußten erkennen, daß ihnen die Kontrolle über die radikalen Militärs entglitten war. Premier Gonatas empfahl Georg II. eine „längere Auslandsreise", was de facto einer Abdankung gleichkam; am 19. Dezember verließ der König das Land.[2] Admiral Pavlos Koundouriotis, der schon nach Alexanders Tod 1920 dieses Amt eingenommen hatte, übernahm die Regentschaft.

Venizelos, der eigentlich nicht wieder in die griechische Tagespolitik hatte zurückkehren wollen, ließ sich am 11. Januar 1924 erneut zum Ministerpräsidenten wählen. Die republikanische Opposition um Papanastasiou drängte weiter auf die Ausrufung der Republik durch die Konstituante, doch hielt Venizelos am doppelten Volksentscheid über die Staatsform und (im Falle eines Votums für die Monarchie) Dynastie fest und lehnte es ab, mehr als seine persönliche republikanische Meinung zu bekunden. Als Venizelos im Interesse einer nationalen Aussöhnung auch noch vorschlug, das vom Revolutionsregime verhängte Verbot antivenizelistischer Zeitungen aufzuheben und die „Gegenrevolutionäre" von 1923 zu begnadigen, gab es massive Proteste der Republikaner, die Venizelos schließlich am 4. Februar zum Rücktritt veranlaßten.[3] Gleichzeitig trat er vom Vorsitz der Liberalen Partei zurück.

Der neue Premier Kafantaris beabsichtigte, den gleichen Kurs wie sein Vorgänger zu steuern, woraufhin sich die Republikaner zur außerparlamentarischen Opposition - gestützt vom Militär - entschlossen. Kräfte, die sich bislang der starken Persönlichkeit Venizelos' gebeugt hatten, gaben nunmehr ebenfalls ihre Zurückhaltung auf. Nachdem die Oberkommandierenden drohten, daß sie die Aufrechterhaltung der Disziplin in den Streitkräften nicht mehr garantieren könnten, wenn das Parlament nicht

---

[1] Vgl. Hering 1992: 926 u. Richter 1990: 99.
[2] Vgl. Dafnis 1955: I, 198ff.
[3] Vgl. Dafnis 1955: I, 217ff.

die Republik proklamiere, trat auch Kafantaris zurück.[1] Der mit den Republikanern sympathisierende Regent übertrug jetzt dem Führer der Republikanischen Union, Papanastasiou, die Regierungsbildung. Mit Kondylis als Heeres-, Chatzikyriakos als Marine - und Pangalos als Sicherheitsminister übernahmen republikanisch gesinnte Militärs Regierungsämter, was den Einfluß dieser Gruppe weiter stärkte.

Unterdessen setzte mit dem Rücktritt Venizelos' ein Desintegrationsprozeß bei der Liberalen Partei ein. Am 12. März 1924 - zwei Tage nach Venizelos' Abreise aus Griechenland - zerbrach die Partei an der Frage, ob sie die Politik Papanastasious, d. h. einen Vorgriff der Konstituante in der Frage der Staatsform, unterstützen sollte oder nicht. 60 Abgeordnete schlossen sich der Position Kafantaris' an und gründeten die Progressiven Liberalen, denen weitere 40 beitraten, 61 Abgeordnete wählten Themistoklis Sofoulis zum neuen Vorsitzenden der Liberalen Partei, und 30 bis 40 Abgeordnete bildeten unter Andreas Michalakopoulos die Partei der Konservativen Demokraten.[2] Sofoulis und Michalakopoulos unterstützten das Vorgehen Papanastasious auf der Grundlage einer Kompromißformel: Die Nationalversammlung würde die Dynastie absetzen, das Volk anschließend über die Staatsform entscheiden.[3]

In der Sitzung am 25. März 1924, dem 103. Jahrestag des Beginns des griechischen Unabhängigkeitskampfes gegen die osmanische Herrschaft, wurde von den 283 anwesenden Abgeordneten - die Fortschrittlichen Liberalen blieben der Abstimmung fern - dann doch nicht nur einstimmig die Dynastie Glücksburg abgesetzt, sondern bereits auch die Republik proklamiert. Am 13. April folgte das Referendum, in dem 69,95% für die Republik, 30,05% für die Beibehaltung der Monarchie stimmten. Zwar wurde das Referendum weitestgehend korrekt durchgeführt und Royalisten bei der Abstimmung nicht behindert, doch kam es im Militär vereinzelt zu mehrfacher Abstimmung derselben Einheiten. Dieser Umstand hatte zur Folge, daß die Antivenizelisten das Ergebnis anfochten;[4] die Grundlage der Verfassungsordnung blieb somit weiter umstritten. Einzig der nach dem Gegenputsch von 1923 im italienischen Exil lebende Metaxas, der realistisch erkannte, daß er mit seiner Partei der Freisinnigen nur dann, wenn er die Republik anerkannte, Aussicht hatte, sich unbehindert politisch zu betätigen und die der ständigen Konflikte überdrüssigen antivenizelistischen Wähler zu sich herüberzuziehen,[5] ging auf das Angebot von Papanastasiou ein, das Ergebnis der Referendums im Gegenzug zu seiner Rückkehr nach Griechenland und einer Amnestie für die übrigen Putschisten zu akzeptieren.

---

[1] Vgl. Dafnis 1955: I, 227ff.
[2] Vgl. Hering 1992: 928.
[3] Vgl. dazu Dafnis 1955: I, 232ff.
[4] Vgl. Hering 1992: 929.
[5] Vgl. Hering 1992: 974f.

4.2 Die Anfangsjahre der Republik 1924-1928

Unruhig - unterbrochen von der Diktatur Pangalos' - verliefen die ersten vier Jahre der neugegründeten Republik, 1924-1928:[1] Die Venizelisten verstanden es nicht, die sich ihnen bietenden Chancen für einen Neubeginn zu nutzen. Vielmehr brachten der Rückzug Venizelos' und die Schwäche der Opposition die im venizelistischen Lager latent vorhandenen Konflikte zum Ausbruch. Die rivalisierenden Führer der aus der Spaltung der Liberalen hervorgegangenen Parteien bekämpften einander mitunter kaum weniger als zuvor die Royalisten.[2] Dies begünstigte, ja ermutigte sogar die fortdauernden Interventionen militärischer Kräfte, die sich nicht mit der Proklamation der Republik zufriedengaben, sondern ihre Vorstellungen und Karriereinteressen durch Pressionen durchzusetzen versuchten. Da keine der Parteien über die Mehrheit der Mandate verfügte, standen dem Militär nur kurzlebige, schwache Kabinette gegenüber. Im Kampf um die Macht versuchten die Politiker den militärischen Machtfaktor für sich einzusetzen.

Das Kabinett Papanastasiou amtierte nur wenige Monate. Das von ihm, um erneute Auseinandersetzungen um die Staatsform zu verhindern, Ende April 1924 erlassene Gesetz zum Schutz der republikanischen Verfassung stieß auf den Widerstand der übrigen Parteiführer, die - wie die spätere Entwicklung zeigte - zu Recht befürchteten, daß dies Gesetz sehr leicht zum Repressionsinstrument gegen jegliche oppositionellen Kräfte umfunktioniert werden könnte. Die Absicht Papanastasious, bestimmte Sozialreformen vorzunehmen, trug ihm den Vorwurf ein, kommunistische Ideen zu vertreten. Wohl auch um diesen Verdacht zu entkräften, verbot er eine für den 1. Mai geplante Demonstration der Kommunistischen Partei Griechenlands (KKE = *Kommunistiko Komma Ellados*). Gegen die dennoch versammelten etwa 1.000 Demonstranten setzte die Regierung Militär ein; es gab einen Toten und mehrere Verletzte. Die Folge war einerseits die Ablehnung der Republik auch durch die Kommunisten, andererseits die Heraufbeschwörung einer „kommunistischen Gefahr" durch bürgerliche Politiker. Ende Juni setzten 133 der 234 aktiven Marineoffiziere durch ihre kollektive Demission Papanstasiou wegen Beförderungsfragen unter Druck. Der Versuch des Altliberalen Sofoulis, der Papanastasiou im Juli 1924 als Premier ablöste, den rebellierenden Marineoffizieren die Rückkehr in den aktiven Dienst zu ermöglichen, führte zum Putschversuch einer gegnerischen Clique. Das milde Vorgehen gegen die Rädelsführer ermutigte zukünftige Putschisten, und bereits kurze Zeit später

[1] Vgl. Dafnis 1955: I, 161ff.
[2] Zu den Machtkämpfen vgl. Dafnis 1955: I, 253ff.

zirkulierte im Heer ein Protokoll, das den Sturz des Kabinetts Sofoulis verlangte.[1] Auch unter der im Oktober desselben Jahres neu gebildeten Regierung Michalakopoulos, die eine vergleichsweise lange Amtszeit von gut acht Monaten hatte, kam es zu keiner Beruhigung der Lage, dauerten Intrigen und Verschwörungen an. Mitte November unternahmen zwei Anhänger Pangalos' einen Putschversuch. Angesichts dieser Umstände ist es erstaunlich, daß die Regierungen nicht vollkommen gelähmt waren und immerhin Maßnahmen zur Flüchtlingsintegration und zur Wasserversorgung Athens eingeleitet sowie Verhandlungen über einen Integrationskredit aufgenommen wurden.

4.2.1 Die Diktatur Pangalos'

Am 25. Juni 1925 brach unter Führung des Generals Pangalos erneut ein Aufstand aus. Bereits während seiner Amtszeit als Minister für Öffentliche Sicherheit hatte er zusammen mit dem Heeres- und Innenminister Kondylis mit den sogenannten „Republikanischen Sicherheitsbataillonen" eine „Art Prätorianergarde"[2] aufgestellt. Anzeichen für die immer deutlicher werdenden Putschvorbereitungen Pangalos' waren von der Regierung Michalakopoulos nicht ernst genommen worden, und selbst als Pangalos am 24. Juni offen zugab, daß er putschen werde, blieb eine durchgreifende Reaktion der Regierung aus; zwar wurde seine Verhaftung angeordnet, doch betrieb man diese so nachsichtig, daß es ihm ein leichtes war, sich ihr zu entziehen.[3]

Nicht in der Lage, die Demokratie in der Stunde der Gefahr zu verteidigen, erleichterte die liberale Regierung durch ihre Ratlosigkeit somit den Putsch Pangalos'. Immerhin verweigerten die Führungen aller liberalen Parteien im Gegensatz zur Republikanischen Union von Papanastasiou, der sich Pangalos als Ministerpräsident anbot, die Kooperation mit dem Diktator. Allerdings nutzten sie auch nicht die Chance, in den ersten durch große Unsicherheit gekennzeichneten Tagen die Stabilisierung seines Regimes schwer zu machen: Pangalos wagte nicht, eine außerparlamentarische Regierung zu bilden, doch kamen nicht genug Abgeordnete ins Parlament, um einen Beschluß gegen ihn zu ermöglichen. Dieser fand somit eine Mehrheit von 185 von 208 Stimmen, darunter nicht nur die Voten der Abgeordneten der Republikanischen

[1] Vgl. Hering 1992: 929f. Zu den einzelnen Kabinetten vgl. Dafnis 1955: I, 253ff u. Richter 1990: 104ff.
[2] Richter 1990: 106.
[3] Zum Putsch vgl. Dafnis 1955: I, 276 ff u. Richter 1990: 106f.

Union, sondern auch des ehemaligen Putschistenführers Gonatas und einiger Liberaler, die ihren Parteiführungen nicht folgten.[1]

Am 30. Juni 1925 wurde Pangalos als neuer Premier vereidigt. Gleichzeitig vertagte sich das Parlament auf den 15. Oktober, nachdem Pangalos erwirkt hatte, daß seine Regierung - überwacht von einem parlamentarischen Komitee - während der Sommerpause per Dekret regieren durfte. Dies äußerst vage und unpräzise formulierte Ermächtigungsgesetz ermöglichte es Pangalos, durch eine Reihe von Maßnahmen seine Position weiter zu stärken.[2] Schritt für Schritt etablierte er seine Diktatur:[3] Bereits zwei Tage nach seiner Vereidigung erließ er ein Gesetz, das die Pressefreiheit aufhob; jegliche Kritik an seiner Regierung wurde unter Strafe gestellt. Seine Kritiker im bürgerlichen Lager versuchte er durch massives Vorgehen gegen die Kommunisten, die er wegen vermeintlicher Planung eines Umsturzes reihenweise durch Kriegsgerichte verurteilen ließ, abzulenken. Im September 1925 ließ Pangalos durch den Präsidenten das Parlament auflösen und setzte Neuwahlen erst für den März oder April des kommenden Jahres an. Zugleich veröffentlichte er in der Regierungsgazette den Text der neuen republikanischen Verfassung, an der seit vergangenem Jahr ein Parlamentsausschuß arbeitete[4], ohne sie zuvor durch das Parlament ratifizieren zu lassen. Jedoch respektierte er in der Folgezeit nicht einmal diese mit seiner Zustimmung in Kraft gesetzte Verfassung, sondern ließ eine eigenmächtig abgeänderte Fassung publizieren, an die er sich dann auch wieder nicht hielt.[5]

Die liberalen Parteiführer beauftragten Plastiras mit dem Sturz Pangalos', doch wurde dieser Ende Oktober 1925 verhaftet und - da Pangalos einen Prozeß gegen den immer noch populären Führer der Revolution von 1922 vermeiden wollte - ins italienische Exil abgeschoben. Der Ende November von Pangalos unternommene Versuch, die Politiker zur Zusammenarbeit zu bewegen, scheiterte: Zwar waren diese untereinander selbst zerstritten, doch nicht zur Kooperation mit ihm bereit. Auch die Republikanische Union hatte sich mittlerweile von Pangalos distanziert und griff das Regime als illegal an. Am 4. Januar 1926 proklamierte Pangalos sich in einer Botschaft an das Volk, in der er mit den Politikern abrechnete, das parlamentarische System für tot erklärte und alle Gewalten auf sich übertrug,[6] dann auch offiziell zum

---

[1] Vgl. Hering 1992: 931f. Interessanterweise stimmte auch der Sozialist Ioannis Pasalidis, der nach dem Bürgerkrieg Vorsitzender der linkssozialistischen EDA war, für Pangalos mit der Begründung, daß die parlamentarischen Regierungen nichts für die Volksmassen getan hätten; vgl. ebd., Anm. 66.

[2] Vgl. Alivizatos 1979: 41.

[3] Zur Geschichte der Diktatur vgl. Dafnis 1955: I, 276ff u. Charatsis 1985/1987: I, 127ff.

[4] Nach der Errichtung der Republik im März/April 1924 hatte die Mehrheit der Nationalversammlung, die eher zu einer Revision der Verfassung von 1911 als zu einer grundlegenden Neufassung neigte, eine Verfassungskommission eingesetzt, die sich bis zum Sommer 1925 mit der „Revision und Ergänzung" der Verfassung beschäftigte; vgl. Sovolos 1929: 4.

[5] Vgl. Sovolos 1929: 9ff.

[6] Vgl. Regierungsblatt vom 04.01.1926.

Diktator Griechenlands. Dieser Schritt brachte einen Teil der Offiziere, die schon zuvor der Aufnahme royalistischer Vertreter in die Regierung ablehnend gegenüber gestanden hatten, gegen ihn auf. Admiral Chatzikyriakos trat unter Protest von seinem Ministeramt zurück, und in den Streitkräften bildeten sich konspirative Gruppen gegen Pangalos.[1] Nachdem Mitte Februar 1926 eine Verschwörung von Politikern und Offizieren gegen den Diktator aufgedeckt worden war, ließ Pangalos Politiker verfolgen, verhaften und deportieren; der Verhaftungswelle fielen u. a. Papanastasiou, Kondylis und Kafantaris zum Opfer, die auf verschiedene Inseln verbannt wurden.[2]

Um seine Handlungsweise formal zu legalisieren und legitimieren, strebte Pangalos auch das Amt des Präsidenten an. Nachdem er sich beim US-Gesandten über das amerikanische Präsidialsystem informiert hatte, beschloß er, Griechenland zu „amerikanisieren". Dabei schwebte ihm zwar eine Präsidialdemokratie nach amerikanischem Vorbild vor, allerdings ohne die Kontrollinstanz des US-Senats.[3] Am 18. März veranlaßte er daher den noch amtierenden Staatspräsidenten Koundouriotis zum Rücktritt und kündigte für den 4. April allgemeine Präsidentenwahlen an. Dabei verstieß er gegen die formal geltende Verfassung, nach der der Präsident nicht unmittelbar durch das Volk gewählt werden konnte.[4] Die progressiven Liberalen und die Konservativen Demokraten kamen mit den Antivenizelisten überein, deren gemäßigten Vertreter Konstantinos Demertzis als gemeinsamen Gegenkandidaten aufzustellen, doch entschieden sie sich schließlich angesichts unerfüllbarer Auflagen für einen Wahlboykott. Den Ausgang der Wahl ließ Pangalos durch von Wahllokal zu Wahllokal ziehende Truppen sicherstellen, doch fand er auch spontane Zustimmung.[5]

Die Liberalen erkannten Pangalos als Präsidenten nicht an und suchten weiter nach einer Möglichkeit, ihn gewaltsam zu stürzen. Begünstigt wurden sie dabei durch den allmählich einsetzenden Autoritätsverlust des Diktators, der sich unter anderem mit einem Gesetz lächerlich machte, durch das er die Rocklänge der Frauen regeln wollte. Hinzu kamen Skandale um Mitglieder seines Regimes, die ihre Stellung mißbrauchten, um sich zu bereichern. Der Verfall seines Regimes entfremdete ihm seine Anhänger und ermutigte seine Gegner zum Handeln. Anfang August 1926 kam es zu Meutereien auf Kreta und in Chalkis, Pangalos reagierte mit einer neuen Verhaftungswelle, von der jetzt auch Royalisten betroffen waren. Am 21./22. August gelang

---

[1] Vgl. Richter 1990: 108.
[2] Zu den verfassungswidrigen Praktiken Pangalos' vgl. Sovolos 1929: 9ff.
[3] Vgl. Richter 1990: 109.
[4] Vgl. Art. 65 der Verfassung bei Karellas 1975: 421.
[5] In Makedonien betrachteten ihn viele Bauern bewundernd „als einen guten Banditen (*Kleftis*) und als Freund der Armen". Einen Großteil der Stimmen aber erhielt er von Royalisten, die hofften, dadurch wieder Einfluß zu gewinnen; vgl. Richter 1990: 109.

es dem im Einvernehmen mit den anderen Parteien handelnden Führer der National-republikanischen Partei, Georgios Kondylis, als Organisator einer Militärrevolte Pangalos zu stürzen.[1] Der Diktator wurde auf der Flucht von Marineeinheiten festgenommen und von einem Militärgericht seines militärischen Ranges enthoben und zu einer fünfjährigen Gefängnisstrafe verurteilt; im Juli 1928 wurde er entlassen und zwei Jahre später rehabilitiert.

Oberflächlich betrachtet läßt sich die Diktatur Pangalos' in die Reihe der anderen Diktaturen der Zwischenkriegszeit in Spanien, Italien oder der Türkei einordnen;[2] verschiedentlich wurde sein Regime sogar als faschistisch bezeichnet, doch trug es keinerlei ideologische Züge. Die Motivation seiner Machtergreifung beruhte einerseits darauf, daß er sich offensichtlich über den endgültigen Charakter der kleinasiatischen Niederlage nicht im klaren war[3] und einen erneuten Krieg mit der Türkei kommen sah. Da die Politiker aus seiner Sicht keine Anstalten machten, sich darauf vorzubereiten, sah er sich zum Handeln gezwungen. Entsprechend bildete die Modernisierung der griechischen Armee einen Schwerpunkt seiner Regierungstätigkeit. Andererseits empörten ihn - wie auch zahlreiche seiner Offizierskollegen - die auch nach der Ausrufung der Republik fortdauernden Querelen unter den Politikern, die dringliche Probleme wie die Flüchtlingsfrage oft in den Hintergrund drängten. Dabei zeigte sich jedoch wie schon oft in der griechischen Politik, daß ein Staatsstreich leichter durchzuführen war als eine grundlegende Änderung der Politik. Vergeblich suchte Pangalos die Zusammenarbeit mit Vertretern der Parteien und entschloß sich dann zur Alleinherrschaft, Mit den anstehenden Problemen war er jedoch noch mehr überfordert als die geschmähten Politiker, ihm fehlte „das Format, um die Rolle Kemal Atatürks zu spielen"[4]. Die offene Proklamation der Diktatur leitete bereits deren Untergang ein. Pangalos entfremdete sich jene Teile des Offizierskorps, die von der Partizipation an der Macht ausgeschlossen wurden und sich nunmehr den auf seinen Sturz hinarbeitenden Politkern zuwendeten.

Wenn Pangalos' Herrschaft auch sonst keinen dauerhaften Eindruck hinterließ und eher einem Intermezzo glich, so leitete sie doch eine Phase ein, in der ein rigoroser Antikommunismus[5] fester Bestandteil griechischer Politik war und zur Rechtfertigung der Einschränkung von Freiheitsrechten diente.

---

[1] Zu den Ereignissen vgl. Charatsis 1985/1987: I, 135ff u. Dafnis 1955: I, 328ff.

[2] Zur Bewertung der Diktatur Pangalos' vgl. Richter 1990: 110f.

[3] Hier kann man auf seine Anstrengungen zum Wiederaufbau einer schlagkräftigen Armee, seine Weigerung, Ostthrakien zu räumen, sowie die Vorbereitung einer militärischen Offensive während der Friedensverhandlungen in Lausanne verweisen.

[4] Richter 1990: 110.

[5] Nachdem Pangalos die Kommunistische Partei verboten hatte, gründete er einen unter seinem direkten Befehl stehenden Sicherheitsdienst zur Verfolgung (vermeintlich) kommunistischer Aktivitäten; vgl. Alivizatos 1979: 295f.

4.2.2 Nach dem Sturz Pangalos': Die Republik auf dem Weg zur Normalität

Nachdem Kondylis beim Sturz Pangalos' noch im Einvernehmen mit bzw. im Auftrag der Parteiführer gehandelt hatte, mißachtete er, kaum daß er mit dem Posten des Premierministers belohnt an die Macht gekommen war, die schriftliche Vereinbarung, innerhalb von 45 Tagen Wahlen abzuhalten. Nicht zu Unrecht wurde er von den republikanischen Politikern verdächtigt, nur Pangalos' Platz einnehmen zu wollen. In dieser für die Demokratie äußerst kritischen Phase gelang den Liberalen jedoch die Verständigung mit den Antivenizelisten, und Kondylis mußte sich schließlich dem Druck beugen.[1] Am 7. November 1926 fanden unbeeinträchtigte Wahlen statt, erstmals nach dem Proportionalwahlsystem. Die größeren liberalen Parteien, die sich zu einem Wahlbündnis zusammengeschlossen hatten, erhielten 31,7% der Stimmen und 102 von 279 Mandaten, andere Venizelisten 10,46% bzw. 18 Sitze. Hochburgen der Liberalen waren die großen Städte, die „Neuen Länder" und einige Inseln. Zusammen mit den 17 Abgeordneten der Republikanischen Union verfügte das venizelistische Lager im weitesten Sinne genau über die Hälfte der Sitze. Ihnen gegenüber standen die Antivenizelisten mit insgesamt 41,97% der Stimmen und 127 Mandaten, am stärksten waren hier die Volkspartei von Tsaldaris (20,27%) und die Freisinnigen um Metaxas (15,76%).[2]

Ergebnis der Parlamentswahlen vom 7. November 1926

Parteien	Stimmen in %	Sitze
Liberales Wahlbündnis (Kafantaris, Michalakopoulos)	31,63	102
Republikanische Union (Papanastasiou)	6,48	17
andere Venizelisten	8,64	18
Venizelisten insgesamt	**46,82**	**137**
Volkspartei (Tsaldaris)	20,27	60
Partei der Freisinnigen (Metaxas)	15,76	51
andere Antivenizelisten	5,94	16
Antivenizelisten insgesamt	**41,97**	**127**
Wahlbündnis der Arbeiter, Bauern u. Flüchtlinge (KKE u.a.)	4,38	10
Bauernpartei	2,95	4
Unabhängige	3,91	1

Wahlbeteiligung: k. A., Sitze: 279

Die Erfahrung der Diktatur und das Wahlergebnis veranlaßten die Parteien zur Bildung einer großen Koalition unter dem als überparteilich geltenden Antivenizelisten

[1] Zu den Ereignissen nach Pangalos' Sturz vgl. Dafnis 1955: I, 336ff.
[2] Zum Ergebnis vgl. Mavrogordatos 1983a: 35.

Alexandros Zaimis, in die die Venizelisten sechs und die Antivenizelisten fünf Vertreter entsandten; Sofoulis wurde zum Parlamentspräsidenten gewählt. Die Zusammenarbeit wurde jedoch durch die Erinnerung an die Vergangenheit belastet. Das Mißtrauen gegeneinander war groß, denn jede Seite befürchtete, daß die andere „ihre" Vertreter im Militär mobilisieren könnte.[1] Dies hatte zur Folge, daß sekundäre Fragen zur Staatsaffäre hochstilisiert wurden und immer wieder die Regierungsarbeit lähmten. Doch trotz dieser Schwierigkeiten regierten die bis vor kurzem noch unversöhnlichen Gegner über acht Monate, von Dezember 1926 bis August 1927, gemeinsam und erbrachten durchaus beachtliche Leistungen;[2] die Bürgerkriegsgräben wurden allmählich zugeschüttet.

In der kritischen Frage der Reaktivierung von Offizieren - hier ging es vor allem um die rund 3.000 Offiziere, die seit 1917 aus dem Militär entlassen worden waren - kam das Kabinett der Volkspartei entgegen, wie man überhaupt auch bei weiteren Entscheidungen Rücksicht auf die Sensibilitäten der Volkspartei nahm. Die Erfolge, die ihr Vorsitzender Tsaldaris auf diese Weise verbuchen konnte, stärkten die gemäßigten Kräfte der Partei, was wiederum die Kompromißbereitschaft der anderen Parteien förderte.

Die Volkspartei ihrerseits nahm in der Verfassungsfrage eine im Vergleich zu früher deutlich gemäßigtere Position ein. Man anerkannte, daß die Lösung der vor allem wirtschaftlichen Probleme des Landes Vorrang hatte und daher die Frage der Staatsform nicht aktuell sei.[3] Zwar hielt die Partei angesichts ihrer Vorbehalte gegen die Art und Weise der Proklamation der Republik und gegen das Referendum[4] ihre kritische Position bei und kam es in der Verfassungsdebatte beinahe zum Bruch der Koalition, doch beteiligte sie sich an der Revision der Verfassung und respektierte diese als gültig.

Nachdem ein neuer Verfassungsausschuß seine Revisionsarbeiten am 13. April 1927 beendet hatte, verabschiedete das Parlament am 2. Juni die erste republikanische Verfassung Griechenlands seit Beendigung des Unabhängigkeitskampfes.[5]

Die Verfassung zeigte deutlich den Einfluß der Liberalen. Die früheren Zuständigkeiten des Königs wurden im wesentlichen auf den von beiden Kammern zu wählenden Präsidenten der Republik übertragen. Allerdings schlugen sich die negativen historischen Erfahrungen in bestimmten Zusätzen und Präzisierungen nieder: Der Prä-

---

[1] Vgl. Hering 1992: 933f, 967 u. Dafnis 1955: I, 350f.
[2] Vgl. Markesinis 1966/1969: III, 137ff, 154ff.
[3] Vgl. Hering 1992: 967.
[4] Tsaldaris stellte als Innenminister fest, daß die Unterlagen über das Plebiszit und die niemals publizierte Aufstellung der Einzelergebnisse vernichtet worden waren; vgl. Hering 1992: 967.
[5] Text der Verfassung bei Karellas 1975: 443ff. Zum Inhalt und zur Bewertung vgl. auch Hering 1992: 935ff u. Wenturis 1984: 76ff. Bereits während des Unabhängigkeitskampfes sahen drei Verfassungstexte eine republikanische Staatsform vor; vgl. unter II. Abschnitt 4.

sident ernannte und entließ den Ministerpräsidenten und auf dessen Vorschlag die Minister (Art. 71), jedoch bedurfte die Regierung des Vertrauens im Parlament (Art. 89); erstmals wurde damit ausdrücklich das parlamentarische System in der griechischen Verfassung verankert. Eine Auflösung des Parlaments vor dem Ende der Legislaturperiode durch das Staatsoberhaupt war nur noch mit der Zustimmung der Mehrheit der Mitglieder des neugegründeten Senats möglich. Darüber hinaus galt die auf den schlechten Erfahrungen der Vergangenheit[1] beruhende Einschränkung, daß zwei aufeinanderfolgende Parlamente nicht „aus demselben Grund" vorzeitig aufgelöst werden durften (Art. 79). Neu war außerdem das Recht des Parlaments zur Selbstauflösung. Die gängige Obstruktionstaktik parlamentarischer Gruppen wurde durch die Bestimmung eingeschränkt, daß ein erneuter Mißtrauensantrag vor dem Ablauf von zwei Monaten nur mit den Unterschriften der Hälfte der Parlamentsmitglieder gestellt werden konnte (Art. 89). Aus der Erfahrung des Konflikts zwischen Konstantin und Venizelos während des Ersten Weltkriegs präzisierte Art. 81, daß das Staatsoberhaupt den Streitkräften „vorsteht", aber niemals die Kommandogewalt ausübt. Wie beim König übernahmen die Regierungsmitglieder durch Gegenzeichnung die Verantwortung für die Akte des Präsidenten (Art. 72), doch anders als der König konnte der Präsident wegen strafrechtlicher Delikte oder der Verletzung der Verfassung auf Antrag von zwei Dritteln der Parlamentsabgeordnten vom Senat verurteilt werden (Art 73). Ein wesentlicher Programmpunkt der Liberalen war immer das Bemühen, die Effektivität des Regierungshandelns zu erhöhen, so auch durch die Bestimmung des Artikel 77, nach der das Parlament für die Dauer der Unterbrechung seiner Arbeiten dem Präsidenten Sondervollmachten erteilen konnte. Zwar mußten diese im Einvernehmen mit einer gemischten Kommission der beiden Legislativorgane und unter dem Vorbehalt der nachträglichen Bestätigung durch die Kammern stehen, doch erwies sich das neue Instrument der Gesetzesermächtigungen als „eine gefährliche Waffe in den Händen der Exekutive"[2].

Mit Unterstützung der Republikanischen Union erreichten die Liberalen, daß durch die Schaffung des Senats das frühere Zweikammersystem wieder eingeführt wurde. Die Befürworter des Senats erhofften sich damit den Schutz einerseits vor einseitig parteiorientierten Parlamentsbeschlüssen, andererseits vor Übergriffen der Exekutive und des Präsidenten auf das Parlament, insbesondere in Form willkürlicher Parlamentsauflösungen wie 1915. Auch erwartete man herausragende Persönlichkeiten und Experten gewinnen zu können, die sich an Parlamentswahlkämpfen nicht beteili-

[1] Vgl. unter III. Abschnitt 1.2 die Auseinandersetzungen zwischen König Konstantin und Ministerpräsident Venizelos.
[2] Hering 1992: 936.

gen wollten, und so die Qualität der legislatorischen Arbeit steigern zu können.[1] Unstimmigkeit herrschte über die Zusammensetzung des Senats und den Wahlmodus. Schließlich wurde festgelegt, daß der Senat aus 120 Mitgliedern bestehen sollte, die zu 9/12 direkt durch das Volk, zu 1/12 durch Senat und Parlament zu wählen waren. Das restliche Sechstel sollte durch Vertreter verschiedener gesellschaftlicher Organisationen wie Industrie-, Handels- und Landwirtschaftskammmer besetzt werden. Alle drei Jahre wurde jeweils ein Drittel der Senatoren für neun Jahre gewählt (Art. 59); das Mindestalter wurde auf 40 Jahre festgelegt (Art. 60) gegenüber 25 Jahren für das Parlament (Art. 39). Diese Bestimmungen zeigen, daß der Senat auch als Organ der Kontinuitätswahrung und zur Korrektur situationsbedingter Ergebnisse bei den Parlamentswahlen konzipiert war.

Die Gesetzesinitiative kam beiden Kammern zu, wobei jeweils die andere Kammer ein aufschiebendes Vetorecht hatte (Art. 30, 31, jedoch kein aufschiebendes Vetorecht des Senats bei Etatbeschlüssen). Erstmals erhielt die Minderheit von mindestens einem Drittel der Parlamentsabgeordneten das Recht, die Einsetzung eines Untersuchungsausschusses zu erzwingen, und erstmals wurde in der griechischen Verfassungsgeschichte der Begriff Partei verwendet (Art. 55) sowie die Zusammensetzung der Parlamentsausschüsse entsprechend den Fraktionsstärken festgelegt. Ebenfalls neu in der Verfassung war die Selbstverwaltung der Gemeinden und Regionen durch gewählte Organe sowie das Gebot der Dezentralisierung (Art. 107,108), doch wurde dies Zugeständnis an die venizelistische Linke später nur unzureichend realisiert.[2]

Nach den Erfahrungen der Jahre 1915 bis 1927, in denen die Grundrechte des unterlegenen politischen Gegners regelmäßig mißachtet worden waren, enthielt die Verfassung ein eigenes Kapitel (3) des „Öffentliche[n] Recht[s] der Griechen", das auf Drängen des linken Flügels der Venizelisten die Grundrechte erweiterte und präzisierte. Demgegenüber stand jedoch in der Folgezeit die Tendenz der Liberalen zur Machtkonzentration sowie eine allgemeine, die Freiheitsrechte zurückdrängende Furcht der bürgerlichen Parteien vor organisierten gesellschaftlichen Interessengruppen wie den Gewerkschaften und vor dem Kommunismus bzw. was man als solchen ansah.[3]

Erwähnenswert ist abschließend, daß Artikel 6 der Verfassung über die Gleichbehandlung der Bürger dahingehend ausgelegt wurde, daß „die politischen Rechte auch

---

[1] Zur Einrichtung des Senats vgl. Hering 1992: 936ff.
[2] Vgl. Hering 1992: 939.
[3] Dies erklärt z. B. auch den zu Mißbrauch einladenden Artikel 16 der Verfassung, der den Gesetzgeber ermächtigte, Maßnahmen zur Bekämpfung „der die öffentlichen Sitten beleidigenden Literatur" zu ergreifen.

den Frauen verliehen werden" können[1]. Entsprechend erhielten Frauen ab 30 Jahren (gegenüber 21 Jahren bei Männern) das Recht, an Gemeindewahlen teilzunehmen.

Im August 1927 zerbrach die große Koalition an finanzpolitischen Fragen;[2] die Minister der Volkspartei verließen das Kabinett. Hering[3] betont hier gegenüber anderen Interpretationen zu Recht, daß das Ende der großen Koalition keineswegs ein Scheitern der Ausgleichspolitik bedeutete, sondern vielmehr eine Rückkehr zur Normalität, insofern als die Koalition nicht an den fundamentalen Fragen der Verfassung oder dem Problem des Offizierskorps scheiterte, sondern an einer Sachfrage der praktischen Politik, in der eher der Dissens als der Konsens unter den großen Parteien die Regel ist, und insofern als der Regierung nun eine größere Oppositionspartei gegenüberstand, „was dem System der parlamentarischen Demokratie besser entsprach als die Notstandslösung eines Allparteienkabinetts [...] In zwei Situationen: 1927/1928 und 1936 waren die Entfaltungschancen der parlamentarischen Demokratie am größten"[4].

Auch unter den Liberalen selbst gingen die Ansichten über die Finanzpolitik auseinander. Im Lauf der nächsten zehn Monate kam es zu drei weiteren Kabinettskrisen, in deren Folge die Regierung jedesmal umgebildet wurde. Der im April 1928 nach Griechenland zurückgekehrte Venizelos mischte sich hinter den Kulissen in die parteilichen Auseinandersetzungen ein. Nach dem Rücktritt Kafantaris' vom Amt des Ministerpräsidenten sowie vom Vorsitz der Progressiven Liberalen, die als stärkste Partei im venizelistischen Lager als Nachfolgerin der alten Liberalen Partei galt, übernahm er - erneut entgegen seiner Beteuerungen, nicht mehr in die aktive Politik zurückzukommen - den Parteivorsitz und bildete bald darauf ein Kabinett, das Wahlen durchführte.[5]

Eine der ersten Maßnahmen seiner Regierung war dabei die Einführung eines Systems der relativen Mehrheitswahl, mit dem Venizelos einerseits die kleineren venizelistischen Nachfolgeparteien wieder unter das Dach seiner Partei führen, andererseits eine Vertretung der KKE im Parlament verhindern wollte. Die Wahlen am 19. August 1928 waren ein persönlicher Triumph für Venizelos: Seine Partei erhielt 46,94% der Stimmen bzw. 178 von 250 Mandaten. Zum venizelistischen Lager hinzuzählen muß man auch noch die Parteien, die mit den Mehrheitsliberalen lokale

[1] Vgl. Karellas 1975: 443.
[2] Die zentrale Kontroverse betraf zunächst ganz allgemein die Bedingungen der Währungsstabilisierung. Darüber hinaus ging es auch um die Modalitäten der vom Völkerbund geforderten Emissionsbank. Die Volkspartei polemisierte gegen die Bereitschaft der Liberalen, die weitgehenden Auflagen des Völkerbundes, die faktisch auf eine Finanzkontrolle hinausliefen, zu akzeptieren; vgl. dazu Hering 1992: 942ff.
[3] Hering 1992: 969.
[4] Hering 1992: 969.
[5] Vgl. Dafnis 1955: I, 371ff. Kafantaris gründete eine neue Partei der Progressiven Liberalen.

Wahlbündnisse eingegangen waren: die Konservativen Demokraten (5), die Nationalrepublikanische Partei (9), die Fortschrittsunion (5) und die Republikanische Union (20); sechs weitere Sitze nahmen unabhängige Venizelisten ein. Die drei Abgeordneten der neuen Progressiven Liberalen um Kafantaris waren zwar auf Distanz zu Venizelos gegangen, gehörten jedoch historisch wie auch ideologisch ins venizelistische Lager. Diesem Block von insgesamt 226 Abgeordneten standen nur 24 Antivenizelisten gegenüber, deren Stimmenanteil von 42% auf 33,03% gefallen war. 115 der antivenizelistischen Abgeordneten hatten dem vorhergehenden Parlament angehört, d. h. etwa die Hälfte der venizelistischen Vertreter zog neu in die Kammer ein.[1]

Ergebnis der Parlamentswahlen vom 19. August 1928

Parteien	**Stimmen in %**	**Sitze**
Liberale Partei (Venizelos)	46,94	178
Republikanische Union (Papanastasiou)	6,71	20
Nationalrepublikanische Partei (Kondylis)	2,71	9
Progressive (Kafantaris)	2,53	3
Konservative Demokraten (Michalakopoulos)	1,56	5
Fortschrittsunion (Zavitzianos)	1,32	5
Unabhängige	1,78	6
Venizelisten insgesamt	**63,55**	**226**
Volkspartei (Tsaldaris)	23,94	19
Partei der Freisinnigen (Metaxas)	5,30	1
Unabhängige	3,79	4
Antivenizelisten insgesamt	**33,03**	**24**
Kommunistische Partei Griechenlands	1,41	-

Wahlbeteiligung: k. A., Sitze: 250

4.3 Die Regierung der Liberalen 1928-1932

Die venizelistische Regierung von 1928 bis 1932 war von der Amtszeit der Regierung her die stabilste Zeit der Zweiten Griechischen Republik. Diese Kontinuität galt jedoch nur für das Amt des Ministerpräsidenten. Die Minister wechselten häufig, kein Mitglied des ersten Kabinetts gehörte auch dem letzten an, und am Ende der Legislaturperiode hatte fast ein Viertel der liberalen Abgeordneten ein Ministeramt bekleidet. Dieser häufige Wechsel war oft von Finanzskandalen begleitet, ein Zeichen, daß Venizelos allmählich die Kontrolle über seine Partei entglitten war, aber auch, daß sein vorrangiges Interesse der Außenpolitik und hier vor allem der Ausgleichspolitik mit den Nachbarstaaten galt und erst in zweiter Linie der Innenpolitik mit ihren sozialen und ökonomischen Problemen.[2] Dennoch muß man auch hier die

[1] Vgl. Hering 1992: 947 u. Richter 1990: 115.
[2] Vgl. Richter 1990: 116.

Anstrengungen der Regierung Venizelos im Bereich der Infrastruktur, des Gesundheitswesens, der Agrarwirtschaft, bei der Gründung der Agrarbank, der Bildungsreform, der Sozialversicherung und der Modernisierung von Administration und Justiz hervorheben.[1] Doch trotz ihrer überragenden Mehrheit im Parlament und Senat erreichte die Regierung die Ziele ihres Modernisierungsprogrammes nur bedingt; die Weltwirtschaftskrise engte ihren Handlungsspielraum ein, und die Partei unterlag darüber hinaus „einem Verschleißprozeß, den die organisatorischen Defizite und das autoritäre Naturell des Parteichefs noch verstärkten“[2].

Insgesamt war diese zweite Phase der Griechischen Republik durch zwei Entwicklungen gekennzeichnet:[3] Einerseits bot sich die Chance, die parlamentarische Demokratie durch den weiteren Abbau des Hasses und des Mißtrauens zwischen den beiden Lagern zu stabilisieren. Beide Seiten signalisierten dazu ihre Bereitschaft. Die Abgeordneten der Volkspartei legten diesmal den Eid auf die republikanische Verfassung ab. Sicher über den möglichen Ausgang, bot Venizelos 1929 der Volkspartei eine neue Volksbefragung zur Frage der Staatsform an, die deren Vorsitzender Tsaldaris als Innenminister durchführen sollte. Angesichts der zu dieser Zeit für eine Restauration aussichtslosen Situation wagte Tsaldaris mit Rücksicht auf die royalistischen Extremisten in seiner Partei nicht, auf dieses Angebot einer im Gegensatz zum Referendum von 1924 allgemein anerkannten Klärung einzugehen. Andererseits traten auch in dieser relativ stabilen Phase regelmäßig desintegrative Störungen auf, die schließlich in der dritten Phase ab 1932 die Instabilität und „Nationale Spaltung“ wieder aufleben ließen und das erneute Eingreifen der „Prätorianer“ begünstigten. Bei den Liberalen bestand stets die Furcht, der gemäßigte Tsaldaris würde sich bei einem Wahlsieg nicht gegen die Extremisten in seiner Partei durchsetzen können. Sie drangen daher immer wieder auf eindeutige Erklärungen, übersahen dabei jedoch, daß auch diese formalen Akte letztlich keinen Schutz vor extremistischen Übergriffen boten und daß sich darüber hinaus die Vorbehalte der Volkspartei weniger auf die Staatsform an und für sich als auf die Art und Weise der Errichtung der Republik bezogen. Die Liberalen standen dabei auch unter dem Druck des Militärs, das eine wachsende Akzeptanz und womöglich einen späteren Wahlsieg der Volkspartei sowie die damit verbundene Reaktivierung weiterer antivenizelistischer Offiziere ablehnte bzw. verhindern wollte. Zur Anomalie trug jedoch auch die Ablehnung des Senats durch die Volkspartei bei, die in ihm angesichts der langen Legislaturperiode ein Instrument der Liberalen sah, über das diese sich ihren Einfluß auf die Gesetzgebung, eine Parlamentsauflösung und die Wahl des Präsidenten der Republik auch

[1] Vgl. unter III. Abschnitt 1.1.
[2] Hering 1992: 1016.
[3] Vgl. Hering 1992: 1001ff.

noch nach einer Wahlniederlage sichern wollten. Die Debatten in den 30er Jahren verliefen zunehmend heftiger. Bereits in den Jahren zuvor hatten die Liberalen die Volkspartei unnötig provoziert und so den radikaleren Kräften Auftrieb gegeben, die Tsaldaris wegen seines gemäßigten Kurses unter Druck setzten: 1929 wollten die Liberalen mit Plastiras und Gonatas zwei Hauptverantwortliche für die Erschießung der Sechs zu Mitgliedern des Senats machen.[1] Als Gonatas und Karapanagiotis, ein Mitglied des außerordentlichen Militärtribunals von 1922, zu Ministern ernannt wurden, nahm die Volkspartei längere Zeit nicht mehr an den Parlamentssitzungen teil. 1931 ernannte die Regierung den Ankläger bei diesem Militärtribunal zum Generalstaatsanwalt.

Im liberalen Lager selbst kam im Dezember 1929 anläßlich des altersbedingten Rücktritts des Präsidenten der Republik, Koundouriotis, die seit langem unterschwellig vorhandene Krise zum Ausbruch. Venizelos wollte einen schwachen Präsidenten und sprach sich für eine Kandidatur des gemäßigten, aber farblosen Antivenizelisten Alexandros Zaimis aus. Er übersah dabei, daß die noch junge Republik, um das Vertrauen der Bürger zu gewinnen, gerade einer überzeugenden Persönlichkeit als Staatsoberhaupt bedurft hätte. Die Konservativen Demokraten hätten Sofoulis vorgezogen, während die meisten Venizelisten und auch Tsaldaris für den Führer der Progressiven, Kafantaris, plädierten. Zwar wurde am 14. Dezember 1929 der von Venizelos gewünschte Kandidat Zaimis auf einer gemeinsamen Sitzung von Parlament und Senat gewählt, doch leitete dies einen Entfremdungsprozeß zwischen Venizelos und den anderen liberalen Parteiführern ein, die nicht länger bereit waren, sich dessen uneingeschränktem Führungs- und Herrschaftsanspruch zu unterwerfen.[2] Die Minister der Nationalradikalen Partei verließen noch im selben Monat das Kabinett. In der Folgezeit agierte die Partei, dessen Vorsitzenden Kondylis das faschistische Italien inspirierte, immer offener gegen die parlamentarische Demokratie, die das Volk korrumpiere.[3] Im Januar 1930 beschuldigten Papanastasiou und Kafantaris Venizelos in einer Artikelserie, er versuche alle Macht in seiner Hand zu konzentrieren, wie sich überhaupt der Vorwurf einer „parlamentarischen Diktatur"[4] erhob.

Das Ansehen der Partei der Liberalen, aber auch der Republik insgesamt nahm darüber hinaus durch eine Reihe von Skandalen Schaden, Skandalen, die von der Opposition dem Ministerpräsidenten angelastet wurden, da er sich nicht eindeutig von den

---

[1] Gonatas kam auf die Kandidatenliste für Attika, Plastiras sollte einer von zehn Senatoren sein, die beide Kammern in gemeinsamer Sitzung wählten, doch lehnte er eine Kandidatur ab.
[2] Zur Präsidentenwahl vgl. Hering 1992: 1020 u. Richter 1990: 120f. Der Royalist Pipinelis betrachtete die Wahl bereits als ersten Schritt zur Restauration, während die Republikaner fürchteten, daß sich Zaimis in einer Krisensituation nicht mit dem gebotenen Nachdruck für die Republik einsetzen würde.
[3] Vgl. Hering 1992: 1023.
[4] T. Trombetas, The Greek Political System. Its Strengths and Weaknesses during a Century of Political Life, in: Zeitschrift für Soziale Forschungen, 26-27/1976, 155, zit. nach Korisis 1980: 24.

Beschuldigten distanzierte. Das Attribut „ehrenwert“ wurde zur Spottparole gegen die Regierung.[1] Das innenpolitische Klima wurde zunehmend vergiftet, der Aussöhnungsprozeß umgekehrt; das liberale Lager selbst spaltete sich in sich feindselig gegenüberstehende Gruppen: Die griechische Republik „war dabei, eine ähnliche Entwicklung zu nehmen wie die Weimarer Republik“[2]. Das einzig verbindende Element war die Furcht aller bürgerlichen Parteien vor dem Kommunismus. Bereits Pangalos hatte diese Ängste zur Rechtfertigung seiner Diktatur benutzt, doch blieb die Kommunistische Partei Griechenlands bis zum Zweiten Weltkrieg kaum mehr als eine Splitterpartei.[3] Ihre bloße Existenz reichte jedoch schon als Vorwand für Repressionsmaßnahmen, die sich von Fall zu Fall auch gegen andere Kritiker richten ließen. Im Juli 1929 nahm das Parlament mit überwältigender Mehrheit ein Staatsschutzgesetz an, das unter der Bezeichnung *Idionymo* (Sui-generis-Gesetz) in die griechische Geschichte einging und auf das einige Jahre später die Diktatur Metaxas aufbauen sollte. Danach wurde jegliche Aufforderung zum gewaltsamen Umsturz der bestehenden Gesellschaftsordnung oder Agitation für die Abtrennung von Gebieten Griechenlands unter Strafe gestellt. Darüber hinaus enthielt es ein Versammlungs- und Vereinigungsverbot für Personen, die solche Ideen verfolgen.[4]

Die Uneinigkeit der Liberalen, die sich durch die Weltwirtschaftskrise verschlechternde finanzielle Situation und die wiederholten Korruptionsfälle in der Regierung trugen allmählich zu einem Stimmungsumschwung gegen die Liberalen bei. Venizelos begann am Ausgang der kommenden Parlamentswahlen zu zweifeln; um zumindest eine absolute Mehrheit des politischen Gegners zu verhindern, wurde wieder das Verhältniswahlsystem eingeführt.[5] Angesichts der Probleme drängte Venizelos auf die Einführung eines Notstandsartikels in die Verfassung analog des Artikels 48 der Weimarer Verfassung, ansonsten sei das Land unregierbar. Die außenwirtschaftlichen Schwierigkeiten des Landes, die sich in einer Streikwelle Luft machende Unzufriedenheit weiter Bevölkerungsteile sowie die heftige Reaktion der Oppositionsparteien auf einen Gesetzesentwurf gegen Pressevergehen veranlaßten Venizelos zum Rücktritt noch vor den Wahlen.[6] Doch die von Papanastasiou gebildete Minderheitsregierung war nur wenige Tage (26.5-3.6.1932) im Amt; am 5. Juni bildete Venizelos

---

[1] Vgl. Hering 1992: 1018 u. Dafnis 1955: II, 30ff.

[2] Richter 1990: 121.

[3] Vgl. auch die Wahlergebnisse: 1926 in einem Wahlbündnis 4,38%/10 Sitze, 1928 1,41%/0 Sitze, 1932 4,97%/10 Sitze, 1933 4,64%/0 Sitze, 1935 9,59%/0 Sitze, 1936 5,76%/15 Sitze. Ihr überdurchschnittlicher Stimmenanteil von 1935 war die Folge des Wahlboykotts der Venizelisten; Protestwähler hatten keine Alternative als die KKE.

[4] Vgl. dazu Alivizatos 1979: 272ff, 285ff.

[5] Bei der Abstimmung über das Wahlgesetz verließ die VP-Fraktion das Parlament; vgl. Dafnis 1955: II, 135.

[6] Vgl. Hering 1992: 1020.

wieder selbst eine Regierung. Sein einziges Ziel bis zu den für den 25. September angesetzten Neuwahlen bestand nurmehr in der Machterhaltung um jeden Preis.[1] Dabei zögerte er auch nicht, außerparlamentarische, gewaltsame Mittel einzusetzen und trug so wesentlich dazu bei, daß nach sechs Jahren nahezu unangefochtener ziviler Führung in der Politik die Offiziere wieder zum entscheidenden Machtfaktor wurden. Am 11. Juni enthüllte der Führer der venizelistischen Linken, Papanastasiou, die Existenz einer im Auftrag von Venizelos wieder aufgebauten Militärliga mit dem Ziel, die Volkspartei im Falle eines Wahlsieges nicht an die Regierung kommen zu lassen.[2] Venizelos wollte durch die Gründung der Liga über ein Instrument verfügen, das ihm ermöglichen würde, auch bei einer Wahlniederlage indirekt durch Drohungen oder direkt durch einen Putsch Einfluß auf die Geschicke des Landes zu nehmen. Gemeinsam mit Tsaldaris protestierten aus dem venizelistischen Lager die Führer der Fortschrittspartei, der Bauern- und Arbeiterpartei sowie der Fortschrittsunion, Kafantaris, Papanastasiou und Zavitzianos in einer gemeinsamen Erklärung gegen die Drohungen Venizelos': „Die einzige Gefahr für die Verfassungsordnung geht von der Regierung aus, die sie durch ständige Verstöße, Willkürakte und eine miserable Verwaltung herabwürdigt [...].“[3]

4.4 Die Republik in der Krise

Die Wahlen vom 25. September 1932[4] brachten die erwarteten Verluste für Venizelos, dessen Partei mit einem Rückgang von 46,94% auf 33,42% der Stimmen auf den zweiten Platz zurückfiel, infolge des Wahlverfahrens aber immer noch die meisten Mandate (98 von 250) erhielt. Die Volkspartei lag mit 33,80% leicht vor den Liberalen, erhielt jedoch nur 95 Sitze. Ihre Gewinne gingen jedoch nicht nur auf Abwanderungen von den Liberalen zurück, sondern auch auf Kosten der kleineren royalistischen Parteien, die weitgehend absorbiert wurden. Die Verluste der Liberalen kamen auch den kleineren liberalen und republikanischen Parteien zugute sowie den Kommunisten und der links stehenden Bauernpartei. „Venizelos' Wahlkampf hatte also gerade das Gegenteil dessen bewirkt, was er angestrebt hatte. Die Rechte ging geschlossener, die Liberalen zerrissener und die Linke stärker aus den Wahlen hervor.“[5]

---

[1] Vgl. Richter 1990: 125.
[2] Vgl. zu den Ereignissen Dafnis 1955: II, 144ff.
[3] Zit. nach Hering 1992: 1022.
[4] Vgl. dazu Hering 1992: 1030ff.
[5] Richter 1990: 127.

Ergebnis der Parlamentswahlen vom 25. September 1932

Partei	Stimmen in %	Sitze
Liberale Partei (Venizelos)	33,42	98
Bauern- und Arbeiterpartei (Papanastasiou)	5,89	8
Progressive (Kafantaris)	8,35	15
Konservative Demokraten (Michalakopoulos)	0,98	2
Venizelisten insgesamt	**48,64**	**123**
Volkspartei (Tsaldaris)	33,80	95
Partei der Freisinnigen (Metaxas)	1,59	3
Nationalradikale Partei (Kondylis)*	4,07	6
Antivenizelisten insgesamt	**39,46**	**104**
Kommunistische Partei Griechenlands	4,97	10
Bauernpartei	6,17	11
Unabhängige	0,76	2

Wahlbeteiligung: k. A., Sitze: 250

* Wechsel der Nationalradikalen ins Lager der Antivenizelisten

Unmittelbar nach der Wahl erwog Venizelos, die Volkspartei mit Gewalt aufzulösen, um die Verfassungsfrage endgültig aus der Welt zu schaffen; eine Militärregierung sollte die VP-Mandate einziehen und 500 Aktivisten der Partei verbannen. In dieser Situation entschloß sich der Vorsitzende der Volkspartei, Tsaldaris, auch zur formalen Anerkennung der Republik.[1]

Nach längeren Verhandlungen, in denen die Volkspartei Venizelos' Vorschlag einer großen Koalition ablehnte, bildete Tsaldaris eine kleine Koalition aus Volkspartei, Freisinnigen und Nationalradikalen, der die Liberale Partei, die Progressiven und die Bauern- und Arbeiterpartei ihre parlamentarische Unterstützung zusagten. Die Populisten waren jedoch mit den anstehenden wirtschaftlichen Problemen noch mehr überfordert als die Liberalen zuvor; die Lebenshaltungskosten stiegen weiter und provozierten im Dezember neue Massenstreiks. Dabei hätte die Tatsache des letztlich doch friedlich verlaufenen Regierungswechsels zur Normalisierung beitragen können. Mit Kondylis als Heeres- und Chatzikyriakos als Marineminister waren im Kabinett zwei zum Antivenizelismus übergewechselte, einst fanatische Republikaner und Mitverantwortliche für die Ereignisse von 1922/23 vertreten, so daß die Volkspartei nicht mehr die Wahl von Plastiras zum Senator und Gonatas zum Senatspräsidenten ablehnen konnte. Doch erwies sich die Situation nur als vermeintlich entspannt. Bei den Liberalen häuften sich die Stimmen derer, die auf den Sturz der Regierung und Neuwahlen drängten. Die Opposition richtete sich insbesondere gegen den aus dem venizelistischen Lager ausgeschiedenen Heeresminister, denn bereits 1932 kursierten Gerüchte, Kondylis, der über Anhänger im Offizierskorps verfügte,

[1] Vgl. Dafnis 1955: II, 156f u. Hering 1992: 1033f.

wolle sich zum Diktator machen.[1] Geringfügige personelle Veränderungen in der Armee nahmen die Liberalen dann am 12. Januar 1933 zum Anlaß, um der Regierung in einem erfolgreichen Mißtrauensvotum ihr Vertrauen zu entziehen. Venizelos bildete jetzt seine letzte Regierung, die jedoch entweder von den Stimmen der links stehenden Bauernpartei oder den Nationalradikalen um Kondylis abhängig gewesen wäre, so daß man die vom venizelistisch beherrschten Senat sofort bewilligten Neuwahlen vorzog, für die wieder das Mehrheitswahlsystem von 1928 eingeführt wurde.

Beide Lager bildeten Wahlbündnisse: Die Venizelisten das Nationale Bündnis, die Antivenizelisten, denen sich nun endgültig die Nationalradikale Partei anschloß, die Vereinigte Opposition. Bei den Wahlen am 5. März 1933[2] erhielten beide Blöcke etwa gleich viele Stimmen, 46,32% die Venizelisten, 46,19% die Antivenizelisten, doch ging der Oppositionsblock mit 136 Sitzen gegenüber 110 für die venizelistische Opposition als klarer Sieger hervor, wenn er auch die absolute Mehrheit verfehlte. Zwei Mandate erhielt die unabhängig kandidierende Bauernpartei, die Kommunisten waren infolge des Wahlsystems nicht mehr im Parlament vertreten.

Ergebnis der Parlamentswahlen vom 5. März 1933

Partei	Stimmen in %	Sitze
Nationales Bündnis	**46,32**	**110**
davon: Liberale Partei (Venizelos)	33,29	80
Bauern- und Arbeiterpartei (Papanastasiou)	4,16	13
Progressive Partei (Kafantaris)	6,77	10
Konservative Demokraten (Michalakopoulos)	0,85	2
Bauernpartei (Mylonas)	1,25	5
Vereinigte Opposition	**46,19**	**136**
davon: Volkspartei (Tsaldaris)	38,07	118
Partei der Freisinnigen (Metaxas)	2,26	6
Nationalradikale Partei (Kondylis)	4,09	11
Bauernvertreter	1,77	1
Kommunistische Partei Griechenlands	4,64	0
Bauernpartei (Sofianopoulos)	2,01	2

Wahlbeteilgung: k. A., Sitze: 248

Als in der Wahlnacht die Niederlage des Nationalen Bündnisses feststand, entschloß sich General Plastiras zum Putsch:[3] Obwohl die ranghöchsten Generäle, Othonaios und Manettas, ihn aufforderten, den Putsch zu unterlassen, da sie nicht eine Regierung der Volkspartei, sondern vielmehr die Folgen eines solchen Staatsstreiches fürchteten, besetzte Plastiras das Heeresministerium und proklamierte die „Revolution“. Er befahl die Verhaftung der führenden Politiker der Vereinigten Opposition, verbot das Erscheinen antivenizelistischer Tageszeitungen und erließ ein Versamm-

[1] Vgl. Hering 1992: 1035.
[2] Vgl. dazu Hering 1992: 1036ff.
[3] Vgl. dazu Dafnis 1955: II, 180ff u. Charatsis 1985/1987: I, 153ff.

lungsverbot. Der erste schwerwiegende Angriff auf die Verfassung von 1927 kam somit nicht aus den Reihen der Royalisten, sondern der Gründer der Republik selbst. In seiner Proklamation am 6. März setzte Plastiras die Verfassung außer Kraft, verhängte den Ausnahmezustand und erklärte die parlamentarische Demokratie für gescheitert. Nicht ganz klar ist die Haltung Venizelos' in der Putschnacht, doch steht fest, daß er den Putsch, wenn auch nicht organisiert oder unterstützt, so doch zumindest ermutigt hat. Wohl nur aus taktischen Gründen riet er Plastiras zunächst von einem Putsch ab und hielt ihm vor, nicht die Fähigkeiten des von beiden bewunderten Mussolini zu besitzen und auch nicht über einen entsprechenden Apparat ergebener Mitarbeiter zu verfügen. Im Folgenden ließ Venizelos, der immer noch als Premier amtierte, Plastiras jedoch frei gewähren und weigerte sich, gewaltsam gegen ihn vorzugehen. Schließlich übernahm er den Vorschlag General Tsimikalis', ein Übergangskabinett der Generäle untere Othonaios zu bilden, um Plastiras zum Einlenken zu bewegen und die Übergabe der Macht an die Opposition zu erleichtern. Die Tatsache, daß das Kabinett Othonaios die von Plastiras verhängten Maßnahmen nicht für nichtig erklärte, sondern formell aufhob, verlieh dessen Vorgehen den Anschein von Rechtmäßigkeit. Am 10. März 1933 übertrugen die Militärs die Macht an die von Tsaldaris gebildete neue Koalitionsregierung aus Volkspartei, Freisinnigen und Nationalradikalen. Formal war man zur Normalität zurückgekehrt, doch war es der liberalen Führung gelungen, das Parteiensystem wieder weitgehend zu polarisieren und die radikalen Kräfte im antivenizelistischen Lager unnötig zu stärken. „Die neuen Kontroversen in der Öffentlichkeit über die Ereignisse von 1933 aktualisierten die alten."[1]

Nachdem das Kabinett der Generäle aufgrund des Protests der Volkspartei davon Abstand genommen hatte, die Putschisten zu amnestieren, setzten unter der neuen Regierung eine Reihe von Dienstenthebungen und Verhaftungen ein, jedoch gelang dem Initiator Plastiras die Flucht ins Ausland. Tsaldaris schlug mit seiner Regierungserklärung einen betont gemäßigten Kurs ein und beteiligte sich nicht an den von der antivenizelistischen Presse erhobenen Anschuldigungen, Venizelos müsse als eigentlich Verantwortlicher des Putsches zur Rechenschaft gezogen werden. Allerdings befand er sich in dem Dilemma, seine nicht zuletzt aufgrund des Gewinns bisher venizelistischer Wähler gemäßigtere Haltung mit den militanten Ansichten lokaler Aktivistengruppen in Einklang zu bringen.[2] Nur mit Mühe gelang es ihm, die ebenfalls diktatorische Ambitionen verfolgenden Koalitionspartner Metaxas und Kondylis vorerst - denn bereits im November verließ die Partei der Freisinnigen die Koalition - in seine Regierung einzubinden.

---

[1] Hering 1992: 1048.
[2] Vgl. Hering 1992: 1049f.

Der Chef der Freisinnigen, Metaxas, suchte die offene Konfrontation und beantragte mit Unterstützung von VP-Abgeordneten eine Parlamentsdebatte über Venizelos' Mitschuld. Zu dieser Debatte am 11. Mai erschienen viele Abgeordnete aus Furcht vor Zusammenstößen bewaffnet.[1] Als Venizelos in seiner geschickten Verteidigungsrede Plastiras' Verdienste aus der Vergangenheit anzuführen begann, kam es zu tumultartigen Szenen, in deren Folge die Sitzung geschlossen wurde. Venizelos weigerte sich fortan, im Parlament zu erscheinen. Weiter angeheizt wurden die Emotionen einen Monat später durch einen vom Chef der Kriminalpolizei organisierten Mordanschlag auf Venizelos.[2] Dies, die folgenden verschleppten Ermittlungen und die offensichtliche Mitbeteiligung führender Politiker der Volkspartei[3] bestätigten den Vorwurf der Liberalen, daß Tsaldaris die Scharfmacher in den eigenen Reihen nicht unter Kontrolle halten könnte.

In der Folgezeit kam es zu oft scharfen Konflikten nicht nur um die aufgrund von Unregelmäßigkeiten angeordnete Nachwahl in Thessaloniki[4], einen Gesetzesentwurf von Kondylis, der alle Beförderungen im Offizierskorps der Jahre 1917-1919 rückgängig machen sollte[5] und die Wiederwahl Zaimis' zum Präsidenten[6], sondern erstmals seit 1923 auch in der Außenpolitik[7]. Weitaus schwerwiegender für das Schicksal der Republik waren jedoch die zunehmenden Diskussionen über den „Bankrott" des parlamentarischen Systems, die Erörterungen autoritärer Systeme oder zumindest einer autoritäreren Variante der Verfassung sowie der darin zum Ausdruck kommende zunehmende Mangel an Demokraten unter den Politikern.[8]

Bereits nach dem Attentat vom Juni 1933 hatte Venizelos mit seiner Umgebung über die Schaffung einer militärischen Geheimorganisation diskutiert, die Putschversuchen und der eventuellen Errichtung einer Diktatur durch die gegnerische Seite entgegenwirken sollte.[9] Als einziger wandte sich Papanastasiou gegen dieses Vorhaben, da solche Organisationen selbst zu Staatsstreichaktionen neigten. Alexandros Zannas, ein führendes Mitglied der „Nationalen Verteidigung" in Thessaloniki 1916 und Luftwaffenminister im liberalen Kabinett des Jahrvierts, wurde mit der Anwerbung von Offizieren beauftragt. Unabhängig davon hatten sich im Offizierskorps verschiedene Gruppen zusammengefunden, die unterschiedliche Ziele verfolgten. Eine

---

[1] Vgl. Dafnis 1955: II, 216.
[2] Vgl. Dafnis 1955: II, 220ff.
[3] Vgl. dazu zusammenfassend Hering 1992: 1052ff.
[4] Vgl. Mavrogordatos 1983a: 155ff.
[5] Vgl. Dafnis 1955: II, 260f.
[6] Vgl. Dafnis 1955: II, 268ff.
[7] Hier ging es um die in den Vereinbarungen des Balkanpaktes enthaltene Garantieklausel, aufgrund deren die Opposition fürchtete, daß Griechenland in einen Krieg gegen eine europäische Großmacht, gemeint war Italien, hineingezogen werden könnte; vgl. Hering 1992: 1058f u. Richter 1990: 136f.
[8] Vgl. dazu auch Abschnitt 5.1.
[9] Vgl. Dafnis 1955: I, 295f u. Veremis 1977: 173.

neue Erscheinung war die 1932 gegründete Griechische Militärorganisation (ESO = *Elliniki Stratiotiki Organosis*).[1] Die Mitglieder der ESO, im Gegensatz zu den Aufsteigern der Kriegsjahre überwiegend gut ausgebildete Hauptleute, hatten eine modernere, professionellere Auffassung vom Militär. Ihr Ziel war einerseits - verbunden mit eigenen Aufstiegshoffnungen - die Entlassung unqualifizierter, politisierender Offiziere, andererseits die Verhinderung einer Diktatur durch Kondylis. Auch dem Plastiras-Putsch standen sie ablehnend gegenüber. „Mit anderen Worten: Sie wollten keine Prätorianer mehr sein, aber um dies zu erreichen, mußten sie wiederum Prätorianer werden. Denn der niedrige Grad der Institutionalisierung von Prozeduren der Selektion und Beförderung nach rein professionellen Kriterien einerseits und der hohe Grad politischer Mobilität und Partizipation in der Gesellschaft und im Militär andererseits schienen ihnen keine andere Wahl zu lassen, als (ein letztes Mal) nach der Macht zu greifen, um diese Struktur zu verändern."[2] Doch als 1933 die Royalisten die ESO verließen und man ein Jahr später auch höhere, in das politische System stärker integrierte, Offiziere aufnahm, bekam die ESO eine einseitige politische Richtung. Die Unzufriedenheit über die antivenizelistische Regierung, vor allem die Personalpolitik des Heeresministers Kondylis und dessen latente Staatsstreichgefahr brachten die ESO auf eine Linie mit den Venizelisten. Eine andere, traditionelle Offiziersclique war die im Umfeld der nach dem Plastiras-Putsch entlassenen Militärs entstandene Republikanische Verteidigung[3], deren Ziel zunächst nur in der friedlichen Verteidigung der republikanischen Verfassung bestand, später jedoch im Sturz der Regierung Tsaldaris bzw. der Rückkehr Plastiras' an die Macht. Venizelos gelang es nunmehr, diese beiden Gruppen trotz aller Gegensätze über Zannas locker zu verbinden,[4] doch wollte er nicht selbst als Führer des Putsches in Erscheinung treten, um die Aktion nicht zu belasten. Da die Regierung Plastiras' Aufenthalt im Ausland überwachen ließ und sich auch General Othonaios auf Anfrage nicht zur Verfügung stellte,[5] fehlte den Putschisten von vornherein eine dynamische Führungspersönlichkeit.

Nachdem Tsaldaris den 21. April 1935 als Termin der anstehenden Senatswahlen, bei denen ein Verlust der liberalen Mehrheit nicht mehr auszuschließen war, angesetzt hatte, legte Venizelos Mitte März als Termin für den Putsch fest, der dann allerdings verfrüht am 1. März 1935 unternommen wurde.[6] Die militärisch ungenügende

---

[1] Vgl. dazu Veremis 1977: 176ff.
[2] Hering 1992: 1067f.
[3] Vgl. dazu Veremis 1977: 181f.
[4] Dazu und zu den Spannungen untereinander vgl. Veremis 1977: 183ff, 210ff.
[5] Vgl. Dafnis 1955: II, 291ff.
[6] Zum Ablauf des Putsches vgl. Dafnis 1955: II, 306ff, Charatsis 1985/1987: I, 171ff u. Veremis 1977: 209ff.

Vorbereitung des Putsches, die mangelhafte Koordination der Verschwörergruppen und das Fehlen eines die Fäden in der Hand haltenden Befehlszentrums sowie schließlich die folgenschwere Entscheidung, mit der unter Kontrolle gebrachten Flotte nicht plangemäß nach Thessaloniki zur Unterstützung der Putschisten im Norden, sondern nach Kreta zu fahren, machten es der Regierung leicht, Herr der Lage zu bleiben und den Widerstand ziemlich rasch zu brechen. In der Nacht vom 11. auf den 12. März floh Venizelos mit seinen engsten Mitarbeitern nach dem italienisch besetzten Dodekanes und von dort nach Italien. Diesmal kehrte er nicht mehr nach Griechenland zurück; am 18. März 1936 starb er in Paris.

Was die Putschisten eigentlich hatten verhindern wollen, trat nun ein: „Die Regierung streifte die Legalität wie ein altmodisch gewordenes Kleidungsstück ab, stürzte die Verfassungsordnung um, Royalisten und rechte Prätorianer im Heer setzten das Kabinett unter Druck, um die Restauration des Königtums zu erzwingen und beherrschten schließlich die Szene.“[1]

Der fehlgeschlagene Putsch schwächte die Position Tsaldaris' und stärkte die unversöhnlichen Extremisten. Als die erste Gruppe angeklagter Offiziere vom Gericht als politische Verbrecher „nur“ zu Freiheitsstrafen verurteilt wurde, setzten von Metaxas gesteuerte Protestkundgebungen ein. Die in einem weiteren Verfahren ausgesprochenen Todesurteile gegen zwei Generäle und einen Major wagte Tsaldaris weder aufzuschieben noch durch Begnadigung zu verhindern.[2] Immer weiter gab die VP-Führung dem Druck der Fraktion und der Aktivisten in der Provinz nach. Am 1. April erließ die Regierung vier Verfassungsakte, in denen sie das Parlament auflöste, den Senat abschaffte und die legislative Gewalt auf den Präsidenten unter der Verantwortlichkeit der Regierung übertrug bis zur Wahl bzw. Konstituierung einer neuen Nationalversammlung, die eine neue Verfassung der griechischen Republik verabschieden sollte.[3] Es folgten weitere Verfassungsakte, die die Aufhebung der Ernennung von Richtern auf Lebenszeit sowie der Unkündbarkeit von Beamten betrafen, um die „Säuberung der öffentlichen Verwaltung und der Körperschaften des öffentlichen Rechts sowie die Auflösung revolutionärer Organisationen zu gewährleisten“[4]. An die 2.000 Beamte wurden allein in den ersten Wochen entlassen, womit frühere Säuberungswellen noch übertroffen wurden.[5] In den Streitkräften wurden außer den verurteilten Verschwörern auch andere politisch unerwünschte führende Offiziere - insgesamt mehr als 1.000 bei einer Geamtzahl von etwa 5.000[6] - entlassen. Selbst die in

---

[1] Hering 1992: 1072.
[2] Vgl. Hering 1992: 1074f.
[3] Vgl. Alivizatos 1979: 57ff u. Wenturis 1984: 80f.
[4] Zit. nach Wenturis 1984: 80.
[5] Vgl. Alivizatos 1979: 315
[6] Vgl. Dafnis 1955: II, 420.

der Verfassung garantierten Grundrechte wie die Presse- und Meinungsfreiheit blieben nicht unangetastet. Am 5. Mai wurden Venizelos, Plastiras und ihre engsten Mitarbeiter in Abwesenheit zum Tode verurteilt; insgesamt waren 1.130 Militärs und Zivilisten angeklagt worden.[1]

Mit ihrem verfassungswidrigen Vorgehen traf die Regierung auch die Gruppen aus dem venizelistischen Lager, die mit dem Putsch nichts zu tun hatten, ihm sogar ablehnend gegenüberstanden und auf eine rasche Rückkehr zur Normalität hofften. Zwar erfüllte die Regierung mit der Aufhebung des Notstandes eine zentrale Forderung der Oppositionsparteien, ließ aber zwischen dem Prozeß gegen die Politiker und dem (zweimal verlegten) Wahltermin zu wenig Zeit für einen Wahlkampf der venizelistischen Parteien.[2] Als sich die Regierung auch noch weigerte, die Opposition an den Wahlaufsichtskommissionen zu beteiligen, und die Säuberungen im öffentlichen Dienst auch unmittelbar vor den Wahlen fortführte, entschlossen sich die Venizelisten zum Wahlboykott.[3]

Beherrschendes Wahlkampfthema wurde die Frage der Restauration,[4] nachdem Metaxas, der als erster antivenizelistischer Politiker die Republik anerkannt hatte, versucht hatte, die Gunst der Stunde zu nutzen, um mit einem royalistischen Programm die Volkspartei ins Hintertreffen zu bringen; seine Partei der Freisinnigen trat mit einigen Unabhängigen als Union der Royalisten an. Tsaldaris beugte sich nach einigem Zögern dem Druck der Royalisten und sagte ein Referendum nach den Wahlen zu.

Eindeutiger Verlierer der Wahlen vom 9. Juni 1935 war jedoch Metaxas; zwar wählten die Union der Royalisten mehr Wähler als die Freisinnigen, doch kam sie über 14,8% der Stimmen und 7 Mandate nicht hinaus; das Wahlergebnis wurde von ihr nicht anerkannt. Deutlicher Sieger war die Wahlkoalition der Volkspartei mit den Nationalradikalen von Kondylis mit 65,04% der Stimmen und 287 Sitzen. Die von vielen Liberalen aus Protest gewählten Kommunisten erzielte zwar mit 9,59% ihr bis dahin bestes Ergebnis, blieben jedoch ohne Mandat.[5]

---

[1] Zu den Prozessen vgl. Dafnis 1955: II, 359ff.

[2] Die ebenfalls angeklagten, aber freigesprochenen Parteiführer Kafantaris, Papanastasiou und Sofoulis waren erst am 6. Mai aus der Haft entlassen, die Wahl für den 9. Juni angesetzt worden.

[3] Vgl. Hering 1992: 1081f.

[4] Vgl. Hering 1992: 1082f.

[5] Vgl. Hering 1992: 1083f u. Richter 1990: 152f.

Ergebnis der Parlamentswahlen vom 9. Juni 1935

Partei	Stimmen in %	Sitze
Wahlbündnis Volkspartei/Nationalradikale	65,04	287
davon: Volkspartei (Tsaldaris)		254
Nationalradikale Partei (Kondylis)		33
Union der Royalisten (Metaxas, Rallis, Stratos)	14,80	7
Kommunistische Partei Griechenlands	9,59	0
Unabhängige	6,89	6

Wahlbeteiligung: k. A., Sitze: 300

Die Verfälschung dieser Wahlen zeigt sich beim Vergleich der Zahl der abgegebenen Stimmen von 1933 (1.146.943), als alle Parteien an der Wahl teilnahmen, mit der der Boykottwahl (1.090.362). Viele Wähler hatten sich gescheut, dem Wahllokal fernzubleiben, um nicht als Venizelist identifiziert zu werden, und lieber eine ungültige Stimme abgegeben (5,6% gegenüber 0,4% 1933). Darüber hinaus hatten Aktivisten der Volkspartei im Mai gefälschte Wahlbücher verteilt, antivenizelistische Regierungsbeamte durften beliebig oft ihre Stimme abgeben. Es gab Wahllokale, wo die Zahl der abgegebenen Stimmen höher war als die der eingeschriebenen Wähler,[1] so daß wohl bis zur Hälfte der Wähler nicht gewählt haben dürfte.[2]

Der Fraktion der Volkspartei stand nur eine kleine Oppositionsgruppe von sieben Freisinnigen gegenüber und ähnlich wie bei den Liberalen nach ihrem überragenden Wahlsieg 1928 verminderte sich damit ihre Kohärenz. Hatte sich die innerparteiliche Opposition nur noch im Hinblick auf die Wahlen hinter Tsaldaris gestellt, so meldeten sich jetzt die fanatischen Royalisten verschärft zu Wort, die nicht bereit waren, zur parlamentarisch-demokratischen Konfliktregelung mit den Venizelisten zurückzukehren.[3] In seiner Regierungserklärung kündigte Tsaldaris ein Referendum über die Staatsform an, das auf den 3. November 1935 terminiert wurde. Unterdessen war jedoch der ehrgeizige Kondylis, der über den entsprechenden Rückhalt bei den Streitkräften verfügte und nicht länger die Rolle des Juniorpartners von Tsaldaris spielen wollte, dabei, den Freisinnigen als Propagierer der Restauration den Rang abzulaufen, und traf Vorbereitungen für einen Putsch. Am 10. Oktober, als die Nationalversammlung ihre Arbeit nach der Sommerpause wieder aufnehmen sollte, erklärten die sich zum „Revolutionskomitee“ proklamierenden Generale Papagos[4] und Reppas sowie Vizeadmiral Ikonomou die Regierung für abgesetzt. Tsaldaris, der von ihnen auf dem Weg zum Parlament abgefangen worden war, demissionierte nicht formell, sondern erklärte lediglich, der Gewalt zu weichen. Das „Revolutionskomi-

[1] Vgl. Richter 1990: 152, Anm. 78.
[2] Vgl. Richter 1990: 153.
[3] Vgl. Hering 1992: 1084f.
[4] Papagos gründete 1951 die Griechische Sammlung und wurde Ministerpräsident.

tee" setzte ein neues Kabinett unter Kondylis ein und rief den Notstand aus. Das neue Kabinett leistete vor der noch am gleichen Abend zusammengekommenen Nationalversammlung den Eid, mit dem es aber nur die Treue zum Vaterland, nicht zur Verfassung gelobte. Tsaldaris verteidigte seine bisherige Politik und lehnte die geplante staatsstreichartige Restauration ab. Dann verließ er mit der Mehrheit der VP-Fraktion unter Protest den Sitzungssaal, in dem nur noch 82 Abgeordnete zurückblieben. Per Akklamation hob die Rumpfversammlung die republikanische Staatsform auf und setzte vorläufig die Verfassung von 1911 wieder in Kraft.[1] Wie vorgesehen sollte am 3. November die Volksbefragung stattfinden, allerdings nur zur nachträglichen Bestätigung der vollendeten Tatsachen. Bis zur Rückkehr Georgs II., der es, nachdem er über die Vorgänge in Athen informiert worden war, ablehnte, vor dem Plebiszit nach Griechenland zurückzukehren, amtierte Ministerpräsident Kondylis auch als Vizekönig. Diese Zeit war gekennzeichnet durch die regelmäßige Verletzung auch der Freiheitsrechte der Verfassung von 1911 sowie mehrere Finanzskandale die das ihrige zum weiteren Verfall der politischen Sitten beitrugen.[2]

Das Plebiszit am 3. November war nicht mehr als eine Farce und stellte die bisherigen Verfälschungen in den Schatten.[3] Jegliche Wahlwerbung wurde unterdrückt. Geradezu generalstabsmäßig wurden das Militär zur Mehrfachabstimmung eingesetzt, Royalisten mit mehreren Wahlberechtigungsscheinen ausgestattet. Hinzu kam eine mehr oder weniger offene Einschüchterung der Wähler. In vielen Orten fehlten Wahlkabinen oder genügend Stimmzettel für die Republik; die Umschläge waren so dünn, daß man die roten Stimmzettel der Republik von weitem erkennen konnte. Entsprechend fiel das Ergebnis aus: 97,6% der Stimmen für die Monarchie, 2,1% für die Republik.

4.5 Bewertung der Zweiten Republik

Zusammenfassend läßt sich festhalten, daß sich das politische System der Zwischenkriegszeit bzw. der Zweiten Griechischen Republik in mehrfacher Hinsicht im Ungleichgewicht befand:

1) Zwischen Liberalen und Antivenizelisten bestand ein sich nur allmählich auflösender fundamentaler Dissens über die Staatsform, da die Volkspartei die Umstände und daher auch das Ergebnis des Plebiszits vom 13.4.1924 über die von

[1] Zur staatsstreichartigen Restauration vgl. Dafnis 1955: II, 370ff, 377ff, Hering 1992: 1084ff u. Linardatos 1988: 82ff.

[2] Zur insgesamt 50tägigen, diktatorische Züge tragenden Herrschaft Kondylis' vgl. Linardatos 1988: 92ff u. Dafnis 1955: II, 380ff.

[3] Zu den Manipulationen vgl. Hering 1992: 1091f u. Richter 1990: 160f.

der Nationalversammlung am 25.3. proklamierte Republik als irregulär ansah; erst 1932 folgte die formale Anerkennung der Republik durch die Volkspartei.

2) Anders als bei früheren Interventionen hatte das 1922 rebellierende Militär nicht nur selbst die Macht übernommen, sondern diese nur zögerlich und nur unter dem Vorbehalt ständiger Mitsprache in der Politik in Form latent vorhandenen Drucks wieder abgegeben. Diese politischen Partizipationsansprüche waren verbunden mit einem gesteigerten Grad der Politisierung des Offizierskorps und den dort hineingetragenen Rivalitäten zwischen Venizelisten und Antivenizelisten. Während erstere die für einen dauernden Ausgleich zwischen Liberalen und Volkspartei unabdingbare Reaktivierung royalistischer Offiziere ablehnten und versuchten, durch mehr oder weniger direkte Interventionen ihre Interessen sicherzustellen, sympathisierten viele Opfer der liberalen Säuberungen mit radikalen Gegenpositionen und drängten auf die Restauration der Monarchie als Voraussetzung ihrer Reaktivierung.

   Analog zum Parteienspektrum waren um Kerne aktiver oder aber in den verschiedenen Säuberungswellen entlassener Offiziere herum Cliquen entstanden, die versuchten, Parlament und Regierung unter Druck zu setzen und - sich für das „Schicksal des Landes“ verantwortlich fühlend - die politischen Geschehnisse in ihrem Sinne zu beeinflussen. Auf diese Weise entstand ein Prätorianersystem, in dem sich die Parteien nur mühsam und nie auf Dauer von der Umklammerung des Militärs befreien konnten. Nicht selten versuchten aber auch die Politiker selbst, mit Hilfe des Militärs ihre Ambitionen zu verwirklichen.

3) Erleichterte der übermäßig zentralisierte Staat - Putschisten „brauchten sich nur an die Athener Schalthebel der Macht zu setzen, um das Land zu beherrschen“[1] - die politische Intervention der Offiziere, so lag die eigentliche Ursache der Entstehung des Prätorianerstaates in der großen Diskrepanz zwischen einem hohen Grad politischer Partizipation und Mobilisierung einerseits und einem relativ niedrigen Grad politischer Institutionalisierung andererseits.[2] Die mehr als Verdoppelung des Staatsgebiets und der Bevölkerung in den Kriegsjahren 1912 bis 1922, die Flüchtlingsmassen, die 1922 ins Land strömten, der rapide zunehmende Verstädterungsprozeß, die desorientierende Wirkung der Kleinasiatischen Katastrophe sowie die danach stärker zum Ausdruck kommenden wirtschaftlichen und sozioökonomischen Interessenkonflikte, die nicht mehr durch die *Megali Idea* zurückgehalten werden konnten, stellten die Institutionen vor eine kaum zu bewältigende Herausforderung.

---

[1] Hering 1992: 903.
[2] Vgl. in diesem Zusammenhang Huntington 1968: 78ff.

4) Es kam hinzu, daß diese Probleme und Konflikte sowie die extremen wirtschaftlichen Belastungen infolge der Flüchtlingsintegration und der Weltwirtschaftskrise in eine Zeit antiparlamentarischer Bewegungen und Regime in Europa fielen, an denen auch die Liberalen vorbildliche Züge zu entdecken glaubten.[1]
5) Das Parteiensystem blieb wie vor 1922 beherrscht von der Konfrontation zweier Lager, unterschied sich vom früheren jedoch dadurch, daß sich beide großen Parteien spalteten und nur mehr „Gravitationszentren"[2] ihres Mehrparteienlagers bildeten. Die Partei der Liberalen zerfiel schon 1924, wogegen die seit 1910 zersplitterten antivenizelistischen Gruppierungen in den 20er Jahren unter dem Druck der Verhältnisse von der Volkspartei absorbiert wurden[3]. Als die Volkspartei jedoch erstarkte und zu Beginn der 30er Jahre an die Regierung kam, spaltete auch sie sich. Die Folge dieser Konflikte innerhalb der beiden Lager waren instabile Koalitionsregierungen; selbst die vierjährige Regierung Venizelos' war durch ständige Ministerwechsel gekennzeichnet. Beiden Lagern gegenüber standen die Kommunisten. Die Feindschaft zwischen ihnen und allen anderen, bürgerlichen, Parteien förderte zwar nicht die Verständigung zwischen Venizelisten und Antivenizelisten, führte aber dazu, daß beide Seiten freiheitsbeschränkende Regelungen der Gegenseite im Prinzip hinnahmen und sogar weiter ausformten, sofern sich diese nicht auch gegen sie selbst richteten.
6) Eine bedenkliche Erscheinung war die Tendenz der Parteiführungen zu Manipulationen mit der Verfassung und zum Ausbau von Unterdrückungsmaßnahmen. Ein vorrangiges Ziel dabei war, den politischen Gegner zu neutralisieren. Weit verbreitet war darüber hinaus die Auffassung, die wirtschaftlichen und sozialen Probleme am besten mit einer starken Exekutive bewältigen zu können; die Verhältnisse in Italien und anderen Diktaturen wurden unter dem Gesichtspunkt der Machtkonzentration mehrheitlich positiv beurteilt.[4] Ein weiteres, nicht zu unterschätzendes Motiv war die Suche nach polizeistaatlichen Mitteln, um sich der Kontrolle der Parteien entziehende gewerkschaftliche Bewegungen und Streiks, für die pauschal „die Kommunisten" verantwortlich gemacht wurden, zu unterbinden:
    a) Eine gängige Praxis war die Verhängung des Ausnahmezustands gemäß Artikel 91 Absatz 2 der Verfassung, der diese Möglichkeit jedoch nur für den Fall des Krieges oder der Generalmobilmachung wegen äußerer Ge-

[1] Vgl. auch unter III. Abschnitt 5.1
[2] Hering 1992: 916.
[3] Ihrer einzigen neu entstandene Konkurrentin, der von Metaxas gegründeten Partei der Freisinnigen, gelang nach einem überraschend hohen Stimmenanteil von 15,76% 1926 kein Durchbruch.
[4] Vgl. dazu auch unter III. Abschnitt 5.1.

fahren zuließ.[1] 1925 verhängte Pangalos den Ausnahmezustand wegen „Entgleisungen" publizistischer Organe. 1932 rechtfertigte Venizelos eine solche Maßnahme damit, einem Bürgerkrieg zuvorkommen zu müssen. Ebenso verfuhr das Kabinett Tsaldaris 1935 nach der Niederschlagung des Märzputsches, setzte jedoch mit der Garantie der persönlichen Freiheit (Art. 10) ein auch im Notstandsfall nach Artikel 97 Absatz 2 unaufhebbares Recht außer Kraft. Ohne zu zögern und vor allem auch ohne, daß immer kritische Situationen dies rechtfertigt hätten, ermächtigte das Parlament Regierungen für längere Zeiträume zu solchen Maßnahmen oder sanktionierte diese verfassungswidrig lange danach.

b) Diese Selbstentmachtung des Parlaments stand im Zusammenhang mit der allgemeinen Tendenz zur Generalermächtigung der Regierungen, der die bereits genannte Auffassung zugrunde lag, daß die Exekutive gestärkt werden müsse.[2] Dabei warteten die Regierungen nicht einmal immer auf die Ermächtigung, sondern handelten von sich aus:[3] 1928 änderte Venizelos das Wahlsystem, 1931 erließ er ein „Notgesetz" über die Währung. Ähnlich ging Tsaldaris vor, der 1935 eine Verordnung über die Wählerverzeichnisse in Kraft setzte und das Prozeßrecht abänderte; seine Gesetzestätigkeit wurde nachträglich von der Nationalversammlung gebilligt, die aufgrund eben dieser verfassungswidrigen Akte erst gewählt worden war. Die Regierung Kondylis erließ 1935 eine Reihe von Verfassungsakten, ohne sie der gleichzeitig tagenden Nationalversammlung vorzulegen oder von dieser dazu ermächtigt worden zu sein.

c) Ein von allen Regierungen genutztes Unterdrückungsmittel war das Verbot, über bestimmte historische Ereignisse und über die Frage der Staatsform Meinungen zu äußern.[4] Am weitesten ging das von der Regierung Papanastasiou 1924 aufgrund einer Generalermächtigung erlassene Republikschutzdekret. Nach der Restauration wurde es durch ein entsprechendes Gesetz zugunsten der Monarchie ersetzt.

d) Einen weiteren scharfen Einschnitt in die verfassungsmäßig garantierten Freiheitsrechte bedeutete die schrittweise verschärfte Deportationspraxis.[5] Im 19. Jahrhundert unter Otto als Verwaltungsmaßnahme gegen Oppositionelle verwendet, wurde sie 1913 von den Liberalen modifiziert und in den Jahren 1917/1918 vor allem gegen Antivenizelisten und Sozialisten

---

[1] Vgl. dazu Alivizatos 1979: 13ff.
[2] Zu dieser Praxis vgl. Alivizatos 1979: 37ff, 57ff.
[3] Vgl. Alivizatos 1979: 46ff.
[4] Vgl. Alivizatos 1979: 271.
[5] Vgl. Alivizatos 1979: 262ff, 280.

eingesetzt. Unter der Diktatur Pangalos' wurde dies Instrumentarium weiter ausgestaltet und im Rahmen wechselnder Folgegesetze in dieser Form bis über den Zweiten Weltkrieg hinaus angewandt. Einen Höhepunkt des Unterdrückungskurses der bürgerlichen Parteien bildete das Gesetz zum Schutz der Sozialordnung von 1929, nach dem „die Anwendung von Ideen, die den Umsturz des herrschenden Sozialsystems durch gewaltsame Mittel oder die Lostrennung eines Teils des Staatsterritoriums zum manifesten Ziel haben", mit Freiheitsstrafe von bis zu sechs Monaten und Deportation bis zu zwei Jahren geahndet wurden. Aufgrund der vagen, dehnbaren Formulierung und der Tatsache, daß es im Ermessen der dafür zuständigen Sicherheitskommission lag, auch die bloße Äußerung solcher Ideen zu bestrafen, erwies sich dies Gesetz in der Folgezeit als Willkür- und Unterdrückungsinstrument, mit dem vor allem auch die schärfer werdenden sozialen Konflikte und gewerkschaftlichen Forderungen unter Kontrolle gehalten wurden.[1] Bestimmungen auch dieses Gesetzes sind bis in die Nachkriegszeit in verschiedene legislatorische Akte übernommen worden.

e) Stets umstritten und zu Manipulationen genutzt wurde auch das Wahlsystem.[2] Dabei wurden einerseits die Wahlkreise zugunsten der jeweiligen Regierungsparteien eingeteilt bzw. korrigiert, andererseits je nach dem gegenwärtigen Kräfteverhältnis zwischen Mehrheitswahl und Verhältniswahl gewechselt. Durch erstere versuchte man den als sicher angenommenen Wahlsieg auf Kosten eines relativ starken Gegners sowie rivalisierender Parteien im eigenen Lager zu vergrößern, so die Liberalen 1928, die Volkspartei 1933. Durch letztere wollte man den befürchteten Wahlsieg des Gegners durch den Einzug möglichst vieler kleiner Parteien ins Parlament möglichst gering halten; deshalb führte Venizelos 1932 die Verhältniswahl wieder ein, entsprechend die Royalisten 1936 nach der Restauration.

Diese Anomalien und Instabilitäten wurden allerdings durch eine Reihe integrierender Faktoren so begrenzt, daß die Entwicklung der Zweiten Griechischen Republik nicht von vornherein als chancenlos beurteilt werden kann. In mancherlei Hinsicht erwies sich das System als leistungsfähig. Mit Hilfe des Völkerbundes gelang die Ansiedlung der Flüchtlinge auf dem Land. In den vier Jahren der Regierung Venize-

---

[1] Zwischen 1929 und 1936 wurden 2.895 Personen aufgrund dieses Gesetzes verurteilt; dabei fällt auf, daß mit 410 Personen 1930, 518 1931 und 544 1932 es unter den Liberalen mehr Verurteilungen gab als unter den Populisten (1933 407, 1934 320, 1935 181, 1936 173) und sogar im ersten Jahr der Diktatur Metaxas' (1937 406); vgl. Alivizatos 1979: 278.

[2] Vgl. dazu Hering 1992: 914ff

los' lassen sich vor allem die Gründung der Agrarbank, Investitionen in die Infrastruktur und die Bildungsreform als Erfolge verzeichnen. Die Folgen der Weltwirtschaftskrise waren für Griechenland weniger verheerend als für andere Länder wie z. B. Deutschland. Mit der Verabschiedung der die bürgerlichen Rechte ausbauenden republikanischen Verfassung wurde ein seit 1923 währendes Provisorium beendet. Darüber hinaus war die parlamentarische Demokratie an und für sich zwischen Liberalen und Populisten nicht strittig. Die Erfahrung der Diktatur Pangalos' förderte den Ausgleich zwischen beiden Lagern; deutlichstes Zeichen ist die Bildung der großen Koalition. Zwar erfolgte die offizielle Anerkennung der Republik durch die Volkspartei erst 1932, doch steuerte sie unter Tsaldaris bereits früher einen Legalitätskurs. Erst die Putschversuche venizelistischer Offiziere im März 1933 und 1935 stärkten die Radikalen im gegnerischen Lager und ermöglichten diesen die staatsstreichartige Restauration und die Rückkehr Georgs II., der kurze Zeit später Metaxas den Weg zur Diktatur öffnete.

5. Die Diktatur Metaxas'

5.1 Die Diktatur als Ausweg aus der Krise?

Zu Beginn der 30er Jahre gewannen in den Parteien bis auf wenige Ausnahmen Vorstellungen von einer stärkeren Exekutive, von vorübergehenden außerparlamentarischen Regierungen und sogar diktatorischen Lösungen der Probleme an Boden; „der Faszination des faschistischen Italiens und Hitler-Deutschlands konnten sich auch führende Liberale nicht entziehen“[1]. Genährt wurden diese Überlegungen durch die in den Jahren 1933 bis 1935 noch immer bestehenden bzw. wieder ausgebrochenen Differenzen über die Verfassungsordnung, das Verhältnis des Militärs zu den zivilen Regierungsinstitutionen und zur Politik sowie die Befürchtung beider Seiten, durch den politischen Gegner zurückgedrängt und schließlich unterdrückt zu werden.[2]

Mit Plastiras und Metaxas begannen sich bereits in den 20er Jahren zur Zeit der großen Koalitionsregierung nach Pangalos' Sturz zwei führende Vertreter der beiden politischen Lager von der parlamentarischen Demokratie abzuwenden. Plastiras, einer der Führungsköpfe der Revolution von 1922, vertrat die Auffassung, daß die Volksfreiheiten und verfassungsmäßigen Institutionen nur dort gutzuheißen seien, wo

[1] Hering 1992: 917.
[2] Vgl. dazu Hering 1992: 1060ff.

sie sich bewährten, nämlich in 'normalen' und 'stabilen' Verhältnissen; für Griechenland sei dieses System unpassend. Freiheit bedeutete für ihn Ordnung, Disziplin und Gerechtigkeit und nicht Willkür, Anarchie, Ausbeutung, Unruhe, Unterdrückung und Unmoral, die er den griechischen Demokraten unterstellte. Nach seinem gescheiterten Putsch im März 1933 wiederholte er seine Auffassung, man brauche zur „Rettung des Landes" eine Diktatur: Griechenland sollte sich am faschistischen Italien orientieren.[1]

Metaxas hatte 1921 mit der Partei der Freisinnigen eine eigene Partei gegründet, die am Ende des Kleinasienkrieges sogar die Chance hatte, die dominierende Partei des antivenizelistischen Blocks zu werden. Als einziger Parteichef hatte Metaxas den Feldzug gegen die Türkei konsequent abgelehnt und bot sich nun den Wählern als Alternative an, die von den zerstrittenen, führungsschwachen Regierungsparteien enttäuscht waren, aber sich nicht der venizelistischen Opposition anschließen wollten. Durch seine Bemühungen, sich an der Gegenrevolution von 1923 zu beteiligen, zerstörte er jedoch diese Chance seiner Partei. Zwar hatten die führenden Putschisten seine Kooperation abgelehnt, doch hatte er sich derart kompromittiert, daß er nach dem Scheitern des Aufstands nach Italien fliehen mußte. Aus taktischen Gründen - er wußte, daß er sich sonst nicht unbehindert würde politisch betätigen können - anerkannte er als erster antivenizelistischer Politiker die Republik. Nachdem seine Partei 1926 mit 15,76% der Stimmen, ihrem größten Erfolg überhaupt, noch 51 Mandate erhalten hatte, fiel sie in der Folgezeit auf den Rang einer Splitterpartei zurück: 1928 5,3%/1Mandat, 1932 1,59%/3Mandate, 1933 2,26%/6Mandate, 1935 zusammengeschlossen in der Union der Royalisten 14,8%/7Mandate und 1936 3,94%/7Mandate. Bereits im Februar 1927 nach einer Krise in seiner Partei notierte er in seinem Tagebuch: „Ich gelange zu der Überzeugung, daß wir unmöglich mit dem parlamentarischen Regierungssystem Erfolge erzielen können."[2] Seit Jahren arbeitete Metaxas auf die Errichtung eines diktatorischen Regimes hin, und spätestens als er Anfang 1934 in einer Tageszeitung offen die Auffassung vertrat, daß das parlamentarische System „absolut unfähig" sei, „mit den neuen Problemen, die das Leben der Völker geschaffen hat, fertig zu werden"[3], mußte sich die Öffentlichkeit über seine Ziele im klaren sein.

Ähnliche Ambitionen verfolgte sein Offizierskollege Kondylis, der Vorsitzende der Nationalradikalen Partei, die vom venizelistischen ins antivenizelistische Lager übergewechselt war. Mehrfach erörterten beide im Lauf des Jahres 1934 Putschpläne.[4]

---

[1] Vgl. Hering 1992: 1048, 1060.
[2] Metaxas 1951-1960: III, 511.
[3] *Kathimerini* vom 06.01.1934, zit. nach Hering 1992: 1060.
[4] Vgl. Hering 1992: 1061f.

Gleichzeitig bot Kondylis jedoch auch den Venizelisten den gewaltsamen Sturz des Kabinetts und eine Verfassungsänderung durch ein diktatorisches Regime unter seinem Kommando an. Kondylis' Vorstellungen von einer Verfassungsänderung zur Stärkung der Exekutive auf Kosten der Legislative stimmten mit denen Venizelos' überein. Beiden schwebte ein autoritäres Präsidialsystem vor, in dem das Parlament nur für zwei Monate jährlich zur nachträglichen Bestätigung der Regierungsverordnungen zusammenkommt. Konkretes historisches Vorbild war das faschistische Italien.[1]

Ähnliche Überlegungen gab es auch sonst im liberalen Lager:[2] Der Parteichef der Konservativen Demokraten, Michalakopoulos, plädierte für eine Art Erziehungsdiktatur von fünf oder zehn Jahren. Trotz Metaxas' bekanntem Urteil über die parlamentarische Demokratie brachte der Wirtschaftsexperte der Liberalen Partei, Maris, im April 1934 eine Variante ins Spiel, die Metaxas zwei Jahre später den Weg zur Diktatur ebnete: Eine mit Hilfe der Liberalen etablierte Regierung Metaxas sollte für die Dauer von acht Monaten eine Blankoermächtigung bekommen. Venizelos selbst befaßte sich weiter mit dem Projekt der Verfassungsänderung. Angesichts der Weltwirtschaftskrise und der von ihm 1933/34 schon vorhergesehenen Kriegsgefahr war sein Ziel ein möglichst starker Staat.[3] Zwar kritisierte er öffentlich die antiparlamentarischen Äußerungen Plastiras' als beunruhigende Zeichen der Zeit, doch vertrat er auch die Auffassung, sich notfalls - etwa wenn infolge einer internationalen Krise die Zeit für eine Verfassungsänderung nicht mehr ausreicht - mit allen Mitteln, also auch mit Gewalt und über die Proklamation einer Diktatur durchzusetzen.

Besonders problematisch für den Fortbestand der parlamentarischen Demokratie war, daß durch die allgemeine Krisenperzeption die seit 1915 das Land mehr oder weniger stark beeinträchtigende Legitimitätskrise verschärft wurde. Das für die Legitimität eines politischen Systems wichtige Vertrauen der Bevölkerung in dessen Leistungsfähigkeit wurde untergraben. Viele Menschen waren der permanenten Instabilität, Putsche, Putschgerüchte und -versuche überdrüssig, begannen mit dem wachsenden Bedürfnis nach Sicherheit und Ordnung aber auch jeglicher Artikulation von politischen, wirtschaftlichen und sozialen Interessenkonflikten ablehnend gegenüberzustehen, so daß Metaxas 1936 bei der Errichtung seiner Diktatur keine Gewalt mehr anzuwenden brauchte.

---

[1] Vgl. Hering 1992: 1062f.
[2] Vgl. Hering 1992: 1063f.
[3] Vgl. Hering 1992: 1064f.

5.2 Der Weg zur Diktatur

Nach der Rückkehr Georgs II., der am 25. November 1935 in Athen eintraf, wurde die Legitimitätskrise vorübergehend entschärft, schien sich sogar die Möglichkeit eines politischen Neuanfangs zu eröffnen: Nicht zuletzt mit Blick auf eine dauerhafte Festigung seiner Position war Georg II. an einem Ausgleich mit den Liberalen, einer Aussöhnung zwischen Venizelisten und Antivenizelisten interessiert. In Paris hatte Venizelos nach indirekten Verhandlungen die Restauration unter der Bedingung einer Generalamnestie akzeptiert[1] und damit den Liberalen den Weg zurück in die aktive Politik geöffnet, und auch die gemäßigten Führungen der Volkspartei und der Liberalen hatten Kompromißbereitschaft signalisiert. Bemüht, die Spaltung zu überwinden und seinem Anspruch, der König aller Griechen zu sein, zu entsprechen, überging Georg den Anspruch der Volkspartei auf die Kabinettsbildung und berief nach dem Rücktritt Kondylis' am 30. November eine parteipolitisch ungebundene Interimsregierung unter dem Universitätsprofessor Demertzis. Die neue Regierung amnestierte sogleich alle Zivilisten, die sich an der Erhebung vom März beteiligt hatten, und begnadigte die verurteilten Offiziere und Beamten.[2] Auch regelte sie die Rückgabe der konfiszierten Vermögen. Dies bedeutete jedoch nicht auch die Wiederaufnahme in die Armee bzw. den öffentlichen Dienst. Hier war Georg II. offensichtlich vor dem Druck der Militärs, denen man bereits durch die Ernennung von Papagos zum Heeresminister entgegengekommen war, zurückgewichen. Ende Dezember erließ die Regierung Demertzis dann doch noch ein weiteres Gesetz, das über 2.000 in den Säuberungen nach dem Märzputsch entlassenen Beamten die Rückkehr ermöglichte; ausgenommen auch hier die Offiziere, mit der Folge, daß Republikaner bis in die Zeit des Zweiten Weltkriegs hinein aus der Armee ausgeschlossen blieben.[3]

Im Dezember 1935 löste der König die Nationalversammlung auf und setzte Neuwahlen - jetzt wieder nach dem Verhältniswahlsystem - für ein verfassungsänderndes Parlament für den 26. Januar 1936 an. Diese letzten Wahlen der Zwischenkriegszeit liefen, da die illiberalen Maßnahmen der Regierung Kondylis aufgehoben worden waren, korrekt ab, spiegelten folglich entgegen den vorhergehenden Wahlen und dem Referendum die tatsächliche Wählermeinung wider.[4] Das Wahlergebnis zeigte einerseits, daß beide Lager immer noch annähernd gleich stark waren, andererseits, daß

---

[1] Vgl. Dafnis 1955: II, 391f.
[2] Vgl. Dafnis 1955: II, 398ff.
[3] Vgl. Richter 1990: 166f.
[4] Zu den Wahlen vgl. Nikolakopoulos 1985: 109ff.

die Wähler den politischen Extremisten beider Seiten eine Absage erteilten. Die Venizelisten erhielten 43,86% der Stimmen und 141 Mandate, die Antivenizelisten 47,33% und 143 Sitze. Bestätigung fand auch die langfristige Tendenz, daß die Venizelisten in den „Neuen Ländern" (56,9%), die Antivenizelisten in den Altländern (62,3% ohne Athen, 58,6% einschließlich Athen) überdurchschnittlich stark waren. Mit 37,26% ging die Partei der Liberalen unter Sofoulis als klarer Sieger gegenüber den in der Demokratischen Allianz zusammengeschlossenen kleineren liberalen und republikanischen Parteien hervor, die zusammen 4,21% und 17 Sitze erhielten. Anders sah es bei den Antivenizelisten aus: Die Volkspartei von Tsaldaris war mit 22,1% und 72 Mandaten nur knapp stärkste Partei. Das von den Nationalradikalen mit aus der Volkspartei ausgeschiedenen Gruppen, die sich in der Nationalen Volkspartei zusammengefunden hatten, gebildete Parteibündnis der Radikalen Volksunion erreichte 19,89% und 60 Mandate. 5,76% und 15 Sitze machten die Kommunisten zur viertstärksten Partei, wenngleich sie gegenüber der Boykottwahl von 1935 erhebliche Stimmenverluste hinnehmen mußte.

Ergebnis der Parlamentswahl vom 26. Januar 1936

Partei	**Stimmen in %**	**Sitze**
Partei der Liberalen (Sofoulis)	37,26	126
Demokratische Allianz (Kafandaris, Papanastasiou, Papandreou)	4,21	7
Bauernpartei (Mylonas)	0,97	4
Altdemokratische Union	1,08	3
Neuliberale	0,34	1
Venizelisten insgesamt	**43,86**	**141**
Volkspartei (Tsaldaris)	22,10	72
Allgemeine Radikale Volksunion	19,89	60
davon: Nationalradikale Partei (Kondylis)		12
Nationale Volkspartei		38
Gruppe Rallis/Stratos		10
Partei der Freisinnigen (Metaxas)	3,94	7
Reformpartei	1,40	4
Antivenizelisten insgesamt	**47,33**	**143**
Kommunistische Partei Griechenlands	5,76	15
Bauernpartei (Sofianopoulos)	1,02	1

Wahlbeteiligung: k. A., Sitze: 300

Beide Blöcke waren zur Regierungsbildung auf die Stimmen der Kommunisten angewiesen. Alternativ bestand die Möglichkeit einer Koalition der Liberalen mit einer der antivenizelistischen Parteien, doch welche Kombination auch durchgespielt wurde, so hatten doch alle Parteien „ein belastetes und problematisch gewordenes Verhältnis zur parlamentarischen Demokratie"[1]: Die Partei der Freisinnigen, die Natio-

[1] Hering 1992: 1108.

nalradikalen und die Kommunisten lehnten das Regierungssystem offen ab; der Vorsitzende der Nationalradikalen, Kondylis, hatte erst wenige Monate zuvor eine Putschregierung geführt. Die Liberalen selbst waren in den Märzputsch verwickelt, während die beiden Volksparteien durch die dem Putsch folgenden Verfassungsbrüche und Unterdrückungsmaßnahmen belastet waren.

Immerhin wurde durch die Erklärung des Vorsitzenden der Liberalen, Sofoulis, am Tag nach der Wahl, daß er angesichts des Wahlergebnisses die Restauration endgültig akzeptierte, das größte Hindernis der Zusammenarbeit beseitigt. Am 31. Januar 1936 starb mit dem Chef der Nationalradikalen, Kondylis, überraschend einer der gefährlichsten Gegner der parlamentarischen Demokratie mit Einfluß bei den Streitkräften. Eine erste Verhandlungsrunde über eine liberal-populistische Koalition scheiterte jedoch,[1] weil die Volkspartei sowohl das Innenministerium als auch die drei Militärressorts für sich beanspruchte; im Amt blieb vorerst das Kabinett Demertzis.

Als in der Presse publik wurde, daß die Liberalen eventuell eine Regierung mit parlamentarischer Unterstützung der Kommunistischen Partei bilden würden, konferierten am 5. März die Führung der Streitkräfte, der Gendarmerie und der Stadtpolizei mit Heeresminister Papagos, der den König im Anschluß daran wissen ließ, daß die Armee eine solche Regierung nicht tolerieren werde. Georg II. ernannte daraufhin Metaxas zum neuen Heeresminister, um die Disziplin wiederherzustellen. Auf den ersten Blick schien der König „der Demokratie einen großen Dienst erwiesen"[2] zu haben; auch Venizelos begrüßte die Ernennung Metaxas', die den Einfluß des Militärs eindämmen würde.[3] In der Tat war es - nach zuvor gescheiterten Verhandlungen der Volkspartei mit den Kommunisten - in der Zwischenzeit zu einer Übereinkunft zwischen dem Vorsitzenden der Liberalen, Sofoulis, und dem KP-Fraktionsvorsitzenden, Sklavänas, gekommen: Das vertrauliche sogenannte Sofoulis-Sklavänas-Protokoll[4] vom 19. Februar 1936 vereinbarte die Bedingungen, unter denen die Kommunisten eine Regierung der Liberalen unterstützen würden; so sollten bestimmte illiberale Gesetze aufgehoben werden, darunter das berüchtigte Gesetz zum Schutz der Sozialordnung, und sozialpolitische Maßnahmen wie ein Zahlungsmoratorium für verschuldete Bauern und die Verwirklichung der von Venizelos eingeführten Sozialversicherung vorgenommen werden. Am 6. März wurde Sofoulis unter heftigem Protest der extremen Rechte mit den Stimmen der Kommunisten zum Par-

---

[1] Vgl. Dafnis 1955: II, 404.
[2] Hering 1992: 1110.
[3] Vgl. Dafnis 1955: II, 408.
[4] Vgl. dazu Linardatos 1988: 196ff. Als dies Abkommen dann doch am 2. April 1936 durch die Kommunisten publik wurde, kam es zu einer stürmischen Parlamentsdebatte, in der sich auch führende liberale Aktivisten von Sofoulis distanzierten.

lamentspräsidenten gewählt; einen Tag später erteilte ihm Georg II. auch den Auftrag zur Regierungsbildung. Diesen nächsten Schritt wagte Sofoulis jedoch nicht und sprach sich angesichts dessen, daß die Fanatiker beider Blöcke eine große Koalition verhinderten, dafür aus, die Regierung Demertzis mit Metaxas als Heeresminister beizubehalten. Kurze Zeit später, am 13. April 1936, verstarb Demertzis, und Georg ernannte sofort, ohne vorherige Konsultation der Parteiführer Metaxas zum neuen Ministerpräsidenten. Die dadurch wieder in Gang gekommenen Koalitionsverhandlungen zwischen der Volkspartei und den Liberalen, die durch den Tod Venizelos' am 18. März ihre charismatische Führungsfigur im Hintergrund verloren hatten, scheiterten jedoch an der Frage der Rehabilitation der Offiziere. Trotz Kritik am eigenmächtigen Vorgehen des Königs wurde Metaxas in der Vertrauensabstimmung am 25. April 1936 mit 241 zu 16 Stimmen bei 4 Enthaltungen nicht nur durch die Antivenizelisten, sondern auch durch die Liberalen, denen er offenbar gewisse Zusagen über die Reintegration entlassener Offiziere und Beamten gemachte hatte[1], bestätigt.[2]

Am 28. Mai 1936 entmachteten sich die Parlamentarier weiter: Sie vertagten sich bis zum 30. September und stimmten einem Ermächtigungsgesetz zu, nach dem die Regierung Metaxas in den nächsten fünf Monaten per Verordnungen regieren durfte, denen ein vierzigköpfiger Parlamentsausschuß zuzustimmen hatte. Mögliche Bedenken schienen für die Liberalen durch die Versicherung des Königs ausgeräumt, für die parlamentarischen Institutionen bestehe nicht die geringste Gefahr; wenn Metaxas Staatsstreichneigungen zeige, werde er ihn entlassen.[3]

Metaxas suchte bereits seit Jahren nach einer Möglichkeit, die parlamentarische Demokratie zu beseitigen. Waren seine Ernennung zum Ministerpräsidenten und das Ermächtigungsgesetz erste Schritte auf diesem Weg, so wurde die Verwirklichung seiner diktatorischen Ambitionen durch weitere Ereignisse begünstigt: Bereits im März und April hatten die seit Februar sporadisch aufflackernden Streiks einen ersten Höhepunkt erreicht; allein in den ersten fünf Monaten des Jahres 1936 gab es 350 Streiks.[4] Anfang Mai kam es zu Massenstreiks in Thessaloniki, in deren Verlauf bei Zusammenstößen zwischen Arbeitern und der Polizei zwölf Menschen getötet und Hunderte verletzt wurden.[5] Den Streikenden ging es vor allem um Lohnerhöhungen, die KP trat in der Streikbewegung nicht als führende Macht hervor, sondern sprang

---

[1] Vgl. Dafnis 1955: II, 420.
[2] Gegen ihn stimmten nur Papanastasiou mit den anderen Abgeordneten der Bauern- und Arbeiterpartei, Georgios Papandreou für die Demokratische Partei, Alexandros Mylonas für die Demokratische Bauernpartei sowie die Kommunisten; vgl. Hering 1992: 1112.
[3] Vgl. Dafnis 1955: II, 421.
[4] Vgl. Wenturis 1983: 384ff.
[5] Vgl. dazu Wenturis 1983: 387ff u. Dafnis 1955: II, 422ff.

lediglich auf einen fahrenden Zug. Die Regierung sprach jedoch von kommunistischen Umsturzversuchen. Entsprechend hatten die Streiks die von Metaxas gewünschte Wirkung, da die bürgerlichen Parteien nunmehr „wie gebannt auf die 'kommunistische Gefahr' blickten und dabei übersahen, daß die eigentliche Gefahr von Metaxas ausging“[1]. Ein weiterer Vorwand für Metaxas, die Unerläßlichkeit von Notverordnungen zu rechtfertigen, war auch die sich verschlechternde internationale Lage und die drohende Kriegsgefahr.

Am 17. Mai 1936 starb mit Tsaldaris, dem Vorsitzenden der Volkspartei, ein weiterer führender Kopf der älteren Politikergeneration. Der gemäßigte Teil der Volkspartei wurde dadurch weiter geschwächt, was Metaxas das Spiel erleichterte; er erwirkte beim König die Ernennung von Theodoros Skylakakis zum Innenminister, der später zu den vom deutschen Nationalsozialismus geprägten Ideologen der Diktatur gehören sollte[2]. Die darüber beunruhigten Liberalen köderte Metaxas mit dem Versprechen, eine Reihe entlassener Offiziere als Präfekten an die Spitze von Departements zu stellen; gleichzeitig ernannte er einen Venizelisten zum Generalgouverneur von Kreta.[3] Die Liberalen erkannten darin nicht die Alibifunktion - die meisten Präfekturen und die Posten der Generalgouverneure von Makedonien und Thrakien sowie das Staatssekretariat im Heeresministerium besetzte er mit Offizieren seines Vertrauens - und hofften, durch ihr Eingehen auf die Politik Metaxas' weitere Schlüsselpositionen im Staatsapparat besetzen zu können.[4] Dieser vom Vorsitzenden der Liberalen, Sofoulis, gesteuerte Kurs hatte jedoch eine desintegrierende Wirkung auf die Partei: Der linke Flügel forderte eine Regierung auf der Basis des Abkommens mit den Kommunisten. Auf dem rechten Flügel um Venizelos' Sohn Sofoklis hatte man das Abkommen jedoch von Anfang an mißbilligt; über den Innenminister Skylakakis, der in einem Jahrgang mit ihm in der Offiziersakademie gewesen war, und den Gouverneur von Kreta, Sfakianakis, stand er mit Metaxas in Kontakt. Mitte Juni nahm er sogar das überraschende Angebot, in einem Diktaturregime die Position des Vizepremiers zu übernehmen, unter drei Bedingungen an: Erstens sollten die entlassenen Offiziere wieder in die Armee aufgenommen werden, zweitens die Diktatur auf ein Jahr mit anschließenden Wahlen begrenzt werden und drittens die Regierung den Entwurf einer neuen Verfassung ausarbeiten. Metaxas stimmte diesen

---

[1] Vgl. Richter 1990: 174.

[2] Vgl. Hering 1992: 1115, Richter 1990: 174. Skylakakis war einer der Akteure der „Gegenrevolution“ von 1923 gewesen, 1927 hatte er sich geweigert, in die Armee zurückzukehren, da er keinen Eid auf die Republik leisten wollte. 1933 trat er an die Spitze einer Nazi-Ideen propagierenden Organisation.

[3] Vgl. Hering 1992: 1114f u. Richter 1990: 174f.

[4] Metaxas versuchte auf diese Weise, die Rehabilitationsfrage außerhalb des Offizierskorps zu lösen; nicht zuletzt deswegen lehnten mehrere der für diese Posten vorgesehenen Offiziere ab.

Bedingungen zu, machte aber in einer Unterredung Vorbehalte bezüglich der ersten Bedingung geltend.[1]

Zur gleichen Zeit zeigte sich jedoch, daß die Regierung Metaxas trotz ihrer weitreichenden Vollmachten nichts zur Verbesserung der Lage der Bevölkerung getan hatte. Bei den Liberalen verstärkte sich der Unmut, da Metaxas in der Frage der Reintegration der Offiziere nichts unternahm. Auf der anderen Seite strebte der Vorsitzende der Nationalen Volkspartei, Ioannis Theotokis, der nach dem Tod von Kondylis und Tsaldaris die dominierende Figur im antivenizelistischen Lager war, Neuwahlen nach dem Mehrheitswahlsystem an, da er sich den Zulauf vieler Wähler der nunmehr führungslosen Volkspartei erhoffte. Theotokis bezweifelte, daß Metaxas in der Lage wäre, die Probleme des Landes zu bewältigen. Er nahm Verhandlungen mit Sofoulis auf, und Mitte Juli verständigte man sich - nachdem Theotokis die Reaktivierung der nicht gerichtlich verurteilten, sondern nur als unerwünscht entlassenen Offiziere zugestanden hatte - auf die Bildung einer Koalitionsregierung und anschließende Neuwahlen.[2] Am 22. Juli unterrichtete Sofoulis Georg II. über seine Koalitionsvereinbarung und kündigte an, daß seine Partei nach Ablauf der fünfmonatigen Ermächtigungsfrist, d. h. Anfang Oktober, dem Kabinett Metaxas das Vertrauen entziehen würde. Noch am Abend desselben Tages setzte der König den Premier davon in Kenntnis und gab ihm grünes Licht, dieser parlamentarischen Lösung durch die Errichtung einer Diktatur zuvorzukommen.[3]

Um eine für den Staatsstreich günstige Atmosphäre entstehen zu lassen, wurden Gerüchte über angebliche kommunistische Verschwörungen und Sabotageakte lanciert. Als der Allgemeine Gewerkschaftsbund und die kommunistisch geführte Einheitsgewerkschaft für den 5. August einen 24stündigen Generalstreik gegen die Einführung des obligatorischen Schiedsverfahrens bei Tarifkonflikten ankündigten, bot sich Metaxas der gesuchte Vorwand, das Land vor dem vermeintlichen kommunistischen Umsturz durch einen eigenen zu „retten“: Am Abend des 4. August 1936 berief er eine außerordentliche Kabinettssitzung ein, auf der er die schriftliche Zustimmung seiner Minister zum Staatsstreich verlangte, die ihm von nur dreien verweigert wurde. Gegen 22 Uhr unterzeichnete Georg II. dann zwei Dekrete, die auf unbestimmte Zeit die in der Verfassung garantierten Freiheitsrechte aufhoben und das Parlament auflösten, ohne Neuwahlen anzuberaumen.[4]

---

[1] Vgl. Dafnis 1955: II, 152f u. Linardatos 1988: 250ff. Nach Errichtung der Diktatur bot Metaxas Venizelos erneut an, als Vizepremier in die Regierung einzutreten, was dieser jedoch, als Metaxas die Parteien auflöste und die Konturen des Regimes deutlicher hervortraten, ablehnte.
[2] Vgl. Hering 1992: 1119f u. Richter 1990: 176.
[3] Vgl. Dafnis 1955: II, 431f.
[4] Zu den Dekreten vgl. Alivizatos 1979: 68ff.

Georg II. und Metaxas rechtfertigten die Errichtung der Diktatur mit der Behauptung, nur so die öffentliche Ordnung aufrecht erhalten zu können. Die Parteiführer hätten durch ihre endlosen Streitereien dem Kommunismus Vorschub geleistet; die Kommunisten hätten die Revolution vorbereitet und allmählich Armee und Verwaltung unterwandert; der Generalstreik hätte den Beginn eines Bürgerkrieges bedeutet, d. h. Griechenland hätte ein Schicksal ähnlich jenem Spaniens gedroht.[1] Doch selbst jemand wie der britische Gesandte, Sir Sidney Waterlow, der nicht einer Sympathie für die Kommunisten verdächtig war, bestritt in seinen Berichten an das Foreign Office die Existenz einer solchen Bedrohung, kam jedoch zu der bezeichnenden Feststellung: „Niemand, der die örtlichen Bedingungen kenne, werde dem Verschwinden der griechischen Demokratie eine Träne nachweinen."[2] Vielmehr diente die Heraufbeschwörung der „kommunistischen Gefahr" nur zur Ablenkung der öffentlichen Meinung und Rechtfertigung des Staatsstreiches. Georg II. ging es um die Sicherung seiner Position; in der zwischen den Parteien in ihrem Kompromiß beschlossenen Wiederaufnahme republikanischer Offiziere in die Armee sah er eine mögliche Gefährdung seiner Stellung. Darüber hinaus verachtete er die griechischen Parteipolitiker. Metaxas auf der anderen Seite war klar, daß das Zustandekommen der Koalition zwischen Venizelisten und Volkspartei nicht nur das baldige Ende seiner Amtszeit als Ministerpräsident bedeutete, sondern er auch nicht wieder die Chance erhalten würde, seine langjährigen diktatorischen Ambitionen zu verwirklichen. Ohne die Zustimmung Georgs II. hätte er jedoch nie die Diktatur errichten und vier Jahre aufrechterhalten können. Die Verantwortung für den Staatsstreich liegt somit auch beim König, wenngleich dessen Durchführung wie auch die Ausgestaltung des Regimes bei Metaxas lagen.[3]

5.3 Das Regime vom 4. August

Der „Neue Staat", so die offizielle Bezeichnung der Diktatur vom 4. August, war ein durch eine hohe Machtkonzentration gekennzeichnetes Regime. Wenn es auch Gemeinsamkeiten mit anderen europäischen Diktaturen jener Zeit aufwies, von denen es viele Praktiken zu kopieren versuchte, so unterschied es sich doch von seinen faschistischen und nationalsozialistischen Vorbildern durch seinen anders gearteten Ursprung, das Fehlen einer Massenbasis sowie seine ideologische und strukturelle

---

[1] Vgl. Richter 1990: 198f.
[2] Waterlow an Foreign Office am 12. August 1936 = PRO 371/20.390 R 4920/220719, zit. nach Richter 1990: 200.
[3] Richter (1973: 54ff u. 1990: 201) spricht in diesem Zusammenhang von „Monarchofaschismus".

Inkohärenz, die wesentlich dazu beitrug, eine Verwurzelung des Regimes zu verhindern. Hinzu kam ein grundlegender Widerspruch zwischen dem faschistischen Anspruch der Diktatur einerseits und der strategischen Zugehörigkeit zum Lager der freiheitlichen Demokratien beim Ausbruch des Zweiten Weltkriegs andererseits. Entsprechend variiert die ideologische Einordnung des Regimes vom 4. August: Von den einen wird der faschistische Charakter bestritten, da Metaxas keinen Einparteienstaat errichtet, keinen Angriffskrieg geführt und auch keinen rassistischen Nationalismus gepredigt hätte; Metaxas hätte seine Diktatur mehr nach dem Vorbild der altrömischen Republik verstanden.[1] Andere Autoren neigen dazu, das Regime kategorisch als faschistisch zu klassifizieren.[2]

Insbesondere in der Anfangszeit war das Regime durch das Fehlen einer konkreten Ideologie gekennzeichnet; die ersten Appelle propagierten lediglich einen radikalen Antikommunismus und richteten sich an das griechische Nationalgefühl. In der Folgezeit bemühte sich Metaxas, eine Reihe von sich an faschistischen und nationalsozialistischen Parolen orientierenden ideologischen Prinzipien aufzustellen, doch gelang es ihm dabei weder über eine oberflächliche Propaganda hinauszukommen noch auf Resonanz in der Bevölkerung zu stoßen. Das Regime vom 4. August beanspruchte für sich, die Krönung der griechischen Geschichte zu sein: Nach der Zeit Perikles' im 5. Jahrhundert v. Chr. und dem Jahrtausend byzantinischen Kaisertums war der „Neue Staat" die „dritte Zivilisation".[3] 1939 stellte der Chefideologe des Regimes, Theologos Nikoloudis, fest: „Es ist ein totalitärer Staat, genaugenommen ein starker Staat, um nicht zu sagen ein gewalttätiger Staat. Alles in ihm ruht auf den geistigen Werten des Lebens, auf dem Schutze und der Förderung der Familie, auf der Achtung der Arbeit ..."[4]

Einer konsequenten Verwirklichung dieses Konzepts stand jedoch das Fehlen einer Massenpartei entgegen.[5] Unterschied sich das Regime Metaxas' von anderen Diktaturen schon dadurch, daß seiner Errichtung das Entstehen einer solchen Bewegung - nicht zuletzt aufgrund der Polarisierung zwischen Venizelisten und Antivenizelisten - nicht vorausgegangen war, so entstand diese, ungeachtet der Nationalen Organisation der Jugend EON (*Ethniki Organosis Neolaias*), auch nach dem 4. August nicht. Während Alivizatos[6] für dieses Phänomen die Opposition des Königs, der einen weiteren Machtverlust befürchtete, verantwortlich macht, hebt Richter[7] auf die Besonderheit

[1] Vgl. Woodhouse 1951: 16. Auch wissenschaftliche Studien jüngeren Datums (Kofas 1983: 53 u. Koliopoulos 1977: 52) billigen ihm allenfalls einen totalitären Charakter zu.
[2] Vgl. z. B. Linardatos 1966.
[3] Vgl. dazu Dafnis 1955: II, 468ff u. Linardatos 1966: 89ff.
[4] Messager d'Athènes vom 11.01.1939, zit. nach Wenturis 1984: 86.
[5] Vgl.dazu Alivizatos 1979: 83ff.
[6] Alivizatos 1979: 86.
[7] Richter 1990: 204f.

des politischen Systems im Vergleich zu Westeuropa ab: Eine Massenpartei konnte im griechischen System nur dann entstehen, wenn zuvor sämtliche Klientelnetze zerbrochen worden wären. In gewisser Weise erleichterte der klientelistische Charakter Metaxas sogar das Spiel, da er nicht mehr den „Umweg“ über eine Massenpartei gehen mußte, sondern nur die oligarchische Führung der Klientelnetze der alten Parteien ausschalten und die Anhänger auf seine Person ausrichten mußte. Unmittelbar nach Errichtung seiner Diktatur verbot Metaxas die politischen Parteien, auch seine eigene löste er auf. Eine Massenpartei nach deutschem Vorbild wäre völlig systemfremd gewesen.

Die innere Politik der Diktatur war vor allem durch zwei Elemente geprägt: Versuche der Faschisierung der Gesellschaft und Repression. Ein wichtiger Faktor war dabei die Proklamierung des „Führerprinzips“. Metaxas, der darüber hinaus das Heeres-, Marine-, Luftwaffen- und Außenministerium für sich reserviert hatte, war nicht länger der Premierminister, sondern der „Führer“ (*Archigos*).[1] Trotz der oft auch ins Lächerliche gehenden Verherrlichung seiner Person durch die Staatspropaganda gelang es Metaxas nicht, das Volk zu einer Führerverehrung deutscher Prägung umzuerziehen. Seine Bemühungen konzentrierte er vor allem auf die Jugend. Neben der Einflußnahme auf das Schulwesen, dessen zentrale Aufgabe in der Ausrichtung der Schüler auf den „Neuen Staat“ bestand, spielte der im November 1936 gegründete faschistische Jugendverband EON eine wichtige Rolle.[2] Die Funktion dieser an die 14-25jährigen gerichteten Organisation sollte die Indoktrinierung sowie physische und paramilitärische Ausbildung der Jugend sein. Der zunächst auf freiwilliger Basis unternommene Aufbau der EON war jedoch nicht von Erfolg gekrönt; im Januar 1938 zählte sie nur 15.000 Mitglieder. Metaxas erklärte daraufhin die Mitgliedschaft für obligatorisch und leitete eine Rekrutierungskampagne ein, in der EON-Führer die Schulen aufsuchten und Jugendliche zum Beitritt nötigten. Wer sich weigerte, war als „Kommunist“ verdächtig und wurde von der Geheimpolizei vernommen. Die Mitgliedschaft in der EON war Voraussetzung für den Zugang zu vielen Arbeitsplätzen. Im Juni 1939 wurde per Gesetz die Gleichschaltung anderer Jugendorganisationen beschlossen; die unter der Schirmherrschaft des Kronprinzen Paul stehenden Pfadfinder wurden von der EON absorbiert. Angesichts dieser Maßnahmen erstaunt nicht, daß die EON im März 1940 - nach regimeinternen Angaben - über mehr als eine Million Mitglieder hatte, womit sie die einzige Massenorganisation des Regimes bildete. Die zur gleichen Zeit nach dem Vorbild des Reichsarbeitsdienstes gegründeten

[1] Vgl. dazu Linardatos 1966: 103ff. Vgl. demgegenüber auch die abweichende Meinung Alivizatos' (1979: 78ff), daß aufgrund des Vorrangs der Krone (74ff) nicht vom Versuch der Installation des deutschen Führerprinzips gesprochen werden kann.
[2] Zur EON vgl. Linardatos 1966: 151ff u. Dafnis 1955: II, 470ff.

Arbeitsbataillone erwiesen sich als Mißerfolg und fusionierten später mit der EON.[1] Trotz dieser Bemühungen gelang es dem Regime jedoch nicht, sich bei den Massen zu verwurzeln. Das Vorhaben, aus der EON eine Institution analog der Hitlerjugend zu machen, scheiterte, da die Zwangsmitgliedschaft zu einer ablehnenden Haltung der meistens nur Pro-forma-Mitglieder und zu einer latent oppositionellen Haltung gegen den Faschismus führte.

Metaxas sah den Kommunismus bzw. dessen Vertreter, die er für alle Übel des griechischen Staatswesens der vergangenen Jahre verantwortlich machte, als Hauptfeind seines „Neuen Staates" an. Daher versuchte er, ihm mit der Durchführung eines sozialpolitischen Minimalprogramms den Nährboden zu entziehen: Mit der Einführung des Achtstundentages erfüllte er eine langjährige Forderung der Arbeiterschaft ebenso wie mit der Verwirklichung eines Systems der Sozialversicherung, nachdem Venizelos bereits 1932 einen ersten Anlauf dazu unternommen hatte, das entsprechende Gesetz jedoch ein Jahr später unter dem Druck der Arbeitgeber durch die Volkspartei wieder aufgehoben worden war.

Die Kommunisten bzw. diejenigen, die man dafür hielt - denn die Definition, wer Kommunist war, blieb der Willkür der Behörden überlassen - waren auch die ersten Opfer des Terrors seines Regimes. Ablehnend stand Metaxas auch dem Liberalismus gegenüber, doch ließ er dessen Vertreter weniger systematisch verfolgen. Nachdem bereits seit dem 5. August willkürliche Verhaftungen an der Tagesordnung waren, erhielt die Verfolgung von Regimegegnern am 18. September 1936 auch eine „gesetzliche" Grundlage: Per Notverordnung wurden die Abfassung, der Druck, der Verkauf oder die Verteilung von auf den Umsturz des bestehenden sozialen Systems gerichteter Literatur oder die mündliche Verbreitung solcher Ideen bzw. der Versuch dazu unter Strafe gestellt. In gewisser Weise handelte es sich hier um eine autoritärere Variante des Staatsschutzgesetzes von 1929.[2] Am 9. Februar 1938 folgte eine weitere Notverordnung, die jedem mit massiven Strafen drohte, der sich schriftlich oder mündlich gegen das Regime äußerte oder zu Streiks aufrief. In Akronafplia, Ägina und auf Kerkyra errichtete das Regime Konzentrationslager, in denen „Kommunisten" einer Art „Umerziehungsprogramm" unterzogen wurden, als dessen Ergebnis die Inhaftierten eine „Reueerklärung" unterzeichnen sollten, in der sie den Kommunismus verdammten und Metaxas als Führer Griechenlands anerkannten; nach Angaben des Regimes sollen ca. 50.000 Personen in den ersten drei Jahren eine solche Erklärung abgegeben haben.[3] Ein weiteres Instrument der Repression und vor allem Loyalitätskontrolle war die Einführung der bis in die 60er Jahre üblichen

---

[1] Vgl. Linardatos 1966: 167ff.
[2] Vgl. Alivizatos 1979: 326ff.
[3] Vgl. Alivizatos 1979: 342f.

„Staatsbürgergesinnungs-Bescheinigungen", d. h. eine vom Staatssekretariat für Öffentliche Sicherheit ausgestellte Bescheinigung über die Loyalität zum Regime, die nicht nur für eine Beschäftigung im öffentlichen Dienst, sondern auch in vielen privatwirtschaftlichen Zweigen Voraussetzung war.[1] Eine zentrale Position in diesem Kontroll- und Repressionsapparat nahm das nur wenige Tage nach Errichtung der Diktatur gegründete Staatssekretariat für Öffentliche Sicherheit unter Führung Konstantinos Maniadakis' ein.[2] Diese quasi-autonome Einrichtung war nur gegenüber Metaxas selbst verantwortlich. Maniadakis gelang es, innerhalb von drei Jahren die KP zu zerschlagen und ihre versprengten Reste zu unterwandern; Agenten seiner Geheimpolizei bildeten ein Schein-Zentralkomitee, das sogar eine eigene Zeitung herausgab.

Auch die Versuche anderer demokratischer Politiker und Offiziere, Widerstand zu organisieren,[3] hatten keinen durchschlagenden Erfolg: Die anfänglich an Georg II. gerichteten Proteste gegen die Errichtung der Diktatur wurden von diesem zurückgewiesen. Spätere - oft jedoch mehr als dilettantisch unternommene - Anläufe, Metaxas durch einen Putsch zu stürzen, wurden von der Geheimpolizei frühzeitig aufgedeckt. Als im Januar 1938 Kafantaris, Sofoulis und Theotokis das Regime in einer gemeinsamen Proklamation, dem sogenannten Kafantaris-Manifest, heftig angriffen, reagierte der Diktator mit einer Verhaftungs- und Deportationswelle. Der in zunehmendem Maße nicht nur gegen die „Kommunisten" gerichtete Terror des Regimes führte zur Gründung eines alle Parteien umfassenden Revolutionskomitees, das einen Staatsstreich vorbereiten sollte. Ein im Juli 1938 von Kreta ausgehender Aufstand gegen das Regime scheiterte jedoch an der fehlenden Unterstützung auf dem Festland.[4] Auch in der Folgezeit unternommenen Verschwörungen fehlte es an einer ausreichenden Basis. Der Schwerpunkt der oppositionellen Aktivitäten verlagerte sich ins Ausland, nach Paris, wo sich die exilierten Politiker um Plastiras sammelten, ohne jedoch über theoretische Pläne hinauszukommen.

Während sich das Regime Metaxas' innenpolitisch-ideologisch an Deutschland und Italien orientierte,[5] stand in der Außenpolitik das Bemühen um eine Rückversicherung bei Großbritannien gegen die von Italien ausgehende Gefahr im Vordergrund.[6]

---

[1] Vgl. Alivizatos 1979: 329f.
[2] Vgl. Alivizatos 1979: 339ff.
[3] Vgl. dazu Dafnis 1955: II, 437ff u. Kofas 1983: 105ff.
[4] Vgl. Kofas 1983: 150ff.
[5] Darüber hinaus wurde Deutschland zum Haupthandelspartner Griechenlands. 1937 ging 35,3% der griechischen Exportprodukte, vor allem Tabak, nach Deutschland, kamen 26,6% der Importe, Industrieprodukte und hier vor allem Rüstungsgüter, aus Deutschland, von dem Metaxas mehrerer Kredite für Rüstungsprogramme erhielt, so daß Griechenland „voll in das deutsche Wirtschaftsimperium integriert" war ; Richter 1990: 213
[6] Vgl. dazu Richter 1990: 224ff.

Am 7. April 1939 besetzte Mussolini Albanien, gab jedoch am 10. April eine Garantie ab, die territoriale Integrität des griechischen Nachbarn zu respektieren; drei Tage später folgte eine vage formulierte Absichtserklärung Großbritanniens, Griechenland im Falle eines Angriffs zu unterstützen. Wenige Monate vor Beginn des Zweiten Weltkriegs verfügte Griechenland somit über zwei Garantieerklärungen, eine italienische und eine britische, die jedoch beide keine Bedeutung hatten: Erstere war zwar konkreter formuliert, aber nur solange gültig, bis Mussolini es sich anders überlegte. Die zweite war so schwach formuliert, daß sie keinerlei abschreckende Wirkung hatte.[1] Im Juli und August 1940 provozierte die italienische Seite eine Reihe von Zwischenfällen: Italienische Flugzeuge bombardierten wiederholt an der griechischen Küste stationierte griechische Marineeinheiten und entschuldigten dies mit einer Verwechslung mit englischen Kriegsschiffen; ein „unidentifiziertes" U-Boot torpedierte am 15. August einen anläßlich des Feiertages Mariä Entschlafung im Hafen des Wallfahrtsortes Tinos liegenden Kreuzer.[2] Die Folge dieser äußeren Bedrohung war ein Nachlassen der oppositionellen Strömungen gegen Metaxas. Seine konsequente Haltung gegenüber Italien trug ihm viele Sympathien ein und schwächte die bis dahin recht ausgeprägte Abneigung ab. Das am 28. Oktober 1940 in den frühen Morgenstunden gestellte Ultimatum, in dem Italien forderte, „zu seiner Sicherheit" Stützpunkte und verschiedene andere Orte des griechischen Territoriums bis zum Kriegsende besetzen und nutzen zu dürfen, wurde von Metaxas unverzüglich abgelehnt, eine Weigerung, die als das legendäre *Ochi* („Nein") in die Geschichte einging[3]. Anders als im Kleinasienfeldzug trat Griechenland im Verteidigungskrieg Italien national geeint entgegen. Die italienische Offensive wurde im November/Dezember 1940 erfolgreich nach Albanien zurückgeschlagen. Am 29. Januar 1941 starb Metaxas, und Georg II. ernannte den Direktor der Nationalbank, A. Korysis, zum Premierminister. Unterdessen startete Italien einen neuen Angriff, doch erst das deutsche Eingreifen besiegelte Griechenlands Niederlage - am 27. April wurde Athen besetzt, am 20. Mai Kreta.

Mit dem Fall Griechenlands endete auch jene Epoche, die 1910 mit der Machtergreifung Venizelos' begonnen hatte und deren Entwicklung im wesentlichen durch den Gegensatz zwischen König Konstantin und Venizelos bzw. in der Folgezeit allgemein zwischen Royalisten und Venizelisten bestimmt war.

---

[1] Richter 1990: 231.
[2] Vgl. dazu und zum Folgenden Vakalopulos 1985: 225ff u. Richter 1973: 73ff.
[3] Der 28.Oktober ist als „Tag des Neins" Nationalfeiertag.

IV. ZWISCHEN DEN MÜHLSTEINEN DER GROSSMÄCHTE

Während der Besatzung formierten sich mehrere Widerstandsgruppen, die für die Zeit nach der Befreiung die Wiederherstellung und vor allem Verbesserung der Demokratie, soziale Reformen und Gerechtigkeit sowie ein Ende der Korruption und Verfilzungen in den staatlichen Institutionen, mit anderen Worten einen politischen Neubeginn ankündigten. Die zahlenmäßig größte und am besten organisierte Gruppe war die auf Initiative der Kommunistischen Partei Griechenlands (KKE) gegründete Nationale Befreiungsfront (EAM). Die hohe Mitgliederzahl in den verschiedenen Suborganisationen der EAM von ca. 1,5 Millionen Griechen bei einer Gesamtbevölkerung von rund 7,5 Millionen deutet bereits an, daß es sich hierbei um eine heterogene, alle Schichten der Gesellschaft umfassende Gruppierung handelte.

Doch schon während der Besatzung trat der Widerstand teilweise zugunsten innerer Kämpfe in den Hintergrund; gewaltsame Zusammenstöße zwischen den sich gegenseitig als Faschisten oder Kommunisten titulierenden Widerstandsgruppen häuften sich. Die Befreiung von der deutschen Besatzung im Oktober 1944 kam somit einer „Freiheit zum Bruderkampf"[1] gleich. Im Dezember griffen britische Truppen in die Kämpfe zwischen der Militärorganisation der aus der „Regierung der nationalen Einheit" ausgetretenen, durch die KKE jetzt zunehmend radikalisierten EAM und Regierungstruppen ein, doch der nach Friedensverhandlungen geschlossene „Vertrag von Varkiza" wurde weder von der EAM eingehalten, die der vorgesehenen Demobilisierung nicht nachkam, noch von der Regierung, die den rechtsextremen Terror duldete bzw. sich durch Massenverhaftungen sogar daran beteiligte. Die Eskalation von Gewalt und Gegengewalt hatte die Fortsetzung des Bürgerkrieges, der mehr Tote als der Zweite Weltkrieg in Griechenland forderte[2], bis Oktober 1949 zur Folge. Er vergiftete das politische Klima weit über sein Ende hinaus und hemmte die Entwicklung des Landes. Mit Hilfe von Ausnahmegesetzen wurden nicht nur die seit 1947 verbotenen Kommunisten, sondern auch allgemein Oppositionelle verfolgt.

Die traumatische Bürgerkriegserfahrung führte dahin, daß der Antikommunismus, der bereits während der Metaxas-Diktatur einen ersten Höhepunkt erfahren hatte, zur Staatsideologie wurde und damit gleichsam die Leere füllte, die das Scheitern der

---

[1] Gaitanides, 1978: 236.
[2] Vgl. Vakalopulos, 1985: 237f.

Megali Idea hinterlassen hatte. In seinem Namen wurden starke Beschneidungen der rechtsstaatlichen wie demokratischen Garantien gerechtfertigt. Dieser Atmosphäre der Angst, des Mißtrauens und des Fanatismus entsprach das Fehlen einer beständigen, regierungsfähigen Mehrheit auch in den ersten Jahren nach Beendigung des Bürgerkrieges: Zwischen Oktober 1944 und November 1952 gab es 25 Regierungen, d. h. die durchschnittliche Amtszeit betrug nicht einmal vier Monate.[1]

Den Wirren der Zwischen- und Nachkriegszeit folgte 1952-1961, begünstigt u. a. durch die Einführung des Mehrheitswahlrechts auf amerikanischen Druck und das Auftreten dominanter Persönlichkeiten, eine Phase relativer Stabilität unter den konservativen Regierungen von Marschall Alexandros Papagos und der von ihm - dem Beispiel de Gaulles folgend - gegründeten Griechischen Sammlung (1952-1955) und - nach dessen Tod - Konstantin Karamanlis (1955-1963), der es vorzog, seine eigene, wenngleich nahezu identische Partei, die Nationalradikale Union (ERE), zu gründen. Diese für griechische Verhältnisse ungewöhnliche Stabilität ermöglichte einen raschen Wiederaufschwung. Beide Regierungschefs setzten ihren Schwerpunkt auf Konsolidierung des Haushalts, Liberalisierung des Außenhandels, Stabilisierung der Preise und der Währung sowie Ausbau der Infrastruktur und Industrialisierung.

Demgegenüber standen allerdings eine restriktive Einkommenspolitik, die Einschränkung der gewerkschaftlichen Rechte und die Vernachlässigung der Sozialpolitik vor allem im Bereich des Bildungswesens. Weitere Probleme wie die starke Landflucht, eine übermäßig aufgeblähte Bürokratie und die mangelhafte Organisation gesellschaftlicher Interessen blieben ungelöst und verhinderten eine gleichmäßige Entwicklung; der soziale blieb hinter dem wirtschaftlichen Fortschritt zurück.

Widersprüchlich war auch die Ausgestaltung der Staatsform der „gekrönten Demokratie", wie die Charakterisierung als „disziplinierte", „autoritäre" oder auch „gefesselte" und sogar „Polizeidemokratie" zeigt[2]. Einerseits wurde die linkssozialistische, die Kommunisten bis zu ihrer Wiederzulassung vertretende Vereinigte Demokratische Linke (EDA) toleriert, andererseits wurden die Aktivitäten ihrer Anhänger vor allem nach dem Wahlerfolg 1958 (24,4%) verfolgt. Die 1952 verabschiedete Verfassung stellte zwar eine - in gewisser Weise autoritäre - Version ihrer Vorgängerinnen von 1864/1911 dar - so wurden beispielsweise die politisch wirksamen Grundrechte der Presse- und Versammlungsfreiheit nicht unerheblich eingeschränkt -, doch ging ihrer Konzeption nach die Macht vom Volke aus, stellte der König lediglich ein neutrales, überparteiliches und damit ausgleichendes Organ dar. Daß es trotz dieses demokratischen Charakters nicht zu einer vollständigen Parlamentarisierung und Demokratisierung des politischen Systems kam, lag vor allem an einer vielfach am

[1] Vgl. Korisis 1980: 41.
[2] Vgl. z. B. Meynaud 1965.

Geist der Verfassung vorbeigehenden politischen Praxis. So behielten zahlreiche in der Bürgerkriegszeit erlassene Sondergesetze weiterhin ihre Gültigkeit; der Ausnahmezustand war auch 25 Jahre nach Beendigung des Bürgerkrieges noch nicht aufgehoben. Die Spaltung der Bevölkerung und die Wunden des Bürgerkrieges konnten unter diesen Bedingungen nicht heilen. Bezeichnend war weiterhin, daß bis zu 80% der Gesetzestexte nicht auf dem regulären Weg das Parlament durchliefen, sondern per Dekret erlassen wurden.[1] Hinzu kam die versuchte und auch immer wieder erfolgreiche Einflußnahme durch außerparlamentarische Kräfte: „Der König, die Hofleute, das Militär [...], die Geheimdienste [...], schließlich die Polizei und die Verbände der Miliz. Alle diese stellten die Hauptpfeiler des 'Staates im Staate' dar".[2]

Mit den Parlamentswahlen vom Oktober 1961 fand die politische Stabilität ein Ende. Georgios Papandreou, der mehrere kleine liberale Parteien der Mitte zur Zentrumsunion vereinigt hatte, sagte der siegreichen ERE den „unerbittlichen Kampf" an. Der Vorwurf der Wahlfälschung, das Infragestellen der Legalität der Regierung und weitere scharfe Attacken schwächten die Position Karamanlis'. Die Ermordung des EDA-Abgeordneten Lambrakis im Mai 1963 heizte die Atmosphäre weiter an und gab der Opposition Anlaß, die Regierung der Zusammenarbeit mit terroristischen Elementen zu bezichtigen. Hinzu kamen wachsende Differenzen zwischen Karamanlis und König Paul I., dem der Ministerpräsident zu eigenmächtig geworden war, was schließlich zu dessen Rücktritt führte.

Nach zweimaligen Neuwahlen erreichte die Zentrumsunion im Februar 1964 die absolute Mehrheit. In der großen Unterstützung (53%) drückte sich der Wunsch vieler Griechen nach Reformen und mehr Demokratie aus. Wenngleich die Zentrumsunion wie die ERE von einer klientelistischen Struktur durchdrungen war und durch Papandreou autoritär geführt wurde, fand in der griechischen Politik ein „grundlegender Klimawechsel"[3] statt. Erstmals seit 1935 schien die konservative Vorherrschaft gebrochen, und erstmals seit der Bürgerkriegszeit zeigte sich ein Erwachen des politischen Bewußtseins der Massen, die auf mehr Partizipation zu drängen begannen. Die Regierung Papandreou bemühte sich um Stärkung rechtsstaatlicher Prinzipien und die Liberalisierung des öffentlichen Lebens.

Letztendlich scheiterten diese Reformansätze jedoch am Beharrungsvermögen der alten Machtstrukturen. Bezeichnend ist Papandreous spätere Äußerung, daß er als Ministerpräsident zwar die Regierungsverantwortung, aber niemals die Macht gehabt habe.[4] Nach dem „unerbittlichen" führte Papandreou jetzt einen zweiseitigen Kampf,

---

[1] Zu den genauen Zahlenangaben, die je nach Jahr variieren, vgl. Alivizatos 1979: 160f.
[2] Svoronos 1976: 145.
[3] Bakojannis 1972: 88.
[4] Vgl. Katsoulis 1978: 217.

auf der einen Seite gegen die ERE, die ihn als Kommunisten beschimpfte, auf der anderen gegen die EDA, die in ihm ein Sprachrohr der Konservativen sah; selbst in seiner eigenen Partei erschien dem einen seine Politik als zu links, dem anderen als zu rechts. Rivalitäten innerhalb der Zentrumsunion und Gerüchte um die Verwicklung von Papandreous Sohn Andreas in eine Verschwörung von republikanisch gesinnten Offizieren mit dem Ziel der Änderung der Staatsform und dem Austritt aus der NATO trugen zum Machtverfall der Regierung bei und sorgten für Unruhe.

Als es im Juli 1965 zu einem Streit zwischen dem Ministerpräsidenten und dem neuen jungen König um das Verteidigungsressort und damit den Einfluß auf die Streitkräfte kam, ernannte Konstantin II., eine Rücktrittsankündigung Papandreous als offiziellen Rücktritt betrachtend, eine neue Regierung. Dieser erste, „königliche Staatsstreich" stellte gleichsam den Anfang vom Ende der griechischen Nachkriegsdemokratie dar, indem er einen „Anarchisierungsprozeß"[1] einleitete, dem 1967 nach einem weiteren Staatsstreich, diesmal durch eine Gruppe von Obristen, eine siebenjährige Militärdiktatur folgte. Einer „Farce demokratischer Staatsordnung"[2] gleichend folgten seit 1965 Minderheitenkabinette aufeinander und verstärkte sich die Systemkrise, in der die verfassungsmäßigen Institutionen ihre Autorität verloren.

Ende 1966 erhärteten sich die Gerüchte eines bevorstehenden Militärputsches, doch die politischen Kräfte erwiesen sich als zu sehr mit ihren eigenen Interessen und Streitigkeiten beschäftigt. Der Verfall der politischen Sitten, vor allem aber die Furcht vor einem Sieg der Zentrumsunion bei den für Mai 1968 angesetzten Neuwahlen und damit einem eigenen Einflußverlust veranlaßten einen Teil der Armee unter Führung der Obristen Papadopoulos, Pattakos und Makarezos, sich zu Rettern der Nation berufen fühlend, in der Nacht zum 21. April in einem Staatsstreich die Macht an sich zu reißen.

Der neue Ministerpräsident, Oberstaatsanwalt Kollias, der dem Regime den Anschein einer zivilen Fassade verleihen sollte, verkündete „ein neues, höchstes und vollkommenes Ideal der wahren Demokratie und nicht der 'Demokratie' der Straße, des Pöbels und der Anarchie"[3]. Tatsächlich wurde jedoch ein lateinamerikanischen Diktaturen gleichendes Militärregime errichtet. Sämtliche Reformen der Zentrumsunion wurden rückgängig gemacht, Armee, Verwaltung, Justiz und Hochschulen von einer liberalen Einstellung verdächtigen Personen „gesäubert", Oppositionelle wurden verfolgt, deportiert oder des Landes verwiesen.

Nicht wenige Militärs, vor allem in der Marine und der Luftwaffe, waren anfänglich gegen die Obristen, doch warteten sie vergeblich auf ein Zeichen des Königs; im Ge-

---

[1] Gaitanides 1975: 20.
[2] Korisis 1980: 53.
[3] Zit. nach Skriver 1968: 20.

genteil, die Vereidigung der neuen Regierung in Anwesenheit Konstantins II. kam einer nachträglichen Billigung bzw. Anerkennung der Rechtmäßigkeit des Putsches gleich. Nach einem halbherzigen, „keineswegs mit demokratischen Zielen unternommenen"[1], gescheiterten Versuch, die Junta zu entmachten, floh der König ins Ausland. Papadopoulos trat daraufhin offen als absoluter Herrscher hervor. Dennoch bemüht, den Anschein der Legalität zu wahren, wurde im September 1968 in einer manipulierten Volksabstimmung eine neue Verfassung verabschiedet, die weiter an der Monarchie festhielt. Doch trotz der starken Beschneidung der Grundrechte und der Bedeutungslosigkeit eines zur „Karikatur"[2] verkommenden Parlaments sowie der Aufwertung des weitgehend autonomen Militärs waren die Putschisten nicht einmal in der Lage, ihre eigene Verfassung einzuhalten. Die Aufdeckung einer geplanten Rebellion in der Marine im Mai 1973, hinter der der König vermutet wurde, führte auch formal zu der in einer „Volksabstimmung" bestätigten Abschaffung der Monarchie und der Umwandlung in eine „Parlamentarische Präsidialdemokratie".

Um aufkommender Unzufriedenheit und Unruhen zu begegnen sowie seine Position zu festigen, unternahm der auf zehn Jahre ernannte Präsident Papadopoulos den Versuch einer Zivilisierung der Militärdiktatur: Der Belagerungszustand wurde aufgehoben, eine Amnestie für politische Häftlinge erlassen, die Zensur gelockert und eine Regierung unter dem ehemaligen Vorsitzenden der Progressiven Partei Markezinis gebildet - einem der wenigen Politiker, die die Diktatoren für sich gewinnen konnten - sowie Neuwahlen in Aussicht gestellt.

Drei Monate später im November 1973 jedoch leitete der blutig niedergeschlagene, von der Bevölkerung mitgetragene Aufstand der Studenten der Technischen Hochschule in Athen den endgültigen Niedergang der Obristenherrschaft ein. Papadopulos, der die Armee verloren hatte, ohne die Demokraten zu gewinnen, wurde unter Führung des Direktors der Militärpolizei, Ioannidis, mit der Begründung, den Geist des 21. April 1967 verletzt und persönliche Macht ausgeübt zu haben, abgesetzt. Zum neuen Präsidenten wurde General Gizikis ernannt. Kurzfristig kam es zu einer erneuten Verhärtung der innenpolitischen Lage: Terror, Verhaftungen und Zensur verschärften sich. Wirtschaftliche Probleme, wachsender Widerstand und vor allem der fehlgeschlagene Staatsstreich auf Zypern führten im Juli 1974 zum Zusammenbruch der Diktatur.

---

[1] Hering/Demetriou/Kelpanides 1980: 77.
[2] Kaltsogia-Tournaviti 1983: 308.

1. Die Herausforderung des Zweiten Weltkriegs

1.1 Die politischen Ideologien und Ideale des griechischen Widerstands gegen die Besatzung 1941-1944

Die griechische Niederlage im April 1941 hatte ein Paradoxon zur Folge: Einerseits folgten über drei Jahre der Okkupation bis zum Oktober 1944. Nach längeren deutsch-italienischen Verhandlungen wurde das griechische Territorium in drei Besatzungszonen aufgeteilt. Das mit den Achsenmächten verbündete Bulgarien erhielt Thrakien und Ostmakedonien sowie die Inseln Thassos und Samothraki und verfolgte in seiner Zone eine brutale Bulgarisierungspolitik. Unter deutsche Verwaltung fiel ein flächenmäßig kleinerer, strategisch jedoch bedeutender Teil: das griechisch-türkische Grenzgebiet in Thrakien, Thessaloniki und Umgebung, die nordägäischen Inseln, verschiedene Flugbasen in Attika, Teile Athens, Piräus' und Kretas, die Inseln im Saronischen Golf und die Küstenstrecke des Saronischen Golfs. Den größten Teil des Landes besetzte jedoch bis zu seiner Kapitulation im September 1943 Italien. Andererseits wurde durch die sich nach der Besetzung des Landes formierende Resistance das gesamte überkommene politisch-gesellschaftliche System in Frage gestellt.[1] Mit dem Zusammenbruch des Metaxas-Regimes und der Flucht des Königs ins Exil 1941 endete zugleich der Versuch, nach Jahren innenpolitischer Wirren mit Hilfe eines autoritären Systems stabile Verhältnisse zu schaffen. Die durch die Besatzungsherrschaft ausgelöste nationale Krise ließ die vom Metaxas-Regime unterdrückten politischen Auseinandersetzungen wieder zu Tage treten. Das Versagen der parlamentarischen Demokratie in den 30er Jahren, die in dieser Zeit offenkundige Unfähigkeit der untereinander zerstrittenen bürgerlichen Parteien, soziale Gegensätze durch weitsichtige Reformen abzubauen, sowie die Diskreditierung des für die Metaxas-Diktatur[2] mitverantwortlichen Königs als Integrationsfigur der politischen Rechten hatten jedoch das Vertrauen weiter Teile der Bevölkerung in die Kapazitäten der traditionellen politischen Kräfte erschüttert. Unter diesen Umständen profitierte

[1] Richter (1973: 117) schreibt dazu: „Obwohl Griechenland äußerlich versklavt war, befreite die Besatzung das Land von den Fesseln der Diktatur und von den Repressionen, mit denen das Establishment das Volk niedergehalten hatte. Die Besatzung leitete einen Lernprozeß ein, der das Volk zur Erkenntnis der eigenen Identität führte. Das Establishment entlarvte sich als Handlanger der jeweiligen Schutzmacht und verlor durch den Bewußtseinswandel seine traditionelle Macht."

[2] Erst am 2. Februar 1942 wurden die Dekrete, durch die Metaxas die Diktatur errichtet hatte, aufgehoben.

mit der Kommunistischen Partei Griechenlands (KKE) jene Partei, die - im Schatten der Machtkämpfe des Bürgertums stehend - bisher nur wenig Einfluß auf die politische Entwicklung ausüben konnte. Mit ihrer Propaganda, die geschickt die Forderung nach nationaler Befreiung mit dem allgemeinen Wunsch nach einer grundlegenden demokratischen Erneuerung verband, gelang ihr ein in der Geschichte des europäischen Kommunismus einzigartiger Aufstieg[1].

Im Land selbst wurde eine Kollaborationsregierung gebildet[2], die sich in zunehmendem Maße zu einem rein ausführenden Organ der Besatzungsmächte entwickelte und ab 1943 die Widerstandsbewegung mit den berüchtigten Sicherheitsbataillonen bekämpfte. Außerhalb Griechenlands gab es eine unter britischem Einfluß stehende Exilregierung, die jedoch nicht zuletzt aufgrund der räumlichen Distanz[3] von der griechischen Realität entfremdet und isoliert war. „Das eigentliche dynamische Element jener Jahre lag bei der Resistance.“[4] An ihr hatten die traditionellen bürgerlichen Eliten der vordiktatorischen Zeit jedoch nur einen geringen Anteil. Die Mehrzahl blieb aus Furcht, Unentschlossenheit oder falscher Einschätzung der Lage untätig[5] und überließ der jüngeren Generation republikanischer Politiker und Militärs die Initiative zum Widerstand. Für diese bedeutete nationale Befreiung zunächst Widerstand gegen die Besatzungsmächte, in einem zweiten Schritt aber auch eine Demokratisierung und soziale Reformierung der Gesellschaft sowie eine Lösung aus den bisherigen Klientelverhältnissen, auch aus dem zu Großbritannien.[6] Die zum aktiven Widerstand bereite Bevölkerung mußte zu dem Eindruck gelangen, daß die „alten“ Politiker die Okkupation wie schon zuvor die Diktatur „behaglich in ihren Athener Villen zu überdauern gedachten“[7].

Ausgangspunkt des Widerstandes gegen die Besatzung war Athen, wo zwei Studenten in der Nacht vom 30. auf den 31. Mai 1941 die deutsche Kriegsflagge auf der Akropolis entfernten. Der eigentliche Partisanenkampf selbst spielte sich jedoch in den Bergen Griechenlands ab, die ein ideales Terrain für einen Partisanenkrieg bildeten[8]. Hinzu kam, daß sich nicht nur das Ziel der äußeren, sondern vor allem auch der sozialrevolutionäre Züge tragenden inneren Befreiung in den Bergen leichter realisieren ließ als in den Städten, wo man auf den Widerstand der Besatzungsmächte,

---

[1] Borkenau 1952: 384. Vgl. auch Esche 1982: 28.
[2] Ministerpräsidenten wurden am 1.5.1941 General G. Tsolakoglou, am 2.12.1942 K. Logothetis und am 7.4.1943 I. Rallis.
[3] Sitz der Exilregierung war zunächst Kairo, 1942 siedelte sie über Kapstadt nach London um, kehrte 1943 nach Kairo zurück und ging 1944 kurz vor der Befreiung nach Süditalien.
[4] Richter 1988: 28.
[5] Vgl. Papakonstantinou 1952: 156.
[6] Vgl. Richter 1973: 152f.
[7] Richter 1973: 152. Vgl. auch Mathiopoulos 1961: 137f.
[8] Vgl. Vakalopulos 1985: 231.

der Kollaborationsregierung und des konservativ eingestellten Bürgertums stieß. In den Bergen hingegen stieß das Programm der Resistance kaum auf Opposition, bot es doch der einfachen Landbevölkerung etwas, „was ihnen noch keine Regierung geboten hatte: die Möglichkeit, ihr Leben selbst demokratisch zu bestimmen“[1].

1.1.1 Die Gründung der Resistanceorganisationen EDES, EKKA und EAM

Die wesentlichen Grundorganisationen der Resistance bildeten sich im Laufe der zweiten Jahreshälfte 1941. Auf Initiative von Nikolaos Plastiras entstand im September die Nationale Republikanische Griechische Liga (EDES = *Ethnikos Dimokratikos Ellinikos Syndesmos*).[2] Plastiras selbst verbrachte jedoch die gesamte Kriegszeit im französischen Exil und entfremdete sich damit zwangsläufig von der innergriechischen Realität. Sein offizieller Vertreter in Griechenland war Komminos Pyromaglou, ein liberale und sozialdemokratische Ideen französischer Prägung vertretender Politiker der jüngeren Generation. In ihrem Gründungsstatut formulierte die EDES Ende September als primäres Ziel die Errichtung einer demokratischen sozialistischen Republik. Das Verhalten Georgs II. und das Metaxas-Regime wurden verurteilt. Der gesamte Staatsapparat sollte von allen undemokratischen Kräften gesäubert sowie Polizei und Justiz neu aufgebaut werden. Eine demokratische Gesetzgebung sollte die seit der griechischen Unabhängigkeit bestehenden sozialen Ungleichheiten und Ungerechtigkeiten beseitigen.[3] Zwar enthielt das Gründungsstatut noch keinen konkreten Aufruf zum Widerstand gegen die Besatzungsmächte, doch war das EDES-Porgramm hinsichtlich der politischen Zukunft des Landes wesentlich präziser als das aller anderen Widerstandsgruppen.[4] Schon bevor die EDES im Sommer 1942 die ersten Partisaneneinheiten in Epirus aufstellte, kam es zu folgenschweren Spannungen in der dualistisch angelegten Führung: Plastiras‘ bzw. Pyromaglous Vorstellungen über die Umgestaltung der griechischen Gesellschaft und die Überwindung der alten politischen Strukturen entsprachen nicht denjenigen des militärischen Führers der EDES, Napoleon Zervas.[5] Ursprünglich eine linksliberale Bewegung mit sozialistischem Programm verwandelte sich die EDES im Sommer 1943 durch den Zustrom von Royalisten in ein „Sammelbecken der griechischen Rechten“[6]. Besonders negativ wirkte sich die Abwesenheit Pyromaglous aus, der mit Angehörigen der an-

---

[1] Richter 1973: 153.
[2] Zur EDES vgl. Fleischer 1986: 79ff, Richter 1973: 163ff u. Woodhouse 1951: 72ff.
[3] Vgl. das Gründungsstatut der EDES in: Ellinika Themata, 9/o. J.: 5ff.
[4] Vgl. Richter 1973: 169.
[5] Vgl. Richter 1973: 168ff.
[6] Esche 1982: 98.

deren griechischen Widerstandsorganisationen in Kairo Gespräche mit Vertretern des Hauptquartiers Nahost und der griechischen Exilregierung führte und der bisher mäßigend auf Zervas eingewirkt hatte. Die desintegrierenden Kräfte gewannen die Oberhand, und es kam zu einer regelrechten Aufspaltung. Zervas ging dabei weit über seine militärischen Kompetenzen hinaus; die EDES wurde schließlich zu einer weitgehend auf seine Person ausgerichteten Organisation, wobei ihre Aktivitäten oft kaum von der Kollaboration zu unterscheiden waren.[1]

Eine kleinere, ebenfalls republikanische und sozialistische Ideen vertretende Resistanceorganisation war die Ende 1942 gegründete Nationale und Soziale Befreiung (EKKA = *Ethniki Kai Koinoniki Apeleftherosi*)[2] unter Oberst Dimitrios Psarros und dem Georgios Kartalis als politischem Kopf. Die EKKA zögerte jedoch bis zum März 1943, ehe sie den bewaffneten Kampf in den Bergen aufnahm; ihre Aktivitäten bschränkten sich weitestgehend auf das Parnaßgebiet. Als Nachkriegsperspektive entwickelte die EKKA die kaum näher präzisierte Zielvorstellung einer „volksbeherrschten Republik“.

Zur bedeutendsten, weil zahlenmäßig größten und am besten organisierten Gruppe wurde die auf Initiative der KKE gegründete Nationale Befreiungsfront (EAM = *Ethniko Apeleftherotiko Metopo*). Zwar war die KKE während der Metaxasdiktatur weitgehend zerschlagen worden, doch besaßen die Kommunisten als einzige Partei zu Beginn der Besatzung noch Reste eines funktionierenden Untergrundapparates.[3] Ihren ersten Erfolg verzeichnete die KKE mit der Bildung der Nationalen Befreiungsfront der Arbeiter (EEAM = *Ergatiko Ethniko Apeleftherotiko Metopo*) am 16. Juli 1941,[4] womit sie die Lücke schloß, die das Verbot der Gewerkschaften durch das Metaxas-Regime gerissen hatte und an der sich auch der sozialdemokratische Flügel der Gewerkschaften beteiligte. Das Fehlschlagen der deutschen Pläne für die Aushebung von Zwangsarbeitern für Deutschland war das Verdienst der EEAM.[5] Bereits seit Juni 1941 führte die KKE Gespräche mit dem Führer der Liberalen Partei, Sofoulis, und dem Chef der Progressiven, Kafantaris, sowie mit weiteren nichtkommunistischen Politikern und Offizieren über den Aufbau einer Nationalen Befreiungsfront. Doch als sich Ende September 1941 eine endgültige Absage der bürgerlichen Parteien abzeichnete, die gewaltsamen Widerstand als verfrüht ablehnten, gründeten am 27. September 1941 Vertreter der KKE, der Union für Volksdemokratie (ELD = *Enosis Laikis Dimokratias*), der Sozialistischen Partei Griechenlands (SKE = *Sosialistiko Komma Ellados*) und der Bauernpartei Griechenlands (AKE =

---

[1] Vgl. Esche 1982: 98, Richter 1973: 170f u. Vakalopulos 1985: 232.
[2] Zur EKKA vgl. Richter 1973: 171ff u. Woodhouse 1951: 84ff.
[3] Vgl. Stavrianos 1952b: 54.
[4] Vgl. Esche 1982: 53f u. Richter 1973: 157f.
[5] Vgl. Woodhouse 1951: 33.

Agrotiko Komma tis Ellados) die Nationale Befreiungsfront EAM.[1] Das Gründungsstatut setzte als Ziele:[2]

- die nationale Befreiung von den Besatzungsmächten;
- die Bildung einer provisorischen Regierung durch die EAM sofort nach der Befreiung, deren ausschließliche Aufgabe die Ausschreibung von Wahlen für eine verfassunggebende Nationalversammlung sein sollte; und
- das Recht des griechischen Volkes auf Selbstbestimmung[3].

Dabei wurde im Interesse einer möglichst optimalen Breitenwirkung und um das Mißtrauen der bürgerlichen Politiker zu mindern, auf eine weitergehende (sozialistische) gesellschaftspolitische Perspektive verzichtet. Die Konzeption der nationalen Einheit ermöglichte allen politischen Gruppen und Parteien, ungeachtet ihrer früheren politischen Position - d. h. also auch Royalisten und Anhängern der Metaxasdiktatur - den Eintritt in die EAM, sofern sie deren Programm unterstützten.[4] Die KKE versuchte weiterhin, die EDES in die EAM zu integrieren , doch scheiterten entsprechende Gespräche im März 1942 endgültig an grundlegenden Meinungsverschiedenheiten in organisatorischen und strategischen Fragen[5].

Obwohl die EAM von ihrer Ausgangskonzeption also ein Bündnis gleichberechtigter Parteien war, erwies sich die KKE aufgrund ihres organisatorischen Vorsprungs und ihrer langjährigen Untergrunderfahrung sehr schnell als die dominierende Kraft, die im wesentlichen den Kurs bestimmte. Allerdings wäre es übertrieben, bereits zu diesem Zeitpunkt von einer vollständigen Kontrolle der EAM durch die Kommunisten zu sprechen, wie einige Autoren dies tun[6]. Richter[7] kommt zu dem Ergebnis, daß der Einfluß der KKE auf die Politik der EAM zumindest bis zum Sommer 1943 in Abhängigkeit von der wechselnden britischen Haltung in der Frage der Rückkehr des Königs schwankte und erst in der zweiten Hälfte der Besatzungszeit aufgrund der britischen Politik Überhand gewann. Die britische Griechenlandpolitik war durch innere Widersprüche gekennzeichnet: Politisch unterstützte man König Georg II. und seine Regierung, militärisch die republikanisch und gegen die Monarchie eingestellte

---

[1] Die ELD und SKE waren kaum bedeutende, jedoch - im Unterschied zu der AKE - von den Kommunisten unabhängige Splitterparteien. Einige Zeit später schlossen sich noch weitere kleine Parteien der EAM an, von denen die bedeutendste die Vereinte Sozialistische Partei Griechenlands (ESKE = *Enotiko Sosialistiko Komma tis Ellados*) war.
[2] Vgl. Esche 1982: 55f u. Richter 1973: 158f.
[3] Dies bezog sich auf eine eventuelle Rückkehr des Königs und seiner Exilregierung gegen den erklärten Willen des griechischen Volkes.
[4] Vgl. Stavrianos 1952b: 43.
[5] Interessant ist, daß die EDES seinerzeit - im Gegensatz zur KKE - jede Zusammenarbeit mit Royalisten ablehnte; vgl. Esche 1982: 69.
[6] Z. B. Campbell/Sherrard 1968: 174 u. Xydis 1963: 32f.
[7] Richter 1973: 161.

Resistance[1]. Hier drückte sich die Diskrepanz zwischen der militärischen Nahzielpolitik und der politischen Fernzielpolitik Großbritanniens aus. Als es die in der zweiten Kriegshälfte immer günstiger werdende militärische Lage erlaubte, schwenkte der britische Premier Churchill ganz auf Restaurationskurs ein.[2]

An dieser Stelle kann man auch auf den doppelten Charakter der EAM verweisen: einerseits eine Koalition verschiedener Gruppen der Linken, andererseits eine Organisation mit breiter Massenbasis. Man muß zwischen der EAM-Führung und den EAM-Mitgliedern unterscheiden, von denen nur 1/10 der KKE angehörte.[3] Brigadier Myers, der Kommandeur der Britischen Militärmission (BMM) bei den griechischen Partisanen, stellt 1943 fest: „Viele Griechen ohne Sympathien, ja sogar mit Antipathien gegenüber den Kommunisten, schlossen sich der revolutionären EAM aus rein patriotischen Gründen an. Ich gehe sogar so weit zu behaupten, daß trotz der vielen Monate kommunistischer Belehrung unter dem Deckmantel einer nationalen Bewegung 90 Prozent der EAM-Mitglieder keine Kommunisten sind, dafür aber 90 Prozent der Führer."[4] Die organisatorische Struktur der EAM mit einer Reihe von Suborganisationen, mit der keine andere Widerstandsorganisation auch nur annähernd konkurrieren konnte, bot als einzige die Möglichkeit zur Massenteilnahme am Widerstand. Ihre einprägsame Formel „nationale Unabhängigkeit und demokratische Erneuerung" erwies sich als großer Erfolg. Schätzungen der Mitgliederzahl reichen von 500.000 bis zu 2 Millionen bei einer Gesamtbevölkerung von 7,5 Millionen. Die größte Anhängerschaft fand die EAM bei den ärmeren Schichten, doch war sie weitaus mehr als eine reine Klassenangelegenheit: Die Armee war durch 16 Generäle, 34 Oberste und 1.500 Berufsoffiziere vertreten, die Kirche mit sechs Bischöfen und einer großen Zahl von Priestern sowie die Universitäten von Athen und andere höhere Bildungseinrichtungen durch 30 Professoren einschließlich des Präsidenten des Athener Polytechnikums und zwei Mitgliedern der Akademie von Athen.[5]

1.1.2 Die Gründung der Griechischen Volksbefreiungsarmee (ELAS)

Abgesehen von einem weit verbreiteten passiven Widerstand und vereinzelten, spontanen Sabotageakten und Streiks gab es bis zum Herbst 1941 in Griechenland

[1] Die Unterstützung des griechischen Widerstands durch die Alliierten belief sich auf insgesamt 3 Millionen englische Pfund in Gold, wovon die EAM zwei Drittel erhielt. Hinzu kam materielle Unterstützung durch den britischen Militärgeneralstab Nahost; vgl. Mathiopoulos 1961: 138.

[2] Vgl. Richter 1973: 187, 221f.

[3] Vgl. Stavrianos 1952b: 46 u. Richter 1973: 162..

[4] Zit. nach Richter 1973: 162.

[5] Vgl. Stavrianos 1952b: 44f.

keinen organisierten aktiven Widerstand gegen die Besatzungsmächte. Die der EAM ferngebliebenen bürgerlichen Politiker nahmen eine abwartende bis ablehnende Haltung ein, und auch innerhalb der KKE bestanden - nicht zuletzt aufgrund der Skepsis einiger ZK-Mitglieder über die Erfolgsaussichten eines bewaffneten Kampfes[1] - unterschiedliche Auffassungen über die Form des Widerstands. Dennoch erfolgte am 16. Februar 1942 die offizielle Bekanntgabe der Gründung einer Griechischen Volksbefreiungsarmee (ELAS = *Ellinikos Laikos Apeleftherotikos Stratos*).[2] Die ELAS sollte den bewaffneten Kampf gegen die Besatzer führen, die demokratischen Rechte des Volkes gegen äußere Eingriffe schützen und nach der Befreiung die Ordnung im Land bis zur Durchführung freier Wahlen garantieren. Neben dem Ziel der nationalen Befreiung sollte die ELAS die Erfolge der EAM militärisch sichern. An dieser politisch defensiven Funktionsbestimmung hielt die KKE zumindest bis zum Herbst 1943 fest. Mit der Gründung der ELAS hatte sich die KKE entschlossen, den politischen Massenkampf in den Städten mit einem Partisanenkrieg in den Bergen zu verbinden,[3] eine Kombination, die sich nach einigen Anlaufschwierigkeiten als großer Erfolg erwies.[4]

1.1.3 Der Aufstieg der EAM/ELAS

Bis Ende 1942 blieb die EAM auf nationaler Ebene organisatorisch nur schwach verankert, obwohl sie durch die Hilfsleistungen ihrer Wohlfahrtsorganisation Nationale Solidarität (EA = *Ethniki Allilengyi*) während der Hungersnot des Winters 1941/42 zunehmend an Popularität gewann. Die rapide Verschlechterung der Lebenslage unter der Besatzungsherrschaft, vor allem durch die galoppierende Inflation[5], führte der EAM, aber auch der KKE selbst zahlreiche Anhänger zu[6]. Darüber hinaus erhöhte die EAM ihre Schlagkraft durch eine im Herbst 1942 vorgenommene

[1] Die Befürchtung, eine vorzeitige Aufnahme des bewaffneten Kampfes könnte der sich noch im Aufbau befindenden nationalen Befreiungsbewegung schaden und die organisatorischen und politischen Erfolge der Partei gefährden, war durch das Scheitern erster Versuche bewaffneten Widerstands in Nordgriechenland bestätigt worden; vgl. Esche 1982: 58f.
[2] Vgl. Esche 1982: 61.
[3] Damit war sie den beiden anderen Resistancegruppen EDES und EKKA voraus, deren aktiver Widerstand erst im Sommer 1942 bzw. Winter 1942/1943 begann.
[4] Vgl. Esche 1982: 61.
[5] In keinem anderen Land Europas war der Währungsverfall größer. Der Geldumlauf stieg von 19,37 Milliarden Drachmen zu Beginn der Besatzung auf 107 Trillionen bei der Befreiung im Oktober 1944. Während sich in den übrigen besetzten Ländern Europas der Geldumlauf um das Drei- bis Fünffache erhöhte, stieg er in Griechenland um das Fünfmillionenfache; vgl. Mathiopoulos 1961: 137 u. Xydis 1963: 60f.
[6] Die Zahl der KKE-Mitglieder stieg von 14.000 1936 auf ca. 200.000 bis zum Ende der Okkupation; vgl. Richter 1984: 160.

Veränderung der Organisationsstruktur, bei der die bisher unabhängig voneinander arbeitenden EEAM, EA und die Nationale Befreiungsfront der Jugend (EAMN = *Ethniko Apeleftherotiko Metopo Neon*)[1] in die EAM als Dachorganisation integriert wurden. Es wurde ein erweitertes EAM-Zentralkomitee gebildet, in dem die der EAM angehörenden politischen Parteien, die verschiedenen Suborganisationen[2], die Provinzkomitees von Thessalien, Makedonien, Roumeli, Epirus, Attika und Peloponnes sowie die Stadtkomitees von Athen, Piräus, Thessaloniki und Patras gleichberechtigt mit je einer Stimme vertreten waren. Durch ein hierarchisches System von Provinz-, Bezirks-, Kreis- und Dorfkomitees[3] war die EAM Ende 1943 in fast jedem Ort vertreten[4]. Mit Hilfe der in der Regel der KKE angehörenden Sekretäre der Dorfkomitees, die über die Zusammensetzung der übergeordneten Komitees entschieden, hielten die Kommunisten auf allen Ebenen die Schlüsselpositionen besetzt, so daß sie ab 1943 die EAM vollständig kontrollierten, obwohl sie zahlenmäßig nur eine Minderheit von etwa 10% darstellten.[5]

In Athen bestanden die Widerstandsaktionen aus Demonstrationen und Streiks, an denen sich 1943 bis zu 300.000 Menschen beteiligten. Die Besatzungsmächte versuchten durch „Sühnemaßnahmen" diese Massenbewegung zu stoppen, erreichten jedoch eher das Gegenteil; auf Geiselerschießungen in Athen reagierte die EAM am 25. Juni 1943 mit einem eindrucksvollen Generalstreik.[6] Am 5. Juli 1943 stellt der deutsche Befehlshaber Südgriechenland fest: „90 v. H. der Griechen stehen heute nahezu geschlossen den Besatzungsmächten gegenüber und sind zum offenen Aufstand bereit [...]. Durch ihre unstreitig großen politischen Erfolge hat die kommunistische Bewegung in ganz Griechenland, besonders aber in und um Athen an Stärke, an Schlagkraft und vor allem an Ansehen gewonnen."[7] Auch die seit dem Sommer 1942 in den Bergen operierenden Guerillas[8] verzeichneten Erfolge. Die in der Nacht vom 25. auf den 26. November 1942 durchgeführte Sprengung der Gorgopotamos-Eisenbahnbrücke bei Lamia durch die Partisanen der EAM und der EDES sowie eine am 1. Oktober über Griechenland abgesprungene britische Kommandoeinheit unter Brigadier Myers[9] unterbrach nicht nur den deutschen Nachschub[10], sondern war vor

---

[1] Am 23. Februar 1943 schloß sich die EAMN dann mit weiteren Jugendverbänden zur Geeinten Panhellenischen Organisation der Jugend (EPON = *Eniaia Panelladiki Organosi Neon*) zusammen.
[2] EEAM, EA, EAMN bzw. EPON, PEDY (= *Panypalliliki Epitropi ton Dimosion Ypallilon*/Panhellenisches Komitee der Beamten) und PE (= *Pankliriki Enosis*/Pankklerikale Union).
[3] Zur Organisationsstruktur der EAM vgl. Stavrianos 1952b: 45f u. Richter 1973: 250ff.
[4] Vgl. Esche 1982: 65.
[5] Vgl. Stavrianos 1952b: 46 u. Esche 1982: 64f.
[6] Vgl. Esche 1982: 65.
[7] Militärarchiv Freiburg: RW 40/131 - Anlagen zum Kriegstagebuch des Stabes des Befehlshabers Südgriechenland, 19.4.1943 - 10.8.1943, zit. nach Esche 1982: 66.
[8] Zu den ersten Widerstandsaktionen der Guerillas vgl. Richter 1973: 203 u. Esche 1982: 67f.
[9] Vgl. dazu Richter 1973: 205f, Esche 1982: 69ff u. Woodhouse 1951: 141.
[10] Über sechs Wochen gab es keine Eisenbahnverbindung zwischen Thessaloniki und Athen.

allem auch ein wichtiger psychologischer Erfolg: „Die Gorgopotamosbrücke wurde zum Fanal für den griechischen Widerstand.“[1]

In den ersten Monaten des Jahres 1943 breitete sich die Partisanenbewegung vor allem in Thessalien und Makedonien aus. Die Italiener waren gezwungen, sich in die größeren Städte zurückzuziehen, die ländlichen Regionen beherrschten die Partisanen. Im März 1943 befreite die ELAS auch die ersten Städte.[2] Diese Erfolge verfehlten ihre Wirkung auf die Bevölkerung nicht. Zwar verzeichneten auch die EDES in Epirus und die EKKA im Parnaßgebiet Zulauf, die bei weitem größte Anhängerschaft fand jedoch die EAM/ELAS, darunter auch zahlreiche republikanische Offiziere, die zu Beginn der Besatzungszeit eine Zusammenarbeit mit den Kommunisten noch abgelehnt hatten.[3] Die Kommunisten hatten sich mit der ELAS eine eigene Armee geschaffen, deren Stärke nicht nur die Besatzungsmächte, sondern auch die Exilregierung und ihre britischen Verbündeten zunehmend beunruhigte.[4] Daran änderte auch die Unterzeichnung eines Militärischen Abkommens am 5. Juli 1943 von Vertretern der EAM/ELAS, EDES, EKKA und der Britischen Militärmission nichts, in dem die ELAS als verbündete Armee anerkannt wurde und durch das man versuchte, die Einheit der Resistance durch die Gründung eines Gemeinsamen Generalhauptquartiers der Nationalen Partisanenverbände (KGSEOA = *Koinon Genikon Stratigeion Ethnikon Omadon Andarton*) sicherzustellen.[5]

1.1.4 Das Selbstverwaltungssystem der EAM

Parallel zum Ausbau ihrer eigenen Organisation ging die EAM daran, den Staat in den befreiten Gebieten von den „Graswurzeln“ her neu aufzubauen:[6] Als erstes beriefen eine Reihe von befreiten Gemeinden in den Bergen Evrytaniens auf Vorschlag der örtlichen EAM-Vertreter Dorfversammlungen ein, die sich selbst zu höchsten Entscheidungsorganen einer kommunalen Selbstverwaltung erklärten. Jede Dorfversammlung wählte ein siebenköpfiges Komitee, dessen Mitglieder für allgemeine Verwaltungsaufgaben sowie die Sicherheit des Dorfes verantwortlich waren. Darüber hinaus hatten die Dorfversammlungen die Funktion eines Volksgerichts, das zivil- und strafrechtliche Urteile fällte. Im Dezember 1942 erstellten Vertreter dieser

---

[1] Richter 1973: 206.
[2] Vgl. Esche 1982: 72.
[3] Vgl. Esche 1982: 73. Im Herbst 1943 zählte die ELAS bereits 35.000 aktive Kämpfer. Hinzu kamen weitere 30.000 kampfbereite Anhänger, die aufgrund fehlender Waffen in der „Reserve-ELAS“ auf ihren Einsatz warteten; vgl. Woodhouse 1976: 38.
[4] Vgl. Esche 1982: 75.
[5] Zum Abkommen vgl. Richter 1973: 296ff u. Woodhouse 1951: 299f.
[6] Vgl. dazu zusammenfassend Stavrianos 1952b: 47ff, Richter 1973: 254ff u. Esche 1982: 83ff.

Dorfversammlungen einen Gesetzesentwurf, der die bisherigen spontanen Ansätze der Selbstverwaltung und Volksjustiz kodifizieren sollte und der später unter dem Namen „Kodex Poseidon" bekannt wurde.[1] Als durch die militärischen Erfolge der ELAS ab Frühjahr 1943 größere zusammenhängende Gebiete in Makedonien, Thessalien und Roumeli befreit wurden, kam der „Kodex Poseidon" auch dort zur Anwendung.[2] Im Frühjahr 1942 arbeiteten eine Juristenkommission der EAM in Athen und eine aus Juristen und Vertretern der Dorfkomitees zusammengesetzte Kommission in Evrytanien ausgehend vom „Kodex Poseidon" umfassende Gesetzesentwürfe aus, die die immer noch als Provisorium funktionierende Selbstverwaltung auf eine präzise und rechtlich verbindliche Grundlage stellen sollten.[3] Die Arbeitsergebnisse beider Kommissionen führten schließlich dazu, daß am 1. Januar 1944 ein 146 Artikel umfassendes Gesetzeswerk in Kraft trat, das die Selbstverwaltung und Volksjustiz im gesamten EAM/ELAS-Gebiet einheitlich regelte:[4] Die Selbstverwaltungsorgane der Gemeinden und Städte bestanden aus einem Gemeindepräsidenten bzw. Bürgermeister, einem Rat und fünf Komitees[5], die jährlich in allgemeinen, geheimen Wahlen gewählt wurden[6], sowie einer vierteljährlich tagenden allgemeinen Versammlung aller Bürger. Dieses Selbstverwaltungssystem wurde auch auf Distrikts- und Präfekturebene ausgeweitet.[7] Neben der Selbstverwaltung schien sich in den griechischen Bergen auch die mit dem antiquierten Justizsystem der Vorkriegszeit brechende Volksgerichtsbarkeit zu bewähren:[8] Die Volksgerichte waren gewählte Körperschaften aus dem jeweiligen Ort. Durch die Schnelligkeit und Unkompliziertheit ihrer Urteile gewannen sie an Popularität, wenngleich diese von politischen Gremien getragene Rechtsprechung nicht dem Prinzip der Gewaltenteilung entsprach.

Angesichts der Beliebtheit bei der Bevölkerung [9] erklärten sich auch die EDES und EKKA bereit, das von der EAM praktizierte Modell in ihren Gebieten zu übernehmen[10], und am 10. August 1943 beschloß das Gemeinsame Generalhauptquartier der

---

[1] Vgl. Kastrinos 1963: 139f
[2] Vgl. Kastrinos 1963: 140.
[3] Vgl. Kastrinos 1963: 142f.
[4] Vgl. dazu Stavrianos 1952b: 48ff.
[5] Komitees für Volkssicherheit, Schulwesen, Kirchenangelegenheiten, Nahrungsmittelversorgung und Wohlfahrt sowie ein diese Aktivitäten vor allem in finanzieller Hinsicht überwachendes Kontrollkomitee.
[6] Aktives und passives Wahlrecht hatten Männer und Frauen ab 18 Jahren.
[7] Die Gemeindepräsidenten und Bürgermeister jedes Distrikts bildeten die Distriktsversammlung und wählten aus ihren Reihen einen Distriktsrat und ein Kontrollkomitee. Die Mitglieder der Distriktsräte jeder Präfektur bildeten ihrerseits die Präfekturversammlung und wählten aus ihren Reihen einen Präfekturrat und ein Kontrollkomitee.
[8] Vgl. Stavrianos 1952b: 49ff.
[9] Vgl. Kastrinos 1963: 141.
[10] Vgl. Woodhouse 1951: 147.

Nationalen Partisanenverbände, dem auch die Britische Militärmission angehörte, Selbstverwaltung und Volksjustiz in allen befreiten Gebieten einzuführen. Während die EKKA im Parnaßgebirge diesen Beschluß verwirklichte, weigerte sich Zervas im EDES-Gebiet die Selbstverwaltung einzuführen.[1] Der Boykott der Selbstverwaltung durch die EDES sowie deren Rechtsruck unter Zervas verschärfte die Spannungen zur EAM/ELAS, die schließlich zwischen Oktober 1943 und Februar 1944 in Epirus zum Bürgerkrieg eskalierten.[2]

Unterdessen vollzog sich im übrigen Berggriechenland eine demokratische Erneuerung. In den meisten befreiten Gebieten entstanden durch Wahlen[3] legitimierte Selbstverwaltungsorgane, die das politische und wirtschaftliche Leben organisierten. Das System der lokalen Selbstverwaltung brach mit dem exzessiven Athener Zentralismus der Vorkriegszeit[4]; es gab der ländlichen Bevölkerung zum ersten Mal die Möglichkeit, ihr politisches Leben selbst zu bestimmen, und stellte so das bisherige Machtgefüge in Frage.[5] Der EAM gelang es, in den von ihr bzw. der ELAS kontrollierten Bergregionen eine Art „Gegenkultur" aufzubauen, die das alte Klientelsystem in den Hintergrund drängte und eine die nationale Spaltung vergessen lassende Solidarität erzeugte. Sogar Christopher Woodhouse, damaliger Kommandant der Alliierten Militärmission und eigentlich ein Gegner der EAM schreibt dazu:[6]

> „Mountain Greece was already a different world [...]. The benefits of civilisation and culture trickled into the mountains for the first time. Schools, local government, law-courts and public utilities, which the war had ended, worked again. Theatres, factories, parliamentary assemblies began for the first time. Communal life was organised in place of the traditional individualism of the Greek peasant. [...] Followed at a distance by the minor organisations, EAM/ELAS set the pace in the creation of something that Governments of Greece had neglected: an organised state in the Greek mountains."

Dank der Verbesserung der Verkehrs- und Nachrichtenverbindungen wuchsen die befreiten Gebiete zu einem geschlossenen Staatsgebiet zusammen, dem „Freien Griechenland", das von Makedonien bis zur Peloponnes reichte und schließlich zwei

---

[1] Vgl. Stavrianos 1952b: 47f.

[2] Vgl. zu dieser sogenannten ersten Runde des Bürgerkriegs unter IV. Abschnitt 1.2.1.

[3] Gesicherte Wahlergebnisse liegen nicht vor. Pyromaglou (1958: 120f) schätzt folgendes Ergebnis : In Roumeli und Thessalien (unter Kontrolle der ELAS) erhielt die EAM 40% der Stimmen, die EDES 60%, in Epirus (unter Kontrolle der EDES) die EAM 30%, die EDES 70% und im Parnaßgebirge (unter Kontrolle der EKKA) die EAM 10%, die EKKA 90%. Das schlechte Ergebnis der EAM führen Pyromaglou (1958: 121) und Richter (1973: 302) auf das oft rücksichtslose und grausame Vorgehen von ELAS-Partisanen und KKE-Kadern zurück, die den nationalen Widerstand dem Ziel der proletarischen Revolution unterordnen wollten. Esche (1982: 85f, Anm. 204) bezweifelt jedoch, daß die EDES in einer Provinz wie Thessalien, wo sie kaum präsent war, 60% der Wählerstimmen erhalten haben soll.

[4] Vgl. dazu Stavrianos 1952b: 50.

[5] Vgl. Fleischer 1986: 393ff.

[6] Woodhouse 1951: 146f.

Drittel des Landes umfaßte[1]; die Besatzungsmächte kontrollierten nur noch die städtischen Zentren und Hauptverkehrswege[2].

1.1.5 Das Politische Komitee der Nationalen Befreiung (PEEA)

Am 10. März 1944 konstituierte sich im „Freien Griechenland" das Politische Komitee der Nationalen Befreiung (PEEA = *Politiki Epitropi Ethnikis Apeleftherosis*)[3] als provisorische Regierung. Die KKE unternahm mit diesem „Schachzug"[4] nach der ersten Bürgerkriegsrunde einen erneuten Versuch, die politischen Gegner doch noch in eine nationale Koalition zu zwingen, doch lehnten sowohl die EDES als auch die EKKA eine Teilnahme ab.[5] Allerdings gelang es der EAM-Führung, prominente Persönlichkeiten des öffentlichen Lebens wie die namhaften Universitätsprofessoren Sovolos, Angelopoulos und Kokalis, den liberalen Politiker Askoutsis und den Sozialisten Chatzimbeis für den Eintritt in die PEEA zu gewinnen. Das Programm der PEEA, die sich selbst auch „Bergregierung" nannte, sah die Koordinierung des Widerstands, die Durchführung eines Plebiszits über die konstitutionelle Frage und die Abhaltung freier Wahlen für eine verfassunggebende Nationalversammlung nach dem Abzug der Besatzungsmächte vor.[6] Die PEEA betrachtete sich selbst nur als Provisorium. Um ihre Legitimität sicherzustellen, rief das Gründungskomitee am 17. März 1944 die Bevölkerung in den befreiten und noch besetzten Gebieten zu Wahlen für einen Nationalen Rat auf, der als oberstes Kontrollorgan der PEEA fungieren sollte.[7]

Am 19.4.1944 wurden die PEEA erweitert und mehrere Sekretariate eingerichtet, die die Funktion von Ministerien hatten. Sovolos wurde zum Vorsitzenden der PEEA und Sekretär für Äußeres, Erziehung, Religion und Propaganda ernannt, Angelopoulos und Kokalis erhielten die Sekretariate für Finanzen und Gesundheit, Askoutsis das Sekretariat für Verkehr und Chatzimbeis das Sekretariat für Wirtschaft.[8] Die KKE selbst war zwar offiziell mit nur einem Parteimitglied in der zehnköpfigen „Bergregierung" vertreten, doch hielt sie mit Georgios Siantos als Innenminister und dessen parteilosen engsten Vertrauten, General Mandakas, als Kriegsminister die

---

[1] Vgl. Stavrianos 1952b: 50.
[2] Vgl. Pyromaglou 1958: 119.
[3] Zur PEEA vgl. Stavrianos 1952b: 51ff, Richter 1973: 416ff u. Esche 1982: 107ff.
[4] Esche 1982: 107.
[5] Der erste Präsident der PEEA, General Evripidis Bakirdszis, wurde, nachdem er sich für eine Mitarbeit in der PEEA entschieden hatte, aus der EKKA ausgeschlossen.
[6] Vgl. Esche 1982: 107.
[7] Vgl. Stavrianos 1952b: 53.
[8] Vgl. Esche 1982: 108 u. Richter 1973: 416.

Schlüsselpositionen in der Hand.[1] Ende April 1944 fanden in ganz Griechenland die Wahlen für den 250 Abgeordnete umfassenden Nationalen Rat[2] statt, an denen mehr als eine Million Griechen teilgenommen haben sollen. Während für die befreiten Gebiete von einer freien Wahl gesprochen werden kann, da alle Bürger Gelegenheit erhielten, ihre Stimme abzugeben, wurden die Abstimmungen in den besetzten Gebieten aus Sicherheitsgründen nur in den EAM-Organisationen durchgeführt, so daß aus diesen Gegenden ausschließlich Delegierte der EAM im Nationalen Rat vertreten waren.[3] Auf seiner konstituierenden Sitzung vom 7. bis 27. Mai 1944 in Koryschados (Evrytanien) sprach der Nationale Rat - auch bekannt unter dem Namen „Parlament der Berge" - der PEEA sein Vertrauen aus und verabschiedete eine Art Verfassung [4], in der Volkssouveränität, lokale Selbstverwaltung und Volksgerichtsbarkeit, Gleichberechtigung von Mann und Frau, Regierungsverantwortlichkeit und Abschaffung der Hochsprache *Katharevousa* grundlegende Bestandteile waren.

Die Gründung einer provisorischen Regierung, die Anfang Oktober 1944 ca. 90% des griechischen Staatsgebietes kontrollierte[5], und die Wahl eines eigenen Parlaments waren der Höhepunkt des Prozesses der Staatsbildung in den befreiten Gebieten. Erstmals existierte damit auch eine Institution, die das „Freie Griechenland" nach außen repräsentierte. Damit verbunden war aber auch das Phänomen, daß Griechenland gleichzeitig nunmehr drei verschiedene Regierungen hatte, von denen jede die Legitimität beanspruchte und ihre eigenen politischen Ziele verfolgte:

- die freie Exilregierung im Nahen Osten,
- die neugegründete Regierung in den Bergen und
- die von der Besatzung unterstützte Regierung in Athen.

Nach Abschluß der Beratungen am 27. Mai 1944 hatte sich der Nationale Rat gemäß den Verfassungsbestimmungen auf vier Monate vertagt; ein 17 Mitglieder zählender Ausschuß sollte in der Zwischenzeit die laufende Tätigkeit der PEEA beaufsichtigen, doch gab es kein weiteres Treffen des Nationalen Rates mehr. Vom 7. bis 20. Mai nahm eine Delegation der PEEA, der EAM und der KKE an einer Konferenz der nationalen Einheit im Libanon[6] teil, an der neben dem am 26. April 1944 zum

---

[1] Vgl. Esche 1982: 108.

[2] Der Wahlmodus sah vor, daß jede Gemeinde in geheimer Abstimmung einen Wahlmann wählte. Zählte eine Gemeinde mehr als 500 Einwohner waren zwei Wahlmänner zu bestimmen. Alle Wahlmänner eines Distrikts wählten auf einer Versammlung ebenfalls in geheimer Abstimmung den Abgeordneten ihres Distrikts für den Nationalen Rat. Ähnlich war das Wahlverfahren in den Städten festgelegt: Städte mit 10.000 bis 25.000 Einwohnern entsendeten zwei, mit 25.000 bis 50.000 Einwohnern vier Abgeordnete in den Nationalen Rat. Ausnahmen galten für Athen, Thessaloniki und Piräus, die mit 20, 10 bzw. 7 Abgeordneten vertreten waren; vgl. Stavrianos 1952b: 53.

[3] Vgl. Stavrianos 1952b: 53.

[4] Vgl. dazu Stavrianos 1952b: 53f u. Richter 1973: 418ff

[5] Vgl. Richter 1988: 29.

[6] Vgl. dazu Esche 1982: 122ff u. Richter 1973: 425ff.

neuen Ministerpräsidenten der Exilregierung vereidigten Georgios Papandreou insgesamt 24 Delegierte beteiligt waren, die 13 Parteien bzw. Widerstandsorganisationen repräsentierten. Diese Konferenz legte die politische und rechtliche Grundlage für die Bildung einer Regierung der nationalen Einheit, und am 2. September 1944 trat die PEEA/EAM/KKE in die Exilregierung ein.[1] Im Abkommen von Caserta vom 26. September 1944[2] stellten sich alle militärischen Verbände der griechischen Partisanen unter den Oberbefehl dieser Regierung, die sie wiederum dem englischen General Scobie, dem Kommandeur der britischen Landungstruppen, unterstellte. De facto hatten die PEEA und der Nationalrat ihre Tätigkeit bereits seit dem Eintritt in die Exilregierung eingestellt; am 5. November 1944, drei Tage nachdem die letzten deutschen Truppen griechischen Boden verlassen hatten, lösten sie sich auch formal auf.[3]

1.2 Freiheitskämpfer als Brudermörder - Die Bürgerkriegserfahrung 1943/44-1949

Schon während der Besatzung trat der Widerstand teilweise zugunsten innergriechischer Auseinandersetzungen an die zweite Stelle, begann sich eine neue Art der Spaltung zu entwickeln, „in der alle Seiten ungerecht waren, Gewalttaten verübten und den Grundstein für anormale Zustände in ihrem Land legten“[4]. Bereits im November 1943 beklagte ein Korrespondent der Times „that deplorable state of mind which labels as ‘Fascist‘ everybody opposed to social upheavals, and as ‘Communist‘ any person favouring social reforms. The immediate consequence of this sharp division among the Greek people is [...] the weakening of the movement of resistance against the Germans, but it may also lead, after the liberation of Greece, to civil war“[5].

Der sich über drei Runden hinziehende Bürgerkrieg war dabei nicht nur eine bewaffnete Konfrontation zwischen den verschiedenen politischen Richtungen innerhalb der griechischen Gesellschaft. Letztlich ging es um die Frage, ob Griechenland ein kommunistischer Staat unter sowjetischem Einfluß werden oder eine Demokratie in der westlichen Einflußsphäre bleiben sollte, so daß von Anfang an ausländische Einflußnahme und Interventionen wichtige Faktoren und bestimmend für den Verlauf des Konflikts waren. Die Verhinderung einer Machtübernahme durch die Kommunisten in Griechenland wurde zum ersten Testfall der Truman-Doktrin.

---

[1] Vgl. Esche 1982: 146ff.
[2] Vgl. Woodhouse 1951: 306f.
[3] Vgl. Esche 1982: 163.
[4] Korisis 1980: 31.
[5] Zit. nach Woodhouse 1951: 173.

1.2.1 Die erste Bürgerkriegsrunde

Als sich nach der alliierten Landung auf Sizilien im Sommer 1943 und dem Sturz Mussolinis ein Ende der Okkupation abzuzeichnen begann, verschärften sich die innergriechischen Auseinandersetzungen um die künftige Nachkriegsordnung und eskalierten bereits zwischen Oktober 1943 und Februar 1944 in bewaffneten Auseinandersetzungen zwischen der ELAS und der EDES,[1] der ersten Runde des Bürgerkriegs.

Als Reaktion auf das Erstarken der linken Resistance traten im Sommer 1943 mehrere royalistische Geheimorganisationen[2] in Erscheinung, die ihre Aufgabe ausschließlich in der Bekämpfung der EAM/ELAS sahen und von der deutschen Besatzungsmacht geduldet wurden. Aus Furcht vor einer kommunistischen Machtergreifung schlossen sich zahlreiche rechtsgerichtete Offiziere den von der Kollaborationsregierung gegründeten „Sicherheitsbataillonen" an, die ab August 1943 verstärkt gegen die EAM/ELAS eingesetzt wurden.[3] Die ursprünglich republikanisch gesinnte EDES steuerte mittlerweile unter Zervas einen royalistischen Kurs[4] und schreckte in ihrem Antikommunismus auch nicht vor der Kollaboration zurück. Die EAM ging daraufhin zu einer Strategie der begrenzten Konfrontation über:[5] Alle Organisationen, die sich gegen die EAM stellten oder sogar mit den Besatzern kollaborierten, sollten nunmehr offensiv bekämpft werden, allerdings unter der Ebene eines offenen Bruchs mit der Alliierten Militärmission. Daher sollte die EDES auch nicht aufgelöst, sondern nur auf ein kleines Gebiet im Epirus eingedämmt werden, um so die eigene Stellung im nationalen Kräfteverhältnis - mit Blick auf Verhandlungen mit der Exilregierung und den republikanischen Parteien über die Bildung einer Regierung der nationalen Einheit - zu stärken. Die Möglichkeit eines Zweifrontenkrieges gegen die deutschen Besatzer und die EDES eröffnete sich durch die Kapitulation der italienischen Besatzungstruppen am 12. September 1943. Da sich die italienischen Einheiten größtenteils im ELAS-Gebiet befanden, fielen dieser umfangreiche Waffen- und Mu-

---

[1] Vgl. Vakalopulos 1985: 233ff, Esche 1982: 97ff u. Fleischer 1986: 393ff.

[2] Die bedeutendste Organisation war die von Oberst Grivas geführte *Chi* (X). Im Herbst 1943 schlossen sich die rechtsgerichteten Geheimbünde in einer Dachorganisation zusammen, der Panhellenischen Befreiungsliga (PAS = *Panellenikos Apeleftherotikos Syndesmos*).

[3] Vgl. Esche 1982: 97.

[4] Vgl. unter IV Abschnitt 1.1.1.

[5] Vgl. Esche 1982: 99f.

nitionsdepots in die Hände, so daß die ELAS ihre bereits bestehende militärische Vormachtstellung weiter ausbauen konnte.[1]

Ende September 1943 kam es in Athen zu ersten Straßenkämpfen zwischen Anhängern der EDES und der EAM/ELAS. Am 10. Oktober 1943 nahm die ELAS die Verhaftung des KKE-ZK-Mitgliedes Karankitsis und die Erschießung eines Freundes des ELAS-Partisanenführers Aris Velouchiotis durch einen EDES-Offizier zum Anlaß für den Generalangriff auf die EDES, die Anfang Dezember vor der Auflösung stand.[2] Der Ausbruch des Bürgerkrieges war von der griechischen Exilregierung und den britischen Verbündeten mit Bestürzung aufgenommen worden. Das Hauptquartier Nahost stellte die Waffenhilfe für die ELAS ein.[3] Am 21. Oktober 1943 richtete General Wilson einen Friedensappell an die verfeindeten Gruppen und forderte sie zur Fortsetzung des gemeinsamen Kampfes gegen die deutsche Besatzung auf.[4] Als sich Ende November 1943 die Niederlage der EDES abzeichnete, intensivierte die britische Regierung ihre Bemühungen um eine Beilegung des Konfliktes. Auf ihren Druck versicherte König Georg II. in einem am 10. Dezember 1943 veröffentlichten und in erster Linie an die Adresse der EAM gerichteten Erklärung, seine Rückkehr in Übereinstimmung mit der Regierung von der bestehenden politischen und militärischen Lage abhängig zu machen, und deutete damit erstmals an, unter bestimmten Voraussetzungen nicht vor der Abhaltung eines Plebiszits zurückzukehren.[5] Da die KKE ihrerseits Anfang Dezember mit der Zerschlagung der kollaborierenden Geheimbünde und der Eindämmung der EDES ihre militärischen Ziele erreicht hatte, war auch sie an einer Beendigung der Feindseligkeiten interessiert. Am 15.2.1944 begannen die offiziellen Friedensverhandlungen zwischen Vertretern der ELAS, der EDES, der EKKA und der Alliierten Militärmission, die am 29. Februar zur Unterzeichnung des Vertrages von Myrofyllo-Plaka[6] führten. Die Zonen der ELAS und der EDES wurden entsprechend ihrer Stellungen zum Zeitpunkt des Waffenstillstandes festgelegt. Beide Organisationen verpflichteten sich, ihre Kräfte auf den gemeinsamen Kampf gegen die Besatzung zu konzentrieren und künftige Differenzen in gemischten Kommissionen friedlich zu klären. Während die britische Regierung und die Exilregierung mit dem Ergebnis der Friedensverhandlungen durchaus zufrieden

[1] Anfang Oktober 1943 zählte die EDES 5.000 Partisanen, die ELAS aber bereits 35.000 bis 40.000; vgl. Woodhouse 1976: 38.
[2] Vgl. Esche 1982: 100f.
[3] Vgl. Woodhouse 1976: 60.
[4] Vgl. Esche 1982: 101. Esche (ebd., Anm. 102), der sich auf Akten des *Foreign Office* beruft, widerspricht Richters (1971: 332, 344, 246, 250) These, die britische Regierung hätte durch eine gezielte „Spaltpolitik" den Bürgerkrieg provoziert, um die Resistance zu schwächen und anschließend dem König wieder zur Macht zu verhelfen.
[5] Vgl. Esche 1982: 102f.
[6] Abgedruckt in Iatrides 1972: 291ff.

sein konnten, mußte die KKE eine politische Niederlage hinnehmen, da sie ihr Ziel, zu günstigen Bedingungen in die Exilregierung einzutreten, nicht erreicht hatte.[1]

Der Bürgerkrieg hatte zur Polarisierung der politischen Verhältnisse geführt, und auch die Unterzeichnung des Friedensvertrages konnte nicht darüber hinwegtäuschen, daß ein dauerhafter Ausgleich zwischen der kommunistisch geführten Resistance und den antikommunistischen bürgerlichen Eliten unwahrscheinlich war. Bereits Mitte April 1944 eröffnete die ELAS erneute Feindseligkeiten, diesmal gegen das Regiment 5/42 der EKKA[2], in dem eine Gruppe royalistischer Offiziere Einfluß gewonnen hatte. Der überlegenen ELAS gelang die Auflösung dieses Regiments; zwar setzte das ZK der EKKA seine Arbeit noch einige Wochen fort, de facto hatte die Organisation jedoch aufgehört zu existieren.[3]

1.2.2 Die zweite Bürgerkriegsrunde

Als am 3. November 1944 die letzten deutschen Einheiten griechischen Boden verließen, ließ die Freude über die Befreiung die bestehenden Kontroversen nur vorübergehend in den Hintergrund treten. Als grundlegendes, die Kompromißbereitschaft und –fähigkeit beider Seiten forderndes Problem stellte sich das Paradoxon einer Doppelherrschaft:[4] Einerseits amtierte in Athen die aus dem Exil zurückgekehrte Regierung der nationalen Einheit unter Ministerpräsident Papandreou, an der die EAM zunächst auch mit fünf Ministern beteiligt war. Andererseits setzten im größten - immer noch unter Kontrolle der EAM/ELAS stehenden - Teil Griechenlands die Organe der Selbstverwaltung ihre Tätigkeit fort. Die Ausführung der Direktiven der Athener Regierung, die ihrerseits mit der Reorganisierung der alten Verwaltung begonnen hatte, hing vom Wohlwollen der EAM ab. Die Autorität der Regierung war auf die Zonen beschränkt, in denen britische Truppen in ausreichender Stärke präsent waren, d. h. die Umgebungen von Athen, Patras, Thessaloniki, Volos, Preveza und Kavala[5]. Der allgemeine Lebensstandard verschlechterte sich noch gegenüber der Besatzungszeit, und der verantwortliche Minister im britischen Kriegskabinett, Macmillan, sah die „klassischen Bedingungen einer revolutionären Situation“[6] gegeben.

---

[1] Vgl. Esche 1982: 106.
[2] Noch wenige Monate zuvor hatte der politische Führer der in der ersten Bürgerkriegsrunde neutral gebliebenen EKKA, Kartalis, die Friedensverhandlungen geleitet.
[3] Vgl. dazu Esche 1982: 116ff.
[4] Vgl. dazu Alivizatos 1979: 96ff u. Esche 1982: 157ff.
[5] Vgl. Woodhouse 1976: 111.
[6] H. Macmillan 1967: The Blast of War 1939-1945. London: 592, zit. nach Esche 1982: 164.

Dennoch sah es in den ersten Wochen nach der Befreiung so aus, als wollte die EAM bzw. KKE ihre Zielvorstellungen nicht mit Waffengewalt, sondern friedlich verwirklichen.[1] Entsprechend erklärte sie ihre Bereitschaft, das Programm der Regierung so zu erfüllen, wie es im Libanonvertrag vom 20. Mai 1944 festgelegt worden war.[2] Am 5. November 1944 lösten sich die PEEA und der Nationale Rat selbst auf und billigte die KKE eine Kabinettsvorlage, die die Entwaffnung der Nationalen Bürgerwehr (EP = *Ethniki Politofylaki*) bis zum 1.12.1944 sowie die Bildung einer von Faschisten und Kollaborateuren gesäuberten Nationalgarde vorsah. Gleichzeitig wurde auch die Demobilisierung der ELAS eingeleitet. Als die Regierung jedoch erklärte, daß mit der aus Italien nach Griechenland zurückverlegten „Riminibrigade" und der sogenannten „Heiligen Schar" zwei gut ausgerüstete, politisch rechtsstehende Einheiten nicht der allgemeinen Demobilisierung unterliegen würden, versuchte die KKE auch die Entwaffnung der ELAS hinauszuzögern; damit waren die Verhandlungen über die Reorganisation der nationalen Armee blockiert. Weitere Vorkommnisse trugen dazu bei, das Mißtrauen der Linken zu schüren: Entgegen dem Libanonvertrag waren Verwaltung und Sicherheitsorgane nur halbherzig von Metaxas-Anhängern und Kollaborateuren gesäubert worden. Dem aggressiven Auftreten rechtsextremistischer Terrorgruppen, insbesondere der Organisation *Chi*, in Athen wurde kaum Einhalt geboten.[3]

Nach einer versöhnlichen Aussprache mit den kommunistischen Ministern am 17.11.1944 kam Papandreou der EAM mit dem Versprechen entgegen, die „Riminibrigade" für unbegrenzte Zeit zu beurlauben. Der britische Premierminister Churchill widersetzte sich jedoch dieser Lösung, da er die „Riminibrigade" als einzige vertrauenswürdige, kompakte griechische Einheit ansah. Papandreou zog daraufhin am 23.11 seine ursprüngliche Zusage zurück; damit waren die Verhandlungen wieder „an einem toten Punkt gelangt"[4]. Die Intervention Großbritanniens zugunsten der rechtsgerichteten Kräfte und das widerspruchslose Einschwenken Papandreous auf

---

[1] Vgl. Iatrides 1972: 148f, 156.

[2] Vgl. Esche 1982: 162ff. Der Libanonvertrag, die politische und rechtliche Grundlage der Regierung der nationalen Einheit, sah u. a. die Beendigung des Terrors und Herstellung der Sicherheit für die Bevölkerung, die strafrechtliche Verfolgung aller Kollaborateure und die Durchführung freier Wahlen zum frühest möglichen Zeitpunkt vor sowie, daß die Partisanenverbände in eine entpolitisierte Armee integriert werden, die allein der Regierung unterstellt ist.

[3] Vgl. Esche 1982: 165f.

[4] Esche 1982: 170. Die Intervention Churchills gegen die Ausgleichspolitik Papandreous sowie die militärischen Vorbereitungen General Scobies für einen eventuellen Zusammenstoß mit der ELAS lassen Richter (1971: 514ff, 1988: 30f) die These aufstellen, die „britische Restaurationspolitik" hätte einen Bürgerkrieg bewußt in ihre Planung einbezogen, ja sogar provoziert. Damit befindet sich Richter auf einer Linie mit der Propaganda der KKE. Aufgrund ihrer militärischen und wirtschaftlichen Interessen war der britischen Regierung zweifelsohne an einer ihr genehmen Regierung gelegen, doch rechnete man ohnerhin damit, daß die EAM in freien Wahlen den bürgerlichen Parteien unterliegen würde. Als unabdingbare Voraussetzung für die Durchführung freier Wahlen sah man jedoch die Entwaffnung der ELAS an; vgl. Esche 1982: 170f.

den kompromißlosen britischen Kurs ließen die KKE-Führung an einer friedlichen Lösung der Krise zweifeln und ihre bisherige Strategie überdenken;[1] Ende November 1944 beschloß das Politbüro, keine weiteren Zugeständnisse einzugehen.

Anfang Dezember 1944 kam es dann zur Eskalation der Krise:[2] Laut einem Kabinettsbeschluß vom vergangenen Monat sollten sich an diesem Tag die Nationale Bürgerwehr EP auflösen und alle Ordnungsfunktionen auf die Nationalgarde übergehen, jedoch weigerte sich die EAM, die EP zu demobilisieren, bevor nicht eine akzeptable Lösung der militärischen Frage gefunden worden war. Am Nachmittag des 1. Dezember 1944 verabschiedete die Regierung in einer Kabinettssitzung, an der die Minister der KKE/EAM nicht mehr teilnahmen, ein Dekret, das die sofortige Entwaffnung der EP anordnete. Darüber hinaus ließ Scobie einen Aufruf verbreiten, der alle Partisanen aufforderte, bis zum 10. Dezember die Waffen niederzulegen und den Aufforderungen der Regierung Folge zu leisten. Die Minister der Linken protestierten gegen die neuerliche britische Einmischung, weigerten sich, das Regierungsdekrete zu unterzeichnen und traten noch in der Nacht vom 1. auf den 2.12.1944 zurück. Damit war die Regierung der nationalen Einheit nur drei Monate nach ihrer Bildung gescheitert.

Die Vorstellungen der zurückgetretenen Minister der Linken über das weitere Vorgehen wichen jedoch voneinander ab. Während die nichtkommunistischen Minister, die mit ihrem Rücktritt lediglich politischen Druck hatten ausüben wollen, auf ein Nachgeben der Regierungsmehrheit und einen baldigen Wiedereintritt ins Kabinett hofften, hatte die KKE die Regierung verlassen, um diese offen zu bekämpfen. Ihr Ziel war nunmehr, die Regierung Papandreou zu stürzen und eine „Regierung der wahren nationalen Einheit", d. h. ein von der EAM dominiertes Kabinett, zu bilden. Zunächst wollte man sich auf Demonstrationen und Streiks beschränken, doch die Verlegung zusätzlicher ELAS-Einheiten in die Nähe Athens deutete bereits auf eine bewaffnete Konfrontation hin; Ministerpräsident Papandreou sah im Ausscheiden der EAM aus der Regierung bereits den Beginn des Bürgerkrieges.[3]

Wenige Stunden nach dem Regierungsaustritt seiner Minister setzte das EAM-ZK für den 3. Dezember 1944 eine Demonstration auf dem Platz der Verfassung an und für den folgenden Tag einen Generalstreik. Gleichzeitig wurde rechtswidrig - in Verletzung des Vertrages von Caserta - das aufgelöste ELAS-ZK als oberstes Leitungsorgan der ELAS reaktiviert und die ELAS dem Oberkommando General Scobies entzogen. Die Regierung zog daraufhin ihre ursprünglich erteilte Genehmigung der Demonstration zurück. Dennoch versammelten sich am 3.12. Hunderttausende

---

[1] Vgl. Esche 1982: 173.
[2] Zur kontroversen Diskussion über die Verantwortung beider Seiten vgl. Iatrides 1972: 200ff.
[3] Vgl. Esche 1982: 175f.

von EAM-Sympathisanten, um gegen die Politik Papandreous zu protestieren. Nachdem die Demonstration zunächst ohne Zwischenfälle verlaufen war, durchbrach eine mehrere hundert Menschen umfassende Menge die Polizeisperren und drängte auf den Platz der Verfassung. Als die unbewaffneten Demonstranten auf das Polizeihauptquartier an der Nordseite des Platzes zusteuerten, eröffneten die Sicherungskräfte das Feuer; mindestens 10 Menschen wurden getötet und über 60 verletzt.[1] Das ganze Geschehen spielte sich vor den Augen zahlreicher sich auf den Balkonen des Hotels *Grande Bretagne* aufhaltender westlicher Korrespondenten ab, und selbst die zurückhaltende Londoner *Times* sprach von einer „faschistischen Aktion"[2]. Für die KKE war dies der Anlaß zum bewaffneten Aufstand. Noch am gleichen Tag griff die ELAS die Organisation *Chi* an und begann, Polizeistationen am Rande Athens zu besetzen. Die Überreaktion der Polizei am Platz der Verfassung und die kompromißlose Haltung der Regierung Papandreou, die ausschließlich die Linke für den Zwischenfall verantwortlich machte, erleichterten es der KKE im EAM-ZK ihren harten Kurs durchzusetzen. Der Kampf um Athen, die zweite Runde des griechischen Bürgerkrieges, die auch unter dem Namen *Dekemvriana* (Dezembersache) in die Geschichte einging, hatte begonnen.[3]

Nachdem es der ELAS bis zum 12. Dezember 1944 gelungen war, neun Zehntel der Fläche Athens unter ihre Kontrolle zu bringen[4], gingen die durch starke - schließlich von 10.000 auf 60.000 Mann erhöhten[5] - Truppenkontingente aus Italien verstärkten Briten am 18.12. zum Gegenangriff über, und bereits Weihnachten kontrollierte Scobie die Hälfte des Stadtgebiets[6].

Der britischen Intervention in eine innergriechische Auseinandersetzung[7] zugrunde lag das Moskauer Prozentabkommen zwischen Churchill und Stalin vom 9. Oktober 1944 über die Interessensphären in Südosteuropa[8]: Für die griechische Entwicklung war die Moskauer Konferenz von entscheidender Bedeutung. Griechenland wurde von der Sowjetunion verbindlich als britische Einflußzone anerkannt. Die KKE, die

---

[1] Vgl. dazu Baerentzen 1978: 3ff.
[2] *The Times* vom 4.12.1944.
[3] Vgl. dazu Esche 1982: 176ff, Iatrides 1972, Richter 1971: 517ff u. Xydis 1963: 59ff.
[4] Vgl. Esche 1982: 185.
[5] Vgl. Xydis 1963: 64.
[6] Vgl. Esche 1982: 190.
[7] Interessant ist die Formulierung eines Telegramms von Churchill an den britischen General in Athen: „Do not however hesitate to act as if you were in a conquered city where a local rebellion is in progress" (W. Churchill 1965: The Second World War. Bd. 11, London: 256, zit. nach Richter 1988: 30). Darüber hinaus werden in den Akten des Foreign Office dem britischen Botschafter in Athen die Kompetenzen eines - eigentlich nur in besetzten Ländern existierenden - „Hochkommissars" zuerkannt und vom „Protektorat" Griechenland gesprochen (der Begriff „Hochkommissar" findet sich in „Discussions of Greece at the Greek Embassy, Athens 15th February, 1945", Public Record Office, F. O. 371/48 257/R 3559/419. Die Bezeichnung „Protektorat" stammt aus „Relations between HMG and the Greek Government. Minutes", F: O. 371/48 256/R 4385/4/19; zit. nach Richter 1988: 32).
[8] Vgl. dazu Esche 1982: 158ff u. Xydis 1963: 54ff.

von sowjetischer Seite nicht über das Geheimabkommen unterrichtet worden war, ging weiter davon aus, daß Griechenland auf dem Schnittpunkt des britischen und sowjetischen Einflußbereichs läge und die Sowjetunion eine militärische Intervention Großbritanniens folglich nicht hinnehmen würde, unterlag also bei ihren Handlungen einer völlig falschen Einschätzung der internationalen Rahmenbedingungen.

Am ersten Weihnachtstag 1944 trafen überraschend der britische Premier Churchill und Außenminister Eden in Athen ein, doch die am folgenden Tag unter dem Vorsitz von Erzbischof Damaskinos, der während der Besatzungszeit das Vertrauen der Resistance besessen hatte[1], einberufene Friedenskonferenz scheiterte sowohl an der unversöhnlichen Haltung der bürgerlichen Politiker als auch an den überzogenen Forderungen der KKE.[2] Nach dem Scheitern der Konferenz dauerte der Bürgerkrieg um Athen mit unverminderter Härte an. Die britischen Streitkräfte konnten bis Jahresende einen Großteil der Stadt unter ihre Kontrolle bringen. Unterdessen unterzeichnete Georg II. auf britischen Druck die seit zwei Jahren geforderte Erklärung, erst nach einem Plebiszit nach Griechenland zurückzukehren. Am 31. Dezember 1944 trat Papandreou zurück, und der vom König als Regent eingesetzte Erzbischof Damaskinos berief am 3. Januar 1945 General Plastiras zum neuen Ministerpräsidenten.[3]

Die Niederlage der ELAS war jetzt nicht mehr abwendbar; am 5. Januar gab ihr ZK den Befehl zum Rückzug. In den folgenden Tagen flüchteten Tausende ihrer bewaffneten und unbewaffneten Anhänger, verfolgt von britischen Panzern, nach Norden. Noch vor ihrem Abzug hatte die KKE Hinrichtungen veranlaßt und zwischen 15.000 und 35.000 unbeteiligte Bürger als Geiseln in das von der ELAS kontrollierte Hinterland verschleppt; etwa 4.000 von ihnen wurden in der Folgezeit hingerichtet oder starben infolge von Mißhandlungen.[4] Dies Vorgehen der KKE/ELAS war nicht nur moralisch ein Verbrechen, sondern auch politisch ein kaum wiedergutzumachender Fehler. Die Grausamkeiten der Kommunisten wurden zur erfolgreichsten Propagandawaffe der griechischen Rechten und bewirkten eine entscheidende Verlagerung der Volkssympathien,[5] von der vor allem die Royalisten profitierten, die während des Krieges nicht mehr als 15% der Bevölkerung[6] hinter sich hatten.

---

[1] Bezeichnend für seinen Mut ist sein legendäres Schreiben vom 23. März 1943 an den Ministerpräsidenten der Besatzungsregierung, in dem er gegen die Verfolgung der Juden Griechenlands protestierte (s. Text in Constantopoulou/Veremis 1998: 250ff), wie auch seine Antwort auf die darauf erfolgte Androhung des deutschen Kommandos, ihn erschießen zu lassen: „Die Hierarchen Griechenlands [...] werden nicht erschossen, sondern erhängt. Ich bitte Sie, diese Tradition zu achten"; To Olokaftoma o. J.: 56f u. *Chronika* 136/1995: 7.

[2] Vgl. Esche 1982: 192ff u. Richter 1971: 548ff.

[3] Vgl. Esche 1982: 195f u. Richter 1971: 556f.

[4] Vgl. Tsoukalas 1974: 68. Die seit Mitte Dezember 1944 von der KKE praktizierten Geiselnahmen waren eine Reaktion auf Massenverhaftungen von Gesinnungsgenossen durch britische und griechische Streitkräfte.

[5] Vgl. Esche 1982: 197, Iatrides 1973: 232f, 265, Richter 1971: 561ff u. Woodhouse 1976 135.

[6] Vgl. Mathiopoulos 1961: 148.

Am 11. Januar 1945 wurde nach 30stündigen Verhandlungen ein Waffenstillstand vereinbart.[1] Zwar hatte die ELAS eine empfindliche Niederlage erlitten, doch verfügte sie noch immer über sechs intakte Divisionen mit 40.000 Partisanen, einen Munitionsvorrat für sechs Wochen und kontrollierte über die Hälfte des griechischen Territoriums, in dem ein Drittel der Bevölkerung lebte. Die EAM selbst zählte eigenen Angaben zufolge im Februar 1945 1,5 Millionen Mitglieder.[2] In der Parteiführung der KKE war man sich über den weiteren Kurs noch unschlüssig, d. h. die Frage, „ob der Waffenstillstand ein erster Schritt zur Wiederherstellung des inneren Friedens oder nur eine Atempause in einem Bürgerkrieg war, der nun auf ganz Griechenland auszugreifen drohte“[3].

1.2.3 Der instabile Friede von Varkiza

Am 2. Februar 1945 begannen in Varkiza, einem kleinen Badeort in der Nähe Athens, die im Waffenstillstand vereinbarten Gespräche. Erst auf massiven britischen Druck hatte die griechische Regierung eine EAM-Delegation als Verhandlungspartner akzeptiert. Die Verhandlungen zogen sich über 10 Tage hin; Hauptstreitpunkte waren die Forderungen der EAM nach einer Generalamnestie und einer Regierungsbeteiligung. Im am 12. Februar 1945 unterzeichneten Vertrag von Varkiza[4] sicherte die Regierung schließlich eine Amnestie für alle politischen Vergehen zu, die zwischen dem 3.12.1944 und dem 12.2.1945 begangen worden waren. Sie verpflichtete sich, die Grundrechte zu garantieren, die neue nationale Armee nach dem Prinzip der allgemeinen Wehrpflicht zu organisieren und den öffentlichen Dienst und die Polizeikräfte von Kollaborateuren zu säubern. Zum frühest möglichen Zeitpunkt sollten das Plebiszit und die Parlamentswahlen abgehalten werden. Die EAM ihrerseits mußte alle Geiseln frei lassen und die ELAS, EP und ELAN (= *Ellinko Laiko Apeleftherotiko Naftiko*/Griechische Volksbefreiungsmarine) bis zum 15. März 1945 demobilisieren.

Die Hoffnung, der Vertrag von Varkiza könnte der Beginn einer nationalen Versöhnung sein, erfüllte sich jedoch nicht.[5] Die griechischen Strafverfolgungsorgane nahmen in großem Umfang Verhaftungen angeblich krimineller Angehöriger der Linken vor, rechtsextreme Gruppierungen konnten ungehindert - mit stillschweigender Dul-

---

[1] Vgl. Esche 1982: 158 u. Richter 1971: 558f.
[2] Vgl. Esche 1982: 204, Anm. 364.
[3] Esche 1982: 199.
[4] Vgl. dazu Alivizatos 1979: 107ff u. Xydis 1963: 65f. Vertragstext bei Richter 1970: 602ff.
[5] Zur Entwicklung zwischen Varkiza und dem Beginn der dritten Bürgerkriegsrunde im Sommer 1946 vgl. Richter 1986.

dung der Regierung - Mitglieder der EAM terrorisieren. Die zugesicherte Säuberung des Staatsapparates blieb aus. Wiederholt versuchten der seit Ende August 1944 zuständige britische Minister für Italien und Südosteuropa, Macmillan, und Botschafter Leeper mäßigend auf die Regierung einzuwirken; sie befürchteten, daß dem „roten Terror" während der *Dekemvriana* ein „weißer Terror" royalistischer, rechtsextremer Kräfte folgen könnte[1]. Auch die Kommunisten hielten sich nicht an alle Bestimmungen des Vertrages von Varkiza. Sie versuchten die vollständige Entwaffnung der ELAS zu umgehen und übergaben von insgesamt 70.000 Waffen nur ca. 50.000[2] den staatlichen Organen.[3]

Personell und materiell war die EAM/KKE weiterhin in der Lage, eine für den ohnehin von einer politischen, wirtschaftlichen und sozialen Krise erschütterten Staat existenzbedrohende Situation herbeizuführen. Sollte der mühsam hergestellte und nur auf wackeligen Füßen stehende innere Friede erhalten bzw. gestärkt werden, durfte die Regierung nicht den Fehler begehen, sich auf die schützende Präsenz der britischen Truppen verlassend, einen Rachefeldzug gegen die Linke zuzulassen oder sogar selbst zu organisieren. „Leider waren diejenigen Kräfte in der Regierung in der Minderheit, die versuchten, durch eine progressive versöhnliche Politik die Kommunisten als legale Opposition konstruktiv in die griechische Nachkriegsgesellschaft zu integrieren, um sie ihrem Einfluß entsprechend an einem friedlichen und demokratischen Wiederaufbau zu beteiligen."[4]

Kaum war die Demobilisierung der ELAS beendet, kam es zu Übergriffen rechtsgerichteter Gruppen gegen nunmehr meist unbewaffnete Anhänger der Linken. Zum Teil waren die von der ELAS abgelieferten Waffen direkt in die Hände dieser Organisationen geraten.[5] Die staatlichen Sicherheitsorgane unternahmen nur halbherzige Versuche, diese Übergriffe zu ahnden bzw. zu verhindern.[6] Bei der Behandlung von während der Besatzungszeit begangenen Verbrechen wandten die Justizbehörden zweierlei Maß an: Während zahlreiche des Mordes angeklagte ELAS-Mitglieder zum Tode verurteilt wurden, endeten Prozesse gegen Kollaborateure oft mit auffallend milden Urteilen; der Verdacht Kommunist zu sein, wog schwerer als der der Kollaboration.[7] Noch bedenklicher war die Verletzung des Vertrages von Varkiza durch

---

[1] Vgl. Leeper 1950: 140.

[2] Obwohl also fast ein Drittel der vorhandenen Waffen versteckt wurden, übertrafen die ausgehändigten Bestände die ursprünglichen Richtwerte der zuständigen Kommission je nach Art der Waffen um 10 bis 20%; vgl. Woodhouse 1976: 104.

[3] Vgl. Esche 1982: 202f.

[4] Esche 1982: 204.

[5] Vgl. Iatrides 1973: 262.

[6] Vgl. Iatrides 1973: 257.

[7] Vgl. Woodhouse 1951: 97, 241, 1976: 147. Nach Angaben des griechischen Justizministeriums wurden bis Dezember 1945 insgeamt 48.956 Personen, die der EAM/ELAS angehört hatten, strafrechtlich verfolgt; vgl. Esche 1982: 205.

die Regierung selbst: Verwaltung, Justiz und Polizei wurden nicht von Kollaborateuren gesäubert, das Offizierskorps der neuen nationalen Armee rekrutierte sich aus der „Riminibrigade“, den früheren „Sicherheitsbataillonen“ und der Organisation *Chi*, während ehemalige ELAS-Angehörige in der Regel keine Aufnahme fanden. Die EAM protestierte am 5. März 1945 beim Regenten und der griechischen Regierung gegen die Nichteinhaltung des Varkiza-Vertrages. Ein Memorandum des EAM-ZK an die Regierungen der Alliierten vom 14. März beklagte die Entlassung von EAM-Mitgliedern aus dem öffentlichen Dienst, die Beschneidung der Pressefreiheit, die Entstehung einer rechtsgerichteten Armee und - häufig von den staatlichen Organen tolerierte - Übergriffe bewaffneter Banden. Der griechischen Regierung wurde vorgeworfen, einen „Polizeistaat“ zu errichten. Freie Wahlen und ein faires Plebiszit wären nur unter einer neuen, repräsentativeren Regierung und der Überwachung der Einhaltung der Grundrechte durch eine alliierte Kommission gewährleistet.[1]

Innerhalb der EAM kam es Anfang April 1945 zur Spaltung. Die Union für Volksdemokratie (ELD = *Enosis Laikis Dimokratias*) und die Sozialistische Partei Griechenlands (SKE = *Sosialistiko Komma Ellados*) verließen die EAM (Nationale Befreiungsfront), womit das 1941 zwischen Sozialisten und Kommunisten geschlossene Bündnis beendet war. Die EAM, die sich kurz darauf in Nationale Antifaschistische Front (EAM = *Ethniko Antifasistiko Metopo*) umbenannte, verlor dadurch nicht nur zahlreiche Mitglieder, sondern wurde nun endgültig zu einer rein kommunistischen Parteiorganisation, deren demokratische Struktur nur eine Fassade war.[2]

Anfang August begann die KKE, einen härteren Kurs einzuschlagen. Am 6.8.1945 erklärte das Politbüro, daß unter den gegebenen Bedingungen freie Wahlen nicht durchführbar wären. Man beklagte die „ununterbrochenen Interventionen“ der britischen Regierung sowie die Angriffe des „Monarchofaschismus“ und drohte mit bewaffneter Gegengewalt.[3] Bereits zu diesem Zeitpunkt ließen Zusammenstöße und Terrorakte bewaffneter Gruppen der extremen Linken wie Rechten das Land nicht zur Ruhe kommen. Hinzu kam eine dramatische Verschlechterung der wirtschaftlichen und sozialen Lage, die durch fortschreitende Inflation – allein in der ersten Dezemberhälfte 1945 stiegen die Verbraucherpreise nach Angaben des griechischen Finanzministers um 25% - , niedrige Industrieproduktion und hohe Arbeitslosigkeit gekennzeichnet war.[4]

---

[1] Vgl. das Memorandum des ZK der EAM an die verbündeten Regierungen, in: Episima Keimena V: 532ff.
[2] Vgl. Esche 1982:209f.
[3] Zur Orientierung der KKE auf den bewaffneten Kampf vgl. Esche 1982: 220ff.
[4] Vgl. Candilis 1968: 18ff u. Woodhouse 1991: 255f.

1.2.4 Der Erfolg der Royalisten bei den Parlamentswahlen und dem Plebizit 1946

Nachdem die griechische Regierung im Oktober 1945 den 20. Januar 1946 als Wahltermin festgelegt hatte, mußten die Wahlen unter dem Druck der Parteien des Zentrums und der Linken Anfang Dezember auf den 31. März 1946 verschoben werden. In einem gemeinsamen Aufruf vier Wochen vor dem Wahltermin kündigten die Union der Linken Demokraten (*Enosi Aristeron Dimokraton*) unter Sofianopoulos[1], die EAM und die Sozialisten an, die Wahlen zu boykottieren, falls diese nicht um weitere zwei Monate verschoben würden. Als weitere Bedingungen nannten sie die Bildung einer repräsentativeren Regierung, die Säuberung des Staatsapparates von Kollaborateuren und Faschisten, die Revision der Wahllisten sowie eine Generalamnestie.[2] Auch innerhalb des Kabinetts wurde auf eine Verschiebung des Wahltermins gedrängt; zehn Minister und zwei Staatssekretäre traten zurück, als der seit dem 22. November 1945 als Ministerpräsident amtierende Vorsitzende der Liberalen Partei, Sofoulis, am vorgesehenen Datum festhielt. Unregelmäßigkeiten in den Wahllisten, vor allem aber die unsicheren Verhältnisse in den Provinzen, in denen rechte Terrorbanden ihr Unwesen trieben, ließen sie befürchten, daß ein freies, unverfälschtes Votum nicht zustande kommen würde.[3] Neben der Union der Linken Demokraten, der ELD, der SKE und den der EAM angehörenden Parteien boykottierte schließlich auch die linksliberale Progressive Partei von Kafantaris die Wahlen.

Der Wahltag selbst verlief weitgehend ruhig. Die Störungen durch rechtsextreme Gruppen waren geringer als befürchtet. Die Tätigkeit der Alliierten Mission zur Beobachtung der Wahlen in Griechenland (AMFOGE = *Allied Mission for Observing the Greek Elections*) trug wesentlich dazu bei, daß insgesamt von freien Wahlen gesprochen werden konnte. Allerdings verfügten die wenigsten der 1.155 amerikanischen, britischen und französischen Wahlbeobachter über griechische Sprachkenntnisse oder ausreichende Hintergrundinformationen.[4] Zudem stellt sich die Frage, inwieweit Ablauf und Ergebnis der Wahl nicht durch den „weißen Terror“ der vergangenen Monate beeinflußt waren.[5] Das Vereinigte Lager der Nationalgesinnten (*Inomeni Parataxis Ethnikofronon*), ein Wahlbündnis der royalistischen Volkspartei und

[1] Sofianopoulos hatte maßgeblich an der Ausarbeitung des Varkiza-Vertrages mitgewirkt und war Außenminister in den Kabinetten Plastiras, Voulgaris und Sofoulis.
[2] Vgl. Esche 1982: 236.
[3] Vgl. Stavrianos 1952a: 167f u. Esche 1982: 237.
[4] Vgl. Stavrianos 1952a: 169f u. Meynaud 1965: 80.
[5] Vgl. Richter 1973: 587. Zu den Wahlen vgl. auch Meynaud 1965: 80ff.

der ebenfalls königstreuen Nationalliberalen Partei mit weiteren Gruppierungen der Rechten ging aus den - nach dem einfachen Verhältniswahlrecht abgehaltenen - Wahlen mit 55,12% der Stimmen und 206 von 354 Sitzen als deutlicher Sieger hervor. Eine Niederlage mußten die Parteien des Zentrums hinnehmen: Während die eher konservative Nationale Politische Union (EPE = *Ethniki Politiki Enosi*), ein Wahlbündnis der Liberalen Venizelistischen Partei, der Demokratischen Sozialistischen Partei und der Nationalen Unionspartei, noch 19,28% und 68 Mandate gewann, erhielt die Liberale Partei nur 14,39% und 48 Sitze. 5,96% und 20 Mandate entfielen auf die ultrarechte Nationalpartei des früheren EDES-Führers Zervas.

Ergebnis der Parlamentswahlen vom 31.03.1946

Parteien	**Stimmen in %**	**Sitze**
Vereinigtes Lager der Nationalgesinnten		
= Wahlbündnis von	**55,12**	**206**
Volkspartei (K. Tsaldaris, Mavromichalis, Theotokis),		156
Nationalliberaler Partei (Gonatas),		34
Reformpartei (Alexandris) u.		5
sechs weiteren Parteien/Gruppierungen der Rechten		11
Nationale Politische Union		
= Wahlbündnis von	**19,28**	**68**
Liberaler Venizelistischer Partei (S. Venizelos),		31
Demokratischer Sozialistischer Partei (Papandreou),		27
Nationaler Unionspartei (Kanellopoulos) u.		7
Unabhängigen		3
Liberale Partei (Sofoulis)	14,39	48
Nationalpartei (Zervas)	5,96	20
Union der Nationalgesinnten (Tourkovasilis, Panboukis)	2,94	9
Sonstige u. Unabhängige	2,31	3

Wahlbeteiligung: 59,7%, Sitze: 354

Wahlboykott: KKE/EAM, Partei des E, Tsouderos, Progressive Partei (Kafantaris), Gruppe G. Kartalis, Linke Liberale, Union für Volksdemokratie

Die Wahlbeteiligung lag amtlichen Angaben zufolge bei 59,7%, laut der Linken bei weniger als 50%; ausländische Beobachter schätzten jedoch, daß sich nur zwischen 9 und 20% der Wähler wegen des Aufrufs zum Wahlboykott der Stimme enthielten.[1] Dem Wahlboykott der Linken verdankte das Vereinigte Lager der Nationalgesinnten wohl auch ihre absolute Mehrheit im Parlament; der britische Botschafter Leeper hatte der EAM zuvor Chancen auf immerhin 100 Sitze im neuen Parlament eingeräumt[2].

Von einschneidender Bedeutung war der gewaltige Aufschwung der royalistischen Volkspartei, die noch Ende 1944 ohne nennenswerten Anhang war. Der kommunistische Aufstand des Dezembers 1944, die von weiten Teilen der Bevölkerung als Be-

[1] Vgl. Richter 1973: 586f u. Grothusen 1980: 664.

[2] Telegramm von Leeper an das *Foreign Office* vom 3.3.1946, in: FO 371/586 77, R 3347, zit. nach Esche 1982: 240f, Anm. 215.

drohung empfundene Nachbarschaft zu den Volksdemokratien Albanien, Jugoslawien und Bulgarien sowie die sich verschärfenden Spannungen zwischen den westlichen Alliierten und der Sowjetunion hatten das Entstehen einer breiten antikommunistischen Strömung begünstigt und die Rechte erstarken lassen. Die Propaganda der Royalisten hatte - die Ängste der Bevölkerung nutzend - systematisch die „kommunistische Gefahr“ heraufbeschworen und den gemäßigten Zentrumsparteien Unfähigkeit angesichts dieser Bedrohung vorgeworfen. Viele eigentlich republikanisch gesinnte Wähler gaben der Volkspartei ihre Stimme, weil sie glaubten, daß nur diese sich den gefürchteten Kommunisten wirksam entgegenstellen könnte. Die Parteien des Zentrums, die gegenüber der Zwischenkriegszeit stark zurückgefallen waren, drohten in dieser Konfrontation allmählich aufgerieben zu werden. Trotz der klaren Mehrheitsverhältnisse im Parlament bestand kaum Aussicht auf eine Entspannung bzw. Normalisierung der innenpolitischen Verhältnisse; angesichts der Unversöhnlichkeit der extremen Rechten wie Linken bestand die Gefahr eines neuen Bürgerkrieges fort.[1]

Am 27. April 1946 bildete der Vorsitzende der Volkspartei, Konstantinos Tsaldaris[2], ein Kabinett, in dem ausschließlich royalistische Politiker vertreten waren. Die kompromißlose Politik dieser Regierung ermöglichte es dem KKE-Chef Zachariadis, den in den Bergen sich anbahnenden bewaffneten Aufstand als legitime Notwehr eines unterdrückten Volkes darzustellen, das sich lediglich für die Verwirklichung der Demokratie und die Sicherung der Nationalen Unabhängigkeit einsetze.[3] Tsaldaris strebte eine baldige Rückkehr des Königs an und legte - entgegen der zwischen dem britischen Staatssekretär McNeill und der Regierung Sofoulis Ende November 1945 getroffenen Vereinbarung, eine Volksabstimmung nicht vor 1948 anzuberaumen[4] - den 1. September 1946 als Termin für die Durchführung des Plebiszits fest[5]. Die EAM, für die eine Volksabstimmung unter den gegebenen Umständen einem Staatsstreich gleichkam, drohte mit einem Bürgerkrieg. Gleichzeitig nahmen die Aktionen rechtsextremistischer Gruppen zu; im Mai 1946 berichtete die Londoner *Times* von einer Welle terroristischer Gewalt, die das Land erschütterte[6]. Am 18. Juni 1946

[1] Vgl. Esche 1982: 241. Bereits am Vorabend der Wahlen hatte auf Weisung des KKE-Generalsekretärs Zachariadis eine Partisanengruppe das am Fuß des Olymps gelegene Dorf Litochoro angegriffen. Der Überfall, der acht Tote und zwei Verletzte forderte, fand in der Presse wenig Beachtung. „Erst allmählich sollte einer erschreckten Öffentlichkeit bewußt werden, daß die Schüsse von Litochoro einen neuen Bürgerkrieg eröffnet hatten“ (Esche 1982: 242f). Kousoulas (1965: 239) setzt hier bereits den Beginnn der dritten Bürgerkriegsrunde, wenngleich die eigentliche systematische Konfrontation erst ab Jahresmitte 1946 begann; vgl. Woodhouse 1976: 169f.

[2] Ein Neffe des VP-Vorsitzenden der Zwischenkriegszeit, Panagis Tsaldaris.

[3] Vgl. Esche 1982: 244ff u. Richter 1973: 588ff.

[4] Vgl. Xydis 1963: 137.

[5] Vgl. Xydis 1963: 195.

[6] Vgl. *The Times* vom 07.05.1946.

setzte die Regierung mit ihrer absoluten Mehrheit im Parlament ein Notstandsgesetz durch, das die Grundrechte einschränkte und die Exekutive mit Sondervollmachten ausstattete.[1] In den folgenden Wochen fand dieses Gesetz ausschließlich gegen die Linke Anwendung: Zahlreiche (vermeintliche) Kommunisten wurden ohne Gerichtsverfahren auf abgelegene Inseln deportiert, während rechtsgerichtete Gruppen ungestört ihre Tätigkeit fortsetzen konnten. Der amerikanische Botschafter MacVeagh beobachtete diese Entwicklung mit wachsender Sorge. In einem Bericht an das *State Department* vom 3. August 1946 beklagte er, daß die Regierung alle Parteien, die sich gegen eine Rückkehr des Königs aussprachen, als Kommunisten diffamierte. Während Personen, die für die Metaxas-Diktatur eingetreten wären oder im Krieg mit den Besatzern kollaboriert hätten, unbehelligt blieben, scheue sich die Regierung nicht, in ihrem Kampf gegen die Linke die Hilfe „verrufener royalistischer bewaffneter Elemente" in Anspruch zu nehmen. MacVeagh befürchtete, daß die „extremistische Politik" die Ressentiments gegen den König verstärken und der KKE wieder Sympathien zuführen könnte.[2]

Bei dem Plebiszit am 1. September 1946 ging es nicht um die Frage des politischen Regimes - Monarchie oder Republik - sondern der Rückkehr des Königs.[3] Es endete mit einem überraschend deutlichen Sieg der Royalisten: 68,41% sprachen sich für die Rückkehr Georgs II. aus[4]. Auch wenn das Ergebnis durch Manipulationen der Regierung um einige Prozentpunkte zugunsten des Königs verschoben war,[5] muß man davon ausgehen, daß eine klare Mehrheit der Bevölkerung gegen die Abschaffung der Monarchie votiert hatte. Von der Regierungspropaganda vor die Alternative Rückkehr des Königs oder Kommunismus gestellt, hatten viele Kritiker der Monarchie letztlich doch Georg II. ihre Stimme gegeben, der am 27. September in Athen eintraf.

---

[1] Das Notstandsgesetz sah die Todesstrafe für Delikte vor, die die Sicherheit des Staates gefährdeten, erlaubte der Polizei, eine Ausgangssperre zu verhängen und Hausdurchsuchungen ohne richterliche Vollmachten vorzunehmen, ermöglichte das Verbot von Streiks und Demonstrationen sowie die Internierung von Personen, die ein Sichheitsrisiko darstellten, ohne Gerichtsverhandlung; vgl. Woodhouse 1976: 177 u. Esche 1982: 246f. Die gesamte Legislaturperiode 1946-1951 war durch die Übertragung legislativer Kompetenzen auf die Regierung gekennzeichnet; vgl. dazu Alivizatos 1979: 121ff.

[2] Telegramm von MacVeagh an den *Secretary of State* vom 3.8.1946, in: Foreign Relations of the Unites States. Diplomatic Papers, 1946, VII, zit. nach Esche 1982: 248.Vgl. auch Richter 1973: 588ff.

[3] Vgl. Alivizatos 1979: 119.

[4] Bei einer Wahlbeteiligung von 87% waren das 59,13% aller Stimmberechtigten; vgl. Grothusen 1980: 665.

[5] Vgl. Stavrianos 1952a: 175.

1.2.5 Die dritte Bürgerkriegsrunde

Der sich in den Erfolgen des royalistischen Lagers bei den Parlamentswahlen und dem Plebiszit ausdrückende Rechtsruck der Wähler bestärkte die KKE-Führung in ihrem Entschluß, mit Guerilla-Aktionen zu antworten und den bewaffneten Aufstand, die dritte Runde des Bürgerkrieges, aufzunehmen auch in der Hoffnung auf die Hilfe der kommunistischen Staaten.[1]

Die Kommunisten forcierten nunmehr den Aufbau einer regelrechten Armee. Ende Oktober 1946 wurde das Generalhauptquartier der Demokratischen Armee Griechenlands (DSE = *Dimokratikos Stratos Elladas*) gegründet. Die DSE war besonders in Nordgriechenland aktiv. Ihre Taktik, die aus Angriffen auf entlegene Polizeistationen, Sabotageakten und Störungen der Verkehrsverbindungen in den Ebenen bestand, war so erfolgreich, daß sich die Regierungsstreitkräfte in Makedonien und Thessalien bereits Anfang November in die Städte zurückziehen mußten; die DSE beherrschte die Gebirgsregionen von der albanischen Grenze bis zum Olympmassiv. In britischen und amerikanischen Regierungskrisen verschärfte sich unterdessen der Verdacht, daß die Volksdemokratien Albanien, Jugoslawien und Bulgarien die Guerillas mit Waffen, Munition und Lebensmitteln versorgten und ihnen freien Grenzübertritt gewährten. Anfang 1947 weitete die DSE, deren Stärke von anfänglich 2.000 Mann mittlerweile auf 11.000 bis 14.800 angestiegen war, ihre Aktionen auch erfolgreich nach Süden aus.[2]

Entsprechend optimistisch beurteilte die KKE Anfang 1947 ihre Lage. Dabei ging sie davon aus, daß Großbritannien aus wirtschaftlichen und politischen Gründen - eine tiefgreifende Finanz- und Wirtschaftskrise erschütterte die Vormachtstellung Großbritanniens im östlichen Mittelmeerraum - seine Streitkräfte in absehbarer Zeit aus Griechenland abziehen und eine militärische Intervention wie im Dezember 1944 unter allen Umständen vermeiden würde. Überdies erhofften sich die griechischen Kommunisten über die bisherigen Hilfeleistungen hinausgehende Unterstützung durch die benachbarten Volksdemokratien sowie die Sowjetunion selbst. Deren vorsichtige, doch insgesamt wohlwollende Haltung - im Februar und August 1946 brachten sowjetische Diplomaten die „griechische Frage“ im UN-Sicherheitsrat zur Sprache und beschuldigten die „aggressiven monarchistischen Kräfte“ der griechischen Regierung und die sie unterstützenden britischen „Besatzungstruppen“ der Ge-

[1] Zu dieser auch in der KKE umstrittenen Frage vgl. Smith 1977: 15ff.
[2] Vgl. Esche 1982: 252ff.

fährdung des Friedens auf dem Balkan[1] - veranlaßte die KKE zu einer Fehlinterpretation des Kräfteverhältnisses der Großmächte in Südosteuropa. Die KKE-Leitung rechnete damit, daß die Sowjetunion ungehindert in das nach einem britischen Rückzug aus Griechenland entstehende Machtvakuum stoßen würde, übersah dabei jedoch das wachsende strategische und politische Interesse der USA an Griechenland. Nachdem die USA zunächst in dem 1944 offen zutage tretenden sowjetisch-britischen Interessenkonflikt auf dem Balkan neutral geblieben waren, wollten sie 1947 eine eventuelle Eingliederung Griechenlands in den sowjetischen Einflußbereich mit Blick auf die künftige Orientierung der Länder des Nahen und Mittleren Ostens mit allen Mitteln verhindern.[2]

Eine innere Stabilisierung des Landes war nach amerikanischer Auffassung nur durch eine umfangreiche Finanz- und Wirtschaftshilfe zu gewährleisten. Bereits im Dezember 1946 hatte US-Präsident Truman den Finanzfachmann P. Porter zum Leiter einer Amerikanischen Wirtschaftsmission für Griechenland (*American Economic Mission to Greece*) ernannt, die im ersten Quartal 1947 eine Analyse der ökonomischen Bedingungen in Griechenland erarbeiten sollte. Darüber hinaus empfahl der amerikanische Außenminister G. C. Marshall die Bildung einer neuen Regierung auf breiter nationaler Basis, die nur die Parteien der extremen Rechten und Linken ausschließen sollte. Die nach dem kurz darauf erfolgten Rücktritt Tsaldaris' vom parteilosen Bankier D. Maximos am 24. Januar 1947 gebildete Koalitionsregierung aus Volkspartei, Nationaler Politischer Union und Nationaler Partei konnte jedoch auch nicht dem Anspruch eines möglichst repräsentativen Kabinetts genügen.[3] Die USA begannen die traditionell von Großbritannien wahrgenommene Rolle der ausländischen Schutzmacht zu übernehmen. Am 21. Februar 1947 unterrichtete die britische Botschaft in Washington die amerikanische Regierung in einem Memorandum, daß Großbritannien die erforderlichen Hilfeleistungen für Griechenland aufgrund der eigenen angespannten Wirtschaftslage nur noch bis zum 31. März 1947 aufrechterhalten könnte, und bat die USA, die bisher von ihm getragenen finanziellen Lasten zu übernehmen, um die Unabhängigkeit und Integrität Griechenlands sicherzustellen. Ein weiteres Memorandum bat um entsprechende Militär- und Wirtschaftshilfe für die Türkei.[4] Vier Tage später, am 25.2.1947 stimmte Truman der Durchführung eines Sonderprogramms zur Unterstützung der Türkei und Griechenlands zu. Am 12. März 1947 erklärte er in seiner als Truman-Doktrin berühmt gewordenen Rede im Reprä-

---

[1] Vgl. Esche 1982: 256ff u. Xydis 1963: 163ff.
[2] Vgl. Esche 1982: 259ff.
[3] Vgl. Esche 1982: 263f.
[4] Vgl. Esche 1982: 265.

sentantenhaus[1], daß durch die Geschehnisse in Griechenland die nationalen Sicherheitsinteressen der USA tangiert würden. Sollte Griechenland unter die Kontrolle einer bewaffneten Minderheit fallen, würde dies auch ernste Folgen für die Türkei haben; Verwirrung und Unordnung könnten sich leicht über den gesamten Nahen Osten ausbreiten. Truman vertrat die Auffassung, daß es die Politik der USA sein müßte, freie Völker, die sich dem Unterjochungsversuch durch eine bewaffnete Minderheit oder äußeren Druck widersetzten, zu unterstützen. Im Interesse der Demokratie und des Weltfriedens ersuchte er daher den Kongreß, für ein zunächst bis zum 1.8.1948 befristetes Sonderprogramm zur Unterstützung Griechenlands und der Türkei 400 Millionen $ bereitzustellen. Die Ankündigung Trumans, in aller Welt die Ordnungsprinzipien westlicher Demokratie gegen die kommunistische Bedrohung verteidigen zu wollen, leitete eine neue Phase der US-Außenpolitik ein.[2]

Für die griechischen Kommunisten bedeutete die Trumandoktrin einen Schock, während sie den Kräften des bürgerlichen Lagers, die den Kampf gegen die Kommunisten angesichts der Erfolge der DSE zum Teil schon als verloren angesehen hatten, neuen Auftrieb gab; die „psychologische Wirkung der Rede Trumans kann in diesem Zusammenhang nicht hoch genug eingeschätzt werden“[3].

Ende April/Anfang Mai 1947 wurde das Sonderprogramm zur Unterstützung Griechenlands und der Türkei im Kongreß und im Senat mit deutlicher Mehrheit verabschiedet, am 22.5.1947 unterzeichnete Präsident Truman ein entsprechendes Gesetz. Griechenland sollte zunächst bis Juni 1948 wirtschaftliche und militärische Hilfe in Höhe von 300 Millionen Dollar erhalten. Es wurde eine Amerikanische Mission zur Unterstützung Griechenlands (AMAG = *American Mission for Aid to Greece*) nach Athen entsandt, die in enger Zusammenarbeit mit der amerikanischen Botschaft die militärischen und wirtschaftlichen US-Hilfeleistungen koordinieren und ihre Effektivität überwachen sollte,[4] sich darüber hinaus aber auch nach Kräften in die griechische Innenpolitik einmischte[5]. Für den Vierjahreszeitraum von 1947 bis 1951 belief sich die US-Hilfe dann auf 1.572 Millionen $, wovon 627 Millionen Militärhilfe waren; bis zum 30.6.1964 betrug die US-Hilfe 3.984 Millionen $, davon entfielen auf die Militärhilfe 1.740 Millionen und auf die Marshallplanhilfe 1.095 Millionen.[6]

[1] Text der Rede in: Public Papers of the Presidents of the Unites States. Harry S. Truman. Containing the Public Messages, Speeches and Statements of the President, Jan. 1 to Feb. 31, 1947, Washington 1963: 176ff.
[2] Zur Truman-Doktrin aus griechischer Sicht vgl. Xydis 1963: 478ff.
[3] Esche 1982: 268.
[4] Vgl. Esche 1982: 269.
[5] Stand bereits die Ablösung der Regierung Tsaldaris im Januar 1947 unter amerikanischem Einfluß, so war dies bei der Ablösung der Regierung Maximos durch Sofoulis, dessen Partei im Parlament nur in der Minderheit war, noch deutlicher der Fall; vgl. Woodhouse 1951: 412.
[6] Vgl. Xydis 1963: 533 u. Meynaud 1965: 412ff.

Parallel zur Gewährung der Wirtschafts- und Finanzhilfe bemühten sich die USA, über die Einschaltung der UNO der Einmischung der benachbarten Volksdemokratien in den griechischen Bürgerkrieg entgegenzuwirken. Ende Mai 1947 verabschiedete eine zur Untersuchung der griechischen Grenzzwischenfälle eingesetzte UN-Kommission einen von der Sowjetunion, Polen und Frankreich nicht unterzeichneten Abschlußbericht, der Albanien, Bulgarien und in besonderem Maße Jugoslawien beschuldigte, die griechischen Guerillas materiell und moralisch zu unterstützen.[1]

In Griechenland selbst drängten die USA über ihre Botschaft und die AMAG auf eine Liberalisierung der griechischen Regierung. Man wollte eine Regierungskoalition aller im Parlament vertretenen Parteien, die in der Weltöffentlichkeit, vor allem aber in Griechenland selbst größeres Ansehen und mehr Unterstützung genießen würde. Auseinandersetzungen um die rücksichtslose Vorgehensweise des Ministers für Öffentliche Ordnung und Vorsitzenden der ultrarechten Nationalen Partei, Zervas, lösten im August 1947 eine schwere Kabinettskrise aus, in deren Folge mehrere Minister und Ministerpräsident Maximos selbst zurücktraten. Die griechischen Politiker zeigten sich jedoch trotz der Bürgerkriegssituation - wie schon so oft zuvor in der Geschichte des neugriechischen Staates - unfähig, eine Einigung über die Parteigrenzen hinweg zu erzielen. Erst auf die massive Einflußnahme der USA hin, verbunden mit der Drohung, die amerikanische Hilfe einzuschränken, begannen die Parteiführer der Volkspartei und der Liberalen, Tsaldaris und Sofoulis, konstruktiv miteinander zu verhandeln. Am 7. September 1947 wurde eine Koalitionsregierung der beiden Parteien gebildet, mit Sofoulis als Ministerpräsidenten und Tsaldaris als dessen Stellvertreter und Außenminister; die Nationale Politische Union (Kanellopoulos, S. Venizelos, G. Papandreou) war zwar nicht in der Regierung vertreten, versicherte diese aber ihrer Unterstützung.[2] Die auch in der Folgezeit offenkundige Mitwirkung von Vertretern Großbritanniens und vor allem der USA bei innergriechischen Entscheidungen auf höchster Regierungsebene ließ die KKE von einer angloamerikanischen Kontrolle des Kabinetts Sofoulis sprechen, und in der Tat konnte Griechenland in dieser Phase durchaus als ein Staat mit nur noch begrenzter Souveränität bezeichnet werden.[3]

Am 24. Dezember 1947 machte die KKE ihre bisher nur als Drohung formulierte Absicht der Bildung einer Gegenregierung in den Bergen wahr: Die Radiostation des DSE-Generalhauptquartiers gab die Gründung einer ausschließlich von Kommunisten getragenen „Provisorische[n] Demokratische[n] Regierung des Freien Griechenland“ (PDK = *Prosorini Dimokratiki Kyvernisi tis Eleftheris Elladas*) bekannt.

[1] Vgl. Esche 1982: 270.
[2] Vgl. Esche 1982: 281ff.
[3] Vgl. Esche 1982: 327.

Ministerpräsident und zugleich Kriegsminister wurde das ZK-Mitglied Vafeiadis, Stellvertreter und Innenminister der nach Zachariadis zweitwichtigste Mann in der Parteihierachie, Ioannidis.[1] In einer programmatischen Erklärung nannte die PDK die Wiederherstellung der nationalen Unabhängigkeit und die Errichtung einer Volksdemokratie als ihre Hauptziele; alle „patriotischen Griechen" wurden aufgefordert, den Kampf der DSE für eine „volksdemokratische Erneuerung des Landes" zu unterstützen.[2] Das griechische Parlament reagierte auf diesen Schritt mit dem offiziellen Verbot der EAM/KKE; allen Mitgliedern der PDK wurde die griechische Staatsangehörigkeit aberkannt, es kam zu umfangreichen Verhaftungen.[3] „Der Kleinkrieg bewaffneter Banden, der mit dem Überfall auf Litochoro am 31. März 1946 begonnen hatte, war nun endgültig zu einem offenen Bürgerkrieg eskaliert."[4]

Zur Enttäuschung der KKE wurde ihre provisorische Regierung von keinem Land der Welt diplomatisch anerkannt; selbst die kommunistischen Staaten ignorierten auf Geheiß der Sowjetunion die Bildung einer Gegenregierung.[5] Auch gelang es der DSE nicht, die als Regierungssitz vorgesehene, nahe der albanischen Grenze gelegene Stadt Konitsa zu erobern.[6] Diese politischen und militärischen Rückschläge der KKE veranlaßten die griechische Regierung zu der allzu optimistischen Annahme, die DSE noch 1948 entscheidend schlagen zu können. Sie übersah dabei, daß die massive militärische und wirtschaftliche Unterstützung durch die USA allein noch keine Garantie für eine baldige Beendigung des Bürgerkrieges war. Noch immer waren die Kampfkraft der DSE und die Zahl ihrer Anhänger nicht unerheblich; sie kontrollierte nach wie vor alle unwegsamen Bergregionen. Auch wenn die Kommunisten Ende 1947/Anfang 1948 kaum noch Aussicht hatten, die Regierungsstreitkräfte zu schlagen und in Athen die Macht zu übernehmen, so waren sie doch in der Lage, ihn über Jahre hinweg zermürbend fortzuführen, bis sich eventuell die nationalen und internationalen Bedingungen zu ihren Gunsten verändert hätten.[7]

Innerhalb der KKE-Führung selbst lösten die politischen und militärischen Mißerfolge eine heftige Kontroverse um die weitere militärische Strategie aus. Während der Ministerpräsident der PDK und Oberbefehlshaber der DSE, Vafeiadis, weiterhin auf die bewährte Partisanentaktik setzen wollte, um den materiell und personell überlegenen Gegner zu zermürben, setzte der KKE-Generalsekretär die Umwandlung der DSE in eine reguläre Armee durch. Trotz einiger Achtungserfolge konnte die

[1] Vgl. Eudes 1970: 406f u. Kousoulas 1965: 248.
[2] Zum Programm der PDK vgl. Eudes 1970: 407.
[3] Vgl. Eudes 1970: 407.
[4] Esche 1982: 287.
[5] Vgl. Kousoulas 1965: 249 u. Eudes 1970: 409.
[6] Vgl. Woodhouse 1976: 219ff.
[7] Vgl. Esche 1982: 290f.

DSE dem Übergang vom Guerilla- zum regulären Stellungskrieg langfristig nicht gewachsen sein. Der DSE gelang es weder ein größeres zusammenhängendes Gebiet auf Dauer zu halten noch eine größere Stadt einzunehmen.[1]

Die auf beiden Seiten verlustreichen Kämpfe wurden Ende 1948 von einem internationalen Ereignis überschattet, das sich für die KKE als folgenschwer erweisen sollte: Am 28. Juni 1948 gab eine Resolution des Kominformbüros den Ausschluß der Kommunistischen Partei Jugoslawiens (KPJ) bekannt.[2] Die Auseinandersetzungen im sozialistischen Lager stellten die KKE vor eine schwierige Entscheidungsalternative. Machte sie sich die Position des Kominformbüros zu eigen, bedeutete dies den Verlust der Unterstützung Jugoslawiens, das über die sichersten Nachschubrouten entlang der Grenze verfügte. Stellte sie sich auf die Seite Titos, verlor sie den Rückhalt aller anderen sozialistischen Staaten, einschließlich der Nachbarn Albanien und Bulgarien. Die enge ideologische Bindung der KKE-Führung an die KPdSU gab schließlich den Ausschlag für eine Entscheidung zugunsten des Kominformbüros, worauf Jugoslawien - auch im Rahmen einer vorsichtigen Westorientierung seiner Außenpolitik - mit einer Verringerung seiner Nachschublieferungen an die DSE reagierte.[3]

Noch nachteiliger für die griechischen Kommunisten wirkte sich ihr Versprechen aus, der slawomakedonischen Minderheit in Nordgriechenland im Falle eines Sieges im Bürgerkrieg staatliche Autonomie zusichern zu wollen. Das Eintreten für ein unabhängiges autonomes Makedonien, womit man noch mehr Slawomakedonen für den gemeinsamen Kampf gegen die griechische Regierung gewinnen wollte, führte nicht nur zum offenen Bruch mit der KPJ, die dahinter ein gegen den Bestand des jugoslawischen Vielvölkerstaates gerichtetes Komplott des Kominformbüros vermutete und ihre Hilfeleistungen weiter zurückschraubte, sondern auch zu einer völligen Isolation der KKE in Griechenland selbst.[4] Alle Parteien, auch die vormals mit den Kommunisten in der EAM verbündeten Sozialisten, verurteilten das Vorgehen der KKE. Die Regierung verfügte, fortan gegen jedes eingeschriebene Mitglied der KKE Anklage wegen Hochverrats zu erheben. Als die kommunistische Führung das Ausmaß des in der öffentlichen Meinung angerichteten Schadens erkannte, versuchte sie vergebens, durch - überdies wenig überzeugende - Dementis der antikommunistischen Strömung entgegenzuwirken. Das Vertrauen und die Sympathie, die die Kommunisten durch

---

[1] Zur Kontroverse um den Übergang vom Partisanenkrieg zur offenen Feldschlacht vgl. Esche 1982: 292ff.

[2] Ihr wurde vorgeworfen, in ihrer Innen- und Außenpolitik von den Prinzipien des Marxismus-Leninismus abgewichen zu sein. Vor allem aber war die KPJ nicht bereit, sich dem absoluten Führungsanspruch der KPdSU im sozialistischen Lager zu unterwerfen.

[3] Vgl. Esche 1982: 301f.

[4] Vgl. dazu Esche 1982: 321ff.

ihr betont nationales Engagement im Widerstandskampf während der Besatzungszeit bei weiten Teilen der Bevölkerung gewonnen hatten, hatten sie durch ihre antinationale Wendung in der „makedonischen Frage“ endgültig verspielt. Die große Mehrheit der Bevölkerung sah nunmehr - unabhängig von ihrem sonstigen politischen Standpunkt - die Niederlage der Guerillas als „ein Ereignis von erstrangiger nationaler Bedeutung“[1] an; das unkluge Taktieren der KKE-Führung in der „makedonischen Frage“ trug damit zur Beschleunigung der sich abzeichnenden Niederlage der DSE bei.[2]

Die geringere Unterstützung der Zivilbevölkerung für die Rebellen, die im Vergleich zum Vorjahr schlechtere Versorgungslage der DSE sowie nicht zuletzt die nochmals verstärkte Militärhilfe der USA und eine Reorganisation der griechischen Nationalarmee ließen den kommunistischen Aufstand schließlich im Sommer 1949 zusammenbrechen.[3] Die Regierungsoffensive im Winter 1948/1949 gestaltete sich bereits weitaus erfolgreicher als ein Jahr zuvor. Die DSE konnte ihre hohen Verluste durch die von ihr während der gesamten Bürgerkriegszeit praktizierten Zwangsrekrutierungen nicht mehr ausgleichen; in den ersten drei Monaten des Jahres 1949 sank die Zahl ihrer Guerillas von 24.000 auf kaum mehr als 19.000. Demgegenüber waren die Regierungsstreitkräfte um weitere 15.000 Rekruten verstärkt worden und erreichten damit einschließlich der Nationalgarde eine Stärke von 263.000 Mann.[4] Um die zahlenmäßig erdrückende Überlegenheit aber auch endlich kriegsentscheidend nutzen zu können, nahm die griechische Regierung auf Drängen der USA[5] einschneidende organisatorische und personelle Umstrukturierungen in der Armee vor. Am 20. Januar 1949 beauftragte Ministerpräsident Sofoulis General Papagos, dem seit dem Sieg über die Italiener der Mythos eines „Retters der Vaterlandes“ anhing, mit dem Oberkommando der griechischen Streitkräfte, das bis dahin die USA ausgeübt hatten. Der mit weitgehenden, nahezu diktatorischen Vollmachten[6] ausgestattete Papagos löste unnachsichtig von ihm als unfähig erachtete Frontkommandeure ab und versuchte erfolgreich, durch ein verschärftes Training den Kampfgeist der Truppen zu erhöhen. Anfang Juli 1949 eröffnete Papagos den lange erwarteten letzten Angriff auf die DSE.[7] Die Schließung der jugoslawisch-griechischen Grenze am 10. Juli 1949 und die damit verbundene vollständige Einstellung der Unterstützung sei-

---

[1] Esche 1982: 323.
[2] Vgl. Esche 1982: 323.
[3] Zum Endkampf im Sommer 1949 vgl. Esche 1982: 323ff.
[4] Vgl. Esche 1982: 325f.
[5] Die USA machten für die erfolglose Sommeroffensive 1948 ein Versagen der militärischen Führung sowie die mangelhafte Moral der Truppe verantwortlich.
[6] Vgl. dazu Alivizatos 1979: 144f. Alivizatos sieht die dem Oberkommandierenden aufgrund der Bürgerkriegssituation erteilten Kompetenzen als einen Beschleunigungsfaktor in dem seit Mitte der 30er Jahre laufenden Prozeß der Autonomisierung der militärischen gegenüber der zivilen Macht.
[7] Vgl. Eudes 1970: 463ff.

tens Jugoslawiens beschleunigte die unvermeidliche kommunistische Niederlage.[1] Am 28. August 1949 ordnete das DSE-Generalhauptquartier den allgemeinen Rückzug nach Albanien an; in der Nacht vom 29. auf den 30. August verließen die letzten Verbände ihrer Hauptstreitmacht griechischen Boden.[2] Nachdem die „Provisorische Demokratische Regierung" am 16. Oktober 1949 schließlich auch offiziell die Einstellung des bewaffneten Widerstands bekanntgegeben hatte, erklärte der amerikanische Außenminister Acheson drei Tage später in einer Pressekonferenz, daß der griechische Bürgerkrieg definitiv der Vergangenheit angehöre.[3]

Mit dem Sieg der Regierungsstreitkräfte über die kommunistischen Guerillas endete ein sich seit Oktober 1943 über drei Runden hinziehender Bürgerkrieg, der etwa 158.000 Menschenleben forderte und weite Landstriche verwüstete.[4] Der Versuch der KKE-Führung um Zachariadis, gewaltsam eine „Volksdemokratie" zu etablieren, endete mit einer für die kommunistische Bewegung in Griechenland verheerenden Niederlage. Die KKE, der auf ihrem Höhepunkt während der Besatzungszeit fast eine halbe Million Griechen angehört hatten, hatte zumindest in Griechenland selbst aufgehört zu existieren. Intakte Parteiorganisationen gab es nur unter den in die sozialistischen Nachbarstaaten geflohenen Kommunisten, deren Zahl auf etwa 100.000 geschätzt wird[5]. Auch die Führungsspitze der Partei hatte das Land verlassen ; nach Zwischenaufenthalten in Albanien und Ungarn wurde Moskau Sitz des KKE-Zentralkomitees.[6]

1.3 Der Antikommunismus als Staatsideologie

Der Bürgerkrieg hat tiefe, belastende Spuren im politischen System und der politischen Kultur Griechenlands hinterlassen und die Entwicklung des Landes bis in die Zeit nach der Militärdiktatur (1967-1974) beeinflußt. Nachdem die tiefe Kluft zwischen Republikanern und Royalisten bzw. Venizelisten und Antivenizelisten zunächst durch den erfolgreichen Abwehrkampf gegen die italienischen Angreifer 1940/41 und dann den Widerstandskampf gegen die Besatzungsmächte überbrückt worden war, durchzog ein neuer Riß die griechische Bevölkerung. Auch nach Beendigung des Bürgerkrieges gelang die Befriedung der Gesellschaft nicht. Terror- und

[1] Vgl. Esche 1982: 335f.
[2] Zur letzten Niederlage der DSE im Grammosmassiv vgl. Woodhouse 1976: 281ff.
[3] Vgl. Esche 1982: 340f.
[4] Vgl. Kousoulas 1965: 270, Anm. 21 u. Woodhouse 1976: 285f. Der wirtschaftliche Schaden wird auf mehr als eine Milliarde US-$ (Wert 1948) geschätzt; vgl. Korisis/Lepszy 1991: 213.
[5] Vgl. Korisis/Lepszy 1991: 213.
[6] Vgl. Esche 1982: 342.

Willkürakte von beiden Seiten, weitreichende Freiheitsbeschränkungen sowie die teilweise Verselbständigung von Militär und Polizei führten zu einer Erschütterung der Rechtsordnung und einer entfremdeten politischen Kultur in Griechenland. Die über den Bürgerkrieg hinaus fortbestehende Spaltung der griechischen Gesellschaft und die weitgehende politische Ausschaltung nicht nur der Kommunisten, sondern der Linken überhaupt standen - ungeachtet einiger positiver Ansätze - dem Aufbau einer langfristig stabilen parlamentarischen Demokratie entgegen.[1]

Die USA, die nunmehr die traditionelle Rolle der „Schutzmacht" von Großbritannien übernommen hatten, wollten eine vollständige Wiederherstellung rechtsstaatlicher Verhältnisse in Griechenland, doch die Widerstände der führenden griechischen Politiker, vor allem aber der Militärs gegen eine Politik der nationalen Versöhnung ließen bereits sehr früh erkennen, „daß der amerikanischen Konzeption einer demokratischen Erneuerung nur ein begrenzter Erfolg beschieden sein würde."[2] Die griechischen Kommunisten waren zwar mit der Niederlage der Demokratischen Armee auf Jahre hinaus als relevanter Machtfaktor von der politischen Bühne verschwunden, doch wurden die aus dem Bürgerkrieg als Sieger hervorgegangenen politischen Kräfte der Rechten und des Zentrums nicht müde, die kommunistische Gefahr zu beschwören, sobald sich eine sozialistische oder radikaldemokratische Opposition zu formieren begann. Über ein Viertel Jahrhundert prägte bzw. lähmte das Gespenst des Kommunismus das politische Leben in Griechenland, stand das Land im Zeichen dieser aus dem Bürgerkrieg herrührenden Angst. Die Furcht vor dem Kommunismus stärkte die Rolle der Monarchie, nicht zuletzt wegen der Treue der Armee zur Krone als Pfeiler der etablierten Ordnung. Zahlreiche ursprünglich republikanisch gesinnte Politiker wechselten in das monarchistische Lager.[3] Jegliche reformistischen oder progressiven Ideen mußten in diesem Klima suspekt erscheinen.[4] Das Fortwirken der Bürgerkriegsmentalität zeigte sich auch in der Beibehaltung autoritärer Instrumente der Exekutive[5] sowie der starken Beschneidung der rechtsstaatlichen wie demokratischen Garantien, welche auf Notstandsbasis gerechtfertigt wurden. Die „außerordentlichen Maßnahmen" wie Militärgerichte, Deportationen, Entzug der Staatsbürgerschaft, Gesinnungszertifikate für die Ausstellung eines Passes oder Gewerbescheins, die Zulassung zur Universität u. ä.[6] blieben rund 20 Jahre in Kraft und boten

---

[1] Vgl. dazu auch unter IV. Abschnitt 3.
[2] Esche 1982: 342.
[3] Vgl. Meynaud 1965: 315.
[4] Vgl. Dimitras 1987: 64.
[5] Zur Institutionalisierung des antikommunistischen Staates in den Bürgerkriegsjahren vgl. Katiforis 1975: 31ff u. Alivizatos 1979: 117ff, 421ff.
[6] Überblick bei Meynaud 1965: 177ff.

der Exekutive die Möglichkeit zum Machtmißbrauch gegen Oppositionelle überhaupt.

Der Antikommunismus, der nach dem Verlust der *Megali Idea* als überragender politischer Leitidee in der Metaxas-Diktatur einen ersten Höhepunkt erreicht hatte[1], wurde zur Staatsideologie, zum wichtigsten Instrument sozialer Kontrolle und Demobilisierung, womit die restriktive Natur des griechischen politischen Systems abgesichert wurde. Er durchzog sämtliche Institutionen des Nachkriegsstaates. Sein Hauptcharakteristikum war die Unterteilung der griechischen Bürger in zwei sich gegenseitig ausschließende Klassen: die „national Gesinnten" (*ethnikofrones*) einerseits, deren Loyalität zum bestehenden militant antikommunistischen politischen System sowie zur traditionellen Werten verhafteten sozialen Ordnung außer Frage stand, und die „nicht national Gesinnten" (*mi ethnikofrones*) andererseits, die auf die eine oder andere Form die etablierte politische und soziale Ordnung ablehnten oder ihr auch nur kritisch gegenüberstanden und denen aus diesem Grund die gleichberechtigte Partizipation am politischen System wie überhaupt am öffentlichen Leben durch eine Reihe - oftmals am Geist und an den Bestimmungen der Verfassung von 1952 vorbeigehender - repressiver, willkürlicher Gesetze und Regierungsdekrete verweigert wurde.[2] Das Ausmaß dieser Zwei-Klassen-Unterteilung, das sich im Verlauf der 50er und 60er Jahre je nach politischer Konjunktur vergrößerte und verminderte[3], erreichte schließlich seinen quantitativen wie qualitativen Höhepunkt unter der Diktatur der Obristen[4], die ihre Gegner, zu denen dann auch ehemals „national Gesinnte" zählten, auf der Basis der in der Bürgerkriegszeit entwickelten antikommunistischen Gesetzgebung verfolgten.

2. Das Scheitern des liberalen Kurses 1949-1952

Nach dem Ende des Bürgerkrieges erhoffte sich die Mehrheit der Bevölkerung zunächst von den liberalen Zentrumsparteien die innere Befriedung des Landes, verbunden mit der Wiederherstellung rechtsstaatlicher Verhältnisse und dem Aufbau der zerrütteten Wirtschaft. Es kam jedoch zu keiner Stabilität; die Jahre 1949 bis 1952

---

[1] Vgl. unter III: Abschnitt 5.3.

[2] Vgl. Alivizatos 1979: 413ff. Während sich die „national Gesinnten" auf die Rechte und Bestimmungen der Verfassung von 1952 berufen konnten, wurden die bürgerlichen Rechte der „nicht national Gesinnten" bis zum Fall der Militärdiktatur 1974 durch eine regelrechte „Paraverfassung" (*Parasyntagma*) eingeschränkt; vgl. dazu auch unter IV. Abschnitt 3.3.1.

[3] Vgl. Alivizatos 1979: 415ff.

[4] Vgl. Alivizatos 1979: 479ff.

zeichnen sich vielmehr durch das Fehlen einer beständigen regierungsfähigen Mehrheit im Parlament aus, und am Ende war der liberale Kurs zum Scheitern verurteilt.[1]

Nach dem Tod des liberalen Ministerpräsidenten Sofoulis im Juni 1949 hatte sein Stellvertreter Alexandros Diomedes von der Volkspartei dessen Amt übernommen. Bereits Anfang Januar 1950 trat er jedoch nach einer Auseinandersetzung mit dem neuen Vorsitzenden der Liberalen Partei und stellvertretenden Ministerpräsidenten, Sophoklis Venizelos, zurück. Eine Übergangsregierung unter Ioannis Theotokis wurde mit der Vorbereitung der regulär für März 1950 angesetzten Parlamentswahlen beauftragt.

Die nach einem einfachen Verhältniswahlsystem abgehaltenen Parlamentswahlen am 5. März 1950[2], bei denen insgesamt 44 Parteien antraten, von denen sich 25 zu neun Koalitionen zusammenschlossen[3], markierten das Ende einer Ära: Die beiden großen Parteien der Zwischenkriegszeit verloren ihre unangefochtene Führungsposition. Die Volkspartei erhielt nur noch 18,8% der Stimmen und 62 von 250 Sitzen, die Liberale Partei 17,24% bzw. 56 Mandate. Die Mehrheit der Wähler stimmte für neue Gruppierungen, ein deutliches Zeichen für den Wunsch nach Reformen und einen Neuanfang im politischen Leben des Landes.[4] Die erst am 15. Dezember 1949 gegründete linksliberale Nationale Fortschrittliche Zentrumsunion (EPEK = *Ethniki Proodeftiki Enosis Kentrou*) unter dem populären Nikolaos Plastiras und Emmanouïl Tsouderos, 1931 bis 1939 Gouverneur der Bank von Griechenland, fand mit ihrem Schlagwort vom „Wechsel“ bei den vom Bürgerkrieg sowie den fortdauernden Regierungskrisen gezeichneten Wählern Anklang[5] und galt mit auf Anhieb 16,44% der Stimmen und 45 Sitzen als eigentlicher Wahlsieger. Die von Georgios Papandreou gegründete Demokratische Sozialistische Partei (*Dimokratiko Sosialistiko Komma*), die sich als Vertretung der gesamten Linken, einschließlich der aus dem politischen Leben verbannten „Kommunisten“ verstand, letztlich jedoch dem Lager des Zentrums zuzurechnen war, kam auf 10,67% und 35 Mandate. Das Demokratische Lager (*Dimokratiki Parataxis*), in dem sich verschiedenen linke Gruppierungen und die sozialistische ELD zusammengefunden hatten[6], erhielt 9,7% und 18 Sitze. Das rechte Unabhängige Politische Lager (PAP = *Politiki Anexartitos Parataxis*), dem unter anderem der frühere Minister für Öffentliche Sicherheit zur Zeit des Metaxas-Regimes

---

[1] Überblick bei Linardatos 1978/1979: I.
[2] Vgl. dazu Meynaud 1965: 87ff.
[3] Vgl. Meynaud 1965: 89.
[4] Insgesamt traten in den Jahren 1946 bis 1964 95 Parteien auf der politischen Bühne in Erscheinung. Dabei fand ein deutlicher Konzentrationsprozeß statt: Traten 1950 noch 44 Parteien allein oder als Mitglied einer Koalition an, waren es 1964 nur noch vier, von denen zwei eine Koalition bildeten; vgl. Meynaud 1965: 47. Zu Kurzinformationen über diese 95 Parteien vgl. ebd.: 467ff.
[5] Vgl. Korisis 1980: 40.
[6] Vgl. dazu Mathiopoulos 1961: 156f.

und Innenminister der Exilregierung Tsouderos, Konstantinos Maniadakis, angehörte, kam auf 8,15% und 16 Mandate. Das einfache Verhältniswahlsystem förderte die Parteienzersplitterung: Alle der insgesamt zehn im Parlament vertretenen Parteien blieben unter einem Stimmenanteil von 20%.[1]

Ergebnis der Parlamentswahlen vom 5. März 1950

Partei	**Stimmen in %**	**Sitze**
Volkspartei (K. Tsaldaris)	18,80	62
Front für Nationale Wiedergeburt (Kanellopoulos, N. Papadopoulos, Sakellariou)	5,27	7
Unabhängiges Politisches Lager (Kotzias, Maniadakis, Tourkovasilis)	8,15	16
Neue Partei (Markezinis)	2,50	1
Rechte insgesamt	**34,72**	**86**
Liberale Partei (S. Venizelos)	17,24	56
EPEK (Plastiras, Tsouderos)	16,44	45
Demokratische Sozialistische Partei (G. Papandreou)	10,67	35
Zentrum insgesamt	**44,35**	**136**
Nationale Partei Griechenlands (Zervas) = **Rechtes Zentrum**	3,65	7
Partei der Bauern und Werktätigen (Baltatzis, Mylonas) = **Linkes Zentrum**	2,62	3
Demokratisches Lager (Sofianopoulos, Svolos, Grigoriadis) = **Linke**	9,70	18
Sonstige u. Unabhängige	4,29	-

Wahlbeteiligung: k. A., Sitze: 250

Zwar hatte das Zentrum mit 136 von 250 Mandaten die absolute Mehrheit im Parlament, doch schwächten Meinungsverschiedenheiten zwischen den Parteien und vor allem eifersüchtige Rivalitäten zwischen ihren Führern seine Position. Die Folge war, daß das Parlament nur 18 Monate amtierte, in denen nicht weniger als fünf Regierungen gebildet wurden, davon vier unter S. Venizelos und eine unter Plastiras:[2] Ungeachtet der Forderungen des amerikanischen Botschafters in Athen, Grady, der in einem Schreiben an Venizelos eine stabile Regierung als Voraussetzung für eine fortdauernde Wirtschaftshilfe der USA nannte, bildete Venizelos eine Minderheitsregierung mit Beteiligung der Front für Nationale Wiedergeburt aus dem rechten Lager, die jedoch nur drei Wochen Bestand hatte. Die US-Regierung gab unterdessen am 4. April die Verschiebung ihres wirtschaftlichen Hilfsprogramms für Griechenland auf unbestimmte Zeit bekannt. Am 15. April 1950 bildete Plastiras von der EPEK eine Regierung mit Unterstützung der beiden anderen liberalen Parteien, die vier Monate später, am 21. August, von einer neuen liberalen Regierung unter Venizelos abgelöst wurde. Bereits wenige Wochen später, am 13. September, bildete Venizelos eine

[1] Über die Wahlbeteiligung fehlen amtliche Angaben.
[2] Zu den Regierungen vgl. Meynaud 1965: 91 u. Grothusen 1980: 631f.

kurzfristige neue Regierung aus Liberaler Partei und Volkspartei, der am 3. November eine erneute Koalition der drei Zentrumsparteien unter Venizelos als Ministerpräsident folgte. Diese Regierungskoalition hielt bis zum Rückzug der Demokratischen Sozialistischen Partei von Papandreou im Juni 1951. Venizelos setzte zwar seine Regierung mit Unterstützung der in der Koalition verbliebenen EPEK sowie der Volkspartei fort, doch bereits einen Monat später zog auch die EPEK ihre Minister aus dem Kabinett zurück. Die Differenzen im Zentrumslager gingen vor allem um die Frage, inwieweit man den Kommunisten zur inneren Befriedung Erleichterungen gewähren sollte,[1] d. h. Umwandlung von Todesurteilen, Revision von Strafverfahren, Amnestie politisch Verurteilter, Auflösung von Internierungslagern, Aufhebung von Notstandsmaßnahmen und die eventuelle Wiederzulassung der KKE. Ein geplanter Wiederaufbau war unter den ständig wechselnden Regierungen - wenngleich es hier eher um Personal-, denn Prinizipienwechsel ging - nicht möglich, so daß schließlich das Parlament vorzeitig aufgelöst und Neuwahlen für den 9. September 1951 angesetzt wurden.

Bei dieser Wahl kam ein System der verstärkten Verhältniswahl zur Anwendung,[2] das zwar eine deutliche Verminderung der Parteienzersplitterung brachte, aber keine stabile Regierung. Nur noch neun Parteien traten zur Wahl an, die Zahl der im Parlament vertretenen Parteien verringerte sich von zehn auf sechs.[3] Die EPEK von Plastiras konnte ihre Position verbessern und erhielt 23,49% der Stimmen bzw. 74 von 258 Sitzen. Leicht zulegen konnte auch die Liberale Partei mit 19,04% und 57 Mandaten.

Der große Verlierer war die Volkspartei, die mit 6,66%4 und nur noch 2 Sitzen auf den Rang einer Splittergruppe gesunken war. Sie war durch die von Marschall Alexandros Papagos neu gegründete Griechische Sammlung (ES = *Ellinikos Synagermos*)[4] verdrängt worden, die mit 36,53% der Stimmen und 114 Mandaten auf Anhieb stärkste Partei im Parlament wurde. Ebenfalls neu war die im August 1951 gegründete Vereinigte Demokratische Linke (EDA = *Eniaia Dimokratiki Aristera*), die 10,57% und 10 Sitze gewann. In der EDA hatten sich - gewissermaßen in einem Ver-

---

[1] Vgl. Hering/Demetriou/Kelpanides 1980: 69.

[2] Wesentlich war hier die Bestimmung, daß an der zweiten Verteilungsrunde, die 1951 102 von 258 Sitzen betraf, nur noch die drei stärksten Parteien teilnahmen, sofern sie 17% der Stimmen (20% bei Koalitionen) erhalten hatten; vgl. Meynaud 1965: 93f, Seferiades 1986: 75f.

[3] Die Wahlbeteiligung lag bei 77,11%. Die über die gesamten 50er Jahre angesichts der bestehenden Wahlpflicht hohe Wahlabstinenz ist vor allem darauf zurückzuführen, daß die Zahl der eingeschriebenen Wahlberechtigten höher als tatsächlich war. Dies lag an der verspäteten Anpassung der Zahl der Eingeschriebenen an die demographische Entwicklung; Auswanderer und Verstorbene blieben auf den Wahllisten und erhöhten so künstlich die Zahl der Nichtwähler; vgl. Meynaud 1965: 69. Zur Wahl von 1951 vgl. ebd.: 93ff.

[4] Vgl. dazu den folgenden Abschnitt.

such, die EAM bzw. ihren Geist wiederzubeleben[1] - verschiedene Gruppen und kleinere Parteien des linken Flügels zusammengeschlossen. Die in ihrem Programm marxistisch orientierte EDA bildete in der Nachkriegszeit eine Art inoffizieller Vertretung der bis 1974 verbotenen Kommunisten. Als einzige griechische Partei dieser Zeit hat sie ihre in den Statuten vorgesehenen Organe auch in die Realität umgesetzt.[2] Die Demokratische Sozialistische Partei Papandreous, die ebenfalls die Repräsentation der politischen Linken für sich beanspruchte, erhielt nur noch 2,1% und war nicht mehr im Parlament vertreten. Im Unterschied zu späteren Wahlen wurden diese Wahlen korrekt durchgeführt, doch machte sich schon jetzt die ideologische Disziplinierung des Militärs bemerkbar, das zu 52,9% für die Griechische Sammlung stimmte.[3]

Ergebnis der Parlamentswahlen vom 9. September 1951

Partei	Stimmen in %	Sitze
EPEK (Plastiras)	23,49	74
Liberale Partei (S. Venizelos)	19,04	57
Demokratische Sozialistische Partei (G. Papandreou)	2,10	-
Zentrum insgesamt	**44,63**	**131**
Griechische Sammlung (Papagos)	36,53	114
Volkspartei (K. Tsaldaris)	6,66	2*
Rechte insgesamt	**43,19**	**116**
EDA	10,57	10
Partei der Bauern und Werktätigen (Baltatzis)	1,23	1
Sonstige u. Unabhängige	0,38	-

Wahlbeteiligung: 77,1%, Sitze: 258

* Einer der beiden Mandatsträger trat nach den Wahlen zur Griechischen Sammlung über.

Am 27. Oktober bildete Plastiras eine Koalitionsregierung der EPEK mit der Liberalen Partei, die jedoch nur ein Jahr bis zur erneuten Ausschreibung von Parlamentswahlen im November 1952 im Amt blieb und die durch die fortdauernden Meinungsverschiedenheiten in ihrer Handlungsfähigkeit eingeschränkt blieb. Bezeichnend war, daß die die griechische Politik in zwei Pole spaltende Frage des Umgangs mit den Kommunisten sowie der Zukunft der im Exil lebenden Kommunisten Hauptthema der kurzen Regierungszeit war. Plastiras sah sich miteinander unvereinbaren Forderungen gegenübergestellt, was sich in einem politischen Schlingerkurs ausdrückte. Einerseits sprach er sich für eine Amnestie aller politischen Gefangenen aus, womit er sich den Linken annäherte, sich die Rechten jedoch entfremdete. Andererseits ließ er die Vollstreckung der in einem weltweit Aufsehen erregenden Prozeß

[1] Meynaud 1965: 195.
[2] Zur EDA vgl. Meynaud 1965: 195ff.
[3] Vgl. Herning/Demetriou/Kelpanides 1980: 70.

gegen den Führer des illegal in Griechenland operierenden KKE-Zweiges, Nikos Belogiannis, und andere KKE-Aktivisten verhängten Todesurteile zu, womit er wiederum die Linken gegen sich aufbrachte, ohne jedoch die Rechten zu versöhnen.[1] Die Erinnerung an die Schrecken des Bürgerkrieges ließ nur einen geringen Spielraum für eine innere Normalisierung. Mißtrauen, Angst und Fanatismus wurden von beiden Seiten mit demagogischen Mitteln geschürt und vergifteten das politische Klima. Zu Beginn der 50er Jahre saßen über 2.000 zum Tode und 16.738 zu Freiheitsstrafen Verurteilte in den Gefängnissen, liefen noch weitere 5.425 Verfahren, waren etwa 13.000 Personen in Lagern interniert, 60.000 Soldaten der „Demokratischen Armee" im osteuropäischen Exil und Verhaftungen durch die Polizei an der Tagesordnung.[2] Die Existenz eines illegalen Apparates der KKE im Land rechtfertigte die Position der *Hardliner*, die eine rigorose Beschneidung der Freiheitsrechte forderten und das liberale Zentrum verdächtigten, dem Kommunismus Vorschub zu leisten. Während die Beteiligung am Widerstand der EAM nunmehr als Zeichen nationaler Unzuverlässigkeit gewertet wurde, wurden Aktivisten des Metaxas- und Besatzungsregimes stillschweigend rehabilitiert. Dem entsprach auf der anderen Seite eine ebenso undifferenzierte Polemik und Agitation der KKE-Führung.[3]

In der Wirtschafts- und Sozialpolitik wurde die Leistungsfähigkeit des Systems durch die Kriegsfolgen überfordert. Überdies wurden 1951/52 unter Einfluß des Koreakrieges die geplanten Industrieinvestitionen auf Druck der USA zugunsten hoher Verteidigungsausgaben zurückgestellt. So beschränkte sich die Regierung weitgehend auf die Linderung der unmittelbaren Not sowie Maßnahmen zur Verbesserung der Zahlungsbilanz und Stabilisierung der Währung. Immerhin erreichte die griechische Wirtschaft zwischen 1950 und 1952 wieder ihr Vorkriegsniveau[4] und gelang eine Währungsstabilisierung; der Preis des englischen Goldpfundes, der seit der Kriegszeit als der offizielle Maßstab für den Geldverkehr unter Kaufleuten und Industriellen gegolten hatte, festigte sich[5]. Von ihrem weitgehenden sozialpolitischen Programm konnte die EPEK nur die Enteignung privaten und kirchlichen Großgrundbesitzes zur Versorgung landloser Bauern zum Teil verwirklichen.[6]

Zu den innergriechischen Problemen kam die Verschärfung der internationalen Spannungen infolge des zwei Monate nach den griechischen Parlamentswahlen vom März 1950 ausgebrochenen Koreakrieges hinzu. Die Furcht, daß der Krieg auf Euro-

---

[1] Vgl. Meynaud 1965: 96. Zu Verfahren gegen Kommunisten oder vermeintliche Kommunisten vgl. Linardatos 1978/1979: I, 471ff, 479ff; II, 50ff, 111ff, 247ff.
[2] Vgl. Hering/Demetriou/Kelpanides 1980: 68.
[3] Vgl. Hering/Demetriou/Kelpanides 1980: 68f.
[4] Vgl. Vakalopulos 1985: 239.
[5] Vgl. Mathiopoulos 1961: 157.
[6] Vgl. Mathiopoulos 1961: 132 u. Hering/Demetriou/Kelpanides 1980: 70.

pa überspringen könnte, führte zur Erweiterung der NATO; nach dem Beginn von Beitrittsverhandlungen im Mai 1951 trat Griechenland am 18. Februar 1952 in die NATO ein. Gleichzeitig entzogen die USA, die bisher für ein breites politisches Spektrum umfassende Koalitionsregierungen in Griechenland eingetreten waren, den Zentrumsparteien, deren Führungsfigur Plastiras überdies in der kritischen Phase 1951/1952 durch Krankheit handlungsunfähig war, das Vertrauen und wandten sich in zunehmendem Maße der sich in der Griechischen Sammlung regenerierenden Rechten zu, die ein größeres Maß an Regierungsstabilität und vor allem entschiedenerer Bekämpfung des Kommunismus zu versprechen schien.[1]

Von entscheidender Bedeutung für die weitere politische Entwicklung war darüber hinaus die Änderung des Wahlgesetzes durch die Regierung Plastiras vom verstärkten Verhältnis- zum Mehrheitswahlsystem. Dieser Wechsel, für dessen Durchsetzung sich die USA über ihren Botschafter in Athen, J. E. Peurifoy, nachdrücklich - bis hin zur Drohung, jegliche US-Hilfe für Griechenland einzustellen - eingesetzt hatten, schaffte eine wichtige Voraussetzung für den Wahlerfolg Papagos‘ im November 1952.

3. Die „disziplinierte Demokratie“ 1952-1963

3.1 Das Modell de Gaulles - Die Stabilisierung unter Marschall Alexandros Papagos 1952-1955

Eine Schlüsselrolle in der griechischen Nachkriegspolitik und dem politischen Aufstieg Papagos‘ spielte der Heilige Bund Griechischer Offiziere (IDEA = *Ieri Desmis Ellinon Axiomatikon*)[2], eine zunächst geheime Vereinigung, deren Entstehungsgeschichte auf Konflikte innerhalb der griechischen Exilstreitkräfte im Nahen Osten 1941-44 zurückgeht: Nach der Besetzung Griechenlands im April 1941 setzte der Hauptteil der griechischen Armee wie die Regierung und der König nach Ägypten über. Innerhalb der hier unter Britischem Nahost-Kommando stehenden Streitkräfte kam es zu einer politischen Spaltung, bei der - ähnlich der innergriechischen Entwicklung - die Rechte gegenüber der die Initiative ergreifenden Linken zusehends in die Defensive geriet. Die antiroyalistische Antifaschistische Militärorganisation (ASO = *Antifasistiki Stratiotiki Organosis*) unternahm im März und April 1943 sowie April 1944 Versuche, die Streitkräfte und die Exilregierung unter ihre Kontrolle

[1] Vgl. Iatrides 1983: 160.
[2] Zur IDEA vgl. Grigoriadis 1975: I, 11ff.

zu bringen. Als Gegenorganisation entstand daraufhin die rechtsgerichtete Union der Jungen Offiziere (ENA = *Enosis Neon Axiomatikon*) als unmittelbare Vorgängerin des IDEA. Die immer mehr eskalierenden Konflikte zwischen Republikanern und Royalisten in der Exilarmee wurden schließlich durch britisches Eingreifen beendet; nach einer Meuterei von Angehörigen des linken Flügels wurden im Laufe des Jahres 1944 linksgerichtete und republikanische Offiziere und Soldaten aus den Streitkräften entfernt und in Lagern in Afrika und im Nahen Osten interniert. Innerhalb dieser ideologisch „gereinigten" Armee formierte sich aus der ENA und einer weiteren Gruppierung der IDEA, der bei der Niederschlagung des kommunistischen Aufstandes im Dezember 1944 eine entscheidende Rolle spielte. In der Folgezeit wehrte er sich gegen die Umsetzung des Varkiza-Vertrages vom Februar 1945. In der Armee gelang es ihm, die Reintegration republikanischer Offiziere zu verhindern und die Aufnahme ehemaliger Mitglieder der Sicherheitsbataillone durchzusetzen.[1]

1950 hatte der bis dahin königstreue IDEA seine Unterstützung allmählich von der Person des Königs auf die des Oberbefehlshabers der Streitkräfte, Alexandros Papagos, verlagert, der sich zu einem Sammelpunkt der Offiziere entwickelte, die sich in ihrer beruflichen Karriere gegenüber den Günstlingen des Königs benachteiligt fühlten. Papagos, dem für seine Verdienste bei der Beendigung des Bürgerkrieges vom König der Titel eines „Feldmarschalls", der eigentlich im griechischen Militär nicht vorgesehen ist, verliehen worden war, war damit zu einem Rivalen des Königs um die Gunst der Streitkräfte geworden. Der Rücktritt Papagos' von seiner Funktion als Oberbefehlshaber nach einer Meinungsverschiedenheit mit dem Hof veranlaßte den IDEA am 30./31 Mai 1951 zu einem Putschversuch. Zahlreiche Offiziere besetzten den Rundfunk sowie den Generalstab, und erst Papagos' persönliches Erscheinen, der den Revoltierenden die Rückkehr zu ihren Einheiten befahl, verhinderte den Sturz der Regierung.[2] Der Putschversuch hatte keine durchgreifenden Maßnahmen zur Folge; die beteiligten Offiziere wurden zwar vom Dienst suspendiert, nach dem Wahlsieg der Griechischen Sammlung jedoch wieder aufgenommen.[3] Zwar hielt Papagos in der Folgezeit als Ministerpräsident Distanz zu der ihn unterstützenden Offiziersclique - zu Staatssekretären für Heer, Luftwaffe und Marine ernannte er integere Generäle, die keine IDEA-Mitglieder waren[4] -, doch gelang es ihnen, entscheidende Kommandoposten in den Streitkräften zu kontrollieren.[5]

---

[1] Vgl. Meynaud 1965: 346f, Mouzelis 1976: 58f u. Veremis 1985: 890f.

[2] Vgl. dazu Linardatos 1978/1979: I, 227ff u. Kanellopoulos 1975: 20ff.

[3] Vgl. Veremis 1985: 892f, 1987: 218f.

[4] Bei der Bestimmung eines neuen Stabschefs der Luftwaffe 1954 mußte er jedoch dem Druck des IDEA nachgeben; vgl. Kanellopoulos 1975: 28ff.

[5] Panayotis Kanellopoulos (1975: 26ff), Verteidigungsminister verschiedener Nachkriegsregierungen, berichtet über den verdeckten Einfluß der IDEA auf Beförderungen und wichtige Nominierungen in

Zwei Monate nach seinem Rücktritt als Oberbefehlshaber der Streitkräfte veranlaßten die aufeinanderfolgenden kurzlebigen Regierungen und der wachsende Unmut der Bevölkerung über diese Instabilität Papagos, dem Beispiel General de Gaulles in Frankreich folgend, zur Gründung einer eigenen Partei. In bewußter Nachahmung des von de Gaulle im April 1947 gegründeten *Rassemblement du Peuple Français* (RPF), dessen Ziel es war, „promouvoir et faire triompher, par-dessus les différences des opinions, le grand effort de salut commun et la réforme profonde de l'État"[1], und der eine Rückkehr zu den Institutionen und Verfahren der III. französischen Republik (1914-40), in der die Parteienzersplitterung, häufig wechselnde Kabinette und die infolge der Weltwirtschaftskrise verschärften sozialen Spannungen zu einer Dauerkrise des parlamentarischen Systems geführt hatten, verhindern wollte, vermied Papagos mit dem Namen Griechische Sammlung den Begriff Partei. Papagos' Ziel war die Entspannung der konfliktgeladenen politischen Situation, die Griechische Sammlung sollte die alte Spaltung des Landes in Liberale und Royalisten überbrücken. Sein Ansehen als militärischer Sieger in den albanischen Bergen und im Bürgerkrieg stärkte seine Position auch im politischen Leben. Bei den Wahlen im November 1952 vereinte seine Sammlung nicht nur das gesamte konservative Lager, sondern auch einzelne Gruppierungen und Persönlichkeiten aus den Reihen der Liberalen wie zum Beispiel Georgios Papandreou, dessen Partei eine Wahlempfehlung für die Sammlung gab. Allerdings wurde die Griechische Sammlung ihrem Anspruch auf Modernisierung des politischen Lebens und einen politischen Neuanfang nur zum Teil gerecht. Die Parteistruktur und -organisation war allein auf die Person ihres keiner Kontrolle unterliegenden Gründers zugeschnitten; die Beziehungen zum Wähler blieben rein klientelistischer Natur. So war es nicht erstaunlich, daß die Partei nach dem Tod Papagos' nur wenige Monate Bestand hatte und in einer konservativen Neugründung aufging

Bei den Parlamentswahlen am 16. November 1952[2] bewirkte das neue Mehrheitswahlsystem eine weitere Konzentration der politischen Kräfte im Vergleich zu den vorangegangenen Jahren. Sechs Parteien kandidierten, nur den zwei größten Gruppierungen gelang der Sprung ins Parlament. Die Griechische Sammlung verzeichnete mit 49,22% der Stimmen und 247 Sitzen (= 82,33%) einen überragenden Wahlsieg. Eine als Reaktion auf die von Papagos unternommene Neuorganisation der Rechten gebildete Koalition des Zentrums aus EPEK und Liberaler Partei war in sich lockerer strukturiert und im Ergebnis - auch durch das Wahlrecht benachteiligt - mit 34,22%

---

den 50ern und Anfang der 60er Jahre. Zur Verselbständigung des Militärs vgl. auch unter IV. Abschnitt 3.3.2.

[1] De Gaulle am 7.4.1947 in einer Rede in Straßburg, in der er die Gründung des RPF ankündigte; de Gaulle 1970: 55.

[2] Vgl. dazu Meynaud 1965: 96ff.

und 51 Sitzen (= 17%) nicht annähernd so erfolgreich. Die Volkspartei erhielt nur noch 1,05% und war nicht mehr im Parlament vertreten, ebenso die EDA trotz eines Stimmenanteils von 9,55%.

Ergebnis der Parlamentswahlen vom 16. November 1952

Partei	Stimmen in %	Sitze
Griechische Sammlung (Papagos)	49,22	247
Wahlbündnis aus EPEK (Plastiras) u. Liberaler Partei (S. Venizelos)	34,22	51
EDA (Passalidis)	9,55	-
Sonstige u. Unabhängige	5,95	2

Wahlbeteiligung: 75,4%, Sitze: 300

Zum erstenmal seit 1946 konnte sich eine griechische Regierung auf eine stabile Parlamentsmehrheit stützen. Bis zu seinem Tod im Oktober 1955 dominierte die starke Persönlichkeit Papagos‘ die Politik in Griechenland. Er führte einen durch kontinuierliche Mißachtung des Parlaments und der Parteien, Unterordnung der Parlamentarier unter den Willen des Parteichefs sowie eine aufgeblähte übermächtige Exekutive geprägten plebiszitären Stil in das politische Leben ein, der ihn selbst überlebte.[1]

In die Amtszeit Papagos‘ fällt auch der beginnende wirtschaftliche Aufschwung sowie der Wiederaufbau Griechenlands nach den Zerstörungen des Zweiten Weltkriegs und des Bürgerkriegs. Da Papagos selbst kein Wirtschaftsexperte war, kam hier dem Koordinationsminister Spyros Markezinis eine entscheidende Rolle zu.[2] Nach Meinungsverschiedenheiten mit Papagos trat Markezinis allerdings im April 1954 zurück. Mit einer Gruppe von 29 Abgeordneten, die mit ihm die Griechische Sammlung, an deren Gründung er maßgeblich beteiligt gewesen war, verließen, gründete er im Februar 1955 die Fortschrittliche Partei (*Proodeftikon Komma*)[3]; die parlamentarische Mehrheit Papagos‘ war jedoch so groß, daß das Abschwenken Markezinis‘ keine Bedeutung für seine Führungsposition hatte.

Auf die vorübergehende Stagnation der Wirtschaftsentwicklung 1952/53 infolge einer zunächst praktizierten rigorosen Austeritätspolitik, zu der die Regierung nach der Kürzung der US-Hilfe gezwungen gewesen war, folgte nach der erneuten Abwertung der Drachme im April 1953 ein neuer Aufschwung, der bis 1956/57 zur Stabilisierung der Währung führte. Eine positive Entwicklung zeichnete sich in der Landwirtschaft und im Handel ab. Bis 1955 hatten sich die Produktion von Getreide und Öl verdoppelt, bei Kartoffeln verdreifacht, bei Baumwolle vervierfacht und bei Reis

[1] Vgl. Meynaud 1965: 98.
[2] Vgl. Woodhouse 1991: 266f u. Mathiopoulos 1961: 165.
[3] Vgl. dazu Meynaud 1965: 228ff.

verzehnfacht. Der Export von Tabak in die USA, Frankreich und vor allem die Bundesrepublik, den Hauptabsatzmarkt für griechischen Tabak, stieg kontinuierlich. Auch auf dem industriellen Sektor zeichnete sich ab 1952 eine rasche Steigerung ab, besonders in der Metallverarbeitung und Elektrifizierung; dennoch war Griechenland Anfang der 50er Jahre noch ein Agrarland, in dem etwa zwei Drittel seiner Bevölkerung in der Landwirtschaft tätig waren[1].

Der Ausbau der Infrastruktur, die Sanierung der öffentlichen Finanzen, der Ausgleich der Handelsbilanz und die Stabilisierung des Geldumlaufs begünstigten den wirtschaftlichen Aufschwung - in den 50er Jahren stieg das Nationaleinkommen um durchschnittlich 6,3% im Jahr. Allgemein war ein wachsendes Vertrauen in die wirtschaftliche Dynamik des Landes festzustellen. In zunehmendem Maße wurden staatliche Kredite für Bauvorhaben und Investitionsprogramme gewährt; allerdings wurden noch 1955 zwischen 40% und 50% dieser Kredite in den Bau von Wohnungen und Häusern investiert, das Dreifache des europäischen Durchschnitts.[2]

Papagos‘ eigentliches Verdienst war es jedoch, in seiner dreijährigen Amtszeit nach Jahren politischer Unsicherheit und Instabilität wieder Sicherheit und Vertrauen aufzubauen. Der eigentliche - nicht zuletzt erst dank des veränderten politischen Klimas mögliche - wirtschaftliche Aufschwung mit Wachstumsraten von zeitweise bis über 12% fiel in die Zeit nach Papagos‘ Tod, die späten 50er/frühen 60er Jahre.

3.2 Die Papagos-Variante des Konstantinos Karamanlis 1955-1963

Im Frühjahr 1955 ließ eine Erkrankung Papagos‘ seine beiden Stellvertreter, Außenminister Stefanos Stefanopoulos und Verteidigungsminister Panajotis Kanellopoulos, in den Vordergrund treten; sie leiteten die Regierungsgeschäfte bis zum Tod des Ministerpräsidenten am 4. Oktober 1955. Bereits in dieser Zeit war ein heftiger Kampf zwischen beiden um das Erbe Papagos‘ entbrannt. Gemäß Papagos‘ Entscheidung wählte die Parlamentsfraktion der Griechischen Sammlung schließlich nach dessen Tod Stefanopoulos zum Nachfolger in der Partei- und Regierungsspitze; seine offizielle Wahl zum Ministerpräsidenten wurde jedoch auf Verlangen von König Paul, der im April 1947 seinem kinderlosen Bruder Georg II. auf den Thron gefolgt war, auf einen Zeitpunkt nach der Beisetzung Papagos‘ vertagt. Bevor es dann jedoch zur Wahl kam, erteilte der König eigenwillig den Auftrag zur Regierungsbildung dem in der politischen Elite Griechenlands noch relativ jungen Konstantinos

---

[1] In der Bundesrepublik lag der Anteil der Erwerbstätigen in der Landwirtschaft zur gleichen Zeit bei 23,8%, in Portugal bei 47,7% und in Spanien bei 49,5%; vgl. Gabriel Brettschneider 1994: 510f.
[2] Vgl. Linardatos 1978/1979: I, 227ff, Vakalopulos 1985: 239f u. Westebbe 1990: 270f.

Karamanlis (Jahrgang 1907), der sich als Minister für Öffentliche Arbeiten den Ruf einer dynamischen, zielstrebigen und willensstarken Persönlichkeit erworben hatte.[1] Trotz einigen Unmuts innerhalb der Regierungspartei über diese Intervention des Königs gelang es Karamanlis, für seine am 6. Oktober 1955 gebildete Regierung im Parlament ein Vertrauensvotum zu erlangen; nur 18 Abgeordnete verließen mit dem verhinderten Ministerpräsidenten Stefanopoulos die Griechische Sammlung und reaktivierten mit der Sozialen Volkspartei (LKK = *Laikon Koinonikon Komma*) eine Partei, der dieser früher schon einmal vorgestanden hatte[2]. Damit wurde der zunächst nur durch die eigenmächtige Nominierung des Königs ins Amt berufene Ministerpräsident auch zum Chef der Mehrheitspartei, die ihren Führer verloren und eigentlich einen anderen Nachfolger bestimmt hatte.

Die Griechische Sammlung war jedoch vollkommen auf die Person des verstorbenen Marschalls zugeschnitten. Um sich aus dem Schatten seines Vorgängers zu lösen, gründete Karamanlis im Januar 1956 eine eigene Partei, die Nationale Radikale Union (ERE = *Ethniki Rizopastiki Enosis*)[3], der sich die große Mehrheit der Abgeordneten der am 4. Januar 1956 aufgelösten Griechischen Sammlung - insgesamt 190 - anschlossen. Nach Volkspartei und Griechischer Sammlung war die ERE, die von ihrer Gründung bis 1963 die Regierung stellte, die dritte große Organisation der griechischen Rechten. Ihr ideologischer Gehalt - Verteidigung der gesellschaftspolitischen Ordnung gegen den Kommunismus - war nahezu identisch mit dem der Griechischen Sammlung, doch gab die Aufstellung einer eigenen Partei Karamanlis die Möglichkeit, sich als Führungsfigur im personalistisch geprägten politischen Leben Griechenlands zu etablieren. Neben den Sammlungsabgeordneten und einigen ehemaligen Mitgliedern des Zentrums kandidierte auch eine Reihe von Personen für die ERE, die neu auf der politischen Bühne waren und vom Parteiführer allein bestimmt worden waren.

Vor allem in den Anfangsjahren nutzte Karamanlis die sich ihm in seiner herausragenden Stellung als Ministerpräsident bietenden Möglichkeiten, um die Partei und ihre Mitglieder von seiner Person abhängig zu machen. Auch wenn die ERE auf dem Papier über eine moderne administrative Struktur verfügte, wurde sie doch - vergleichbar der Griechischen Sammlung - ohne jegliche Teilung der Verantwortung von ihrem Führer Karamanlis geleitet, wie überhaupt das gesamte politische System - ebenfalls vergleichbar der Amtszeit Papagos‘ - durch seine Person beherrscht wurde; sowohl in der Partei als auch innerhalb der Regierung war Karamanlis alleiniges

[1] Vgl. Korisis 1980: 44.
[2] Bei den Wahlen bildete die LKK zunächst ein Bündnis mit der Volkspartei, ging jedoch 1961 in der von Karamanlis gegründeten ERE auf.
[3] Zur ERE vgl. Meynaud 232ff.

Leitungs- und Entscheidungsorgan.[1] Von den in den Parteistatuten vorgesehenen neun Organen waren überhaupt nur drei in Funktion:[2]

- der Parteichef, wobei hier festzuhalten ist, daß in den Statuten weder dessen Machtbefugnisse und Verantwortlichkeiten genau definiert waren noch Angaben über seine Wahl bzw. Wiederwahl gemacht wurden. Karamanlis selbst wurde quasi vom König in das Amt eines Parteivorsitzenden erhoben, sein Nachfolger 1963, Kanellopoulos, von ihm selbst eingesetzt; beide Male eine Entscheidung „von oben", die von der Parlamentsfraktion lediglich bestätigt wurde;
- die parlamentarische Fraktion, die jedoch immer seltener zusammenkam und wenn, dann nur um Entscheidungen der Parteileitung zu bestätigen, nicht um deren Politik auszuarbeiten. Dieser aus der Griechischen Sammlung übernommene autoritäre Führungsstil veranlaßte in den ersten Jahren mehrere Abgeordnete zum Parteiaustritt, so im November 1956 die Abgeordneten Eftaxias und Karoussos wegen Uneinigkeit mit der Regierung in der Zypernpolitik, im Juli 1957 den Vizeministerpräsidenten Apostolidis und schließlich im Februar 1958 die Minister Papaligouras und Rallis infolge von Auseinandersetzungen über das Wahlrecht. Papaligouras erklärte, daß der Ministerrat praktisch aufgehört habe zu funktionieren, alle Entscheidungen würden von Karamanlis den betreffenden Ministern diktiert. Infolge der beiden Ministerrücktritte entzogen auch 15 Abgeordnete Karamanlis das Vertrauen, was schließlich zu vorzeitigen Neuwahlen im Mai 1958 führte. In der Folgezeit war die ERE jedoch als (Regierungs-)Partei derart konsolidiert, daß „Meutereien" diesen Ausmaßes ausblieben;[3]
- das Generalsekretariat, dem jedoch lediglich technische Verwaltungsaufgaben zukamen.

Die laut Statuten alle zwei Jahre tagende Generalversammlung der Partei wurde nie einberufen; ebenso wenig nahmen der Generalrat, das Exekutivkomitee, das Studienkomitee, das Finanzkomitee und der Kontroll- und Diziplinarrat ihre Tätigkeit auf. Die zum Aufbau einer Parteibasis geplante Gründung sogenannter „politischer Zentren" der ERE im gesamten Land wurde nur in einigen größeren Städten verwirklicht; im Rest des Landes lag die Parteiorganisation in den Händen der Abgeordneten und einiger Lokalpolitiker, die traditionellen Klientelbeziehungen überwogen bei weitem neue Organisationsformen.[4]

---

[1] Zur Person Karamanlis' als Partei- und Regierungschef vgl. Meynaud 1965: 242ff.
[2] Zur Parteistruktur und -organisation vgl. Meynaud 1965: 233ff.
[3] Vgl. Meynaud 1965: 238.
[4] Vgl. Meynaud 1965: 239f.

Ähnlich wie Karamanlis sich durch die Gründung seiner eigenen Partei aus dem Schatten Papagos' löste, wollte er sich auch als souveräner Regierungschef etablieren und nicht den Vorwurf des „Favoritismus", d. h. durch Königs Gnaden und nicht den Willen des Volkes Ministerpräsident geworden zu sein, auf sich sitzen lassen. Daher wurden die Parlamentswahlen um neun Monate vorgezogen auf den 19. Februar 1956. Das Wahlgesetz, das erst wenige Monate zuvor auf Vorschlag der Regierung Papagos geändert worden war, wurde erneut revidiert, um der jungen ERE eine klare Mehrheit zu sichern: In Hochburgen der Rechten kam ein Mehrheitswahlrecht, in Regionen, in denen sie sich in der Minderheit befanden, ein Verhältniswahlrecht zur Anwendung.[1] Diese Wahlrechtsmanipulation brachte der ERE schließlich mit 47,38% der Stimmen 165 von 300 Sitzen (= 55%) ein.[2] Um die sie benachteiligenden Effekte des Wahlsystems möglichst gering zu halten, gingen sieben Oppositionsparteien ein Wahlbündnis ein, die Demokratische Union (DE = *Dimokratiki Enosis*), die ein weites Spektrum von rechts bis links abdeckte: Die Pfeiler des Wahlbündnisses bildeten zwar die Parteien des Zentrums, doch fand sich mit der Volkspartei auch ein Vertreter der traditionellen Rechten sowie mit der EDA eine den Kommunisten nahestehende Gruppierung vertreten. Die Führungspersönlichkeiten der Demokratischen Union stimmten einzig in ihrer Gegnerschaft zu Karamanlis, nicht jedoch in weiteren politischen Inhalten überein; im Fall eines Wahlsieges sahen ihre Mitglieder keine gemeinsame Regierung vor, sondern eine erneute Parlamentsauflösung und Neuwahlen nach einem Verhältniswahlsystem. Der DE gelang es zwar mit 48,15% die meisten Stimmen auf sich zu vereinigen, im Parlament war sie jedoch mit 132 Sitzen (= 44%) nur zweitstärkste Fraktion. Kurze Zeit nach der Wahl löste sich das Oppositionsbündnis wieder auf.

Erstmals nahmen auch die Frauen an allgemeinen Parlamentswahlen teil; zuvor hatten sie nur bei Kommunalwahlen ein Stimmrecht. Das aktive und passive Frauenwahlrecht war zwar bereits 1952 eingeführt worden, aber die Eintragung der Wählerinnen in die Wählerlisten war bis zur Wahl im November nicht beendet, so daß sie ihre Rechte noch nicht ausüben konnten.[3]

---

[1] Vgl. Meynaud 1965: 99f.

[2] Zur Wahl vgl. Meynaud 1965: 101ff.

[3] Die Frauen stimmtem jedoch schon bei einer Parlamentsnachwahl in Thessaloniki am 19.1.1956 mit, bei der zum ersten Mal eine Frau für die Griechische Sammlung ins Parlament gewählt wurde; vgl. Grothusen 1980: 669.

Ergebnis der Parlamentswahlen vom 19.2.1956

Partei	Stimmen in %	Sitze
ERE (Karamanlis)	47,38	165
Demokratische Union = Wahlbündnis aus	48,15	132
Liberaler Partei (G. Papandreou)		26
EPEK (Papapolitis)		15
Demokratischer Partei des Arbeitenden Volkes (Svolos, Kartalis)		20
EDA (Pasalidis)		18
Liberaldemokratischer Union (S. Venizelos)		43
Partei der Bauern und Werktätigen (Baltadzis)		7
Volkspartei (K. Tsaldaris)		3
Fortschrittliche Partei (Markezinis)	2,22	-
Sonstige u. Unabhängige	2,25	3

Wahlbeteiligung: 75%, Sitze: 300

3.2.1 Die Regierung der ERE

Als Vorsitzender der ERE regierte Karamanlis Griechenland volle acht Jahre (1955 bis 1963), eine Seltenheit im politischen Leben des Landes. Er sicherte Griechenland eine Periode bis dahin beispielloser politischer Stabilität und einen wirtschaftlichen *take-off*. Das wirtschaftspolitische Programm der ERE[1] basierte auf marktwirtschaftlichen Grundsätzen, Preis- und Währungsstabilität, Ausbau der Infrastruktur, produktiver Initiativen durch den Staat und Mobilisierung von Auslandskapital sowie verstärkter Bindung an die EWG. Von den frühen 50ern bis zur Mitte der 70er Jahre durchlief Griechenland den Weg von einer vor allem agrarischen und kaufmännischen Gesellschaft mit rudimentärer Industrie und stagnierendem Handwerk zu einer *newly industrializing economy*; das Volkseinkommen stieg zwischen 1953 und 1961 um durchschnittlich 6,2%[2], das Bruttoinlandsprodukt in den 60er Jahren um durchschnittlich 7,5% pro Jahr. Die ERE-Regierung beschleunigte den Ausbau der Infrastruktur, der die Grundlage für die wirtschaftliche Entwicklung in den 60er und 70er Jahren legte, und förderte den Industrialisierungsprozeß[3]; der Anteil der Investitionen am Volkseinkommen erreichte 1960 19%[4].

---

[1] Zur Ideologie und zum Programm der ERE vgl. Meynaud 1965: 254ff.

[2] Vgl. Nikolinakos 1969: 13.

[3] Kasakos (1988: 36f) zählt auf: „Werften und ein Stahlwerk bei Athen, ein Aluminiumwerk am Golf von Korinth, Zucker- und Düngemittelfabriken sowie eine Raffinerie im Norden, die Elektrifizierung des ganzen Landes unter Ausnutzung der heimischen Wasser- und Kohlevorräte, der Ausbau der Häfen und des Fernverkehrsnetzes - dies waren die Symbole eines Industrialisierungsprozesses, der durch den Staat und kapitalkräftige Auslandsgriechen gefördert wurde." Vgl. dazu außerdem Kamaras 1974: 197ff u. Vakalopulos 1985: 244.

[4] Vgl. Nikolinakos 1969: 13.

Die dynamische Entwicklung der Nachkriegsjahrzehnte wurde durch die damalige weltwirtschaftliche Lage, die vielen Ländern Wachstum und neue Handelschancen eröffnete, begünstigt. Der expandierende europäische Markt öffnete sich durch das Assoziierungsabkommen mit der EWG vom 9. Juli 1961 für griechische Produkte und umfaßte ca. 40% der griechischen Exporte.[1]

Allerdings erfolgte die Wirtschaftsförderung um den Preis geringerer Aufwendungen für Bildung, Gesundheitswesen und Sozialpolitik sowie einer restriktiven Lohnpolitik - die Zuwachsrate der Löhne lag stets unter der Zuwachsrate der Produktivität in der Industrie[2] - und der Einschränkung gewerkschaftlicher Rechte. Überhaupt stand den wichtigen wirtschaftspolitischen Erfolgen und Weichenstellungen jener Periode auch eine Reihe von Versäumnissen und Fehlentscheidungen gegenüber, die sich in späteren Jahren als Entwicklungshemmnisse erweisen sollten:[3] So wurden berg- und grenznahe Gebiete vernachlässigt und entvölkert, während gleichzeitig die Region von Attika, in der heute über 40% der Bevölkerung und 50% der Industriebetriebe angesiedelt sind, ein chaotisches Wachstum mit kaum zu bewältigenden Folgeproblemen erlebte. Ungeachtet des im wirtschaftspolitischen Programm der ERE enthaltenen Bekenntnisses zur Marktwirtschaft praktizierte man in den 50er und 60er Jahren eine Politik der Verstaatlichung und indikativen Planung, als deren Folge sich der Staat zu einem mit dem politischen Klientelsystem verflochtenen übermächtig präsenten, schwerfälligen und undurchschaubaren Apparat entwickelte, der auch heute noch viele Aktivitäten lähmt. Im Ergebnis hatte sich ein politisch-ökonomisches System entwickelt, „in dem der Staat zwar auch Güter und Dienstleistungen produzierte, vor allem aber den Verteilerpunkt bildete, um den der Kampf um Zuwendungen, Privilegien und Sonderregelungen für die verschiedenen Gruppen der privaten und öffentlichen Wirtschaft geführt wurde."[4] Treffend ist in diesem Zusammenhang der von Meynaud[5] verwandte Begriff einer „Osmose" zwischen Regierungspartei und Staat. Meynaud verweist damit auch darauf, daß die ERE ihre lange Regierungszeit auch dazu nutzte, nicht nur Verwaltung und Sicherheitskräfte, sondern auch den gesamten öffentlichen und halböffentlichen Sektor (Banken, Eisenbahn, Elektrizität, Telekommunikation usw.) nicht nur von Anhängern der Linken, sondern Gegnern des karamanlistischen Systems überhaupt zu säubern. Staatliche Organe, vor allem die paramilitärisch auf Ortsebene gegründeten Bataillone für Nationale Sicherheit (TEA = *Tagmata Ethnikis Asfalias*) und Informations- und Spionagedienste wie der Zentrale Nachrichtendienst (KYP = *Kentriki Ypiresia Pliroforiou*)

---

[1] Vgl. Kasakos 1988: 37f.
[2] Vgl. Nikolinakos 1969: 14f.
[3] Vgl. dazu Kasakos 1988: 38.
[4] Kasakos 1988: 38.
[5] Meynaud 1965: 258.

wurden gegen Aktivitäten der Opposition eingesetzt und verselbständigten sich dabei zusehends.[1] „C'est ainsi qu'au temps du gouvernement de L'ERE, les corps de sécurité, sous prétexte de lutte contre le commmunisme, avaient été pratiquement transformés en une sorte de garde prétorienne du parti gouvernementale."[2]

3.2.2 Die Wahlen von 1958 und 1961

Während es in der politischen Mitte zu einer unübersichtlichen Folge von Parteineugründungen und Abspaltungen kam, hatte sich die konservative Rechte unter der Führung von Karamanlis in der ERE organisatorisch konsolidiert und konnte sich in zwei weiteren Wahlen, 1958 und 1961, behaupten.

Nachdem im März 1958 15 Abgeordnete aufgrund von Differenzen über ein neues Wahlgesetz die ERE, der bereits zuvor einzelne Abgeordnete den Rücken gekehrt hatten, verlassen hatten, war die parlamentarische Stärke der Regierung auf 149 von 300 Stimmen geschrumpft. Karamanlis trat zurück und erreichte, daß der König für Mai 1958 Neuwahlen ausschreiben ließ. Der für die Zwischenzeit eingesetzten geschäftsführenden Regierung unter K. Georgakopoulos, dem Präsidenten des Roten Kreuzes, gelang es, das von Karamanlis vorgeschlagene Wahlgesetz im Parlament durchzubringen. Karamanlis wollte mit der Rückkehr zum verstärkten Verhältniswahlsystem[3] seine Autorität in der ERE stärken, da das 1956 in den Hochburgen der Partei praktizierte Mehrheitswahlsystem seinen innerparteilichen Kritikern den Aufbau einer eigenen Hausmacht erleichterte. Die Interessen Karamanlis' in diesem Punkt entsprachen denen der Liberalen Partei, die sich im März 1957 unter der Doppelführung von Papandreou und Venizelos rekonstituiert hatte und die einerseits ein Wahlsystem verhindern wollte, das sie aufgrund seines Polarisierungseffektes zu einer Koalition mit der Linken wie 1956 zwang, andererseits ein System befürwortete, das die kleineren Zentrumsparteien in die Liberale Partei zwang.[4] Bei den Wahlen am 11. Mai 1958[5] mußte die ERE zwar einen Stimmenrückgang um über sechs Prozentpunkte auf 41,16% hinnehmen, konnte jedoch mit 171 von 300 Sitzen (= 57%) ihre Position im Parlament ausbauen. Das Wahlsystem begünstigte auch die EDA, die

[1] Vgl. Meynaud 1965: 258ff und die folgenden Abschnitte 3.3 u. 3.3.2.
[2] Meynaud 1965: 260.
[3] Das System war ähnlich dem von 1951. Ein Drittel der Sitze wurde in einer zweiten Runde verteilt, an der nur Parteien mit einem Stimmenanteil von mindestens 25% (35% bei Koaltionen von zwei, 40% bei Koalitionen von drei und mehr Parteien), mindestens jedoch die zwei stärksten Parteien teilnahmen; vgl. Meynaud 1965: 104.
[4] Vgl. Meynaud 1965: 104f.
[5] Vgl. dazu Meynaud 1965: 105ff.

überraschend mit 24,42% der Stimmen[1] und 79 Mandaten (= 26,33) zweitstärkste Partei wurde, während die Liberale Partei auf nur 20,67% und 36 Sitze (= 12%) kam. Viele Wähler des Zentrums stimmten - überzeugt von einem Sieg der Rechten - für die EDA, um so ihrem Protest gegen die Methoden der ERE, der sich die Liberale Partei angeschlossen hatte, um ein neues Wahlsystem durchzusetzen, stärker Ausdruck zu verleihen. Darüber hinaus schadete die immer noch ungeklärte Führungsfrage bei den Liberalen - die Doppelleitung durch die beiden rivalisierenden Persönlichkeiten Papandreou und Venizelos stellte nur ein Provisorium dar - dem Image der Partei.[2]

Ergebnis der Parlamentswahlen vom 5. Mai 1958

Partei	Stimmen in %	Sitze
ERE (Karamanlis)	41,16	171
EDA (Pasalidis)	24,42	79
Liberale Partei (S. Venizelos/G. Papandreou)	20,67	36
Fortschrittliche Demokratische Agrarunion = Wahlbündnis aus Fortschrittliche Partei (Markezinis), Agrar- und Arbeitspartei (Baltadzis) u. EPEK (Papapolitis)	10,62	10
Union der Volkspartei = Wahlbündnis aus Volkspartei (K. Tsaldaris), Sozialer Volkspartei (Stefanopoulos), Partei der Nationalisten (Tourkovassilis), Reformpartei (Katzamanis) u. Demokratischer Reformpartei (Ketseas)	2,94	4
Sonstige u. Unabhängige	0,16	-

Wahlbeteiligung: 75,4%, Sitze: 300

Das katastrophale Wahlergebnis von 1958 hatte bei der politischen Mitte zu einer Krise und anschließenden Neuorientierung geführt:[3] Noch im November des Wahljahres spaltete sich das Zentrum in drei Gruppierungen, die Liberale Demokratische Partei (*Fileleftheron Dimokratikon Komma*) von Papandreou, die von einem Komitee geleitete Neue Politische Bewegung (*Nea Politiki Kinisis*) und die Liberale Partei unter Venizelos. Bemühungen um eine erneute einheitliche Vertretung unter dem allerdings für seine rechtsextremen Ansichten bekannten zypriotischen Politiker und Militär Georgios Grivas, dem Gründer der Organisation *Chi* in der Besatzungszeit und dessen für die *Enosis* (Anschluß Zyperns an Griechenland) eintretende Nationale Organisation Zypriotischer Kämpfer (EOKA = *Ethniki Organosi Kyprion Agoni-*

[1] Rousseas (1968: 151) ist der Ansicht, daß angesichts von Wahlmanipulationen vor allem auf dem Land von einem 33%-Votum ausgegangen werden kann.
[2] Vgl. Meynaud 1965: 108.
[3] Vgl. Meynaud 1965: 108ff.

ston), die Anfang der 70er Jahre die zypriotische Regierung Makarios bekämpfte, waren zunächst vergeblich. Im Februar 1961 gelang Papandreou der Durchbruch; seine Liberale Demokratische Partei gründete mit der Neuen Politischen Bewegung und zwei kleineren Parteien[1] das Demokratische Zentrum - Liberale Agrarunion (*Dimokratikon Kendron - Filelefthera Agrotiki Enosis*), dem sich im Laufe des Augusts und Septembers 1961 die Liberale Partei, die EPEK und vier weitere Parteien[2] anschlossen. Diese Parteiformation repräsentierte als Zentrumsunion (EK = *Enosis Kendrou*) unter dem Vorsitz von Georgios Papandreou ein erstmals in der Nachkriegszeit geeintes Zentrum. Trotz offizieller Dementis kann davon ausgegangen werden, daß die USA im Juni/Juli 1961 eine vermittelnde Rolle in diesem Einigungsprozeß übernommen haben, um sich mit einer anerkannten Führungsperson des Zentrums neben Karamanlis einen weiteren Garanten politischer Stabilität und der Sicherung amerikanischer Interessen „heranzuziehen".[3]

Die Einigung des Zentrums gelang damit gerade noch rechtzeitig vor den um ein halbes Jahr auf Oktober 1961 vorgezogenen Parlamentswahlen - die ERE erhoffte sich angesichts der angespannten internationalen Lage nach dem Mauerbau in Berlin ein günstiges Ergebnis[4]. Das Wahlrecht wurde ein weiteres Mal verändert, diesmal leicht zugunsten der Oppositionsparteien.[5] Die ERE konnte jedoch ihr Ergebnis um mehr als neun Prozentpunkte auf 50,80% verbessern und verfügte im Parlament mit 176 von 300 Sitzen (= 58,66%) über ihre in ihrer Parteigeschichte deutlichste Mehrheit im Parlament. Die Zentrumsunion, die mit der Fortschrittlichen Partei des Koordinationsministers der Regierung Papagos, Markezinis, eine gemeinsame Liste aufgestellt hatte, wurde mit 33,65% und 100 Mandaten stärkste Oppositionspartei. Ihr war es gelungen, durch die Zusammenfassung der Kräfte der politischen Mitte und der Mitte-Links-Gruppierungen Stimmen von der EDA abzuziehen, die gegenüber 1958 weit zurückfiel. Ihr Wahlbündnis der Pandemokratischen Agrarfront Griechenlands (PAME = *Pandimokratikon Agrotikon Metopon Elladas*) mit der Nationalen Agrarpartei (EAK = *Ethnikon Agrotikon Komma*) kam auf nur 14,62% bzw. 24 Sitze. Die Wahlbeteiligung lag mit 82% deutlich über dem Wert der 50er Jahre von etwa 75%.[6]

---

[1] Agrarpartei (*Agrotikon Komma*) und Agrar- und Arbeitspartei (*Agrotikon kai Ergatikon Komma*)

[2] Demokratische Union (*Dimokratiki Enosis*), Fortschrittliche Partei der Techniker-Arbeiter (*Proodeftikon Ergatotechnikon Komma*), Soziale Volkspartei (*Laikon Koinonikon Komma*) des designierten Papagos-Nachfolgers Stefanopoulos und Partei der Nationalgesinnten (*Komma Ethnikofronon*)

[3] Vgl. Meynaud 1965: 110.

[4] Vgl. Meynaud 1965: 108.

[5] Das verstärkte Verhältniswahlrecht wurde entschärft. Das Quorum für die zweite Verteilungsrunde sank auf 15% (25% bei Koalitionen von zwei, 30% bei Koalitionen von drei und mehr Parteien); vgl. Meynaud 1965: 112f.

[6] Zur Wahl vgl. Meynaud 1965: 113f.

Ergebnis der Parlamentswahlen vom 29. Oktober 1961

Partei	Stimmen in %	Sitze	
ERE (Karamanlis)	50,80	176	
Wahlbündnis von	33,65	100	
Zentrumsunion (G. Papandreou) u.			85
Fortschrittliche Partei (Markezinis)			15
Pandemokratische Agrarfront Griechenlands	14,62	24	
= Wahlbündnis aus			
EDA (Pasalidis) u.			22
Nationaler Agrarpartei			2
Sonstige u. Unabhängige	0,89	-	

Wahlbeteiligung: 82%, Sitze: 300

3.2.3 Das Ende der Ära Karamanlis in der Nachkriegszeit: Die Vorboten der Systemkrise

Trotz der klaren Mehrheit der ERE im Parlament und obwohl Karamanlis noch weitere zwei Jahre als Ministerpräsident amtierte, fand mit den Wahlen von 1961 die politische Stabilität ein Ende. Die Zentrumsunion und die EDA stellten das Wahlergebnis in Frage und beschuldigten die Regierung, Vertraute des Königs, vor allem aber das Militär und die Polizei bzw. Geheimdienste der Wahlfälschung.[1] In sogenannten Schwarzbüchern prangerten sie die Einschüchterung der Bevölkerung vor allem auf dem Land durch von Polizeiorganen unterstützte, zum Teil von der ERE direkt angeworbene rechtsextreme paramilitärische Gruppen, die Ausgabe falscher Wahlausweise, den Druck zur offenen Stimmabgabe, die massive Beeinflussung der Soldaten sowie die Ausgabe gekennzeichneter Stimmzettel an; bei der Opposition sprach man von einem Wahlputsch.[2] Der Grund für die Manipulation war weniger die Angst vor einer Wahlniederlage - man kann davon ausgehen, daß die ERE auch ohne die Verfälschungen als Wahlsieger hervorgegangen wäre, wenn auch mit einem geringeren Prozentsatz[3] -, sondern die Befürchtung, daß sich der Wahlerfolg der EDA von 1958 wiederholen oder sogar noch steigern könnte.[4] So erhebt sich der Vorwurf, daß die in einem einen demokratischen Anspruch erhebenden Land abge-

---

[1] Vgl. Meynaud 1965: 114ff.

[2] Vgl. das Schwarzbuch der Zentrumsunion: *Mavri Vivlos. To Chronikon tou eklojikou praxikopimatos tis 29 Oktovriou 1961* (Schwarzbuch. Chronik des Gewaltstreiches der Wahlen vom 29. Oktober 1961), Athen 1962; und der EDA: *Mavri Vivlos. To Eklojiko Praxikopima tis 29 Oktovriou (Schwarzbuch.* Der Gewaltstreich der Wahlen vom 29. Oktober), Athen 1962: Vgl. auch Karanikolas 1963: 429ff.

[3] Vgl. Kanellopoulos 1975: 47. Kanellopoulos, damaliger stellvertretender Ministerpräsident, distanzierte sich als Nachfolger Karamanlis' in der ERE-Führung von den Wahlfälschungsmaßnahmen; vgl. ebd.: 52.

[4] Vgl. Meynaud 1965: 116.

haltenen Wahlen von 1961 durchaus Gemeinsamkeiten aufwiesen mit Wahlen „tenues dans les régimes autoritaires et, aussi, dans les républiques dites de bananes"[1]

Mit der Wahl von 1961 setzten eine Verhärtung des politischen Klimas und ein Prozeß des Vertrauensverlustes gegenüber der Regierung Karamanlis ein. Die Schärfe der zusehends auch auf die Straße getragenen Auseinandersetzungen nahm zu. Die Zentrumsunion sagte unter Führung von Georgios Papandreou der in ihren Augen illegalen Regierung den „unerbittlichen Kampf" (*anendotos agon*) an, das hieß laufende Enthüllungen über Wahlfälschungen und skandalöse politische Akte und Abkommen, Obstruktion im Parlament, Mobilisierung der Öffentlichkeit sowie Vermeidung von Kontakten mit König Paul, der andererseits unter Druck gesetzt wurde, als Garant der Verfassung durch eine Parlamentsauflösung und vorgezogene Neuwahlen den Weg zur Wiederherstellung der Legalität von Parlament und Regierung freizugeben. Papandreou weitete die Attacken gegen die Regierung auch auf andere Bereiche aus und forderte, mehr Haushaltsmittel für Bildung und Anhebung der Löhne und Gehälter bereitzustellen. Streiks und Demonstrationen vor allem großer Teile der Jugend häuften sich; die Stellung der Regierung Karamanlis wurde allmählich untergraben.[2] Die innenpolitischen Spannungen erreichten einen vorläufigen Höhepunkt, als am 22. Mai 1963 nach einer Kundgebung in Thessaloniki der EDA-Abgeordnete Grigorios Lambrakis auf offener Straße ermordet wurde;[3] am selben Abend wurden auch andere EDA-Funktionäre überfallen. Die durch den mutigen Untersuchungsrichter Christos Sartzetakis angeführten Recherchen der Justizorgane legten Verbindungen der Polizei zu rechtsextremistischen Organisationen offen und belasteten hohe Polizeioffiziere als Hintermänner der Täter schwer. Zwar war die Regierung selbst weder an den Vorfällen beteiligt, noch hatte sie Kenntnis davon,[4] doch war sie in ihrem Prestige nachhaltig angeschlagen.

Ein Konflikt des Regierungschefs mit dem Königshaus führte schließlich zum Ende der Ära Karamanlis in der Zeit vor der Militärdiktatur. Als das Königspaar einen für Juni 1963 geplanten offiziellen Besuch in London nicht verschieben wollte, wie es Karamanlis aus innenpolitischen Gründen und angesichts der massiven Kritik in Großbritannien an der „reaktionären Politik" der griechischen Regierung und des Königshauses befürwortete, kam es zum Bruch zwischen König Paul und seinem früheren Günstling Karamanlis, der - offenbar durch die wachsenden Probleme und Kritik entmutigt - am 11. Juni 1963 als Ministerpräsident zurücktrat.[5] Dem lag als tieferliegende Ursache einmal ein persönlicher Machtkampf zwischen beiden zu-

---

[1] Meynaud 1965: 116.
[2] Vgl. Vakalopulos 1985: 245.
[3] Vgl. dazu Charalambis 1981: 184ff.
[4] Vgl. Kanellopoulos 1975: 68f.
[5] Vgl. Woodhouse 1991: 283f.

grunde - Karamanlis war dem König wie schon sein Vorgänger Papagos zu eigenmächtig geworden - und dann die Auseinandersetzung um eine vom Ministerpräsidenten befürwortete Verfassungsreform, die eine Stärkung der exekutiven Gewalt gegenüber der Legislative vorsah[1]. Das Vorhaben wurde nicht nur von den Oppositionsparteien - erwartungsgemäß - abgelehnt. Auch der König unterstützte Karamanlis‘ Revisionsprojekt nicht, sondern versuchte vielmehr seine eigene unabhängige Position in der griechischen Politik zu stärken. So nahm er ohne vorherige Absprache mit der Regierung zu kontroversen Themen der Tagespolitik Stellung, verzichtete - wie beim Londonbesuch - auf den Rat der Regierung in außenpolitischen Fragen· und nutzte seine Position als formaler Oberbefehlshaber, um sich direkt an das Militär zu wenden.[2] Darüber hinaus suchte König Paul einen Ausweg aus der krisenhaften Situation. Die Hoffnung, damit die wachsenden antimonarchischen Emotionen einer breiten Öffentlichkeit abbauen zu können, veranlaßte ihn zu einer Kurskorrektur auf einen Machtwechsel zur Zentrumsunion, zumal er glaubte, den Liberalen durch seinen Einfluß auf das Militär Grenzen setzen zu können.

Nach dem Rücktritt Karamanlis‘ übertrug Paul die Regierungsbildung dem ERE-Abgeordneten Panajotis Pipinellis, einem überzeugten Monarchisten und Vertrauensmann des Königs, der am 17. Juni 1963 eine neue Regierung bildete, und handelte damit ganz in der Tradition früherer griechischer Könige, die es immer wieder verstanden hatten, eine (Regierungs-)Mehrheit durch die Ernennung eines Abgeordneten aus deren Reihen zum neuen Ministerpräsidenten und die daraufhin einsetzenden Parteiaustritte und -abspaltungen zu schwächen oder gar zu zerstören. Man geht davon aus, daß Paul mit seinem Vorgehen eine Koalition der ERE mit dem rechten Flügel der Zentrumsunion herbeiführen wollte.[3] Die Regierung Pipinellis setzte sich jedoch nur aus konservativen Ministern zusammen und amtierte nur drei Monate. Ende September wurden vorzeitige Parlamentswahlen für den 3. November 1963 ausgeschrieben und auf Forderung der Opposition eine geschäftsführende Regierung unter dem Präsidenten des Obersten Gerichtshofes, Stylianos Mavromichalis, gebildet.

Nach der Wahlniederlage seiner Partei erklärte Karamanlis am 9. Dezember 1963 seinen Rückzug aus der Politik und zog sich enttäuscht nach Paris zurück, nachdem er die Leitung der ERE seinem früheren stellvertretenden Ministerpräsidenten, Panajotis Kanellopoulos übertragen hatte.[4]

---

[1] Zum gescheiterten Versuch der Verfassungsrevision vgl. Alivizatos 1979: 429ff u. Manessis 1985: 783f.

[2] Zu diesem am Geist und Inhalt der Verfassung von 1952 vorbeigehenden Verhalten vgl. auch den folgenden Abschnitt 3.3.3.

[3] Vgl. Meynaud 1965: 116f u. 248f.

[4] Vgl. Meynaud 1965: 249f.

3.3 Der politische Faktor *Parakratos*

Das griechische politische System der Nachkriegszeit war nachhaltig gekennzeichnet bzw. beeinträchtigt durch die Bemühungen der politisch siegreichen, durch die Bürgerkriegserfahrung jedoch tief traumatisierten Rechten, einen antikommunistischen Staat in Griechenland zu etablieren, um so den „ausschließenden" Charakter des Systems[1] und ihre eigene Vorherrschaft zu sichern. Es entstand ein neben dem Staat existierender, mit ihm konkurrierender, aber auch mit ihm verfilzter Machtapparat, das sogenannte *Parakratos* („Parastaat"), der vor allem dort zum Einsatz kam, wo die legale administrative Repression endete. Neben dem gewählten Parlament und der aus ihm hervorgegangenen Regierung, versuchte - unabhängig von ihr und nicht selten auch gegen ihren Willen - eine Art Parallelmacht, bestehend aus hohen Militärs und mit ihm kooperierenden Geheimdiensten und paramilitärischen Verbände, dem Thron und dem „ausländischen Faktor", die politische und gesellschaftliche Entwicklung mit wechselndem Erfolg unter Kontrolle zu halten.[2] Charakteristika des politischen Lebens waren:

- ein Widerspruch zwischen der demokratischen Verfassung und der Verfassungswirklichkeit,
- der wachsende Einfluß des Militärs,
- die Verwicklung des Königs und seiner Gefolgsleute in politische Rivalitäten sowie inner- und zwischenparteiliche Verhandlungen und
- der äußere Einfluß auf innenpolitische Entscheidungen durch die USA.

3.3.1 Verfassung und Verfassungswirklichkeit

Das erste Parlament nach dem Zweiten Weltkrieg (1946-1950) wurde mit der Revision der Verfassung von 1864/1911 beauftragt. Die umfangreichen Vorarbeiten konnten jedoch erst vom dritten Nachkriegsparlament abgeschlossen werden; erst am 1. Januar 1952 trat die revidierte Verfassung in Kraft, die bis zur Militärdiktatur 1967 die formale Rechtsgrundlage des politischen Systems bildete. Erstmals wurde der Terminus *Vasilevomeni Dimokratia* („Demokratie mit einem König als Staatsober-

---

[1] Diamandouros 1986: 143.

[2] Die übermäßige Betonung eines parallel zum Staat existierednen Machtapparates durch Bakojannis (1972: 54) und Richter (1984: 156 u. 1988: 31) erweckt jedoch den falschen Eindruck, daß Griechenland nur durch diese Kräfte und nicht auch reguläre Regierungen regiert wurde.

haupt"/„Königliche Demokratie") zur Kennzeichnung des Regierungssystems (Art. 2) eingeführt. Trotz vereinzelter freiheitlicherer Bestimmungen (Art. 1: Freiheit statt wie bisher Tolerierung anderer Religionen; Art. 82: Verwaltungsgerichtsbarkeit) war die Verfassung in ihrer gesamten Konzeption konservativer als ihre Vorgängerin, die republikanische Verfassung von 1927 (z. B. Einschränkung der Koalitionsfreiheit für Beamte in Art. 11, Restriktionen der Pressefreiheit in Art. 14 sowie die Pflege des Nationalbewußtseins als Unterrichtsziel und als Beamtenpflicht in Art. 16 bzw. 100), eine Folge der durch den Bürgerkrieg vergifteten politischen Atmosphäre.[1]

Weitaus schwerwiegender war jedoch, daß die demokratischen Bestimmungen der Verfassung in ihrer faktischen Funktion durch eine Reihe von Ausnahmegesetzen - gleichsam eine „Parakonstitution" - ausgehöhlt wurden:[2] Ein Dekret vom 29. April 1952 bestimmte die „provisorische Beibehaltung" von in der Bürgerkriegssituation gerechtfertigten Notverordnungen und schuf damit eine absurde, eindeutig verfassungswidrige Rechtssituation,[3] die bis zum Putsch der Obristen am 21. April 1967 Bestand hatte. Der Bürger bewegte sich damit in einem widersprüchlichen Rechtsstatus, der zwar „seine persönliche Freiheit verfassungsmäßig garantierte, gleichzeitig aber durch pseudolegale Notverordnungen, von subalternen Staatsbeamten emsig praktiziert, aufhob"[4].

Zu den verfassungswidrigen Ausnahmebestimmungen gehörte die Beibehaltung der Verbannung als administrativer Maßnahme[5], die Wahrnehmung zivilgerichtlicher Funktionen durch Militärgerichte[6] sowie die Notwendigkeit von „Zeugnissen der nationalen Gesinnung" für die Ausstellung eines Reisepasses, Führer- oder Gewerbescheins und die Ausübung selbst der einfachsten beruflichen Tätigkeit[7], womit eine polizeistaatsähnliche Gesinnungskontrolle stattfand. Hinzu kamen weitere 115 Dekrete und 29 außerordentliche Erlasse, die die verfassungsmäßig garantierten Grundrechte tangierten.[8]

Eine weitere die rechtsstaatlich-demokratischen Prinzipien untergrabende Praxis ergab sich aus dem neuen Artikel 35 der Verfassung, nach dem der König in Abwesenheit des Parlaments oder bei Unterbrechung seiner Arbeiten in Übereinstimmung mit einer zu Beginn jeder Periode zu bestimmenden Abgeordnetenkommission bei be-

---

[1] Vgl. Mathiopoulos 1969: 33 u. Alivizatos 1979: 149ff.
[2] Vgl. Mathiopoulos 1969: 33ff.
[3] Vgl. dazu auch Alivizatos 1979: 424ff.
[4] Mathiopoulos 1969: 33.
[5] Vgl. Alivizatos 1979: 459ff.
[6] Vgl. Alivizatos 1979: 455ff.
[7] Vgl. Alivizatos 1979: 470ff.
[8] Vgl. Mathiopoulos 1969: 34. 20 dieser von der Regierung verabschiedeten Sondererlasse erhielten nicht einmal die nachträgliche Zustimmung des Parlaments.

sonders dringenden Fragen legislative Entscheidungen treffen konnte.[1] Diese nur für Ausnahmefälle vorgesehene Übertragung legislativer Aufgaben auf die Exekutive wurde in der griechischen Verfassungspraxis jedoch zur Regel; in den Jahren 1953/54, 1956, 1958/59, 1961/62, 1964 und 1966 lag der Anteil der auf diesem Weg verabschiedeten Gesetze gegenüber dem normalen parlamentarischen Verfahren - zum Teil deutlich - über 50%.[2]

Aufgrund dieser Diskrepanz zwischen Verfassungsinhalt bzw. -geist und Verfassungswirklichkeit wird das griechische politische System der Nachkriegszeit auch als „repressive parliamentarism", „guided democracy"[3] oder auch „gefesselte Demokratie"[4] bezeichnet.

Darüber hinaus wurde die Verfassungsordnung in der Praxis durch die Verselbständigung des Militärs und der Sicherheitsdienste, die Interventionen des Königshauses in Regierungs- und Verwaltungsgeschäfte sowie Interventionen der USA über ihre Dienststellen in Griechenland eingeschränkt.

3.3.2 Das Militär

Nachdem in den 30er und 40er Jahren liberale oder republikanische Sympathisanten aus dem Offizierskorps entfernt worden waren,[5] zeichnete sich die Armee zu Beginn der 50er Jahre durch einen militanten Antikommunismus, Antivenizelismus und Antiparlamentarismus aus. Darüber hinaus vermochten die Streitkräften im Laufe des Bürgerkrieges eine institutionelle Autonomie gegenüber den zivilen Autoritäten zu

[1] Vgl. dazu Alivizatos 1979: 150ff.

[2] Vgl. Alivizatos 1979: 160f.

Jahr	Reguläre Gesetze	Legislative Dekrete	Gesamt	%
1953	120	322	442	72,85
1954	160	209	369	56,64
1955	241	131	372	35,22
1956	38	126	164	76,83
1957	86	78	164	47,56
1958	20	94	114	82,46
1959	37	73	110	66,36
1960	62	35	97	36,09
1961	45	48	93	51,61
1962	11	51	62	82,26
1963	52	1	53	1,89
1964	28	8	115	75,65
1965	34	4	38	10,53
1966	28	99	127	79,95

[3] Mouzelis 1976: 58f.

[4] Mathiopoulos 1969: 35.

[5] Anlässe waren die gescheiterten venizelistischen Putsche 1933 und 1935 (vgl. unter III. Abschnitt 4.4), die Meutereien in der Exilarmee 1943/44 (vgl. unter IV. Abschnitt 3.1) und der Bürgerkrieg 1943/44-1949 (vgl. unter IV. Abschnitt 2.1).

erlangen, was ihre Rolle als Pfeiler und Schiedsrichter der bestehenden politischen und sozialen Ordnung stärkte.[1] Obwohl die durch die Besonderheiten der Bürgerkriegssituation gerechtfertigte institutionelle Autonomie der Armee 1951 gesetzlich aufgehoben wurde, sorgte die extrem elastische Definition der „nationalen Sicherheit" dafür, daß normalerweise zivile Verantwortungsbereiche unter Kontrolle der Streitkräfte verblieben.[2]

Mit der Metaxas-Diktatur, vor allem aber seit dem Bürgerkrieg ersetzte ein zum Teil fanatisch ausgeprägter Antikommunismus die Ideologie der *Megali Idea*.[3] Das Offizierskorps sah in einer in zwei Fronten geteilten Welt seine Aufgabe darin, jede kommunistische Infiltration durch die Trennlinie dieser zwei Welten zu verhindern, das heißt, das Militär war nicht mehr nur für die Landesverteidigung nach außen zuständig, sondern in zunehmendem Maße auch für die Abwehr des von ihm perzipierten inneren Feindes. Die Vorstellung, was unter kommunistische Infiltration und Umsturzpläne fiel, ging dabei sehr weit und umfaßte letztlich jeden Versuch geistiger Unabhängigkeit gegenüber dem Bestehenden und jede Regierungsaktion, die auf einen Dialog mit Vertretern der Linken hinzielte.[4]

Die politische Rolle des Militärs begann mit der systematischen „antikommunistischen" Indoktrinierung der Rekruten, deren Lektüre einer strikten Kontrolle unterlag.[5] Das Militär verfügte über einen eigenen Rundfunk- und Fernsehsender, deren Programme keiner zivilen Kontrolle unterlagen.

Das Selbstverständnis vieler Militärs war geprägt durch eine distanzierte, zum Teil sogar ablehnend-feindselige Haltung gegenüber den zivilen Akteuren im politischen Leben, denen man sich überlegen fühlte. Als einzig straff organisierte Gruppierung in der griechischen Gesellschaft verfügte das Militär über ein erhebliches Macht- und Interventionspotential, dem nicht - wie in entwickelteren, bürgerlichen Gesellschaften - entsprechend gut organisierte zivile Gruppierungen wie Parteien und Gewerkschaften gegenüberstanden.[6]

Diese Ideologisierung und Absonderung des Militärs von der zivilen Gesellschaft fand ihren ersten organisatorischen Ausdruck in der Gründung der konspirativen Offiziersvereinigung IDEA 1944, die dann am 30. Mai 1951 offen in Erscheinung trat, als ihre Mitglieder nach dem Rücktritt von Marschall Papagos den Rundfunk und

---

[1] Zur Rolle der Armee vgl. Meynaud 1965: 342ff u. 1969: 56ff, Bakojannis 1972: 66ff.

[2] Zur Autonomisierung der griechischen Streitkräfte gegenüber den zivilen Autoritäten vgl. Alivizatos 1978: 37ff.

[3] Vgl. dazu unter III. Abschnitt 1.3.

[4] Vgl. Meynaud 1965: 343f u. Papaspiliopoulos 1970: 67.

[5] Nach einem vertraulichen Rundschreiben der Generalstabes, das dem Parlament bekannt wurde, unterlagen selbst die Werke Ernest Renans und Victor Hugos der Zensur; vgl. Meynaud 1965: 345.

[6] Zum Ungleichgewicht zwischen militärischer und ziviler Gesellschaft vgl. Meynaud 1965: 317f u. Bakojannis 1972: 61.

Generalstab besetzten und nur durch Papagos' persönliches Erscheinen ein Putsch verhindert werden konnte.[1]

In den Folgejahren unterstützte die Führung des Militärs mehr oder weniger aktiv die konservativen Kräfte in der Griechischen Sammlung und ihrer Nachfolgerin, der ERE, was sich auch in der Beeinflussung der Parlamentswahlen zeigte:[2] Bereits unter Metaxas war in Nordgriechenland entlang der Grenze eine militärische Kontrollzone eingerichtet worden, in der das Militär über besondere Vorrechte verfügte; zum Betreten bzw. Verlassen dieser Zone[3] mußten von den Militärbehörden ausgestellte Passierscheine vorgelegt werden. Im Gegensatz zu den Kandidaten der ERE erhielten Kandidaten des Zentrums und der linken Parteien erst eine Woche vor der Wahl Passierscheine zum Betreten der Zone, eine Behinderung, die ihren Niederschlag im Wahlergebnis fand: So erhielt die ERE 1958 landesweit 41,2% der Stimmen, in den Kontrollzonen jedoch zwischen 71% und 86%, 1961 lag ihr Anteil landesweit bei 50,8%, in den überwachten Gebieten jedoch zwischen 91% und 100%.[4] Bei den meisten Wahlen der Nachkriegszeit stimmten die Soldaten mit Wahllisten ab, die von den Offizieren ihrer Einheiten zusammengestellt worden waren, wobei zwei Verfahren angewandt wurden: 1956 und 1961 stimmten die Soldaten über die Kandidaten ihres Stationierungsortes ab; durch die Verlegung von Truppeneinheiten konnte so eine geographische Verschiebung der politischen Gewichte erzielt werden.[5] Bei den Wahlen 1963 und 1964 stimmten die Soldaten über die Kandidaten ihres Heimatortes ab; durch die Übermittlung der abgegebenen Stimmen an den Heimatort war die Anonymität des Wählers nicht mehr gewährleistet.[6] Ihren Höhepunkt erreichte diese offenkundige Wahlmanipulation 1961 mit dem sogenannten „Perikles-Plan", der die Beeinflussung der Wahl durch Einschüchterungen seitens der Armee und Sicherheitskräfte vorsah.[7]

Laut Gesetzesdekret vom 16. April 1953 unterstanden die Streitkräfte dem Kommando der Regierung und war die Funktion des Königs als Oberbefehlshaber nur

[1] Vgl. dazu unter IV. Abschnitt 2.1.
[2] Vgl. Meynaud 1965: 345 u. Bakojannis 1972: 61f.
[3] Sie umfaßte 13 Präfekturen und etwa eine Million Einwohner bei einer Gesamtbevölkerung von etwa 8,4 Millionen 1961.
[4] 1963 ging der ERE-Anteil landesweit auf 39,4% zurück, lag in den Grenzzonen jedoch immer noch bei 76%; ähnlich 1964 mit 35,3% landesweit und zwischen 62% und 70% in den Kontrollgebieten; vgl. Meynaud 1965: 60f u. 1969: 60f.
[5] Vgl. z. B. den Wahlkreis der Insel Kephallonia bei den Parlamentswahlen 1956:

	Wahllokale für Zivilisten	Wahllokale für Soldaten	Stimmen Gesamt
ERE	12.065	1.255	13.320
Zentrumsunion	12.484	490	12.974

gewählt war der Kandidat der ERE
[6] Vgl. Bakojannis 1972: 61f.
[7] Vgl. Katris 1971: 120ff und unter IV. Abschnitt 2.2. 198 Offiziere wurden auf Anzeigen von Bürgern wegen Gewalt- und Drohhandlungen im Zusammenhang mit der Wahl verurteilt; vgl. ebd.: 108.

symbolischer Natur,[1] in der Realität wurde diese Kommandostruktur jedoch durch verdeckte, aber auch offene Einmischungen seitens der seit 1947 in Griechenland tätigen, über einen autonomen Status verfügenden US-Militärmission einerseits und das Königshaus andererseits umgangen.[2] Besonders verhängnisvoll waren die Auswirkungen, die diese Situation auf die Geisteshaltung in der Armee hatte, in der sich bei einem beträchtlichen Teil des Offizierskorps eine regelrechte Diziplinlosigkeit gegenüber der legalen Regierung breitmachte. Nachdem bereits seit der Staatsgründung im 19. Jahrhundert das Militär eine Neigung zu aktiven Interventionen in die Politik zeigte und die Auseinandersetzungen in der ersten Hälfte des 20. Jahrhunderts erheblich zu seiner Politisierung beigetragen hatten, sah sich ein Teil der griechischen Militärs, die ohnehin nur eine geringe Achtung gegenüber den parlamentarischen Institutionen und demokratischen Verfahren hatten, vor allem nach dem Wahlerfolg der EDA 1958 dazu berufen, über die Köpfe der zivilen Regierung und Institutionen hinweg ihre eigene, „antikommunistische“ Politik zu verfolgen: „‘plus papagiste que Papagos’[[3]], du vivant du maréchal, plus royaliste que le roi, par la suite, l’armée grecque crut pouvoir assumer le destin de la patrie ‘en danger’“[4]. Auf die Gefahr, daß diese Konstellation eines als autonomer Apparat neben der Regierung agierenden und seine Aufgaben in erster Linie nach eigenen Interessen und Auffassungen definierenden Militärs schließlich zu dessen völliger Verselbständigung und dem Sturz der zivilen Regierung hinführen kann, weist Meynaud[5] bereits zwei Jahre vor dem Putsch der Obristen hin.

3.3.3 Der König

König Georg II. verdankte seine Rückkehr auf den Thron nach dem Zweiten Weltkrieg zum größten Teil der ihn unterstützenden britischen Politik. Es ist fraglich, ob das Problem der Staatsform ähnlich „gelöst“ worden wäre, wenn Griechenland bereits nach dem Abzug der deutschen Besatzung unter amerikanischem Einfluß gestanden hätte.[6]

Das Plebiszit vom 1. September 1946, in dem sich eine Mehrheit für die Rückkehr des Königs aussprach, fand in einer Atmosphäre des Drucks und der Einschüchterung

---

[1] Vgl. Alivizatos 1979: 198f.
[2] Vgl. dazu Alivizatos 1979: 199ff.
[3] Dieser Ausdruck wurde von Panajotis Kanellopoulos (1975: 29) verwandt, um die Einstellung der der IDEA nahestehenden Offiziere in den Jahren 1952-1955, als er selbst Verteidigungsminister war, zu charakterisieren.
[4] Alivizatos 1979: 204.
[5] Meynaud 1965: 56, 349.
[6] Vgl. Meynaud 1965: 329.

sowie auf der Basis veralteter Wählerregister statt und kann nicht als Beweis einer wirklich proroyalistischen Stimmung in der Bevölkerung dienen.[1] Viele Wähler stimmten für eine Rückkehr des Königs, nicht weil sie diese an und für sich als wünschenswert ansahen, sondern unter dem Eindruck des kommunistischen Dezemberaufstandes von 1944 und der fortdauernden Bürgerkriegsgefahr; die mit den politischen Vorstellungen der damaligen Schutzmacht einhergehende Option für den König schien ihnen einen gewissen internationalen Schutz Griechenlands vor der kommunistischen Expansion zu gewähren, eine Karte, auf die Georg II. bzw. ab 1947 sein Nachfolger Paul I. auch in der Folgezeit setzten. Indem sich der König an die Spitze des antikommunistischen Kampfes stellte, wurde er zu einem Garanten für den Verbleib Griechenlands im westlichen Lager, so daß auch die neue „Schutzmacht“ USA ihre anfänglichen Vorbehalte gegenüber der griechischen Monarchie aufgaben.[2] Überhaupt bildete die Perzeption einer kommunistischen Gefahr auch Jahre nach Beendigung des Bürgerkrieges einen gemeinsamen Nenner für die Zusammenarbeit aller konservativen[3], aber immer wieder auch liberal-progressiven Kräfte, die im König den Garanten der Stabilität und des Fortbestehens des etablierten politischen und sozialen Systems sahen. Demgemäß akzeptierten nach dem Bürgerkrieg fast alle politischen Kräfte die Monarchie in Griechenland; ehemals antimonarchisch gesinnte Politiker wie Georgios Papandreou und Panajotis Kanellopoulos kamen dem König näher, und selbst die EDA stellte die Staatsform nicht in Frage.[4]

Die Verfassung von 1952 definierte die Staatsform Griechenlands als eine „königliche Demokratie“. Nach Artikel 29 und 30 war die Person des Königs unverantwortlich und unverletzlich; kein Akt des Königs war gültig und wurde vollzogen, wenn er nicht vom jeweils zuständigen Minister gegengezeichnet war, der allein, mit seiner Unterschrift, die Verantwortung übernahm. Die Verfassung folgte damit dem Prinzip *der König herrscht, aber er regiert nicht*, daß heißt, sie schloß eine persönliche Interessenpolitik des Königs aus. In vielen Fällen mißachtete Paul I. jedoch dieses Postulat der Verfassung und versuchte, sich unmittelbar in die Regierungsgeschäfte einzumischen.[5] Begünstigt wurde dies durch die dem König von der Verfassung eingeräumte Möglichkeit, bei in seinem Entscheidungsbereich liegenden Parlamentsauflösungen vor Neuwahlen bzw. auch allgemein bei Regierungskrisen für 40 Tage den Ministerpräsidenten zu benennen. Auf diese Weise hatte der König Gelegenheit, „seine“ Leute zumindest auf kurze Zeit an die Macht zu bringen, und es entwickelte sich ein System politischer Herrschaft mit Hilfe des Königs, der sogenannte Favori-

---

[1] Vgl. dazu auch unter IV. Abschnitt 1.2.4
[2] Vgl. Meynaud 1965: 329f.
[3] Vgl. dazu Meynaud 1965: 330ff
[4] Vgl. Bakojannis 1972: 65f.
[5] Vgl. dazu Alivizatos 1979: 179ff.

tismus, das heißt, man suchte die Gunst des Königs, um Einfluß zu gewinnen bzw. an die Regierung zu gelangen. Bis in die 60er Jahre hatte sich die Praxis königlicher Interventionen derart etabliert, daß Papandreou im Rahmen seines „unerbittlichen Kampfes“ gegen die ERE ein Eingreifen König Pauls forderte, um die „illegale Regierung“ Karamanlis zu Fall zu bringen.[1]

Artikel 32 der griechischen Verfassung übertrug dem König formell den Oberbefehl über die Streitkräfte, doch beschränkte sich dieser nicht auf die ihm zugedachte repräsentative Rolle, sondern sah das Militär vielmehr als „ureigenstes königliches Reservat“[2]. Paul I. faßte seinen Kompetenzbereich dabei so weit, daß er ab 1956 in zunehmendem Maße die Exekutive ausschaltete. Wiederholt ernannte er gegen den Willen des zuständigen Verteidigungsministers einen neuen Generalstabschef und empfing in Abwesenheit der Regierung Vertreter der Armeeführung zu geheimen Beratungen.[3]

Um den König herum bildete sich eine Art „Hofpartei“ oder „königlicher Clan“[4], dem persönliche Vertraute des Königs mit Schlüsselpositionen im Leben des Landes, eine Reihe meist konservativer Politiker, die wiederholt auch Ministerposten, vor allem in den Übergangskabinetten, übernahmen, hochrangige Militärangehörige, Vertreter der öffentlichen Verwaltung, aus der Wirtschaft[5] und dem Ausland angehörten. Neben den offiziellen, von der Regierung gestellten politischen Beratern des Königs entwickelte diese Gruppe eine eigene Aktivität und spielte eine wichtige Rolle innerhalb der Paralellmacht.[6] Besonders umstritten war die Rolle von Pauls Frau Frederike, einer Enkelin Wilhelms II., die mehr oder weniger offen in die Politik der Regierung intervenierte.[7] Die unter ihrer Leitung stehende königliche Stiftung, beim Volk als „Fonds der Königin“ bekannt, wird von Meynaud als „Staat im Staate“[8] bezeichnet. Der Fonds wurde staatlicherseits finanziert durch Gelder, die eine Art zusätzlicher indirekter Besteuerung darstellten (auf Neuwagen, Zigaretten, Kinokarten u. ä.), ohne daß jedoch eine Kontrolle über deren Verwendung stattfand.[9]

Entgegen den bei ihrer Rückkehr nach Griechenland an sie gestellten Erwartungen bzw. Hoffnungen erwies sich die Monarchie weder als Symbol noch als Garant der nationalen Einheit und politischen Stabilität Griechenlands. Die Interventionen des Königspaares in die praktische Politik, die Begünstigung ihrer Klienten, die unkon-

---

[1] Vgl. Meynaud 1965: 328.
[2] Mathiopoulos 1969: 37.
[3] Vgl. Mathiopoulos 1969: 37 u. Alivizatos 1979: 196ff.
[4] Meynaud 1965: 336.
[5] Zu deren Einfluß vgl. auch Meynaud 1965: 355ff
[6] Vgl. Meynaud 1965: 336ff u. Bakojannis 1972: 64ff.
[7] Vgl. Meynaud 1965: 333f.
[8] Meynaud 1965: 335.
[9] Vgl. dazu Meynaud 1965: 338ff.

trollierte Verwaltung des staatlich finanzierten königlichen Fonds und eine gewisse Neigung zur Prachtentfaltung entfremdeten das Königshaus den Oppositionsparteien.[1] Durch seine Entscheidungsgewalt bei der Bildung von Übergangsregierungen, die zum Teil entscheidende Veränderungen am Wahlsystem vornahmen, sowie seinen ideologischen Einfluß auf die Streitkräfte hatte der König eine nicht unbeträchtliche Macht über das Parlament erlangt. Innerhalb der in den 50er Jahren und zu Beginn der 60er Jahre dominierenden Rechten wurde es nahezu widerspruchslos hingenommen, daß der König einen Mann seiner Wahl - 1955 Karamanlis, 1963 Pipinellis - als Ministerpräsidenten aussuchen konnte; die Mehrheit der Abgeordneten scharte sich dann um diese Person und sicherte ihr die verfassungsmäßig erforderliche parlamentarische Mehrheit. Diese Praxis stellte das parlamentarische System auf den Kopf: An die Stelle der Wahl des Ministerpräsidenten durch das Parlament und dessen Ernennung durch den König trat die Wahl durch den König und die mehr oder weniger passive Zustimmung des Parlaments.[2]

3.3.4 Die „Schutzmacht“

„Der Begriff der ‚Schutzmacht‘ ist so alt wie der neugriechische Staat.“[3] Seit der Gründung des neugriechischen Staates hatten es Fremdmächte, zunächst Großbritannien, Frankreich und Rußland, verstanden, durch ihre Rolle als „Schutzmacht“ ihre politischen und wirtschaftlichen Interessen in Griechenland wahrzunehmen.[4] Ab 1875 war Großbritannien alleinige Schutzmacht. Während und unmittelbar nach dem Zweiten Weltkrieg, aus dessen Erfahrung man in Griechenland auch den Begriff „alliierter Faktor“ in bezug auf die „Schutzmacht“ verwendete, verstärkte sich der britische Einfluß so sehr, daß Griechenland über die britische Botschaft in Athen und eine große Zahl von britischen Missionen, die bei den meisten Ministerien, der Polizei und den Streitkräften bestanden, „de facto von England regiert“[5] wurde.[6] Nachdem Großbritannien 1947 erklärt hatte, nicht länger die finanzielle Last seiner Präsenz in Griechenland tragen zu können, traten die USA im Rahmen der Trumandoktrin an seine Stelle.[7] Die Spaltung Europas in zwei Blöcke veranlaßte die USA auch nach

---

[1] Vgl. dazu auch Linardatos 1978/1979: III, 161ff.

[2] Vgl. Alivizatos 1979: 181ff u. Katiforis 1969: 59.

[3] Bakojannis 1972: 50.

[4] Vgl. dazu unter II. Abschnitt 4.

[5] Korisis 1980: 34.

[6] Vgl. Bakojannis 1972: 50.

[7] Zu den verschiedensten Aspekten der griechisch-amerikanischen Beziehungen vgl. Couloumbis/Iatrides 1980 u. Iatrides 1983: 150ff.

Beendigung des Bürgerkrieges, Griechenland wirtschaftlich und vor allem militärisch zu stützen.

Bei aller, besonders nach der Militärdiktatur von 1967 geäußerten Kritik der ausländischen Interventionen und Bevormundung wird jedoch gerne vergessen, daß die griechischen Verantwortlichen selbst - nicht selten auch mit dem Ziel, innenpolitische Widersacher auszuschalten - regelmäßig die Unterstützung der ausländischen Mächte suchten. Während bis zur Kleinasiatischen Katastrophe 1922 das unerreichte Ziel, alle Griechen innerhalb der geographischen Grenzen eines einzigen souveränen Staates zu vereinigen, das grundlegende Motiv war, suchte man nach dem Zweiten Weltkrieg die ausländische bzw. US-amerikanische Unterstützung zur Bekämpfung der kommunistischen Gefahr sowie zur finanziellen Unterstützung des Wiederaufbaus.[1] Darüber hinaus bot das System politischer Cliquenwirtschaft, auf dem das politische System des Landes im 19., aber zum Teil auch noch im 20. Jahrhundert basierte, ausländischen Mächten immer wieder Gelegenheit zu Interventionen.[2]

Die Methoden der ausländischen Einflußnahme auf die griechische Politik waren unterschiedlich. Oft wurde - wie z. B. im Ersten Weltkrieg durch die Deutschen - der König als direktes Werkzeug genutzt, in anderen Fällen „führten sich ausländische Gesandte wie griechische Politiker auf - oder vielmehr wie eine Art Super-Politiker“[3]. Grundlage des amerikanischen Einflusses war das Abkommen über die Gewährung von Wirtschaftshilfe seitens der USA an Griechenland vom 20. Juni 1947.[4] Artikel 4 des Abkommens räumte dem Leiter der amerikanischen Mission in Athen uneingeschränkte Rechte nicht nur in bezug auf die Verwendung der amerikanischen Hilfe, sondern generell der griechischen Ressourcen ein. In Artikel 6 verpflichtet sich die griechische Regierung, der amerikanischen Mission jeden gewünschten Bericht und jede gewünschte Information zur Verfügung zu stellen. Dieses Abkommen bedeutete eine erhebliche Einschränkung der wirtschaftlichen wie auch politischen Autonomie Griechenlands. Die US-Mission mischte sich unverhohlen in die griechische Innenpolitik ein.[5] Unter ihrem Einfluß wurden 1947 die Regierungen Tsaldaris und Maximos durch die Regierung Sofoulis ersetzt, dessen Partei im Parlament nur in der Minderheit war.[6] Der Leiter der amerikanischen Mis-

---

[1] Vgl. Meynaud 1965: 198ff.

[2] 1947 stellte Osbert Lancaster fest: „In Griechenland ist man zurückversetzt in die Welt des Duke of Bedford und der Rockingham Whigs, wo Personen mehr gelten als Prinzipien und [...] man Ideologien nur verkündet, um sie später wieder aufzugeben, wo Parteitreue eine reine Angelegenheit augenblicklicher Zweckdienlichkeit ist und wo im Parlament häufig ein undurchdringliches Gedränge herrscht, weil zu viele Abgeordnete die Fraktion wechseln.“ Zit. nach Jannopoulos 1969: 88.

[3] Jannopoulos 1969: 88.

[4] Vgl. Bakojannis 1972: 52f.

[5] Vgl. Woodhouse 1951: 412.

[6] Vgl. unter IV. Abschnitt 1.2.5.

sion galt auch in den USA als „the most powerful man in Greece“[1]. 1952 forderte der amerikanische Botschafter öffentlich die Einführung des Mehrheitswahlrechts, das der Griechischen Sammlung eine absolute Mehrheit im Parlament sicherte.[2] Vor diesem Hintergrund versteht sich die Behauptung Angelopoulos‘, bei dem Abkommen handele es sich um ein „Meisterstück von aufgeklärtem Neokolonialismus“[3], und die Bezeichnung Griechenlands als eines „amerikanischen Satelliten“[4].

Mit dem Wechsel der „Schutzmacht“ 1947 ging auch ein Wechsel im politischen Stil einher; die britischen Vertreter verstanden sich weitaus besser auf vertrauliche, indirekte Interventionen als die Amerikaner und hatten sozusagen die „feinere Art“[5]. Vor allem war der amerikanische Einfluß nachdrücklicher, nicht zuletzt, weil die wirtschaftliche Hilfe der USA für Griechenland die Möglichkeiten Großbritanniens um ein Vielfaches überstieg.[6] Doch auch nach dem Auslaufen der finanziellen Unterstützung 1964 blieb ein politischer Einfluß bestehen.[7]

---

[1] Department of State, Foreign Relations of the United States (FRUS), 1947, V, Washington D. C. 1971: 370, zit. nach Iatrides 1983: 151.

[2] „In dem delikaten Spiel, die Politik eines Verbündeten zu steuern, ist der amerikanische Einfluß beträchtlich, denn in der byzantinischen Welt der griechischen Politik spielen amerikanische Diplomaten und CIA-Agenten oft eine ebenso wichtige Rolle wie die griechischen Politiker.“ J. W. Finnly in der New York Times v. 10.07.1967, zit. Nach Jannopoulos 1969: 90.

[3] Angelopoulos o. J.: 14.

[4] Jannopoulos 1969: 92 u. Bakojannis 1972: 52.

[5] Bakojannis 1972: 52.

[6] Die zivile Hilfe kann chronologisch in vier Perioden unterteilt werden:

Oktober 1944 - März 1947	
Amerikanischer Anteil an Zuwendungen seitens der UNRRA (= *United Nations Relief and Rehabilitation Administration*)	419 Mio $
April 1947 - März 1948:	
Phase der Übergangshilfe	157 Mio $
April 1948 - Juni 1953:	
Zuwendungen im Rahmen des Marschall-Plans	1.095 Mio $
Juni 1953 - Juni 1964:	
Phase der Einschränkung der Hilfe in Europa an Griechenland und die Türkei	555 Mio $
	2.226 Mio $
Technische Zusammenarbeit	18 Mio $
	2.244 Mio $

297 Millionen $ (0 13,2%) dieser zivilen Hilfe erfolgten in Form einer Anleihe; vgl. Meynaud 1965: 412f.

Die Unterstützung durch Großbritannien in den Jahren 1944 bis 1946 setzte sich zusammen aus

Militärhilfe	152,0 Mio $
Zivilhilfe	28,0 Mio $
Anleihe zur Stabilisierung der Drachme	40,3 Mio $
	220,3 Mio $

Vgl. Meynaud 1965: 415.

[7] Vgl. Meynaud 1965: 400f.

Besonders eng waren die Bindungen zwischen den amerikanischen und griechischen Militärs. Die fachliche und materielle US-Unterstützung der griechischen Regierungsstreitkräfte spielte eine wichtige Rolle bei der Beendigung des Bürgerkrieges und dauerte auch nach 1949 an; 44% der Nachkriegshilfeleistungen für Griechenland durch die USA entfielen auf den militärischen Bereich. Dabei wurden die griechischen Streitkräfte als Stabilisierungsfaktor und sicherlich auch politisches Kontrollinstrument gegen Oppositionelle gesehen, so daß Jannopoulos unter dem Einfluß der Militärdiktatur von 1967 sogar zu dem Urteil kommt, daß die US-amerikanischen Militärberater die griechische Armee „eindeutig und methodisch“ darauf vorbereitet haben, „hinter den Kulissen der Politik eine ähnliche Rolle wie die Armeen Lateinamerikas zu spielen“[1]. Darüber hinaus beklagte die Opposition des Zentrums und der Linken die Präsenz amerikanischer bzw. von den USA bezahlter Agenten nicht nur in den nationalen Sicherheitsdiensten wie dem Zentralen Nachrichtendienst KYP, sondern staatlichen Organen überhaupt.[2] Fest steht, daß die amerikanische Politik in Griechenland von mehreren, in der Regel unabhängig voneinander operierenden Stellen aus betrieben wurde. Der frühere US-Botschafter in Athen, E. Briggs, berichtet 1964 in seinen Memoiren, daß das Budget des CIA in Athen doppelt so hoch war wie das der amerikanischen Botschaft und er selbst nie wußte, wer die CIA-Leute in Athen waren: „Manchmal bemerkt der Botschafter plötzlich, daß er auf einer Bombe sitzt, deren Sicherung und Zünder sich jeweils in den Händen eines anderen amerikanischen Offiziers oder einer anderen Agentur befindet.“[3]

Zahlreiche amerikanische Interventionen bezogen sich auf parteiliche Auseinandersetzungen. So unterstützten die USA nachhaltig das Bestreben Marschall Papagos‘, an die Regierung zu gelangen. Die Amerikaner setzten nicht nur die Einführung des Mehrheitswahlrechts durch, es kam auch zu offenen Meinungsverschiedenheiten zwischen ihrem Botschafter Peurifoy und dem Papagos-feindlichen Hofkreis um Königin Frederike. Später übertrugen die USA ihre Unterstützung auf die Partei des Papagos-Nachfolgers Karamanlis.[4] Auch im Einigungsprozeß der Zentrumsparteien zu Beginn der 60er Jahre spielten die USA eine Rolle.

Die Tätigkeiten der Amerikaner, besonders ihre finanziellen Leistungen hatten zur Folge, daß sich analog zum „königlichen Clan“ ein „amerikanischer Clan“ bzw. eine „amerikanische Partei“ aus Politikern, Militärs und Vertretern der Wirtschaft, Verwaltung sowie des Hofes selbst formierte, die sich aus ideologischen, vor allem aber materiellen Motiven zu Vertretern amerikanischer Interessen machten.[5]

---

[1] Jannopoulos 1969: 91f.
[2] Vgl. Meynaud 1965: 402ff.
[3] E. Briggs 1964: Farewell to Foggy Bottom, zit. nach Jannopoulos 1969: 90.
[4] Vgl. Meynaud 1965: 402.
[5] Vgl. Meynaud 1965: 405ff.

4. Die Systemkrise der Nachkriegsdemokratie 1963-1967

4.1 Die liberale Wende

Nach den Unstimmigkeiten der beiden vergangenen Jahre und den Vorkommnissen bei den vergangenen Wahlen hatte sich die vor den vorzeitig für November 1963 angesetzten Parlamentswahlen gebildete geschäftsführende Regierung unter Stylianos Mavromichalis die Durchführung einwandfreier Wahlen zum Hauptziel ihrer Tätigkeit gesetzt. In diesem Zusammenhang wurden der Chef der Polizei von seinem Posten entfernt, die Staffeln der Sicherheitsbataillone entwaffnet und die Präfekten für die Zeit des Wahlkampfes durch Staatsanwälte ersetzt. Auch wenn diese kurzfristigen Maßnahmen nicht den Geist des Regierungsapparates beeinflussen sowie die nachhaltige Wirkung der vorangegangenen Einschüchterungen auf dem Land völlig neutralisieren konnten, wurden der Ablauf und das Klima der Parlamentswahlen von Beobachtern als fair bezeichnet.[1]

Bei den Wahlen am 3. November 1963 kam ein erneut modifiziertes verstärktes Verhältniswahlrecht zur Anwendung, das die beiden stärksten Parteien leicht begünstigte; mit 81,41% der Stimmen erhielten sie 90% der Sitze.[2] Die bis dahin dominierende ERE kam auf nur noch 39,37% der Stimmen und 132 von 300 Sitzen, womit sie nicht nur ihre absolute Mehrheit im Parlament einbüßte, sondern auch ihre Position als stärkste Partei. Die Zentrumsunion erhielt mit 42,04% die meisten Stimmen, war mit 138 von 300 Mandaten jedoch ohne Regierungsmehrheit im Parlament. Die EDA, die sich zuvor vergeblich um eine Wahlkoalition aller Oppositionsparteien gegen die Rechte bemüht hatte, kam auf 14,34% und 28 Sitze. Die Partei der Progressiven war mit 3,73% und zwei Mandaten als vierte Partei im Parlament vertreten.

Ergebnis der Parlamentswahlen vom 3. November 1963

Partei	Stimmen in %	Sitze
Zentrumsunion (G. Papandreou)	42,4	138
ERE (Karamanlis)	39,37	132
EDA (Pasalidis)	14,34	28
Fortschrittliche Partei (Markezinis)	3,73	2
Sonstige u. Unabhängige	0,52	-

Wahlbeteiligung: 83,2%, Sitze: 300

[1] Vgl. Meynaud 1965: 119.
[2] Zur Wahl vgl. Meynaud 1965: 119ff.

Am 8. November beauftragte der König Papandreou als Führer der Mehrheitspartei mit der Kabinettsbildung. Angesichts dessen, daß der rechte Flügel seiner Partei um Venizelos ideologisch kaum von der gemäßigten Rechten zu unterscheiden war, schied eine Koalition mit der EDA aus, da sie die sofortige Abspaltung dieses Flügels zur Folge gehabt hätte. Darüber hinaus wäre die Kooperation mit der EDA die beste Propaganda für die Rechte gewesen, die Papandreou schon seit seinem „unerbittlichen Kampf" als trojanisches Pferd des Kommunismus hingestellt hatte. Aber auch für Papandreou selbst kam eine Zusammenarbeit mit der Linken nicht in Frage, zu tief war der Antikommunismus in allen Gesellschaftsschichten verwurzelt. Ebensowenig wollte er jedoch eine große Koalition mit der ERE eingehen, sondern spekulierte vielmehr darauf, daß ihm eine erneute Wahl mehr Spielraum geben würde. Dafür sprach erstens, daß die Erfahrung, daß die bis dahin beherrschende Rechte besiegt werden konnte, die Wähler ermutigt hatte, und zweitens, daß er bei Neuwahlen auf zusätzliche Stimmen durch die Linke hoffen konnte, der keine andere Wahl blieb, wenn sie die Rechte von der Regierung verdrängen wollte.[1] Folglich reichte Papandreou dem König am 24. Dezember seinen Rücktritt ein[2], forderte ihn zur erneuten Ausschreibung von Parlamentswahlen auf und erklärte nunmehr den „Zweifrontenkampf" (*dimetopos agon*) gegen die Rechte und die Linke[3].

Der König, dem diese taktischen Überlegungen des Zentrumsvorsitzenden klar waren, unternahm jedoch noch einen Alternativversuch und übertrug dem neuen ERE-Führer Kanellopoulos den Auftrag zur Regierungsbildung. Dieser versuchte vergeblich, einen Teil der Zentrumsabgeordneten für die ERE-Regierung zu gewinnen; die in Reichweite liegenden Wahlen und vor allem die Aussicht auf einen noch deutlicheren Sieg hielt den rechten Flügel von einem Zusammengehen mit der ERE ab. Ein weiterer Versuch des Königs, eine große Koalition von Zentrumsunion und ERE unter der Führung Papandreous zustande zu bringen, scheiterte an der Weigerung Papandreous, der eine Demoralisierung seiner Wähler und eine Stärkung der EDA als dann einziger Oppositionspartei fürchtete.[4]

Eine geschäftsführende Regierung unter J. Paraskevopoulos, dem stellvertretenden Gouverneur der griechischen Nationalbank, wurde mit der Vorbereitung von Neuwahlen für den 16. Februar 1964 beauftragt. Erstmals nach Beendigung des Bürgerkrieges kam in zwei aufeinanderfolgenden Wahlen ein unverändertes Wahlsystem zur Anwendung. Das Kalkül Papandreous ging mehr als auf. Mit 52,71% und 171 von 300 Sitzen erhielt die Zentrumsunion nicht nur im Parlament, sondern auch

---

[1] Vgl. Meynaud 1965: 122 u. Charalambis 1980: 205f.

[2] In ihrer kurzen Amtszeit vergab die Regierung Papandreou bereits große Zuwendungen an verschiedenen Gruppen und versprach noch weitere; vgl. Meynaud 1965: 122 u. Korisis 1980: 52.

[3] Vgl. Seferiades 1986: 78.

[4] Vgl. Meynaud 1965: 122 u. Charalambis 1980: 207.

stimmenmäßig eine absolute Mehrheit.[1] Die ERE und die Fortschrittliche Partei, die vier Monate zuvor noch - getrennt angetreten - 43,1% und 134 Sitze erhalten hatten, erlebten als Wahlkoalition einen Rückgang auf 35,26% und 107 Mandate. Auch die EDA hatte mit 11,80% und 22 Sitzen Einbußen, die allerdings vor allem darauf zurückzuführen waren, daß die EDA in dem Bemühen, der Rechten einen entscheidenden Schlag zu versetzen, in 24 von insgesamt 55 Wahlbezirken keine eigene Liste aufgestellt, sondern ihren Anhängern eine Stimmabgabe für die Zentrumsunion empfohlen hatte.

Ergebnis der Parlamentswahlen vom 16. Februar 1964

Partei	Stimmen in %	Sitze
Zentrumsunion (G. Papandreou)	52,71	171
Wahlbündnis aus ERE (Kanellopoulos) u. Fortschrittliche Partei (Markezinis)	35,26	107
EDA (Pasalidis)	11,80	22
Sonstige u. Unabhängige	0,23	-

Wahlbeteiligung: 81,1%, Sitze: 300

Die Wahlerfolge der Zentrumsunion 1963 und 1964 waren Ausdruck einer sich zu Beginn der 60er Jahre in Griechenland ausbreitenden „Aufbruchstimmung“[2]. Es hatte ein Prozeß der sozialen und politischen Mobilisierung eingesetzt, der das Ergebnis der rapiden, abrupte und ungleichgewichtige Veränderungen mit sich bringenden wirtschaftlichen Entwicklung seit den 50er Jahren war:[3] Seit Beendigung des Bürgerkrieges hatte ein bedeutender Industrialisierungsprozeß stattgefunden, verbunden mit einer entsprechenden Urbanisierung und Aufblähung des tertiären Sektors. Der Lebensstandard hatte sich erheblich verbessert; zwischen 1955 und 1974 belegte Griechenland nach Japan und Spanien Platz drei in der Wachstumsrate des Bruttosozialprodukts. Mit den wirtschaftlichen waren auch gesellschaftliche Veränderungen verbunden; die Mittel- und Arbeiterschicht vergrößerte sich. Gegenüber dieser sozioökonomischen Entwicklung waren die in der Nachkriegszeit etablierten staatlichen und parastaatlichen Machtstrukturen zusehends unangemessen und veraltet.[4]

Die Wahlsiege der Zentrumsunion schienen einen Ausweg aus der sich anbahnenden Repräsentations- und Legitimationskrise zu bieten, versprachen sie doch demokratische Reformen, ohne das gesamte politische und gesellschaftliche System in Frage zu stellen.[5] Allerdings bedeutete die von Papandreou angekündigte Liberalisierung und Modernisierung einen Angriff auf die parastaatlichen Strukturen und damit

[1] Zur Wahl vgl. Meynaud 1965: 123ff.
[2] Richter 1988: 33.
[3] Zu diesem Zusammenhang vgl. Meynaud 1965: 318ff u. Mouzelis 1978a: 114ff.
[4] Vgl. dazu auch Manessis 1985: 783f.
[5] Vgl. Manessis 1985: 786f.

das etablierte Machtgleichgewicht zwischen parlamentarischer Rechten, Thron und Militär, und es war fraglich, inwieweit sich vor allem die beiden letzten damit abfinden würden.[1]

4.1.1 Die Zentrumsunion

Der überragende Wahlsieg 1964 war vor allem auch ein persönlicher Triumph für Georgios Papandreou als Vorsitzenden der erst im September 1961 gegründeten Zentrumsunion. Nachdem sich die in der Tradition der von Eleftherios Venizelos gegründeten Liberalen Partei stehende Zentrumsunion zunächst als eine vielschichtige Koalition eigenständiger Persönlichkeiten und verschiedener politischer Richtungen dargestellt hatte und ihr ein baldiges Auseinanderbrechen prognostiziert worden war[2], hatte Papandreou nunmehr eine unangefochtene Führungsposition innerhalb der Partei, ähnlich der von Karamanlis in der ERE, erreicht. Die Interessen innerhalb der Partei glich er in der Folgezeit durch die häufig wechselnde Besetzung der zahlenmäßig vermehrten Regierungsposten aus.

In der ersten Phase nach der Parteigründung im September 1961 bis zum ersten Wahlsieg im November 1963 war es noch zu zum Teil ernsteren parteiinternen Konflikten gekommen. Gründe waren einerseits die ideologische Diversifikation - wann immer eine bestimmte politische Position bezogen wurde, sah sich der Parteivorsitzende mit Kritik und Unzufriedenheit konfrontiert, die ihm entweder eine zu linke oder aber eine zu rechte Politik vorwarf -, andererseits persönliche Ambitionen, und hier vor allem die Rivalität zwischen Papandreou und Sofoklis Venizelos, die eine unterschiedliche Taktik in der politischen Auseinandersetzung mit der ERE befürworteten; im Unterschied zu Papandreous propagiertem „unerbittlichen Kampf" plädierte letzterer für eine Koalition der gemäßigten Kräfte beider Parteien.[3]

Bereits der Wahlkampf war populistisch auf die Person Papandreous konzentriert. Begünstigt wurde dies durch den Tod seines innerparteilichen Rivalen Venizelos am 7. Februar 1964, womit der rechte Flügel der Partei seinen Kopf verlor. Der 1888 geborene Papandreou hatte in seiner politischen Laufbahn, die in der Zwischenkriegszeit als Abgeordneter und Minister der Liberalen Partei und Vertrauter E. Venizelos' begann, wechselnde Positionen eingenommen[4] und war damit ein typisches Beispiel für die immer wieder zu beobachtende Flexibilität griechischer Politiker, die ihre

[1] Vgl. Mouzelis 1976: 72.
[2] Vgl. Meynaud 1965: 272.
[3] Vgl. Meynaud 1965: 278f.
[4] Vgl. dazu Meynaud 1965: 282ff.

Beteiligung an einer Partei oder Wahlkoalition nicht selten aus rein taktischen denn aus ideologischen Gründen entschieden. Eigentlich dem liberalen Lager angehörend, weigerte er sich 1950 aufgrund von Streitigkeiten mit S. Venizelos als Kandidat der Liberalen Partei an den Parlamentswahlen teilzunehmen und trat mit einer eigenen Partei, der Demokratischen Sozialistischen Partei (*Dimokratikon Sosialistikon Komma*), an. Wenig später kooperierte er mit der Griechischen Sammlung von Papagos, auf deren Liste er 1952 antrat, um sein bei den Wahlen von 1951 verlorengegangenes Mandat zurückzugewinnen. Ungeachtet dessen entwickelte er sich zu Beginn der 60er Jahre zu einem erbitterten Gegner der ERE.[1]

Struktur und Leitung der Zentrumsunion waren wie bei der ERE auf die Person ihres Vorsitzenden zugeschnitten.[2] Bezeichnend war, daß die unter maßgeblicher Führung von Papandreou erarbeiteten Parteistatuten erst am 27. September 1962, also ein Jahr nach der Gründung und ersten Wahlteilnahme, von der Parlamentsfraktion verabschiedet wurden. Von den dort vorgesehenen vier Hauptorganen waren überhaupt nur der Parteichef und - zwangsläufig - die parlamentarische Fraktion in Funktion:

- der Parteivorsitzende leitete und repräsentierte die Partei nach außen, überwachte und kontrollierte alle Parteiorgane. Vorgesehen war eine Wahl durch den Parteikongreß: Papandreou selbst wurde jedoch durch seine Mitbegründer zum Vorsitzenden bestellt;
- der Parteikongreß wurde nie einberufen;
- die parlamentarische Fraktion, die eigentlich gleichberechtigt mit dem Parteichef die Leitung der Partei übernehmen sollte, war diesem in der Realität unterlegen; und
- der vorgesehene Disziplinarrat hat sich nie konstituiert; die laut Statut in seiner Entscheidungskompetenz liegenden Parteiausschlüsse wurden durch Papandreou selbstherrlich vorgenommen.

Darüber hinaus sahen die Statuten die Gründung von Parteiorganisationen auf Provinz-, Departement- und Gemeindeebene vor; jede dieser Organisationen sollte Jugend-, Frauen und Berufsgruppen bilden. Diese vertikal-geographische und horizontale Dimension wurde jedoch nur in Ansätzen verwirklicht.

---

[1] Ein weiteres Beispiel für diese Wechselhaftigkeit ist Spyros Markezinis, 1952-1954 Koordinationsminister der Regierung Papagos, 1973 kurz Ministerpräsident unter den Obristen, dessen Fortschrittliche Partei eigentlich dem Lager der Rechten zuzuordnen war, die jedoch einmal mit der ERE (Wahl 1964), ein andermal dem liberalen und Zentrumslager (Wahlen 1958 und 1961) kooperierte und selbst zur EDA Kontakte unterhielt.

[2] Vgl. dazu Meynaud 1965: 273ff.

Mit Ausnahme der EDA[1] galt somit für alle Parteien ein Vorherrschen der traditionellen, auf persönlichen Beziehungen und Anhängerschaften beruhenden Strukturen gegenüber modernen Organisationsformen.

4.1.2 Programm und Regierung der Zentrumsunion

Programm und Ideologie der Zentrumsunion seit ihrer Gründung wurden in zwei Formeln zusammengefaßt: „Wiederherstellung der politischen Demokratie“ im Land und „Anwendung der politischen, sozialen und wirtschaftlichen Demokratie“;[2] letzteres sollte die Basis einer künftigen Regierungspolitik der Zentrumsunion sein. Mit ersterem meinte die Zentrumsunion zunächst die Verdrängung Karamanlis‘ und der ERE von der Macht, die ihrer Ansicht nach die verfassungsmäßige Ordnung durch die parteiliche Unterordnung von öffentlicher Verwaltung, Armee und allen staatlichen Einrichtungen sowie den Wahlbetrug von 1961 untergraben hatten. Grundlagen dieses „unerbittlichen Kampfes“ für die „Wiederherstellung der Demokratie“ waren:

- der „ehrliche Staat“, d. h. die sofortige Entfernung der ERE von der Macht und die Einsetzung einer das Vertrauen aller Parteien besitzenden geschäftsführenden Regierung zur Vorbereitung von Wahlen sowie eine vorherige „Dekaramanlisierung“ wichtiger öffentlicher Ämter (Ersetzung der Präfekten, der Chefs der Armee und Sicherheitsdienste usw.);
- ein „ehrliches Wahlsystem“, d. h. kein nach den Erfordernissen der Regierungspartei konstruiertes Wahlsystem; grundsätzlich plädierte die Zentrumsunion für ein Proportionalsystem;
- „ehrliche Wahlen“; d. h. von Unterdrückungsmaßnahmen und Manipulationen freie, unbeeinträchtigte Wahlen.

Die meisten dieser Forderungen wurden von der geschäftsführenden Regierung vor den Parlamentswahlen von 1963 verwirklicht.

Die zweite zentrale Forderung der Zentrumsunion, die „Anwendung der politischen, sozialen und wirtschaftlichen Demokratie“ bildete die Grundlage des am 20. März 1964 im Parlament vorgestellten Regierungsprogramms[3], das eine Stärkung der rechtsstaatlichen Prinzipien, eine Liberalisierung des öffentlichen Lebens und eine Effektivierung des Staatsapparates vorsah. In den folgenden 16 Monaten ihrer Amtszeit gelang es der Regierung Papandreou, viele dieser Vorhaben zu verwirklichen:[4]

---

[1] Zur Organisation der EDA vgl. Meynaud 1965: 305ff.
[2] Vgl. dazu Meynaud 1965: 287ff.
[3] Vgl. dazu Meynaud 1965: 288ff.
[4] Vgl. Meynaud 1965: 302ff u. 1969: 17ff, Damianakos 1975: 434f, Charalambis 1980: 220ff u. Vakalopulos 1985: 245.

Sie unternahm Schritte zu einer Reorganisation und Straffung der Verwaltung und administrativen Dezentralisierung. Die Grundgehälter des Justizkorps wurden verdoppelt und gleichzeitig die Praxis von verschiedenen Nebeneinkünften begrenzt. In ihrem Versuch der „Dekaramanlisierung“ und Verjüngung[1] der Administration, öffentlichen und halböffentlichen Einrichtungen sah sich die Zentrumsregierung mit dem Problem konfrontiert, qualifizierten Ersatz zu finden. Gegenüber dem Militär wagte sich die Regierung erst gar nicht an tiefere Eingriffe.

Bedeutender waren die Zeichen, die in Richtung auf eine Stärkung der rechtsstaatlichen Verhältnisse und eine Liberalisierung des öffentlichen Lebens gesetzt wurden. Die Vorlage von Gesinnungszertifikaten wurde nur noch bei der Anstellung im öffentlichen Dienst verlangt, die Praxis der Deportationen und Verbannungen eingestellt, die Zuständigkeiten der Militärgerichte wurden eingeschränkt, rechtsextreme Organisationen aufgelöst sowie die noch inhaftierten „politischen Gefangenen“ mit Ausnahme von 125 wegen Spionagevergehen Verurteilten amnestiert.

Ein besonderes Gewicht legte Papandreou darüber hinaus auf den Ausbau und die Verbesserung des Bildungswesens; im ordentlichen Haushalt 1964 wurden die Ausgaben für Erziehung und Forschung um 35% erhöht[2]. Durch die Abschaffung des Schulgeldes, die Einführung von Stipendien sowie die Verlängerung der Schulpflicht von sechs auf neun Jahre wurde auch die höhere Bildung für eine breite Bevölkerungsgruppe zugänglich gemacht.

Einen letzten Schwerpunkt der Zentrumsregierung bildete die von der ERE vernachlässigte Sozialpolitik. Steuerliche Maßnahmen für eine gerechtere Einkommensverteilung, eine Reformierung des Arbeitsrechts, die Stärkung der Unabhängigkeit der Gewerkschaften sowie die Modernisierung des Gesundheitswesens und Sozialversicherungssystems trugen zu einer Verbesserung der Lebensbedingungen der unteren und mittleren Schichten bei und reduzierten Spannungen in der Gesellschaft.

Während ihrer gesamten Regierungszeit stand die Regierung Papandreou vor dem Problem, daß ihre Politik den Linken zu rechts und den Rechten zu links erschien. Beide Oppositionsparteien verfolgten erfolgreich eine Strategie, die auf der Furcht aufbaute, daß die gegnerische Seite Überhand gewinnen könnte, was eine zentrifugale Wirkung auf die Zentrumsregierung hatte:[3] Die Rechte, die sich selbst als einzig wahren Garanten der „nationalen Ideale“ sah, titulierte Papandreou als Kommunisten. Die ERE warf der Zentrumsunion vor, durch ihre Innenpolitik die Entwicklung eines griechischen Kommunismus zu begünstigen und außenpolitisch bei der Lösung des Zypern-Problems einen wachsenden Einfluß der Sowjetunion ermöglicht zu ha-

[1] Beamte mit einer mehr als 35jährigen Dienstzeit wurden pensioniert.
[2] Vgl. Meynaud 1969: 12.
[3] Vgl. dazu Seferiades: 1986: 79ff.

ben[1]. Demgegenüber prangerte die EDA den Ministerpräsidenten als bloßes Sprachrohr des Großbürgertums an; u. a. warf sie ihm vor, daß er sich gegen eine Rückkehr der nach dem Ende des Bürgerkriegs im osteuropäischen Exil lebenden ehemaligen Kämpfer der „Demokratischen Armee" sowie für die Aufrechterhaltung des Verbots der Kommunistischen Partei ausgesprochen hatte.[2] Angesichts des ausgedehnten ideologischen Raums zwischen ERE und EDA bzw. rechten und linken Zentrumswählern war es ein leichtes, durch den bloßen Hinweis auf die Möglichkeit, daß die Zentrumsunion nur eine Fassade für den verteufelten Gegner war, für Verunsicherung zu sorgen. Ähnlich wie Plastiras in der Nachbürgerkriegszeit[3] sah sich Papandreou mit der unlösbaren Aufgabe konfrontiert, miteinander zu vereinen, was unvereinbar war; der Versuch, die Kritik und Ängste einer Seite zu entkräften, bestärkte diejenigen der anderen Seite. Diese Spannung machte auch vor der ideologisch nur lose strukturierten Zentrumsunion selbst nicht halt.

Als noch schwerwiegender erwies sich, daß die Reformpolitik der Zentrumsunion zwar auf die Zustimmung breiter Bevölkerungsteile stieß, nicht jedoch der traditionellen etablierten Machtzentren und dies aus zwei Hauptgründen:[4] Die von einer absoluten Wählermehrheit gestützte Übernahme der Regierung durch die Zentrumsunion hatte zu einer Verschiebung der bisherigen Machtstruktur geführt. Die Regierung hing nicht mehr vom König ab, sondern stützte sich ausschließlich auf eine eindeutige parlamentarische Mehrheit. Diese Machtverschiebung zugunsten der Regierung machte den König zu einem bei gegebener Zeit offen auftretenden Gegner. Der zweite Grund war, daß die Zentrumsunion trotz oder vielleicht gerade wegen ihrer gemäßigten Reformpolitik eine Dynamik in der Bevölkerung ausgelöst hatte, die über die ursprünglichen Ziele der Parteiführung hinausging bzw. diese überholte. Diese neu mobilisierten und zum Teil radikalisierten Kräfte fanden Mitte der 60er Jahre in dem aus den USA zurückgekehrten Sohn Papandreous, Andreas, als Führungsfigur des linken Zentrumflügels einen Sprecher.[5]

Letztlich scheiterten die Reformansätze der Zentrumsunion am Beharrungsvermögen der alten Machtstrukturen. Es gelang ihrer Regierung nicht, Verwaltung, Justiz, Streitkräfte und Polizei unter ihre volle Kontrolle zu bringen. Symptomatisch ist Papandreous spätere Äußerung, daß er als Ministerpräsident zwar die Regierungsver-

[1] Papandreou steuerte außenpolitisch, insbesondere in der Zypern- und NATO-Politik, einen unabhängigeren Kurs als seine Vorgängerregierungen und war nicht bereit, die amerikanischen Teilungspläne für Zypern (Acheson-Plan) zu akzeptieren; vgl. Charalambis 1980: 257ff.
[2] Vgl. Meynaud 1965: 19f. Zu den Vorwürfen von ERE und EDA gegen die Zentrumsregierung vgl. außerdem ebd.: 294ff.
[3] Vgl. unter IV. Abschnitt 2. über das Scheitern des liberalen Kurses.
[4] Vgl. Manessis 1985: 787.
[5] Vgl. auch Lyrintzis 1984: 103.

antwortung, aber niemals die Macht gehabt habe.[1] Papandreou hatte gehofft, sich mit dem König durch die Berufung des durch die Wahlbeeinflussung 1961 bekannt gewordenen konservativen Generals J. Gennimatas an die Spitze des Generalstabes des Heeres im April 1964 arrangieren zu können.[2] Die rechtsorientierten Offiziere, der unter dem autoritären Einfluß seiner Mutter stehende junge König Konstantin II.[3] und der loyal zum Palast haltende Verteidigungsminister Garoufalias[4] sperrten sich jedoch erfolgreich gegen Umbesetzungen in der Armeeführung und Versuche einer Entpolitisierung der Streitkräfte. Rechtsextremistische Zirkel irritierten durch geschickt verbreitete Gerüchte über die gefährlichen Auswirkungen der Zentrumspolitik und eine angebliche Bewaffnung kommunistischer Gruppen Teile der Öffentlichkeit einschließlich der Opposition[5]. Dieser Versuch, künstliche Unruhe zu erzeugen, konnte jedoch nur gelingen, weil die Ideologie und Praktiken der bis 1963 unangefochten dominierenden Machteliten, das allgemeine Mißtrauen gegenüber zu freiheitlichen Regelungen, die Erziehung des Offizierskorps sowie eine demagogische Stimmungskampagne der rechtsorientierten Presse dafür günstige Voraussetzungen geschaffen hatte. Hinzu kam, daß die sozioökonomische Entwicklung, die damit einhergehende Veränderung von Lebensgewohnheiten und das Infragestellen alter Autoritätsstrukturen sowie die allgemein neugewonnene Freiheit, die insbesondere von dem nach dem 1963 ermordeten EDA-Politiker benannten Lambrakis-Jugendverband ausgenutzt wurde, die etablierten Machteliten, aber auch viele Angehörige der bürgerlichen und kleinbürgerlichen Schichten zunehmend beunruhigte.[6]

4.2 Der „königliche Staatsstreich“ und seine Folgen

1965 verstärkte sich die Propagandakampagne der Rechten gegen die Regierung und insbesondere die Person des Ministerpräsidenten. Karamanlis‘ Nachfolger in der ERE-Führung, Panajotis Kanellopoulos, stellte in einer Kundgebung am 19. Februar 1965 die Unterstützung einer anderen Regierung der Zentrumsunion ohne Papandre-

---

[1] Vgl. Katsoulis 1978: 217.
[2] Vgl. Meynaud 1965: 295 u. Charalambis 1980: 244ff.
[3] Konstantin war seinem im März 1964 verstorbenen Vater Paul mit erst 24 Jahren auf den Thron gefolgt.
[4] Garoufalias war ursprünglich ein enger persönlicher und politischer Freund Papandreous, doch kam es nach seiner Ernennung zum Verteidigungsminister 1964 allmählich zu einem Bruch mit dem Ministerpräsidenten. Nach dem Sturz der Militärdiktatur gründete er die als rechtsextrem und juntafreundlich betrachtete Nationale Demokratische Union (EDE = *Ethniki Dimokratiki Enosis*), blieb aber bei den Wahlen 1974 ohne Erfolg.
[5] Vgl. Kanellopoulos 1975: 68ff.
[6] Vgl. Hering/Demetriou/Kelpanides 1980: 73f.

ou in Aussicht.[1] Diese Aussage, aber auch Zentrumspolitiker selbst, die gegen den linken Flügel ihrer Partei und besonders gegen Andreas Papandreou intrigierten - hier ging es auch um Rivalitäten in der künftigen Führungsnachfolge der Partei - sowie schließlich die Papandreou-kritische Haltung der amerikanischen militärischen Dienststellen ermutigten den König, auf eine Spaltung der Zentrumsunion hinzuwirken.[2] Papandreou seinerseits gab die bis dahin praktizierte vorsichtige Zurückhaltung gegenüber der Armee auf und publizierte den 1961 vom vereinigten Generalstab ausgearbeiteten Plan „Perikles", nach dem die Wahlbeeinflussung 1961 abgelaufen war und der sich durch eine Unachtsamkeit der Rechten noch in den Regierungsunterlagen befunden hatte.[3]

Anfang Mai 1965 gelangten Informationen an die Öffentlichkeit über eine Verschwörung republikanisch gesinnter Offiziere namens ASPIDA (= *Axiomatikoi Sosate Patrida, Idean, Dimokratian, Axiokratian*/Offiziere, rettet Vaterland, Ideale, Demokratie und Würde) mit dem Ziel des Austritts aus der NATO und einer langfristigen Änderung der Staatsform in ein dem ägyptischen Nasser-Regime ähnliches System. Als eigentlicher Initiator wurde der Sohn des Ministerpräsidenten, Andreas Papandreou, beschuldigt. Obwohl die eingeleiteten Ermittlungen des Präsidenten des Revisionsgerichtshofes, General Simos, weder A. Papandreou noch Politiker überhaupt belastetet und nur gegen einige Hauptleute Strafen gerechtfertigt hatten, wurde die sogenannte ASPIDA-Affäre von der Rechten aufgebauscht.[4] Über die ASPIDA-Affäre und Papandreous Plan, durch personelle Umbesetzungen in den Führungspositionen die Armee unter Kontrolle der Exekutive zu bringen, kam es zum Konflikt mit seinem Verteidigungsminister Garoufalias. Papandreou verlangte seinen Rücktritt, Garoufalias weigerte sich. Aus der Frage der Ablösung des Verteidigungsministers entwickelte sich im Juli 1965 ein folgenschwerer Verfassungskonflikt zwischen Ministerpräsident und König:[5] Papandreou entließ Garoufalias, doch lehnte es Konstantin II. ab, die Entlassungsurkunde zu unterschreiben und - mit Hinweis auf die Vorwürfe gegen dessen Sohn - dem Ministerpräsidenten das von ihm geforderte Verteidigungsressort zu übertragen sowie überhaupt Veränderungen im militärischen Oberkommando zuzustimmen.

In dem folgenden heftigen Briefwechsel zwischen König und Ministerpräsident offenbarten sich zwei unterschiedliche Auffassungen über die rechtmäßige Ausübung

---

[1] Vgl. Kanellopoulos 1975: 70f.
[2] Vgl. Katris 1971: 232.
[3] Vgl. Meynaud 1969: 27f.
[4] Zur ASPIDA-Affäre vgl. Bakojannis 1972: 88, 90, Kanellopoulos 1975: 73ff, 129ff u. Charalambis 1980: 266ff.
[5] Vgl. dazu Mathiopoulos 1969: 37ff, Meynaud 1969: 32ff, Alivizatos 1979: 182f, 185f, 202f u. Kaltsogia-Tournaviti 1983: 299f.

der Staatsmacht. Der König betonte die Autorität des Thrones als Hüter der Verfassung und demokratischen Prinzipien und sah sich selbst als „souverän" an. Der Ministerpräsident auf der anderen Seite berief sich auf das Recht parlamentarischer Regierungen der alleinigen Verantwortung für politische Entscheidungen, da sich ihre Macht vom Volkswillen herleitet.[1] In diesem Streit um die Befugnisse des Königs und der Regierung kann man auch eine Neuauflage der verhängnisvollen Auseinandersetzungen von 1915 zwischen Venizelos und Konstantin I. sehen. Am 15. Juli 1965 teilte Papandreou dem König mündlich seine Absicht mit, am kommenden Tag zurücktreten zu wollen. Dies tat er in der Gewißheit, als Führer der Mehrheitspartei erneut mit der Kabinettsbildung beauftragt zu werden und dann eine Regierung ohne Garoufalias bilden zu können.[2] Konstantin II. wartete jedoch nicht erst den offiziellen schriftlichen Rücktritt des Ministerpräsidenten ab, sondern erteilte bereits eine knappe Stunde später dem Parlamentspräsidenten, Georgios Athanasiadis-Novas, den Auftrag, eine neue Regierung zu bilden; noch am selben Tag wurde dieser als neuer Ministerpräsident vereidigt.[3]

Dieser „königliche Staatsstreich" leitete eine Repräsentations- und Legitimationskrise ein,[4] die schließlich zur Aufhebung des Parlamentarismus und zur Militärdiktatur vom 21. April 1967 führte. Nach der Ausschaltung Papandreous experimentierte der König mit Minderheitskabinetten, deren Mitglieder mit dubiosen Mitteln, zum Teil mit Geldgeschenken, aus der Zentrumsunion abgeworben wurden.[5] Die Taktik Konstantins war von dem Willen bestimmt, zumindest formal den Rahmen einer parlamentarischen Demokratie aufrechtzuerhalten. Er versuchte Neuwahlen bis zum regulären Termin 1968 hinauszuzögern in der Hoffnung, daß bis dahin - nicht zuletzt wegen des hohen Alters des Parteivorsitzenden und der Abneigung zahlreicher Zentrumsmitglieder gegen seinen Sohn Andreas als möglichen Nachfolger - die Position der Zentrumsunion geschwächt würde und die Rechte an die Macht zurückkehren oder zumindest eine Koalition aus ERE und rechtem Zentrumsflügel gebildet werden könnte.[6]

Im Widerspruch zur Verfassung, die den König als überparteiliche, neutrale Instanz sah, machte Konstantin II. jetzt eine direkte Parteipolitik und ernannte - im Bemühen, die Mehrheitspartei zu spalten und die Position ihres Vorsitzenden zu untergraben - nacheinander drei Politiker der Partei zu Ministerpräsidenten, deren Kabinette mit

---

[1] Vgl. Kaltsogia-Tournaviti 1983: 300.
[2] Vgl. Bakojannis 1972: 91.
[3] Vgl. Rousseas 1968: 35f u. Katris 1971: 198.
[4] Vgl. Charalambis 1980: 277ff u. Manessis 1985: 787f.
[5] Vgl. Korirsis 1980: 54 u. Kanellopoulos 1975: 82. Zu den aufeinanderfolgenden instabilen Kabinetten vgl. Meynaud 1969: 43ff.
[6] Vgl. Meynaud 1969: 43.

dem Makel der „Apostaten-Regierung“[1] in die Geschichte eingingen. Die ersten beiden Regierungen unter Athanasiadis-Novas (15.7.-20.8.1965) und Ilias Tsirimokos[2] (20.8.-17.9.1965) konnten keine Mehrheit im Parlament erreichen. Zwar mußten sie daraufhin zurücktreten, doch wurde Griechenland 65 Tage von Kabinetten regiert, die lediglich das Vertrauen des Königs besaßen. Erst der dritte Versuch mit dem mittlerweile aus der Zentrumsunion ausgeschiedenen Stefanos Stefanopoulos als Ministerpräsidenten gelang; dank der Stimmen der Abgeordneten der ERE, die sich mit zwei Ministerien begnügten, der Fortschrittlichen Partei und 45 Abtrünnigen der Zentrumsunion, die fast alle mit Ministerposten belohnt wurden[3], erhielt sie die knappe Mehrheit von 252 Stimmen bei 248 Gegenstimmen.

Die Regierung Stefanopoulos hielt sich 15 Monate im Amt, doch war sie nur von trügerischer Stabilität und konnte keinen Ausweg aus der Krise finden. Stefanopoulos versuchte zwar als Mittler zwischen den Fronten aufzutreten, doch ließen ihm die Umstände seiner Amtsübernahme und die Zusammensetzung seiner parlamentarischen Unterstützung nicht viel Bewegungsfreiheit für eine gemäßigte Politik.[4]

Die 45 „Zentrumsabtrünnigen“ gerieten in eine politische Sackgasse. Der Versuch von 40 von ihnen, eine eigene Partei mit dem Namen Liberales Demokratisches Zentrum (*Fileleftthero Dimokratiko Kentro*) zu gründen, mißlang.[5] Demgegenüber hatte sich die Position der Zentrumsunion durch die vom König initiierte Spaltung der parlamentarischen Fraktion eher noch gestärkt. Schon während des ganzen Zeitraums, in dem man sich um das Zustandekommen einer parlamentarischen Mehrheit für die „Apostaten-Regierung“ bemühte, war es laufend zu Demonstrationen und Massenkundgebungen für Georgios Papandreou gekommen.[6] Papandreou, der die sofortige Ausschreibung von Neuwahlen forderte, erreichte während dieser Zeit den Höhepunkt seiner Popularität und war für seine Anhänger ein nationaler Heros[7].

Auch nachdem die neue Regierung im Parlament bestätigt worden war, setzten sich die Proteste fort. Eine Serie von Streiks bei den Eisenbahnern, Arbeitern in der Landwirtschaft, Regierungsangestellten, Lehrern und Ärzten war Ausdruck allgemei-

---

[1] *Apostasia* (= Abtrünnigkeit) bezeichnet den Vorgang der durch den König initiierten Abspaltung von der Zentrumsunion. Die an den „königlichen“ Minderheitskabinetten beteiligten bzw. diese unterstützenden Abgeordneten, die sogenannten Apostaten (= Abtrünnige), zu denen auch der spätere Ministerpräsident der Neuen Demokratie, Mitsotakis, als Koordinationsminister gehörte, müssen sich bis heute den Vorwurf des Opportunismus und Verrats sowie der indirekten Wegbereitung für die Diktatur gefallen lassen.

[2] Tsirimokos ist ein weiteres Beispiel für die Wendigkeit griechischer Politker, war er doch als Mitbegründer der PEEA (1943) und Abgeordneter der EDA (1958) ursprünglich politisch linker Herkunft.

[3] Vgl. Bakojannis 1972: 92.

[4] Vgl. dazu Meynaud 1969: 43ff.

[5] Vgl. Korisis 1980: 54f.

[6] Vgl. Meynaud 1969: 41f.

[7] Vgl. Rousseas 1968: 37.

ner Unzufriedenheit; ausländische Investoren begannen das Vertrauen zu verlieren.[1] Die mobilisierten Massen fanden einen Führer in Andreas Papandreou, dessen Parteiflügel zunehmend an Gewicht gewann. Für die nächsten Parlamentswahlen war mit einem noch deutlicheren Sieg der Zentrumsunion als 1964 zu rechnen. Angesichts des Bedeutungsgewinns des linken Spektrums in der Partei hätte dies eine weitere Gewichtsverschiebung innerhalb der Machtausübungszentren zugunsten des Parlaments und der Regierung bedeutet; Militär und König wären dabei die Verlierer gewesen.[2] Im Sommer 1966 formulierte Andreas Papandreou ein zehn Punkte umfassendes Grundsatzprogramm als geistige Grundlage des linken Flügels der Zentrumsunion:[3]

1. Beseitigung der ausländischen Einmischung in die inneren Angelegenheiten Griechenlands;
2. Verbot der Einmischung von Angehörigen des Königshofes in die aktive Politik;
3. „Nationalisierung“ der Armee;
4. radikale Reform der Struktur und Regeln der Verwaltung;
5. volle Entfaltung der Selbstverwaltung, der Gewerkschaften und sonstigen Berufsverbände sowie deren Lösung vom Staat;
6. Modernisierung der bestehenden und Gründung neuer Parteien;
7. Verbot des Staates im Staate;
8. allgemeine Anerkennung des Prinzips der Unteilbarkeit der Demokratie und der Gleichbehandlung aller griechischen Bürger unabhängig von ihrem politischen Standpunkt;
9. beschleunigte Anhebung des Bildungsniveaus und
10. Begünstigung des Entstehens einer neuen geistigen Führungsschicht.

Erst als die Mobilisierung weiter Teile der Öffentlichkeit das politische und sozioökonomische System bedenklich zu erschüttern begann, rückte Konstantin II. von seiner ablehnenden Haltung gegenüber Neuwahlen ab und öffnete den Weg zu einer vertraulichen Vereinbarung der Vorsitzenden der beiden großen Parteien, G. Papandreou und Kanellopoulos, am 18. Dezember 1966, die die Ersetzung der „Apostaten-Regierung“ durch eine geschäftsführende Übergangsregierung, Neuwahlen nach einem reinen Verhältniswahlrecht für Mai 1967 und die Konstituierung einer Mitte-Rechts-Regierung auf der Basis einer Zusammenarbeit beider Parteien nach den Wahlen unabhängig von deren Ausgang beinhaltete. Die Abmachung zwischen G. Papandreou und Kanellopoulos war der vergebliche Versuch, die Repräsentationskri-

[1] Vgl. Nikolinakos 1969: 18 u. Woodhouse 1991: 288f.
[2] Vgl. Mouzelis 1976: 73.
[3] Vgl. Skriver 1968: 56f.

se zu lösen, indem sie das Vertrauen der um ihre Position fürchtenden traditionellen Machteliten in das parlamentarische System wiederzugewinnen suchte, ohne die reformistischen Kräfte zu verprellen.

Entsprechend dieser Vereinbarung entzog die ERE zwei Tage später, am 20. Dezember 1966, der Regierung Stefanopoulos das Vertrauen, und es wurde eine geschäftsführende Regierung unter dem Gouverneur der Nationalbank, Ioannis Paraskevopoulos, gebildet[1]. Ein Konflikt über die Abänderung des Wahlgesetzes - die Zentrumsunion forderte einen Zusatz, der die Verlängerung der Abgeordnetenimmunität für die Übergangsperiode zwischen Parlamentsauflösung und Neuwahlen vorsah[2] - veranlaßte die ERE, der geschäftsführenden Regierung am 31. März 1967 das Vertrauen zu entziehen. Konstantin II. versuchte daraufhin, G. Papandreou zu einer großen Koalition mit der ERE, aber auch mit den „Abtrünnigen" sowie einer Verschiebung des vereinbarten Wahltermins zu bewegen. Da jedoch bereits das Dezemberabkommen die Zentrumsunion an den Rand der Spaltung geführt hatte[3] - der linke Flügel sah darin einen zu weit gehenden Kompromiß, der die von ihr angestrebte Reformpolitik unmöglich machen würde -, lehnte G. Papandreou ab. Er betrachtete den Vertrauensentzug der ERE als eine „Fortsetzung des Staatsstreichs vom 15. Juli 1965" und den König als einen „Parteiführer" der Rechten.[4] Konstantin beauftragte den ERE-Vorsitzenden mit der Regierungsbildung und ermächtigte ihn gleichzeitig, das Parlament aufzulösen, falls er keine Mehrheit finden sollte.[5] Die Regierung Kanellopoulos[6] (3.4.-21.4.1967) versuchte erst gar nicht, eine parlamentarische Mehrheit zu erlangen, sondern löste das Parlament auf und setzte - wie im Dezember vereinbart - Wahlen für den 28. Mai 1967 an. Ehe es dazu kam, führte die von Georgios Papadopoulos geführte Obristengruppe in der Nacht des 21. April 1967 einen Staatsstreich durch.

---

[1] Zur Regierung Paraskevopoulos vgl. Meynaud 1969: 48ff.

[2] Dies sollte in erster Linie ein Schutz für Andreas Papandreou sein, gegen den weiter im Zusammenhang mit der ASPIDA-Affäre ermittelt wurde.

[3] Vgl. Rousseas: 1968: 48ff.

[4] Vgl. Meynaud 1969: 53 u. Charalambis 1980: 334.

[5] Vgl. dazu Rousseas 1968: 60f.

[6] Vgl. dazu Meynaud 1969: 52ff

5. Die Militärdiktatur 1967-1974

5.1 Der Staatsstreich vom 21. April 1967

Bereits Ende 1966 hatten sich Gerüchte über einen bevorstehenden Militärputsch erhärtet. In einer der Dezemberausgaben der Zeitung *To Vima* warfen Studenten verschiedener politischer Richtungen den politischen Führern vor, „auf die Barbaren wartend“ - eine Anspielung auf ein bekanntes Gedicht von Kavafis -, sich in fruchtlosen Dauerdebatten zu ergehen.[1] In der Tat geriet der Gedanke an die Gefahr eines Staatsstreiches des Militärs angesichts der inner- und zwischenparteilichen Rivalitäten und Zwistigkeiten in den Hintergrund. Vor allem aber wurde dabei vergessen, aus welchem Bereich Gefahr für die parlamentarische Demokratie drohte: Während auf der einen Seite der Hof und die Konservativen nur die Gefahr einer erneuten Machtübernahme durch die Zentrumsunion sahen, konnte diese auf der anderen Seite die Bedrohung einer Diktatur nur von seiten des Hofes erkennen. Das Militär als autonomer politischer Machtfaktor wurde darüber von beiden Seiten übersehen. Zwar war nach dem erzwungenen Rücktritt Papandreous im Juli 1965 wiederholt über eine Junta innerhalb der Armee spekuliert worden, die auf die Gelegenheit warte, die Macht zu ergreifen, doch war hier eher mit einem Eingreifen der Militärführung in Verbindung mit dem Königshaus gerechnet worden.[2] Am 17. April 1967 stellte ein Artikel der *New York Times* mit dem Titel *König Konstantins Dilemma* fest: „Es ist der König [...], der sich selbst politisch in die Ecke gedrängt hat. In dieser Situation könnte eine von der Armee gestützte Diktatur die einzige Alternative zur Rückkehr einer Regierung Papandreou sein. Doch ist dies keine annehmbare Alternative, und Konstantin muß sich darüber im klaren sein.“[3]

Obwohl also - in welcher Form auch immer - mit einer Intervention gerechnet worden war, kam der Putsch am 21. April 1967 für die Mehrheit der Bevölkerung dann doch überraschend[4]. Zwanzig Offiziere mit 150 Panzern und etwa 3.000 Soldaten übernahmen innerhalb von nur zweieinhalb Stunden die Macht. Organisatoren des Staatsstreichs waren neun Obristen unter Führung der Artillerie-Obristen Georgios Papadopoulos und Nikolaos Makarezos sowie Brigadegeneral Stylianos Pattakos.

---

[1] Vgl. Vakalopoulos 1985: 246.
[2] Vgl. Meynaud 1969: 61ff, Rousseas 1968: 63 u. Skriver 1968: 13.
[3] Zit. nach Rousseas 1968: 55.
[4] Vgl. Meynaud 1969: 62.

Papadopoulos spielte bei der Planung des Putsches die wichtigste Rolle. 1961 war er Sekretär des Ausschusses, der den Plan „Perikles" ausarbeitete, der den Wahlausgang im gleichen Jahr beeinflussen sollte. Während der Zentrumsregierung war er als Artillerieoffizier in Thrakien stationiert und bereits an verschiedenen Sabotageakten gegen die Regierung beteiligt. Nach dem Sturz der Regierung Papandreou arbeitete er für den Geheimdienst und wurde später zum Obersten und Chef der Propagandaabteilung im Generalstab des Heeres befördert. Makarezos war 1961 bis 1963 Militärattaché der griechischen Botschaft in Bonn. Pattakos wurde bei der Verteidigung der Stadt Karditsa in Thessalien gegen kommunistische Verbände während des Bürgerkrieges bekannt. Zur Zeit des Putsches befehligte er das Panzerausbildungszentrum in Goudi.[1] Vermutlich kam diese „kleine" Junta der Obristen damit einer Junta der Generäle zuvor, von der man annimmt, daß sie einen Staatsstreich für die Wahlnacht am 28. Mai 1967 vorbereitete.[2]

Die Putschisten machten sich dabei den 1950 in Zusammenarbeit mit NATO-Dienststellen ausgearbeiteten und 1964 auf einer NATO-Tagung in Paris überprüften Plan „Prometheus" zunutzen, der für den Fall eines kommunistischen Angriffs von außen die Besetzung aller strategisch wichtigen Punkte Griechenlands und die Verhaftung aller Kommunisten bzw. als solche Verdächtigen vorsah.[3] Nachts um zwei Uhr rollten Panzereinheiten unter dem Kommando Brigadegenerals Pattakos an zentrale Stellen der großen griechischen Städte; Regierungsgebäude, Postämter, Zeitungshäuser und Funkstationen wurden besetzt, alle Telefonleitungen unterbrochen, die Grenzübergänge geschlossen sowie der Flug-, Straßen- und Eisenbahnverkehr nach Athen eingestellt. Parallel gab es Massenverhaftungen, von denen vor allem die Linke und führende Vertreter der Zentrumsunion - allen voran Georgios und Andreas Papandreou - betroffen waren, aber auch der amtierende Ministerpräsident Kanellopoulos und die Ressortchefs der wichtigsten Ministerien.[4] Den Obristen war es damit gelungen, mit einem Schlag alle führenden Persönlichkeiten zu neutralisieren, die die Bevölkerung gegen sie hätten mobilisieren können. König und Generalität wurden vor ein fait accompli gestellt. Neben der Tatsache, daß nur eine geringe Zahl von

---

[1] Zu den Hauptakteuren des Putsches vgl. Meynaud 1969: 82ff.

[2] Vgl. Rousseas 1968: 63ff, Grigoriadis 1975: I, 38ff, Mouzelis 1976: 73f u. Charalambis 1980: 390ff.

[3] Vgl. Skriver 1968: 23 u. Bakojannis 1972: 99. Die Bedeutung dieses Plans für das Gelingen des Staatsstreichs zeigt die Äußerung des damaligen Ministerpräsidenten Kanellopoulos, daß, wenn die Putschisten statt des NATO-Codeworts „Prometheus" am 21. April ihre eigenen Namen benutzt hätten, sie nur das „schallende Gelächter der Divisionskommandeure" geerntet hätten; zit. nach Skriver 1968: 23.

[4] Am 27. April 1967 erklärte Papadopoulos, daß die Armee 25 politische Persönlichkeiten und etwa 5.000 „Kommunisten" festgenommen habe. Nichtoffizielle Quellen schätzen die Zahl der in den ersten Tagen nach dem Putsch Verhafteten auf 8.000 bis 10.000, von denen 6.844 in den folgenden Tagen in ein Internierungslager auf der Insel Jaros deportiert wurden; vgl. Meynaud 1969: 65 u. Alivizatos 1979: 481.

Militärs den Putsch vorbereitet hatte und daß die Verwaltung und Nachrichtenverbindungen auf Athen konzentriert sind, spielte dieser Überraschungseffekt eine wichtige Rolle beim Erfolg des Putsches während der ersten Stunden.[1] Am Morgen des 21. April wurde über den Armeesender wiederholt ein angebliches[2] königliches Dekret verlesen, das im Namen des Königs und der bislang amtierenden Regierung Kanellopoulos[3], wegen der bestehenden Gefahr für die innere Sicherheit, Ruhe und Ordnung die Armee seit Mitternacht die Regierungsgewalt übernommen habe und eine Reihe von Artikeln der Verfassung von 1952 außer Kraft gesetzt seien; über das Land wurde der Belagerungszustand verhängt. Diese Artikel[4] betrafen im wesentlichen den Schutz vor willkürlicher Verhaftung, das Verbot von Sonder- und Militärgerichten für Zivilisten, die Garantie der Versammlungsfreiheit, die Unverletzlichkeit der Wohnung, die Meinungs- und Pressefreiheit, das Verbot der Folter und der Todesstrafe für politische Delikte sowie das Brief- und Kommunikationsgeheimnis.[5] Die Putschisten beriefen sich in diesem Dekret auf Artikel 91 der Verfassung, der im Kriegsfall, bei drohender Gefahr von außen und im Fall ernster Unruhen, der Bedrohung der öffentlichen Ordnung und Sicherheit des Landes von innen den König ermächtigte, auf Vorschlag des Ministerrates den Ausnahmezustand zu erklären und bestimmte Artikel der Verfassung außer Kraft zu setzen, allerdings nicht den bedeutenden Artikel 18 (Verbot der Folter und der Todesstrafe für politische Verbrechen)[6]. In gewisser Weise wurden mit dem Putsch die Verfahren der „Parakonstitution" legalisiert.[7]

18 Stunden nach Beginn des Putsches wurde eine neue Regierung mit dem konservativen Generalstaatsanwalt Konstantinos Kollias als Ministerpräsidenten durch den Erzbischof von Athen in Anwesenheit Konstantins II. vereidigt[8]. Die Putschisten legten besonderen Wert auf diese verfassungsrechtlich belanglose Zeremonie, da sie sich erhofften, daß damit ihr Regime in der internationalen Öffentlichkeit hoffähiger

---

[1] Zum Ablauf des Staasstreichs vgl. Skriver 1968: 14ff, Meynaud 1969: 62ff, Bakojannis 1972: 98ff u. Grigoriadis 1975: I, 63ff.

[2] Anläßlich seines mißglückten Gegenputsches am 13.12.1967 erklärte Konstantin II., daß sein Name zu diesem Zweck mißbraucht worden sei; vgl. Skriver 1968: 14f, 160.

[3] In Wirklichkeit waren die meisten Mitglieder der Regierung zu diesem Zeitpunkt bereits verhaftet; vgl. Skriver 1968: 14.

[4] Artikel 5, 6, 8, 10, 11, 12, 14, 18, 20, 95 u. 97.

[5] Vgl. dazu Meynaud 1969: 67ff u. Skriver 1968: 71ff, 155ff.

[6] Die Aufhebung von Art. 18 wurde daher zwar über den Rundfunk bekanntgegeben, aber nicht in der schriftlichen Fassung des Dekrets erwähnt.

[7] Vgl. Diamandouros 1986: 145.

[8] Die in der Literatur häufig auftretende Behauptung (vgl. etwa Gaitanides 1978: 284 u. Woodhouse 1991: 290), der König selbst habe die Juntaregierung vereidigt, ist nicht zutreffend, denn die Vereidigung der Regierung erfolgt immer durch den Erzbischof von Athen und Primas der orthodoxen Kirche Griechenlands, in diesem Fall Chrysostomos II.

werden würde. Da die Obristen die neue Regierung nicht dem Votum des Parlaments unterwarfen, blieb diese verfassungsmäßig illegal.[1]

Die Ernennung Kollias' zum Ministerpräsidenten wie überhaupt das zahlenmäßige Übergewicht von Zivilisten in der Regierung - von den 19 Ministern des ersten Kabinetts der Obristen waren 5 aktive Offiziere und 14 Zivilisten, darunter ein pensionierter General[2] - waren ein Zugeständnis an den König und sollten der Regierung eine vertrauensbildende zivile Fassade geben. Tatsächlich jedoch besetzten die Militärs von Anfang an die Schlüsselpositionen: General Spantidakis war stellvertretender Ministerpräsident und übernahm das Verteidigungsministerium, Oberst Makarezos das Koordinationsministerium und Oberst Papadopoulos das Ministerium beim Ministerpräsidenten. Darüber hinaus wurde eine Reihe von Offizieren zu Generalsekretären ernannt, so daß die Obristen die Kontrolle in fast allen Ministerien übernahmen.[3]

Einer der wenigen Unsicherheitsfaktoren für das Gelingen des Staatsstreichs der Obristen war das Verhalten der nicht direkt an der Planung und Durchführung des Putsches beteiligten Offiziere und Einheiten.[4] Hier kam den Obristen sicherlich die in der Zeit vor dem 21. April in der Armee herrschende Atmosphäre zugute, in der man damit rechnete, daß es irgendwann zu einer Intervention kommen müßte und würde. Die Armee war sozusagen „psychologisch vorbereitet"[5] auf die Ereignisse des 21. April, nur war es so, daß „die falschen Leute [...]den richtigen Knopf zur falschen Zeit [drückten]"[6]. Trotz des eindeutig militärischen Charakters des Staatsstreichs[7] stand die Armee jedoch keineswegs sofort geschlossen hinter dem Putsch. Zwei Tage nach ihrer Machtübernahme ließ die Junta fünf Generäle, allesamt Mitglieder des nationalen Verteidigungsrates, zwangspensionieren.[8] Marine und Luftwaffe, die nicht auf seiten der Obristen standen[9] und auch später eher distanziert blieben, warteten vergeblich auf ein Zeichen des Königs, gegen die Putschisten einzuschreiten[10]. Durch seine Anwesenheit bei der Vereidigung der neuen Regierung, die er fünf Tage später auch offiziell empfing[11], erweckte Konstantin II. den Anschein seiner nachträglichen

---

[1] Vgl. Meynaud 1969: 69f.
[2] Bis Ende August 1967 wurde das Kabinett um zwei Minister, ebenfalls Zivilisten, erweitert.
[3] Vgl. dazu Meynaud 1969: 88ff.
[4] Vgl. Meynaud 1969: 76f.
[5] Bakojannis 1972: 102.
[6] *New York Times* v. 14.11. 1967, zit. nach Skriver 1968: 28
[7] Vgl. dazu Meynaud 1969: 75ff.
[8] Vgl. Meynaud 1969: 87.
[9] Vgl. Grigoriadis 1975: I, 76ff.
[10] Vgl. Rousseas 1968: 65f.
[11] Bei dieser Gelegenheit ließ er sich mit der Juntaregierung in Uniform fotografieren und drückte in seiner Eigenschaft als Oberbefehlshaber der Streitkräfte die Hoffnung aus, schnell zu den Normen des Rechtsstaates zurückkehren und eine „wirkliche und gesunde Demokratie" schaffen zu können; vgl.

Billigung. Er hätte den putschenden Obristen erhebliche Schwierigkeiten bereiten können, wenn er statt dessen jeglichen Kontakt mit ihnen vermieden und sich bei der ersten Gelegenheit auch in seiner Funktion als Oberbefehlshaber der Streitkräfte gegen den Putsch ausgesprochen hätte. Hätte Konstantin eine entschlossene Haltung gegen die Putschisten gezeigt - wie dies 1981 sein Schwager, der spanische König Juan Carlos, tun sollte - hätte er nicht nur einen großen Dienst für die griechische Demokratie geleistet, sondern möglicherweise auch seinen Thron dauerhaft gesichert. So dagegen setzte der König sich dem Verdacht aus, daß er die für Mai 1967 angesetzten Parlamentswahlen bzw. den bevorstehenden Sieg der Zentrumsunion als das „größere Übel"[1] ansah.

Der gefährlichste Unsicherheitsfaktor für den Erfolg des Putsches war die mögliche Reaktion der progressiven politischen Kräfte des Landes. Gegen diesen potentiellen Gegner wurde bereits in der Putschnacht mit äußerster Brutalität vorgegangen, so daß Meynaud nicht nur von einem militärischen, sondern auch einem - im wahrsten Sinne des Wortes - terroristischen Staatsstreich[2] spricht.

Viel diskutiert ist die Rolle der USA bzw. die Frage ihrer Mitschuld am Staatsstreich der Obristen und weit verbreitet der Mythos vom allmächtigen, im Hintergrund die Fäden ziehenden CIA. Zwar übten die USA einen erheblichen - vor allem auch ideologischen - Einfluß auf die griechischen Streitkräfte aus[3], hatte der CIA mit Ausnahme der Regierungszeit Papandreous stets enge Kontakte nicht nur mit dem griechischen Geheimdienst KYP, sondern auch griechischen Offizieren[4] und pflegten die US-Dienststellen in Griechenland die gesamte Nachkriegszeit hindurch den König zu beraten und bei Regierungskrisen zu intervenieren[5], doch ist ein Zusammenspiel des CIA oder irgendeiner amerikanischen Dienststelle mit den Obristen nicht erwiesen. Der US-Präsident Johnson stand den Obristen eher ablehnend gegenüber. Wohl aber kommt das Pentagon, in dem eine Gruppe von amerikanischen Offizieren über den Putsch informiert war, als Stütze der Obristen in Betracht.[6] Unmittelbar nach ihrer Machtübernahme streuten Mitglieder der Junta unter ihren zögernden Kameraden geschickt das Gerücht einer US-amerikanischen Komplizität, um mehr Unterstützung zu gewinnen. Wie für den König galt auch für die USA, daß kritische Of-

---

Meynaud 1969: 96. Zum König und dem Putsch bzw. wie er durch sein Verhalten den Obristen über die erste Zeit der Unsicherheit hinweghalf, vgl. auch ebd.: 94ff u. Alivizatos 1979: 209f.

[1] Rousseas 1968: 66.

[2] Vgl. dazu Meynaud 1969: 77ff.

[3] Im Rahmen des des *Military Assistance Programme* (MAP) nahmen z. B. 11.229 griechische Soldaten zwischen 1950 und 1969 an Trainingsprogrammen in den USA teil; vgl. Veremis 1987: 221.

[4] Vgl. Grigoriadis 1975: I, 45ff.

[5] Vgl. Meynaud 1969: 98f.

[6] Zu dieser Frage vgl. Bakojannis 1972: 99f.

fiziere vergeblich auf ein Zeichen der deutlichen Mißbilligung warteten und so hinsichtlich einer Widerstandsaktion von vornherein entmutigt wurden.[1]

5.1.1 Genetische Faktoren der Intervention des Militärs

Der Sturz der griechischen Nachkriegsdemokratie war bereits 1965 durch den ersten, „königlichen", Staatsstreich eingeleitet worden. Treffend stellte der frühere Ministerpräsident Karamanlis im November 1967 fest, „daß die Demokratie in Griechenland unter einem freien Regime ermordet wurde und daß die Obristen ihr bloß noch den Todesstoß versetzt haben"[2]. Die Ereignisse infolge des 15. Juli 1965 hatten zu einer schweren Systemkrise geführt, in der die verfassungsmäßigen Institutionen ihre Autorität verloren. Die Schuld für diese Entwicklung ist nicht nur im verfassungswidrigen Verhalten des Königs zu suchen, sondern auch bei den griechischen Politikern, die dies ermöglichten bzw. sich darauf einließen und deren kompromißloses polarisierendes Verhalten einen Höhepunkt erreicht hatte. Die Parteien waren nicht in der Lage, Staat und Gesellschaft aus der Krise zu führen. Die Situation war gekennzeichnet einerseits durch einen fehlenden Respekt gegenüber den demokratischen Spielregeln, über die kein Grundkonsens bei den rivalisierenden politischen Kräften bestand, andererseits durch den Machtfaktor der Streitkräfte, die die zivile Autorität herausforderten. Endlose Parlamentsdebatten, Intrigen, Korruption und bedenkenloser Opportunismus wirkten „abstumpfend"[3] auf die Bevölkerung und begünstigten die anfängliche Apathie vieler gegenüber den neuen Machthabern, wenngleich zuvor in den Massenkundgebungen zugunsten Papandreous eine tiefe Verbundenheit mit der Demokratie zum Ausdruck gekommen war. „Das vordiktatorische politische Bühnenspiel trug Merkmale des 19. Jahrhunderts: Das Auf und Ab von Regierungen und Wahlmanipulationen, die Aufdeckung von Skandalen, persönliche Fehden zwischen politischen Führern und ‚stürmische' Parlamentsdebatten, die dennoch die Grundfragen der Gesellschaft kaum berührten."[4]

Ausgehend von der bis zu Beginn der 60er Jahre dominierenden Triarchie von parlamentarischer Rechten, König und Militär können die beiden Staatsstreiche von 1965 und 1967 als Versuch der griechischen Rechten angesehen werden, ihre Position zu verteidigen gegenüber der fortschreitenden Demokratisierung und Liberalisierung des politischen Systems, die es den mobilisierten Massen der griechischen Ge-

---

[1] Vgl. Veremis 1987: 221.
[2] Interview in *Le Monde* v. 29.11.1967, zit. nach Manousakis 1983: 76.
[3] Vakalopulos 1985: 246.
[4] Meynaud 1969: 114.

sellschaft erlaubt hätten, eine autonome Rolle im politischen Prozeß zu spielen. Der Putsch der Obristen sorgte dann auch für eine entscheidende Umverteilung der Machtverhältnisse innerhalb dieser Triarchie.[1] Das Militär etablierte sich gegenüber seinen früheren, nunmehr als korrupt und unfähig angesehenen politischen „Partnern“ als alleiniger Machthaber und wies dem König kaum mehr als die Rolle einer Marionette zu. Das politische System der Nachkriegszeit hatte den grundlegenden Test jeder Demokratie, das Überstehen eines Machtwechsels, nicht bestanden.

Zusammenfassend lassen sich folgende Faktoren nennen, die die Intervention des Militärs begünstigten:

- die Mißachtung von Geist und Inhalt der Verfassung von 1952 durch den König, der innerhalb der Streitkräfte großes Ansehen und Einfluß genoß und mit seinem Staatsstreich vom 15. Juli 1965 gewissermaßen das Vorbild lieferte;
- die seither andauernde Krisenatmosphäre und Untergrabung des parlamentarischen Systems;
- das Fehlen moderner organisierter Massenparteien und Interessenorganisationen, die als Kanal der politischen Mobilisierung funktionieren konnten; wie überhaupt
- das Mißverhältnis zwischen der Macht der durchorganisierten, modern ausgerüsteten Armee und einer desorganisierten, ökonomisch nur halb entwickelten und politisch unausgeglichenen, gespaltenen Gesellschaft;
- die konservative Ideologie der Armee, die diese zum natürlichen Verbündeten all jener machte, die einer Veränderung des politischen und sozialen Status quo ablehnend gegenüberstanden;
- die Beibehaltung von aus der Bürgerkriegszeit stammenden Ausnahmegesetzen, die das Militär zu einem „Hüter“ der etablierten Ordnung machten, und die damit einhergehende Verselbständigung der Streitkräfte;
- der Einfluß der Schutzmacht auf die Armee, der ebenfalls mit dazu beitrug, diese in ein autonomes Machtzentrum zu verwandeln; darüber hinaus übertrug sich die Geringschätzung der Vertreter der amerikanischen Militärmission für die griechischen Politiker; und schließlich
- der Charakter der Armee als einer „Interessengruppe“, der sie anfällig für Verschwörungen[2] machte.

---

[1] Vgl. Diamandouros 1986: 145.

[2] Nach einer Aufstellung in *Le Monde* vom 16. 11.1966 hatten griechische Militärs seit Anfang des Jahrhunderts an etwa 20 Aufständen teilgenommen und etwa 30 geheime Organisationen gegründet; vgl. Meynaud 1969: 57.

In gewisser Weise handelte das Militär mit seinem Eingreifen in die Politik traditionsgemäß - Interventionen gab es in konstanter Folge seit Gründung des neugriechischen Staates. Nicht traditionsgemäß war jedoch sein langer Verbleib an der Macht.[1]

5.2 Die Ideologie des Regimes: Die Obristen als „Sanitäter" der Demokratie

Schon bald nach Gelingen ihres Staatsstreichs gingen die Obristen dazu über, ihren Putsch als „nationale Revolution" zu bezeichnen. Ihr Ziel sei, so Papadopoulos, „ eine sehr gesunde Gesellschaft, ein gerechtes Land, ein freies Volk" und laut Pattakos, „ein starker Staat im Dienste des Volkes, der politische Parteien ohne Gefahr für die Nation gestatten wird"[2]. Der Begriff Revolution bezeichnet jedoch tiefgreifende Veränderungen des politischen Systems und der Gesellschaftsordnung im Unterschied zu einem Putsch oder Staatsstreich, der nur den Bruch mit einer bestehenden Verfassungsordnung bedeutet und lediglich zur Auswechslung der Personengruppen in den politischen Machtpositionen führt, die sozioökonomische Struktur des Landes jedoch weitgehend unangetastet läßt. In Griechenland hatte lediglich letzteres, ein Wechsel der Inhaber der Staatsgewalt und ein Umbau des Machtapparates, stattgefunden; eine Umwälzung der Gesellschaft und des Wirtschaftssystems gehörte nicht zu den Zielen der Obristen.[3] „It was a typical military coup like those of South America and in underdeveloped countries after World War Two."[4]

In ihrer Botschaft an das Volk argumentierten die „Revolutionsführer", daß skrupellose Parteikompromisse, die schändliche Rücksichtslosigkeit der Parteien, die Entwürdigung des Parlaments, Demagogie und die Lähmung der staatlichen Administration keine Alternative als das Eingreifen der Armee ließen, um das Land vor Chaos und Anarchie zu retten.[5] In einer der Proklamationen hieß es:

> „Stabilität ist der Wunsch aller Griechen. Um genau dieses Ziel zu erreichen, hat die Armee die Regierung des Landes übernommen: Um die Stabilität wiederherzustellen und für die Zukunft zu gewährleisten. Die Stabilität von Politik und Regierung, die soziale, wirtschaftliche und finanzielle Stabilität. Das bedeutet: Schluß mit Parteizwist und Parteienleidenschaft; Schluß mit den Regierungskrisen; Schluß mit dem Geist der Gosse, mit Aufmärschen und Zusammenstößen und Skandalen; Schluß mit den Gehältern, für die nicht gearbeitet wird [...] Kein Land der Welt kann vorwärtskommen, wenn es jeden Tag den Ministerpräsidenten wechselt. Keine Nation ist durch Aufmärsche und Demonstrationen vorangekommen. Nur Stabilität schafft Wohlstand, und Stabilität wird durch die Streitkräfte gewährleistet, durch eine nationale Regierung, die wir dem Land gegeben haben."[6]

---

[1] Vgl. Manousakis 1975: 79.
[2] Zit. nach Meynaud 1969: 102.
[3] Vgl. dazu Bakojannis 1972: 127ff.
[4] Kaltsogis-Tournaviti 1983: 306.
[5] Vgl. Rousseas 1968: 17f u. Skriver 1968: 19f.
[6] Zit. nach Rousseas 1968: 18.

Ähnlich argumentierte der neue Ministerpräsident Kollias in seiner „Botschaft an die Nation".[1] Von Stund an gäbe es in Griechenland nicht mehr die Rechte, die Mitte oder die Linke. „Es gibt nur noch Griechen, die an Griechenland glauben, an ein nobles, höchstes und vollkommenes Ideal der wahren Demokratie und nicht der ‚Demokratie' der Straße, des Pöbels und der Anarchie."[2] Die „kommunistische Gefahr" als Legitimation des Staatsstreiches haben Vertreter des Regimes hingegen vernachlässigt oder sogar bestritten[3].

Bei einer Betrachtung der offiziellen und inoffiziellen Äußerungen der Junta wird deutlich, daß sich dahinter kein zusammenhängendes praktisches Programm befand. Die Proklamationen verrieten vielmehr nur „die tiefe Rat- und Orientierungslosigkeit der Junta angesichts der gesellschaftlichen Probleme Griechenlands"[4]. Auch Meynaud[5] kommt zu dem Schluß, „daß die Wortfülle des Militärs nur eine große geistige Verwirrung verdeckte". Ihr pseudo-wissenschaftlicher Jargon, der bisweilen lächerliche Züge annahm[6], gipfelte in der Parole des „Griechenland griechischer Christen" (*Ellas Ellinou Christianou*).[7] Übergeordnete Werte waren ein zum Teil rassistisch ausgeprägter Nationalismus[8], die Verherrlichung des Militärs als Retter und Verteidiger der „nationalen Ideale" und Leitbild für die Gesellschaft[9] sowie allgemein der Autorität und Disziplin. Viele der gängigen Formeln wie die, im Rahmen der christlichen Gemeinschaft einen neuen Menschentyp schaffen zu wollen, der sich der Vollkommenheit näherte, sowie die Glorifizierung des alten Griechenland, der Jugend und militärischen Ideale und die Geringschätzung der „Politik" waren eine wortgetreue Reproduktion der Schlagwörter der Metaxas-Dikatur.[10]

Ziel der Politik der Obristen war es, das Volk für eine „Demokratie" neuen Typs „umzuerziehen"[11]; besonders die Jugend sollte vor verderblichen Einflüssen geschützt werden[12]. Der Begriff Demokratie wurde dabei fast immer um die Adjektive „wahr", „wirklich", „real", „diszipliniert" o. ä. ergänzt, um sich von der „entarteten", „anarchistischen", „falschen", „oberflächlichen", „sogenannten" Demokratie des Westens zu distanzieren.[13]

---

[1] Vgl. Skriver 1968: 19.
[2] Zit. nach Skriver 1968: 20.
[3] So z. B. Papadopoulos in einem Interview im August 1970; vgl. Bakojannis 1972: 195, Anm. 21.
[4] Bakojannis 1972: 129.
[5] Meynaud 1969: 103.
[6] Vgl. Bakojannis 1972: 139.
[7] Zur Ideologie vgl. Bakojannis 1972: 127ff u. Clogg 1972: 36ff.
[8] Vgl. Bakojannis 1972: 136ff.
[9] Vgl. Bakojannis 1972: 138, 142f u. 151ff.
[10] Vgl. Meynaud 1969: 103. Zu Unterschieden und Gemeinsamkeiten der beiden Diktaturen vgl. Someritis 1969: 134ff.
[11] Vgl. Meynaud 1969: 104.
[12] Vgl. Meynaud 1969: 106.
[13] Vgl. Bakojannis 1972: 131, 147.

Ein weiteres Kennzeichen der Ideologie der Obristen war ein ausgeprägter Antiindividualismus, in dem ein totalitärer Anspruch des Staates zutage trat. Der Staat mußte die schwachen, da nur nach aufrührerischem Gefühl und aus Instinkt handelnden Individuen zum richtigen Denken und richtigen Handeln zwingen.[1] „Das Volk selbst ist vor sich selbst gerettet worden, d. h. es ist vor der individualistischen Mentalität gerettet worden" verkündete Papadopoulos auf einer Pressekonferenz am 28. Mai 1967[2].

Diese Ideologie entsprach den Wertvorstellungen von Provinzoffizieren mittlerer Ränge, die als junge Menschen ihre Laufbahn unter Metaxas begonnen und dann Besatzung und Bürgerkrieg erlebt hatten. Die meisten der führenden Vertreter des Obristenregimes stammten aus kleinbürgerlichen und bäuerlichen Familien und waren Ende der 30er Jahre in die Kadettenschule eingetreten. Ihre Einstellungen waren durch einen militanten Antikommunismus sowie ein übersteigertes Nationalbewußtsein geprägt, und es war ihnen nicht gelungen, sich in die im Frieden veränderte soziale Stellung der Offiziere einzuleben. Bezeichnend war, daß die Obristen in der Marine und Luftwaffe, in der ein höherer Prozentsatz von Angehörigen der bürgerlichen und gehobenen bürgerlichen Schichten vertreten war, nie engagierte Anhänger fanden.[3] „Einerseits wollten sie die idealisierte Welt des Dorfes retten, andererseits entsprechend ihren militärisch geprägten Effizienzvorstellungen die wirtschaftlich-technische Rückständigkeit überwinden."[4] In der Praxis äußerte sich dies in der großzügigen Kreditvergabe an Unternehmen und intensiven Bemühungen um ausländische Investoren, in der Herabsetzung der Schulpflicht von neun auf sechs Jahre, der Wiedereinführung der antikisierenden Hochsprache *katharevousa* in den Schulen, der Pflicht zum Kirchgang für Lehrer, Schüler und Studenten, Flaggenappellen, der Errichtung von Triumpfbögen mit Juntasymbolen an Ortseingängen sowie dem Verbot von Miniröcken für Mädchen und dem Tragen langer Haare für Jungen.[5]

5.3 Die Festigung der Militärherrschaft

Mit dem Erfolg des Staatsstreichs vom 21. April setzte Griechenlands Verwandlung in einen „Garnisonsstaat"[6] ein, in dem das Militär die totale politische Macht ausübte bzw. deren Ausübung überwachte. Schon die ersten Stunden des Putsches hatte die

[1] Vgl. Bakojannis 1972: 134f.
[2] Zit. nach Hering/Demetriou/Kelpanides 1980: 77, Anm. 148.
[3] Vgl. Bakojannis 1972: 131f.
[4] Hering/Demetriou/Kelpanides 1980: 77.
[5] Vgl. Skriver 1968: 84f, Rousseas 1968: 18, Meynaud 1969: 106 u. Bakojannis 1972: 105f.
[6] Meynaud 1969: 104.

Junta zu zahlreichen Festnahmen mißliebiger Personen genutzt. Nunmehr unternahmen die neuen Machthaber eine systematische Säuberung[1] der Armee, der Polizei und Sicherheitsdienste, der Verwaltung, Gerichte, Hochschulen und selbst der Kirche, um jedes für die Etablierung ihres Regimes gefährliche Element auszuschalten. Die meisten Präfekten wurden durch Offiziere im Ruhestand ersetzt. Parteien und Gewerkschaften wurden verboten;[2] jede Äußerung freien politischen Denkens war untersagt bzw. wurde im Keim erstickt. Selbst für unbedeutende Tätigkeiten und Angelegenheiten wurde die Vorlage eines polizeilichen Gesinnungszeugnisses verlangt.[3] Presse und Rundfunk wurden zu reinen Propagandaorganen der Regierung, sofern sie nicht ihr Erscheinen aus Protest einstellten.[4] Sogar die Griechen im Ausland versuchte das Regime zu neutralisieren mit einem Verfassungsakt, der dem Innenminister das Recht gab, jedem die griechische Staatsangehörigkeit zu entziehen und dessen Vermögen in Griechenland bzw. das des Ehegatten zu beschlagnahmen, „der vorsätzlich Tatsachen verfälscht, falsche Nachrichten verbreitet, um den Staat oder seine Vertreter im Ausland zu diffamieren“[5].

Um die Verwaltung unter ihre Kontrolle zu bringen, verlangten die Obristen von allen Angestellten und Beamten eine Loyalitätserklärung, in der nicht nur die Treue für das Regime versprochen wurde, sondern auch Auskunft darüber gegeben werden mußte, ob ein Mitglied der Familie je irgendeinen - nicht näher bezeichneten - Kontakt zu einer in den Augen der Junta kommunistischen Organisation oder einem Organ der KKE gehabt hatte[6]. Nach einem weiteren Verfassungsakt vom 29. August 1967 konnte schon jeder aus dem öffentlichen Dienst entlassen werden, der sich öffentlich für eine politische Partei geäußert hatte, wobei ein gerichtliches Vorgehen gegen die Entlassung nicht möglich war.[7] Durch die Aufhebung jedes Rechtsschutzes waren die Beamten und Angestellten der Willkür der Machthaber ausgesetzt; zehntausende wurden nach diesen Vorschriften entlassen[8] und fanden auch in der Privatwirtschaft keine Anstellung mehr. Auf diese Weise erzeugte die Junta ein Klima der Angst, das jeden Widerstand entmutigte. „Die Junta praktizierte [...] eine neue Form des Terrors, der unter dem Mantel der Säuberung des Verwaltungsapparats nur Heu-

---

[1] Zwischen April 1967 und September 1968 wurden 36 Verfassungsakte diesbezüglich erlassen; vgl. Kaltsogia-Tournaviti 1083: 307, Anm. 33.
[2] Vgl. Alivizatos 1979: 490f.
[3] Bakojannis (1972: 198, Anm. 4) nennt als Beispiele die Mitgliedschaft in einem Sportverein und die Zulassung eines Busses oder LKW, für die ein Gesinnungszeugnis des Eigentümers oder, wenn die Zulassung von einer Firma beantragt wurde, aller Mitglieder der Geschäftsführung verlangt wurden.
[4] Vgl. dazu Skriver 1968: 71ff u. Alivizatos 1979: 488f, 516ff.
[5] Zit. nach Bakojannis 1972: 102.
[6] Vgl. den Fragebogen bei Skriver 1968: 162ff.
[7] Vgl. den Text bei Rondholz 1968: 30.
[8] Vgl. Bakojannis 1972: 105.

chelei und Denunziantentum förderte."[1] Schlüsselpositionen in öffentlichen Einrichtungen besetzten vielfach aktive oder pensionierte Offiziere. Das Militär wurde - anders als im Naziregime - nicht für Expansionspläne ausgebaut, sondern für die Unterwerfung der Gesellschaft gedrillt und fungierte als Ersatz für die fehlende faschistische Massenpartei. Das Militär sollte Vorbild für alle politischen und gesellschaftlichen Organisationsformen sein, der gehorsame Soldat stellte das ideale Menschenbild dar.[2]

Eine besondere Aufmerksamkeit richtete die Junta auf das Bildungswesen, wo sie sich die Möglichkeit schaffte, jeden unliebsamen Professor oder Lehrer zu entlassen. In jeder Hochschule wurde ein Offizier im Ruhestand als Regierungsbeauftragter eingesetzt. Das „erste und höchste Ziel" des Schulunterrichts sollte die „Entwicklung des Nationalbewußtseins" sein[3]; dazu gehörten rückschrittliche Veränderungen im Lehrplan und die Herabsetzung der Schulpflicht auf sechs Jahre und der Studiendauer für Lehrer auf zwei Jahre, was zu einer qualitativen Verschlechterung führte.[4]

Damit einher ging eine restriktive Kulturpolitik der Obristen.[5] Hunderte von Werken der Welt- und vor allem der griechischen Literatur, Filme und Theaterstücke wurden von den Zensoren verboten, wobei man so weit ging, selbst russische Grammatiken und Wörterbücher sowie altgriechische Tragödien und Komödien auf den Index zu setzen. Neue Publikationen mußten den Zensoren vorgelegt werden, die nicht selten ganze Passagen umschrieben. Ein besonderer Dorn im Auge war den Obristen die Musik des prominenten EDA-Mitglieds Mikis Theodorakis, dessen Musik selbst privat nicht mehr gehört werden durfte.

Jegliche Selbstverwaltung der Gemeinden wurde außer Kraft gesetzt, indem der Innenminister dazu ermächtigt wurde, gewählte Gemeinderäte aufzulösen und statt dessen Bürgermeister und Gemeinderäte seiner Wahl einzusetzen; nach dieser Berechtigung wurden noch 1967 etwa 200 von 425 Bürgermeistern abgesetzt.[6]

Die Gleichschaltung der Öffentlichkeit erfaßte auch die Kirche. Der Erzbischof von Athen, Chrysostomos, wurde durch den Hofgeistlichen und Professor an der Theologischen Fakultät von Thessaloniki, Hieronymos Kotsonis, ersetzt und das Regierungsorgan der orthodoxen Kirche in Griechenland, die aus zwölf gewählten Metropoliten bestehende Heilige Synode, aufgelöst und durch eine Synode ersetzt, die aus

---

[1] Meynaud 1969: 93. Zur Kontrolle des Verwaltungsapparates vgl. ebd.: 91ff, Bakojannis 1972: 103f u. Alivizatos 1979: 492ff.
[2] Zum Militarismus des Regimes vgl. Bakojannis 1972: 151ff.
[3] Rundschreiben an alle Lehrer v. 5.10.1967, Text bei Rondholz 1968: 45.
[4] Zum Bildungswesen vgl. Bakojannis 1972: 105 u. Alivizatos 1979: 523f.
[5] Vgl. dazu Meynaud 1969: 105f u. Bakojannis 1972: 106.
[6] Vgl. dazu Meynaud 1969: 93 u. Bakojannis 1972: 104f.

neun von der Junta eingesetzten Bischöfen bestand und anschließend als eine Synode der „Auserwählten“ (*aristindin*) amtierte.[1]

Angehörige und Sympathisanten der Linken, aber zunehmend auch allgemein Oppositionelle wurden auf die Inseln Jaros und Leros deportiert; willkürliche Verhaftungen und Folterungen waren an der Tagesordnung.[2] Das Ausmaß der Unterdrükkung und der Repression zeigt sich allein daran, daß zwischen 1967 und 1974 mehr als 80.000 Personen, d. h. einer von hundert Griechen, verhaftet wurden[3]. Am 11. September 1967 faßte das Europäische Parlament eine Entschließung, in der die Junta aufgefordert wurde, wieder demokratische Verhältnisse herzustellen; andernfalls könnte der Assoziierungsvertrag keine Anwendung mehr finden. Neun Tage später beantragten die Regierungen Dänemarks, Norwegens, Schwedens und der Niederlande eine Untersuchung der Menschenrechtsverletzungen in Griechenland bei der Europäischen Menschenrechtskonvention in Straßburg. Am 30. Januar 1969 verabschiedete die Beratende Versammlung des Europarates eine Entschließung, in der die Junta aufgefordert wurde, die Menschenrechte wiederherzustellen, und drohte mit einem Ausschluß Griechenlands aus dem Europarat. Um dem zuvorzukommen, erklärte der griechische Außenminister Pipinelis am 13. Dezember 1969 Griechenlands Austritt aus dem Europarat.

Mit Hilfe ihres umfassenden Terror- und Einschüchterungsinstrumentariums gelang es den Obristen, ihre Gegner von vornherein auszuschalten und ihre Macht zu etablieren, ohne sich jedoch in der Bevölkerung eine Basis von Anhängern zu schaffen.

5.4 Konsolidierungsversuche des Obristenregimes und der Weg zum Zusammenbruch

Das siebenjährige Obristenregime durchlief vier Phasen, in denen es sich auf unterschiedliche Weise zu konsolidieren versuchte.

5.4.1 Die erste Phase: 21. April 1967 bis 13. Dezember 1967

Die erste Phase der Militärdiktatur bildete die Regierung unter Generalstaatsanwalt Kollias, der dem Regime den Anschein einer zivilen Fassade verleihen sollte. Der Hauptinitiator des Staatsstreichs, Georgios Papadopoulos, trat als Minister beim Mi-

---

[1] Vgl. Ellada 1982: 144.
[2] Vgl. Skriver 1968: 115ff, 126ff u. Alivizatos 1979: 481ff, 486ff.
[3] Vgl. Alivizatos 1979: 482.

nisterpräsidenten noch nicht als alleinige Herrschaftsfigur in Erscheinung, sondern teilte sich die Führung mit den übrigen an der Machtübernahme Beteiligten. Gleichwohl wurden bereits in diesen Anfangsmonaten durch eine Reihe von Verfassungsakten die Grundlagen des terroristischen Regimes gelegt.

Auch der König, der das Vorgehen der Obristen mit dem Hinweis rechtfertigte, daß vor dem 21. April die demokratischen Institutionen unterminiert und die Nation, Armee und Justiz ständigen Angriffen ausgesetzt gewesen wären[1], bildete einen Teil dieses Systems. Bis zu seiner Flucht ins Ausland wurden 13 Verfassungsakte und 215 Notstandsgesetze, die den Terror des Regimes begründeten, durch ihn unterzeichnet.[2] Allerdings schwand infolge von Umbesetzungen und Entlassungen sein traditioneller Einfluß auf die Armee.[3] Konstantin II. mußte erkennen, daß es für das Überleben der Dynastie gefährlich war, mit der Diktatur identifiziert zu werden. Die auf seinem USA-Besuch im September 1967 gemachte Äußerung, die neuen Herren in Athen seien nicht seine Regierung[4], war ein Zeichen der Distanzierung und gab Anlaß zu Spekulationen.

Der „dilettantische und keineswegs mit demokratischen Zielen unternommene"[5] Versuch des Königs am 13. Dezember 1967, gestützt auf die Luftwaffe und Marine die Junta, die jedoch die Schlüssel der Staats- und Militärmacht fest in der Hand hatte, zu entmachten, wurde bereits sieben Stunden, nachdem über den kleinen und nur unregelmäßig betriebenen Radiosender von Larissa ein Aufruf Konstantins II. an das Volk gesendet worden war[6], vereitelt.[7] Bereits am Abend des 13. Dezembers 1967 wurde eine neue Regierung unter Papadopoulos als Ministerpräsident und Generalleutnant Zoitakis als Vizekönig und damit neuem Staatsoberhaupt[8] vereidigt. Die Königsfamilie und der abgesetzte Ministerpräsident Kollias flohen noch in der Nacht zum 14. Dezember 1967 nach Rom.

---

[1] Vgl. Meynaud 1969: 96.
[2] Vgl. Alivizatos 1979: 212.
[3] Vgl. Grigoriadis 1975: I, 118f.
[4] Vgl. Skriver 1968: 132.
[5] Hering/Demetriou/Kelpanides 1980: 77.
[6] Zum Text vgl. Skriver 1968: 160ff.
[7] Zum Ablauf des mißglückten Putsches vgl. Bakojannis 1972: 196ff (Anm. 34), zu den Gründen des Scheiterns Grigoriadis 1975: I, 160f.
[8] Die Obristen beriefen sich dabei auf Art. 49 der längst gebrochenen Verfassung von 1952, der für den Fall einer Auslandsreise des Königs einen Regenten vorsah, und auf ihr eigenes „Revolutionsrecht". Art. 49 sah allerdings auch vor, daß der Regent vom König selbst durch königliches Dekret nach Gegenzeichnung des Ministerrates ernannt wird. Vgl. Skriver 1968: 133f u. Alivizatos 1979: 213, Anm. 17.

5.4.2 Die zweite Phase: 13. Dezember 1967 bis 1. Juni 1973

Während Vertreter der Juntaregierung in Rom noch über eine mögliche Rückkehr Konstantins nach Griechenland verhandelten, begann Papadopoulos seine Machtposition auszubauen. Er löste den Generalstabschef ab, setzte seine Brüder in Schlüsselpositionen und arrangierte Massenbeförderungen junger Offiziere. Der in Absprache mit dem König nach Athen zurückgekehrte Kollias, der seine Arbeit als Generalstaatsanwalt wieder aufnehmen wollte, wurde in den Ruhestand versetzt.[1] Verfassungsakte vom 9. und 22. Januar 1968 begründeten neue umfassende Säuberungen in den Streitkräften und der Polizei sowie der Verwaltung mit der angeblichen Beteiligung an den „aufständischen Ereignissen vom 13.12.1967". Genaue Zahlen sind nicht bekannt, man rechnet jedoch mit 30% bis 35% bei den Offizieren und einem noch höheren Prozentsatz bei der Polizei.[2]

Im Januar 1968 fiel Konstantin ein weiterer wichtiger Trumpf, daß die diplomatische Anerkennung der Regierung an seine Position gebunden war, aus der Hand. Am 23.1.1968 erklärte der US-Regierungssprecher McCloskey, daß die Vereinigten Staaten die in Athen etablierte Regierung als die legale Regierung Griechenlands ansehen; die Beziehungen zwischen ihr und dem König seien eine innenpolitische Frage, welche die Vereinigten Staaten nichts angehe.[3] Trotz heftiger Proteste gegen die Junta sprachen auch Großbritannien und die UdSSR zwei Tage später ihre Anerkennung aus. Die Bundesrepublik unterhielt nur noch Kontakte, die zur routinemäßigen Abwicklung der Botschaftsgeschäfte erforderlich waren.[4] Die neuen Machthaber waren nunmehr dabei, „die anfängliche militärische Phase zu verlassen und die ‚quasipolitische' Bühne zu betreten"[5].

Mit dem mißglückten Umsturzversuch des Königs am 13. Dezember 1967 hatte die zweite und längste Phase der Obristenherrschaft begonnen, die bis zum 1. Juli 1973, der Abschaffung der Monarchie, dauerte. Papadopoulos trat nun offen als Diktator in Erscheinung. Neben seinem Amt als Ministerpräsident behielt er auch weiterhin das des Ministers beim Ministerpräsidenten, übernahm zusätzlich das Verteidigungsressort und ab Juli 1970 auch das Außenministerium sowie schließlich am 21. März 1972 auch die Regentschaft.

---

[1] Vgl. Skriver 1968: 134f.
[2] Vgl. Bakojannis 1972: 105.
[3] Im Oktober des gleichen Jahres gab das US-State Department eine Lockerung des Waffenembargos bekannt, das nach dem Militärputsch verhängt worden war.
[4] Zur diplomatischen Anerkennung vgl. Skriver 1968: 135ff.
[5] Skriver 1968: 137.

Durch ihren ersten Verfassungsakt nach dem Putsch am 5. Mai 1967 hatten sich die Militärs die Ausübung der Verfassungsgewalt bis zur Abstimmung über eine neue Verfassung gesichert, ebenso die Legislativgewalt bis zur Einberufung des Parlaments, dabei jedoch keine Angaben über die Dauer dieser Situation gemacht. In seinem Bemühen, die Macht weiter abzusichern und sich zumindest ein gewisses Maß Legitimation bzw. Scheinlegitimation auch gegenüber dem Ausland zu verschaffen, startete das Obristenregime die „Operation Verfassung".[1] „Schon in ihrer Entstehungsart [war] die Verfassung als ein Instrument bloß formaler Legitimation der Diktatur diskreditiert."[2] Man wich von der Tradition ab, daß - abgesehen von der nur wenige Monate gültigen diktatorischen Verfassung von Pangalos (1926) - alle griechischen Verfassungen seit der von 1864, die den Parlamentarismus einführte, von besonders dazu ermächtigten Parlamenten verfaßt bzw. revidiert wurden. Am 1. Juni 1967 begann eine zwanzigköpfige Expertenkommission unter dem Vorsitz des ehemaligen Präsidenten des Verwaltungsgerichtshofes, Charilos Mitrelias, mit der Ausarbeitung eines Entwurfs, der eine Möglichkeit der Beschränkung der Grundrechte sowie eine Abschwächung der Gesetzgebungs- und Kontrollfunktion der Legislative vorsah; die von den Obristen erlassenen Verfassungsakte sollten vorrangige Gültigkeit haben. Während dieser Entwurf einer als Farce inszenierten öffentlichen „konstruktiven" Diskussion unterworfen wurde,[3] arbeitete das Kabinett an einem neuen Entwurf, der als sogenannter zweiter Regierungsentwurf am 11. Juni 1968 veröffentlicht wurde. Dieser unterschied sich vom ersten durch die Beschränkung der Rolle des Königs, die Schaffung einer Sonderposition für die Streitkräfte innerhalb des Staates sowie eine weitere Einschränkung der Rechte der Bürger und des Parlaments.[4] Auch dieser Entwurf wurde „zur Diskussion gestellt". Der dritte, endgültige und repressivste Entwurf wurde am 16. September 1968, nur 13 Tage vor dem vorgesehenen Referendum, veröffentlicht. Bereits vorher hatte die Junta eine aufwendige Propaganda für ein Ja zur Verfassung über Fernsehen, Radio, Presse und auf Plakaten gestartet.[5] Angesichts des Verbots ablehnender Kritik, des verschärften Terrors - Hausdurchsuchungen, Verhaftungen und Verbannungen erreichten in den Wochen vor dem Referendum einen Höhepunkt -, Einschüchterungen[6] und Manipulationen

[1] Vgl. dazu Bakojannis 1972: 108ff, Alivizatos 1979: 213ff u. Kaltsogia-Tournaviti 1983: 307.
[2] Bakojannis 1972: 114.
[3] Vgl. dazu Bakojannis 1972: 109.
[4] Vgl. Bakojannis 1972: 109f.
[5] Vgl. Bakojannis 1972: 111.
[6] Bekannte Gegner des Regimes wurden von den Polizeibehörden vorgeladen und auf die Konsequenzen einer Neinstimme für sie und ihre Familien hingewiesen.

auf dem Land, wo es nicht selten erst gar keine Neinzettel gab,[1] war es nicht erstaunlich, daß 91,87% für die Verfassung stimmten und nur 7,76% dagegen[2].

Am 15. November 1968 trat die neue Verfassung als „Verfassung vom 15. November" in Kraft. Artikel 2 Absatz 1 hielt an der Staatsform der „gekrönten Demokratie" fest. Die Konkretisierung des Demokratiebegriffs in den weiteren Artikeln ließ diesen jedoch als eine rein rhetorische Fassade für ein autoritäres, diktatorisches Regime erkennen.[3] Politische Parteien waren solange zugelassen, wie sie mit der „bestehenden sozialen Ordnung" konform gingen (Art. 58). Zur Gründung einer Partei war die vorherige Erlaubnis des Verfassungsgerichts erforderlich, dessen Mitglieder nach Artikel 98 Absatz 1 durch königliche Verordnung ernannt wurden. Die Möglichkeit eines Mehrparteiensystem war nur formal gegeben. Analog dazu war das grundrechtliche Vorbehalts- und Einschränkungssystem. Die Grundrechte wurden garantiert, aber zum Kriterium ihrer Ausübung wurden die Aufrechterhaltung der „gesellschaftlichen Ordnung" und die Berücksichtigung des „nationalen Interesses" erhoben (Art. 24).[4]

Die Stellung der Exekutive wurde gestärkt, die des Parlaments und der Abgeordneten erheblich geschwächt, obwohl dafür eigentlich gar keine Notwendigkeit bestand, da auch nach Inkrafttreten der Verfassung kein Parlament existierte. Artikel 135 legte fest, daß die ersten Wahlen von der „nationalen Revolutionsregierung" durchzuführen seien, wobei diese sich allein das Recht vorbehielt, Wahlgesetz und -termin zu bestimmen. Am 10. April 1970 kündigte Papadopoulos dann die Errichtung eines „kleinen, aber beratenden Parlaments" als eine Art Ersatzparlament an. Das neue, unter dem Namen „Beratende Kommission" fungierende, Organ setzte sich aus 60 junta-freundlichen Mitgliedern zusammen, deren Aufgabe gutachtliche Stellungnahmen zu den Gesetzesentwürfen der Regierung waren, jedoch ohne ein Verwerfungsrecht und ohne jede Verbindlichkeit. 1.240 Wahlmänner, darunter 256 vom Regime eingesetzte Bürgermeister und Vorstandsmitglieder verschiedener Berufsorganisationen, wählten 92 Kandidaten, aus denen Papadopoulos im Januar 1971 46 auswählte und die restlichen nach eigenen Vorstellungen bestimmte.[5]

---

[1] Vgl. dazu im einzelnen Bakojannis 1972: 111f, 201ff (Anm. 20ff).

[2] Deutliche Unterschiede gab es zwischen Athen und Piräus, wo „nur" 76,7% für die Verfassung stimmten, und der Provinz mit 95,9%. Letztlich war die Stimmabgabe ohne Bedeutung. Auch wenn eine Mehrheit der Bevölkerung mit Nein gestimmt hätte, hätte dies nicht eine Rückkehr zur alten Verfassung von 1952 bedeutet, sondern daß der verfassungslose Zustand seit dem Putsch weiter bestehen geblieben wäre. Vgl. Bakojannis 1972: 108f.

[3] Zur Verfassung von 1968 Bakojannis 1972: 113ff, Alivizatos 1979: 216ff u. Kaltsogia-Tournaviti 1983: 307f.

[4] Vgl. dazu auch Alivizatos 1979: 525ff.

[5] Ihr Mandat lief auf ein Jahr. Im September 1971 wurde die Zahl der Milglieder auf 75 erhöht, von denen 60 gewählt und 15 direkt vom Ministerpräsidenten ausgewählt wurden für eine Amtszeit von nunmehr zwei Jahren; vgl. Bakojannis 1972: 205f, Anm. 18.

Eine weitere Abweichung vom parlamentarischen System bestand darin, daß kein Abgeordneter zum Minister oder Staatssekretär ernannt werden konnte. Die Position der Exekutive wurde gestärkt vor allem durch die Erschwerung des Mißtrauensvotums (Art. 93) und die Erweiterung des - nunmehr uneingeschränkten - Verordnungsrechts der Regierung (Art. 48), die Gesetze beschließen konnte, ohne daß diese je vom Parlament sanktioniert werden mußten (Art. 136). Eine Revision dieser Verfassung war laut Artikel 127, Absatz 2 frühestens nach Ablauf von 10 Jahren zulässig.

Diese Verfassungsbestimmungen zeigten das Bestreben der Junta, den griechischen Staat zu „entpolitisieren"[1]. Während die Gesellschaft in dieser Verfassungsstruktur ohnmächtig war,[2] wurden demgegenüber die Streitkräfte in den Artikeln 129 bis 132 auch verfassungsmäßig als ein Machtzentrum institutionalisiert, das jeder politischen Legitimation entbehrte[3]. Artikel 129 und 130 erhoben die Armee zum „Hüter der Nation" und Garanten des „sozialen Regimes", der „nationalen Ideale" und der „Tradition". Das griechische Militär hatte damit seit seinem der liberalen Bewegung Venizelos' zum Durchbruch verhelfenden Aufstand von Goudi 1909[4] die von Huntington beschriebene Entwicklung von einer modernisierenden zu einer konservativ-bewahrenden Kraft durchlaufen: „As society changes, so does the role of the military. In the world of oligarchy the soldier is a radical, in the middle class world he is a participant and arbiter; as the mass society looms on the horizon he becomes the conservative guardian of the existing order."[5] Die Streitkräfte waren laut Verfassung gegenüber der Regierung, dem Regenten wie auch personal- und haushaltsrechtlich autonom und verfügten durch ihren Generalstabschef über ein Mitspracherecht auch bei politischen Entscheidungen.[6] Das Militär hatte damit jetzt auch offiziell und verfassungsrechtlich sanktioniert die Rolle eines Staates im Staate.

Der deutlichste Beweis für den Fassadencharakter der Verfassung und das Bestreben der Obristen, die politische Entwicklung unter Kontrolle zu halten, waren die Bestimmungen der Artikel 135 und 138. Laut ersterem blieben die nach dem 21. April 1967 ergangenen, den Repressionsstaat begründenden Verfassungsakte, die selbst gegen den Inhalt dieser undemokratischen Verfassung verstießen, weiter in Kraft - das Regime legitimierte damit eine „Parakonstitution", „die das abfängt, was möglicherweise an freiheitlichen Momenten im Rahmen der Verfassung möglich wäre"[7]. Artikel 138 sah zwar die sofortige Inkraftsetzung der Verfassung nach dem Re-

[1] Bakojannis 1972: 115.
[2] Vgl. dazu Bakojannis 1972: 123ff.
[3] Vgl. dazu Bakojannis 1972: 120ff.
[4] Vgl. unter III. Abschnitt 1.1.
[5] Huntington 1968: 221.
[6] Vgl. Alivizatos 1979: 231ff.
[7] Bakojannis 1972: 125.

ferendum vor, ermächtigte jedoch gleichzeitig die „nationale Revolutionsregierung", die Geltung weiter fundamentaler Teile der Verfassung zunächst auszusetzen und nach ihrem Ermessen erst zu einem späteren Zeitpunkt per Dekret in Kraft zu setzen. Trotz der in ihr enthaltenen Restriktionen, die die bestehenden Machtverhältnisse weitgehend garantierten, schien selbst diese Verfassung ein Risiko für die Junta darzustellen und wagte sie es nicht, diese in ihrer Gesamtheit zuzulassen.

In der Folgezeit waren die Obristen jedoch nicht einmal in der Lage, sich an die in Kraft getretenen Bruchstücke ihrer eigenen Verfassung zu halten.[1] So wurden - obwohl die entsprechenden Verfassungsartikel Gültigkeit hatten - weiterhin das Recht auf Unverletzlichkeit der Wohnung durch die Sicherheitskräfte gebrochen und Personen ohne Haftbefehl unbefristet und ohne Begründung festgenommen. Die Ablösung des Regenten Zoitakis durch Papadopoulos mittels eines Beschlusses des „Revolutionskomitees" entsprach ebenso wenig den Verfassungsbestimmungen wie die spätere Abschaffung der Monarchie im Juni 1973.

5.4.3 Das Dilemma der Obristen: Harte Linie oder Liberalisierung?

Am Beispiel der Verfassung von 1968 offenbarte sich ein Dilemma, vor das sich die Obristen angesichts eines für sie ungünstigen internationalen Klimas und der gleichgültigen bis ablehnenden Haltung der Bevölkerung während ihrer gesamten Herrschaft gestellt sahen:[2] Entweder eine harte Linie zu verfolgen, d. h. eine uneingeschränkte, notfalls auf Gewalt beruhende Herrschaftsausübung, oder einen Weg der eingeschränkten, kontrollierten Liberalisierung. Ersteres beinhaltete das Risiko einer inneren wie internationalen völligen Isolierung, die sich langfristig für das Überleben des Regimes fatal erweisen konnte. Anders als in der Zwischenkriegszeit, als sich die Diktatur von Metaxas in eine Reihe von autoritären und faschistischen Regimen in Europa einfügte, war das Regime der Obristen trotz der iberischen Diktaturen relativ isoliert. Auch war es fraglich, ob die zu Beginn der 60er Jahre in Gang gesetzte Mobilisierung der Bevölkerung dauerhaft durch ein System offener Tyrannei unterdrückt werden konnte. Die andere „Lösung" einer Liberalisierung wiederum barg - ungeachtet ihrer Begrenzung - das Risiko in sich, in der Bevölkerung eine Eigendynamik auszulösen, die außer Kontrolle geraten und das Regime in seinen Grundmauern erschüttern konnte. Für ein Gelingen dieser Variante waren die Obristen auf die Zusammenarbeit mit dem König und/oder zumindest eines Teils der politischen Klasse angewiesen, wollten sie nicht riskieren, daß sich die Liberalisierung „verselbständig-

[1] Vgl. Bakojannis 1972: 116 u. Kaltsogia-Tournaviti 1983: 308f.
[2] Vgl. dazu Alivizatos 1979: 217ff.

te" und, statt ihnen die gewünschte Legitimation zu verschaffen, sie zu einer erneuten Verhärtung oder aber zur Aufgabe zwang. Da ihr jedoch eine solche Zusammenarbeit verweigert wurde, sah sich die Junta gezwungen, den in der Verfassung zum Ausdruck kommenden Zwitterweg einzuschlagen, der darin bestand, ohne die Chance eines späteren Kompromisses und einer damit verbundenen Lockerung des Systems auszuschließen, vorerst eine uneingeschränkte Machtausübung nach den eigenen Vorstellungen zu praktizieren.

5.4.4 Von der Apathie zum Widerstand

Auf den Staatsstreich am 21. April 1967 reagierte die Bevölkerung Griechenlands weitestgehend apathisch.[1] Nur auf Kreta gab es in Heraklion am 21. April eine Demonstration für Georgios Papandreou; doch schon am folgenden Tag war die Ruhe wiederhergestellt und kam es zu keiner weiteren Demonstration mehr. Eine wesentliche Erklärung dafür liegt in dem bereits angesprochenen[2] Mißverhältnis zwischen der Stärke des Militärapparates und einer nur schwach organisierten Gesellschaft[3], die zudem unter dem Einfluß des „königlichen Staatsstreichs" vom Juli 1965 stand. Auch verstanden es die Putschisten geschickt, durch die Massenverhaftungen noch in der Putschnacht innerhalb weniger Stunden den engagiertesten und politisch bewußtesten Teil der Bevölkerung auszuschalten bzw. die Massen zu entmutigen.

Ein weiterer Erklärungsversuch für die verbreitete Apathie führt diese auf das Unverständnis eines weiten Teils der Öffentlichkeit zurück, der die wichtigsten Notwendigkeiten eines demokratischen Willensbildungsprozesses mißverstand bzw. nicht erkannt hatte: „Zu viele Griechen verstanden die Politik überwiegend als Geschäft einiger weniger, sahen die üblichen Wahlmanipulationen und Schiebereien hinter den Kulissen als notwendigen Bestandteil des Kampfes um die Macht an und betrachteten die Wahlen - bedingt durch die Praxis weitgehender Wahlgeschenke an Einzelne oder Gruppen - nicht anders denn als Möglichkeit, die eigene materielle Basis zu verbessern."[4] Darüber hinaus hatten die Ereignisse im Zusammenhang mit und nach dem Juli 1965, die Mißachtung der Verfassung durch den König, der Person, die eigentlich ihr Garant sein sollte, der „Verrat" Papandreous durch eigene Partei-

---

[1] Zum Ausbleiben des Widerstands und den Gründen vgl. Meynaud 1969: 71ff.
[2] Vgl. unter IV. Abschnitt 5.1.1.
[3] Meynaud (1969: 73) weist in diesem Zusammenhang den Gewerkschaften eine besondere Verantwortung zu. Dominiert und kontrolliert von der Rechten, schieden sie als mobilisierende Kraft der Massen aus. Im Gegenteil, der Generalsekretär des Gewerkschaftsbundes, Photis Makris, war sogar einer der ersten, der sich offen zu dem neuen Regime bekannte.
[4] Meynaud 1969: 74.

mitglieder sowie die folgenden zweifelhaften Regierungsbildungen, -krisen und Auseinandersetzungen, abstumpfend auf die Bevölkerung gewirkt. Viele sahen die Demokratie der Mitte der 60er Jahre als nicht wert an, dafür zu kämpfen; nicht wenige haben vielleicht sogar das Eingreifen der „ordnenden Hand“ des Militärs zunächst begrüßt.

Dennoch entstand nach dem 21. April 1967 eine Reihe von Widerstandsorganisationen aller politischen Richtungen, deren Widerstand sich jedoch weder gewaltsam manifestierte noch sich auf eine Massenbasis stützen konnte, sondern nur auf einer ablehnenden Haltung zum Militärregime beruhte.[1] Die Junta reagierte darauf mit Verhaftungen, Folterungen und Verbannungen. Bis 1972 beschränkte sich der Protest auf Wandparolen, die vereinzelte Verteilung von Flugblättern, von der gleichgeschalteten Presse nicht veröffentlichten Pressemitteilungen und politischen Erklärungen vor allem auch der sich im Exil aufhaltenden griechischen Politiker. Nur sporadisch kam es zu gewaltsamen Einzelaktionen wie einigen Bombenexplosionen in Athen, die zu Sachschäden führten, und dem Attentat Alexandros Panagoulis‘ auf Papadopoulos am 13. August 1968, der jedoch unverletzt blieb.

Was eine Massenbasis des Widerstands betraf,[2] so artikulierte sich das Volk zum erstenmal am 3. November 1968, als die Beisetzungsfeierlichkeiten für Georgios Papandreou zu einer Demonstration Zehntausender gegen das Obristenregime wurden[3]. Zu einer ähnlichen Protestkundgebung kam es im September 1971 bei der Beisetzung des Literaturnobelpreisträgers und erklärten Gegners der Obristen, Georgios Seferis. Doch erst im November 1972 und im Februar 1973 mit den Studentendemonstrationen und vor allem dem Aufstand vom November 1973, die alle in Straßenkämpfe mit den Sicherheitskräften mündeten, wurde der Widerstand wirklich auf eine breite Basis gestellt und nahm neue, direkte Formen an.[4] Allerdings handelte es sich auch hier um spontane Aktionen, die nicht im Zusammenhang mit einer Widerstandsorganisation standen oder von dieser sogar organisiert wurden.[5]

---

[1] Vgl. dazu Nikolinakos 1974: 24ff.
[2] Vgl. dazu Nikolinakos 1974: 96ff.
[3] Vgl. Grigoriadis 1975: I, 284ff.
[4] Vgl. dazu die folgenden Abschnitte 5.4.5 u. 5.4.7.
[5] Vgl. Nikolinakos 1974: 13.

5.4.5 Erste Liberalisierungen, erste Krisenerscheinungen und erste Studentenunruhen

Zu Beginn der 70er Jahre schien sich das Obristenregime unter Führung von Papadopoulos stabilisiert zu haben.[1] Ab August 1970 weckten die Entlassung von Gefangenen und eine Lockerung der Zensur Hoffnungen auf eine allmähliche Liberalisierung. Bereits im April des gleichen Jahres war die Einsetzung der „Beratenden Kommission" für den Herbst des folgenden Jahres bekanntgegeben worden, die den Weg zurück zur „Demokratie" vorbereiten sollte. Im November 1972 wurde angekündigt, daß die Mitglieder dieses „kleinen Parlaments" im Oktober 1973 direkt vom Volk gewählt werden sollten. Im Dezember ordnete Papadopoulos die Freilassung weiterer politischer Gefangener sowie die Aufhebung des Ausnahmezustands in Thessaloniki an. In weiteren Statements der Jahre 1972 und 1973 wurden baldige Wahlen avisiert, im April 1973 eine politische Organisation namens Nationale Kulturelle Bewegung (EPOK = *Ethniki Politistiki Kinisis*) gegründet, die das Regime als politische Partei repräsentieren sollte.[2]

Mit diesen Schritten in Richtung einer Politisierung des Militärregimes[3] ging auch der Ausbau der persönlichen Macht Papadopoulos' einher:[4] Im März 1972 hatte er neben seinem Amt als Ministerpräsident auch das des Vizekönigs übernommen. Darüber hinaus unterstanden ihm das Verteidigungs-, ab Juli 1970 auch das Außen- und zeitweise (20.6.1969-21.7.1970) das Unterrichts- und Kulturministerium.[5] Durch diese Ämterhäufung auf seine Person war er in der Lage, den gesamten Staatsapparat zu kontrollieren.

Trotz seiner unangefochtenen Machtposition war jedoch Mitte 1973 die Lage für Papadopoulos schwierig geworden. Seit 1972 hatte sich die wirtschaftliche Lage - bis dahin eher ein stützender Faktor - verschlechtert. Die bemerkenswerte Verbesserung des allgemeinen Lebensstandards in den ersten Jahren der Diktatur war noch die Folge des Entwicklungsschubes der 50er und frühen 60er Jahre. Das anfangs bejubelte „Wirtschaftswunder" erwies sich als trügerisch. Eine hohe Wachstumsrate wurde zwar - auch dank des boomenden Tourismus - bis Anfang der 70er Jahre beibehalten, doch setzte 1972 eine vehemente Inflation ein, die 1973 auf 30%, den höchsten Wert

[1] Vgl. Nikolinakos 1974: 212 u. Korisis 1980: 57.
[2] Vgl. Nikolinakos 1974: 213 u. Grigoriadis 1975: II, 224.
[3] Nikolinakos (1974: 212ff) spricht in diesem Zusammenhang auch von einem „Versuch der Portugalisierung Griechenlands".
[4] Vgl. dazu Grigoriadis 1975: I, 204ff.
[5] Vgl. unter IV. Abschnitt 5.4.2.

in Europa, kletterte. Das Handelsdefizit vergrößerte sich, während die großen geplanten Investionsprogramme Rückschläge erlitten.[1]

Bargen schon die wirtschaftlichen Probleme die Gefahr von Unruhen in sich, so kamen auch Differenzen innerhalb der Junta hinzu. Ehemalige Gefährten Papadopoulos‘ distanzierten sich von seinem Regime. Diese Situation war für ihn um so bedenklicher, als er das Volk nicht hinter sich hatte. Während jedoch seine militärischen Mitstreiter in einer Verschärfung der Repression und des Terrors den sichersten Weg zur dauerhaften Fortsetzung der Diktatur sahen, plädierte Papadopoulos für die Zulassung einiger „Ventile“, um die Situation zu entschärfen.[2]

Die 1972 beginnenden Studentenunruhen stellten das Regime dann vor erhebliche Probleme. Im Frühjahr 1972 streikten die Studenten der Athener Universität, gefolgt von der Thessalonikis, für eine Lösung der Probleme der Studiengänge und -inhalte, der Prüfungen, der beruflichen Sicherung und vor allem demokratische Wahlen der Vertreter in den Studentenorganen und -vereinen. Nachdem die Junta durch Pattakos zunächst erklärt hatte, unter Streikdruck nicht zu verhandeln, gestand sie schließlich die Durchführung freier Wahlen für November 1972 zu, bei denen die im April eingesetzten Vorstände der Studentenvereine durch gewählte Mitglieder ersetzt werden sollten. Diese Wahlen standen jedoch im Zeichen des Terrors und der Repression.[3] Als Reaktion auf die Wahlfarce gab es von Januar bis März 1973 erneute, auch auf die Straße hinausgetragene Streiks und Proteste in Athen, Patras und Thessaloniki, bei denen die Studenten unter der Parole „Die Macht dem Volk!“ jetzt auch die Abschaffung der Diktatur und Wiederherstellung der Demokratie forderten und es zu blutigen Zusammenstößen mit der Polizei kam.[4] Die Scheinruhe der Diktatur war empfindlich gestört. Zwar gelang es der Junta, die Lage vorerst wieder unter Kontrolle zu bekommen - die Universität Patras wurde auf unbestimmte Zeit geschlossen, die Studenten nahmen am 28. März 1973 wieder an den Vorlesungen teil - doch hatten die Studenten „einen Meilenstein gelegt“[5]. Die Bevölkerung, die sich bei den Zusammenstößen mit den Studenten solidarisiert hatte, hatte Selbstvertrauen gewonnen; eine Mobilisierung gegen die Diktatur schien nunmehr möglich.

---

[1] Vgl. dazu Nikolinakos 1074: 134ff.
[2] Vgl. Nikolinakos 1974: 214f.
[3] Vgl. Nikolinakos 1974: 215f.
[4] Vgl. Nikolinkaos 1974: 216ff u. Grigoriadis 1975: II, 214f.
[5] Nikolinakos 1974: 218.

5.4.6 Die dritte Phase: 1. Juni 1973 bis 25. November 1973

Seit dem gescheiterten Gegenputsch des Königs hielten die Obristen, nur um den Anschein einer Legitimität zu wahren, an der Monarchie fest. Innerhalb der Junta gab es Gruppen, die für radikalere politische und soziale Veränderungen autoritärer Natur und damit einhergehend auch eine Abschaffung der Monarchie plädierten.[1] Ein gescheiterter Putsch in der Marine am 24./25. Mai 1973, der den Sturz der Militärregierung von Papadopoulos und die Rückkehr Konstantins II. zum Ziel hatte,[2] lieferte somit einen gewünschten Anlaß, die Monarchie abzuschaffen. Zum 1. Juni 1973 rief Papadopoulos die Republik aus; er selbst wurde bis zum Juni 1981 zum Präsidenten der Republik und General Odysseus Angelis, bis dahin Oberster Befehlshaber der Streitkräfte, zum Vizepräsidenten ernannt.[3] Damit trat die Militärdiktatur in ihre dritte Phase, die bis zur Absetzung Papadopoulos' am 25. November 1973 dauerte.

Angesichts der innerhalb der Junta existierenden Rivalitäten und Meinungsverschiedenheiten hoffte Papadopoulos, mit der Abschaffung der Monarchie, die von einer Mehrheit der Bevölkerung begrüßt wurde[4], und einer Öffnung des Regimes seine Position durch die Unterstützung der Öffentlichkeit zu halten. Zusammen mit der Abschaffung der Monarchie wurden „freie" Wahlen innerhalb von 18 Monaten angekündigt. Zunächst sollten die Wähler jedoch in einem für den 29. Juli 1973 angesetzten Referendum die neue Staatsform und Papadopoulos als Staatspräsidenten bestätigen. Für die Zeit danach wurden der Rücktritt der zwei stellvertretenden Ministerpräsidenten und aller militärischen Mitglieder der Regierung, die Aufhebung des Ausnahmezustands für ganz Griechenland sowie eine Generalamnestie angekündigt.[5] Doch wie das erste Referendum der Obristen 1968 war auch dieses durch Repression, Drohungen und Manipulation verfälscht. Wie nicht anders zu erwarten stimmte eine Mehrheit von 78,4% für die neue Verfassung und Papadopoulos, nur 21,6% dagegen.[6]

---

[1] Vgl. Nikolinakos 1974: 219 u. Kaltsogia-Tournaviti 1983: 309.
[2] Vgl. dazu Nikolinakos 1974: 218 u. Grigoriadis 1975: II, 230ff.
[3] Vgl. Grigoriadis 1975: II, 260ff u. Alivizatos 1979: 219ff.
[4] Vgl. Nikolinakos 1974: 219.
[5] Vgl. Nikolinakos 1974: 220.
[6] Die Differenzen zwischen urbanen Zentren (Athen 51,1%, Piräus 68,2%, Thessaloniki 68,3% Ja-Stimmen) und ländlichen Gebieten (mehr als 90%) ließen jedoch die wirklichen Verhältnisse sowie den unterschiedlichen Erfolg bei der Wahlfälschung erahnen; vgl. Nikolinakos 1974: 22. Erstmals in der griechischen Geschichte wurde die Monarchie zu einer Art Symbol. Wer gegen ihre Abschaffung stimmte, tat dies oft mehr aus Protest gegen das unrechtmäßige Regime der Obristen als aus royalistischer Überzeugung; vgl. Kaltsogia-Tournaviti 1983: 309. Zum Referendum vgl. auch Grigoriadis 1975: II, 261ff u. Alivizatos 1979: 222ff.

Die neue Verfassung sah eine „parlamentarische Präsidialdemokratie" vor.[1] Tatsächlich jedoch war sie wie ihre Vorgängerin, die Verfassung von 1968, nur die optische Fassade einer Militärdiktatur. Der Präsident, das „Staatsoberhaupt und Symbol der nationalen Einheit", sollte in direkter, allgemeiner und geheimer Wahl für eine Amtszeit von sieben Jahren gewählt werden. Er ernannte den Ministerpräsidenten. Die Ressorts Verteidigung, Inneres und Äußeres waren faktisch in seinem alleinigen Entscheidungsbereich; er konnte die zuständigen Minister und Staatssekretäre ernennen sowie jederzeit entlassen und verfügte in diesen Bereichen über die volle exekutive und in Form von Dekreten ausgeübte legislative Macht (Art. 49 u. Art. 47). Er konnte das Parlament nach vorheriger Konsultation mit dem Rat der Nation auflösen (Art. 44 Abs. 4) und allein - ohne Vorschlag des Ministerrates - den Ausnahmezustand verhängen.

Demgegenüber hatte das Parlament, die Vertretung des „souveränen Volkes", keinerlei effektive Kontrollmöglichkeiten gegenüber Präsidenten und Regierung und war in seiner Gesetzgebungskompetenz durch die Vorrechte des Präsidenten eingeschränkt. 20 der vorgesehenen 200 Abgeordneten sollten überdies nicht gewählt, sondern eigenmächtig durch den Präsidenten bestimmt werden (Art. 56). Dessen exzessive Kompetenzen wurden durch Bestimmungen im fünften Abschnitt der Verfassung, „Abschließende und Übergangsbestimmungen", ergänzt, die Papadopoulos selbst betrafen: In Artikel 136 wurde er zum ersten Präsidenten der Republik ernannt und gleichzeitig mit dem Amt des Ministerpräsidenten betraut. Er wurde autorisiert, die Mitglieder des Verfassungsgerichts zu bestimmen sowie einen Termin für die ersten Parlamentswahlen bis Ende Dezember 1974. Darüber hinaus übertrug die Verfassung Papadopoulos die gesamte legislative Macht; die von ihm in Kraft gesetzten Gesetze mußten nicht durch das später gewählte Parlament sanktioniert werden. (Art. 137-139).

Nach seiner Vereidigung im August 1973 verkündete Papadopoulos die versprochene Generalamnestie für alle politischen Gefangenen seit dem 21. April 1967 und hob den immer noch in einigen Städten bestehenden Ausnahmezustand auf.[2] Papadopoulos hatte sich jetzt endgültig von seinen Putschkameraden entfernt und traf alle Entscheidungen als alleiniger Diktator. Der schon seit längerem bestehende Gegensatz zwischen ihm und seinen früheren Kameraden wurde jetzt auch öffentlich ausgetragen, als der zweite stellvertretende Ministerpräsident und einer der Hauptakteure des 21. April 1967, Makarezos, gefolgt von weiteren militärischen Regierungsmit-

[1] Zur Verfassung von 1973 vgl. Nikolinakos 1974: 221f, Alivizatos 1979: 238ff u. Kaltsogia-Tournaviti 1983: 310f.
[2] Vgl. Alivizatos 1979: 224 u. Kaltsogia-Tournaviti 1983: 311.

gliedern, „zurücktrat“ bzw. von Papadopoulos dazu gezwungen wurde.[1] Indem er mit seinen Mitputschisten brach, unterminierte Papadopoulos jedoch die Grundlagen seiner eigenen Macht. Sein Versuch einer „Zivilisierung“ des Regimes beschleunigte den Zerfall der Diktatur nur noch mehr, statt ihn aufzuhalten. Er hatte die Militärs verloren, ohne die Politiker für sich gewinnen zu können. Der frühere Koordinationsminister der Regierung Papagos und Gründer der Partei der Progressiven, Spyros Markezinis, war einer der wenigen, die sich zur Zusammenarbeit bereitfanden. Unter ihm als Ministerpräsident wurde am 8. Oktober 1973 eine politische Regierung vereidigt, die jedoch keine zwei Monate im Amt blieb.[2]

5.4.7 Die Studenten als Verteidiger der Demokratie

Die Studentenunruhen im Frühjahr 1973 waren nur provisorisch abgeklungen; die Studenten verlangten weiterhin die Erhöhung der Bildungsausgaben auf über 15% des Haushalts, die Anerkennung der Volkssprache (*dimotiki*), die Reformierung des Lehrstoffes, die Beschränkung des Militärdienstes auf 12 Monate, die Entlassung der wegen ihrer Proteste zum Militär eingezogenen Studenten wie überhaupt die Abschaffung des entsprechenden Erlasses sowie Maßnahmen zur Durchführung echter Studentenwahlen[3]. Ab Ende September 1973 begannen vereinzelte Proteste. Am 4. November 1973 entwickelte sich eine Gedächtnisfeier am Grab des früheren Ministerpräsidenten Georgios Papandreou zur Massenkundgebung gegen Papadopoulos und Markezinis. Es kam zu Zusammenstößen zwischen Demonstranten und der Polizei, bei denen mehr als 60 Personen verletzt und über 100 verhaftet wurden.[4]

Die Atmosphäre blieb weiter angespannt und eskalierte, als am 14. November 1973 die Studenten aufgrund der erneuten Aufschiebung von Wahlen für ihre Vertretungen die Technische Hochschule in Athen besetzten. Über einen Sender forderten sie zum Sturz der Diktatur auf. Vor der Hochschule versammelten sich Tausende von Bürgern, die ihre Solidarität bekundeten. Die Situation wurde für die Machthaber so kritisch, daß Papadopoulos in der Nacht zum 17. November Panzer einsetzen und den Aufstand blutig niederschlagen ließ. 34 Personen wurden getötet und mehr als 200 verletzt; laut offiziellen Angaben wurden 866 Personen verhaftet, davon 475 Arbeiter, 49 Studenten der Technische Hochschule, 268 Studenten anderer Fakultäten und 74 Schüler[5]. Der Ausnahmezustand wurde verhängt und die Pressezensur verschärft.[1]

---

[1] Vgl. Nikolinakos 1974: 223 u. Grigoriadis 1975: I, 181ff.
[2] Zur Regierung Markezinis vgl. Nikolinakos 1974: 223ff.
[3] Vgl. Nikolinakos 1974: 232.
[4] Vgl. Nikolinakos 1974: 232f.
[5] Vgl. Grigoriadis 1975: III, 105f.

Dieser nur dreitägige Widerstand der Studenten vermochte weitaus mehr zu bewirken als der auf intellektueller Ebene konzipierte, mehr oder weniger nur verbale Widerstand von Politikern und geistiger Führungsschicht in sieben Jahren. „Der Widerstandsgeist und die Kampfmethoden vom November 1973 entsprangen dagegen aus der Basis, sie waren deshalb effektiv und bedrohlich für das Regime.“[2]

5.4.8 Die vierte Phase: 25. November 1973 bis 23. Juli 1974

Papadopoulos war es zwar gelungen, seine Putschkameraden aus der Regierungsmacht zu verdrängen, nicht jedoch den zu den *Hardlinern* des Regimes zählenden Chef der Griechischen Militärpolizei (ESA = *Elliniki Stratiotiki Astynomia*), Brigadegeneral Dimitrios Ioannidis, der diese zu einem rücksichtslosen Instrument der Diktatur gemacht hatte[3]. Ein Teil der Junta, vor allem um Ioannidis, stand der Liberalisierung und Personifizierung des Regimes unter Papadopoulos wie auch der „zivilen“ Regierung Markezinis ablehnend gegenüber. Sahen sie ihre Vorstellungen und Interessen bereits vorher durch Papadopoulos ausgebootet, so bedeuteten für sie die Unruhen im November 1973 nicht nur eine entscheidende Schwächung Papadopoulos‘, sondern eine Gefährdung der Stellung der Militärs als Hüter und Kontrolleure des politisch-gesellschaftlichen Systems überhaupt. Mit der Begründung des „Verrats an der Revolution vom 21. April 1967“ stürzte eine neue Junta unter Führung von Ioannidis Papadopoulos und seine Regierung.[4] Damit begann die vierte und letzte Phase der Militärdiktatur, die mit der Aufgabe der Militärs am 23. Juli 1974 endete.

Neuer Präsident der Republik wurde der Kommandeur des Ersten Armeekorps, General Faidon Gitzikis, Ministerpräsident der frühere Finanz- und Innenminister der Junta, Adamantios Androutsopoulos.[5] Die neue Junta versuchte, die Krise mit Hilfe massiver Repressionen zu stabilisieren; Terror und Unterdrückung verschärften sich erneut. In seiner Regierungserklärung betonte der neue Ministerpräsident, daß seine Regierung nicht die „Verewigung des Zustands der Ausnahmevollmachten“ anstrebe, sondern ihre Aufgabe in der Vorbereitung des Landes für ein „ungestörtes, echt demokratisches Leben“ sähe. Gleichzeitig setzte er die Verfassung außer Kraft; bis zur Abstimmung über eine durchgreifend veränderte Version sollte der Ministerrat mit

---

[1] Zum Aufstand und seiner Niederschlagung vgl. Nikolinakos 1974: 233f u. Grigoriadis 1975: III, 72ff.

[2] Nikolinakos 1974: 235.

[3] Vgl. Grigoriadis 1975: III, 11f. Zur Machtstellung Ioannidis‘ in der Armee, innerhalb der er über jede Entwicklung informiert war und sie kontrollieren konnte, vgl. ebd.: III, 12f.

[4] Vgl. Nikolinakos 1974: 235 u. Kaltsogia-Tournaviti 1983: 312.

[5] Zur neuen Junta vgl. Nikolinakos 1974: 235ff.

Verfassungsakten und Gesetzesdekreten die Macht ausüben. Ein Zeitpunkt und Verfahren für eine neue Verfassung wurden dabei ebensowenig genannt wie ein Termin für Wahlen, die nicht mehr bis Ende 1974 stattfinden sollten, sondern erst, „wenn das Land dafür bereit ist".[1] In der Folgezeit erließ das Regime sechs Verfassungsakte, die unter anderem die Verminderung der Machtkonzentration in den Händen des Präsidenten, die Abschaffung des Verfassungsgerichts, die juristische Grundlage der Entlassung hoher Beamter im Rahmen der Säuberungsprozesses von Anhängern der alten Junta sowie die Verfolgung von Korruptionsfällen des Regimes Papadopoulos' betrafen.[2]

Wie ihre Vorgänger stand die neue Junta den wirtschaftlichen Problemen hilflos gegenüber. Die Inflation hatte sich bei einem Niveau von 30% eingependelt[3], was für Unruhe vor allem bei den unteren Einkommensschichten sorgte. Hamsterkäufe der Bevölkerung und die erste Ölkrise 1973 verschärften die Situation zusätzlich. Das Bruttosozialprodukt ging um 3,8% jährlich zurück, die Investitionen um 25% und die Industrieproduktion um 1,6%. Das Defizit der griechischen Zahlungsbilanz verdreifachte sich von ca. 300 Millionen (1973) auf 1.1 Milliarden US-$, die Auslandsverschuldung war in der Zeit der Diktatur von 1,2 auf 4,5 Milliarden US-$ gestiegen. Zudem hatten Nepotismus und Korruption, in denen die Junta die von ihr angeklagten Politiker bei weitem übertraf, sowie ein rapides Anwachsen der Schattenwirtschaft und Steuerhinterziehung die ökonomischen Grundlagen des Staates erschöpft.[4]

Dem im Hintergrund agierenden Protagonisten Ioannidis[5] gelang es nicht, die verschiedenen rivalisierenden Gruppen im Militär[6] zu integrieren. Das Ergebnis war eine funktionsunfähige Regierung einerseits und eine autonome Machtausübung der Militärpolizei andererseits. Der Staat zerfiel in schlecht koordinierte Herrschaftsbereiche verschiedener Militärcliquen. Die Studenten blieben ein Unruhefaktor und eine beständige Gefahrenquelle für das Regime. Anders als in der Vergangenheit stand jetzt nicht mehr eine geeinte Armee einem gespaltenen Volk, sondern ein geeintes Volk einer gespaltenen Armee gegenüber.[7] Es fehlte jetzt nur noch ein auslösendes

---

[1] Vgl. Nikolinakos 1983: 238 u. Kaltsogia-Tournaviti 1983: 312.
[2] Vgl. Nikolinakos 1974: 239f u. Alivizatos 1979: 225.
[3] Der Großhandelspreisindex stieg 1973 sogar um 48,3 Prozentpunkte.
[4] Zum wirtschaftlichen Zusammenbruch der Junta vgl. Nikolinakos 1974: 242ff, Gaitanides 1975: 4f, Charalambis 1980: 468ff u. Kasakos 1980: 38.
[5] Vgl. Grigoriadis 1975: III, 139 u. Alivizatos 1979: 226.
[6] Es ließen sich hier vier Richtungen unterscheiden: Zunächst die antiroyalistische, antikommunistische, NATO-freundliche Gruppe um Ioannidis, zweitens eine Gruppe junger Offiziere mit antikapitalistischer, NATO-feindlicher Haltung, drittens eine Gruppe, die sich für die Rückkehr des Königs und des früheren Ministerpräsidenten Karamanlis einsetzte, und viertens die Anhänger des gestürzten Diktators Papadopoulos; vgl. Nikolinakos 1974: 236f.
[7] Vgl. Nikolinakos 1974: 242.

Moment für den Zusammenbruch der Militärdiktatur, das dann im Juli 1974 mit dem gescheiterten Zypernputsch kam[1]

5.5 Fazit: Die Schwächen des Obristenregimes und Gründe für seinen Niedergang

Als fundamentale Schwäche des Obristenregimes erwies sich dessen Unfähigkeit, sich durch eine entsprechende Institutionalisierung und Legitimierung dauerhaft zu konsolidieren. Nicht einmal in der Lage, sich an die von ihnen selbst aufgestellten Regeln zu halten, waren die Obristen, nachdem sie den Weg der Repression in Richtung auf eine Liberalisierung und Zivilisierung des Regimes einmal verlassen hatten, zum Scheitern verurteilt.

In ihrem Versuch der Regimekonsolidierung sahen sich die Obristen während ihrer siebenjährigen Herrschaft vier wesentlichen Problemen ausgesetzt:[2]

1) Indem die Obristen durch ihren Staatsstreich am 21. April 1967 das Militär zum alleinigen Machthaber machten, zerstörten sie die bis dahin dominierende traditionelle, antikommunistische Koalition aus parlamentarischer Rechten, Thron und Streitkräften. Nach dem gescheiterten Gegenputsch vom 13. Dezember 1967 fiel der König als Legitimationsinstrument und Stütze der Junta faktisch aus, auch wenn sie in ihrer Verfassung von 1968 noch an der Monarchie festhielt. Darüber hinaus offenbarte der Gegenputsch auch die Spaltung des Offizierskorps in die mehrheitlich royalistische Luftwaffe und Marine einerseits und die die Junta stützende Armee andererseits, die trotz umfangreicher Säuberungen nie überwunden wurde. Langfristig noch schwerwiegender war jedoch die fast einhellige Weigerung der politischen Rechten, mit der Junta zu kooperieren und ihr die gewünschte Legitimation zu verleihen. Dazu hatten im wesentlichen drei Faktoren beigetragen: Erstens das allmähliche Verblassen der Erinnerung an den Bürgerkrieg, das Heranwachsen einer neuen Generation und die rapiden sozioökonomischen Veränderungen, die eine repressive Politik nicht mehr mit der Furcht vor dem Kommunismus oder allgemeinem Chaos rechtfertigen ließen; zweitens die Ablehnung jeglicher parlamentarisch-demokratischer Institutionen, die die Obristen als „korrupt" und „verdorben" ansahen; und drittens die Attacken der Putschisten gegen die politische Klasse, die als „unfähig", „korrupt" und verantwortlich für die „Degenerierung der moralischen Rechtschaffenheit" des griechischen Volkes diffamiert wurde. In einer geradezu ironischen

[1] Vgl. dazu unter V. Abschnitt 1.1.1.
[2] Vgl. dazu auch Diamandouros 1986: 146ff.

Umkehr der Ereignisse erwies sich der Versuch der Obristen, die in den 60er Jahren eingeleitete Öffnung und Modernisierung des politisch-gesellschaftlichen Systems aufzuhalten bzw. die Gegner dieser Entwicklung um sich zu scharen, als Eigentor. Statt die Zweiteilung der Bürger in „Nationalgesinnte" und „Nationalfeinde", „Nicht-Kommunisten" und „Kommunisten", zu festigen, dienten Putsch und Diktatur als Katalysator, der den Abbau der tiefen Polarisierung der Nachbürgerkriegszeit sowie die Modernisierung der griechischen Rechten beschleunigte und ein unüberwindliches Hindernis für die Legitimierung und Verwurzelung des Regimes darstellte. Das Militär und der zu ihm stehende kleine rechtsextreme politische Flügel sahen sich isoliert.

2) Als weiteres Problem für die Obristen stellte sich das der ideologischen Legitimation. Das von ihnen propagierte „Griechenland griechischer Christen" stieß auf keine Resonanz in der Öffentlichkeit. Auffallend war, daß die ideologische Legitimierungsstrategie des Regimes ein konstantes In-Aussicht-Stellen einer Rückkehr zu den demokratischen Institutionen, der Schaffung eines „gesunden", „regenerierten" demokratischen Systems beinhaltete. Anders als die in der Zwischenkriegszeit errichteten autoritären Regime mußten die Obristen eine Liberalisierung in ihre Strategie mit einbeziehen ungeachtet der Risiken, die dies für ein noch nicht ausreichend konsolidiertes System mit sich brachte.[1] Auch wenn die Ereignisse nach 1965 ein politisches Klima heraufbeschworen hatten, das die Errichtung einer Militärdiktatur begünstigte, so drückte sich doch darin in erster Linie das Scheitern der Institutionen des radikal-antikommunistischen Nachkriegsstaates, der sogenannten „disziplinierten Demokratie", aus und nicht des demokratischen Staates an und für sich oder der Verlust der Bindung an demokratische Werte überhaupt. Im Gegenteil, das zu Beginn der 60er Jahre mit dem Erfolg der Zentrumsunion zum Ausdruck kommende Verlangen nach mehr Demokratie und einer Öffnung des „ausschließenden" politischen Systems provozierte erst die Krise von 1965. Darüber hinaus unterschied sich das internationale Umfeld der 60er Jahre mit einem verbreiterten Bekenntnis zur pluralistischen Demokratie von dem der 30er Jahre. Griechenland war Mitglied - bzw. strebte dies an - in internationalen Organisationen, die sich zu den demokratischen Prinzipien bekannten.

3) Ein zusätzliches Dilemma für die Obristen ergab sich aus der wirtschaftlichen Entwicklung. Zwar trug das in den ersten Jahren der Diktatur anhaltende Wirtschaftswachstum und der damit steigende Wohlstand zu einer Hinnahmebereitschaft der Bevölkerung bei, doch hatte der mit dem rapiden Wachstum seit

[1] Vgl. dazu auch den vorhergehenden Abschnitt 5.4.3.

Mitte der 50er Jahre einhergehende strukturelle Wandel zu einer sozialen Unruhe und politischen Mobilisierung geführt, die nur durch den Repressionsapparat der Junta niedergehalten wurde. Darüber hinaus ließ der gestiegene Lebensstandard die Erwartungen der Bevölkerung immer weiter ansteigen mit dem entsprechenden Risiko von systembedrohlicher Unzufriedenheit, Frustration und Unruhe in einer beginnenden Phase der Stagnation oder sogar Regression.

4) Ein letztes unlösbares Dilemma der Junta bestand im Ablauf und der Gestaltung der Liberalisierung selbst. Hier stellte sich das Problem, einerseits die Unterstützung wichtiger Bevölkerungsteile für die Legitimierung des Regimes gewinnen zu wollen, andererseits die Liberalisierung so zu begrenzen, daß sie nicht die Konsolidierung des Regimes gefährdete und sein langfristiges Überleben unterminierte.[1] Ein typisches Beispiel dafür war die Verfassung von 1968, mit der man durch das Pro-forma-Bekenntnis zu parlamentarisch-demokratischen Prinzipien und bürgerlichen Rechten sowie das Festhalten an der Monarchie die Bevölkerung, die politische Rechte und den König zu gewinnen hoffte, dann jedoch davor zurückschreckte, selbst diese restriktive Verfassungskarikatur in Kraft zu setzen. Ähnliches galt für die die Trennung von Legislative und Exekutive völlig aufhebende Verfassung von 1973, die die Monarchie abschaffte und mit dem „Präsidenten der Republik“ einen verfassungsmäßigen Diktator einführte. In der Folgezeit erfolgte zwar eine spürbare Liberalisierung durch Papadopoulos, die ihren Höhepunkt in der „zivilen“ Regierung Markezinis erreichte[2], doch versetzten die in diesem für das Regime kritischen Moment im November 1973 eskalierenden, von den Studenten angeführten Unruhen dem Regime seinen entscheidenden Schlag; es war nicht in der Lage, mit der Doppelbelastung von Liberalisierung und Mobilisierung fertig zu werden. Die nach einem internen Coup an die Macht gekommene, sich auf das vermeintlich sichere Mittel der Repression stützende, im Grunde aber desorientierte und schwache Junta aus *Hardlinern* der Militärpolizei hielt sich ziel- und planlos weitere sieben Monate, bis die durch den Putsch auf Zypern ausgelöste externe Krise den endgültigen Zusammenbruch der Militärdiktatur brachte.

---

[1] Vgl. dazu auch den vorhergehenden Abschnitt 5.4.3.

[2] „Had Merkezinis succeeded in his goal of turning power to the civilian political elite, albeit under the constraints imposed by Papadopoulos's streamlined ‚democracy,‘ it is a fair guess that the regime would have cleared a critical hurdle in its search for a broader base of support, and would have gained a minimum degree of wider acceptance that was the sine qua non of its viability in a form other than repression.“ Diamandouros 1986: 153.

Exkurs: Unterschiede zwischen dem Obristenregimes und den autoritären Systeme in Südwesteuropa (Spanien und Portugal)

In den genannten vier Problemen bzw. Dilemmata, denen sich die griechische Junta gegenübergestellt sah, offenbaren sich entscheidende Unterschiede zu den autoritären Regimen in Spanien und Portugal, die nahezu zeitgleich mit Griechenland zur Demokratie übergingen.

Das fast 40 Jahre bestehende Regime von General Francisco Franco Bahamonde war aus dem spanischen Bürgerkrieg von 1936 bis 1939 hervorgegangen, der als Folge des von nationalistischen, traditionalistischen, falangistisch-faschistischen und konservativen Kräften getragenen und von Militärs ausgeführten Aufstandes gegen die 1931 proklamierte zweite spanische Republik ausgebrochen war. Im September 1936 von den Führern des Aufstandes zum Chef der sogenannten nationalen spanischen Regierung und Generalissimus ausgerufen, baute Franco im Bürgerkrieg seine unbestrittene Führungsrolle (*Caudillo*) aus; 1939 brach die Republik zusammen. Francos folgende Diktatur beruhte auf der Verbindung von traditionell konservativen Vorstellungen mit faschistischen Prinzipien, die vor allem von der 1934 gegründeten *Falange Española Tradicionalista y de las J.O.N.S. (= Juntas de Offensiva Nacional-Sindicalista)* verfochten wurden. Der Einfluß der Falange nahm jedoch bald ab; bereits 1937 war sie gegen ihren Willen von Franco mit anderen konservativen Parteien und Gruppierungen in eine neue Einheitspartei als „Sammelbecken aller patriotischen Kräfte" eingeordnet worden. Diese Einheitspartei, ab 1970 *Movimento Nacional*, bildete zusammen mit der Armee und der katholischen Kirche die wesentlichen Stützen des Diktators. Der Idee eines „organisierten" Staates mit dem *Caudillo* Franco an der Spitze - seit 1957 vereinigte er auf sich die Ämter des Staatschefs, des Regierungschefs (bis 1973), des militärischen Oberbefehlshabers und des Führers der Einheitspartei - entsprach die Unterdrückung aller demokratischen und liberalen Prinzipien. Ein kompromißloser Zentralismus verfolgte alle regionalistischen Bestrebungen; die von der zweiten Republik zugestandene bzw. in Aussicht gestellte Autonomie für Katalonien, das Baskenland und Galicien wurde zurückgenommen, und selbst das Pflegen von Sprache und Folklore war untersagt. Jeglicher Widerstand wurde mit Hilfe der *Guardia civil* und gegebenenfalls der Armee unterdrückt.

Franco hielt Spanien aus dem Zweiten Weltkrieg heraus. Doch aufgrund der strukturellen Ähnlichkeiten seines Regimes mit den faschistischen Systemen Italiens und Deutschlands sowie seiner politischen Sympathien für die Achsenmächte geriet Spanien nach dem Zweiten Weltkrieg in eine außenpolitische Isolierung, die allerdings bald unter dem Einfluß des Kalten Krieges vor allem auf Betreiben der USA zunehmend durchbrochen wurde. Ökonomisch war diese Isolation eine schwere Belastung für das Land; 1949 waren das Volkseinkommen geringer als 1900, die Reallöhne gegenüber 1936 um 50% gesunken. Erst Ende der 50er Jahre trat durch mit Hilfe des IWF und der OEEC realisierte Stabilisierungs- und Entwicklungsprogamme eine nachhaltige Besserung ein. Die von Franco gerufenen Technokraten des Opus Dei begannen die Wirtschaft zu öffnen und zu modernisieren. Damit einher ging eine allmähliche, allerdings sehr begrenzte Milderung des Regimes, ohne daß jedoch ein grundsätzlicher Kurswechsel vollzogen wurde, sowie die Regung politischen Widerstands in Form großer Streiks, die schon seit 1951 vor allem Katalonien und das Baskenland erschütterten.[1]

Noch länger als in Spanien hielt sich das autoritäre Regime in Portugal, nachdem die 1910 ausgerufene Republik durch den Zerfall der Republikaner in drei rivalisierende Parteien, soziale Auseinandersetzungen, permanente Agitation auf der Straße und in den Zeitungen sowie insgesamt 44 parlamentarische Regierungen zu keiner Stabilität gefunden und 1926 ein durch General M. de Oliveira Gomes da Costa geführter Militäraufstand die Regierung gestürzt, das Parlament aufgelöst und die Verfassung aufgehoben hatte. Zur beherrschenden Figur des neuen Regimes wurde der zunächst zum Finanzminister, dann 1932 zum Ministerpräsidenten berufene António de Oliveira Salazar. Mit der Verfassung von 1933 verankerte er den ständisch-autoritären *Estado Novo* (= Neuen Staat). Wesentliches Element der neuen Ordnung war der berufsständische Korporativismus, der 1933 in dem „Statut der nationalen Arbeit“ mit dem Verbot von Streiks festgeschrieben wurde. Es gab zwar Wahlen, doch war mit der 1930 von Salazar selbst gegründeten *União Nacional* (= Nationale Union) nur eine offizielle Partei zugelassen; die Opposition wurde von der berüchtigten Geheimpolizei verfolgt und unterdrückt.

Außenpolitisch blieb Portugal unter Salazar im Zweiten Weltkrieg neutral und versuchte als letzte europäische Kolonialmacht unter Einsatz auch militärischer Mittel seine überseeischen Besitzungen zu erhalten. Nachdem Portugal 1949 zu den Gründungsmitgliedern der NATO zählte, setzten reformwillige Kräfte auch eine außenwirtschaftliche Öffnung des Landes durch - 1960 gehörte Portugal zu den Mitbegründern der EFTA - und begannen mit der Modernisierung des autoritären Staates.[2] Wie in Griechenland (7,5%) lag die Wachstumsrate des Bruttoinlandsprodukts 1968 bis 1973 in Portugal (7,4%) und Spanien (5,8%) auf einem weltweiten Spitzenni-

[1] Zum Regime Francos vgl. Payne 1961, Gallo 1969, Linz 1970 u. Waldmann/Bernecker/López-Casero 1984.

[2] Zum Neuen Staat vgl. Martins 1968, Graham/Makler 1979, Gallagher 1983, Figueiredo 1976 u. Rosas 1997: 37ff.

veau; nur die Wohlstandsinseln der Dritten Welt wie Hongkong, Taiwan und Südkorea erzielten zeitweise ein höheres Wachstum[1]. Der damit verbundene Modernisierungsprozeß begann die Legitimationsgrundlagen und die soziale Basis der autoritären Regime zu unterspülen.

Das internationale Klima konnte bei der Errichtung der griechischen und iberischen Diktaturen kaum unterschiedlicher sein. In Westeuropa, das neben den USA den größten politischen, wirtschaftlichen und kulturellen Einfluß auf Griechenland ausübte, waren die pluralistisch-demokratischen Werte 1967 fest verankert. Hinzu kam ein gegenüber früher verhältnismäßig hoher Grad internationaler Verflechtung insbesondere in Europa. Demgegenüber institutionalisierten sich die autoritären Regime Spaniens und Portugals in einer Zeit, in der sich demokratische Systeme auf dem Rückzug befanden. Die iberischen Diktaturen konnten sich in der kritischen Phase der Konsolidierung auf eine Atmosphäre allgemeiner Unsicherheit und Furcht stützen, die das Ergebnis der Weltwirtschaftskrise, der Massenarbeitslosigkeit und des anscheinenden Versagens der liberal-demokratischen Ordnung waren. Darüber hinaus erleichterte es die infolge dieser internationalen Bedingungen einsetzende Welle des Protektionismus und Isolationismus den autoritären Regimen in Spanien und Portugal, sich unbeeinträchtigt von internationalen Einflüssen oder gar Druck wirtschaftlicher und/oder politischer Art zu institutionalisieren. Die Nichtteilnahme am Zweiten Weltkrieg erlaubte es Franco und Salazar, nahezu ungestört ihre Macht auszubauen und bis in die 50er Jahre hinein eine Politik der politischen und wirtschaftlichen Isolation sowie eines nur langsamen wirtschaftlichen Wachstums zu verfolgen und so die Probleme einer Mobilisierung der Bevölkerung zu verhindern.

Die autoritären Regime in Spanien und Portugal sahen sich nicht in die Probleme und Dilemmata der griechischen Junta verstrickt:

1) Während der Staatsstreich der Obristen in Griechenland zu einem Auseinanderfallen der Triarchie von Streitkräften, König und parlamentarischer Rechten führte, waren die Militärs in Spanien und Portugal nach ihrer Machtergreifung nicht mit einer geteilten Rechten konfrontiert. Im Gegenteil, aufgrund der Bürgerkriegspolarisierung in Spanien bzw. des Bankrotts der Republik in Portugal etablierten sich beide Regime mit Unterstützung ihrer „natürlichen" Verbündeten; gemeinsamer Nenner war die Ablehnung der Republik durch das Militär, die Großgrundbesitzer, das Großbürgertum und die Kirche. Keines der beiden Regime war gezwungen, alternative Mechanismen der Legitimisierung in Betracht zu ziehen. Aufgrund des Zweiten Weltkriegs und des folgenden Kalten

[1] Vgl. Beyme/Nohlen 1991: 692.

Krieges stellte sich die Frage einer Liberalisierung als Alternative in Spanien erst in den späten 50er, in Portugal in den 60er Jahren.

2) Anders als in Griechenland waren die iberischen Regime aufgrund des unterschiedlichen inneren wie internationalen Kontexts nicht gezwungen, eine Rückkehr zu demokratischen Verhältnissen in ihre ideologische Legitimationsstrategie einzubeziehen, sondern profitierten vielmehr von der tiefen Vertrauenskrise der 30er Jahre in liberal-demokratische Institutionen. Sowohl der Neue Staat als auch das Regime Francos konnten in positiven Worten von ihren Bemühungen sprechen, Portugal und Spanien neu aufzubauen, eine neue Ordnung zu schaffen, die eine Ära, frei von Klassenkonflikten, Bürgerkriegsunruhen und endloser politischer Instabilität, versprach.

3) Im Unterschied zum griechischen sahen sich das spanische und portugiesische Regime in ihrer Konsolidierungsphase nicht mit den mit einer rapiden wirtschaftlichen Entwicklung einhergehenden Problemen konfrontiert. Die fortdauernde Wirtschaftskrise und der Protektionismus der 30er Jahre - im Unterschied zum Wirtschaftswachstum und der Integration Griechenlands in den 60er Jahren - sowie die isolierende Neutralität im Zweiten Weltkrieg ermöglichte es den iberischen Regimen, sich zu institutionalisieren und legitimisieren, ohne den Gefahren einer gleichzeitigen sozioökonomischen Entwicklung ausgesetzt zu sein.

4) In Griechenland zwangen die zu Beginn der 60er Jahre bereits vor der Machtergreifung der Obristen einsetzenden politischen und sozioökonomischen Modernisierungsprozesse die Junta zu einer frühzeitigen Liberalisierung, noch ehe die Legitimisierung und Institutionalisierung des Regimes sichergestellt waren; die griechischen Militärs waren gezwungen, ersteres zu verfolgen in der - vergeblichen - Hoffnung, letzteres zu erreichen. Demgegenüber kam es in Spanien erst Jahrzehnte nach Errichtung des Regimes zu einer sozialen und politischen Mobilisierung, während in Portugal eine solche Entwicklung sogar nahezu bis zum Ende der Diktatur zurückgehalten wurde.[1]

[1] Vgl. Diamandouros 1986: 145ff.

V. RÜCKKEHR UND KONSOLIDIERUNG DER DEMOKRATIE NACH 1974

Die ersten sieben Jahre nach dem Zusammenbruch der Militärdiktatur standen ganz im Zeichen der Demokratisierungs- und Stabilisierungspolitik von Karamanlis. Unter der von ihm angeführten „Regierung der Nationalen Einheit" fand ein schneller Prozeß der Demokratisierung statt. Innerhalb weniger Monate wurde durch Parlamentswahlen und ein Referendum über die Frage der Staatsform der Aufbau der „ersten genuinen politischen Demokratie in Griechenland"[1] eingeleitet, der mit der Inkraftsetzung einer neuen Verfassung knapp ein Jahr nach dem Ende der Obristenherrschaft seinen Abschluß fand.

In dieser Zeit fand zwar weitestgehend eine Rückkehr der vor 1967 relevanten politischen Kräfte statt, doch die Situation hatte sich demgegenüber wesentlich gewandelt: Radikaler Antikommunismus, die Führungsrolle der Armee sowie die Orientierung an den USA und damit die Inhalte (teilweise) jahrzehntelanger Politik waren in den Augen vieler diskreditiert. Im Unterschied zu 1949 stand die Demokratie 1974 vor ungleich besseren Ausgangsbedingungen: Die gemeinsame bittere Erfahrung der Militärdiktatur führte zur inneren Versöhnung der durch den Bürgerkrieg gespaltenen Gesellschaft und förderte einen - trotz erneuter Polarisierung um die Verfassung - breiten, für Griechenland ungewöhnlichen Konsens der politischen Kräfte. Erleichtert wurde der Übergangsprozeß zudem durch die angesichts der Zypern-Krise große nationale Solidarität.

Die Konsolidierung der jungen Demokratie, die sich auch in der Normalisierung des politischen Kräfteverhältnisses bei den Parlamentswahlen 1977 zeigte, stellte die Maxime der Regierung der Neuen Demokratie dar. Der „Rückzug" Karamanlis' auf das Präsidentenamt und der EG-Beitritt Griechenlands am 1. Januar 1981, der von ihm beharrlich verfolgt worden war, schlossen diese Konsolidierungsphase ab.

Das Jahr 1981 bedeutete einen historischen Wendepunkt in der Entwicklung der griechischen Demokratie: Hatte sich 1974 eine große Mehrheit für eine vorsichtige Konsolidierung der jungen Demokratie und gegen größere Umstrukturierungen oder

---

[1] Diamandouros 1986: 163.

Neuorientierungen ausgesprochen, so wurde zu Beginn der 80er Jahre ein Wandel als fällig und angesichts dessen, mit Karamanlis als Staatspräsident über eine Art stabilisierender „Kontrollmacht“[1] zu verfügen, auch als ohne größere Gefährdung der politischen Stabilität möglich angesehen. Die PASOK von Andreas Papandreou, eine neue Erscheinung im politischen Leben Griechenlands nach 1974, hatte es geschafft, sich als Alternative darzustellen und die seit über 40 Jahren mit Ausnahme der kurzen Zentrumsregierungen von 1951/52 und 1963-65 herrschende konservative Dominanz zu durchbrechen. In dem - für Griechenland keineswegs selbstverständlich - friedlichen Machtwechsel war ein weiteres Zeichen für die demokratische Konsolidierung oder anders ausgedrückt „politische Reife“ des Landes zu sehen. Die griechische Republik hatte damit im Unterschied zur Nachkriegsdemokratie eine wesentliche Bewährungsprobe der Demokratie bestanden und den von seiten der Opposition erhobenen Vorwurf einer „Demokratie ohne Alternative“, die „den Machtwechsel in die Illegalität verdrängt“[2], widerlegt.

Griechenlands erste sozialistische Regierung unternahm zwar Ansätze zur weiteren innenpolitischen Liberalisierung, ihre Wirtschafts- und Außenpolitik gestaltete sich jedoch widersprüchlich, und der „große Wandel“ fand eher auf rhetorischer denn auf praktischer Ebene statt.

1985 stellte ein kritisches Jahr für die griechische Demokratie dar: Die plötzliche Entscheidung Papandreous, Karamanlis' Wiederwahl nicht mehr zu unterstützen und in einer Verfassungsrevision die Rechte des Staatspräsidenten zu beschneiden, sowie der daraufhin erfolgende Rücktritt Karamanlis' stürzten das Land in seine - mit Ausnahme des Putsches von 1967 - „ernsteste Krise“[3] seit dem erzwungenen Rücktritt von Georgios Papandreou 1965. Der nicht nur zwischen den Parteien, sondern auch verfassungsrechtlich umstrittene Verlauf der Präsidentenwahl führte bis zu den Parlamentswahlen im Juni nicht nur zu einer scharfen Kontroverse zwischen Regierung und Opposition, PASOK und Neuer Demokratie, sondern auch zu einem gefährlichen Abbau des demokratischen Konsenses. Interessanterweise spielte jetzt auch wieder der Konsolidierungsaspekt bei der Wahlentscheidung eine Rolle, allerdings nicht wie zuvor zugunsten der Neuen Demokratie, die mit ihrer Ankündigung, im Falle eines Wahlsieges den neu gewählten Präsidenten nicht zu akzeptieren, die Gefahr einer konstitutionellen Krise heraufbeschwor und etliche Wähler abschreckte, sondern zugunsten der PASOK, die darüber hinaus trotz mäßiger Regierungserfolge und Abnutzungserscheinungen als Regierungspartei sich als einzige reformfähige Partei darstellen konnte.

---

[1] Axt 1982: 224.
[2] Tsatsos 1980: 34f.
[3] Clogg 1986: 137.

Die folgende zweite Regierungsperiode der PASOK war durch die Diskrepanz zwischen programmatischem Anspruch auf der einen und Regierungspraxis auf der anderen Seite gekennzeichnet: Die Umsetzung der Reformversprechen einer effizienten Administration und Wirtschaft sowie eines verbesserten Gesundheits- und Erziehungswesens blieb nicht nur aus, vielmehr verstrickten sich führende Politiker der PASOK in Skandale und Korruptionsfälle; die wirtschaftlichen Probleme verschlimmerten sich erheblich, nachdem eine nach den Wahlen begonnene rigorose Sparpolitik Ende 1987 aus wahltaktischen Gründen abrupt beendet wurde. So präsentierte sich Griechenland Ende der 80er Jahre nicht als durch den „großen Wandel" verbesserte Demokratie, sondern - um Karamanlis zu zitieren - als „riesiges Irrenhaus"[1].

Die 90er Jahre begannen mit der seit dem Zusammenbruch des Obristenregimes größten Krise der griechischen Demokratie, wenngleich diese als solche anders als in den 60er Jahren nicht gefährdet erschien. Gerade das Krisenmanagement bei der Bewältigung des zweimaligen politischen Patts mit infolgedessen drei Parlamentswahlen innerhalb von 10 Monaten spricht für eine ungeachtet aller Unzulänglichkeiten konsolidierte Demokratie. Dies galt insbesondere für die nach den ersten Wahlen vom Juni 1989 aus Konservativen und Kommunisten in einem „historischen Kompromiß" gebildete erste Koalitionsregierung nach 1974 überhaupt. Wenngleich sie einzig und allein der Einleitung der Aufklärung und strafrechtlichen Verfolgung der Skandale unter den Sozialisten diente, der sogenannten *Apallagi apo tin Allagi* (Erlösung vom Wandel), so bedeutete sie doch - knapp 40 Jahre nach Beendigung des Bürgerkrieges - die endgültige Überwindung der immer noch latent vorhandenen Ressentiments zwischen rechts und links. Die nach den erneuten Wahlen im November des gleichen Jahres gebildete Allparteienregierung, deren Mitglieder in erster Linie um eine für sich vorteilhafte Ausgangsposition für kommende Wahlen bemüht waren und sich gerade in den so notwendigen wirtschaftspolitischen Entscheidungen gegenseitig blockierten, scheiterte nach kurzer Zeit, so daß im April 1990 wiederum Neuwahlen stattfanden, die eine Alleinregierung der Neuen Demokratie ermöglichten.

Die Regierung Mitsotakis sah sich angesichts der „schwersten wirtschaftlichen Krise der Nachkriegszeit"[2] mit dem Problem konfrontiert, unpopuläre Maßnahmen mit der denkbar knappsten Mehrheit durchführen zu müssen. Geschwächt durch Streiks, kaum zufriedenstellende Erfolge, Uneinigkeit innerhalb der eigenen Partei und Ministerrücktritte gab schließlich der mit dem Übertritt dreier Abgeordneter zur neu ge-

[1] Vgl. *Der Spiegel* 46/1989: 232.
[2] So Mitsotakis in seiner Regierungserklärung; zit. nach Meinardus 1990: 185.

gründeten Partei Politischer Frühling verbundene Verlust der Parlamentsmehrheit den Anlaß zum Rücktritt der Regierung.

Die folgenden auf Oktober 1993 vorgezogenen Neuwahlen brachten den wenig Positives verheißenden Sieg Papandreous und der PASOK, die selbst in den Wahlen unmittelbar nach Aufdeckung der Skandale kaum unter 40% gefallen war und die bald erste Anzeichen einer Fortsetzung der Mißwirtschaft und Skandale ihrer vorherigen Amtszeit zu zeigen begann.

Mit der nach dem krankheitsbedingten Rücktritt Papandreous im Januar 1996 erfolgten Wahl Kostas Simitis' zum neuen Ministerpräsidenten kündigten sich jedoch ein neuer Stil und ein neuer Kurs in der griechischen Politik an. In seiner Regierungserklärung sagte der Papandreou-kritische, nüchterne Pragmatiker und erklärte Europäer Simitis Nepotismus und Korruption den Kampf an und nannte als eines der vorrangigen Ziele seiner Arbeit die Erfüllung der Maastricht-Kriterien und Griechenlands Teilnahme an der Europäischen Wirtschafts- und Währungsunion (EWWU). Angesichts der dafür notwendigen finanz- und wirtschaftspolitischen Maßnahmen suchte die Regierung die Erneuerung des Vertrauens der Bürger in vorzeitigen Neuwahlen im September 1996, bei denen es im Vorfeld zu einem politischen Rollentausch zwischen Neuer Demokratie und PASOK kam: Während der konservative Spitzenkandidat Miltiades Evert in die Rolle des seine Landsleute mit Wahlversprechen überschüttenden und mit betont nationalistischen Parolen an deren Selbstwertgefühl appellierenden Populisten Papandreou schlüpfte, versprach Simitis nicht mehr als die Fortsetzung seiner begonnenen strikten Sparpolitik und plädierte für einen Ausgleich mit der verfeindeten Türkei und die europäische Integration des Landes. Die Tatsache, daß er dennoch eine Mehrheit fand, könnte einen allmählichen Wandel der politischen Kultur des Landes in Richtung auf eine Annäherung an Westeuropa auch in diesem Bereich signalisieren; die von Andreas Papandreou zur Vollendung geführte Demagogie, hohles Pathos, Chauvinismus und populistische Parolen scheinen für den Wahlsieg keine entscheidende Rolle mehr zu spielen.

Trotz zum Teil heftigen Widerstands in Form von Demonstrationen, Streiks und Straßenblockaden gelang es der Regierung Simitis bislang, ihre deutliche Wirkung zeigende Sparpolitik - nachdem die Inflationsrate Mitte der 90er Jahre erstmals seit zwei Jahrzehnten unter 10% lag, sank sie 1998 auf 4,7% und soll 1999 nach Prognosen weiter auf 2,4% zurückgehen - sowie Schritte zu einem Umbau des aufgeblähten, ineffizienten Staatsapparates und eine umfassende Privatisierung der vielen Betriebe in öffentlicher Hand durchzuhalten und so den Weg für eine Teilnahme Griechenlands an der EWWU wenigstens im zweiten Durchgang offenzuhalten.

Nach der Bedeutung des EG-Beitritts für die demokratische Konsolidierung des Landes erweist sich die EU-Mitgliedschaft heute angesichts der mit der Vertiefung der Integration einhergehenden weiteren „Europäisierung" der politischen, wirtschaftlichen und gesellschaftlichen Strukturen Griechenlands als stabilisierender und modernisierender Faktor.

1. Die Demokratsisierungs- und Stabilisierungspolitik von Karamanlis

1.1 Die Rückkehr zur Demokratie

1.1.1 Der Zusammenbruch der Militärdiktatur

Um von ihren inneren Problemen abzulenken und in einem verzweifelten Versuch, die Zerfallserscheinungen ihres Regimes aufzuhalten, initiierte die griechische Junta einen Staatsstreich gegen den zypriotischen Präsidenten Erzbischof Makarios, der den Obristen überdies als „demokratischer Störfaktor und Kristallisationskern der Athener Opposition"[1] ein Dorn im Auge war. Das gespannte Verhältnis hatte sich weiter verschärft, als Makarios Anfang Juli 1974 den Inhalt eines Briefes an den griechischen Staatspräsidenten bekanntgab, in dem er behauptete, unwiderlegbare Beweise für eine Verbindung zwischen der illegalen Nationalen Organisation Zyprischer Kämpfer (EOKA = *Ethniki Organosi Kyprion Agoniston*) und griechischen Offizieren der zypriotischen Nationalgarde zu haben, die seinen Sturz planten, weshalb er von der Athener Junta den Abzug fast aller griechischen Offiziere von der Insel forderte. Als daraufhin am 15. Juli 1974 die zypriotische Nationalgarde mit Hilfe des 950 Mann starken griechischen Armeekontingents gegen Makarios putschte, ergriff die Türkei fünf Tage später die sich bietende Gelegenheit, im Namen des durch die Garantieerklärung von 1960 eingeräumten Interventionsrechts zum Schutz der auf Zypern lebenden Türken und zur Wahrung der Unabhängigkeit Zyperns beinahe 40% der Insel zu besetzen und 200.000 Menschen, d. h. fast die Hälfte der griechischen Zyprioten zu vertreiben.[2] Infolgedessen spitzte sich die ohnehin angespannte Lage zwischen Griechenland und der Türkei, die sich bereits im Frühjahr des Jahres durch die Auseinandersetzungen um die Erdölvorkommen in der Ägäis verschärft hatte, weiter zu.

Der verheerende Ausgang des Staatsstreichs brachte den desolaten Zustand des Militärregimes zu Tage und war - gleichsam wie ein Katalysator - der letzte Auslöser für

[1] Gaitanides 1975: 3.
[2] Vgl. dazu Joannides 1977 u. Crawshaw 1978.

dessen Zusammenbruch. Die Ereignisse auf Zypern erschütterten die griechische Nation. Die Militärs waren der durch sie heraufbeschworenen internationalen Krise nicht gewachsen. Bei der auf die türkische Invasion hin angeordneten Generalmobilmachung offenbarten sich eine schlechte Verfassung und völliges Unvorbereitetsein der überdies nicht mehr loyalen griechischen Armee. Die Mißachtung und der Ungehorsam, den die Mehrheit der Reservisten den Berufsoffizieren entgegenbrachten, zeigte das Ausmaß der Ablehnung der Bevölkerung.[1]

Angesichts der drohenden Kriegsgefahr und der inneren Auflösung des Regimes forderten Offiziere des III. Armeekorps an der nordgriechischen Grenze unter Führung des angesehenen Generals Davos eine Machtübergabe an die Politiker. Die Führung der Streitkräfte übernahm gestützt auf den Präsidenten der Republik, Phaidon Gizikis, die Initiative; die *Hardliner* um Ioannidis waren faktisch entmachtet. In den folgenden, von Gizikis geleiteten Verhandlungen zwischen der Militärführung[2] und Politikern des Zentrums und vor allem der Rechten[3] versuchten erstere noch so viel wie möglich von ihrer Macht zu retten. Ihr Ziel war die Machtübergabe[4] an die politische Rechte, um so die mit der Rückkehr zur Demokratie verbundenen Änderungen möglichst gering zu halten und zumindest in der Anfangszeit noch ein gewisses Maß an Einfluß zu wahren.[5] Dem entsprachen der vergebliche Versuch Präsident Gizikis', dem Militär die Kontrolle über die „sensiblen" Ministerien der Verteidigung, des Inneren und der Öffentlichen Ordnung zu sichern, der Vorschlag des Chefs der Streitkräfte, General Bonanos, den königs- und juntafreundlichen Garoufalias zum Ministerpräsidenten einer Übergangsregierung zu machen, sowie Markezinis' Plan einer „unpolitischen Regierung" unter dem Außenminister seiner kurzlebigen Regierung von 1973, dem ultrakonservativen Diplomaten Christanos Xanthopoulos-Palamas.[6]

Die Militärs waren jedoch zu schwach, sich gegen die jetzt in Richtung auf eine Machtergreifung[7] zusammenarbeitenden Führungsspitzen der ERE und Zentrumsunion durchzusetzen.[8] Der ursprüngliche Plan, die Regierungsverantwortung in die Hände der Vorsitzenden der beiden Parteien mit Kanellopoulos als Ministerpräsident

---

[1] Vgl. Diamandouros 1984: 53 u. Charalambis 1980: 631f.

[2] Vertreten waren neben Gizikis die Chefs der Streitkräfte, der Armee, Marine und Luftwaffe.

[3] Von den acht geladenen Politikern waren drei, Athanassiades-Novas, Garoufalias und Stefanopoulos, in die umstrittenen Ereignisse des Juli 1965 involviert und einer, Markezinis, kurze Zeit Ministerpräsident von Gnaden der Obristen gewesen. Hinzu kamen Panajotis Kanellopoulos und Evangelos Averoff-Tossizza als führende Vertreter der ERE, der langjährige Gouverneur der Bank von Griechenland, Xenophon Zolotas, sowie Georgios Mavros als einziger Vertreter des gemäßigten Zentrums. Ausgeschlossen waren der linke Zentrumsflügel wie überhaupt die gesamte Linke.

[4] Vgl. dazu unter I. Abschnitt 2.2.4.

[5] Vgl. Diamandouros 1984: 54 u. 1986: 157.

[6] Zur Rolle der einzelnen Konferenzteilnehmer und ihren Vorstellungen vgl. Psycharis 1975: 131ff. Zu den Verhandlungen vgl. außerdem Pararas 1975: 55f.

[7] Vgl. dazu unter I. Abschnitt 2.2.4.

[8] Vgl. Diamandouros 1986: 158.

und Mavros als dessen Stellvertreter und Außenminister zu geben, wurde jedoch in letzter Minute nach Drängen des Militärs und des diesem und Karamanlis nahestehenden Evangelos Averoff-Tossizza, später Parteivorsitzender der Neuen Demokratie, zugunsten Karamanlis‘ fallengelassen.[1] Noch am 23. Juli gab Präsident Gizikis den Beschluß der Militärführung bekannt, die Regierungsgewalt wieder zivilen Politikern zu übertragen. Das Marionettenkabinett unter Ministerpräsident Androutsopoulos wurde entlassen und der mit einem Flugzeug, das der französische Staatspräsident Giscard d'Estaing zur Verfügung gestellt hatte, aus dem Pariser Exil eingeflogene Karamanlis in den Morgenstunden des 24. Juli 1974 als neuer Ministerpräsident mit dem Auftrag der Bildung einer „Regierung der Nationalen Einheit" vereidigt.

1.1.2 Die „Regierung der Nationalen Einheit"

Karamanlis stellte durch seine streng antikommunistische Regierungspolitik der 50er Jahre einerseits und seinen Rücktritt 1963 mit folgendem Exil und somit Nicht-Verwicklung in die Ereignisse der Jahre 1965-67 andererseits eine sowohl für das Militär als auch für nicht-royalistische Politiker der Rechten und der Mitte akzeptable Lösung dar. Von einem Großteil der Bevölkerung als Erlöser verherrlicht und als Deus ex machina angesehen, bot er die besten Voraussetzungen für einen Ausweg aus der Krise und stabilen Verlauf des Übergangsprozesses von der Diktatur zur Demokratie. Die Option für Karamanlis implizierte auch indirekt eine untergeordnete Rolle der politischen Parteien in der Transition, die vielmehr von einer einzigen nahezu mit uneingeschränkter Entscheidungskompetenz ausgestatteten, „überparteilichen", die Nation als Ganzes ansprechenden Führungsperson bestimmt wurde.[2]

Royalisten und Ultrakonservative erwarteten von ihm eine Rückkehr zur „disziplinierten Demokratie" der Nachkriegszeit. Doch mit dem Zusammenbruch des Militärregimes waren auch wesentliche Regeln und Werte der disziplinierten Nachkriegsdemokratie selbst in den Augen ihrer früheren Repräsentanten und Anhänger diskreditiert, so der fanatische Antikommunismus und die Teilung der Bevölkerung in „Nationalgesinnte" und „Nationalfeinde", das Bild der Streitkräfte als Bollwerk gegen die „Bedrohung" des „inneren Feindes" und Stütze der etablierten Ordnung, die Monarchie als deren Symbol und Garant sowie die Akzeptanz der USA als „Schutzmacht".[3] Eine entsprechende Gesinnungsänderung hatte auch bei Karamanlis stattge-

---

[1] Zu dieser Entscheidung vgl. Psycharis 1975: 140ff, 147ff, 156ff, 189ff, 210ff, Charalambis 1980: 638ff sowie den folgenden Abschnitt 1.1.2.

[2] Vgl. Diamandouros 1984: 55f u. 1986: 158f.

[3] Vgl. Alivizatos 1979: 545. Bemerkenswert ist die nach dem Sturz der Junta einsetzende Neubewertung des Bürgerkrieges und der Kommunisten. In einer im Großraum Athen durchgeführten Umfrage

funden, der nicht nur durch die Erfahrung der Diktatur beeinflußt war, sondern zudem während seines selbstgewählten langjährigen Exils in Paris Einblick in das Funktionieren einer westlichen Demokratie gewonnen hatte, die seit de Gaulle eine Politik der betonten Unabhängigkeit gegenüber den USA verfolgte.

Karamanlis bildete ein Kabinett vornehmlich aus Angehörigen der ERE und des Zentrums, dessen Vorsitzender Mavros stellvertretender Ministerpräsident und Außenminister wurde, aber auch parteilosen Fachleuten und einigen Politikern sozialdemokratischer Prägung wie Ioannis Pezmazoglou als Finanzminister, Georgios A. Mangakis als Minister für Öffentliche Arbeiten, Haralambos Protopapas als Industrieminister, Georgios Mylonas als Minister für Verkehr und Fernmeldewesen und Dimitrios Tsatsos als Staatssekretär für Erziehung. Schon in dieser, zehn Jahre zuvor undenkbaren, Zusammensetzung deutete sich eine Abkehr von der Politik der Vergangenheit und eine Verschiebung des politischen Spektrums zur Mitte und nach links an, wenngleich Kritiker aufgrund der Nichtberücksichtigung linker Kräfte den Charakter einer „Regierung der Nationalen Einheit" anzweifeln[1]. Nichtsdestoweniger stellte dieses Kabinett die wohl populärste und von der breitesten Unterstützung getragene Regierung in der neugriechischen Geschichte dar.[2] Interessanterweise kam die schärfste - allerdings später revidierte - Kritik von Andreas Papandreou, der die Regierung Karamanlis anfänglich als „Marionette der NATO und der Amerikaner"[3] bezeichnete, wohingegen auf kommunistischer Seite die Ansicht vorherrschte, daß der Demokratisierungsprozeß nicht durch „provokative maximalistische Forderungen"[4] gefährdet werden dürfte.

Neben den durch die Obristen heraufbeschworenen äußeren und wirtschaftlichen Problemen sah sich die Regierung mit dem Problem der Säuberung und Demokratisierung der mit zahlreichen Juntasympathisanten durchsetzten Streitkräfte, Polizei, Justiz und Verwaltung konfrontiert.[5] Angetreten mit dem Vorsatz, den Apparat der Diktatur aufzulösen und unblutig und gewaltlos zur Demokratie überzugehen[6], mußte die Regierung einerseits dem in der Bevölkerung vorherrschenden Verlangen nach

---

sahen nur noch 35 % die Hauptschuld für den Bürgerkrieg bei den Kommunisten, hingegen 46% bei den Regierungskräften. 43% waren zwar der Meinung, daß es Griechenland bei einem damaligen Sieg der Kommunisten heute schlechter gehen würde, doch waren immerhin 33% vom Gegenteil überzeugt; vgl. Dimitras 1987: 81. Dies zeigt die nachhaltige Auswirkung der Militärdiktatur, auf die mit einer Umkehrung des vor 1967 vorherrschenden ideologischen Verständnisses reagiert wurde, oder, um es mit Nicolas Gage, dem Autor des Bestsellers *Eleni*, zu sagen, „the mythologie of the lefts has succeeded to the mytholgy of the right"; zit nach ebd.: 70.

[1] Vgl. etwa Nikolinakos 1974: 317f u. Tsatsos 1980: 12. Tsatsos zieht daher die Bezeichnung „Regierung der 70 Tage" vor.

[2] Vgl. auch Woodhouse 1991: 305.

[3] Zit. nach Nikolinakos 1974: 318.

[4] Zit. nach Nikolinakos 1974: 323f.

[5] Zum unmittelbaren Übergang und den sich stellenden Problemen vgl. Athanasiadis 1975.

[6] Vgl. Bakojannis 1977: 230.

Bestrafung der für die Diktatur Verantwortlichen und einem radikalen Neubeginn, d. h. einem klaren Bruch sowohl mit dem Obristenregime als auch mit dem vorhergehenden System, entgegenkommen, andererseits der taktischen Überlegung Rechnung tragen, daß ein zu scharfes Vorgehen einen erneuten Putsch des Militärs, das die Macht - wenn auch gezwungenermaßen - von sich aus abgegeben hatte, provozieren könnte.[1] Das Ergebnis war eine gradualistische, ausbalancierende Übergangsstrategie, eine „Politik der vorsichtigen Normalisierung"[2], die sich durch schrittweises Vorgehen um einen möglichst reibungslosen Übergang bemühte.[3] Das Bestreben, den gerade entstandenen Konsens nicht zu gefährden, zeigte sich auch in den Ansprachen Karamanlis', in denen er immer wieder die Wichtigkeit eines „Klimas des Vertrauens" betonte und zu Mäßigung und Toleranz sowie der Vermeidung von Exzessen aufrief, um nicht eine erneute Spaltung zu schaffen.[4] Hier kam ihm auch die durch den Schock der Zypernkrise erzeugte nationale Solidarität zugute. Paradoxerweise erleichterte die externe Krise den Prozeß der Transition in Griechenland, indem sie sowohl eindämmend auf das bestehende Mobilisierungs- und Radikalisierungspotential wirkte, als auch Karamanlis' Entscheidungs- und Handlungskompetenzen vergrößerte.[5]

Die Tatsache, daß General Gizikis weiterhin Präsident und damit Staatsoberhaupt blieb, erweckte den Anschein der Kontinuität zum Obristenregime und gab Anlaß für eine „etwas unbehagliche Stimmung"[6], doch zog die „Regierung der Nationalen Einheit" sowohl die politische als auch die militärische Staatsgewalt an sich. Unmittelbar nach der Amtsübernahme verfügte Karamanlis fünf politische Sofortmaßnahmen:

1. die Schließung des Konzentrationslagers auf der Insel Jaros;
2. eine allumfassende politische Amnestie, unter die nicht nur die Opfer der Obristen fielen, sondern auch die sogenannten Sondervergehen aus der Zeit vor dem 21. April 1967;
3. die Rückgabe des Bürgerrechts an alle Griechen, die aufgrund ihrer politischen Gesinnung verfolgt und ausgebürgert worden waren;
4. die Ungültigkeit aller Beschlüsse über die Konfiskation von Pässen sowie Ein- oder Ausreiseverbote; politisch Verfolgte, unter ihnen die Verlegerin Eleni Vlachos, die Schauspielerin Melina Merkouri und der Komponist Mikis Theodorakis, durften nach Griechenland zurückkehren; und

---

[1] Zum Gegenüber eines radikalen und gemäßigten Konzepts vgl. Alivizatos 1979: 546.
[2] Kohler 1981: 143.
[3] Bei einem Vergleich der Demokratisierung in Südeuropa wird Griechenland hinsichtlich des Regimewechsels eine Mittelstellung zwischen Spanien und Portugal bzw. *reforma* und *ruptura* zugeordnet; vgl. Merkel 1990: 4, Fishman 1990 u. den späteren Abschnitt 1.1.6..
[4] Zur dieser Strategie vgl. auch Bakojannis 1977: 228f u. Diamandouros 1984: 56ff u. 1986: 159ff.
[5] Vgl. Diamandouros 1986: 163f.
[6] Clogg 1975: 9.

5. die Wiederherstellung der Presse-, Meinungs- und Versammlungsfreiheit.

Am 1. August wurden in einem ersten Verfassungsakt das Kriegsrecht aufgehoben und die aus der Obristenzeit stammenden Bestimmungen sowie die Verfassung von 1968/73 für ungültig erklärt. Die Verfassung von 1952 wurde mit Ausnahme der Artikel über die Staatsform, über die in einem Referendum entschieden werden sollte, vorläufig wieder in Kraft gesetzt, die Ministerien erhielten ihre volle politische und administrative Verantwortung zurück, das Kabinett wurde für diese Übergangsphase zum Erlaß von Verfassungsakten und Gesetzesverordnungen[1] ermächtigt. Somit übernahm die Regierung gleichzeitig die Rolle des Gesetzgebers und der Exekutive. Des weiteren stellte der Verfassungsakt wieder ein rechtmäßiges Verhältnis zwischen Regierung und Armee her, indem die Aufgaben der Streitkräfte auf rein militärische Pflichten begrenzt wurden. Die Unterschrift General Gizikis' „bestätigte die rechtliche Unterwerfung der Streitkräfte unter die politische Regierung und - offiziell - die rechtliche Auflösung des Machtapparates der Militärdiktatur."[2]

Darüber hinaus zeigte die Regierung jedoch gegenüber den ehemaligen Machthabern ein zurückhaltendes, fast zögerliches und daher in der Bevölkerung vielfach auf Unverständnis treffendes Vorgehen, das jedoch - neben der bereits erwähnten Furcht vor einem erneuten Eingreifen des Militärs - durch die Notwendigkeit getragen wurde, eine weitere Schwächung der Streitkräfte angesichts des Konflikts mit der Türkei zu vermeiden. Zwar wurden im August einige Maßnahmen eingeleitet wie die Aufhebung der Sonderbefugnisse der rund 25.000 Mann starken Militärpolizei und mit Versetzungen in den Ruhestand begonnen[3], doch waren auch ein halbes Jahr nach dem Sturz der Diktatur nur 100 Offiziere davon betroffen.[4] Dem entsprach auch die Ankündigung Karamanlis', daß in den meisten Fällen nicht nach der in der Vergangenheit an den Tag gelegten Haltung, sondern der zukünftigen Einstellung der Offiziere geurteilt werden sollte. Erst am 23. Oktober, nachdem der ehemalige Diktator Papadopoulos mit einer Pressekonferenz an die Öffentlichkeit treten wollte, wurden dieser, seine Mitputschisten Makarezos, Pattakos und Ioannidis sowie weitere führende Mitglieder des Obristenregimes verhaftet und auf die rund 90 km südöstlich von Athen liegende Insel Kea verbracht. Am 1. November beschloß die 88 Richter

---

[1] Vgl. dazu Tsatsos 1980: 13.

[2] Tsatsos 1980: 13. Zu den Maßnahmen der „Regierung der Nationalen Einheit" im einzelnen vgl. Pararas 1975: 55ff.

[3] Der Chef der Militärpolizei, General Ioannidis, wurde vom Dienst supendiert, die Chefs der Sicherheitskräfte und der Geheimdienste entlassen; der Oberbefehlshaber und der Oberkommandierende des Heeres traten zurück und wurden in den Ruhestand versetzt. Ein Reihe höherer Offiziere wurde temporär suspendiert oder in entfernte kleine Garnisonen versetzt.

[4] Die Bedeutungslosigkeit dieser Maßnahmen zeigt sich auch bei einem Vergleich mit der Praxis vergangener Jahre, etwa den 1967/68 erfolgten 1.560 Zwangspensionierungen oder den zwischen 1963 und 1966 jährlich 330 ebenfalls aus politischen Gründen in den Ruhestand geschickten Offizieren; vgl. Clogg 1975: 8 u. Kohler 1981: 143, Anm. 9.

umfassende Anklagekammer des Athener Apellationsgerichtshofes einstimmig die Eröffnung eines Verfahrens wegen Hochverrats gegen Papadopoulos und 46 Mitverantwortliche beim Staatsstreich von 1967; am 5. November eröffnete das Athener Untersuchungsgericht das Verfahren.[1] Karamanlis' Übergangsstrategie in der sensiblen Frage des Umgangs mit den früheren Machthabern beruhte auf drei wesentlichen Überlegungen:[2]

1. daß Säuberungen von und juristische Schritte gegen Juntaakteure nach Möglichkeit auf die Zeit nach den Parlamentswahlen verschoben werden sollten, wenn eine durch das Volk legitimierte zivile Regierung in einer besseren Position wäre, mit diesem heiklen Thema fertig zu werden;
2. daß zuvor die zivile Kontrolle über die zentralen staatlichen Institutionen, insbesondere die Polizei- und Sicherheitsdienste sichergestellt werden müßte; und
3. daß in der Anfangszeit eine Grenze gezogen werden müßte zwischen der Suspendierung und damit Isolierung von Juntamitgliedern einerseits und ihrer juristischen Verfolgung andererseits.

Außenpolitisch gab Karamanlis am 14. August den von einer breiten Bevölkerungsmehrheit unterstützten Beschluß seiner Regierung bekannt, daß Griechenland aus der militärischen Organisation der NATO austrete; es bleibe weiterhin politisches NATO-Mitglied, obwohl das Bündnis nicht in der Lage gewesen sei, eine bewaffnete Auseinandersetzung zweier seiner Mitglieder zu verhindern.[3]

In Vorbereitung auf die für den 17. November angesetzten Parlamentswahlen erfolgte im September die Wiederzulassung der Bildung und Tätigkeit von politischen Parteien. Die in diesem Dekret enthaltene Aufhebung des seit 1947 bestehenden Verbots der Kommunistischen Partei stellte einen wichtigen Schritt zur Aussöhnung und Liberalisierung des politischen Lebens dar; es war darüber hinaus wohl der deutlichste Hinweis, daß keine Neuauflage der „disziplinierten Demokratie" stattfinden sollte.[4] Nach dem Dekret mußten alte wie neue Parteien vor (Wieder-)Aufnahme ihrer Tätigkeit beim Obersten Gerichtshof eine Erklärung hinterlegen, wonach ihre Grundsätze jede Maßnahme zu einer gewaltsamen Machtübernahme oder zum Sturz der freien demokratischen Staatsform ausschließen. Ein anderes Gesetzesdekret stellte die Koalitionsfreiheit und das Briefgeheimnis wieder her.

---

[1] Vgl. unter V. Abschnitt 1.2.1.

[2] Vgl. Diamandouros 1984: 57 u. 1986: 160f.

[3] Vgl. dazu Nikolinakos 1974: 307ff.

[4] Manousakis (1982: 404ff) kritisiert, daß die „Regierung der Nationalen Einheit" über die von der Zentrumsunion zu Beginn der 60er Jahre erhobenen Forderungen hinausgegangen sei. Eine solche Kritik verkennt aber, daß 1974 nicht nur eine vollkommen neue Situation gegeben war und über zehn ereignisreiche Jahre vergangen waren, sondern auch nach den Ereignissen seit 1965 kein Neuanfang auf der Basis des politischen Systems der Nach(bürger)kriegszeit möglich war.

Ein weiterer grundlegender Verfassungsakt am 3. Oktober, in dem die nach den Wahlen zu bildende Regierung mit der Durchführung eines für den 8. Dezember angesetzten Referendums über die Staatsform beauftragt und das künftige Parlament zur verfassungsgebenden Versammlung erklärt wurde, leitete das Ende der „Regierung der Nationalen Einheit" ein.

1.1.3 Die Parlamentswahlen von 1974

Die Festlegung eines relativ frühen Wahltermins, des 17. November, des Jahrestages der blutigen Niederschlagung des Studentenaufstandes gegen die Obristen, durch die „Regierung der Nationalen Einheit" am 3. Oktober 1974 rief bei Vertretern der Mitte und vor allem der Linken Protest hervor, die darin einen Wettbewerbsvorteil für die an der Regierung beteiligten Kräfte, insbesondere den von weiten Teilen der Öffentlichkeit als „Retter der Nation" und Garanten künftiger Stabilität angesehenen Karamanlis, sahen. Neben dem Argument der fehlenden Zeit für die Parteien, sich neu zu formieren und einen Wahlkampf zu organisieren, bestand ihr Haupteinwand darin, daß, solange der Staatsapparat nicht von Juntasympathisanten gereinigt war, weiter Repressionen zu befürchten waren und damit die Durchführung wirklich freier Wahlen nicht möglich wäre. Weitere Kritikpunkte bezogen sich auf veraltete Wählerlisten, die Beibehaltung des aktiven Wahlalters bei 21 Jahren sowie die noch nicht erfolgte Klärung der Staatsform.[1] Diesen größtenteils berechtigten Einwänden stand jedoch die Notwendigkeit gegenüber, angesichts der dringlichen inneren und äußeren Probleme möglichst schnell eine vom Volk gewählte und damit mit größerer Legitimität ausgestattete Regierung zu bilden.

Die nach über zehn Jahren ersten Parlamentswahlen gingen - entgegen manchen Befürchtungen - als die bis dahin freiesten in die neugriechische Geschichte ein. Anders als die Nachkriegswahlen, vor allem die von 1961, waren sie nicht durch eine Atmosphäre der Unsicherheit und latenten Drohung oder sogar den Verdacht der Verfälschung beeinträchtigt. Der lebhafte, doch faire Wahlkampf wurde trotz der auf diesem Gebiet bestehenden Probleme weniger von wirtschaftlichen Themen bestimmt als vom Problem der Säuberung staatlicher Institutionen, der Verfolgung und Bestrafung der für die Diktatur Verantwortlichen, des Zypernkonflikts sowie der Frage der zukünftigen Beziehungen zur Europäischen Gemeinschaft und zur NATO.

Angesichts der kurzen Zeit ungewöhnlich, aber für den griechischen Individualismus und die Politikbegeisterung sprechend war die Kandidatur von 49 Parteien und

---

[1] Vgl. Clogg 1975: 9 u. Kohler 1981: 147.

100 Unabhängigen um die 300 Parlamentsmandate[1]. Größere Bedeutung hatten allerdings nur fünf Gruppierungen, die mit geringfügigen Veränderungen die politischen Strömungen der Rechte, der Mitte und der Linken der Vorjuntazeit widerspiegelten:

1. Die traditionelle Rechte wurde von der von Karamanlis am 30. September 1974 gegründeten Neuen Demokratie (ND = *Nea Dimokratia*) repräsentiert, die man als Nachfolgerin der ERE ansehen kann, wenngleich sie sich mit dem Anspruch, die „erfahrenen, gesunden und neuen fortschrittlichen Kräfte"[2] zu vereinigen, von ihrem rechtsextremen und royalistischen Flügel trennte und sich als breite, über den vor der Diktatur existierenden Gruppierungen stehende Sammlungsbewegung versteht.[3] Bezeichnend war, daß weder die beabsichtigte Parteigründung noch der von Karamanlis persönlich formulierte Gründungsaufruf, der gleichzeitig das Grundsatzprogramm für die erste Phase der Parteientwicklung bis zum ersten Parteikongreß 1979 bildete, mit anderen politischen Führern aus dem konservativen Lager abgesprochen waren.[4]

   Wie ihre Vorgängerparteien vermied auch die ND eine konkrete politisch-programmatische Festlegung. In der Gründungserklärung und auch in seiner späteren Grundsatzrede auf dem ersten Parteikongreß lehnte Karamanlis eine Festlegung der Partei in einem Rechts-Links-Spektrum ab.[5] Er betonte, daß die Demokratie eine „großartige, aber äußerst angreifbare" und gefährdete Staatsform darstelle, deren Gedeihen bestimmter gesellschaftlicher und kultureller Voraussetzungen bedarf; dazu zählte er insbesondere „das milde politische Klima und friedliche politische Sitten" - Bedingungen, die in Griechenland bisher noch nicht in erforderlichem Maße realisiert worden seien. Zur dauerhaften Verwirklichung bzw. Festigung der Demokratie sei daher „die Konzentration des Volkes in starken politischen Organisationen erforderlich, die in der Lage sind, die Demokratie nicht nur vor dem Kommunismus und Faschismus, sondern auch vor solchen Bedingungen zu schützen, die in der Vergangenheit ihren Sturz verursacht haben"[6].

   Die Neue Demokratie trat im Wahlkampf für eine Bindung Griechenlands an den Westen, schnelle Mitgliedschaft in der EG sowie wirtschaftliche und soziale Stabilität ein, eine programmatische Orientierung, die der ERE nahekam. Ihr Bekenntnis zur freien Marktwirtschaft schloß nicht die - damit eigentlich unverein-

---

[1] Vgl. Gaitanides 1975: 17, Anm. 17.
[2] Vgl. Bakojannis 1977: 110, 114.
[3] Zur Neuen Demokratie vgl. Bakojannis 1977: 93ff.
[4] Selbst der formell noch amtierende Vorsitzende der ERE, Kanellopoulos, wurde von Karamanlis übergangen; vgl. Korisis/Lepszy 1991: 220.
[5] Vgl. Korisis/Lepszy 1991: 221, 225f.
[6] Proklamation vom 28. September 1974, zit. nach Hering/Demetriou/Kelpanides 1980: 89.

bare - beabsichtigte weitere Ausdehnung des öffentlichen Sektors in der Wirtschaft aus. Die distanzierte Haltung zur NATO bedeutete keine prinzipielle Abkehr, sondern war vielmehr ein Eingehen auf die öffentliche Meinung, die die NATO und die USA mitverantwortlich für die Errichtung und den Bestand der Militärdiktatur machte und die Haltung der NATO im Zypern-Konflikt als protürkisch ansah.

Der angestrebten überparteilichen Strategie entsprach auch das Wahlkampfmotto „Karamanlis oder die Panzer“[1], das nicht zu Unrecht suggerierte, daß zum damaligen Zeitpunkt die Neue Demokratie bzw. ihr Gründer die einzige Alternative zur Rückkehr der Militärs war.

2. Sich von der Neuen Demokratie nur durch die eindeutige Stellungnahme gegen die Monarchie und die stärkere Betonung sozialer Aspekte unterscheidend, versuchte die Zentrumsunion unter Georgios Mavros an die Tradition des griechischen Liberalismus anzuknüpfen. Sie schloß sich mit den Neuen Kräften, einer Gruppe von Intellektuellen und bekannten politischen Persönlichkeiten[2], die aktiv am Widerstand gegen die Obristen beteiligt waren, zur Zentrumsunion-Neue Kräfte (EK-ND = *Enosi Kentrou - Nees Dynameis*) zusammen.[3]
3. Dies vermochte jedoch nicht den Abfall des von Andreas Papandreou angeführten linken Flügels wettzumachen, der bereits am 3. September 1974 mit der Panhellenischen Sozialistischen Bewegung (PASOK = *Panellinio Sosialistiko Kinima*) eine völlig neue Partei gründete.[4] Die PASOK konstituierte sich unter Einbeziehung mehrerer Widerstandsgruppen, die während der Diktatur im In- und vor allem Ausland aktiv waren, allen voran die im Februar 1968 von A. Papandreou selbst in Stockholm ins Leben gerufene Panhellenische Befreiungsbewegung (PAK = *Panellinio Apeleftherotiko Kinima*)[5].

   Das Programm der PASOK, die am 3. September von Papandreou selbst verfaßte Gründungserklärung, stand mit seinen konfusen Vorstellungen[6] von einem griechischen Weg zum Sozialismus einerseits und dem Playdoyer für eine radikale Neutralität andererseits innenpolitisch „noch links von den Kommunisten,

[1] Dieser die Situation treffende Slogan wird ursprünglich dem kommunistischen Kandidaten Mikis Theodorakis zugeschrieben

[2] U. a. I. Pezmazoglou, Leiter der griechischen Delegation bei den Verhandlungen zur Assoziierung Griechenlands an die EWG (1958-61), Vizegouverneur der Bank von Griechenland (1960-67) und Finanzminister der „Regierung der nationalen Einheit“, G. Mangakis, unter den Obristen zu 18 Jahren Gefängnis verurteilt und Minister für Öffentliche Arbeiten in der „Regierung der Nationalen Einheit“, sowie C. Protopapas, führendes Mitglied verschiedener sozialistischer Vereinigungen und Industrieminister der „Regierung der Nationalen Einheit“.

[3] Zur EK-ND vgl. Bakojannis 1977: 145ff u. Hering/Demetriou/Kelpanides 1980: 96ff..

[4] Zur PASOK vgl. Bakojannis 1977: 178ff, Hering/Demetriou/Kelpanides 1980: 92ff u. Axt 1985a.

[5] Zur PAK vgl. Nikolinakos 1974: 50ff.

[6] Vgl. dazu auch die scharfe Kritik von Anagnostidis 1975: 36ff.

außenpolitisch aber rechts von ihnen"[1]. Für die Diktatur, die Zypern-Invasion, aber auch allgemein den Verfall des politischen und sozioökonomischen Systems in der Vergangenheit wurden nicht innere bzw. innenpolitische Faktoren verantwortlich gemacht, sondern die Auslandsabhängigkeit des Landes, d. h. die „griechische Abhängigkeit vom imperialistischen Establishment der USA und der NATO"[2]. Die September-Erklärung nannte als Leitziele der Partei die Schlagwörter nationale Unabhängigkeit, Souveränität des Volkes, soziale Befreiung und Demokratie. Die PASOK forderte den Austritt aus der NATO und den Bruch mit allen unter dem Einfluß der USA stehenden Allianzen. Die Verwirklichung eines Kurses der außenpolitischen Neutralität wurde als Voraussetzung für die Verwirklichung der innenpolitischen Ziele der sozialen Emanzipation und sozialistischen Transformation gesehen. Die zentrale Forderung hier war die Vergesellschaftung der Monopole, Schlüsselindustrien, Großbanken sowie des Energie- und Transportsektors sowie die Selbstverwaltung der Unternehmen durch die Belegschaft.[3]

Entsprechend dem überparteilichen Anspruch der Neuen Demokratie umging die PASOK den Begriff Partei und definierte sich als eine die Interessen des „durchschnittlichen Griechen" repräsentierende Bewegung.

4. Auf seiten der traditionellen Linken schlossen sich die Moskau-treue KKE-Ausland und die reformerische KKE-Inland[4] mit der EDA sowie weiteren linken Gruppen und Personen wie z.B. Mikis Theodorakis zur Koalition der Vereinigten Linken (*Eniaia Aristera*) zusammen, bei der es sich allerdings um ein reines - angesichts des kurzfristigen Wahltermins trotz erheblicher Differenzen gebildetes - Zweckbündnis handelte, das kurz darauf zerbrach.[5]

---

[1] Gaitanides 1975: 36ff.

[2] PASOK - International Relations Commitee o. J.: 4.

[3] Vgl. PASOK - International Relations Commitee o. J.: 3ff.

[4] Die Spaltung der Kommunisten in zwei Parteien war das Ergebnis einer Entwicklung vor und während der Militärdiktatur. Seit ihrem Verbot 1947 hatte die KKE ihren Sitz in Moskau, von wo aus sie - fern den innenpolitischen Realitäten - die Politik der in Griechenland zugelassenen EDA steuerte. Als im Februar 1968 der KKE-Chef Koligiannis auf dem 12. Plenum des ZK der KKE der EDA-Führung in Griechenland die Schuld für Fehler und Versäumnisse zuschieben wollte, die zur Errichtung der Diktatur geführt hatten, kam es zur Spaltung und Gründung der KKE-Inland (KKE-ES = *Kommunistiko Komma Ellados - Esoterikou*) im Mai 1969 durch die stärker auf einen eigenen, Moskau-unabhängigen Weg zum Sozialismus orientierte Gruppe der in Griechenland im Untergrund lebenden Kommunisten. Zur besseren Unterscheidung bürgerte sich für die Moskau-treue Rivalin die Bezeichung KKE-Ausland (KKE-Ex = Kommunistiko Komma Ellados-Exoterikou) ein. Zu den Kommunisten vgl. Richter 1979: 257ff u. Hering/Demetriou/Kelpanides 1980: 98ff.

[5] Bereits im Wahlkampf traten die Differenzen offen zutage. Angesichts des gerade erst vollzogenen Übergangs zur Demokratie drängten die Unabhängigen, die Inlandskommunisten und die EDA auf eine politsche Mäßigung im Wahlkampf und wandten sich gegen den Verbalradikalismus der KKE-Ausland.

5. Royalisten und Juntasympathisanten sammelten sich unter Führung von Petros Garoufalias[1] in der Nationalen Demokratischen Union (EDE = *Ethniki Dimokratiki Enosis*), die sich mit ihren Zielen der Wiederherstellung der Monarchie, Selbstverwaltung der Armee, Rückkehr in die NATO und Bestrafung nur der direkt am Putsch von 1967 Beteiligten deutlich vom restlichen Parteienspektrum abhob.

Bei den Wahlen kam ein modifiziertes Verhältniswahlsystem zur Anwendung, das durch die Überrepräsentation der stimmstärksten Parteien und die Benachteiligung von Wahlbündnissen handlungsfähige Regierungsmehrheiten sicherstellen sollte.[2] Sein mehrheitsbildender Charakter wies starke Ähnlichkeit mit einem reinen Mehrheitswahlsystem auf, wenngleich eine Reduzierung des Parteienspektrums auf die zwei größten politischen Kräfte des Landes nicht beabsichtigt war. Karamanlis hatte für ein verstärktes Verhältniswahlsystem an Stelle der eigentlich von ihm befürworteten Mehrheitswahl plädiert, um eine Polarisierung der politischen Kräfte in die bürgerlichen Parteien der Rechten und der Mitte auf der einen und die linkssozialistischen und kommunistischen auf der anderen Seite zu vermeiden sowie die Zentrumsunion-Neue Kräfte zu stärken.[3] Von seiten der Mitte und der Linken wurde die übermäßige Benachteiligung kleinerer Parteien und Wahlkoalitionen kritisiert.[4]

Karamanlis und die Neue Demokratie errangen am 17. November 1974 einen triumphalen, noch über alle Erwartungen hinausgehenden Wahlsieg mit 54,37% der Stimmen, der um so deutlicher ausfiel, als die Partei - mit Ausnahme der traditionellen liberalen Hochburg Kreta - in allen Regionen und sowohl in den Städten als auch auf dem Land den ersten Platz belegte. Mit 220 von 300 (= 73%) Sitzen verfügte Karamanlis auch über die für die Abstimmung über eine neue Verfassung erforderliche Zweidrittelmehrheit. Mehr oder weniger enttäuschend war das Ergebnis für die restlichen Parteien: Zentrumsunion-Neue Kräfte wurden zwar mit 20,42% und 60 Mandaten stärkste Oppositionspartei, doch konnte das Zentrum, das in den 60er Jahren bei bis zu 52% gelegen hatte, nur den harten Kern seiner Wählerschaft für sich mobilisieren. Auch die PASOK mit 13,58% und 12 Sitzen, vor allem aber die Vereinigte

---

[1] Garoufalias war Verteidigungsminister in der Regierung G. Papandreous und stand im Mittelpunkt der Krise von 1965; vgl. unter IV. Abschnitt 4.2.

[2] Die Verteilung der 300 Parlamentssitze wurde folgendermaßen durchgeführt: 12 Sitze wurden auf nationaler Ebene nach dem reinen Verhältniswahlrecht an Kandidaten vergeben, die von den Parteien auf einer nationalen Liste aufgestellt wurden, wobei allerdings nur jene Parteien zum Zuge kamen, die das notwendige Quorum erzielt hatten, um bei dem zweiten Zuteilungsverfahren auf Wahlkreisebene teilnehmen zu können. Die Verteilung der übrigen 288 Sitze erfolgte in zwei Durchgängen, wobei zum zweiten Durchgang, in dem 1974 immerhin noch 102 Sitze zu vergeben waren, nur Parteien zugelassen waren, die mindestens 17%, bei Wahlkoalitionen von zwei Parteien 25%, von mehr als zwei Parteien 30% aller Stimmen auf sich vereinigen konnten.. Zum Wahlsystem vgl. Kohler 1981: 150ff u. Wenturis 1984: 140f.

[3] Vgl. Kohler 1981: 150.

[4] Vgl. Clogg 1975: 9.

Linke mit nur 9,45% und 8 Mandaten blieben unter ihren Erwartungen; so schlecht hatte die Linke vor der Diktatur nur in ihren schwächsten Jahren abgeschnitten. Mit einer Repräsentation von nur 4% bzw. 2,6% im Parlament waren sie auch ein Opfer des Wahlsystems. Ein deutlicher Beweis für die Diskreditierung der rechtsextremen Kräfte war das Ergebnis der Nationalen Demokratischen Union, der mit 1,10% der Stimmen eine Absage erteilt wurde und die keinen Sitz im Parlament erringen konnte. Am 21. November wurde eine neue, jetzt ausschließlich von der Neuen Demokratie gebildete Regierung mit Karamanlis als Ministerpräsident vereidigt.

Ergebnis der Parlamentswahlen vom 17. November 1974

Partei	Stimmen in %	Sitze
Neue Demokratie (Karamanlis)	54,37	220
Zentrumsunion-Neue Kräfte (Mavros)	20,42	60
PASOK (Papandreou)	13,58	12
Vereinigte Linke (Iliou)	9,45	8
= Wahlbündnis aus		
EDA		1
KKE-Inland		2
KKE-Ausland		5
Nationale Demokratische Union (Garoufalias)	1,10	-
Sonstige u. Unabhängige	1,05	-

Wahlbeteiligung: 79,6%, Sitze: 300

Das Wahlergebnis widersprach der Erwartung, daß durch die Diktatur eine Radikalisierung der griechischen Wähler stattgefunden hätte, allerdings entsprach es nicht dem tatsächlichen politischen Kräfteverhältnis. Die Neue Demokratie wurde mit Karamanlis gleichgesetzt und dieser wiederum mit dem Übergang zur Demokratie. In seiner Person sahen die Wähler - nicht zu Unrecht - den Garanten für einen weiter friedvoll verlaufenden Demokratisierungsprozeß, eine „Bürgschaft gegen eventuelle Anschläge gegen die Demokratie"[1]. Die innen- wie außenpolitische Ausnahmesituation bewirkte, daß selbst Kommunisten der Neuen Demokratie ihre Stimme gaben. Die Mitte-/Links-Parteien konnten zwar vielfach ein konkreteres Programm vorweisen, doch hatten sie der Alternative „Karamanlis oder die Panzer" nichts entgegenzusetzen. Hinzu kam, daß die Parteien der zerstrittenen Linken, aber auch der Mitte durch interne Auseinandersetzungen vor allem mit ihrer Rekonstituierung beschäftigt waren, während es Karamanlis gelang, sich weiter zu profilieren und die Politik der „Regierung der Nationalen Einheit" mit seiner Person zu identifizieren.[2] Der Zentrumsunion, nach dem Tod Georgios Papandreous ohne einen dem charismatischen Karamanlis ebenbürtigen Führer und geschwächt durch die Abspaltung des linken

[1] Korisis 1980: 62.

[2] Bezeichnenderweise trat der Zentrumsvorsitzende Mavros Anfang Oktober aus der Regierung aus, um sich ganz seiner Partei und dem Wahlkampf zu widmen.

Flügels, gelang es trotz oder vielleicht auch gerade wegen eines anspruchsvollen Programms[1] nicht, sich bei den Wählern Gehör zu verschaffen. Ihre heterogene Zusammensetzung verhinderte zudem ein klares, sich von den anderen Parteien abgrenzendes Profil.

Darüber hinaus war es Karamanlis aber auch gelungen, mit der Neuen Demokratie eine neue Mitte-Rechts-Partei zu gründen, die sich trotz ihrer Tradition zur ERE vom Konservatismus alter Prägung löste und neue Wählerschaften der Mitte ansprach. Nach der Militärdiktatur, in der die ERE eine klare Widerstandshaltung eingenommen hatte, war nunmehr eine deutliche Trennungslinie zwischen demokratischer und undemokratischer Rechten vollzogen. Der parteipolitische Neubeginn zeigte sich auch in der Zusammensetzung der ND-Parlamentsfraktion: Von den 220 Abgeordneten hatten 127 zuvor noch nicht für ein politisches Mandat kandidiert, 68 waren bereits ERE-Kandidaten und 10 gehörten früher der Zentrumsunion an.[2]

1.1.4 Das Referendum von 1974: Ende der Monarchie

Mit dem Referendum vom 8. Dezember 1974 fand die seit Gründung des neugriechischen Staates immer wieder zu Auseinandersetzungen führende Frage der Staatsform einen wohl endgültigen Abschluß. Bezeichnend sind die mehrfachen Volksabstimmungen über die Staatsform: 1924, als sich nach der kleinasiatischen Katastrophe 70,0% für die Republik entschieden[3], 1946, als unter dem Eindruck der Bürgerkiegsunruhen und staatlicher Repression 68,4% für eine Rückkehr des Königs stimmten[4], und schließlich die von den Obristen 1973 zur Bestätigung der Abschaffung der Monarchie initiierte „Volksbefragung“ mit 78,4% der Stimmen für die sogenannte „Republik“[5]. Die „Regierung der Nationalen Einheit“ wollte die neue Demokratie jedoch nicht auf eine unter solchen Umständen getroffene Entscheidung aufbauen und stellte daher die Frage der Staatsform erneut zur Disposition. Erstmals in der neugriechischen Geschichte und im Unterschied zu den früheren Abstimmungen sollte dieses Referendum ohne jegliche Beeinträchtigungen vonstatten gehen.

Mit der Monarchie war nach der Befreiung von den Osmanen nicht nur eine „nach Ursprung und Tradition“[6] fremde Dynastie eingeführt worden, sondern auch eine Institution, die nicht den griechischen Gegebenheiten entsprach. Allerdings spielten

---

[1] Vgl. Anagnostidis 1975: 38.
[2] Vgl. Katsoudas 1987b: 91 u. Korisis/Lepszy 1991: 222.
[3] Vgl. unter III. Abschnitt 4.1.
[4] Vgl. unter IV. Abschnitt 1.2.4.
[5] Vgl. unter IV. Abschnitt 5.4.6.
[6] Nikolinakos/Nikolaou 1969: 48

dabei nicht nur der Druck seitens der Großmächte und die Zeit der Restauration eine Rolle, sondern auch der ermüdende Befreiungskampf, in dessen Verlauf immer mehr die Uneinigkeit der Griechen untereinander in den Vordergrund rückte, so daß man sich erhoffte, mit der Monarchie eine neutrale, über den rivalisierenden Gruppen stehende und dadurch einigende Instanz zu schaffen.[1] In der Praxis jedoch trat die Monarchie, die in der Vorstellung des griechischen Volkes vorwiegend ausländische Interessen vertrat und in der Politik durchzusetzen versuchte, gerade im 20. Jahrhundert vor allem als Hindernis zu einer überfälligen eigenständigen demokratischen Entwicklung des Landes hervor. Die Distanz zwischen Volk und Monarch wird durch die Tatsache, daß mit Ausnahme des letzten griechischen Königs Konstantin II. alle Monarchen gar nicht oder nur sehr unzureichend Griechisch sprachen, nach außen dokumentiert. Anders als in Westeuropa, etwa in Großbritannien oder in Belgien unter Baudouin I., trug die Monarchie nie zu Stabilität und Kontinuität bei, standen die griechischen Könige nicht über den Parteien. Vielmehr nutzten sie ihre Befugnis, bei Neuwahlen oder auch allgemein Regierungskrisen für 40 Tage den Ministerpräsidenten bestimmen zu können, exzessiv zur Einflußnahme aus; ein wesentliches Kennzeichen der politischen Kultur bildete so der Favoritismus, d. h. Politiker suchten die Gunst des Königs in der Hoffnung, an die Regierung zu kommen.[2] Der „königliche Staatsstreich" Konstantins II. 1965 stand somit ganz in der Tradition der „desintegrierende[n] Interessenpolitik"[3] seiner Vorgänger. Diskreditiert selbst in weiten Teilen des konservativen Lagers wurde der König auch durch seine anfängliche Zusammenarbeit mit den Obristen.

Die Entscheidung der „Regierung der Nationalen Einheit", die Frage der Staatsform nicht durch das Parlament, sondern durch ein Referendum zu klären[4], ist vor allem auf die Befürchtung einer Polarisierung im jetzt über die Monarchie nicht mehr einigen rechten Lager zurückzuführen. Darüber hinaus wollte man verhindern, daß sich die Parteien der Linken durch ihre klare Opposition gegen die Monarchie profilierten.[5] Entscheidend zuungunsten des Königs dürfte sich - mehr als das starke Eintreten der Oppositionsparteien, vor allem der Sozialisten und Kommunisten - die Haltung Karamanlis' ausgewirkt haben, der angesichts einer nicht unwesentlichen royalistischen Fraktion innerhalb seiner eigenen Partei zwar eine Stellungnahme für die Republik ablehnte, sich aber aufgrund dessen, daß Konflikte mit dem Königshaus

---

[1] Vgl. Wenturis 1984: 51f.
[2] Vgl. unter III. Abschnitt 3.3.3.
[3] Gaitanides 1975: 20.
[4] Die zu diesem Zeitpunkt wieder geltende Verfassung von 1952 sah allerdings lediglich die Möglichkeit einer Abstimmung über die Person des Königs selbst vor, nicht jedoch über die Monarchie an sich. Katsoudas (1987a: 20f) spricht deshalb von einem „semi-revolutionären" Vorgehen.
[5] Vgl. Kohler 1981: 144f.

1963 zu seinem Sturz und vorläufigen Aus in der griechischen Politik geführt hatten und daß eine Restauration bei einer geringen Mehrheit nur schwere neue Gefahren heraufbeschworen hätte, auch nicht für eine Rückkehr zur Monarchie aussprach.[1]

Das Ergebnis des Referendums fiel mit 69,18% der Stimmen für die Republik und nur 30,82% für die parlamentarische Monarchie eindeutig aus.[2] Angesichts der negativen Rolle, die der König gerade in der jüngsten Vergangenheit gespielt hatte, konnte man dies als eine wichtige Voraussetzung für einen weiterhin erfolgreichen Verlauf der Demokratisierung des politischen Systems sehen.[3] Zur weiteren unmittelbaren Normalisierung trug der Rücktritt des Staatspräsidenten Gizikis bei, der damit den Weg frei machte zur Wahl eines Interimspräsidenten, des ehemaligen, von den Obristen seines Amtes enthobenen Präsidenten des Obersten Verwaltungsgerichts Stasinopoulos, für die Zeit bis zur Verabschiedung einer neuen Verfassung.[4]

Konstantin II., der sich vor dem Referendum zweimal über das Fernsehen an die Bevölkerung gewandt und erklärt hatte, sich dem Willen des Volkes beugen zu wollen, hat seine Thronansprüche bis heute nicht aufgegeben. Doch anders als in der Republik von 1924-1935 ist eine Rückkehr der Monarchie als unwahrscheinlich anzusehen. Nichtsdestoweniger sorgte eine Reise Konstantins, der in Großbritannien im Exil lebt, nach Griechenland im Sommer 1993 für erhebliche Aufregung unter den politischen Kräften des Landes.[5] Infolgedessen beschloß das Parlament im April 1994 mit den Stimmen der PASOK und der Kommunisten, den ehemaligen König zu enteignen - im wesentlichen betraf dies die Sommerpaläste auf Korfu und im Norden Athens, Wälder in Thessalien und auf dem Peloponnes sowie einige Liegenschaften auf Rhodos, insgesamt ein Wert von umgerechnet über 30 Millionen DM - und ihm und seiner Familie den griechischen Paß zu entziehen. Zur Begründung hieß es, das frühere Königshaus habe die griechische Nationalität nicht aufgrund der Abstammung besessen, sondern nur dank seiner Stellung; auch sei sein Besitz nie rein privat gewesen. Mit der Abschaffung der Monarchie 1974 habe das Königshaus sowohl Nationalität als auch Besitzansprüche verloren. Diese Entscheidung kam einer Ausbürgerung gleich, doch wird Konstantin die Möglichkeit offengehalten, als einfacher Bürger einen neuen Paß zu erhalten unter der Bedingung der Anerkennung der

---

[1] Ein Abgeordneter der Neuen Demokratie trat aus Protest über diese neutrale Haltung zurück.

[2] Dieses Abstimmungsergebnis entspricht dem Resultat des Referendums von 1924, als sich unter dem Eindruck der kleinasiatischen Katastrophe 69,95% für die Republik aussprachen; vgl. unter III. Abschnitt 4.1.

[3] Vgl. Diamandouros 1986: 61.

[4] Die Kompetenzen des Interimspräsidenten entsprachen denen des Königs aus der Verfassung von 1952 mit Ausnahme des Rechts der Parlamentsauflösung, der Möglichkeit der Einflußnahme auf die Parlamentsarbeit und der Entlassung der Regierung.

[5] Vielleicht läßt sich diese Unruhe auch durch eine gewisse Parallele der politischen Skandale und Instabilität zu Beginn der 90er Jahre zu der krisengeschüttelten Republik der Zwischenkriegszeit erklären, die mit der Restauration der Monarchie endete.

Volksabstimmung gegen die Monarchie und der Verfassung der griechischen Republik. Die Abgeordneten der Neuen Demokratie verließen vor der Abstimmung aus Protest gegen das ihrer Ansicht nach verfassungswidrige Vorgehen den Plenarsaal.[1] Noch im Juni 1993 hatte ihr damals amtierender Ministerpräsident Mitsotakis mit einem Vertreter Konstantins einen Vertrag über dessen Immobilien- und Grundbesitz abgeschlossen, der - mit Ausnahme der beiden Paläste - dessen Rückgabe an den griechischen Staat vorsah. Auch 20 Jahre nach dem Ende der Monarchie bietet das Thema des Königs also noch Anlaß zu Kontroversen.

1.1.5 Die Verfassung von 1975

Bereits einen Monat nach den Parlamentswahlen legte Karamanlis dem Ministerrat einen Verfassungsentwurf zur Billigung vor und ließ ihn anschließend dem Parlament zur Beratung zugehen. Anfang 1975 begann ein aus 37 Mitgliedern bestehender parlamentarischer Ausschuß mit der Diskussion des Regierungsentwurfes, der schließlich am 7. Juni vom Parlament mit den Abgeordnetenstimmen der Regierungspartei gebilligt wurde. Am 11. Juni 1975 trat die neue Verfassung[2] in Kraft, die diejenige des Jahres 1952 ablöste und als Abschluß der Übergangsphase zur gegenwärtigen griechischen Republik angesehen werden kann. Sie bedeutete schon bei ihrer Ausarbeitung auch das Ende des diesen Prozeß auszeichnenden Konsenses, indem sie eine Polarisierung zwischen der Regierung und den Oppositionsparteien bewirkte, in der es um die Bedingungen der Ausarbeitung der Verfassung und die Position des Staatspräsidenten sowie des Parlaments ging. Zwar wurden 170 Änderungsanträge, 140 davon von der Opposition, aufgenommen[3], doch blieb der Verfassungsentwurf in seinem Wesensgehalt unangetastet. Aus Protest gegen die als kompromißlos kritisierte Haltung der Regierung[4] verließen die Abgeordneten der Oppositionsparteien vor der Schlußabstimmung demonstrativ das Plenum.

Die Ausgestaltung der Verfassung orientierte sich an vorhergehenden griechischen und westeuropäischen Verfassungen - den griechischen Verfassungen von 1927 und 1952, der italienischen von 1947 und dem deutschen Grundgesetz von 1949 sowie den französischen Verfassungen von 1946 und 1958[5] - und war wesentlich beeinflußt

[1] Die Abgeordneten des aus der ND hervorgegangenen Politischen Frühlings stimmten für die Enteignung, lehnten aber den Entzug der Staatsbürgerschaft ab; vgl. *Kathimerini* vom 14.04.1994.
[2] Deutscher Text der Verfassung in: Grothusen 1980a: 577ff.
[3] Vgl. Catsiapis 1975: 1584.
[4] Der Vorsitzende der Zentrumsunion Mavros warf Karamanlis eine „totalitäre Parlamentsherrschaft" vor, die Verfassung bezeichnete er als „reaktionär"; vgl. zu den Kontroversen ausführlicher Karabelia 1989: 45f.
[5] Vgl. Catsiapis 1975: 1580.

durch die verfassungspolitische Erfahrung der Nachkriegszeit. In seiner Regierungserklärung betonte Karamanlis den Aspekt der politischen Stabilisierung des Landes: „Griechenland braucht eine Verfassung, die den besonderen Umständen im Land entspricht und nicht fremde Modelle nachahmt; eine Verfassung, die echt demokratisch sein soll und zugleich der Regierung erlauben wird, schnell und wirkungsvoll zu handeln, die also die Exekutive verstärken wird, ohne ihre Verantwortung gegenüber dem Parlament einzuengen.“[1]

Die Verfassung besteht aus 120 Artikeln und gliedert sich in vier Teile, die Grundbestimmungen über die Staatsform und die Beziehungen zwischen Kirche und Staat, individuelle und soziale Rechte, Organisation und Funktionen des Staates sowie besondere Übergangs- und Schlußbestimmungen umfassen. Artikel 1 Absatz 1 legt die „republikanische parlamentarische Demokratie" fest und in dem Bemühen, die Frage der Staatsform nicht erneut aufkommen zu lassen, schließt Artikel 110 Absatz 1 die Staatsform von einer möglichen Verfassungsänderung aus.

Anders als die Verfassung von 1952 ist die von 1975 durch eine stärkere Betonung der Menschenwürde und der Rechte des einzelnen gegenüber dem Staat gekennzeichnet.[2] Als Konsequenz aus der Verletzung der Grundrechte durch die vergangene Militärdiktatur wurden diese ausführlich formuliert und ihnen - wie im Grundgesetz der Bundesrepublik Deutschland - eine zentrale Stellung in der Verfassung eingeräumt. Ebenfalls vor dem Hintergrund der Vergangenheit zu sehen sind die abschließenden Bestimmungen der Verfassung, die festlegen, daß „jede Usurpation der Volkssouveränität und der sich daraus ergebenden Gewalten [...] nach Wiederherstellung der rechtmäßigen Ordnung verfolgt“ wird (Art. 120 Abs. 3), und die alle Griechen „berechtigt und verpflichtet, gegen jeden, der es unternimmt, die Verfassung mit Gewalt aufzulösen, mit allen Mitteln Widerstand zu leisten" (Art. 120 Abs. 4)[3].

Als wesentliche Strukturprinzipien der staatlichen Ordnung formuliert die Verfassung[4]

- das Republikprinzip (Art. 1 Abs. 1, Art. 110 Abs. 1).
  Aus diesem Grund wurden auch royalistische Vereine aufgelöst bzw. werden sie nicht eingetragen[5];
- das Demokratieprinzip (Art. 1)

---

[1] Zit. nach *Archiv der Gegenwart* vom 5.01.1975: 19172.
[2] Vgl. Dagtoglou 1980: 22ff u. Alivizatos 1979: 552ff.
[3] Vgl. auch Artikel 20 Absatz 4 des deutschen Grundgesetzes.
[4] Vgl. auch Artikel 20 GG (Verfassung in Kurzform), der neben den hier genannten Prinzipien auch noch das Bundesstaatsprinzip enthält.
[5] Vgl. Dagtoglou 1980: 26.

Grundlage der Staatsform ist die Volkssouveränität. „Alle Gewalt geht vom Volke aus, besteht für das Volk und die Nation und wird ausgeübt, wie es die Verfassung vorschreibt“ (Art. 1 Abs. 3), d. h. daß jede Art der staatlichen Betätigung auf einen Willensentschluß des Volkes zurückführbar und durch ihn legitimiert sein muß. Dabei handelt es sich um ein repräsentatives System; keine der Staatsgewalten wird unmittelbar vom Volk ausgeübt, sondern von dessen gewählten Repräsentanten (Art. 51 u. 60 Abs. 1) sowie denen, die diese ernennen (Art. 26)[1];

- das Rechtsstaatsprinzip.
  Die Verfassung garantiert die Achtung der Menschenwürde (Art. 2) und der Grundrechte (Art. 4-25), die in der rechtsstaatlichen Tradition zunächst als Abwehrrechte gegen staatliche Eingriffe in die Rechtssphäre des einzelnen zu verstehen sind. Sie gewährleistet die Gewaltentrennung (Art. 26), insbesondere die sachliche und personelle Unabhängigkeit der Richter (Art. 87 Abs. 1, 2) und die Rechtsgebundenheit der Staatsgewalten (Art. 49, 52 u. 86);
- das Sozialstaatsprinzip.
  Wenngleich sich die Bezeichnung Sozialstaat nicht wörtlich in der Verfassung findet, enthält sie eine Sozialbindung des Eigentums (Art. 17 Abs. 1) wie überhaupt der Grundrechte allgemein (Art. 25 Abs. 4 u. Art. 106 Abs. 2). Darüber hinaus stellt sie die Familie und Bedürftige, die Gesundheit der Bürger, die Arbeit und Sozialversicherung unter den Schutz bzw. in den Aufgabenbereich des Staates (Art. 21 u. 22).

Der Aufbau des griechischen Staates (Teil 3) ist durch einen „politischen Bizentrismus”[2] gekennzeichnet, dessen Zentren der Präsident und die Regierung sind, nicht jedoch das Parlament. Hintergrund dessen war das Bestreben der auf Effizienz und Stabilität bedachten Regierung der Neuen Demokratie, eine starke, handlungsfähige Exekutive zu schaffen[3], die den Anomalien der Nachkriegszeit vorbeugt[4], sowie die Erfahrung Karamanlis’ mit den Institutionen der V. französischen Republik während seines zehnjährigen Exils in Paris. Dementsprechend trägt die Verfassung von 1975

---

[1] Allerdings kann der Präsident der Republik die „Durchführung einer Volksabstimmung über dringende nationale Fragen anordnen“ (Art. 44 Abs. 2).

[2] Vgl. Dagtoglou 1980: 28.

[3] Bereits während der vordiktatorischen Amtszeit hatte Karamanlis 1963 kurz vor seinem Rücktritt versucht, eine Verfassungsrevision durchzuführen mit dem Argument der mangelnden Effizienz und Stärke der Regierung; vgl. unter IV. Abschnitt 3.2.3.

[4] So haben die griechischen Parteien nicht zu einem „gesunden Parlamentarismus” beigetragen; vgl. Katsoudas 1987: 26.

trotz der Festlegung auf das parlamentarische System (Art. 1 Abs. 1) präsidiale Züge.[1]

Ein deutlicher gaullistischer Einfluß kommt bei der Ausgestaltung des Präsidentenamtes zum Vorschein, auch wenn Karamanlis selbst erklärte, daß hier „eine Regelung zwischen der französischen und der bundesdeutschen Verfassung” gefunden worden sei[2]. Als das „oberste politische Schiedsorgan” (Art. 30 Abs. 1) wird der Präsident zur entscheidenden politischen Instanz.[3] In Anlehnung an de Gaulles Rede von Bayeux am 16. Juni 1946[4] kann man sagen, daß die griechische Verfassung hier den Präsidenten als eine Institution konzipierte, die „über den politischen Ungewißheiten steht und inmitten aller Berechnungen und Intrigen der Kontinuität Geltung verschafft“[5]. Dies ist auch vor dem Hintergrund der negativen Erfahrungen mit dem König zu sehen, der diese Funktionen eben nicht erfüllte, sondern sich vielmehr als Faktor der Instabilität erwies.[6]

Im Amt des Staatspräsidenten findet eine deutliche Überschneidung der Legislative und Exekutive statt: Der Präsident teilt in einer Art Doppelfunktion mit dem Parlament die gesetzgebende und mit der Regierung die vollziehende Funktion (Art. 26 Abs. 1 u. 2). Zwar benötigen die meisten Akte des Präsidenten die Gegenzeichnung durch den zuständigen Minister (Art. 35 Abs.1), doch sind eine Reihe wichtiger Befugnisse davon ausgenommen (Art. 35 Abs. 2) und verfügt er in vage formulierten und damit interpretierbaren Krisenfällen über weitgehende Befugnisse, so daß seine Stellung in der Verfassung von 1975 über die eines Präsidenten in einem parlamentarischen System hinausgeht[7] und gerade angesichts der griechischen Vergangenheit die Gefahr eines Mißbrauchs enthält. Interessant ist der häufige Vergleich der Position des Präsidenten mit der bisherigen Stellung des Königs. So wird die Rolle des Präsidenten beschrieben als „diejenige eines ‚konstitutionellen‘ und - im Fall der

[1] Bezeichnenderweise behandelt die Verfassung das Präsidentenamt (Art. 30-50) vor dem Parlament (Art. 51-80) und der Regierung (Art. 81-86). Auch in der französischen Verfassung ist der Präsident das an erster Stelle definierte Verfassungsorgan (Art. 5-19), gefolgt von der Regierung (Art. 20-33) und dem Parlament (Art. 24-33) bzw. den Beziehungen zwischen Parlament und Regierung (Art. 34-51). Zur französischen Verfassung von 1958 vgl. Haensch/Tümmers 1991: 78ff, Text der Verfassung in: ebd.: 393ff.

[2] Karamanlis anläßlich der parlamentarischen Verabschiedung der Verfassung; zit. nach Kohler 1981: 236, Anm. 5.

[3] Vgl. die Ähnlichkeit mit Artikel 5 der französischen Verfassung von 1958: Der Präsident „wacht über die Einhaltung der Verfassung, mit seinem Schiedsspruch sichert er die ordnungsgemäße Tätigkeit der öffentlichen Gewalt sowie die Kontinuität des Staates“.

[4] De Gaulle 1970: 5ff.

[5] Zit. nach Haensch/Tümmers 1991: 83.

[6] Vgl. auch Catsiapis 1975: 1586.

[7] „Tout comme Janus, le président de la République hellénique a deux visages. Comme arbitre des institutions, il possède des compétences très étendues, mais comme chef d'État de régime parlementaire, son rôle est des plus réduits”; Catsiapis 1975: 1590.

Ausübung der Ausnahmebefugnisse - diejenige eines ‚absoluten Monarchen'"[1] oder ist von einer „Monarchie auf Zeit"[2] die Rede. D. Tsatsos[3], der Generalreferent der parlamentarischen Opposition bei der Beratung über die Verfassung, sah darin das Überleben eines „monarchischen Staatsverständnisses" über die Abschaffung der Monarchie hinaus. Zwar muß der Präsident vor vielen seiner Entscheidungen den Rat der Republik einberufen, doch hat dieser lediglich eine beratende Funktion.[4]

Anders als der französische wird der griechische Präsident nicht direkt vom Volk gewählt, sondern durch das Parlament[5], wodurch er eine geringere demokratische Legitimation hat.[6] Durch sein Recht zur Auflösung des Parlaments, „wenn es mit der Stimmung im Volke offensichtlich nicht übereinstimmt oder wenn seine Zusammensetzung die Stabilität der Regierung nicht sichert" (Art. 41 Abs. 1)[7], kann er Druck ausüben und seine Wiederwahl gewissermaßen erzwingen. Demgegenüber haben Parlament und Regierung keine Möglichkeit, eine Parlamentsauflösung zwingend zu beschließen; die Regierung verfügt lediglich über ein Vorschlagsrecht gegenüber dem Präsidenten (Art. 41 Abs. 2). Darüber hinaus liegt die Einberufung außerordentlicher Sitzungsperioden sowie die Aussetzung der Parlamentsarbeit [8] im Ermessen des Präsidenten (Art. 40).

Gegenüber der Gesetzgebung des Parlaments verfügt er über ein aufschiebendes Veto, das vom Parlament nur mit der absoluten Mehrheit der Gesamtzahl der Abgeordneten überwunden werden kann (Art. 42 Abs. 2 u. 3).[9] Diese Bestimmung geht

---

[1] Wenturis 1984: 102.
[2] Gaitanides 1978: 21.
[3] Tsatsos 1980: 16ff.
[4] Es handelt sich dabei um eine Nachfolgeinstitution des Rates der Krone; er setzt sich nach Art. 39 aus dem Ministerpräsidenten, dem Parlamentspräsidenten, dem Vorsitzenden der stärksten Oppositionspartei und mit Einschränkungen den früheren Ministerpräsidenten zusammen. Kritiker sahen in ihm nur ein Alibi, das den Entscheidungen des Präsidenten den Anschein größerer Legitimität geben sollte; vgl. Gaitanides 1975: 21 u. Tsatsos 1980: 29.
[5] Der Präsident wird vom Parlament, das selbst für 4 Jahre gewählt ist, auf 5 Jahre gewählt (Art. 30 Abs. 1). Im ersten und zweiten Wahlgang ist eine 2/3-, im 3. eine 3/5-Mehrheit erforderlich. Verläuft auch der letzte Wahlgang, ohne die notwendige Mehrheit zu erreichen, werden das Parlament aufgelöst und Neuwahlen durchgeführt. Das neue Parlament kann im dritten Wahlgang mit einfacher Mehrheit einen Präsidenten wählen (Art. 32). In diesem Fall wird der Präsident gewissermaßen durch das Volk mitgewählt; vgl. Catsiapis 1975: 1586.
[6] Vgl. Wenturis 1984: 101. Die Opposition kritisierte allerdings, daß der Präsident angesichts seiner Kompetenzen nicht über die direkte Legitimation durch das Volk verfügt.
[7] Die einzige Beschränkung liegt darin, daß das Auflösungsrecht frühestens ein Jahr nach der Aufnahme der Tätigkeit eines neu gewählten Parlaments ausgeübt werden kann und daß eine Auflösung zweimal aus den gleichen Gründen ausgeschlossen ist. Auch hier wurde an die französische Verfassung angeknüpft. Der französische Präsident kann nach Beratung mit dem Premierminister und den Präsidenten der beiden Kammern die Nationalversammlung für aufgelöst erklären. Die einzige Beschränkung seines Auflösungsrecht liegt darin, daß es nur einmal pro Jahr ausgeübt werden darf (Art. 12).
[8] Allerdings nur einmal während derselben Sitzungsperiode und maximal für 30 Tage.
[9] Der Verfassungsentwurf der griechischen Regierung sah sogar eine 3/5-Mehrheit für die Überwindung des präsidentiellen Vetos vor.

über die Befugnisse des französischen Präsidenten hinaus, der nach Artikel 10 Absatz 2 lediglich eine erneute Beratung eines Gesetzes in der Nationalversammlung herbeiführen kann, danach aber verpflichtet ist, das Gesetz zu verkünden. Außerdem sieht die griechische Verfassung autonome Gesetzgebungskompetenzen für den Präsidenten vor: Auf Vorschlag des zuständigen Ministers kann er Rechtsverordnungen im Rahmen eines besonderen Ermächtigungsgesetzes erlassen (Art. 43 Abs. 2); im Falle eines „außerordentlich dringenden und unvorhergesehenen Notstandes" kann er auf Vorschlag des Ministerrates gesetzgeberische Akte erlassen (Art. 44 Abs. 1), die zwar innerhalb von 40 Tagen nachträglich vom Parlament genehmigt werden müssen, um fortzubestehen, deren rückwirkende Gültigkeit davon jedoch unberührt bleibt.[1] Des weiteren darf der Präsident die Durchführung einer Volksabstimmung über dringende nationale Fragen anordnen und sich in Botschaften an das Volk wenden (Art. 44 Abs. 2 u. 3).[2] Anders als der französische Präsident verfügt er jedoch über kein Initiativrecht bei Verfassungsänderungen[3]; hier liegt die Entscheidung allein beim Parlament (Art. 110).[4]

Auch gegenüber der Regierung stärkt die Verfassung die Position des Präsidenten. „Unter außergewöhnlichen Umständen" kann er den Ministerrat ins Präsidialamt unter seinem Vorsitz einberufen (Art. 38 Abs.3)[5]. Der Präsident ernennt den Ministerpräsidenten (Art. 87), ist bei seiner Entscheidung aber auch an den Willen des Parlaments gebunden, dessen Vertrauensvotum die Regierung benötigt (doppelte Investitur), sowie verpflichtet, dem Vorsitzenden der stärksten Partei den Auftrag der Regierungsbildung zu erteilen (Art. 37)[6], womit auf die Erfahrungen willkürlicher Re-

---

[1] Das auslegbare Recht der Parlamentsauflösung gibt dem Präsidenten jedoch ein Druckmittel in die Hand, mit dem er das Parlament zur Gesetzesverabschiedung bringen kann; vgl. auch Zervakis 1988: 397.

[2] Der französische Präsident kann nach Artikel 11 der Verfassung nur auf Antrag der Regierung oder auf Antrag der beiden Kammern des Parlaments Gesetzesvorlagen, deren Gegenstand der Aufbau der Staatsorgane oder das Funktionieren der Institutionen ist, einer Volksabstimmung unterbreiten. In der Verfassungswirklichkeit ging die Initiative jedoch meist vom Präsidenten und nicht von der Regierung oder den beiden Kammern aus. Ein „Vorschlag" seitens der Regierung zur Durchführung eines Referendums erfolgte also erst nach der Ankündigung eines solchen durch den Präsidenten.

[3] Vgl. Artikel 89 der französischen Verfassung.

[4] Neben dem Abstimmungsverfahren bringt die Bestimmung, daß eine Verfassungsänderung vor dem Ablauf von fünf Jahren nach Abschluß der vorhergehenden unzulässig ist, eine zusätzliche Sperre ein.

[5] In Frankreich führt der Präsident nach Artikel 9 der Verfassung den Vorsitz im Ministerrat. Nur ausnahmsweise, kraft ausdrücklicher Delegation und für eine bestimmte Tagesordnung überträgt er dieses Vorrecht auf den Premierminister (Art. 21 Abs.4).

[6] Demgegenüber ist der französische Präsident bei der Ernennung des Premierministers (Art. 8) formal keinen Beschränkungen unterworfen. Allerdings muß er bei seiner Ernennung auf die Mehrheitsverhältnisse in der Nationalversammlung Rücksicht nehmen, wenn er vermeiden will, daß diese nach Artikel 49 und 50 der Verfassung die Regierung stürzt. Die Regierung hängt somit zwar auch vom Vertrauen der Nationalversammlung ab, doch schreibt die Verfassung nicht vor, daß sich die Regierung nach der Einsetzung dem Parlament vorstellen und die Vertrauensfrage stellen muß, wie dies unter den parlamentarischen Systemen der III. und IV. französischen Republik erforderlich war.

gierungsbildungen in den 60er Jahren reagiert wurde.[1] Findet dieser jedoch keine Mehrheit im Parlament, liegt die Regierungsbildungsinitiative beim Präsidenten, der jetzt nach seinem Ermessen ein Mitglied oder Nichtmitglied des Parlaments zum Ministerpräsidenten ernennen kann, der dann allerdings auch wieder auf ein Vertrauensvotum durch das Parlament angewiesen ist. Einem so ernannten Ministerpräsidenten kann der Präsident das Recht zur Parlamentsauflösung gewähren, um Neuwahlen durchzuführen. Diese Einrichtung von Übergangsregierungen entspricht jedoch einer eher fragwürdigen politischen Tradition, mit der die griechischen Staatsoberhäupter in der Vergangenheit ihre Vertrauten vorübergehend an die Regierung brachten.[2]

Ein weiteres nicht unerhebliches Machtinstrument des Präsidenten gegenüber der Regierung besteht in seinem Recht, nach Konsultation des Rates der Republik die Regierung entlassen zu können unabhängig von der Frage, ob sie im Parlament über eine Mehrheit verfügt (Art. 38 Abs. 2). Kritiker wiesen darauf hin, daß nicht einmal der französische Staatspräsident über ein solches Vorrecht verfüge .[3] Hier muß man jedoch anmerken, daß zwar laut Verfassung der Premierminister vom französischen Präsidenten nicht eigenmächtig entlassen werden kann, sondern nur, nachdem er den Rücktritt der Regierung angeboten hat (Art. 8), daß die Verfassungswirklichkeit jedoch erheblich vom Verfassungstext abweicht und der Premierminister vielmehr seinen Rücktritt „anbietet", wenn der Präsident ihn dazu auffordert

Besonders heftig umstritten war Artikel 48 der Verfassung, der in Anlehnung an die Sondervollmachten des französischen Präsidenten im Fall des Notstands (Art. 16) das griechische Staatsoberhaupt in Krisen zum „unkontrollierbaren Inhaber der Staatsmacht"[4] erhebt. Der Erlaß einer für diese Situation vorgesehenen Präsidialverordnung - der Oppositionsvertreter Tsatsos nannte dies eine „Präsidialdiktatur"[5] - erfolgt durch den Präsidenten mit Gegenzeichnung des Ministerrates im „Kriegs- und Mobilmachungsfall wegen äußerer Gefahren" oder allein des Ministerpräsidenten im „Fall innerer Störungen und offensichtlicher Bedrohung der öffentlichen Sicherheit und Ordnung des Staates durch innere Gefahren"[6], wobei von seiten der Opposition zu bedenken gegeben wurde, daß der Ministerpräsident und die Regierung nach Artikel 38 Absatz 2 „jederzeit" vom Präsidenten entlassen werden könnten. Im Rahmen der Präsidialverordnung kann der Präsident Teile der Verfassung, darunter auch Grundrechte, außer Kraft setzen, den Ausnahmezustand erklären, Ausnahmegerichte

[1] Vgl. Tsatsos 1980: 26f u. unter IV. Abschnitt 4.2.
[2] Vgl. unter IV. Abschnitt 3.3.3.
[3] Vgl. z. B. Zervakis 1988: 398, Anm. 35.
[4] Tsatsos 1980: 29. Vgl. auch Zervakis, 1988: 399.
[5] Tsatsos 1980: 28.
[6] Der französische Präsident ist nach Artikel 16 lediglich zu einer Beratung mit dem Premierminister, den Präsidenten der Versammlungen und dem Verfassungsrat verpflichtet.

einrichten sowie „alle notwendigen Gesetzgebungs- und Verwaltungsmaßnahmen zur Bewältigung der Lage und zur möglichst schnellen Wiederherstellung der verfassungsmäßigen Ordnung treffen" (Art. 48 Abs. 2). Diese „legale Diktatur des Präsidenten"[1] ist im Kriegsfall nach dessen Ende, in allen anderen Fällen nach 30 Tagen beendet, es sei denn, die Geltung der Präsidialverordnung wird mit Erlaubnis des Parlaments verlängert, ein Mißbrauchsschutz, der nach Meinung der Opposition zu spät eingebaut ist.[2]

Der Präsident ist politisch weder dem Volk noch dem Parlament gegenüber verantwortlich. Seine Absetzung ist nur im Rahmen eines mit Zweidrittelmehrheit der Parlamentsmitglieder befürworteten Anklageverfahrens wegen „Hochverrat" oder „vorsätzlicher Verletzung der Verfassung" möglich (Art. 49).[3]

Von der Regierung Karamanlis zum Erhalt der politischen Stabilität und Sicherung der Handlungsfähigkeit auch in Krisenzeiten gedacht, sah die Opposition in den Kompetenzen des Staatspräsidenten, vor allem in seinen notstandsrechtlichen Befugnissen den ersten Schritt zu einem erneuten Ende der Demokratie. Ihre Argumentation ging dahin, daß die Verfassung von 1952 sogar strengere Bestimmungen für die Erklärung des Notstands vorsah, deren einmalige Anwendung am 21. April 1967 den Beginn der Militärdiktatur bedeutete.[4]

Ein weiterer Kritikpunkt der Opposition war die untergeordnete, „rationalisierte"[5] Rolle des Parlaments, das einem „erdrückenden Übergewicht"[6] von Präsident und Regierung gegenübersteht, ohne selbst über geeignete Mittel der Einflußnahme und Kontrolle zu verfügen.[7] Seine gesetzgeberische Tätigkeit (Art. 73-77) wird durch die genannten gesetzgeberischen Kompetenzen des Präsidenten in Artikel 43 Absatz 2-4 und Artikel 44 Absatz 1 sowie Einschränkungen der Gesetzesinitiative der Parlamentsabgeordneten im Finanzbereich (Art. 73 Abs. 2 u. 3) beeinträchtigt. Hinzu kommt die auslegbare Möglichkeit der Regierung, bei von ihr als „sehr dringlich" bezeichneten Gesetzesvorlagen durch die Begrenzung der Rede- und Beratungszeit eine schnelle Abstimmung herbeizuführen. Um anders als unter der Verfassung von

---

[1] Dagtoglou 1980: 27.
[2] Vgl. Tsatsos 1980: 29.
[3] Dieses findet vor einem in Artikel 86 vorgesehenen Gericht statt; vgl. dazu auch Catsiapis 1975: 1597. Vgl. auch hier die Analogie zur französischen Verfassung (Art. 68).
[4] Vgl. Tsatsos 1980: 29.
[5] Catsiapis 1975: 1591 u. Manessis 1985: 791.
[6] Tsatsos 1980: 23.
[7] Vgl. Alivizatos 1979: 548ff. Auch in Frankreich wurden nach den schlechten Erfahrungen der III. und der IV. Republik, in denen das Parlament fast nie zur Bildung von stabilen Regierungsmehrheiten fähig war, in der Verfassung von 1958 die Zuständigkeiten des Parlaments enger gefaßt und seine Arbeit strenger reglementiert: Die Bestimmung des Regierungschefs wurde ihm völlig entzogen, die Möglichkeit zur Kontrolle der Exekutive geschwächt und die Gesetzgebung zugunsten der exekutiven Verordnungsgewalt auf einen genau definierten Katalog begrenzt und durch Verfahrensvorschriften geschwächt. Vgl. Haensch/Tümmers 1991: 131ff.

1952 ein zügiges Gesetzgebungsverfahren zu sichern, erlaubt die Verfassung bei bestimmten gesetzgeberischen Aufgaben die Aufteilung des Parlaments in zwei parallel zueinander arbeitende Sektionen (Art. 71 u. Art. 72 Abs. 1).

Die parlamentarische Kontrolle wird nach der Verfassung von 1975 mindestens zweimal wöchentlich vom Parlamentsplenum ausgeübt (Art. 70 Abs. 6). Untersuchungsausschüsse werden auf Antrag eines Fünftels und mit den Stimmen von zwei Fünfteln der Gesamtzahl der Abgeordneten eingesetzt (Art. 68 Abs. 2); ausgenommen sind jedoch auswärtige und die nationale Verteidigung betreffende Angelegenheiten, bei denen die absolute Mehrheit erforderlich ist, d. h. daß faktisch eine Zustimmung der Regierung erfolgen muß, womit die Kontrollfunktion in diesem Bereich mehr als unzureichend ist.[1]

In Normalzeiten stellt die Verfassung weniger den Präsidenten, sondern mehr die Regierung ins politische Machtzentrum; sie „bestimmt und leitet die allgemeine Politik des Landes" (Art. 82 Abs. 1). Wie bereits erwähnt bedarf die Regierung abweichend vom parlamentarischen System des Vertrauens des Präsidenten (Art. 38 Abs. 2) und des Parlaments: Innerhalb von 15 Tagen nach (!) der Eidesleistung des Ministerpräsidenten muß die Regierung einen Vertrauensantrag im Parlament stellen (Art. 84 Abs.1). Das Parlament selbst kann der Regierung oder einzelnen Ministern von sich aus das Vertrauen entziehen (Art. 84 Abs. 2). Zum Schutz der Regierung und zur Förderung der Stabilität enthält die Verfassung jedoch Bestimmungen, die ein solches Mißtrauensvotum erschweren.[2] Die Regierung ihrerseits kann dem Präsidenten vorschlagen, das Parlament „zur Bewältigung einer Frage von außerordentlicher nationaler Bedeutung" zur Erneuerung des Volksauftrages aufzulösen (Art. 41 Abs. 2). Auch in diesem Fall läßt die Formulierung einen Interpretationsspielraum.

Innerhalb der Regierung nimmt der Ministerpräsident eine herausragende Stellung ein, bei deren Ausgestaltung das Amt des deutschen Bundeskanzlers und des britischen Premierministers als Vorbild dienten.[3] Er führt den Vorsitz im Ministerrat, „stellt die Einheitlichkeit der Regierung sicher und leitet deren Tätigkeit sowie die der öffentlichen Verwaltung zur Durchführung der Regierungspolitik im Rahmen der Gesetze" (Art. 82 Abs. 2). Auf seinen Vorschlag ernennt und entläßt der Präsident die übrigen Regierungsmitglieder (Art. 37 Abs. 1).

---

[1] Vgl. auch Kaltsogia-Tournaviti 1983: 231 u. Manessis 1985: 791.

[2] Ein Vertrauensantrag kann nach Artikel 48 Absatz 6 mit absoluter Mehrheit der anwesenden Abgeordneten angenommen werden, ein Mißtrauensantrag nur mit der absoluten Mehrheit der Gesamtzahl der Abgeordneten. Er muß von mindestens 1/6 der Abgeordneten unterzeichnet und begründet sein und kann im Fall der Ablehnung innerhalb der nächsten 6 Monate nur dann wiederholt werden, wenn er von der Mehrheit der Gesamtzahl der Abgeordneten unterzeichnet ist (Art. 84 Abs. 2 u. 3); vgl. auch Catsiapis 1975: 1595f.

[3] Vgl. Catsiapis 1975: 1592f.

Zusammenfassend läßt sich sagen, daß die Machtkonstellation der Verfassung von 1975[1] die Möglichkeit eröffnete, daß je nach politischer Situation und personeller Besetzung das Gewicht beim Staatspräsidenten oder beim Ministerpräsidenten liegt.[2] Die Entscheidung Karamanlis' 1975, weiterhin Ministerpräsident zu bleiben und nicht für das anscheinend auf seine Person zugeschnittene Präsidentenamt zu kandidieren, ist vor diesem Hintergrund zu sehen. Wenn eine Persönlichkeit wie Karamanlis mit einer klaren Parlamentsmehrheit als Ministerpräsident amtiert und nicht schwere wirtschaftliche, soziale oder externe Krisen das Land erschüttern, wird der Ministerpräsident die dominierende Rolle spielen. Entsteht jedoch eine Situation, in der die Regierung durch eine Zersplitterung der Mehrheitsfraktion geschwächt und ihre Handlungsfähigkeit eingeschränkt ist, wächst die Bedeutung des Präsidenten für die „politische Stabilität" und vor allem die Interpretation dessen, was darunter zu verstehen ist. Tsatsos[3] sieht in der Verfassungspraxis zwei von ihm als „verfassungsimmanente[r] Widerspruch" kritisierte Varianten: Im Fall der parteipolitischen Identität kommt dem Staatspräsidenten nur die Rolle eines „Mitarbeiters" des dominanten Parteivorsitzenden und Ministerpräsidenten zu, der praktisch dessen Amtsmacht übernimmt, oder es ergibt sich ein unter Umständen zur Staatskrise führendes Spannungsverhältnis, wenn nach der Präsidentenwahl stattfindende Parlamentswahlen einen Mehrheitswechsel zur Folge haben.

Das Parlament wählte am 19. Juni 1975 mit 210 gegen 65 Stimmen bei 20 Enthaltungen den Karamanlis nahestehenden Konstantin Tsatsos zum Staatspräsidenten. Auf den Kandidaten der Opposition, Panajotis Kanellopoulos, den letzten Ministerpräsidenten vor der Militärdiktatur, entfielen die 65 Gegenstimmen.

Exkurs: Vergleich der Regimewechsel in Griechenland, Spanien und Portugal

Nahezu zeitgleich mit Griechenland vollzog sich der Übergang Spaniens und Portugals zur Demokratie. Zwei wesentliche gemeinsame Entwicklungen begünstigten das Ende der Diktaturen in Südeuropa und den Übergang zur Demokratie: einerseits die Abnutzung traditioneller Legitimationsmuster, andererseits die - zum Teil durch die Politik der Diktaturen selbst hervorgerufenen - Veränderungen der sozioökonomischen Strukturen.[4] Nach 1950 und insbesondere im Zeitraum von 1960 bis 1973, als Griechenland, Spanien und Portugal die höchsten Wachstumsraten des Bruttoinlands-

[1] Zur Verfassung vgl. außerdem Dervenagas 1976 u. Manessis/Papadimitriou 1976.
[2] Vgl. Catsiapis 1975: 1594, Kohler 1981: 240 u. Wenturis 1984: 100f.
[3] Tsatsos 1980: 30f.
[4] Vgl. Giner 1986: 35ff.

produkts in Europa aufwiesen, fanden im südlichen Europa massive sozioökonomische Umwälzungen statt, die den Entwicklungsrückstand gegenüber den westeuropäischen Zentren spürbar abbauten. Die Transnationalisierung des Kapitals und der Produktionsprozesse sowie die Arbeitskräftemigration und der wachsende Tourismus sorgten für eine zunehmende Integration des Mittelmeerraumes in die westeuropäische Wirtschafts- und Sozialstruktur. Gleichzeitig fällt jedoch auf, daß die Demokratisierungsprozesse in Südeuropa mit dem Beginn der ersten großen und langanhaltenden Krisen- und Rezessionsphase nach 1945 zusammenfallen[1], als nicht mehr ein kontinuierliches Wirtschaftswachstum und Verbesserung des Lebensstandards zumindest eine Hinnnahmebereitschaft und passive Loyalität der Bevölkerung begünstigten.

Hinzu kam, daß der internationale Kontext Mitte der 70er Jahre einen Regimewechsel und eine Demokratisierung in Südeuropa begünstigte. Die Zugehörigkeit zum politischen und ökonomischen Umfeld Westeuropas bedeutete einen entscheidenden Vorteil gegenüber den sich Ende der 70er/Anfang der 80er Jahre auf den Weg zur Demokratie begebenden bzw. sich darum bemühenden Ländern Lateinamerikas. Griechenland, Spanien und Portugal waren in Westeuropa von konsolidierten Demokratien umgeben. Vorbedingung für eine EG-Mitgliedschaft der drei Länder war die vorherige Herstellung der Demokratie. Auch die USA, die in Lateinamerika gegenüber Diktaturen eine machtpolitischen Interessen untergeordnete, ambivalente Haltung einnahmen, sprachen sich für demokratische Verhältnisse in Südeuropa aus. Gleichzeitig war die Perspektive eines EG-Beitritts eine Versicherung für diejenigen Kräfte, die zwar eine Demokratisierung, aber keine größeren sozioökonomischen Umwälzungen wollten, da die EG-Mitgliedschaft nicht nur eine Entscheidung für demokratische, sondern auch die Beibehaltung marktwirtschaftlicher Grundprinzipien implizierte.[2] Trotz dieser den Regimewechsel begünstigenden Gemeinsamkeiten muß der Zusammenbruch der autoritären politischen Strukturen in Südeuropa vor allem aus den nationalen Entwicklungen erklärt werden.

Im Rahmen der von Stepan aufgestellten Typologie von Demokratisierungsprozessen[3] fallen die drei südeuropäischen Varianten unter die gemeinsame Kategorie einer von innen, aus dem autoritären Regime eingeleiteten Redemokratisierung, bei der ein Teil des bisherigen Herrschaftsapparates den politischen Wandel auslöst, da er seine Interessen langfristig bei einem Übergang zur Demokratie besser oder eher gewahrt sieht. Innerhalb dieser Kategorie lassen sich verschiedene Varianten je nach dem In-

---

[1] Zu den Folgen der Ölschocks für Griechenland, Spanien und Portugal vgl. Tovias 1984: 160ff.

[2] Vgl. Whitehead 1986: 21ff. Zum internationalen Kontext des Übergangs zur Demokratie vgl. ebd.: 3ff u. Tovias 1984: 158ff.

[3] Vgl. unter I. Abschnitt 2.2.1.

itiator der Redemokratisierung unterscheiden. Der spanische Übergang zur Demokratie nach Francos Tod im November 1975 wurde durch begrenzte Liberalisierungsmaßnahmen von zivilen Eliten des autoritären Regimes begonnen, während in Griechenland und Portugal Teile des Militärs die unmittelbare Demokratisierung einleiteten und im Falle Portugals auch entscheidenden Einfluß auf den weiteren Verlauf der Transition nahmen.

Im Vergleich des Verlaufs der drei südeuropäischen Transitionen wird der griechische Regimewechsel zwischen die spanische *reforma*, d. h. den behutsamen Wandel aus dem alten System heraus, und die portugiesische *ruptura*, d. h. den radikalen Bruch mit dem bisherigen Regime, eingeordnet.[1] Der Fall Griechenland hebt sich wiederum von den iberischen Regimewechseln durch die extrem kurze Dauer des Transitionsprozesses ab. Während in Griechenland, wo an demokratische Strukturen der 50er und 60er Jahre angeknüpft werden konnte, zwischen dem Sturz der Obristen und der Bildung einer durch Parlamentswahlen demokratisch legitimierten Regierung nur vier Monate lagen und in weniger als einem Jahr eine neue Verfassung in Kraft trat, vergingen in Spanien nach dem Tode Francos im November 1975 über eineinhalb Jahre bis zu den ersten freien Parlamentswahlen und über drei Jahre bis zum Inkrafttreten einer neuen Verfassung im Dezember 1978, und auch in Portugal erstreckte sich der Übergang zur Demokratie trotz der revolutionären Züge auf zwei Jahre vom Militärputsch im April 1974 bis zum Inkrafttreten der Verfassung und der ersten verfassungsmäßigen Regierung im April 1976.

Im Unterschied zu Griechenland und Portugal kam es in Spanien nicht zu einem Zusammenbruch des autoritären Regimes, nicht einmal zu einem von der Opposition geforderten „demokratischen Bruch“, der zumindest psychologisch den Neubeginn markiert hätte. Vielmehr - und dies ist das besondere an der spanischen *transición* - fand ein allmählicher Regimewandel unter Leitung und Kontrolle der franquistischen Institutionen und eines - reformistischen - Teils der in ihnen vorherrschenden Eliten, der Pragmatiker oder *Softliner*, statt, und das im Rahmen der von Franco errichteten Legalität und ohne das autoritäre Verfassungsrecht zu brechen. Inhaltlich erfolgte jedoch nicht nur eine Reform oder Revision des franquistischen Systems, sondern dessen Ersetzung durch ein neues, demokratisches System unter Bruch mit den Strukturprinzipien des vorherigen Regimes.[2]

Gruppen innerhalb der herrschenden autoritären Koalition waren schon vor dem Tode Francos zu der Überzeugung gelangt, daß eine weitere Öffnung des Regimes

---

[1] Zum Vergleich der Demokratisierung in Südeuropa s. Giner 1982: 172ff u. 1986: 11ff, Pridham 1984b: 1ff, Willimas 1984, Beyme 1985: 27ff, Schmitter 1986: 3ff u. Kraus 1990: 191ff.

[2] Zum Regimeübergang in Spanien vgl. Carr/Fusi 1979, Coverdale 1979, Maravall 1982, Graham 1984, Medhurst 1984: 30ff, Maravall/Santamaría 1986: 71ff u. Preston 1987.

und die vorsichtige, kontrollierte Einführung demokratischer Reformen längerfristig eher ihre Interessen sichern könnte und nicht zuletzt umsturzähnliche Veränderungen, wie sie in Portugal stattfanden, verhindern würden. Der wirtschaftspolitische Kurswechsel des Franco-Regimes gegen Ende der 50er Jahre[1] hatte nicht nur das Wirtschaftswunder der 60er Jahre ausgelöst, sondern auch zu einer rapiden und durchgreifenden Veränderung der gesellschaftlichen Strukturen geführt. Der Anteil der in der Landwirtschaft Beschäftigten, der 1950 noch rund die Hälfte ausgemacht hatte, sank bis Mitte der 70er Jahre auf 32%, während der Dienstleistungssektor sprunghaft auf über 40% anstieg. Die Schicht der Facharbeiter und leitenden Angestellten verbreiterte sich stark, die Landflucht wie überhaupt die regionale Mobilität verstärkte sich, und es vollzog sich ein Werte- und Verhaltenswandel vor allem in der jüngeren Generation und in Schichten mit höherer Ausbildung. Führende Wirtschaftskreise hatten ein zunehmendes Interesse an einer weitergehenden wirtschaftlichen Liberalisierung. Sie hofften auf eine Öffnung Spaniens gegenüber dem gemeinsamen Markt auch um den Preis einer politischen Liberalisierung. Diese Forderung, verbunden mit der Hoffnung auf höhere Rationalität und Effektivität staatlichen Handelns, stieß auf gleichlautende Interessen einer wachsenden Schicht politisierter höherer Kader und Freiberufler. Der Druck von seiten der demokratischen Opposition, insbesondere der „historischen Nationalitäten", Basken und Katalanen, und der Arbeiterschaft verstärkte sich. Im Baskenland und in Katalonien waren die sogenannten Arbeiterkommissionen (*Comisiones Obreras*) entstanden, die durch die Ausnutzung aller legalen Möglichkeiten die sozialen und politischen Rechte der Arbeiterschaft zu erweitern versuchten und denen es schließlich sogar gelang, die Staatssyndikate zu unterwandern. Anfang der 60er Jahre nahmen die Arbeitskämpfe rapide zu, und zu Beginn der 70er Jahre zählte Spanien zu den Ländern mit der höchsten Streikrate in Europa. Auch in der katholischen Kirche, ursprünglich der wichtigste ideologische Träger des franquistischen Regimes, regte sich zunehmend Kritik an den politischen und sozialen Verhältnissen.

In dieser Phase zunehmender politischer Schwäche und der 1973 einsetzenden ökonomischen Krise sah sich das Franco-Regime mit der Lösung der Nachfolgefrage konfrontiert. Für die Nachfolge Francos war bereits 1947 die Wiedereinführung der Monarchie vorgesehen worden. Unter den verschiedenen Thronprätendenten der Bourbonen und Karlisten entschied sich Franco für Juan Carlos, den Enkel des letzten spanischen Königs (1886-1931) Alfons XIII. Seit 1969 war seine Nachfolge gesetzlich gesichert, seit 1971 war er Stellvertreter des Staatschefs. Der Tod Francos bedeutete noch nicht das unmittelbare Ende des Franquismus, war aber der Kataly-

[1] Vgl. unter IV. Abschnitt 5.6.

sator der folgenden Reformentwicklung. Am 22. November 1975 wurde Juan Carlos zum spanischen König proklamiert. Nach der Ermordung des designierten Franco-Nachfolgers Carrero Blanco durch ein Kommando der baskischen Terrororganisation ETA verfügte er automatisch über einen erweiterten Handlungsspielraum und war in der Rolle des von Huntington[1] beschriebenen *modernizing monarch*, der eine Koalition aus reformistischen und traditionellen Kräften bildet, maßgeblich an der Demokratisierung des Landes beteiligt. Bereits in seiner Thronrede kündigte er eine Öffnung und Demokratisierung des politischen Systems an. Dieses Programm wurde in der Regierungserklärung vom Dezember 1975 konkretisiert (Reform der repräsentativen Institutionen, Gewährung des Vereinigungsrechts, Ausweitung der Freiheiten und Rechte der Bürger), machte jedoch in der ersten Jahreshälfte 1976 unter dem aus der Franco-Ära übernommenen Ministerpräsidenten Carlos Arias Navarro kaum Fortschritte. Der König und die politisch Verantwortlichen standen vor den alternativen Forderungen der Opposition nach einem Bruch mit dem Franquismus und der Rechten nach Kontinuität und allenfalls unwesentlichen Veränderungen des Systems. Die schließlich eingeschlagene Strategie setzte auf einen allmählichen Wandel, einen „paktierten Übergang" (*transición pactada*), d. h Verhandlungen zwischen Regierung und Vertretern des alten Regimes einerseits und Kräften der demokratischen Opposition andererseits. Verfassungsrechtlich bewegte man sich dabei immer innerhalb der in den franquistischen „Grundgesetzen" für deren Revision vorgesehenen Regeln; die franquistische Legalität wurde für ihre eigene Ersetzung durch eine neue, demokratische Legalität instrumentalisiert. Der Kritik überzeugter Franquisten konnte die Regierung so stets mit dem Hinweis auf die Rechtmäßigkeit ihres Vorgehens begegnen.

Ein wichtiger Schritt war die Ablösung des Ministerpräsidenten Navarro durch den zwar ebenfalls aus dem alten Regime stammenden, aber reformfreudigeren Adolfo Suárez Gonzáles[2] im Juli 1976. Die von Suárez propagierte „Reform in der Kontinuität", die bereits im „Projekt für die politische Reform" vom September 1976 zum Ausdruck kam, lief auf eine Nebeneinander der sich eigentlich ausschließenden Positionen *reforma* und *ruptura*, „Reform" und „Bruch", hinaus:[3] Zum einen wurde so die erforderliche Unterstützung seitens der Franquisten für die als „Reform" dargestellten Änderungen erwirkt, zum anderen die Duldung des eingeschlagenen, allmählichen, inhaltlich als „Bruch" dargestellten Prozesses durch die demokratische Opposition.

[1] Huntington 1968: 140ff u. unter I. Abschnitt 2.2.3.

[2] Suárez war 1968/69 Zivilgouverneur der Provinz Segovia, 1969-73 Generaldirektor des staatlichen Hörfunks und Fernsehens, 1973-75 Präsident der nationalen Tourismusorganisation und 1975/76 Minister und Generalsekretär der Einheitspartei *Movimiento Nacional*.

[3] Vgl. Maravall /Santamaría 1986: 73.

Daß die Kräfte des alten Regimes dem Wandel schließlich zustimmten, war im wesentlichen vier Faktoren zu verdanken:

1. der entschiedenen Haltung des Königs zugunsten des Demokratisierungsprozesses, die vor allem die Streitkräfte beeinflußte;
2. dem vor allem in den Massenmedien zum Ausdruck kommenden politischen Klima, das eine Demokratisierung als unausweichlich erscheinen ließ;
3. der Überzeugung der traditionellen Machteliten, nur durch demokratische Zugeständnisse eine Radikalisierung des Prozesses wie in Portugal verhindern zu können[1]; und
4. dem bereits angesprochenen internationalen Umfeld.

Die erste Phase der *transición* bewegte sich noch ganz im alten konstitutionellen Rahmen bis zur Vorlage des sogenannten „Gesetz[es] über die politische Reform des spanischen Staates", das im November 1976 die *Cortes* (Volksvertretung) passierte und im Dezember 1976 in einem Referendum von einer überwältigenden Mehrheit von 94,2% bei einer Wahlbeteiligung von 77,4% gebilligt wurde, obwohl die demokratische Opposition, da sie am bisherigen Prozeß nicht beteiligt worden war, zur Stimmenthaltung aufgerufen hatte. Verfassungsrechtlich-formal stellte das Gesetz eine Ergänzung der bisherigen franquistischen Grundgesetze dar, materiell bedeutete es jedoch mit der Anerkennung des Prinzips der Volkssouveränität, der Ersetzung der Ständekammer durch ein allgemein gewähltes Zweikammerparlament mit verfassunggebenden Vollmachten einen Bruch mit franquistischen Prinzipien. Mit der Annahme des Reformgesetzes kam die erste Phase des Übergangs zum Abschluß, in der die Ereignisse im wesentlichen von der Regierung Suárez vorangetrieben wurden, so daß für diesen Zeitraum auch von einer „Demokratisierung ohne Demokraten" gesprochen wird.

Erst in der zweiten Phase spielte die demokratische Opposition, die sich im Frühjahr 1976 zur „Demokratischen Koordination" (*Coordinación Democrática*) zusammengeschlossen und ihre Absicht bekundet hatte, Spanien auf friedlichem Weg in eine demokratischen Staat umzuwandeln, eine größere Rolle und wurde der *consenso*, der Konsens zwischen Regierung und demokratischer Opposition, zum Schlüsselwort der Entwicklung. Nur schrittweise und zögernd machte die Regierung der demokratischen Opposition Zugeständnisse. Die von ihr geforderte Amnestie vollzog sich in mehreren Etappen. Im Frühjahr 1977 erfolgte die Legalisierung aller politischen Parteien einschließlich der Kommunisten und der Gewerkschaften. Es setzte eine

[1] Dabei hegten sie auch die Hoffnung, daß Suárez' „Reform in der Kontinuität" im Grunde auf eine „autoritäre Demokratie" hinauslaufen würde, in der die Vorherrschaft der Rechten gesichert sein würde.

parteipolitische Aktivität ungeahnten Ausmaßes ein.[1] Die frühere franquistische Einheitspartei *Movimiento Nacional* und die staatlichen Zwangssyndikate wurden aufgelöst, wobei der Personalbestand (ca. 32.000 Angestellte der Syndikate) in die staatliche Verwaltung eingegliedert wurde, wie es überhaupt in der Natur des spanischen Regimewechsels lag, daß, anders als in Griechenland und vor allem Portugal, keinerlei Säuberungen des Staatsapparates möglich waren bzw. stattfanden. Auch in Führungspositionen in Militär, Polizei, Verwaltung, staatlichen Wirtschaftsunternehmen und staatlich gelenkten Massenmedien bestand somit eine personelle Kontinuität zum Franco-Regime.

Zur wichtigsten Partei auf der Rechten nach der Auflösung des *Movimiento* wurde die nationalistisch-konservative Volksallianz (AP = *Alianza Popular*). Auf der linken Seite etablierten sich die Spanische Sozialistische Arbeiterpartei (PSOE = *Partido Socialista Obrero Español*) und die Kommunistische Partei Spaniens (PCE = *Partido Comunista España*). In der Mitte bildeten sich zahlreiche liberale, konservative, christ- und sozialdemokratische Parteien, die im Mai unter der Führung Suárez‘ eine Wahlkoalition, die Union des Demokratischen Zentrums (UCD = *Unión de Centro Democrático*), bildeten. Damit vollzog sich ein deutlicher Übergang zur nachfranquistischen Epoche. Die bis dahin bestehende Frontstellung zwischen Regierung als Repräsentanten autoritärer Staatsmacht einerseits und politischen Parteien als Verkörperung demokratischer Kräfte andererseits wurde abgelöst durch einen Parteienpluralismus, in den sich sowohl die Mitglieder der aus dem Franquismus hervorgegangenen Übergangsregierung als auch des bislang vereinigten Oppositionsblocks einreihten. Die wieder legalisierten Gewerkschaften forcierten durch massenhaften Basisdruck den Demokratisierungsprozeß. Im kulturellen und publizistischen Bereich fand eine schnelle Liberalisierung statt. Zum Sprachrohr für die politische und gesellschaftliche Entwicklung wurde die Tageszeitung *El País*.

Aus den ersten freien Parlamentswahlen seit dem Bürgerkrieg (1936-1939) im Juni 1977 ging die UCD von Suárez mit 34,6% der Stimmen und 166 von 350 Sitzen als stärkste Gruppierung hervor, gefolgt von der PSOE mit 29,4% und 118 Mandaten . Neben diesen beiden konnten sich nur noch die Kommunisten mit 9,4% (20 Sitzen) und die Volksallianz mit 8,4% (16 Sitzen) als relevante überregionale Kräfte behaupten. Der Wahlsieg der UCD als Partei der (rechten) Mitte war ein deutliches Zeichen, daß die früheren Gegensätze zwischen den ländlich-katholischen und urbansäkularisierten Mittelschichten abgebaut waren. Mit der PSOE vereinigte sie etwa zwei Drittel der Wählerstimmen und drei Viertel der *Cortes*-Mandate. Dies bedeutete

[1] Aus der verwirrenden Vielzahl politischer Parteien und Assoziationen wurden schließlich zu den ersten Parlamentswahlen im Juni 1977 194 zugelassen; 34 nicht anerkannte Parteien erreichten eine Zulassung als „unabhängige Listen“.

eine deutliche Absage an Extreme und war Ausdruck einer Tendenz zur Konzentration und Mäßigung.

Um den weiteren Demokratsisierungsvorgang bis zur Fertigstellung einer neuen demokratischen Verfassung abzusichern, unterzeichneten die Führer aller größeren Parteien Ende Oktober 1977 den „Moncloa-Pakt", benannt nach der Bezeichnung für den Palast des Ministerpräsidenten. Er beinhaltete ein wirtschaftliches Programm zur Sanierung und Stabilisierung der spanischen Wirtschaft[1] und einen politischen Teil, in dem sich die Parteien über die notwendige Anpassung wichtiger Bestandteile der spanischen Gesetzgebung an die durch das Reformprogramm veränderte politische Lage verständigten[2].

Ein weiteres Beispiel für die von den Parteien betriebene Konsenspolitik war die Ausarbeitung der Verfassung, bei der man sich um Kompromisse zwischen den Vorstellungen der Linken (Sozialisten und Kommunisten) und jenen der regierenden Union des Demokratischen Zentrums bemühte, um so die Konflikte um die Frage der Staatsform, das Verhältnis Staat - Kirche, die Bestimmung des Wirtschaftssystems, die Regelung des Mißtrauensvotums und die - am heftigsten umstrittene - verfassungsrechtliche Behandlung der „autonomen Gemeinschaften" zu lösen. Ende Oktober 1978 wurde die Verfassung, bei der die Nachkriegsverfassungen Italiens und der Bundesrepublik und bezüglich des Königs die schwedische Verfassung Pate standen, von der *Cortes* mit überwältigender Mehrheit verabschiedet und in einem Referendum im Dezember 1978 von 87,8% der Wähler gebilligt[3].

Nach Inkrafttreten der neuen Verfassung im Dezember 1978 wurden das Parlament aufgelöst und Neuwahlen ausgeschrieben. Die Wahlen im März 1979, die die UCD mit 35% als stärkste Partei bestätigten, gefolgt von der PSOE mit 30,5%, den Kommunisten mit 10,8% und der rechten Demokratischen Koalition (CD = *Coalición Democrática*) mit 6%, und die Bildung der dritten Regierung nach dem Tode Francos

---

[1] Angesichts einer Inflationsrate von fast 30%, wachsender Arbeitslosigkeit und einem anhaltend hohen Handelsbilanzdefizit war dies eine der vordringlichsten Aufgaben der neugebildeten Regierung unter Soárez.

[2] Dabei ging es im einzelnen um Gesetzesvorschläge zur Liberalisierung der Meinungsfreiheit, Kontrolle des staatlichen Fernsehens, Liberalisierung des Versammlungs- und Koalitionsrechts, Gleichberechtigung der Frau, Revision des Gesetzes über „soziale Gefährlichkeit", mit dem Maßnahmen gegen politsch mißliebige Personen gerechtfertigt worden waren, Eingrenzung der Zuständigkeiten der Militärgerichte, Revision der Gesetze über öffentliche Ordnung sowie die Reorganisation der staatlichen Sicherheitskräfte, um eine klarere Abgrenzung der Kompetenzbereiche und eine Einschränkung der militärischen Kompetenzen zu erreichen.

[3] Die Wahlbeteiligung war mit 67,7% geringer als beim Referendum über das Reformgesetz. Das Konzertierungsverfahren der Parteien hatte bewirkt, daß die Mehrheit der Bevölkerung die Verfassungsdebatte gar nicht verfolgte. Im Baskenland, wo der Eindruck bestand, daß die besonderen Interessen der Region zu kurz gekommen waren, blieb die Bevölkerung dem Referendum mehrheitlich fern; der Anteil der Neinstimmen war hier mit 24% dreimal höher als im spanischen Durchschnitt.

- erneut eine Minderheitsregierung unter Suárez - markierten den eigentlichen Neubeginn des demokratischen Spaniens.

Während in Spanien und sehr schnell auch in Griechenland zivile Akteure die herausragende Rolle im Übergangsprozeß spielten, waren die Schlüsselpersonen in Portugal Offiziere, die den Zivilisten erst allmählich Zugang zu politischen Entscheidungspositionen ermöglichten, sie jedoch zwangen, einen Pakt mit den Streitkräften zu unterzeichnen, bevor eine das Ende der Transition markierende Verfassung ausgearbeitet werden konnte.[1] Das Problem der portugiesischen Transition war somit nicht das, ein konservatives Militär von der Macht fernzuhalten bzw. seine Intervention zu verhindern, sondern ein radikalisiertes Militär von der Macht zu verdrängen.

Nach einer scheinbaren Stabilisierung des *Estado Novo* in den 50er Jahren hatten bereits die Präsidentschaftswahlen von 1958, bei denen der Kandidat der oppositionellen Kräfte, General Humberto Delgado, einen offenen Wahlkampf gegen das Salazar-Regime führte und immerhin 31% der Stimmen gewinnen konnte, zu politischen Erschütterungen geführt. In der Folgezeit kam es zu vermehrten Streiks, Unruhen an den Universitäten und einer wachsenden Tätigkeit der Regimegegner. Das krankheitsbedingte Ausscheiden Salazars aus der Politik 1968 - Nachfolger wurde sein enger Mitarbeiter Marcelo J. d. N. A. Caetano - nährte Spekulationen über ein baldiges Ende des von der Person Salazars geprägten Herrschaftssystems, zumal es zu einer zunehmenden Faktionalisierung der ehemals systemtragenden Kräfte der Großgrundbesitzer, der Streitkräfte, des Staatsapparates und der Kirche kam. Caetanos kurzfristiger Versuch, einen Weg der Liberalisierung einzuschlagen, mißlang, und Portugal versäumte nach Salazars Tod im Juli 1970 die Gelegenheit, einen allmählichen Übergang auszuhandeln, eine *reforma pactada*, wie sie kurze Zeit später in Spanien gelang.[2]

Im internationalen Umfeld zu Beginn der 70er Jahre waren der Korporativismus und Autoritarismus des *Estado Novo* überholt und diskreditiert. Die Mitgliedschaft in der EFTA und die Liberalisierung der Investitionspolitik führten zu vermehrten ausländischen Investitionen und begünstigten die Industrialisierung. Die Folge war ein wachsender Gegensatz zwischen jenen Wirtschaftsgruppen, die traditionell auf die Beziehungen mit den Kolonien ausgerichtet waren, und jenen, die sich stärker auf die europäischen Märkte hin orientierten, was auch in der Frage der Kolonialpolitik zu erheblichen Divergenzen führte. 1961 waren zunächst in Angola, dann in Portugiesisch-Guinea und Moçambique Guerillakriege ausgebrochen, die 1970 fast die Hälfte des portugiesischen Verteidigungsbudgets in Anspruch nahmen bzw. 63,27 US-$ pro

---

[1] Zum Regimewechsel in Portugal vgl. Harvey 1978, Graham/Makler 1979, Braga de Macedo/Serfaty 1981, Bruneau 1984: 72ff, Maxwell 1986: 109ff u. 1995, Sänger 1994: 176ff u. Reis 1997: 89ff.

[2] Vgl. Maxwell 1986: 113.

Einwohner bei einem Pro-Kopf-Einkommen vom kaum mehr als 1.000 US-$[1]. Die Fortsetzung des kostspieligen Kolonialkrieges stand einer Entwicklung des Landes - damals neben der Türkei das mit Abstand ärmste in ganz Europa - entgegen. Im Staatsapparat gewannen junge Technokraten an Einfluß, deren wirtschaftliche Effizienzvorstellungen zwangsläufig auch eine gesellschaftliche Liberalisierung mit sich bringen würden.

Entscheidend für den Umsturz des Regimes war jedoch der wachsende Widerstand in den mittleren Rängen der Streitkräfte gegen die portugiesische Kolonialpolitik, die sie zu großen Opfern in einem langen Krieg zwang, der nach ihrer Meinung nicht zu gewinnen war. Im September gründeten Offiziere der portugiesischen Armee in den afrikanischen Kolonien die oppositionelle Bewegung der Streitkräfte (MFA = *Movimentó dos Forças Amadas*). Beruflich unzufrieden und militärisch desillusioniert drängten die Offiziere des MFA, denen es ursprünglich nur um die Wahrung ihrer beruflichen Interessen gegangen war, bald auch auf politische und soziale Veränderungen als Voraussetzung für eine angemessene Bewältigung des Kolonialproblems. Am 25. April 1974 stürzte der MFA das Caetano-Regime unblutig durch einen Militärputsch, die sogenannte „Nelkenrevolution". Der kurz zuvor aufgrund seiner kritischen Haltung abgesetzte stellvertretende Generalstabschef, Antonios S. R. de Spínola, trat an die Spitze der revolutionären Junta und übernahm das Amt des Staatspräsidenten. Das am gleichen Tag bekanntgegebene Programm der MFA beschränkte sich auf wenige grundlegende Maßnahmen für den Übergang zur Demokratie. Es beinhaltete Verfahrensregeln zur „kurzfristigen" Übergabe der politischen Macht in die Hände einer zivilen demokratischen Regierung, von sozialistischen Vorstellungen geprägte wirtschafts- und sozialpolitische Forderungen und nannte allgemeine Prinzipien der Außen- und Überseepolitik.

Das Militär war jedoch unfähig, nach dem Putsch in der weiteren Demokratisierungsphase einheitlich zu agieren. Spannungen zwischen linken und rechten Gruppen unter den revolutionären Kräften brachten mehrfach Regierungsumbildungen. Der Machtkampf des eher konservativen Spínola mit dem linken MFA-Flügel und sein vergeblicher Versuch, die Position der gemäßigten politischen Kräfte gegenüber Kommunisten und Radikalsozialisten, die zunehmend in gesellschaftliche Machtstellungen eindrangen, zu stärken, endete mit der Ablösung des von ihm eingesetzten Ministerpräsidenten Palma Carlos durch Oberst Váscos dos Santos Gonçalves, dem bisherigen Vorsitzenden des MFA-Koordinierungsausschusses, und schließlich Spínolas Rücktritt selbst am 30. September 1974; sein Nachfolger wurde General

---

[1] Vgl. Maxwell 1986: 110.

Francisco da Costa Gomes. Nach einem gescheiterten Putsch im März 1975 floh Spínola ins Ausland.

Schon in der Auseinandersetzung mit Spínola zeigte sich, daß die Hoffnung, das Militär könne eine überparteiliche Neutralität wahren und den Aufbau der Demokratie dadurch sichern, daß es lediglich Verfahrensregeln für die Übernahme der Macht durch die politischen Parteien festlegte, illusorisch war. Bis zur Billigung der ersten verfassungsmäßigen Regierung nach den Parlamentswahlen im April 1976 gab es sechs „provisorische" Regierungen, die auf der jeweiligen Machtverteilung innerhalb der MFA beruhten. Dies alles geschah vor dem Hintergrund einer zusehends verschärften wirtschaftlichen Krise[1] und einer sozial-revolutionäre Züge tragenden Mobilisierung der Gesellschaft. Der Umsturz hatte eine politische Aufbruchstimmung erzeugt.

Die Kommunisten waren die einzigen, die 1974 im Land selbst als Partei existierten. Zahlenmäßig klein, verfügte die Kommunistische Partei Portugals (PCP = *Partido Comunista Português*) doch über eine funktionierende Parteiorganisation, hatte eine gefestigte Ideologie, besaß politische Erfahrung und hatte Einfluß bei Land- und Industriearbeitern, Gewerkschaften und Hochschulen. Zwar konnten auch die Sozialisten auf eine lange Tradition des Widerstands gegen das Salazar-Regime zurückblicken, doch hatte dieser selten eine feste organisatorische Form wie mit der Sozialistischen Aktion Mitte der 60er Jahre angenommen und war die Sozialistische Partei (PS = *Partido Socialista*) erst ein Jahr vor dem Umsturz im Exil in der Bundesrepublik gegründet worden. Ihr fehlte es an einer Mitgliederbasis, Führungspersonen und Organisation. Sie war gegenüber den Kommunisten im Rückstand. Gleiches galt für die anderen, sich erst jetzt formierenden Parteien: Das mit gewisser Verzögerung gegenüber den anderen Parteien Mitte Juli 1974 gegründete, rechts der Mitte stehende Demokratisch-Soziale Zentrum (CDS = *Centro Democrático y Social*), das in der revolutionären Zeit der Jahre 1974/75 hart um seine Existenz kämpfen mußte, und die Anfang Mai gegründete Demokratische Volkspartei (PPD = *Partido Popular Democrático*), in der sich vor allem jene liberalen Technokraten sammelten, die nach dem Ausscheiden Salazars vergeblich versucht hatten, eine Liberalisierung des Regimes von innen her in Zusammenarbeit mit dessen Nachfolger Caetano zu erreichen. Die Verbindung ihrer führenden Köpfe mit dem alten Regime brachte ihr in den ersten beiden Jahren heftige Anfeindungen in der Öffentlichkeit, machte sie aber für viele konservative Wähler akzeptabel. Angesichts der die Transition dominierenden linksgerichteten Bewegung der Streitkräfte gaben sich in der Anfangszeit nach dem

---

[1] Die Inflationsrate lag bei 30%, das Defizit der Handelsbilanz stieg immer weiter an und die Verteuerung der Rohstoffe belastete zusätzlich die Wettbewerbsfähigkeit der portugiesischen Exportindustrie.

Umsturz auch die Parteien der Mitte und der Rechten einen „linken“ Anstrich. Erst mit den Parlamentswahlen 1976 setzte ein zunehmender Rechtstrend ein.

Während sich in Spanien die Kommunisten in politischen und sozialen Pakten als wichtiger pazifizierender und konsensbereiter Partner in prekären Phasen der Transition erwiesen und in Griechenland die Eurokommunisten im Übergang eine gemäßigtere Position als die PASOK einnahmen, spielte die Kommunistische Partei in Portugal eine führende Rolle in den Konflikten um die politische, soziale und ökonomische Reichweite des Regimewechsels. Es entbrannte ein heftiger Kampf um die politische Vorherrschaft zwischen Sozialisten, die mit einer breiten passiven Unterstützung der Bevölkerung rechnen konnten, und Kommunisten, die durch eine enge Zusammenarbeit mit dem MFA über nicht unbedeutenden machtpolitischen Einfluß verfügten.

Der Putschversuch Spínolas im März 1975 löste in der Bewegung der Streitkräfte eine deutliche politische Gewichtsverlagerung nach links aus. Nach Ansicht der nunmehr den MFA dominierenden Kräfte waren die Parteien offensichtlich nicht in der Lage, die politische Entwicklung effizient in die gewünschte Richtung zu steuern. Sie oktroyierten den Parteien mehr oder weniger einen „Pakt“, der dem Militär eine Vormachtstellung sicherte. Durch ein neues Verfassungsgesetz wurden Junta und Staatsrat durch die Versammlung der Bewegung der Streitkräfte und den Revolutionsrat abgelöst, dem bis zur Verabschiedung einer Verfassung legislative und verfassunggebende Befugnisse zuerkannt wurden.

Bei den im April 1975, genau ein Jahr nach dem Umsturz, stattfindenden Wahlen zur einer Verfassunggebenden Versammlung, an der 91,7% der Wahlberechtigten teilnahmen, errangen die Sozialisten mit 37,9% einen deutlichen Sieg vor der PPD mit 26,4%, den Kommunisten mit 12,5% und der CDS mit 7,6%. Nach dem für sie günstigen Wahlausgang strebten die Sozialisten nach einer Einschränkung der politischen Vormachtstellung des Militärs und der Ablösung des prokommunistischen Ministerpräsidenten Gonçalves, durch dessen Person die Kommunistische Partei einen überproportionalen Einfluß ausübte. Im September 1975 mußte Gonçalves schließlich zurücktreten; Nachfolger wurde Admiral J. B. Pinheiro de Azevedo. Nach der Niederschlagung eines Putschversuchs der revolutionären Linken im November 1975 kam es zu einer Säuberung im Revolutionsrat und in hohen Kommandostellen. Nunmehr gewannen die gemäßigten Kräfte in der Bewegung der Streitkräfte die Oberhand. Es kam zu einem allmählichen Rechtstrend und vor allem einer Wende im Verhältnis zwischen Militärs und zivilem Politikbereich. Die per Verfassungsgesetz gesicherte Prärogative des Revolutionsrates blieb zwar bestehen, sein faktischer politischer Einfluß schwand jedoch im Verhältnis zu Staatspräsident, Regierung und Verfassunggebender Versammlung. Schon das Ergebnis der Wahl, bei der die Kommunisten unerwartet schlecht abgeschnitten hatten, hatte erkennen lassen, daß sich Portugal in Richtung einer liberal-parlamentarischen Demokratie entwickeln würde.

Die sofortige Ausschaltung der alten Regimeeliten und die Konstellation von linken Militärs, einer starken Kommunistischen Partei und der Mobilisierung breiter Teile der Bevölkerung führten dazu, daß im Unterschied zu Griechenland und Spanien wirtschaftliche Reformen wie die Kollektivierung von Latifundien, die Nationalisierung von Banken, Versicherungen und Großbetrieben parallel zur politischen Demokratisierung liefen. Anders als in Spanien wurden weite Teile des Staatsapparates und der Geheimpolizei von alten Regimeanhängern gesäubert.

Der Einfluß der Linkskräfte schlug sich auch noch in der von der Verfassunggebenden Versammlung am 2. April 1976 verabschiedeten Verfassung nieder, die die „Umwandlung in eine klassenlose Gesellschaft" (Art. 1) und den „Übergang zum Sozialismus" (Art. 2) als Ziele festschrieb, einen umfangreichen soziopolitischen Grundrechtsteil sowie die Verpflichtung auf eine sozialistische Wirtschaftsordnung enthielt und dem Revolutionsrat als Repräsentanten der Bewegung der Streitkräfte sowie als Garanten der Weiterführung der Revolution vom 25. April 1974, des ordnungsgemäßen Funktionierens der demokratischen Ordnung und der Erfüllung der Verfassung eine besondere Rolle einräumte.

Außenpolitisch wurden in den Übergangsjahren 1974 bis 1976 die Überseeprovinzen in die Unabhängigkeit entlassen.[1]

Bei den ersten Parlamentswahlen im April 1976, zwei Jahre nach dem Umsturz, wurden die Sozialisten mit 34,9% als stärkste Partei bestätigt, gefolgt von der PPD mit 24,4%, der CDS mit 16,0% und den Kommunisten mit 14,64%. Mit der Bildung einer Minderheitsregierung unter dem Sozialisten Mario Soares, der ersten verfassungsmäßigen Regierung seit 50 Jahren, kam der Übergang zur Demokratie zum formalen Abschluß. Im Juni 1976 wurde General António dos Santos Ramalho Eanes, der im November 1975 als Stabschef den Putsch linksextremer Truppenverbände niedergeschlagen und die Entpolitisierung der Streitkräfte eingeleitet hatte, von 62% zum Präsidenten gewählt.

[1] 1974 Guinea-Bissau, 1975 Mozambique, die Kapverdischen Inseln, São Tomé e Principe sowie Angola; in der Überseeprovinz Portugiesisch-Timor wurde 1976 der Anschluß an Indonesien vollzogen; Macau wurde 1976 autonomes (chinesisches) Territorium unter portugiesischer Verwaltung.

1.2 Griechenland auf dem Weg zur Konsolidierung der Demokratie

1.2.1 Die politische Entwicklung nach der institutionellen Verankerung der Demokratie

Die politische Entwicklung in Griechenland bis zu den Parlamentswahlen von 1977 ist durch eine weitere Normalisierung des politischen Lebens gekennzeichnet. Im Vordergrund der gesamten Politik der Neuen Demokratie stand das Bestreben einer Konsolidierung der Demokratie.[1] Karamanlis‘ Konsolidierungsstrategie bestand aus fünf, zum Teil ineinander übergehenden, Punkten:[2]

1. die Fortsetzung der von der „Regierung der Nationalen Einheit“ eingeschlagenen Politik der nationalen Versöhnung. Karamanlis wollte zum einen weiter auf das nach der Zypernkrise entstandene Solidaritätsgefühl aufbauen, zum anderen auf die lehrreichen Erfahrungen des „ausschließenden“ Systems der Nachkriegszeit und der folgenden Diktatur. Der Bruch mit der semi-autoritären und autoritären Vergangenheit beinhaltete
2. eine radikale Um- bzw. Neuverteilung der Macht unter den politischen Akteuren, die das politische System der Nachkriegszeit dominiert hatten. Nachdem die Frage der Monarchie durch das Referendum gelöst worden war, stellte sich nunmehr als vordergründiges Problem der Umgang mit dem Militär und seine dauerhafte Entpolitisierung;
3. bemühte sich Karamanlis im Interesse einer langfristigen und dauerhaften demokratischen Konsolidierung, mit der Neuen Demokratie eine ideologisch-programmatisch und organisatorisch modernisierte neue Partei der rechten Mitte aufzubauen, die auch unabhängig von seiner Person Bestand haben sollte[3]. Darüber hinaus mußten Bedingungen geschaffen werden, die es anders als vor 1967
4. der Linken und vor allem dem in der PASOK institutionalisierten, gestärkten linken Zentrum ermöglichten, voll am politischen System zu partizipieren und damit zu seiner Legitimisierung und Konsolidierung beizutragen, und
5. einen friedlichen, reibungslosen, d. h. nicht das politische System als solches und die demokratischen Spielregeln in Frage stellenden Machtwechsel ermöglichen sollten.

---

[1] Vgl. Clogg 1976: 332ff.
[2] Vgl. Diamandouros 1984: 59ff.
[3] Vgl. auch den vorhergehenden Abschnitt 1.1.3.

Die Aufdeckung einer Offiziersverschwörung am 24. Februar 1975 mit dem Ziel, die Regierung Karamanlis zum Rücktritt zu zwingen und die Freilassung der inhaftierten Juntamitglieder durchzusetzen[1], gab der Regierung den Anlaß, konsequenter gegen Juntasympathisanten in Armee, Verwaltung und anderen staatlichen Institutionen vorzugehen, wenngleich sie sowohl hinsichtlich der Zahl der Betroffenen als auch der durch die Gerichte verhängten Strafen hinter den Erwartungen und Forderungen der öffentlichen Meinung zurückblieb[2]. Nachdem unmittelbar 39 der Vorbereitung des Putsches verdächtige Offiziere, darunter ein Divisionsgeneral und fünf Brigadegeneräle, verhaftet worden waren[3], erfolgte am 5. März 1975 ein Gesetzesbeschluß des Obersten Nationalen Verteidigungsrates betreffend Umbesetzungen der Führungsspitze der Armee und Reaktivierung von suspendierten Offizieren. 225 Offiziere, davon 62 Generäle, wurden wegen beruflicher Unzulänglichkeiten oder als Sympathisanten des Militärregimes vorzeitig in den Ruhestand versetzt. Mitte März 1975 waren die Säuberungen innerhalb der Streitkräfte abgeschlossen; insgesamt wurde gegen 500 Personen Anklage erhoben im Zusammenhang mit Verbrechen und Delikten gegen die Demokratie und gegen Bürger, die dem Militärregime Widerstand geleistet hatten. Im Juli/August 1975 fand vor einem Sondertribunal der Prozeß gegen die drei Hauptverantwortlichen des Putsches vom 2. April 1967, Papadopoulos, Pattakos und Makarezos statt. Daneben gab es Prozesse gegen Mitglieder der Militärpolizei wegen der Folterung politischer Häftlinge[4] und um die blutige Niederschlagung des Studentenaufstandes vom November 1973[5]. Bereits Anfang des Jahres hatte ein einstimmig vom Parlament verabschiedeter Erlaß festgelegt, daß die Machtergreifung durch die Obristen als Staatsstreich zu gelten habe und nicht als Revolution, und damit die Argumentation der gestürzten Junta entkräftet, daß der Machtwechsel vom April 1967 durch eine „Revolution" herbeigeführt und damit besonderes Recht gesetzt worden sei. Entsprechend bewertete das Sondertribunal den Putsch strafrechtlich als Meuterei und Hochverrat und verhängte am 23. August 1975 gegen die drei Hauptakteure die Todesstrafe. Acht weitere Angeklagte, unter ihnen Ioannidis, wurden zu lebenslanger Freiheitsstrafe verurteilt, sieben erhielten Freiheitsstrafen zwischen 5 und 20 Jahren, zwei wurden freigesprochen.[6] Die Regierung wandelte jedoch bereits zwei Tage später die Todesstrafe in lebenslange Freiheitsstrafen um, um einer nicht auszuschließenden Reaktion seitens des Militärs vorzubeugen, und

[1] Zum gescheiterten Militärputsch vgl. Clogg 1979: 207ff.
[2] Vgl. z. B. Nikolinakos 1974: 317.
[3] 14 der 21 schließlich Angeklagten wurden am 9. August 1975 zu Freiheitsstrafen zwischen 4 und 12 Jahren veruruteilt. Da Griechenland sich zum Zeitpunkt der Tat in Generalmobilmachung befand, hätte auch die Todesstrafe verhängt werden können.
[4] 16 von 31 Angeklagten erhielten Freiheitsstrafen zwischen 5 Monaten und 23 Jahren.
[5] 20 der 33 Angeklagten erhielten Freiheitsstrafen zwischen 5 Monaten und lebenslang.
[6] Zu den Verfahren und Urteilen vgl. die Zeitschrift *To Syntagma* 1975: 326ff, 483ff u. 686ff.

auch, um eine erneute traumatische Spaltung zu verhindern, wie sie nach der Exekution von sechs konservativen Ministern infolge der Kleinasienkatastrophe aufgetreten war[1]; man wollte, daß „der Wiederbeginn der Demokratie nicht das Stigma blutiger Rache trug"[2]. Im Dezember 1990 ließ die konservative Regierung ihr Vorhaben, aus humanitären Gründen 13 der seit 16 Jahren inhaftierten Juntamitglieder, darunter die Initiatoren des Putsches, zu begnadigen, nach Protesten weiter Teile der Öffentlichkeit wieder fallen.

Insgesamt wurde gegen 500 Personen Anklage erhoben, die Zahl der Umbesetzungen und Entlassungen im Staatsapparat lag bei 108.000 (gut 1% der Bevölkerung)[3], obgleich „eine 'Entjuntaisierung' im Still der 'Entnazifizierung'"[4] nicht stattfand. Kritiker des Versöhnungskurses der Regierung führten an, daß das gesamte administrative Gerüst unverändert blieb und gerade in so sensiblen Bereichen wie der Justiz und Polizei die Besetzung gegenüber der Juntazeit praktisch identisch war.[5] Lediglich im universitären Bereich kam es zu einer umfassenden Entfernung von Juntakollaborateuren; ein entsprechender Verfassungsakt hatte bereits am 3. September 1974 der massiven Forderung der Studenten nach *Apohountopoiisis*, d. h. Säuberung der Universitäten von juntatreuen Professoren, entsprochen. Allerdings rückte das Problem der Bewältigung der Juntavergangenheit gegen Ende des Jahres 1975 in den Hintergrund der Politik.

Seit 1974 nimmt die Armee eine zurückhaltende Position ein. Nach über 40 Interventionen bzw. Putschversuchen und Verschwörungen seit der Gründung des neugriechischen Staates[6] ist sie erstmals in ihrer Geschichte auf die Aufgaben der Verteidigung zurückgedrängt worden. Allerdings gehen die Parteien ihr gegenüber behutsam vor, um sich ihre Loyalität und Zuverlässigkeit zu sichern. Der armeeeigene Radio- und Fernsehsender, ein Überbleibsel der institutionellen Autonomie des Militärs während und zumTeil auch nach dem Bürgerkrieg, blieb von der Regierung Karamanlis unangetastet. Von Anbeginn des Demokratisierungsprozesses schien zwischen den politischen Kräften des Landes ein stillschweigendes Übereinkommen zu herrschen, nicht kollektiv die Armee oder das Offizierskorps für die Diktatur verantwortlich zu machen.[7] Bezeichnend sind auch die Bemühungen der PASOK zu Beginn der 80er Jahre, beim Militär für ihr Programm des „Wandels" zu werben: Die Armee wurde nicht nur von Papandreou als Beschützer der nationalen Unabhängig-

---

[1] Vgl. dazu unter III. Abschnitt 3.2.2.
[2] Schlegel 1978: 188.
[3] Vgl. Gaitanides 1978: 286.
[4] Schlegel 1978: 188.
[5] Vgl. Mano 1977: 1472ff.
[6] Vgl. Bakojannis 1972: 71, Veremis 1985: 889ff u. unter IV. Abschnitt 3.3.2.
[7] Vgl. Veremis 1985: 902.

keit, der territorialen Integrität, des Friedens und der demokratischen Institutionen umworben, sondern auch die stärkere Berücksichtigung sozialer und materieller Belange der Soldaten in das Wahlprogramm aufgenommen.[1] Darüber hinaus wirkte sich das angespannte Verhältnis zur Türkei günstig auf das Ansehen und die Selbstachtung des durch die Diktatur und ihr unrühmliches Ende diskreditierten Militärs aus.

Wie sich bereits in den ersten Maßnahmen der „Regierung der Nationalen Einheit", vor allem der Legalisierung der Kommunisten, abzeichnete, zeigte sich Karamanlis, der vor der Diktatur „nicht gerade als Musterdemokrat galt"[2], toleranter und flexibler in seiner Politik,[3] wenngleich ihm angesichts einer im Juni 1976 gemachten Äußerung, die extreme Linke wie auch die PASOK stellten eine Gefahr für die Demokratie dar, eine Rückkehr zum „alten Denken" vorgeworfen wurde[4]. So beschloß die Regierung der Neuen Demokratie u. a. Maßnahmen zur Verbesserung der sozialen Sicherheit und des Gesundheitswesens vor allem für die Landbevölkerung, die Einrichtung neuer Bildungsstätten, die Einführung der Volkssprache (*dimotiki*) als Schulsprache, die Herabsetzung des Militärdienstes sowie die Aufhebung der Mitgiftbestimmungen.[5]

Wirtschaftspolitische Maßnahmen wie die teilweise staatliche Lenkung von Investitionen, die Verstaatlichung von Großunternehmen[6], die Revision von Verträgen der Junta mit multinationalen Auslandsgesellschaften sowie eine Steuerreform zugunsten der sozial benachteiligten Schichten ließen sogar in rechten Kreisen den Vorwurf eines „Sozialismus von rechts"[7] aufkommen. Diese verstärkte, im Widerspruch zur marktwirtschaftlichen Rhetorik stehende staatliche Einflußnahme auf die Wirtschaft entsprach jedoch einer langen, Patronage- und Klientelbeziehungen förderlichen Tradition in der griechischen Politik. Überdies stand die Regierung hier unter dem Druck noch weitergehender Forderungen der PASOK und der Linken insgesamt.[8]

Eine Verbesserung der wirtschaftlichen Lage - 1975 ging die Inflation von 27% auf 13,3% zurück, die Industrieproduktion stieg 1975 um 4,4% und 1976 um 10,6%[9] - war von besonderer Bedeutung für die Regierung, allein schon vor dem Hintergrund der von Karamanlis angestrebten EG-Mitgliedschaft. Eine möglichst schnelle Verwirklichung dieses Ziels, in der ein wichtiger Schritt zur Absicherung der inneren

---

[1] Vgl. Axt 1985a: 178f u. 196f.
[2] Schlegel 1978: 189. Vgl. auch unter IV. die Abschnitte 3.2, 3.2.1, 3.2.2 u. 3.2.3.
[3] Vgl. auch Woodhouse 1991: 311.
[4] Vgl. Mano 1977: 1482.
[5] Vgl. Vakalopulos 1985: 251f u. Woodhouse 1991: 315f.
[6] U. a. die Olympic Airways von Onassis, die Ölraffinerien von Aspropyrgos und der Bankenkonzern von Andreadis.
[7] Vgl. Gaitanides 1978: 279.
[8] Vgl. Kartsaklis 1980: 235ff, Katsoudas 1987: 95f u. Korisis/Lepszy 1991: 224.
[9] Vgl. Katsoudas 1987: 92.

politischen Stabilität gesehen wurde[1], stand neben dem allerdings ungelöst bleibenden Zypern-Problem und den unverändert angespannten Beziehungen zur Türkei im Mittelpunkt der Außenpolitik. Obwohl Karamanlis an der grundsätzlichen Westorientierung seiner Politik keinen Zweifel aufkommen ließ[2], hielt er an dem bereits von der Übergangsregierung eingeleiteten Rückzug aus der militärischen Organisation der NATO vorerst fest und kündigte überdies eine Überprüfung des Status‘ der US-amerikanischen Stützpunkte in Griechenland an[3]. Karamanlis verfolgte damit einen Mittelweg, der einerseits Rücksicht nahm auf die Gefühle der Bevölkerung und innenpolitisch ein Zeichen der nationalen Würde und Selbstbehauptung setzen sollte, andererseits die Sicherheitsinteressen des Landes im Auge hatte.[4] Die EG-Integrationspolitik bildete somit auch ein Gegengewicht zur distanzierteren Haltung gegenüber der NATO und den USA. Darüber hinaus bemühte sich Karamanlis, die griechischen Beziehungen zu den Nachbarstaaten auf dem Balkan, zur Sowjetunion und den anderen Ländern des Ostblocks zu verbessern, und intensivierte die traditionell guten Beziehungen Griechenlands zu den arabischen Ländern.[5]

Interessanterweise und mit ausschlaggebend für das Ergebnis der Parlamentswahlen von 1977 machte die Regierung der Neuen Demokratie damit das ursprünglich von den Konservativen heftig kritisierte Zentrums-Programm der vordiktatorischen Zeit zum Bestandteil ihrer Politik: Liberalisierung des öffentlichen Lebens, Demokratisierung, Reformen im Erziehungswesen sowie eine eigenständigere Außenpolitik gegenüber dem Westen.[6]

1.2.2 Die Parlamentswahlen von 1977: Normalisierung des politischen Kräfteverhältnisses

Am 21. September 1977 schlug Ministerpräsident Karamanlis dem Staatspräsidenten Tsatsos offiziell vor, das Parlament aufzulösen und für den 20. November und damit ein Jahr vor dem verfassungsmäßigen Ende der Amtszeit des Parlaments Neuwahlen anzusetzen. Karamanlis machte damit von seinem verfassungsmäßigen Vorschlagsrecht (Art. 41 Abs. 2) Gebrauch, obgleich es sich faktisch weniger um einen Vorschlag als die alleinige Entscheidung des Ministerpräsidenten handelte, der be-

---

[1] Vgl. dazu den späteren Abschnitt 2.1.3.
[2] Vgl. die Regierungserklärung vom 9. Dezember 1974 in: *Archiv der Gegenwart* vom 5.01.1975: 19172. „Geographisch, politisch und ideologisch gehört Griechenland zum Westen."
[3] Vgl. die Regierungserklärung.
[4] Vgl. auch die diesbezüglichen Äußerungen in der Regierungserklärung.
[5] Zur Außenpolitik vgl. Grothusen 1980b: 184ff u. Woodhouse 1991: 308ff.
[6] Vgl. Mavrogordatos 1983b: 77.

reits einen Tag vor Information des Präsidenten seinen Entschluß mitteilte. Karamanlis, der seine große Parlamentsmehrheit fest im Griff hatte, stand bezüglich einer Vorverlegung der Wahlen innenpolitisch nicht unter Druck. Er begründete seine Entscheidung jedoch damit, daß die 1978 zur Verhandlung stehenden „wichtigen nationalen Probleme" wie das Zypern-Problem, die Beziehungen zur Türkei sowie der EG-Beitritt von einer Regierung bewältigt werden sollten, die von den Wählern ein neues Mandat und somit eine größere Legitimitätsgrundlage bekommen habe. Darüber hinaus sollte dies entscheidende Jahr nicht durch die Spannungen und Unruhen eines Wahlkampfes beeinträchtigt werden.[1] Strittig war, ob es sich bei dieser Begründung tatsächlich um die „Bewältigung einer Frage von außerordentlicher nationaler Bedeutung" handelte, wie die Verfassung vorschreibt. Vielmehr kann man vermuten, daß es Karamanlis auch darum ging, die abzusehenden Verluste seiner Partei möglichst gering zu halten, zumal für das kommende Jahr eine Verschlechterung der wirtschaftlichen Lage prognostiziert wurde.[2] Bis auf die mit Gewinnen rechnende PASOK sprachen sich alle Oppositionsparteien gegen vorzeitige Wahlen aus.

Die Parlamentswahlen erbrachten eine merkliche Verschiebung des Parteienspektrums. Der rechte Flügel[3] vereinigte zwar immer noch 50% der Stimmen auf sich, doch war der linke Flügel[4] mit über 37% so stark wie nie zuvor. Die Neue Demokratie verzeichnete mit gegenüber den 54,37% von 1974 nur noch 41,85% einen erheblichen Rückgang ihres Stimmenanteils, erreichte aber im Parlament durch das die stimmstärkste Partei begünstigende verstärkte Verhältniswahlrecht[5] mit 172 von 300 (= 57,3%) Sitzen eine unangefochtene Mehrheit. Eigentlicher Wahlsieger war die PASOK von Andreas Papandreou, die ihren Anteil mit 25,33% nahezu verdoppeln und die Zahl ihrer Mandate auf 93 verachtfachen konnte, womit sie zur stärksten Oppositionspartei aufstieg. Im Gegensatz dazu büßte die Anfang 1976 offiziell zur Union des Demokratischen Zentrums (EDIK = *Enosi Dimokratikou Kentrou*) zusammengeschlossene Koalition der Zentrumsunion und der Neuen Kräfte mit 11,95% fast die Hälfte ihrer Stimmen ein; die Zahl ihrer Parlamentssitze fiel von 60 auf 15. Die rechts von ihr stehende Neoliberale Partei (*Neofileleftheron Komma*) von Mitso-

---

[1] Vgl. die Zitate Karamanlis' bei Schlegel 1978: 187f.
[2] Vgl. Kohler 1981: 158f u. Mouzelis 1978b: 60.
[3] Neue Demokratie, Nationales Lager u. Neoliberale Partei.
[4] PASOK, KKE-Ausland u. Allianz der Progressiven und Linken Kräfte.
[5] Vgl. dazu unter V. Abschnitt 1.1.3. Ein Kandidat der ND benötigte 1977 durchschnittlich 12.480, ein Bewerber der PASOK 13.970 Stimmen um gewählt zu werden, dagegen ein Kandidat der EDIK 40.847, der KKE 43.653, des Nationalen Lagers 69.970 und der Linksallianz 69.881 (vgl. Katsoulis 1978: 219). Neue Demokratie und PASOK profitierten davon, daß nur Parteien, die die 17%-Klausel übersprungen haben, an der zweiten Verteilungsrunde der Parlamentssitze, die 1977 77 Sitze betraf, und der Verteilung der 12 Sitze der Landesliste teilnahmen.

takis erhielt mit 1,08% zwei Mandate. Das Ergebnis der Kommunisten hatte sich mit 9,36% der Stimmen und 11 Sitzen für die moskautreue KKE-Ausland und 2,72% der Stimmen und zwei Sitzen für die gemeinsam mit drei kleineren Parteien[1] in der kurzfristig und in aller Eile einen Monat vor den Wahlen gebildeten Allianz der Progressiven und Linken Kräfte Griechenlands (SPADE = *Symmachia Proodeftikon kai Aristeron Dynameon Elladas*) angetretenen EDA und KKE-Inland gegenüber 1974 leicht verbessert, jedoch erreichten sie nicht den vordiktatorischen Level der EDA von über 24%.[2] Das erst im Sommer 1977 gegründete junta- und königsfreundliche Nationale Lager (EP = *Ethniki Parataxis*)[3] errang mit 6,82% der Stimmen und fünf Sitzen einen beachtlichen Erfolg und schnitt damit entschieden besser ab als seine Vorgänger 1974.

Ergebnis der Parlamentswahlen vom 20. November 1977

Partei	**Stimmen in %**	**Sitze**
Neue Demokratie (Karamanlis)	41,85	172
PASOK (Papandreou)	25,33	93
EDIK (Mavros)	11,95	15
KKE (Florakis)	9,36	11
Nationales Lager (Stefanopoulos)	6,82	5
SPADE	2.72	2
= Wahlbündnis aus		
EDA (Iliou)		
KKE-Inland (Drakopoulos)		1
Sozialistischer Initiative (Mangakis)		1
Sozialistischem Weg (Konstantopoulos) u.		
Christlicher Demokratie (Psaroudakis)		
Neoliberale Partei (Mitsotakis)	1,08	2
Sonstige u. Unabhängige	0,89	-

Wahlbeteiligung: 81,3%, Sitze: 300

Eine regionale Untersuchung der Wahlergebnisse zeigt, daß die Stimmen der Neuen Demokratie - wie auch 1974 - mit Ausnahme von Kreta, wo die EDIK mit 23,6% ihr bestes Ergebnis und die Neoliberalen ihre zwei Sitze errangen, relativ gleichmäßig über das Land verteilt waren. Die PASOK verzeichnete ihre besten Ergebnisse mit bis zu 30% in eher ländlichen Gebieten, wobei sie in keiner Region unter 20% blieb.

[1] Die Sozialistische Initiative (*Sosialistiki Protovoulia*), die von vier Abgeordneten gegründet worden war, welche 1976 aus der EDIK ausgetreten waren, der Sozialistische Weg (*Sosialistiki Poreia*), eine Gruppe von Radikalsozialisten, die 1975 die PASOK verlassen hatten, und die Christliche Demokratie (*Christianiki Dimokratia*), die sich für eine Verständigung zwischen Christen und Sozialisten einsetzte.

[2] Die Ursachen dafür lagen in der Spaltung der Kommunisten untereinander, aber auch im Auftreten der die traditionelle Linke besetzenden PASOK; vgl. Mouzelis 1978b: 60ff.

[3] Interessanterweise wurde die Partei von Stefanos Stefanopoulos angeführt, der 1955 als Vorsitzender der konservativen Partei vorgesehen war, ehe der König zugunsten Karamanlis' eingriff, und der 1965-66 Ministerpräsident der „abtrünnigen" Zentrums-Regierung war; vgl. unter IV. die Abschnitte 3.2 u. 4.2.

Das Nationale Lager erzielte erwartungsgemäß in den traditionell konservativen und „royalistischen" Regionen Peloponnes und Thrakien[1] mit 9,6% bis fast 12% seine besten Ergebnisse. Darüber hinaus ließ sich tendenziell feststellen, daß in wirtschaftlich entwickelteren Gebieten gemäßigt auftretende Parteien (Neue Demokratie, EDIK und auch die Linksallianz) besser abschnitten, während in unterentwickelten Gebieten die radikale Forderungen stellenden Rechsextremen, PASOK und KKE-Ausland überdurchschnittlich vertreten waren, worin man wohl den Ausdruck wachsender Unzufriedenheit angesichts einer sich seit März wieder verschlechternden wirtschaftlichen Lage und trotz Reformen noch immer bestehender sozialer Mißstände sehen kann.[2]

In dieser Feststellung liegt bereits ein Grund für die Reduzierung des Stimmenanteils der Neuen Demokratie. Der hohe Rückgang um 12,5 Prozentpunkte war jedoch nicht nur durch Abnützungserscheinungen einer jetzt kritischer nach ihrer politischen Leistung beurteilten Regierung zu erklären.[3] Vielmehr dürfte die allgemein verbreitete Auffassung ausschlaggebend gewesen sein, daß die Demokratie stabilisiert und ein Eingreifen des Militärs unwahrscheinlich seien, so daß es für die den Parteien der Linken und des Zentrums nahestehende Wählerschaft keinen Anlaß zu einem taktischen Wahlverhalten wie drei Jahre zuvor gab. Vor diesem Hintergrund kann man nicht nur von einer Verschiebung im Parteiengefüge, die in der Verdrängung der EDIK durch die PASOK zum Ausdruck kam, sondern auch von einer Normalisierung des politischen Kräfteverhältnisses sprechen.

Der mittlerweile gewonnene Abstand zur Militärdiktatur begünstigte auch den Aufstieg des Nationalen Lagers, das in den meisten Regionen zwischen 40% und 50% des Stimmenrückgangs der Neuen Demokratie für sich gewinnen konnte. Zu ihren Wählern zählten nicht nur Royalisten und Juntasympathisanten, sondern auch allgemein (Rechts-) Konservative, die mit der von Karamanlis praktizierten Öffnung zur Mitte, seiner „sozialistischen" Wirtschafts- und Bildungspolitik[4] unzufrieden waren.

Interessant ist, daß der Großteil der von der Neuen Demokratie nach links abgewanderten Wähler nicht etwa von der EDIK aufgefangen wurde, sondern der PASOK zugute kam. Deren Wahlerfolg läßt sich auf mehrere Faktoren zurückführen: Sie verfügte nicht nur gegenüber dem schwachen EDIK-Führer Mavros über den Vorteil, eine charismatische Person an ihrer Spitze zu haben, günstig wirkte sich auch die für

---

[1] In einigen thrakischen Bezirken sprachen sich im Referendum von 1974 über 50% für die Monarchie aus.
[2] Zu einer ausführlichen Wahlanalyse vgl. Georgantidis/Nikolakopoulos 1978.
[3] Vgl. Wenturis 1984: 200f. Gaitanides (1978: 299) betont, daß aufgrund der staatsfeindlichen Einstellung der Griechen der Opposition grundsätzlich ein Wahlbonus gegenüber der Regierung eingeräumt wird.
[4] Vgl. den vorhergehenden Abschnitt.

griechische Parteien - mit Ausnahme der Kommunisten - ungewöhnliche organisatorische Festigung der PASOK aus.[1] Zwar bemühte sich die EDIK um einen weniger autoritären, mehr an westeuropäischen Parteien orientierten Aufbau als ND und PASOK,[2] doch konnte sie damit die sich in der personalisierten griechischen Politik besonders fatal auswirkende mangelnde Ausstrahlung Mavros‘ nicht wettmachen.

Bereits vor Festlegung des vorgezogenen Wahltermins hatte die PASOK bzw. ihr dominanter Vorsitzender Papandreou durch eine sowohl in innen- als auch außenpolitischen Fragen prinzipiell der Regierung widersprechende Position sich als die - obwohl nur zweitstärkste - eigentliche Opposition etabliert. Der stark emotionalisierte und nicht selten auch mit undemokratischen Mitteln[3] geführte Wahlkampf zeigte eine deutliche Polarisierung der Meinungen, in deren Mittelpunkt äußerlich die Frage der EG-Mitgliedschaft - von der Neuen Demokratie, der EDIK und mit einigen Abstrichen auch der Linksallianz befürwortet, von der PASOK und der KKE-Ausland abgelehnt[4] - stand, jedoch keine differenzierte, sachliche Auseinandersetzung über die tatsächlichen Auswirkungen einer Mitgliedschaft stattfand.[5] Karamanlis' „Griechenland gehört zum Westen" setzte Papandreou den Ausspruch „Griechenland gehört den Griechen"[6] entgegen, und mit der Kritik der seiner Ansicht nach immer noch bestehenden Bevormundung Griechenlands durch ausländische Mächte, vor allem die USA, seiner unnachgiebigen Haltung gegenüber der Türkei sowie seiner Gegnerschaft zur NATO, wenngleich er sich auch weniger radikal als noch 1974 gab, traf er genau die öffentliche Meinung, oft mehr noch als der zu Kompromissen bereite Karamanlis. Papandreous Popularität war nicht zuletzt darauf zurückzuführen, daß er mit seinen patriotischen Parolen zum einen den Nationalstolz der Griechen und zum anderen deren Unmut wegen der Bevormundung durch ausländische Mächte ansprach - eine Frage, die die Identität und Souveränität Griechenlands seit seiner Neugründung betrifft.

In der Innen- und Wirtschaftspolitik setzte Papandreou der für eine freie Marktwirtschaft mit - in der Praxis jedoch zum Teil erheblichen - staatlichen Korrekturen eintretenden Neuen Demokratie, die sich in diesem Bereich während des Wahlkampfes mit dem auf Karamanlis bezogenen Slogan „Ich übernahm das Chaos - Ich schuf eine Nation" vor allem auf ihre Leistungen in der Vergangenheit berief, eine nicht näher

---

[1] Beispielsweise verfügte im Wahljahr 1977 die PASOK über 310 Parteibüros, Neue Demokratie und EDIK kamen zusammen nur auf 150; vgl. Schlegel 1978: 193.

[2] Vgl. Bakojannis 1977: 150ff.

[3] Hier kann man z. B. die gängige persönliche Diffamierung des politischen Gegners oder das gegenseitige Stören von Wahlkundgebungen nennen.

[4] Die PASOK modifizierte ihre strikte Ablehnung, indem sie sich für ein loses Assoziierungsabkommen nach norwegischem Muster aussprach.

[5] Zu den Auseinandersetzungen vgl. Tsonis 1988: 30ff u. den folgenden Abschnitt 2.1.3.

[6] Vgl. sein gleichnamiges Buch (Papandreou 1976).

definierte „Sozialisierung" wichtiger Wirtschaftsbereiche[1] sowie lukrative Versprechungen entgegen, etwa Lohn- und Pensionserhöhungen bei gleichzeitiger Reduzierung der Arbeitszeit und Maßnahmen zur Verbesserung der Situation der Landbevölkerung, um diese traditionell eher konservative Wählerschaft für sich zu gewinnen.[2] Von der Neuen Demokratie, die in der PASOK keine Konkurrenz für sich sah, aber auch der EDIK, in deren Wählerpotential die PASOK vordringen wollte, wurde es versäumt, sich kritisch mit diesem Programm auseinanderzusetzen und die Unmöglichkeit der Realisierung klarzustellen.

Ein weiterer Grund für den Erfolg der PASOK war die gegenüber 1974, aber auch noch während des Wahlkampfes 1977 verstärkte Mäßigung der Sprache Papandreous: Im Widerspruch zu den bisherigen Parteiprogrammen und den dort festgehaltenen ideologischen Prinzipien tauchte das Wort Sozialismus im Wahlkampf so gut wie gar nicht auf. Statt dessen stellte die PASOK sich als „Partei der soziopolitischen Veränderungen"[3] dar und tauchte erstmals das Schlagwort *Allagi* (Wandel, Wechsel, Veränderung) auf. Mit dieser wahltaktischen Kursänderung zielte die PASOK auf die liberale Wählerschaft des alten Zentrums, die von Papandreou als ideologisch zur PASOK gehörend umworben wurde.[4] Von seiten des EDIK-Vorsitzenden Mavros, der nach dem Debakel seiner Partei zurücktrat[5], war er zudem in seiner Darstellung der PASOK als liberale Partei und Zentrumsnachfolgerin gestärkt worden, indem dieser den wahltaktischen Fehler beging, zu betonen, der einzige Unterschied zwischen beiden Parteien sei die Haltung zur EG-Mitgliedschaft, ansonsten sei die PASOK nichts als ein „Bestandteil des liberalen Zentrums"[6].

Geschwächt durch eine äußerst heterogene Zusammensetzung, die weder durch eine ausreichende, demokratische Organisation zusammengehalten wurde noch - wie bei der Neuen Demokratie und der PASOK - durch eine starke Persönlichkeit, sowie durch interne Konflikte und Parteiaustritte, erschien die EDIK als schwach und führungslos. Sie vermochte kein eigenes, gegenüber ihren Konkurrenten sich abgrenzendes Profil zu entwickeln.[7] Ihr politischer Standort wurde ihr vielmehr von zwei Seiten streitig gemacht: Mit der liberalen Öffnung der Neuen Demokratie und vor allem dem Ende der Monarchie verschwanden die traditionell Konservative und Zentrum spaltenden Themen; die Regierung Karamanlis übernahm - wie bereits erwähnt - wesentliche Bestandteile der Zentrumspolitik der 60er Jahre. Die EDIK rückte mit ihrer

[1] Energie, Banken, Großhandel, Transportwesen, Schiffsbau, Chemie-, Stahl- und Zementindustrie.
[2] Vgl. Mouzelis 1978b: 70f.
[3] Zit. nach Wenturis 1984: 201.
[4] Vgl. Mavrogordatos 1983b: 80f.
[5] An seine Stelle rückte ein provisorisches Gremium mit dem ehemaligen Zentrumspolitiker Ioannis Zigidis an der Spitze.
[6] Zit. nach Wenturis 1984: 202.
[7] Vgl. Bakojannis 1977: 150ff.

zaghaften, „gouvernementale[n] Opposition"[1] in den Hintergrund, während sich die PASOK zunehmend nicht nur bei Anhängern des linken Zentrumsflügels als Alternative profilierte. Ihr spät unternommener Versuch, sich als sozialdemokratische Partei rechts von Mitterrand, aber links von Schmidt[2] zu präsentieren, änderte nichts mehr an dem farblosen Eindruck, den die Partei beim Wähler hinterließ. Vielmehr sahen sich jetzt die Neoliberalen von Mitsotakis darin bestärkt, sich als die wahren Repräsentanten des venizelistischen Liberalismus darzustellen.

Insgesamt zeigten die Wahlen eine deutliche Tendenz zur Polarisierung[3] der politischen Kräfte, die ihren persönlichen Ausdruck in den beiden Parteiführern Karamanlis und Papandreou fand und in deren Verlauf die traditionelle Mitte, reduziert auf eine kleine Gruppe von 15 Abgeordneten, die darüber hinaus in der Folgezeit zerfiel, aufgerieben wurde. Eine Normalisierung des politischen Kräfteverhältnisses und damit ein Zeichen für die Konsolidierung der Demokratie ließ sich insofern feststellen, als der Stimmenanteil der Neuen Demokratie und insgesamt der Rechten auf ein der tatsächlichen Stärke der Konservativen entsprechendes Ergebnis reduziert wurde und die PASOK sich anschickte, im Rahmen der nach der Diktatur einsetzenden Linksverschiebung die Zentrumsnachfolge anzutreten.

1.2.3 Der EG-Beitritt als Bestandteil der Konsolidierungspolitik

Nach seiner Rückkehr aus dem Exil hatte Karamanlis sehr bald den EG-Beitritt als einen wesentlichen Bestandteil seiner (Konsolidierungs-)Politik bezeichnet, mit dem die Zugehörigkeit Griechenlands zum Westen und damit zu einer bürgerlich liberalen Gesellschaft mit kapitalistischer Wirtschaftsordnung verankert werden sollte. Bereits im Juni 1959 hatte die griechische Regierung - ebenfalls unter Ministerpräsident Karamanlis - Antrag auf Aufnahme in die EWG gestellt. Am 9. Juli 1961 wurde das am 1. November 1962 in Kraft tretende „Abkommen zur Gründung einer Assoziation zwischen der Europäischen Gemeinschaft und Griechenland" (Vertrag von Athen) unterzeichnet, das die Errichtung einer Zollunion zwischen Griechenland und der EWG, die Durchführung von Harmonisierungsmaßnahmen insbesondere im Agrarbereich und die Bereitstellung finanzieller Mittel für Investitionen vorsah.[4] Nach dem Militärputsch waren jedoch weite Teile des Assoziierungsabkommens von der EG eingefroren worden. Drei Wochen nach dem Sturz der Junta ersuchte die „Regierung

[1] Schlegel 1978: 190.
[2] Vgl. Mano 1977: 1480.
[3] Vgl. auch Clogg 1978: 23ff.
[4] Vgl. Buck 1978: 19ff u. Tsonis 1987: 23ff.

der Nationalen Einheit" die EG um Reaktivierung des Assoziierungsabkommens. Am 16. Juni 1975 wurde der offizielle Antrag auf Vollmitgliedschaft gestellt, am 28. Mai 1979 der Vertrag über den 1981 erfolgenden Beitritt unterzeichnet, dem das griechische Parlament einen Monat später am 28. Juni 1979 zustimmte, wobei die Abgeordneten der PASOK und KKE-Ausland der Abstimmung fernblieben.

Mit dem Beitrittsgesuch der Regierung Karamanlis wurde Europa - insbesondere im Wahlkampf 1977 - zum großen Thema stilisiert. Dabei kam es zu einer Polarisierung, deren Ausmaß durchaus Parallelen zu den Konflikten der Vergangenheit zwischen Royalisten und Republikanern sowie später „Nationalgesinnten" und „Kommunisten" aufwies. „Europa wurde zum Symbol der innenpolitischen Spaltung"[1]. Sobald die eine Seite ein Argument für Europa fand, wurde es von der anderen polemisch unterminiert und in einen anderen Kontext gestellt. Umgekehrt wurden Argumente gegen Europa bzw. die EG prinzipiell als undemokratisch diffamiert. Die Emotionalisierung der parteipolitischen Auseinandersetzungen ließ eine sachliche Beurteilung der tatsächlich zu erwartenden Folgen der EG-Mitgliedschaft in den Hintergrund treten.

Die Fronten zwischen den Parteien waren klar gezogen: Während sich die Neue Demokratie, die Zentrumsparteien[2], die Rechtsradikalen[3] sowie die Eurokommunisten bzw. KKE-Inland und die EDA trotz unterschiedlicher Zielsetzungen für den EG-Beitritt aussprachen, plädierten die beiden größten Oppositionsparteien, PASOK und KKE, für einen neutralen Kurs Griechenlands, wobei die Kommunisten letztlich eine Assoziation mit dem Rat für gegenseitige Wirtschaftshilfe (RGW) als außenpolitische Option ansahen.[4]

Die Regierungspartei war dabei als Hauptbefürworterin der EG-Mitgliedschaft mit einer starken innenpolitischen Opposition konfrontiert, deren Politik sich seit dem Zusammenbruch der Junta und der Zypernkrise scharf gegen die NATO und die USA, aber auch die westeuropäischen Staaten richtete. Weite Teile der Bevölkerung waren von der Politik der USA, ihrer Stützung der Militärdiktatur und Passivität in der Zypernkrise, enttäuscht. Die ND versuchte daher, ihre Argumentation teilweise jener der Opposition anzugleichen, indem sie ihre EG-Integrationspolitik nicht nur als Gegengewicht zu ihrer der Stimmung der Bevölkerung entgegenkommenden kritischeren Haltung gegenüber der NATO und den USA, sondern auch als Bestandteil

---

[1] Tsonis 1988: 36.

[2] Neben der EDIK war dies die im März 1979 durch den Zusammenschluß von unzufriedenen EDIK-Aggeordneten mit Angehörigen insbesondere der Gruppe der Neuen Kräfte gegründete Partei des Demokratischen Sozialismus (KODISO = *Komma Dimokratikou Sosialismou*).

[3] Das Nationale Lager und die nach den Wahlen von 1977 von Markezinis gegründete Neue Fortschrittspartei.

[4] Zur Parteiendiskussion um den EG-Beitritt vgl. Buck 1978: 92ff, Tsonis 1987, 1988: 40ff, Verney 1990a: 208ff u. Fotiadis 1979: 249ff.

und Mittel selbst einer eigenständigeren, (US-)unabhängigen Außenpolitik darstellte.[1] Dabei wurde auch auf den Einsatz des Europarates, der EG und verschiedener europäischer Regierungen für die Wiederherstellung der Demokratie in Griechenland verwiesen.

Karamanlis ging es vor allem darum, die griechische Demokratie über seine Amtszeit hinaus durch die Annäherung an Westeuropa zu konsolidieren[2] nicht zuletzt auch, indem er durch die Verankerung Griechenlands in der EG einen bindenden Handlungsrahmen für seine Nachfolger schuf. Eine weitverbreitete, auch von der EG-Kommission geteilte Auffassung in Griechenland war, daß Stabilisierung des demokratischen Systems und Beitritt zur EG miteinander zusammenhängen und mit zunehmender Integration eine Harmonisierung der institutionellen Strukturen des Landes mit denen anderer stabiler EG-Länder eintreten werde und damit größere Abweichungen von der westeuropäischen demokratischen Norm kaum noch möglich wären.

Neben der Stabilisierung der politischen Strukturen erhoffte sich die Regierung der Neuen Demokratie aber auch ökonomische Vorteile[3], Hilfe zur Modernisierung der Landwirtschaft, Industrie und Verwaltung sowie ein größeres Maß an Sicherheit durch eine gestärkte Position gegenüber der Türkei[4] wie insgesamt einen Zuwachs an internationalem Renommee und Einflußmöglichkeiten. Dieser letzte Punkt führte dazu, daß sich auch ausdrückliche Gegner der NATO für einen EG-Beitritt aussprachen, um so eine unabhängigere Position gegenüber den USA einzunehmen.

Karamanlis hat die Beitrittsverhandlungen immer wieder forciert. Angesichts des Erstarkens der PASOK wollte er Griechenland möglichst schnell in der EG verankert wissen. Neben diesem innenpolitischen Motiv ging es der griechischen Regierung darum, Bestrebungen der Türkei entgegentreten, die gegen den Beitritt Griechenlands opponierte. Darüber hinaus wollte sie, nachdem Spanien und Portugal ebenfalls die Vollmitgliedschaft beantragt hatten, sicherstellen, daß der spezifische Charakter des griechischen Antrags beibehalten wurde, da man von einer gemeinsamen Behandlung mit den iberischen Ländern im Rahmen der Süderweiterung der EG größere Nachteile befürchtete.[5]

---

[1] Zur Argumentation der ND vgl. Tsonis 1988: 40ff u. Verney 1990a: 208f.

[2] Vgl. auch Karamanlis 1979: 33ff. Schlegel (1978: 190) meint, daß Karamanlis die EG vielleicht mehr noch als seine EG-Gesprächspartner während seiner Westeuropareise Ende Januar 1978 nicht nur als wirtschaftlichen Zweckverbund, sondern als politisches Bündnis gleichgesinnter Nationen verstand.

[3] Vgl. Tsonis 1987: 128ff.

[4] Allerdings hatten die Mitgliedsländer der EG bereits während der Beitrittsverhandlungen auf eine Lösung des griechisch-türkischen Konflikts ohne ihre aktive Einflußnahme hingewiesen; vgl. Kohlhase 1981: 161ff.

[5] Vgl. Tsonis 1988: 45.

Einwänden, Griechenland sei wirtschaftliche zu schwach, um der EG beizutreten, begegnete die Regierung mit dem Hinweis, die EG habe selbst erklärt, kein Club der Reichen sein zu wollen. Darüber hinaus unterstrich die ND-Regierung die sich aus der gemeinsamen Ausbeutung wichtiger Mineralien und des Ägäis-Öls, der großen griechischen Seehandelsflotte und der in Westeuropa vielfach unterschätzten starken Position der griechischen Wirtschaft sowohl auf dem arabischen als auch auf dem schwarzafrikanischen Markt ergebenden gemeinsamen Vorteile des EG-Beitritts. Insbesondere im Verhältnis zu den ölproduzierenden arabischen Staaten wurde von einer griechischen „Brückenfunktion" gesprochen.[1] Angesichts der primär politischen Motive für eine schnelle EG-Mitgliedschaft wurden jedoch das Ausmaß und die Art der durch den Beitritt zu erwartenden wirtschaftlichen Umstellungen und Umstrukturierungen übersehen bzw. in den Hintergrund gedrängt. Die Entwicklungsunterschiede zum EG-Europa zeigt ein Vergleich wirtschaftlicher Daten 1980:[2]

	Griechenland	**EG-Durchschnitt**
Erwerbstätige nach Wirtschaftssektoren in %		
Landwirtschaft	28,7	7,7
Industrie	28,7	35,1
Dienstleistung	42,6	57,2
Jährliche Veränderung des Realeinkommens in %	- 4,7	+ 1,2
BIP zu Marktpreisen je Einwohner in DM	10.494	20.687
Inflationsrate in %	21,9	11,5

Maßnahmen zur Mäßigung der ungünstigen Rückwirkungen des EG-Beitritts auf die wieder hochgeschnellte Inflation und negative Zahlungsbilanz, zur Verhinderung der Kapitalausfuhr, zur Abschaffung der verschiedenen Subventionen und zum Umgang mit der verstärkten Auslandskonkurrenz blieben aus bzw. unzureichend.[3]

Die Position der Zentrumsparteien zum EG-Beitritt unterschied sich inhaltlich kaum von der der Neuen Demokratie.[4] Neben den politischen Vorteilen erwarteten sie einen industriellen und technologischen Entwicklungsschub sowie eine besondere Begünstigung der Bauern durch den EG-Absatzmarkt und europäischen Agrarfonds. Mit einer gesunden Wirtschaft sollte so die Basis für eine soziales Sicherungsnetz nach westeuropäischem Vorbild geschaffen werden. Die Kritik der Zentrumsparteien

[1] Vgl. Kanellopoulos 1979: 31ff.
[2] Eigene Berechnungen; vgl. Gabriel/Brettschneider 1994: 510f, 516 u. 520f.
[3] Vgl. Delivanis 1983: 123ff.
[4] Vgl. dazu Tsonis 1987: 149ff u. Verney 1990a: 209.

am Prozedere der Beitrittsverhandlungen war eher wahltaktischer Natur und diente dem Versuch, sich von der Neuen Demokratie abzuheben. Der auch in ihren Reihen geäußerte Vorschlag einer Volksabstimmung sollte kein Votum gegen die EG darstellen, sondern die breite Bereitschaft der Bevölkerung zur EG-Mitgliedschaft fördern.

Für viele überraschend nahmen auch die KKE-Inland und die EDA eine positive Haltung zur EG-Mitgliedschaft ein,[1] wenngleich sie nicht die ihrer Meinung nach zu euphorische Haltung der Regierungspartei teilten. Vor der Militärdiktatur hatte die EDA die Assoziierung mit der EWG mit der Begründung, daß sie zu einem Zustand kolonialartiger nationaler Abhängigkeit des Landes führen würde, abgelehnt. Es käme zu vermehrtem Eindringen ausländischen Kapitals, das schließlich die ganze griechische Wirtschaft kontrollieren würde. Angesichts der Überlegenheit der EWG-Staaten würde nicht nur die erhoffte wirtschaftliche und industrielle Entwicklung ausbleiben, sondern das Land in Rückständigkeit und Verarmung verfallen.[2] Nach der Erfahrung der Militärdiktatur sahen sowohl die EDA als auch die KKE-Inland nunmehr in der Eingliederung in die EG eine Gewähr für eine weiterhin demokratische Entwicklung. Beide Parteien waren der Meinung, daß ein von der PASOK befürworteter neutraler Kurs das Land noch mehr an die USA binden würde. Der EG wollten sie eine wesentliche Rolle für die Auflösung der Ost-West-Blöcke zuweisen. Langfristig glaubten sie an die Möglichkeit einer Umwandlung des (EG-)Europas der Monopole in ein (EG-) Europa der Arbeiter. Auch wenn diese Vorstellungen eher realitätsfern waren, war es das Verdienst beider Parteien, Teile der linksorientierten Wähler von einem proeuropäischen Kurs zu überzeugen.[3]

Charakteristisch für die Überlegungen der Beitrittsbefürworter ist die von Andreas Papandreou in den 60er Jahren zur EWG und griechischen Assoziierung abgegebene Stellungnahme:

> „Griechenland steht an einem historischen Scheideweg. Wegweiser dieses Scheidewegs ist der Anschluß an die EWG [...] Die einzige Berechtigung der Entscheidung für den Anschluß ist die, daß Griechenland die große Einladung des 20. Jahrhunderts annahm, d. h. es trat in den großen Kampf für die schnelle Erhöhung des Lebensstandards seines Volkes ein [...] Die öffentliche Meinung hat sich nicht mit der anderen Seite des Anschlusses an die EWG genügend beschäftigt, daß Griechenland nämlich ein gleichwertiges Mitglied der Gemeinschaft der westlichen Demokratien wird. Dadurch wird Griechenland gezwungen, nicht nur seine Wirtschaft, sondern auch seinen Staatsapparat und seinen gesellschaftlichen Aufbau zu modernisieren. Erstes Charakteristikum der EWG-Länder ist, daß sie Demokratien sind; die Grundlegung und das Vorantreiben der demo-

---

[1] Vgl. dazu Tsonis 1987: 159ff u. Verney 1990a: 210f.
[2] Vgl. Fotiadis 1979: 280ff.
[3] Vgl. Tsonis 1988: 47.

kratischen Institutionen in Griechenland muß ein allgemeines Ziel aller Griechen werden."[1]

Demgegenüber hatte sich die Meinung Papandreous nun radikal gewandelt. Im gleichen Maße, wie sich die Regierungspartei euphorisch in bezug auf den Beitritt gab, neigten die Gegner, PASOK und KKE, zur Skepsis, Ablehnung und negativen Übertreibung der Auswirkungen einer EG-Mitgliedschaft. Der EG-Beitritt war für sie gleichbedeutend mit einer katastrophalen Verschlechterung der ökonomischen Situation des Landes, fataler Einschränkung der nationalen Souveränität und verstärkter ausländischer Einmischung.[2] Papandreou bezeichnete die EG unter anderem als „europäische[n] Brückenkopf des amerikanischen Imperialismus", der Beitritt bedeute die „Auslieferung des Landes an die ausländischen Monopole"; „die Europäisierung wird unsere Sitten und Gebräuche sowie unsere nationale Kultur begraben"[3].

Angesichts dieser undifferenzierten Polemik geriet das sachliche Argument, daß die griechische Volkswirtschaft dem Konkurrenzdruck des überlegenen westlichen Auslands kaum gewachsen sein würde, in den Hintergrund; ein Einwand, der - wenn auch mit anderer Zielsetzung - von der EG-Kommission geteilt wurde, die in ihrer Stellungnahme angesichts der strukturellen Defizite, der ungleichgewichtigen sektoralen Entwicklung, der hohen regionalen Disparität in der Industrieproduktion, der ungünstigen Betriebsgrößenstruktur sowie der wachsenden Handelsdefizite eine eher distanzierte Haltung zum EG-Beitritt Griechenlands eingenommen hatte.[4] Neben der Furcht vor der Konkurrenz der überlegenen EG-Industrie durch den Wegfall des Zollschutzes richteten sich die Einwände der PASOK[5] gegen das Ansteigen ausländischer Kapitalinvestitionen in Griechenland, das Anwachsen des Tourismus mit allen negativen Auswirkungen, die verstärkte Auswanderung griechischer Gastarbeiter in die EG-Länder sowie die Beeinträchtigung des für Griechenland wichtigen Osteuropahandels und des Handels mit Drittländern überhaupt durch die EG-Zölle. Diesen Nachteilen stünden nur mäßige Vorteile für die griechische Landwirtschaft gegenüber.

Wenngleich PASOK und KKE in ihrer Beurteilung der EG, der Art und Weise einer Ablehnung des griechischen EG-Beitritts bis hin zum Boykott der Ratifizierungsdebatte weitgehende Übereinstimmung zeigten, unterschieden sie sich doch in den außenpolitischen Alternativen, die sie anzubieten hatten.[6] Während sich die KKE für

---

[1] A. Papandreou, Demokratie und nationale Wiedererstehung, Athen 1966, S. 130, zit. nach Fotiadis, 1979: 283f.

[2] Zur Haltung der beiden Parteien vgl. Tsonis 1987: 169ff u. Verney 1990a: 209f.

[3] Zit. nach Fotiadis 1979: 284f.

[4] Vgl. Kommission der EG (Hrsg.): Stellungnahme der Kommission zum griechischen Beitrittsgesuch, in: *Bulletin der Europäischen Gemeinschaften*, Beilage 2/1976.

[5] Vgl. dazu auch PASOK 1978.

[6] Vgl. Tsonis 1988: 48ff.

eine „unabhängige Außenpolitik" aussprach, die jedoch letztlich auf eine Anlehnung an den RGW hinauslaufen sollte, legte sich die PASOK nicht auf bestimmte außenpolitische Ersatzkonzeptionen für den EG-Beitritt fest, sondern formulierte nur vage wechselnde Alternativen. Orientiert an der Dependenztheorie wurde Griechenland als ein von den reichen westlichen „Metropolen" politisch und wirtschaftlich abhängiges Land der „Peripherie" dargestellt. Im Interesse einer „sozialen Befreiung" und Überwindung der nationalen Abhängigkeit sollte sich Griechenland nicht der EG, sondern der „Peripherie", d. h. der Dritten Welt, zuwenden. Sah die Regierungspartei in der EG-Mitgliedschaft einen wesentlichen Konsolidierungsfaktor für die griechische Demokratie, so war die PASOK vielmehr der Ansicht, dies würde aufgrund der ungleichgewichtigen Beziehung zu einem Zustand permanenter Instabilität führen.

Je näher die PASOK jedoch der Regierungsverantwortung rückte, fand im Zuge der parteipolitischen Umorientierung von einer radikal-sozialistischen Partei mit idealistisch-illusorischem Programm zu einer sich um das Wählerpotential der Mitte bemühenden Volkspartei[1] auch eine Modifizierung der Haltung zur EG statt.[2] Von einer grundsätzlichen Ablehnung der EG und dem alternativen Vorschlag einer „nichtkapitalistischen Mittelmeergemeinschaft" unter prinzipieller Blockfreiheit ging Papandreou ab 1977 zur Forderung eines „besonderen Abkommens" zwischen der EG und Griechenland zunächst nach dem Vorbild Norwegens, später Jugoslawiens über. Bereits im Wahlprogramm von 1977 enthalten, trat nach der Ratifizierung des Beitrittsvertrages im Juni 1979 das Verlangen eines Referendums über die EG-Mitgliedschaft in den Mittelpunkt. Die PASOK wollte ihre demokratische, volksnahe Haltung gegenüber der „undemokratischen" ND demonstrieren, sollte doch die letzte Entscheidung über eine Frage mit so weitreichenden Konsequenzen wie der EG-Beitritt der Bevölkerung überlassen werden. Gleichzeitig liegt jedoch die Vermutung nahe, daß die PASOK sich damit einen Weg eröffnen wollte, eine EG-Mitgliedschaft ohne offiziellen Verzicht auf ihre bisherigen Programmforderungen und dementsprechend ohne Gesichtsverlust akzeptieren zu können

Nachdem die Anti-Beitritts-Polemik 1977 noch zentrales Thema des PASOK-Wahlkampfes gewesen war, wurden die Beziehungen zur EG vor den Parlamentswahlen 1981 im 109 Seiten umfassenden Wahlkampfprogramm auf lediglich einer Seite nur noch als ein Problem der Wirtschaftspolitik abgehandelt[3]. Das immer noch bestehende Versprechen eines Referendums war reine Makulatur, da dessen Abhaltung nicht im Kompetenzbereich der Regierung, sondern des Präsidenten lag und der im Mai 1981 in dieses Amt gewählte Karamanlis ein Kernthema seiner früheren Re-

---

[1] Vgl. dazu auch unter V. Abschnitt 2.1.1.
[2] Vgl. dazu Axt 1985a: 171ff u. Verney 1990a: 213ff.
[3] Vgl. PASOK 1981: 62.

gierungspolitik nicht in Frage stellen würde. Das kurze Zeit nach dem Machtwechsel von der neuen PASOK-Regierung dem Rat der Europäischen Gemeinschaft am 22. März 1982 vorgelegte Memorandum[1] enthielt - entgegen früherer PASOK-Positionen - nicht die Forderung einer Aufhebung oder Neuverhandlung der Beitrittsbedingungen, sondern - angesichts der wirtschaftlichen Probleme Griechenlands - des Ausbaus der gemeinschaftlichen Finanzierungsmechanismen und der Möglichkeit zur zeitweisen Abweichung von bestimmten Gemeinschaftsregeln.[2] Sehr bald nach Antritt der Regierung übernahm die PASOK „an openly pecuniary approach to EC“[3] und stellte sich auf den Standpunkt, daß die Kosten eines Rückzugs aus der EG die Kosten eines Verbleibs bei weitem übersteigen würden.

Übereinstimmung bestand zwischen Beitrittsgegnern und -befürwortern insofern, als beide davon ausgingen, daß die Mitgliedschaft in der EG Griechenland in ein bestimmtes, durch Westeuropa repräsentiertes politisches und ökonomisches Gerüst einbinden würde.[4] Zusammengefaßt wurden die unterschiedlichen Positionen in den bereits oben genannten, von Karamanlis und Papandreou geprägten Slogans „Griechenland gehört zum Westen“ bzw. „Griechenland gehört den Griechen“. Diese waren jedoch nicht nur Ausdruck einer unterschiedlichen (außen-)politischen Konzeption - Integration und Westannäherung auf der einen, Selbständigkeit in Solidarität mit Dritte-Welt-Staaten auf der anderen Seite -, sondern auch einer verschleppten Identitätskrise[5], d. h. der Frage, ob Griechenland eher als zum Westen, zum Balkan oder zum Mittelmeerraum zugehörig anzusehen ist. Bezeichnend ist die in Meinungsumfragen zu Beginn der 80er Jahre geäußerte widersprüchliche Einstellung zum westlichen Ausland, die sich in eine kulturelle und eine politische Komponente unterteilen läßt: Die griechische Gesellschaft insgesamt stellte in diesen Umfragen das Paradoxon einer „kulturell nach 'Westen gekehrten' Gesellschaft“ (50% bei 10% Enthaltungen) „mit antiwestlicher politischer Orientierung“ (69%) dar.[6]

Kulturelle Präferenz in % (Mittelwert der Jahre 1981 u. 1984)

Westlich	50
Griechisch-christlich	40
Keine Antwort	10

---

[1] Griechisches Memorandum: Standpunkte der griechischen Regierung betreffend die Beziehungen Griechenlands mit den Europäischen Gemeinscahaften, in: Bulletin der Europäischen Gemeinschaften, 3/1982: 100-104.
[2] Zum Memorandum vgl. auch Axt 1985a: 255f.
[3] Verney 1990a: 215.
[4] Vgl. Verney 1990a: 207, 212.
[5] Vgl. dazu Couloumbis 1983: 95f.
[6] Vgl. Dimitras 1987: 84 u. Wenturis 1990: 228ff.

Politische Präferenz in % (Mittelwert der Jahre 1981 u. 1984)

Pro-westlich	41	
Anti-westlich	59	
davon: neutral		48
östlich		11

88% der Wähler der Neuen Demokratie sprachen sich für eine enge politische Beziehung zum Westen aus, bei den PASOK-Wählern betrug der Anteil nur 19%; die Haltung wurde also im wesentlichen durch die Parteipräferenz bestimmt. Die Befürwortung des westlichen Kultureinflusses auf Griechenland hingegen hing vor allem vom Alter der Befragten ab: Unabhängig von der Parteipräferenz sprach sich jeweils nur eine Minderheit der über 49jährigen für diesen Einfluß aus (ND 26%, PASOK 31%), die Gruppe der bis 49jährigen hatte mehrheitlich eine positive Meinung (ND 53%, PASOK 70%).

Einstellungen gegenüber dem Westen (Mittelwerte der Jahre 1981 u. 1984)

Parteipräferenz	Alter	Befürwortung des westlichen Kultureinflusses auf die griechische Gesellschaft in %		Befürwortung der politischen Westintegration Griechenlands in %	
Neue Demokratie	≤ 49	53		8	
	> 49	26		91	
	insgesamt		38		88
PASOK	≤ 49	70		18	
	> 49	31		29	
	insgesamt		61		19
KKE	≤ 49	44		9	
	> 49	36		24	
	insgesamt		42		2

Daraus folgt in einem kreuztabellarischen Vergleich, daß die Mehrheit der Bevölkerung sich entweder für ein Nebeneinander von politisch prowestlicher Orientierung und Festhalten an der griechisch-christlichen Tradition oder von politisch antiwestlicher Haltung und westlichem Kultureinfluß aussprach; nur jeweils eine Minderheit zählte zu den konsequenten Befürwortern bzw. Gegnern der griechischen Westorientierung. Diesem Gegensatz entspricht auch das Nebeneinander von heftiger Kritik am Ausland einerseits und der teilweise blinden Bewunderung westlicher Modernität andererseits.

Kreuztabellarischer Vergleich der politischen und kulturellen Präferenzen

	Befürwortung der Westintegration	Gegner des Westintegration
Befürwortung des westlichen Kultureinflusses	35%	65%
Gegener des westlichen Kultureinflusses	54%	46%

Das Paradoxon der kulturell pro-, politisch antiwestlichen Orientierung verweist auf eine bedeutende, auch für die weitere Beziehung Griechenlands zur EG relevante Besonderheit der politischen Kultur Griechenlands, den „ausländischen Faktor" (*xenos paragontas*), d. h. die in der neugriechischen Geschichte mehr oder weniger beständige und vor allem rückwirkend als Bevormundung empfundene ausländische Einflußnahme in die griechische Politik.[1] Zwar versuchten auch immer wieder griechische Politiker selbst, mit Hilfe ausländischer Mächte ihre Interessen durchzusetzen, doch wurde deren Mitverantwortung in der Regel verdrängt, und so entstand eine politische Kultur, die gekennzeichnet ist durch die übertriebene Betonung der griechischen Selbständigkeit und Souveränität, eine mißtrauische Haltung dem westlichen Ausland gegenüber und eine ausgeprägte Neigung, in Verschwörungstheorien[2] dunkle ausländische Mächte für Mißstände im Land verantwortlich zu machen; es wird ein ausländischer Einfluß selbst da als vorhanden dargestellt und vielleicht sogar empfunden, wo er gar nicht (mehr) existiert. Die Erklärung dafür liegt vielleicht „in der Mentalität eines bevormundeten Menschen, die Ursache für negative Erfahrungen außerhalb seines Verantwortungsbereichs zu suchen, in fremden Kräften und Mächten, die oft auch undefinierbar und im Verborgenen bleiben"[3].

1.2.4 Die Rolle gesellschaftlicher Interessenvertretungen am Beispiel der Gewerkschaften

Aufgrund des Entwicklungsrückstands der griechischen Gesellschaft gegenüber Westeuropa konnten sich gesellschaftlich institutionalisierte Strukturen der Interessenvertretung der einzelnen gesellschaftlichen Gruppen - bis heute - nur sehr unvollständig entwickeln.[4] Dazu trug wesentlich das personalistische Klientel- und Patronagewesen des Parteiensystems bei, das diese Organisations- und Institutionalisie-

[1] Vgl. dazu unter IV. Abschnitt 3.3.4.
[2] Vgl. Wenturis 1984: 36.
[3] Kallis 1992: 84.
[4] Vgl. Fakiolas 1987: 174ff.

rungsschwäche überdeckte, aber auch begünstigte; dies galt und gilt gleichermaßen für die bereits vor der Militärdiktatur bestehenden Gewerkschaften, Industrie- und Wirtschaftsverbände sowie Agrargenossenschaften als auch für die neuen sozialen Bewegungen. Allgemein gilt, daß politischer Einfluß eher direkt, über informelle Kontakte geltend zu machen versucht wird.

Selbst die mit Abstand wichtigste Interessengruppe der Gewerkschaften konnte trotz zahlreicher Streiks, bis hin zu politisch motivierten Generalstreiks, eine im westeuropäischen Vergleich nur geringe ökonomische und politische Bedeutung erringen.[1] Zwar bildeten sich bereits 1860 erste Strukturen gewerkschaftlicher Organisationen und wurde 1918 der heute bedeutendste Dachverband GSEE (*Geniki Synomospondia Ergaton Elladas*/Allgemeiner Verband der Arbeiter Griechenlands) gegründet und kann somit auf eine jahrzehntelange organisatorische Kontinuität verwiesen werden, doch gelang es der griechischen Gewerkschaftsbewegung nicht, eine stabile und durchsetzungsfähige Organisationsstruktur aufzubauen. Die Hauptursache hierfür liegt in der traditionellen, auch nach dem Ende der Militärdiktatur fortgeführten, politischen Einflußnahme der Parteien bzw. der jeweiligen Regierungen.[2] Hinzu kamen und kommen innergewerkschaftliche Fraktionierungen und ideologische Richtungsauseinandersetzungen, das Vorherrschen kleiner Betriebe, das der Entwicklung einer starken Gewerkschaftsbewegung entgegenwirkt, weil der Organisationsgrad der Beschäftigten in ihnen niedrig bleibt, sowie die persönlichen Bereicherungs- und Karriereinteressen vieler Gewerkschaftsfunktionäre, die auf die Erhaltung ihrer Positionen gerichtet waren und sich daher gegen den Zusammenschluß kleiner Gewerkschaften stellten.[3]

Damit verbunden ist ein weiterer Grund für die Schwäche der griechischen Gewerkschaftsbewegung, ihre undurchsichtige Organisationsstruktur und Fragmentierung.[4] Der Aufbau der Gewerkschaftsorganisation ist dreistufig und basiert auf einem Nebeneinander von Industriegewerkschaftsprinzip und dem Prinzip der berufsständischen Gewerkschaft. Ihre Basisorganisation sind die Einzelgewerkschaften, bei denen es sich um lokale Berufs- und Branchen- sowie um Betriebsgewerkschaften handelt. Auf der zweiten Stufe gibt es eine vertikale und eine horizontale Organisationsform. Erstere ist der Zusammenschluß der Einzelgewerkschaften eines Berufszweiges zu einer Föderation, letztere der Zusammenschluß von Einzelgewerkschaften einer Stadt oder Region zu einem lokalen bzw. regionalen Arbeiterzentrum unabhängig davon, welchem Berufszweig die einzelnen Gewerkschaften angehören. Die dritte und höch-

[1] Vgl. Axt 1985a: 74.
[2] Vgl. Kaikis 1980.
[3] Zu diesen Gründen vgl. Hering/Demetriou/Kelpanides 1980: 107f.
[4] Vgl. dazu Hering/Demetriou/Kelpanides 1980: 105ff.

ste Koordinationsstufe bilden fünf Konföderationen, denen die Föderationen und Arbeiterzentren angehören und von denen die GSEE die größte und mit Abstand wichtigste ist. Der GSEE gehören jedoch nicht nur die beiden Organisationsformen der zweiten Stufe an, sondern auch Einzelgewerkschaften, was zu entsprechenden Doppelvertretungen führt und wesentlich zur organisatorischen Unübersichtlichkeit beiträgt. Unabhängig davon sind die Beamtenorganisationen ebenfalls dreistufig aufgebaut und auf nationaler Ebene durch die rivalisierenden Organe ADEDY (= *Anotati Dioikisi Enoseon Dimosion Ypallilon*/Oberste Leitung der Beamtenvereinigungen) und SEDO (= *Syndonistiki Epitropi Dimosioypallilikon Organoseon*/Koordinationsausschuß der Beamtenvereinigungen) vertreten.

Die Zersplitterung der griechischen Gewerkschaftsbewegung zeigt sich an den geschätzten 4.000 bis 5.000 Einzelgewerkschaften, von denen allerdings „nur" 2.000 als aktive Organisationen gelten, wobei der GSEE etwa 1.500 Einzelgewerkschaften sowie 86 Arbeiterzentren und über 40 Gewerkschaftsföderationen angehören.[1] Ein besonderes Phänomen und Kennzeichen für den Staatssyndikalismus sind nominell auf dem Papier existierende Scheingewerkschaften, die sogenannten „Stempelgewerkschaften", die oft weniger als 20 Mitglieder haben und künstlich am Leben gehalten werden, um im Rahmen der GSEE den Stimmenanteil einzelner politischer Fraktionen zu vergrößern. Etwa ein Drittel der griechischen Arbeitnehmer ist gewerkschaftlich organisiert, wobei der Organisationsgrad im öffentlichen Dienst bzw. in staatlichen Unternehmen, die zwei Drittel aller Gewerkschaftsmitglieder stellen, besonders hoch ist.[2]

Der parteiliche und staatliche Einfluß auf die Gewerkschaften, ständige Flügelkämpfe und Abspaltungen schwächten die Position der Gewerkschaften gegenüber Arbeitgebern und Regierung. Gleichzeitig war und ist das Selbstverständnis der Arbeitnehmer wie auch ihrer Interessenvertretungen von vornherein mehr auf einen Konfrontationskurs ausgerichtet als auf Kooperation oder soziale Partnerschaft mit Arbeitgebern und Staat. Exzessive Forderungen der Gewerkschaften führten immer wieder im Fall ihrer Zurückweisung zu Streiks und Produktionsausfällen, im Fall ihrer Erfüllung zu langfristigen Nachteilen für Wirtschaft und letztlich auch Arbeitnehmer selbst.[3] Was ihre Aufgabenerfüllung der Artikulierung von politischen Forderungen, der Rekrutierung von politischem Führungspersonal und - mit Blick auf die Konsolidierung der Demokratie - der Einübung demokratischer Verhaltensweisen betrifft, haben die griechischen Gewerkschaften wie auch andere Interessenorganisationen nur unzureichend agiert. Gerade die Konsolidierung und Stabilisierung der

---

[1] Vgl. Hering/Demetriou/Kelpanides 1980: 106f.
[2] Vgl. Fakiolas 1987: 179.
[3] Vgl. Fakiolas 1987: 179f.

Demokratie wurde durch sie eher behindert als gefördert, eine Tendenz, die sich bis in die 90er Jahre hinein fortsetzen sollte.

1.2.5 Die zweite Regierungsperiode der Neuen Demokratie: Abschluß der Konsolidierungsphase

Der Erfolg der PASOK bei den Parlamentswahlen 1977 stellte die Neue Demokratie vor neue Herausforderungen: Sie sah sich einer gestärkten und zunehmend schärferen Opposition im Parlament gegenüber und mußte mit einem weiteren Erstarken der PASOK rechnen, wie auch das Ergebnis der Kommunalwahlen im Oktober 1978 zeigte, bei denen zu zwei Drittel Kandidaten der links von der ND stehenden Oppositionsparteien gewählt wurden. Im Rahmen der von Karamanlis angestrebten ideologischen und politischen Distanzierung von der traditionellen Rechten[1] traten mehrere Zentrumsabgeordnete und -politiker zur Neuen Demokratie über und wurde die Regierung um die Liberalen Mitsotakis als Koordinationsminister und Kanellopoulos als Finanzminister erweitert.

Vor diesem Hintergrund, aber auch, um den Bestand der Partei unabhängig von seiner Person zu sichern, bemühte sich Karamanlis um einen dem Beispiel der PASOK folgenden Ausbau der innerparteilichen Organisation sowie an westeuropäischen Parteien orientierte Ansätze zur innerparteilichen Demokratisierung.[2] Dabei blieb er jedoch hin- und hergerissen zwischen seiner sich selbst zugeschriebenen Rolle als überparteilicher Ministerpräsident und der Aufgabe, eine organisatorisch und programmatisch gefestigte Partei aufzubauen, wobei er in der Regel letzteres zugunsten ersterem vernachlässigte.[3] Als erste (!) größere griechische Partei hielt die Neue Demokratie nach einem Vorkongreß im April 1977 im Mai 1979 in Chalkidiki einen Kongreß mit - allerdings unter umstrittenen Bedingungen[4] - gewählten Delegierten ab.[5] Wie zuvor wurde jedoch der programmatisch-ideologische Standort der Partei durch Karamanlis ohne formelle Abstimmung festgelegt. Seine Chalkidiki-Grundsatzrede bekräftigte die Prinzipien der Gründungserklärung von 1974. Er sah die Neue Demokratie als Partei der nationalen Einheit und lehnte weiterhin eine Einordnung in einem Rechts-Links-Spektrum ab, beschrieb jedoch seine eigene Position

---

[1] Vgl. dazu Diamandouros 1984: 61f.
[2] Vgl. dazu Loulis 1981: 49ff u. Clogg 1987: 149ff.
[3] Vgl. Katsoudas 1987b: 93f.
[4] Kritiker wiesen darauf hin, daß sich vor der Wahl der Delegierten durch die lokalen Parteigliederungen ganze Familien kurzfristig in den Organisationen der Partei eingeschrieben hätten, die keinerlei Beziehung zur ND hätten. In Thesssaloniki z. B. sei so die Zahl der Stimmberechtigten quasi über Nacht von 1.200 auf 3.500 angestiegen; vgl. Korisis, 1980: 175, Anm. 105.
[5] Zum Kongreß vgl. Katsoudas 1987b: 98f, 106f u. Korisis/Lepszy 1991: 225f.

als „radikalen Liberalismus", der zwischen „traditionellem Liberalismus" und „demokratischem Sozialismus" einzuordnen sei. Darüber hinaus wurde auf dem ND-Kongreß das bis dahin provisorische Parteistatut verabschiedet.[1] Danach umfaßte die nationale Organisation der Partei

- den Parteikongreß,
  bestehend aus dem Parteiführer, den gewählten Parlamentsabgeordneten und den Kandidaten, die in den letzten Parlamentswahlen verloren hatten, den ehemaligen Abgeordneten, einer der Gesamtzahl der Parlamentssitze (300) gleichen Anzahl von Vertretern der Regionalorganisationen sowie Vertretern der Jugendorganisation, als höchstes und souveränes Organ der Partei, das in Zukunft die ideologischen und programmatischen Grundsätze festlegen und alle zwei Jahre zusammenkommen sollte;
- das Administrationskomitee (später Zentralausschuß),
  dem neben dem Parteiführer 49 vom Kongreß gewählte ND-Mitglieder sowie 18 Parlamentsabgeordnete angehören sollten und das als oberstes Parteiorgan zwischen den Parteitagen - alle zwei Monate tagend - die Verantwortung für die Politik der Partei auf der Grundlage ihrer programmatischen Beschlüsse trägt;
- das Exekutivkomitee,
  dessen Mitglieder bis auf den ihm vorstehenden Parteivorsitzenden vom Administrativkomitee gewählt werden und das als ständiges Organ die Beschlüsse der Partei umsetzt;
- das Wirtschaftskomitee;
- die Parlamentsfraktion; und
- den Parteivorsitzenden,
  der in Zukunft entgegen dem provisorischen Statut nicht durch den Parteikongreß, sondern allein durch die Parlamentsfraktion gewählt werden sollte. Traditionell hat er die herausragende Stellung in der Partei: Er formuliert die Position der Partei, leitet und koordiniert die Parteiorganisation, trägt die Verantwortung für die Durchführung der Parteibeschlüsse, führt den Vorsitz im Administrativ- und Exekutivkomitee sowie der Parlamentsfraktion aus und übt entscheidenden Einfluß auf die Nominierung der Parlamentskandidaten.

In ähnlicher Weise wie die nationale Parteiorganisation wurde die Organisation auf regionaler und lokaler Ebene strukturiert. In der Folgezeit kam es zu einer Intensivierung der Parteiarbeit vor allem auf dieser Ebene und einer Reihe von regionalen Kongressen zwischen 1979 und 1981. Die Mitgliederzahl stieg um 20.000 auf über 100.000 an.[2]

---

[1] Vgl. dazu Clogg 1987: 159f u. Katsoudas 1987b: 106f.
[2] Vgl. Korisis/Lepszy 1991: 240.

Mit der Unterzeichnung des Vertrages über den 1981 erfolgenden Beitritt Griechenlands zur EG am 28. Mai 1979 hatte Karamanlis ein weiteres wesentliches Ziel seiner Politik erreicht, das gewissermaßen den Abschluß seiner Konsolidierungsstrategie bildete. Vor diesem Hintergrund verstand er auch seine Entscheidung, vom Amt des Ministerpräsidenten in das des Staatspräsidenten zu wechseln. Aufgrund der inzwischen verschärften parteipolitischen Gegensätze wurde er jedoch nicht - wie von ihm angestrebt - als überparteiliches Staatsoberhaupt mit Unterstützung aller parlamentarischen Gruppen gewählt, sondern lediglich im dritten Wahlgang mit 183 von 300 Stimmen[1]. Die Amtszeit seines Vorgängers Tsatsos endete offiziell zwar erst im Juni 1980, doch trat dieser vorzeitig zurück, so daß Karamanlis bereits unmittelbar nach seiner Wahl am 5. Mai vereidigt wurde.

Mit ausschlaggebend für Karamanlis' Entscheidung für den Wechsel in das Präsidentenamt dürften aber auch die auf die Regierung verstärkt zukommenden, fast unlösbaren wirtschaftlichen Probleme gewesen sein: Eine hohe Inflationsrate von 21,9%, eine niedrige Investitionstätigkeit und insgesamt ineffiziente Wirtschaft[2], ein stark defizitärer Staatshaushalt, eine hohe Staats- und Auslandsverschuldung sowie übertriebene Lohnforderungen und wachsende Unzufriedenheit bei der Mehrheit der Bevölkerung. Dies und die weitere Profilierung der PASOK ließen es immer wahrscheinlicher werden, daß die Neue Demokratie bei den nächsten Wahlen zumindest keine regierungsfähige Mehrheit erhalten würde. Aus der Position des im Zweifelsfall mit exzessiven Kompetenzen ausgestatteten Präsidenten hatte Karamanlis jedoch die Möglichkeit, ungeachtet des Wahlergebnisses die weitere Entwicklung des politischen Systems zu überwachen [3] und ggf. zu beeinflussen.[4]

Sein Nachfolger als Parteivorsitzender und damit gleichzeitig Ministerpräsident wurde drei Tage später durch die parlamentarische Fraktion gewählt, eine Neuheit im griechischen Parteiwesen. Außenminister Georgios Rallis siegte mit einer knappen Mehrheit von vier Stimmen über Verteidigungsminister Evangelos Averoff, der die ihm angebotene Vizepräsidentschaft zunächst enttäuscht ablehnte und damit eine Spaltung innerhalb der Partei offenbarte, die bisher durch die Persönlichkeit Kara-

---

[1] Dies waren nur drei Stimmen mehr als das erforderliche Minimum. Nicht nur die gesamte Linke, auch das zersplitterte Zentrum und das ultrarechte Nationale Lager verweigerten ihm ihre Unterstützung. Gewählt wurde er so nur durch die Stimmen seiner eigenen Fraktionskollegen sowie denen einiger Unabhängiger und Abweichler des Nationalen Lagers. Interessant ist, daß die Abgeordneten der PASOK der Wahl fernblieben, wohl auch, um zu verhindern, daß Karamanlis aus ihren Reihen Stimmen erhielt.

[2] Die Arbeitsproduktivität betrug in vielen Wirtschaftssektoren nicht einmal 50% des EG-Durchschnitts; vgl. Drakatos 1987: 23.

[3] Vgl. Diamandouros 1984: 61.

[4] Kurz vor den Wahlen im Oktober 1981 wurde sogar über eine Vereinbarung zwischen Karamanlis und Papandreou über die Machtverteilung nach einem möglichen PASOK-Wahlsieg spekuliert mit dem innenpolitischen Schwerpunkt beim Ministerpräsidenten und dem außenpolitischen beim Präsidenten.

manlis' überbrückt worden war.[1] Trotz seiner konservativ-royalistischen Vergangenheit repräsentierte Rallis[2] den liberal-progressiven Flügel der Neuen Demokratie, während der seiner Herkunft nach ursprünglich dem liberal-venizelistischen Lager zuzurechnende Averoff[3] als Führer der konservativen Kräfte galt. Kritiker warfen ihm vor, zur Zeit der Obristenherrschaft die sogenannte Brückentheorie, d. h. den Versuch durch einen Kompromiß zwischen militärischen und zivilen Kräften sowie den Verzicht des Militärs auf die unmittelbare Ausübung der politischen Macht das Regime zu demokratisieren, unterstützt und nach 1974 als Verteidigungsminister eine zu nachsichtige Haltung gegenüber den Streitkräften an den Tag gelegt zu haben. Demgegenüber sahen selbst Vertreter der Mitte sein Verdienst gerade darin, durch seinen behutsamen Umgang mit dem Militär dessen politische Zurückhaltung bewirkt zu haben. Der Kampf um die Parteiführung zwischen Rallis und Averoff war folglich auch eine Auseinandersetzung um die künftige politische Ausrichtung der ND: Die „aufgeklärten Rechten" strebten eine Politik der vorsichtigen sozialen Reformen an, um die Wählerbasis weiter zur Mitte auszudehnen bzw. die Nachfolge des zerfallenen Zentrums anzutreten, während die „Nationaldenkenden" durch eine offensive Konfrontation mit Sozialisten und Kommunisten die an die extreme Rechte verlorenen Wähler zurückgewinnen wollten.[4] Nachdem es nach der Wahl des neuen Parteivorsitzenden und Ministerpräsidenten zunächst sogar Gerüchte einer Abspaltung des rechten Flügels um Averoff gegeben hatte, scheute dieser vor einem solchen Schritt jedoch zurück und übernahm schließlich 1981 doch noch das Amt des stellvertretenden Ministerpräsidenten. Dies konnte jedoch nicht über die durch den Rückzug Karamanlis' von der Parteiführung entstandene Krise der Neuen Demokratie hinwegtäuschen.

Rallis setzte im wesentlichen die Politik seines Vorgängers Karamanlis fort. Nach Abschluß der nach 1974 eingeleiteten Phase der Verstaatlichung und Ausweitung des staatlichen Einflusses auf die Wirtschaft wurde - ungeachtet der wachsenden parteiinternen Kritik an diesem eigentlich den wirtschaftspolitischen Grundsätzen der ND widersprechenden Vorgehen - die staatlich-interventionistische Wirtschaftspolitik fortgesetzt. Die Nationalisierung der Banken, der Energiewirtschaft, der gesamten Rüstungsindustrie, der Eisenbahnen und Fluggesellschaften sowie des Athener Nah-

---

[1] Zur Wahl Rallis' vgl. Mavrogordatos 1983b: 76f.

[2] In den 50er/60er Jahren war Rallis Abgeordneter der ERE, 1954-56 Minister beim Ministerpräsidenten, 1956-58 Minister für Verkehr und öffentliche Arbeiten, 1961-63 Innenminister und 1967 Minister für öffentliche Ordnung.

[3] Bei den Wahlen von 1946, 1950 und 1951 wurde Averoff als Abgeordneter der Liberalen Partei ins Parlament gewählt und war 1949/50 Versorgungsminister, 1950/51 Wirtschaftsminister liberaler Regierungen. Später schloß er sich der ERE an, für die er ab 1956 im Parlament saß. 1956-63 war er Außenminister, 1967 Landwirtschaftsminister.

[4] Vgl. Kohler 1981: 191.

verkehrs fiel in die Zeit der ND-Regierung. Überdies waren zum Zeitpunkt des Regierungswechsels im Oktober 1981 bereits 60% der Versicherungsgesellschaften, 50% der Erdölgesellschaften und 50% der Werften in staatlichem Besitz oder unter staatlicher Kontrolle.[1] Geschwächt durch einen unzureichenden Rückhalt in der eigenen Partei und interne Meinungsverschiedenheiten, die dazu führten, daß geplante Maßnahmen immer wieder revidiert werden mußten, war die Regierung Rallis mit den genannten wirtschaftlichen Problemen überfordert. Die Rückkehr in die militärische Organisation der NATO führte zu einem zusätzlichen Popularitätsschwund bei gleichzeitiger Stärkung Papandreous. Obwohl allgemein als fähiger Politiker angesehen, vermochte der auf Kollegialität bedachte Rallis[2] sich nicht als unumstrittene Führungspersönlichkeit zu etablieren, was sich bei den folgenden Parlamentswahlen angesichts des in Griechenland besonders personengebundenen politischen Systems ausgesprochen negativ auswirkte. Der Abschluß dieser Konsolidierungsphase der griechischen Demokratie war somit auch durch den allmählichen Machtverfall der seit dem Übergang zur Demokratie 1974 dominierenden Neuen Demokratie gekennzeichnet.

2. Der „große Wandel“: Die Politik Papandreous zwischen Anspruch und Realität

2.1 Der historische Regierungswechsel von 1981

2.1.1 Das Phänomen PASOK

Die Panhellenische Sozialistische Bewegung (PASOK) stellte sowohl als Partei als auch hinsichtlich ihres rapiden Aufstiegs von einer kleinen Oppositionspartei zur Regierung ein neues Phänomen in der griechischen Politik dar.

Die Absorption der griechischen Gesellschaft durch die *Megali Idea*, die spät einsetzende Industrialisierung, ein geringer Arbeiteranteil sowie die Dominanz kommunistisch gesinnter Kräfte auf seiten der griechischen Linken[3] verhinderten in Grie-

---

[1] Vgl. Korisis/Lepszy 1991: 224.

[2] Vgl. Korisis 1980: 117. Die Regierung Karamanlis war durch einsame Entscheidungen des dominanten Ministerpräsidenten gekennzeichnet, etwa bei der Begnadigung der Obristen, der Wahl Tsatsos' als Präsidentschaftskandidat und der Erweiterung der Regierung um Zentrumsabgeordnete; vgl. ebd.: 72f.

[3] Ab 1951 repräsentiert durch die EDA.

chenland anders als im übrigen Europa die Entstehung einer sozialistischen Massenpartei[1], und so bildete der griechische Sozialismus über Jahrzehnte hinweg als linker Flügel lediglich ein „Anhängsel“[2] des liberalen Zentrums, gegenüber dem er in der extrem polarisierten Gesellschaft kein eigenständiges Profil entwickeln konnte. Zu Beginn der 60er Jahre sammelten sich die linken und radikal-liberalen Kräfte um Andreas Papandreou am Rand der von dessen Vater Georgios geführten Zentrumsunion[3] und gewannen nach 1965 zunehmend an - von den traditionellen Kräften als systembedrohend empfundenem - Einfluß[4].

Radikalisiert durch die Erfahrung der Militärdiktatur, lehnte Andreas Papandreou[5] es 1974 ab, der wiedergegründeten Zentrumsunion beizutreten, um eine vollkommen neue, mit der Vergangenheit brechende eigene Partei zu schaffen. So konnte die PASOK auf keine Tradition zurückgreifen, obgleich sie für sich beanspruchte, in der Tradition des (EAM-)Widerstands während des Zweiten Weltkriegs, des alten Zentrums und des Widerstands gegen die Militärdiktatur zu stehen.[6] Vielmehr mußte sie sich erst als eigenständige Partei etablieren gegenüber den miteinander verschmelzenden Konservativen und Liberalen auf der einen und den Kommunisten auf der anderen Seite und vollzog die jahrzehntelange Entwicklung anderer europäischer sozialistischer und sozialdemokratischer Parteien gleichsam in einer Kurzfassung von sieben Jahren.[7] Gleichzeitig lehnte Papandreou eine Anlehnung an die bestehenden europäischen sozialistischen/sozialdemokratischen Parteien ab und propagierte vor allem in den Anfangsjahren einen sogenannten dritten, „griechischen Weg zum Sozialismus“ sowie eine Dritte-Welt-Orientierung, die dem Selbstverständnis der PASOK als nationale, die Interessen des griechischen Volkes verteidigende Bewegung - der Begriff Partei wurde abgelehnt - entsprachen.

In ihrem Gründungsdokument, der von Papandreou verfaßten „Proklamation vom 3. September 1974“[8], stellte sich die PASOK als Bewegung der arbeitenden und unterprivilegierten Griechen dar, mit den Leitzielen der nationalen Unabhängigkeit, der Souveränität des Volkes, der sozialen Befreiung und der Demokratisierung. In der griechischen Auslandsabhängigkeit wurde die Hauptursache für sämtliche innenpolitischen Übel über die Diktatur bis zu wirtschaftlichen Problemen gesehen und dem-

---

[1] Vgl. dazu Axt 1985a: 51ff u. Mathiopoulos 1961.
[2] Axt 1985a: 55.
[3] Vgl. unter IV. Abschnitt 4.1.1.
[4] Vgl. unter IV. Abschnitt 4.2.
[5] Vgl. dazu Bakojannis 1977: 178ff. Während seines Exils in Schweden und Kanada wandelten sich Papandreous eher gemäßigt sozialdemokratische Vorstellungen in radikal sozialistische.
[6] Vgl. Lyrintzis 1984: 110 u. Mavrogordatos 1983b: 81.
[7] Vgl. Axt 1985a: 115ff u. Papadopoulos 1990b: 102f. Dies erklärt vielleicht auch einen Teil der Widersprüchlichkeiten, die diese Partei kennzeichnen.
[8] Abgedruckt in: PASOK-International Relations Committee o. J.: 1ff. Vgl. außerdem Axt 1985a: 162ff u. Kohler 1981: 202ff. Zur Gründung der PASOK vgl. auch unter V. Abschnitt 1.1.3.

entsprechend ein Rückzug aus sämtlichen politischen, wirtschaftlichen und militärischen Bündnissen gefordert. Angesichts der durch internationale Einmischung geprägten griechischen Geschichte stieß die PASOK mit ihrer betont nationalistischen Rhetorik auf breite Resonanz in der Bevölkerung. Auf innenpolitischem Gebiet propagierte die PASOK unter anderem die Vergesellschaftung ganzer Industriezweige[1], die Selbstverwaltung von Unternehmen durch die Belegschaft, die Überführung der Agrarproduktion in Kooperativen und letztendlich eine vage formulierte sozialistische Transformation der Gesellschaft. Durch ihre Radikalität in der Anfangsphase, die auch in ihrer Opposition zur Regierung zum Ausdruck kam, profilierte sich die PASOK als Partei, die den politischen und gesellschaftlichen Wandel zugunsten benachteiligter Bevölkerungsgruppen anstrebte und gewann damit die Wählergruppe der Unzufriedenen, die aufgrund der Bürgerkriegsnachwirkungen vor den Kommunisten zurückschreckte[2] und ihren Protest nunmehr durch die Wahl einer „unbelasteten“ Partei ausdrücken konnte. Der ursprünglich den Konservativen vorbehaltene Nationalismus der PASOK, ihr Auftreten als Partei der nationalen Befreiung ermöglichten es ihr, sozialistische und sogar marxistische Thesen aufzustellen, ohne - wie die Kommunisten - als fremdgesteuerte und unpatriotische Partei angegriffen zu werden.[3]

Die PASOK bildete nicht nur auf programmatischer, sondern auch auf personeller und organisatorischer Ebene eine neue Kraft im politischen Leben Griechenlands. Ein nicht unerheblicher Teil der führenden PASOK-Mitglieder und -Abgeordneten war vor dem Militärputsch gar nicht oder nur am Rande in Erscheinung getreten. 73 der 95 PASOK-Abgeordneten von 1977 wurden erstmals ins Parlament gewählt. Mouzelis vergleicht die (personelle) Erneuerung und Umstrukturierung mit der zu Beginn dieses Jahrhunderts anläßlich des Aufstiegs der liberalen Partei von Venizelos.[4] Innerhalb kurzer Zeit baute die PASOK als erste nichtkommunistische Partei eine landesweite, straffe, die Klientelbeziehungen durchbrechende Organisation[5] auf. Anfang 1981 umfaßte die PASOK nach eigenen Angaben 85.000 Mitglieder[6], die in ca. 1.600 lokalen Ortsgruppen organisiert waren[7]. Die PASOK war damit zu Beginn

[1] Vergesellschaftung war für die PASOK nicht gleichbedeutend mit der von der ND betriebenen Politk der Verstaatlichung, denn es sollte nicht die Herrschaft einer aufgeblähten Bürokratie etabliert werden, sondern die Beteiligung des Volkes an dezentralen Entscheidungszentren ermöglicht werden, die regional und lokal die Planung der gesellschaftlichen und ökonomischen Prozesse übernehmen. Ein wesentliches Element in dieser Konzeption war die Selbstverwaltung der Unternehmen durch die Belegschaft unter Beteiligung regionaler Planungsausschüsse.

[2] Vgl. Axt 1985a: 147 u. Lyrintzis 1987: 669.

[3] Vgl. Mouzelis 1978b: 71 u. Papadopoulos 1990b: 108f.

[4] Vgl. Mouzelis 1987: 271ff u. unter III. Abschnitt 1.1.

[5] Zur Organisation und Willensbildung in der PASOK vgl. Axt, 1985a: 61ff, Kohler 1981: 206ff u. Hering/Demetriou/Kelpanides 1980: 93f.

[6] Vgl. Axt 1985a: 62.

[7] Vgl. Axt 1985a: 61.

der 80er Jahre die einzige griechische Partei, die überall auf dem Lande durch Ortsvereine repräsentiert ist. Ihre monatlich tagenden Vollversammlungen wählen für ein Jahr jeweils einen Koordinationsausschuß. Gemeinsam mit den Berufsorganisationen der Partei entsenden sie Delegierte zur Departementversammlung, die ihrerseits einen Leitungssausschuß wählt, dem auch die entsprechenden Abgeordneten angehören. Die Sekretäre der Departements bilden auf nächster Ebene den Regionalausschuß. Das höchste Organ der Partei auf nationaler Ebene ist laut Statut

- der Parteitag,
  der sich aus gewählten Delegierten der Lokal- und Berufsorganisationen, dem Zentralkomitee, dem Disziplinarausschuß und der Fraktion zusammensetzt, allerdings bis zum Wahlsieg der Partei 1981 nicht zusammengekommen war, obwohl ihm eigentlich die Wahl des Zentralkomitees, des Parteivorsitzenden und des Disziplinarausschusses obliegt[1]. Ihm nachgeordnet ist
- das Zentralkomitee,
  bestehend aus 80 alle drei Monate unter dem Vorsitz des Parteichefs tagenden Mitgliedern. Zwischen den Parteitagen ist dies das höchste Organ der PASOK. Es bestellt
- das Exekutivbüro
  als höchstes ausführendes Organ, dem der Parteivorsitzende und acht weitere Mitglieder angehören. Es stellt die eigentliche Machtzentrale der Partei dar, wobei seine Kompetenzen zur Zeit Papandreous de facto in den Händen
- des Parteivorsitzenden
  lagen. Er bestimmt die Richtlinien der Politik. Der gegenwärtige Ministerpräsident, Kostas Simitis, beispielsweise wurde im Zusammenhang mit der Ratifizierungsdebatte um den EG-Beitritt Griechenlands aus dem Exekutivbüro ausgeschlossen, weil er in Büchern und Aufsätzen eine abweichende Auffassung über die EG vertreten hatte.[2] Dem Parteivorsitzenden bzw. dem Exekutivbüro unterstehen die zentralen Parteiausschüsse; sie bestellen die fünfköpfige Finanzkontrollkommission und stellen auf Vorschlag der Departementversammlungen die Kandidaten für die Parlamentswahlen auf. Ihnen untersteht auch formal
- die Parlamentsfraktion.
  Ein deutliches Beispiel für ihre Unterwerfung war das Verhalten bei der Ratifizierungsdebatte zum EG-Beitritt, als das Exekutivbüro der Partei sich zum Boykott entschloß, ohne daß dies der Fraktion vorher bekannt war.[3] Das wiederholte

[1] Im März 1975 gab es lediglich einen „Vorkongreß" und 1977 eine „Erste Konferenz", auf der die Mitglieder des ZK in der von Papandreou vorgelegten Reihenfolge „gewählt" wurden.
[2] Vgl. Axt 1985a: 96, Anm. 15.
[3] Vgl. Kohler 1981: 207f.

Verlassen des Parlaments vor Abstimmungen durch die PASOK - ein undemokratisches Verhalten, das von der Neuen Demokratie als Opposition übernommen wurde - diente wohl nicht nur der Demonstration, sondern auch der Fraktionsdisziplin, da sich die Parteiführung der eigenen Gefolgschaft nach dem unerwartet hohen Anstieg der Abgeordnetenzahl von 12 auf 93 bei den Parlamentswahlen 1977 nicht immer sicher war.

Im Widerspruch zu den modernen Organisationsstrukturen der Statuten und zu dem allgemeinen Demokratisierungsanspruch der Partei stand die autoritäre Führung der PASOK durch Andreas Papandreou, auf dessen Person sich die gesamte Entscheidungsgewalt konzentrierte, so daß die Partei durchaus als mit ihm identisch angesehen werden konnte.[1] Eine eigene Meinungsbildung wurde nur insoweit toleriert, als sie mit der Linie des Parteiführers übereinstimmte. Entgegen den Statuten der PASOK fand der erste Parteikongreß erst 1984 statt, zehn Jahre nach Gründung der Partei. Ideologische Differenzen und Auseinandersetzungen über die mangelnde innerparteiliche Demokratie führten immer wieder zu Ausschlüssen von Mitgliedern durch die Parteispitze unter Verletzung der dafür vorgesehenen Verfahrensweise. Aus Protest gegen dieses Vorgehen kam es vor allem in den Anfangsjahren 1975-77 zu Austritten.[2] Am spektakulärsten war Mitte 1975 der Rücktritt von 50 Mitgliedern des Exekutivbüros, die dies mit den undemokratischen Verfahrensweisen innerhalb der Partei und vor allem dem „Persönlichkeitskult“ von Papandreou begründeten.[3] Sie wurden angeführt von Mitgliedern der noch einen Tag vor der PASOK gegründeten sozialdemokratisch orientierten Gruppe „Demokratische Verteidigung“, der vor allem Personen aus dem Widerstand gegen die Militärjunta angehörten. In der Folge wurde die gesamte Gruppe von der Partei ausgeschlossen.[4] Dies konnte die Stellung Papandreous keineswegs erschüttern, sondern führte vielmehr zu einer Stärkung seiner Position, in der er weder durch administrative demokratische Strukturen wie in westeuropäischen Parteien kontrolliert und limitiert wurde noch durch über eine eigene Wählerklientel verfügende und damit relativ unabhängige lokale Führer wie in den traditionellen griechischen Parteien in seiner Macht eingeschränkt war.[5] Gerade in den Anfangsjahren wurden aber auch durch die Autorität Papandreous die in der

---

[1] Vgl. Bakojannis 1977: 183, 203 u. Axt 1985a: 65ff..
[2] Vgl. Bakojannnis 1977: 179 u. Featherstone 1987: 120f.
[3] Vgl. Elephantis 1981: 107f.
[4] Vgl. Axt 1985a: 70f. Da es in Griechenland kein Parteiengesetz gibt, bestand auch nicht die Möglichkeit, die Ausschlüsse gerichtlich anzufechten. Die Mitglieder der Demokratischen Verteidigung gründeten die Partei Sozialistischer Weg, die jedoch nach ihrem enttäuschenden Wahlergebnis 1977, als sie als Mitglied der Linksallianz keinen Sitz erhielt (vgl. unter V. Abschnitt 1.2.2), bei den Wahlen 1981 nicht mehr antrat.
[5] Vgl. Mouzelis 1987: 276f.

PASOK zusammengeschlossenen heterogenen Gruppen[1] zusammengehalten und damit die Partei vor einem Auseinanderbrechen, wie es im Fall der Zentrumsunion geschah, geschützt.[2] Das Charisma und die rhetorischen Fähigkeiten Papandreous[3] kamen der PASOK auch bei der Ausweitung ihres Wählerpotentials zugute, zumal der Personalismus weiterhin eine große Rolle in der griechischen Politik spielt.[4] Ohne seine linke Anhängerschaft zu verlieren, gelang es Papandreou, durch eine allmähliche Mäßigung seines Auftretens und seiner Forderungen[5] in die politische Mitte vorzudringen und sich als wählbare Regierungsalternative zu empfehlen.[6] Mavrogordatos spricht von einer dreistufigen Strategie, die darin bestand, sich erst 1974 als eigenständige, mit der Vergangenheit brechende Partei zu etablieren, dann nach 1977 als stärkste Oppositionspartei sich auch als Alternative zur Regierung der Neuen Demokratie darzustellen, um 1981 aus den Parlamentswahlen als Sieger hervorzugehen.[7] Möglichst viele Bevölkerungsschichten sollten sich mit den Vorstellungen der PASOK identifizieren, der Kreis der „Unterprivilegierten“ wurde immer weiter gefaßt, und so entwickelte sich die PASOK zu einer regelrechten „catch-all party“[8]. Jede Gruppe erhielt einen ehrenhaften sozialen Status, von der „stolzen Jugend Griechenlands“ über die „heldenhaften griechischen Mütter“ bis zu den „ehrwürdigen Älteren“, und spezielle Versprechungen wie höhere Einkommen, neue Arbeitsplätze, Erleichterung des Zugangs zu Hochschulen, Steuersenkungen für kleine Betriebe usw.[9]

Mehr noch als 1977 versuchte sich die PASOK mit dem Näherrücken der Parlamentswahlen von 1981 als moderate, regierungsfähige Partei zu präsentieren. Anstelle des Sozialismus trat der umfassende, vage Slogan *Allagi* (Wandel, Wechsel, Veränderung), der nach Interessen und politischer Stellung interpretiert werden konnte und so die unterschiedlichsten, teils sogar gegensätzliche Wählergruppen ver-

---

[1] Axt (1985: 72f) nennt in diesem Zusammenhang fünf wesentliche Gruppen: Sozialdemokraten, Marxisten, Dritte-Welt-Gruppen, Anhänger der sozialistischen Selbstverwaltung nach jugoslawischem Vorbild und Papandreou nahestehende Mitglieder ohne spezifische ideologische Orientierung.

[2] Zur Bedeutung der Person Papandreous für die PASOK vgl. Bakojannis 1977: 202ff.

[3] Man kann hier auch hinsichtlich der autoritären, den Parteistatuten widersprechenden Führung eine Parallele zu seinem Vater Georgios Papandreou ziehen (vgl. unter IV. Abschnitt 4.1.1), der ihm im übrigen bei der Gewinnung der Zentrumswähler nützlich war, insofern als sein Sohn als der eigentliche „Erbe“ des alten Zentrums perzipiert wurde; vgl. Featherstone 1987: 117.

[4] Die Tatsache, daß das Zentrum über keine solche Persönlichkeit verfügte, war mit ein Grund für den Niedergang der Partei.

[5] Daß er damit teils in Widerspruch zu seinem Gründungsaufruf geriet, überdeckte er durch immer wieder aufkommenden rhetorischen Radikalismus und diffuse Aussagen.

[6] Zur allmählichen Mäßigung der PASOK vgl. Axt 1985a: 186ff, insbesondere die tabellarische Gegenüberstellung der wechselnden Positionen zwischen 1974 und 1981 u. Papadopoulos 1990b: 100, 110ff.

[7] Mavrogordatos 1983b: 79f.

[8] Kaltsogia-Tournaviti 1983: 330.

[9] Vgl. Fakiolas 1987: 184.

einte.[1] Vor allem griff Papandreou damit das in der Bevölkerung wachsende Verlangen nach einer Veränderung veralteter politischer, wirtschaftlicher und gesellschaftlicher Strukturen auf: Stärkung der lokalen Selbstverwaltung durch administrative Dezentralisierung, Straffung der aufgeblähten, ineffizienten und von Klientelbeziehungen durchsetzten Bürokratie wie überhaupt Abschaffung der Günstlingswirtschaft, Aufbau eines funktionsfähigeren Gesundheits- und Bildungswesens, Stärkung der vom Staat bevormundeten Gewerkschaften, Demokratisierung der Massenmedien und ein gerechteres Steuersystem.[2] Auf das Problem der Finanzierung und konkreten Durchführung dieser Maßnahmen und anderer lukrativer Versprechen, etwa die automatische Anpassung der Löhne und Renten an die Entwicklung der Lebenshaltungskosten[3], wurde jedoch nicht eingegangen. Ungenau blieben auch die Vorstellungen über eine „Sozialisierung" von Schlüsselindustrien[4], die je nach Auslegung von einfachen Mitbestimmungsrechten für die Beschäftigten bis zu einer tatsächlichen Veränderung der Eigentumsverhältnisse reichte.[5] Papandreou betonte, seine Reformpolitik allmählich, sanft und demokratisch durchführen zu wollen und daß für den griechischen Durchschnittsbürger wie überhaupt die staatliche Ordnung keine Befürchtungen bestünden; gegenüber 1977 ließ er sein Projekt einer sozialistischen Verfassung fallen.

Insgesamt war das 1981er Wahlprogramm, der sogenannte „Vertrag mit dem Volk"[6], durch undeutliche Formulierungen gekennzeichnet, die Papandreou einen Spielraum nach links und zur Mitte ließen und je nachdem als Opposition oder Regierung interpretationsfähig waren. Zeiträume für eine Verwirklichung der hochgesteckten Ziele wurden ebensowenig angegeben wie konkrete Konzepte der Durchführung. Mit dem Näherrücken des Wahltermins und der Wahrscheinlichkeit eines Wahlsieges versuchte die PASOK bereits, die Erwartungen vorsorglich abzuschwächen, und erklärte, daß der „große Wandel" angesichts des Beharrungsvermögens alter Machtstrukturen nur allmählich verwirklicht werden könnte.[7] Bezeichnend waren auch die Stellungnahmen zu NATO und EG, die zwar weiter propagandistisch abgelehnt wurden, jedoch ohne, daß dies Auswirkungen auf die griechische Mitgliedschaft gehabt hätte: Der Austritt aus der NATO wurde als in absehbarer Zeit nicht zu

---

[1] Vgl. Lyrintzis 1987: 676. Zu der Frage, was unter dem „Wandel" verstanden wurde, vgl. Epikentra 1981: 12.
[2] Schlegel (1982: 410) spricht in diesem Zusammenhang von einer „Vision [...] der gesellschaftlichen Veränderung", die von Papandreou gehegt wurde,
[3] Vgl. Fakiolas 1987: 184.
[4] Dazu zählte man Banken und Versicherungen sowie Ölraffinerien, Bergbau, Werften, Dünger-. Zement-, Pharma- und Waffenindustrie.
[5] Vgl. Axt 1985a: 185f, 197.
[6] PASOK 1981.
[7] Vgl. Axt 1985a: 198.

realisierendes strategisches Ziel im Rahmen einer Auflösung der im Kalten Krieg entstandenen Blöcke hingestellt und die Haltung hinsichtlich der EG dadurch taktisch unterlaufen, daß die Entscheidung durch ein nur vom Präsidenten und nicht der Regierung anzusetzendes Referendum erfolgen sollte.[1]

Zusammenfassend kann man sagen, daß die PASOK durch eine Reihe von Besonderheiten gekennzeichnet war, die sie von westeuropäischen sozialistischen und sozialdemokratischen Parteien abgrenzte: Die Konzentration auf einen charismatischen, nur beim Vornamen genannten Vorsitzenden, dessen autoritäre Praktiken, eine flexible, unpräzise Ideologie, ein nationalistischer Standpunkt, der so weit geht, ausländische Mächte für alle inneren Mißstände verantwortlich zu machen, allgemeine Slogans wie „nationale Unabhängigkeit" und „Mitbestimmung" sowie das Appellieren an das „gute Volk", dem das „böse Establishment" gegenübersteht, sprechen für einen populistischen Charakter der PASOK, die nicht umsonst häufig mit lateinamerikanischen populistischen Parteien verglichen wird.[2] Trotz, vielleicht aber auch gerade wegen ihrer Widersprüche war die PASOK beim Wähler zunehmend erfolgreich, indem sie die Ansichten und Forderungen weiter Teile der Bevölkerung zu ihren eigenen machte.[3]

2.1.2 Die Parlamentswahlen von 1981

Mit dem Verschwinden der Zentrumsparteien und der Polarisierung der Wählerstimmen zwischen rechts und links beendeten die Parlamentswahlen von 1981 eine bereits 1974 einsetzende und 1977 verstärkte Entwicklung. Unter dem Gesichtspunkt, daß die PASOK zunehmend in die Position der alten Zentrumsunion drängte, kann man auch von einer Restrukturierung des vordiktatorischen Parteiensystems sprechen mit der PASOK als (linker) Zentrumsregierung, der Neuen Demokratie als konservativer und der KKE-Ausland als linker Opposition.[4] Gleichzeitig bestand die griechische Demokratie die Bewährungsprobe eines Regierungswechsels und das, obwohl im Juni 1981 aufkommende Gerüchte über einen geplanten Militärputsch[5]

---

[1] Zur Modifizierung der außenpolitischen Haltung Papandreous vgl. Papadopoulos 1990b: 111f u. unter V. Abschnitt 1.2.3.

[2] Vgl. Elephantis/Kavouriaris 1977. Zum Populismus vgl. außerdem Lyrintzis 1988: 669ff u. Pezmazoglu 1982: 29ff.

[3] Vgl. Adrianopoulos 1981: 35ff. Adrianopoulos führt den Vergleich mit Lateinamerika fort und sieht Parallelen der griechischen Gesellschaft mit ihrer wachsenden unzufriedenen Mittelschicht, die die größte Wählerschaft der PASOK bildete, zu der lateinamerikanischer Länder.

[4] Vgl. Mavrogordatos 1983b: 88.

[5] Das Ausmaß des am 2. Juni von einem Zentrumsabgeordneten vor dem Parlament enthüllten Plans blieb unklar. Während die Regierung von „Kaffeehausgeschwätz einiger unverantwortlicher pensionierter Offiziere" sprach, sah die Opposition eine reale Bedrohung. Am 11. Juni erklärte Verteidi-

mit dem Ziel der Absetzung der Regierung und Befreiung des Ex-Diktators Papadopoulos eine unheilvolle Parallele ziehen ließen zur Machtergreifung der Obristen, die nicht zuletzt auch unter dem Eindruck des bei den bevorstehenden Wahlen erwarteten Sieges der Zentrumsunion erfolgte. Wenngleich in diesen Befürchtungen ein Ausdruck für noch immer bestehende Unsicherheit zu sehen war, so sprach es doch für die Stärke der griechischen Demokratie, daß die Wahlen davon unbeeinträchtigt blieben und nicht ein Klima der Unsicherheit das Ergebnis beeinflußte.

Der Wahlsieg der PASOK am 18. Oktober 1981 fiel deutlicher als erwartet aus.[1] Bis zuletzt war eher damit gerechnet worden, daß die PASOK auf einen Koalitionspartner aus dem zersplitterten Zentrum angewiesen sein würde. Mit 48,06% konnte sie ihren Stimmenanteil abermals nahezu verdoppeln und verfügte mit 172 von 300 Parlamentssitzen über eine klare absolute Mehrheit. Die Neue Demokratie mußte mit 35,86% und 115 Sitzen einen Stimmenrückgang von 6 Prozentpunkten hinnehmen, obwohl das Nationale Lager, das 1977 fast 7% erhalten hatte, zu ihren Gunsten nicht angetreten war. Die Rechtsextremen waren zwar auch diesmal vertreten mit der Progressiven Partei (KP = *Komma Proodeftikon*) des Ex-Premiers Markezinis, kamen jedoch mit 1,69% der Stimmen nicht ins Parlament. Das weniger aus ideologischen Gründen als aufgrund persönlicher Ambitionen zersplitterte Zentrum[2] konnte keinen Parlamentssitz mehr erringen und vereinigte nur noch 1,48% der Stimmen auf sich: 0,40% für die EDIK, die im Verlauf der vergangenen Legislaturperiode durch Aus- und Übertritte zur Neuen Demokratie auf zwei Abgeordnete zusammengeschrumpft war, 0,36% für die von einem Nachkommen Eleftherios Venizelos', Nikitas Venizelos, geführte Liberale Partei und 0,72% für die von vier ehemaligen EDIK-Abgeordneten zusammen mit Angehörigen der Gruppe der Neuen Kräfte 1979 gegründete westeuropäisch-sozialdemokratisch orientierte Partei des Demokratischen Sozialismus (KODISO = *Komma Dimokratikou Sosialismou*)[3]. Die KKE konnte sich mit 10,92% der Stimmen und 13 Abgeordneten gegenüber 1977 zwar leicht verbessern und triumphierte über ihre eurokommunistische Rivalin, die erstmals allein an-

---

gungsminister Averoff, eine Gruppe „verrückter Nostalgiker" habe am 2. Juni die Demokratie durch einen Umsturz beseitigen wollen, die Regierung sei ihnen jedoch durch eine Bereitschaftsübung in Attika zuvorgekommen. Aktive Offiziere seien nicht an dem Plan beteiligt gewesen, doch habe es seit 1975 insgesamt 15 Putschpläne unter Beteiligung auch aktiver Offiziere gegeben. In allen Fällen habe es sich jedoch um niedere Dienstränge und um Aktionen gehandelt, die bereits in der Vorbereitungsphase aufgedeckt worden seien; vgl. Efthymiou 1981.

[1] Zu den Wahlen vgl. Diamandouros/Kitromilidis/Mavrogordatos 1984. Zum Vgl. mit den Wahlen von 1974 und 1977 s. Dretakis 1982.

[2] Vor den Wahlen unternommene Versuche einer Wiedervereinigung der Zentrumsparteien scheiterten an der Frage des von allen Parteiführern beanspruchten Vorsitzes.

[3] Zur stärksten Zentrumspartei vgl. Hering/Demetriou/Kelpanides 1980: 98 u. Kohler 1981: 198ff.

getreten war und mit einem Stimmenanteil von 1,37% nicht ins Parlament kam[1], blieb damit jedoch weit unter den angestrebten, allerdings recht unrealistischen 17%[2].

Ergebnis der Parlamentswahlen vom 18. Oktober 1981

Partei	Stimmen in %	Sitze
PASOK (Papandreou)	48,06	172
Neue Demokratie (Rallis)	35,86	115
EDIK (Zigidis)	0,40	-
KODISO (Pesmazoglou)	0,72	-
Liberale Partei (N. Venizelos)	0,36	-
Zentrum insgesamt	1,48	-
KKE (Florakis)	10,92	13
KKE-Inland (Kirkos)	1,37	-
Progressive Partei (Markezinis)	1,69	-
Sonstige u. Unabhängige	0,6	-

Wahlbeteiligung: 78,6%, Sitze: 300

Interessanterweise schnitten bei den gleichzeitig nach dem reinen Verhältniswahlrecht stattfindenden, im Hintergrund stehenden Wahlen zum Europäischen Parlament die kleinen Parteien erheblich besser ab: So erhielten die KKE-Inland mit 5,15% und die KODISO mit 4,17% je einen Sitz. Auch die Progressive Partei, die sich mit 1,95% nur unwesentlich gegenüber den nationalen Parlamentswahlen verbessern konnte, gewann dank des Wahlsystems ein Mandat. Demgegenüber mußten sich die Neue Demokratie und vor allem die PASOK mit einem deutlich verringerten Stimmenanteil von 31,53% bzw. 40,29% begnügen.

Ergebnis der Wahlen zum Europäischen Parlament vom 18. Oktober 1981

Partei	Stimmen in %	Sitze
PASOK	40,29	10
Neue Demokratie	31,53	8
EDIK	1,12	-
Liberale Partei	1,04	-
KODISO	4,17	1
KKE	12,68	3
KKE-Inland	5,15	1
Progressive Partei	1,95	1
Sonstige	1,91	-

Wahlbeteiligung: 78,6%, Sitze: 24

Vorausgegangen war ein auf die beiden großen Parteien und namentlich ihre Vorsitzenden Papandreou und Rallis konzentrierter Wahlkampf[3], in dem die Neue Demo-

[1] Der KKE-Inland fiel es schwer, sich zwischen der PASOK auf ihrer rechten und der KKE auf ihrer linken Seite zu behaupten.
[2] 17% auch deshalb, weil dies die Zugangssperre des verstärkten Verhältniswahlrechts zur zweiten Verteilung war. 1981 hätte eine Partei mit 16% nur 20 mit 17% dagegen 50 Sitze bekommen.
[3] Vgl. KPEE 1981.

kratie zunehmend in die Defensive gedrängt wurde. Weder durch das Hervorheben der Leistungen konservativer Regierungen vom Wirtschaftsaufschwung der 50er Jahre bis zur EG-Mitgliedschaft zu Beginn der 80er Jahre noch durch die Verteidigung der griechischen Westorientierung, die Verteufelung der PASOK als marxistischer Kaderpartei und das Ausmalen der Gefahren bei deren Wahlsieg konnte die Neue Demokratie dem Wandelversprechen[1] etwas Gleichwertiges entgegensetzen. Vielmehr machte die Regierungspartei nach ihren erfolgreichen Anfangsjahren den Eindruck einer erstarrten, innerlich uneinigen Partei, unfähig, die strukturellen Probleme der griechischen Gesellschaft zu beheben und die in den letzten Jahren verschärften wirtschaftlichen Probleme zu entschärfen, vor allem die 1981 auf 25% gestiegene Inflationsrate, die von der Mehrheit der Bevölkerung als dringlichstes Problem angesehen wurde[2]. Zudem befand sich die Neue Demokratie in dem Dilemma, sowohl rechtsextreme als auch liberale Wähler umwerben zu müssen. Die auf Initiative des konservativen Averoff unternommenen Verhandlungen mit dem Nationalen Lager sowie dessen Verzicht auf eine Kandidatur, um das „Anti-PASOK-Lager" nicht zu spalten, zerstörten die Glaubwürdigkeit der Partei als rechte Zentrumskraft.[3] Entgegen den Vorstellungen ihres Gründers Karamanlis erschien die ND 1981 vielen Wählern als Verkörperung der traditionellen autoritären Rechten der Nachkriegszeit.

Demgegenüber profitierte die PASOK durch den Beitritt des ehemaligen Zentrums- und EDIK-Vorsitzenden Mavros[4] kurz vor den Wahlen Mitte September 1981, der gleichsam als Signal für das liberale Wählerpotential sowie Garantie für eine gemäßigte Politik diente und die PASOK in ihrem Anspruch als Erbe der alten Zentrumsunion bekräftigte. Auf der linken Seite wurde die Partei durch den zeitgleichen Übertritt des EDA-Chefs Glezos und den Verzicht seiner Partei auf eine eigene Kandidatur gestärkt. Auch die Kommunisten erreichten, wenngleich unfreiwillig, eine Stärkung der PASOK, indem sie als vorrangiges Wahlziel festlegten, die Rechte zu entmachten: Viele Linkswähler stimmten für die PASOK, nur um die Ablösung der ND- Regierung sicherzustellen.[5] Für die Mehrheit der PASOK-Wähler galt jedoch, daß sie einer Partei den Vorzug gaben, die sie für beachtlich linker als sich selbst

---

[1] Zum Wahlprogramm der PASOK vgl. auch den vorhergehenden Abschnitt.

[2] In einer kurz vor den Wahlen im September 1981 durchgeführten Umfrage sahen 53,4% die Inflation als wichtigstes Problem an. Erst mit weitem Abstand folgten die schlechte Funktionsfähigkeit des Staates mit 9,1%, die soziale Fürsorge mit 7,1%, der griechisch-türkische Konflikt mit 6,3% und das Erziehungswesen mit 6,1%. Als verantwortlich für die mangelhaften Zustände sahen 50% die Regierung an, 25% die Beamten und 9% die Aufblähung des Staatsapparates; vgl. Wenturis 1984: 343, 346.

[3] Vgl. Lyrintzis 1984: 108. Lyrintzis spricht hier treffend von einer „divided party which fought the 1981 election and one which had a markedly right-wing image".

[4] 1977 war Mavros nach der Niederlage der EDIK als Vorsitzender zurückgetreten und hatte dann eine eigene Partei gegründet.

[5] Dafür spricht auch das bessere Abschneiden der KKE und vor allem der KKE-Inland bei den Europawahlen.

hielten: In einer Wahlumfrage sahen 75,4% von ihnen das ideologische Profil der PASOK als sozialistisch an, aber nur 27,2% der griechischen Wählerschaft, also nur ein Teil der über 48% PASOK-Wähler, bezeichneten sich selbst als Sozialisten.[1] Die PASOK profitierte somit eindeutig davon, daß die Zentrumsparteien nicht in der Lage waren, eine Alternative zur Neuen Demokratie zu bilden, aber auch, daß die Präsidentschaft Karamanlis' als Absicherung vor einem zu radikalen Wandel angesehen wurde. Eine psychologisch wichtige Wirkung hatte in diesem Zusammenhang auch der Sieg des Sozialisten Mitterrand bei den französischen Präsidentenwahlen im Mai 1981, auf den sich Papandreou in seinem Wahlkampf geschickt berief.[2]

Eine genauere Analyse des Wahlergebnisses[3] zeigt, daß das Resultat der Neuen Demokratie deutlich näher an das ihrer Vorgängerin, der ERE, von 1963 (39,4%) und 1964 (35,3%) rückte; wie diese schnitt sie in ländlichen Gebieten (39,6%) entschieden besser ab als in Städten (30,9%), während sich das Ergebnis der PASOK sowohl in der Höhe (42% bzw. 52,7%) als auch hinsichtlich der Hochburgen und unterdurchschnittlichen Wahlergebnisse dem der alten Zentrumsunion anglich[4]. Ähnlich einer populistischen Bewegung und im Unterschied zu westeuropäischen sozialistischen und sozialdemokratischen Parteien verzeichnete die PASOK ein in Städten (48,2%) und ländlichen Regionen (48,4%) einheitliches Ergebnis sowie eine hinsichtlich der sozialen Stellung ausgeglichene Wählerschaft.[5] Dies sprach für den Erfolg des Slogans vom „Wandel", der in einer Umfrage einen Monat vor den Parlamentswahlen nur von 18,3% der befragten Wähler grundsätzlich abgelehnt wurde[6]. Eine größere Differenzierung der PASOK-Wähler bestand nur hinsichtlich des Alters: So war sie am erfolgreichsten in der Altersgruppe zwischen 25 und 34 Jahren mit über 50%; am geringsten war die Unterstützung bei den 45-54jährigen mit weniger als 30%, der Gruppe, die zu Beginn der 60er Jahre maßgeblich zu den Erfolgen der Zentrumsunion von Georgios Papandreou beigetragen hatte, die aber nach der Erfahrung der Mi-

---

[1] Vgl. Wenturis 1984: 251f.
[2] Vgl. Larrabee 1981/82: 464 u. Macridis 1982: 391.
[3] Vgl. dazu Epikentra 1981, Wenturis 1984: 240ff u. Featherstone/Katsoudas 1985: 27ff.
[4] Zur PASOK als Erbe der Zentrumswähler vgl. Axt 1985a: 139ff.
[5] Vgl. Wenturis 1984: 327. Bei der Stadt-Land-Differenzierung muß man allerdings das Phänomen der sogenannten „Heterodemoten" berücksichtigen. (Vgl. dazu Papalekas: 1982: 6ff.) Zusammengesetzt aus *heteros = anderer* und *demotes = Bürger* bedeutet es so viel wie *Angehörige anderer Gemeinden* und bezeichnet die ca. 20% der gesamten Wahlberechtigten (vgl. Korisis/Lepszy 1991: 262), die in der Großstadt leben, aber in ihren ländlichen Heimatorten wählen. Bei einem Wohnortswechsel kann zwar eine Übertragung in die Wahllisten des neuen Wohnortes beantragt werden, doch unterziehen sich die meisten nicht dieser Prozedur, was an den Wahltagen eine regelrechte „Wahlreisewelle" zur Folge hat. Der Anteil der Wahlberechtigten an der Bevölkerung liegt daher in Athen und Thessaloniki bei weniger als 55%, während er auf einigen Inseln und Gegenden Mittelgriechenlands Werte von bis zu 150% erreicht, d. h. die Wahlberechtigten machen mehr aus als die dortige Bevölkerung. Entsprechend werden die lokalen Wahlergebnisse durch die parteipolitischen Präferenzen der großstädtischen Bevölkerung beeinflußt.
[6] Vgl. Wenturis 1984: 248.

litärdiktatur die Unterstützung seines „radikaleren“ Sohnes ablehnte.[1] Dies ist um so interessanter, als der PASOK-Erfolg vielfach interpretiert wird als das Wiederaufbrechen des nach zwei Jahrzehnten verstärkten Wunsches nach Veränderungen, der sich bereits 1963/64 in den Erfolgen der Zentrumsunion manifestiert hatte und durch die Diktatur gewaltsam unterbrochen bzw. nach 1974 aus Angst um die junge Demokratie unterdrückt worden war.[2]

2.1.3 Griechenlands erste sozialistische Regierung

Nach seinem Wahlsieg und auch in seiner Regierungserklärung am 22. November bemühte sich Papandreou, auch von der Neuen Demokratie geschürte Befürchtungen über die zukünftige Politik und Entwicklung Griechenlands zu beschwichtigen, und betonte, seine Regierung, die erste sozialistische in Griechenland, wolle die Regierung aller Griechen sein; bezeichnenderweise setzte sich sein Kabinett überwiegend aus eher gemäßigten Politikern zusammen. Gleichzeitig versuchte er, nicht zuletzt durch ihn selbst hochgeschraubte Erwartungen seiner Anhänger zu dämpfen mit der Hervorhebung des vor allem wirtschaftlich negativen Erbes der ND-Regierung und der daraus folgenden Konsequenz, daß der versprochene Wandel nur langfristig über mindestens zwei Wahlperioden durchführbar sei.[3]

Immerhin ergriff die Regierung Papandreou Maßnahmen zur Liberalisierung und Demokratisierung des politischen Lebens und erfüllte damit einen Teil ihrer Wahlversprechen.[4] Zu den wesentlichen Neuerungen zählten:

- die Herabsetzung des Wahlalters auf 18 Jahre;
- die Einführung der Zivilehe als gleichberechtigte Alternative zur bisher verbindlichen kirchlichen Ehe, allerdings wurde diese Möglichkeit in der Folgezeit nur von rund 10% der Eheschließenden in Athen und rund 5% im übrigen Land genutzt[5];
- die Abschaffung des Präferenzstimmgebungsverfahrens und Einführung von starren Listen. Die PASOK argumentierte, damit den lokalen Klientelismus aus-

[1] Vgl. Featherstone/Katsoudas 1985: 37f.
[2] Vgl. z. B. Kaltsogia-Tournaviti 1983: 331 u. Larrabee 1981/82: 161f.
[3] In einer Fernsehansprache im Dezember 1981 erklärte Papandreou, die Wirtschaftslage sei „äußerst kritisch“, von seinen Vorgängern habe er praktisch leere Kassen übernommen, die Wirtschaft befinde sich mit einer Inflationsrate von 25%, einem Rekordleistungsbilanzdefizit von 2,5 Milliarden $ und einem Defizit im Staatshaushalt von 6 Milliarden $ in einem „Zustand fortgeschrittener Zersetzung“. Vgl. dazu wie zur gesamten Regierungszeit Papandreous Kouloglou 1987: 130ff. Vgl. auch ein Interview Papandreous in *Der Spiegel* 48/1982: 146ff.
[4] Zu den innenpolitischen Reformen vgl. Axt 1985a: 213f u. Kasakos 1988: 39f . Zur Erfüllung der Wahlversprechen insgesamt vgl. Kalogeropoulou 1989: 289ff.
[5] Vgl. Axt 1985b: 30.

schalten zu wollen. Andererseits wirkte die durch starre Listen erhöhte Abhängigkeit der Abgeordneten von ihrer Partei angesichts der Dominanz des Parteivorsitzenden in Griechenland besonders negativ; Hauptziel Papandreous war wohl auch eher die Disziplinierung der PASOK-Abgeordneten. 1989 wurde die Präferenzstimmgebung wieder eingeführt.

Des weiteren sind zu nennen

- ein Parteienfinanzierungsgesetz;
- die Unterstellung eines bisher der Kontrolle des Militärs unterliegenden Fernsehsenders unter die Aufsicht des Presseministeriums. Dies sollte laut Gesetz schon 1977 erfolgen, war jedoch von der ND-Regierung aus Rücksicht auf das Militär unterlassen worden. Interessant in dem Zusammenhang ist, daß Papandreou neben dem Amt des Ministerpräsidenten auch das Verteidigungsministerium übernahm. Dies wurde als Zeichen gedeutet, wie sehr sich die PASOK um das Militär, seine Interessen, aber auch seine politische Kontrolle bemühte. Wahrscheinlich spielte hier auch die Erfahrung von 1965 eine Rolle, als der König dem damaligen Premier Georgios Papandreou das Verteidigungsressort verwehrte[1]. Weitere Neuerungen waren
- das Verbot der Ämterhäufung im öffentlichen Dienst, um der gängigen Praxis, mehr als einen Beruf gleichzeitig auszuüben, entgegenzutreten und die Verwaltung effizienter zu gestalten, sowie
- ein neues Hochschulgesetz zur Demokratisierung, vor allem aber Effektivierung und Leistungssteigerung des Bildungssystems, wenngleich mit geringem Erfolg[2]. Entgegen vorherigen Ankündigungen ging unter der PASOK der Anteil der Ausgaben für das Erziehungswesen am Gesamtbudget von 10,27% auf 9,60% zurück.[3]

Von besonderer Bedeutung war

- das „Gesetz zur Anerkennung des Widerstandes des griechischen Volkes gegen die Besatzungstruppen 1941-44", das den lange diskriminierten ehemaligen EAM-Mitgliedern moralisch, aber auch finanziell zugute kam und nach der Legalisierung der kommunistischen Parteien 1974 einen weiteren Schritt zur Überwindung der Bürgerkriegsfolgen darstellte, wie auch die Förderung der Rückkehr politischer Flüchtlinge. Vor 1982 waren nur nichtkommunistische Widerstandsorganisationen als solche anerkannt, und in der Zeit der Militärdiktatur hatten sogar Kollaborateure als Widerstandskämpfer gegolten. Die Abgeordneten der Neuen Demokratie protestierten heftig gegen dieses ihrer Meinung

[1] Vgl. unter IV. Abschnitt 4.2.
[2] Vgl. Lyrintzis 1987: 680f.
[3] Vgl. Kalogeropoulou 1989: 303ff.

nach nur zugunsten der KKE eingebrachte Gesetz und verließen bei der Abstimmung das Parlament.

Auf sozialpolitischem Gebiet sind des weiteren zu nennen

- die Reformierung des Familienrechts,
- das Prinzip der Gleichberechtigung der Geschlechter auf dem Arbeitsmarkt,
- die Stärkung des Mutterschutzes,
- die Beschränkung der Arbeitszeit auf 40 Stunden,
- die Erhöhung des Urlaubsanspruchs auf 24 Tage im Jahr,
- die Ausdehnung der Sozialversicherung auf alle Arbeitenden,
- die Verbesserung der sozialen Sicherung der Bauern sowie
- der Ausbau des nationalen Gesundheitswesens[1].

Viele dieser Reformen waren jedoch überfällig und stellten lediglich eine Fortsetzung der von Karamanlis eingeleiteten Demokratisierung und Modernisierung der politischen und sozialen Strukturen dar und konnten keineswegs dem Anspruch des „großen Wandels" genügen.[2] Der Anteil der griechischen Ausgaben für Gesundheit, Erziehung und soziale Fürsorge am Bruttoinlandsprodukt betrug gegenüber dem Durchschnittswert der westeuropäischen Staaten immer noch weniger als die Hälfte.[3] In vielerlei Hinsicht setzte die PASOK sogar zuvor von ihr heftig kritisierte Praktiken der ND-Regierung fort: So erfolgte auch unter ihr die Besetzung von Positionen in der Regierungsbürokratie sowie in staatlich kontrollierten Organisationen, Verbänden und Firmen weniger nach Leistungs- als parteipolitischen Kriterien und wurden die unter der unmittelbaren Kontrolle des Staates stehenden Massenmedien Rundfunk und Fernsehen[4] für Propagandazwecke mißbraucht. Das Versprechen, ein gerechteres, tatsächliches Verhältniswahlrecht einzuführen, wurde nicht erfüllt; das Wahlrecht wurde zwar im Januar 1985 - bezeichnenderweise in Übereinstimmung mit der Neuen Demokratie - geändert, jedoch fand weiterhin eine starke Begünstigung der stärksten Partei statt[5]. Ein Gesetz zur Stärkung der lokalen Präfekturebene stellte lediglich einen kleinen Schritt zur angekündigten Dezentralisierung dar. Die Präfekten in den Bezirken blieben weiterhin ausführende Organe der Zentralregie-

[1] Hier ist vor allem die Gründung von zahlreichen integrierten Gesundheitszentren in der schlecht versorgten Provinz zu nennen. Allerdings stieß die Regierung hier schnell auf finanzielle Grenzen.

[2] Clogg (1983b: 439) schreibt dazu: „[...] many of the reforms have been low-cost and cosmetic".

[3] Vgl. Petras 1987: 11.

[4] Artikel 15 der griechischen Verfassung nimmt diese von den „Vorschriften des vorhergehenden Artikels zum Schutz der Presse" aus. Nach Absatz 2 stehen sie „unter der unmittelbaren Kontrolle des Staates und haben die Aufgabe, sachlich und gleichmäßig Informationen und Nachrichten zu übertragen". In der Opposition hatte die PASOK diese „antidemokratische Neigung" kritisiert und eine Kontrolle durch das Parlament oder ein besonderes Gremium vorgeschlagen; vgl. Diepgen 1980: 417ff.

[5] Nach dem neuen Wahlrecht hätte die PASOK 1981 sogar zwei Sitze mehr erhalten. Theoretisch konnte sie jetzt mit 40,1% der Stimmen 152 Sitze und damit die absolute Mehrheit erhalten, vorausgesetzt ihre Wählerstimmen sind ebenso gleichmäßig über das ganze Land verteilt wie 1981.

rung. Ihnen wurde lediglich ein Präfekturrat zur Seite gestellt, in dem unter anderem Bürgermeister und Gemeinderäte vertreten waren.

Auch in ihrer Politik gegenüber den Gewerkschaften unterschied sich die PASOK nur wenig von ihren Vorgängerregierungen: Wie diese nahm sie Einfluß auf die Besetzung der Führungsgremien und bevorzugte finanziell die ihr nahestehenden Gruppen. Ein im Juli 1982 verabschiedetes Gesetz zur Stärkung der Gewerkschaften glich mit Bestimmungen wie der über die finanzielle Autonomie der Gewerkschaften und den Schutz der Gewerkschaftler vor willkürlichen Entlassungen sowie einer Erweiterung des Streikrechts die Rechte der griechischen Arbeitnehmer an die Verhältnisse in modernen demokratischen Staaten an und ging mit der selbst innerhalb der Regierung umstrittenen, investitionsfeindlichen - und später wieder zurückgenommenen - Ausweitung des Streikrechts bis hin zu politischen Streiks[1] bei gleichzeitigem Verbot der Aussperrung über diese hinaus. Ein Jahr später wurden jedoch im Gesetz über die „Sozialisierung der Unternehmen im öffentlichen Sektor"[2] unter dem Deckmantel der geringfügig erweiterten Informations- und Mitbestimmungsrechte von Aufsichts- und Betriebsräten[3] die Bedingungen für die Ausrufung eines Streiks erheblich erschwert[4], so daß man sagen kann, daß das Sozialisierungsgesetz im öffentlichen Sektor eher dazu dienen sollte, die in diesem Bereich stark organisierten Gewerkschaften zu disziplinieren bzw. durch ein Minimum an Partizipation ruhigzustellen.[5] 1987 wurde diese Regelung unter dem Druck der Gewerkschaften wieder aufgehoben. Ansonsten erwies sich die Sozialisierung von Unternehmen als eine „Nationalisierung von Verlusten", indem der Staat die Aktienmehrheit von zahlungsunfähigen Firmen übernahm.[6]

Widersprüchlich gestaltete sich auch die Wirtschaftspolitik der PASOK-Regierung : Bis Ende des Jahres 1982 orientierte sie sich an links-keynesianischen Vorstellungen und versuchte die Wirtschaft durch eine Steigerung der Massenkaufkraft über verstärkte öffentliche Ausgaben zu beleben. Zu den wichtigsten Maßnahmen zählten dabei die auch vor den Wahlen versprochene Erhöhung der Mindestlöhne und Anhebung der untersten Sätze der Alters-, Invaliden- und Hinterbliebenenrenten sowie die

---

[1] Sogenannte „Solidaritätsstreiks" für den Fall der Bedrohung der „demokratischen Freiheiten"; in ausländischer Niederlassungen auch dann, wenn im jeweiligen Land „Gewerkschaftsrechte oder demokratische Freiheiten gefährdet" sind; vgl. Schlegel 1982: 413.

[2] Im wesentlichen die Bereiche Kommunikation, Elektrizität, Transport und Banken.

[3] Vgl. Axt 1985a: 239ff.

[4] Unter anderem war jetzt die absolute Mehrheit aller registrierten Mitglieder einer Gewerkschaft für einen Streik notwendig, was angesichts einer in Griechenland sehr hohen Zahl nur auf dem Papier bestehender Mitglieder - dabei handelt es sich nicht nur um Desinteressierte, sondern auch Rentner und sogar Verstorbene - äußerst schwierig, um nicht zu sagen, unmöglich zu erzielen war; vgl. Fakiolas 1987: 174ff. Axt (1985a: 323ff) spricht in diesem Zusammenhang auch von einer „Präambel" für ein „Anti-Streik-Gesetz".

[5] Vgl. auch Lyrintzis 1987: 678f.

[6] Vgl. Axt 1985a: 242ff.

„Automatische Anpassung der Einkommen“ an die Inflationsentwicklung im öffentlichen Sektor, an dessen Tarifpolitik sich auch die Privatwirtschaft orientierte. Der erwartete Wirtschaftsaufschwung blieb jedoch aus; die Einkommenspolitik führte vielmehr zu einer Erhöhung der Importe und angesichts ausbleibender Produktivitätssteigerungen zu einer Verminderung der Konkurrenzfähigkeit der griechischen Wirtschaft. Negativ dürfte sich auch die durch die PASOK-Rhetorik ausgelöste Unsicherheit der Unternehmen ausgewirkt haben ebenso wie die Tatsache, daß die griechische Regierung mit ihrer nachfrageorientierten Politik international relativ isoliert war, so daß sie, nachdem bereits im Juli 1982 der bisherige Notenbankchef Arsenis Wirtschaftsminister geworden war, Ende des Jahres 1982 - auch hier eine Parallele zu den französischen Sozialisten - einen wirtschaftspolitischen Kurswechsel vorzunehmen gezwungen war.[1] Im Rahmen ihrer nunmehr einsetzenden Sparpolitik hob die Regierung die automatische Einkommensanpassung im öffentlichen Sektor wieder auf, verhängte für die Privatwirtschaft einen faktischen Lohnstopp[2] und nahm im Januar 1983 eine Abwertung der Drachme um 15,5% vor. Der Erfolg dieser Politik war jedoch nur mäßig: Das Wirtschaftswachstum stieg zwar von 0,3% 1983 auf 2,3% 1984, doch die Inflation lag 1983 weiter bei 20,5% und konnte 1984 nur geringfügig gedämpft werden auf 18,5%. Die Arbeitslosenquote stieg von 5,8% 1982 auf 7,2% 1983 und 8,1% 1984, das Haushaltsdefizit von 6,4% des BIP 1982 auf 10,2% 1983 und 1984 und das Leistungsbilanzdefizit von 4,9% des BIP 1982 auf 5,5% 1983 und 5,8% 1984.[3] Bezeichnend für die Ratlosigkeit war die im Hinblick auf die im kommenden Jahr bevorstehenden Parlamentswahlen erfolgende erneute Einführung der Einkommensanpassung an die Inflationsentwicklung 1984.

Insgesamt sah sich die Regierung Papandreou mit der unlösbaren Aufgabe konfrontiert, ihr Programm und ihre Wahlversprechen mit den Realitäten, vor allem einer in der Stagflation befindlichen Wirtschaft, in Einklang zu bringen.[4] Die besonders im ersten Regierungsjahr - nicht zuletzt, um die vielschichtige Wählerschaft zufriedenzustellen[5] - stark angestiegenen staatlichen Konsumausgaben und Sozialleistungen führten dazu, daß sich die Neuverschuldung des Staates von 1980 bis 1985 verdoppelte[6]; statt der angekündigten Unabhängigkeit Griechenlands erhöhte sich zumindest die finanzielle Abhängigkeit durch einen Anstieg der Auslandsverschuldung von 7,9

[1] Vgl. dazu Axt 1985a: 225ff.
[2] Die Arbeitgeber wurden per Gesetz zur Einhaltung von Einkommenslinien verpflichtet, andernfalls mußten Lohnkosten voll als Gewinne versteuert werden.
[3] Vgl. Weidenfeld/Wessel 1985: 116.
[4] Dazu wie auch zu einer Kritik der gesamten sozialistischen Politik jener Zeit vgl. Macridis 1984.
[5] Petras (1987: 11) spricht in diesem Zusammenhang von „Pseudoradikalismus“ eines Großteils der PASOK-Wählerschaft, die zwar für Modernisierung und Wandel, nicht jedoch bereit war, die sich daraus ergebenden Konsequenzen, etwa höhere Steuern, zu tragen.
[6] Vgl. Kasakos 1988: 42.

Milliarden $ 1981 auf 14,8 Milliarden $ 1985[1]. Der im Juni 1983 präsentierte Entwurf eines Fünfjahresplanes zur ökonomischen und sozialen Entwicklung erwies sich bereits zwei Jahre später als von der Entwicklung überholt.

Auch in der Außenpolitik blieb der von vielen gefürchtete „große Wandel" aus und konnte man allenfalls von einer Veränderung des Stils[2] sprechen, die sich in einer betont radikalen Rhetorik zeigte sowie im Demonstrieren von Unabhängigkeit innerhalb und gegenüber der NATO und EG durch das ergebnislose Initiieren von „Balkan-Konferenzen" mit dem Ziel einer nuklearwaffenfreien Zone, eigenwillige Entscheidungen wie z. B. die diplomatische Anerkennung der PLO im Dezember 1981 als erstes NATO- und EG-Mitgliedsland, die Weigerung, im Dezember 1982 das Schlußkommuniqué der NATO-Ratstagung zu unterzeichnen aus Protest gegen mangelhafte Unterstützung der griechischen Position gegenüber der Türkei und das Ausscheren bei den gegenüber der Sowjetunion verhängten Wirtschaftssanktionen wegen der Einführung des Kriegsrechts in Polen.[3] In der Substanz[4], d. h. den wesentlichen Grundsätzen stand die PASOK-Regierung jedoch in Kontinuität zu ihren Vorgängern von der Neuen Demokratie, wie ihr Verbleib in der NATO und der EG - versüßt durch ein im März 1985 vom EG-Rat verabschiedetes Mittelmeerprogramm, das Griechenland für einen Zeitraum von sieben Jahren rund 4,5 Milliarden DM zugestand[5] - sowie der Abschluß eines neuen Abkommens mit der amerikanischen Regierung über die zuvor noch verteufelten US-Militärbasen in Griechenland[6] zeigten. Dabei kam ihr zu Hilfe, daß sie es anders als vorherige Regierungen nur mit der zahlenmäßig schwachen Opposition der Kommunisten[7] zu tun hatte, weniger jedoch mit der Neuen Demokratie, die zwar über den Widerspruch zwischen Programm und Praxis der PASOK triumphierte, nicht jedoch die in ihrem Sinne liegende Mäßigung kritisieren konnte.

Dennoch hielt sich der Popularitätsverlust der PASOK in Grenzen, zumal die Neue Demokratie, deren Fraktion sich nach der Wahlniederlage von 1981 weigerte, Rallis das Vertrauen auszusprechen, und den konservativen, bereits 72jährigen Averoff zum neuen Vorsitzenden wählte[8], zumindest für die zur PASOK abgewanderten Zentrumswähler keine glaubwürdige Alternative bot. Papandreou verstand es, Kompromisse als Erfolge, die Anpassung an realpolitische Gegebenheiten als „ein Stück

---

[1] Vgl. Petras 1987: 13f.
[2] Vgl. dazu Dimitras 1983: 109ff.
[3] Zur Außenpolitik der PASOK vgl. Axt 1985a: 214ff.
[4] Clogg 1983b: 439.
[5] Vgl. Axt 1985b: 35.
[6] Vgl. dazu Axt 1985a: 222ff.
[7] Die Kommunisten nutzten dies, sich als die wahren Vertreter der griechischen Unabhängigkeit zu präsentieren; vgl. Dimitras 1983: 130.
[8] Averoff erhielt 67 Stimmen, seine Gegenkandidaten Stefanopoulos 32 und Boutos 12.

verwirklichten sozialistischen Wandels"[1] zu präsentieren, so beispielsweise beim Sozialisierungsgesetz mit gleichzeitiger Restriktion von Streiks auf innenpolitischem Gebiet und dem US-Basen-Abkommen auf außenpolitischem Gebiet, das als Ende der griechischen Abhängigkeit dargestellt wurde[2]. Die Vision des „Wandels" war somit zwar im Verlauf der ersten Regierungsperiode verblaßt, aber nicht aufgegeben.

Exkurs: Vergleich der demokratischen Konsolidierung in Griechenland, Spanien und Portugal

Die Übergangsphase zur Demokratie war in Griechenland deutlich schneller beendet und die Phase der demokratischen Konsolidierung rascher eingeleitet als in Spanien und Portugal.[3] Wie die Transition verlief auch die Konsolidierung relativ kontinuierlich und erfuhr mit dem „Rückzug" der bis dahin die Entwicklung dominierenden Person Karamanlis' auf das Präsidentenamt sowie dem EG-Beitritt des Landes seinen Abschluß. Der Regierungswechsel von der Neuen Demokratie zur PASOK 1981, Griechenlands erster sozialistischer Regierung, war ein entscheidender Test für die junge Demokratie und sein reibungsloser Verlauf ein deutliches Zeichen für eine erfolgreiche Konsolidierung.

In Spanien markierten das Inkrafttreten einer neuen Verfassung im Dezember 1978 und die folgenden Neuwahlen drei Monate später das Ende des Übergangs zur Demokratie und leiteten die Konsolidierungsphase ein.[4] Im Frühjahr 1979 fanden auch die ersten freien Kommunalwahlen seit Francos Machtergreifung statt, denen vor allem die Linken fast größere Bedeutung als den Parlamentswahlen zumaßen, da sie die Demokratie von der staatlich-nationalen Ebene auch „herab zum Volk brachten" und die noch von Francos Zivilgouverneuren eingesetzten Ortsgewaltigen ersetzten. Dabei verzeichneten die Sozialisten und Kommunisten, die zuvor schon eine Zusammenarbeit auf lokaler Ebene vereinbart hatten, insbesondere in den großen Städten einen eindeutigen Sieg; über 70% aller Spanier hatten nunmehr Bürgermeister aus Oppositionsparteien, zumeist Sozialisten, aber auch Kommunisten und Regionalisten. Im Baskenland gewannen die Autonomisten und Separatisten hinzu.

---

[1] Axt 1985a: 248.

[2] Die PASOK unterschlug dabei, daß die englische Version des Abkommens vom 15. Juni 1985 den Verbleib der Stützpunkte als am 21. Dezember 1988 *beendbar* bezeichnete, und berief sich auf die griechische Übersetzung, die den Begriff im Sinne von *beendet* übersetzte; vgl. Kalogeropoulou 1989: 299, 301.

[3] Zum Vergleich der Konsolidierung in den drei Ländern vgl. Beyme 1985: 27ff, Merkle 1990: 6ff, Pridham 1990d: 103ff u. Gunther/Diamandouros/Puhle 1995.

[4] Zur Entwicklung bzw. Konsolidierung der spanischen Demokratie vgl. Medhurst 1984: 42ff, Lancaster/Prevost 1985, Santamaría 1986: 89ff, Preston 1987: 171 u. Bernecker/Oehrlein 1991.

Im Unterschied zu Griechenland und Portugal wurde die Konsolidierung der demokratischen Institutionen durch ein komplexes Regionalismus-Nationalismus-Problem erschwert. Die *transición* hatte zu einer ernsthaften Infragestellung des überlieferten Zentralstaates geführt. Schon sehr früh war klar, daß der Weg Spaniens in die Demokratie und ihre Konsolidierung zugleich ein Prozeß der Dezentralisierung und Regionalisierung sein mußte.[1] Nationalistische Parteien im Baskenland und in Katalonien forderten, gestützt auf Massendemonstrationen, die Wiedererlangung der 1932 in der zweiten Republik bereits gewährten, vom Franco-Regime aber aufgehobenen Autonomiestatute. Aber auch andere Regionen, in denen föderalistisch-autonomistische Bestrebungen bislang keine oder nur eine untergeordnete Rolle gespielt hatten, zogen mit Forderungen nach kultureller, sprachlicher, politischer und wirtschaftlicher Eigenständigkeit nach. Der von Suárez seit 1977 graduell eingeleitete Prozeß der integralen Regionalisierung und politischen Dezentralisierung[2] gestaltete sich als eine Gradwanderung zwischen extremen Interessengegensätzen. Die Positionen reichten von überwiegender Ablehnung regionaler Selbständigkeit seitens eines Teils des Militärs und franquistischen Verwaltungsapparates über das Zugeständnis allenfalls administrativer Dezentralisierung durch die AP und UCD sowie die Vorstellungen der Sozialisten und Kommunisten von einem föderalen Bundesstaat bis hin zu offen separatistischen Bestrebungen etwa durch die ETA (= *Euskadi ta Askatasuna*/Baskenland und Freiheit).

Die Verfassung von 1978 sah eine regionalistische, nicht jedoch föderalistische Lösung der Autonomiefrage vor. Jede „Nationalität“ und „Region“ hat das Recht auf Selbstverwaltung , wobei der erste Begriff allein den „historischen Nationalitäten“, d. h. den Basken, Katalanen und Galiciern vorbehalten bleiben sollte, die sich von den übrigen Spaniern nicht nur historisch, sondern auch sprachlich-kulturell und zum Teil ethnisch unterscheiden. Der Prozeß wurde dadurch kompliziert, daß die Verfassung unterschiedliche Autonomiemodelle - eine politische (Art. 151) oder nur administrative (Art. 143) Dezentralisierung - und verschieden schwierige Wege zur Autonomie vorsah.[3] Katalanen und Basken erhielten demnach bereits im Oktober 1979, mit überwältigender Mehrheit in Referenden abgesichert, ein unantastbares Autonomiestatut mit politisch autonomen Regierungen; im Dezember 1980 folgte Galicien. Demgegenüber wurde vor allem in den Hochburgen der PSOE, in Andalusien und

---

[1] Vgl. dazu auch Kohler 1981: 375ff u. Hildenbrand/Nohlen 1991.

[2] Ersteres bezog sich auf die regionale Neuordnung des Landes, letzteres führte schließlich zu einem tiefgreifenden Wandel der politischen, administrativ-institutionellen und rechtlichen Rahmenbedingungen.

[3] Eindeutig bevorzugt wurden die „historischen Nationalitäten“, denen die politschen Kompetenzen nach Artikel 151 ohne Vorleistungen automatisch gewährt wurden, während die anderen Regionen einen langsameren Weg zunächst über Artikel 143 gehen mußten.

Valencia, nicht zuletzt aus machtpolitischem Kalkül die politische Dezentralisierung ungerechtfertigt verzögert. Die Regierung der UCD nahm wiederholt Kurswechsel vor, die zeigten, daß der Autonomieprozeß eine Eigendynamik entwickelt hatte und der Zentralregierung aus der Hand glitt. Der Schock des gescheiterten Staatsstreichs der Militärs vom Februar 1981 trug dazu bei, daß die UCD-Regierung ihre Verzögerungstaktik aufgab und mit der PSOE-Opposition die Autonomievereinbarung vom 31. Juli 1981 unterzeichnete, die die lückenlose politische Dezentralisierung des gesamten Staatsgebiets festschrieb. Bis zum 25. Februar 1983 entstanden so 17 Autonome Gemeinschaften, deren Institutionalisierung durch die direkten Wahlen zum Parlament und die folgende Regierungsbildung bis Mai abgeschlossen werden konnte. Neben dem Zentralstaat bilden sie eine zweite staatliche Entscheidungs- und Steuerungsebene. Die Struktur des Parteiensystems auf nationaler Ebene blieb dadurch relativ unbeeinträchtigt, nur bei Wahlen auf Ebene der Autonomien stieg die Bedeutung regionaler Parteien, wobei vor allem in den historischen Regionen jeweils eigene Parteiensysteme unterschiedlicher Struktur und Entwicklungstendenzen bestehen.

Die Entschärfung des Regionalismusproblems war ein entscheidender Beitrag zur demokratischen Konsolidierung. Allerdings stellte die anhaltende Diskussion um die inhaltliche Ausgestaltung der regionalen Autonomie eine nicht unerhebliche Belastung für die noch junge Demokratie dar. Besonders umstritten blieben dabei die finanzielle Ausstattung, das unterschiedliche Kompetenzniveau der Regionen[1] sowie die Interaktionsmechanismen zwischen Zentralstaat und autonomen Gemeinschaften. Im Baskenland konnte das Autonomiestatut überdies wenig zur Beruhigung beitragen trotz der Distanzierung weiter Teile der ehemals sympathisierenden baskischen Bevölkerung vom bewaffneten Kampf. Bis heute verbreiten willkürlich gestreute Entführungen und Anschläge der im anti-franquistischen Widerstand radikalisierten ETA gegen Militärs, Polizei, Politiker, Unternehmer, aber auch private Zufallsopfer Unsicherheit und Angst.[2]

Durch ihr ungeschicktes Vorgehen in der Regionalfrage und die zeitgleich fortdauernde Wirtschaftskrise verspielte die regierende UCD, die dank des mehrheitsfördernden Wahlsystems 1979 mit 35,5% der Stimmen 47,7% der Mandate gewonnen hatte, ihr Ansehen. Bei allen Regionalwahlen mußte sie empfindliche Niederlagen hinnehmen; die Popularität Ministerpräsident Suárez‘ sank deutlich ab. *Desencanto* - Ernüchterung, resignierte Enttäuschung und Sorge über die Zukunft machten sich seit

---

[1] Den sich neu bildenden Autonomen Gemeinschaften wurde vorläufig immer noch ein nur niedriges Kompetenzniveau eingeräumt mit Ausnahme von Valencia, Navarra und den Kanarischen Inseln, deren Sonderregelungen sie von Anfang an den drei historischen Nationalitäten gleichstellten.

[2] Vgl. dazu Waldmann 1991.

1980 breit. Die Verunsicherung wuchs, als die UCD trotz Regierungsumbildungen im Mai und September 1980 in dieser Krisensituation keine alternativen Lösungsmöglichkeiten mehr anzubieten hatte. Nur knapp überstand Suárez ein Mißtrauensvotum gegen seine Autonomie- und Terrorismuspolitik.

Auch innerparteilich geriet die UCD in eine Krise. Die Führer der verschiedenen Parteiflügel revoltierten gegen Suárez' autoritäre Führung. Am 29. Januar 1981 trat er schließlich unter diesem mehrseitigen Druck als Partei- und Regierungschef zurück; zu seinem Nachfolger nominierte die UCD den bis dahin stellvertretenden Ministerpräsidenten Leopoldo Calvo-Sotelo, was das deutliche Übergewicht der Rechtskräfte festigte. Vor dessen Bestätigung durch die Cortes kam es am 23./24. Februar 1981 zu einem rechtgerichteten Putschversuch, der härtesten Bewährungsprobe für die spanische Demokratie: Oberstleutnant Tejero Molina, Offizier der Guardia Civil, besetzte das Parlamentsgebäude und nahm die dort tagenden Abgeordneten als Geiseln. Durch General Jaime Milans del Bosch, Oberbefehlshaber der III. Militärregion, ließ er in Valencia den Ausnahmezustand ausrufen.

Obwohl die Regierung Suárez mit Unterstützung des Königs versucht hatte, durch eine vorsichtige Personalpolitik die entschiedensten Unterstützer des Franquismus in den Streitkräften allmählich zu neutralisieren und durch die Erhöhung des Militäretats sowie die Modernisierung der Streitkräfte nicht zuletzt in Kooperation mit westeuropäischen NATO-Ländern eine professionell-technokratische Mentalität zu fördern, wurden zuvor bereits mindestens zwei Putschversuche aufgedeckt.[1] Schon seit Beginn der Konsolidierungsphase 1979 hatte es Gerüchte über eine Verschwörung des Militärs gegeben, das selbst eine vorsichtige Öffnung gegenüber den Autonomieforderungen ablehnte und der Regierung überdies ihre Schwäche gegenüber dem linksextremen Terrorismus vorwarf.

Daß der Putsch vom Februar 1981 schon nach 18 Stunden scheiterte, war weniger der unzureichenden Vorbereitung der Putschisten als dem entschiedenen Eintreten demokratischer Militärs und des Königs für die Demokratie zu verdanken. Vor allem der König als Oberbefehlshaber der Streitkräfte - Tejero hatte fest mit der Unterstützung des Königs gerechnet und deshalb einige königstreue Offiziere und Generäle für den Plan gewinnen können -, aber auch der Generalstab erwiesen sich als führende Verteidiger der Demokratie. Nach einer über Hörfunk und Fernsehen verbreiteten Erklärung Juan Carlos I. gegen die Ziele der Putschisten[2] gaben diese ihr Vorhaben auf. Noch am 25. Februar wurde Calvo-Sotelo zum neuen Ministerpräsidenten ge-

---

[1] Vgl. Kohler 1981: 389. Zum Verhältnis von Regierung und Streitkräften nach Franco vgl. Agüero 1991.

[2] Vgl. demgegenüber unter IV. Abschnitt 5.1 das Verhalten des griechischen Königs 1967 in einer ähnlichen Situation.

wählt. Die Anführer der Putschisten wurden mit 30 Jahren Haft bestraft, die Militärstrukturen anschließend von Mitläufern gesäubert.

Der Schock des Militärputsches hatte nachhaltigen Einfluß auf die Innenpolitik, so die Autonomievereinbarung zwischen UCD und PSOE, ein Nationales Beschäftigungsabkommen, den sogenannten „Sozialpakt der Angst" zwischen Gewerkschaften und Unternehmen sowie eine gezielte Antiterrorpolitik. Darüber hinaus beschäftigte man sich mit der, wenn auch erst unter der PSOE-Regierung realisierten, zur Demokratisierung der Streitkräfte unverzichtbaren politischen Militärreform, nachdem das Militär bis dahin ein Risikofaktor im Konsolidierungsprozeß gewesen war. In einer Modifizierung des Organgesetzes von 1980 wurden die Streitkräfte vollständig und endgültig der politischen Führung unterstellt. Darüber hinaus wurde durch die Professionalisierung und Modernisierung des Militärs und den Beitritt zur NATO im Mai 1982 die Putschgefahr gebannt. Der spanische NATO-Beitritt trug somit auch zur Stabilisierung der Demokratie bei, während in Griechenland mit Rücksicht auf die öffentliche Meinung nur vorsichtig eine Rückkehr in die nach der türkischen Zyperninvasion verlassene militärische Organisation der NATO anvisiert werden konnte.

Auch unter dem neuen Parteivorsitzenden und Ministerpräsidenten Calvo Sotelo konnte die Krise der UCD nicht beigelegt werden. Im Lauf des Jahres 1982 spaltete sich die UCD in die christliche Rest-UCD um Landelino Lavilla, die konservative Demokratische Volkspartei (PDP = *Partido Democrático Popular*) mit Alzaga und die unabhängigen Liberalen unter der Führung von Walker. Suárez gründete das Sozialdemokratische Zentrum (CDS = *Centro Democrático y Social*), während die bereits 1981 ausgetretenen Sozialdemokraten unter Ordóñez als Unabhängige mit der PSOE koalierten. Aufgerieben durch innere Richtungskämpfe, waren die Regierung handlungsunfähig und vorgezogene Neuwahlen im Herbst 1982 schließlich unausweichlich.

Meinungsumfragen hatten schon seit längerem gezeigt, daß die Sozialisten in der Wählergunst deutlich gestiegen waren, daß die nächste Wahl zwischen „links" und „rechts" entschieden und die Parteien der Mitte keine entscheidende Rolle spielen würden. Die PSOE hatte seit Francos Tod auf Drängen ihres Vorsitzenden Félipe González einen erfolgreichen Kurswechsel zu einer föderalen und demokratischen Massenpartei vollzogen:[1] Die traditionell republikanische Partei hatte sich zur Monarchie bekannt. An die Stelle früherer Klassenkampfprogrammatik trat die Mäßigung und Ausweitung zu einer *catch-all*-Mitte-Links-Partei, eine Entwicklung die sich mit der der PASOK in Griechenland[2] vergleichen läßt. Nach heftigen innerparteilichen

---

[1] Zur PSOE und ihrem Wahlsieg 1982 vgl. Puhle 1991.
[2] Vgl. unter V. Abschnitt 2.1.1.

Auseinandersetzungen[1] fiel die Bezeichnung der Partei als „marxistisch" weg. Ihr gemäßigtes, pragmatisches Wahlprogramm forderte - auch hier eine Parallele zur PASOK - den *cambio*, den Wechsel, der vor allem für eine sozial-betonte Modernisierung des demokratischen Systems und seiner Gesellschaft stand.[2] Nach dem Zerfall der UCD galt im bürgerlichen Lager die Volksallianz (AP) von Fraga Iribarne als einzige Partei, die den Sozialisten mit einigem Erfolg entgegentreten konnte. Ihr sehr konservatives Programm bot jedoch für Wähler der Mitte keine Alternative; im Wahlkampf zeigte sich, daß sich hinter der Partei die Finanzoligarchie, das Militär, Teile der konservativen Bürokratie sowie der nach rechts abgedriftete Unternehmerverband sammelten.

Die Wahlen vom 28. Oktober 1982 brachten bei einer gegenüber 1979 (68%) enorm gestiegenen Wahlbeteiligung von 79% - nach dem gescheiterten Putsch und dem *desencanto* ein deutliches Plebiszit für die Demokratie - eine schlagartige Veränderung der Parteienlandschaft und politischen Konstellation in Spanien. Die Sozialisten errangen einen beeindruckenden Wahlsieg. Sie konnten ihren Stimmenanteil um fast 18 Prozentpunkte auf 48,2% verbessern und verfügten infolge des modifizierten Verhältniswahlsystems mit 202 von 350 (= 57,7%) Sitzen über eine klare absolute Mehrheit im Parlament. Vor allem die Erstwähler, aber auch die bisherigen Nicht-, Wechsel- und Jungwähler ließen sich von der Aufbruchstimmung mitreißen. Der Wahlsieg wurde um so beeindruckender, als die PSOE bei den folgenden Regional- und Kommunalwahlen ihre absolute Hegemonialstellung ausbauen konnte. Zweitstärkste Kraft und unbestrittene Oppositionsführerin wurde die AP, die große Teile der rechten UCD-Wählerschaft an sich binden konnte, mit 26% der Stimmen einen Zuwachs um 20 Prozentpunkte erfuhr und die Zahl ihrer Mandate von 9 auf 106 erhöhte. Demgegenüber mußte die UCD ein alle Befürchtungen übertreffendes Wahldebakel hinnehmen. Sie verlor etwa 80% der Stimmen und mußte sich mit 6,8% bzw. 12 Sitzen begnügen. Die neue Suárez-Partei CDS kam auf ganze 2,8% und 2 Mandate. Auch die Kommunisten, die sich Anfang der 80er Jahre in einer tiefen organisatorischen Krise befanden, erlitten herbe Verluste. Mit nur noch 4,1% und 4 Sitzen büßten sie mehr als die Hälfte ihrer Stimmen und drei Viertel ihrer Mandate ein.

Mit den Wahlen von 1982 wurde die PSOE zur die Zeit bis Mitte der 90er Jahre beherrschenden Partei Spaniens. Die Partei, die die Hauptrolle im Übergang gespielt hatte, war in die Bedeutungslosigkeit abgesunken. Als Mitte-Rechts-Partei war die

[1] Vgl. dazu auch Kohler 1981: 327ff.

[2] Als Reformen waren u. a. beabsichtigt der Ausbau des Sozialversicherungssystems, Mieter- und Konsumentenschutz, die politsche Kontrolle der anachronistischen Bürokratie, eine Umstrukturierung des Gesundheitswesens, die Unterordnung der militärischen unter die zivile Gewalt, die Schaffung von Arbeitsplätzen durch Arbeitszeitverkürzung, die Herabsetztung des Rentenalters sowie massive Investitionen für staatliche Betriebe und keine weiteren Verstaatlichungen.

UCD die ideale Partei für die *transición* gewesen, als Mitte-Links-Partei war die PSOE die ideale Partei für den fälligen *cambio* und den Abschluß der Konsolidierung. Durch ihre gemäßigte Politik mit reformistischer Zielsetzung trug die PSOE wesentlich zur weiteren Stabilisierung bei. Mit dem Regierungswechsel hatte Spanien - wie Griechenland - zu Beginn der 80er Jahre einen entscheidenden Test bestanden. Dies war in Spanien um so bedeutender, als der Wechsel von einer Partei, deren Vertreter oftmals bereits im franquistischen Regime eine Führungsposition innegehabt hatten - Gegner der Regierungspartei haben die Abkürzung UCD polemisch mit „Union der Komplizen der Diktatur" umgedeutet[1] -, zu einer völlig unbelasteten Partei erfolgte. Darüber hinaus war der Regierungswechsel in Spanien nach dem vereitelten Putsch vom Februar 1981 ein deutliches Zeichen für die dennoch fortschreitende Normalisierung der Demokratie. So hatten die Wahlen von 1982 das Paradoxon zur Folge, daß einerseits durch den Zerfall der UCD das noch nicht festgefügte Parteiensystem umgebildet und vorübergehend destabilisiert, andererseits die noch junge Demokratie als solche deutlich gefestigt wurde.

Außenpolitisch konzentrierte sich Spanien nach einer Phase der Suche nach internationaler Standortbestimmung 1978 bis 1980, in der auch mit der Blockfreiheit bzw. Neutralität und einer „Dritte-Welt-Rolle" geliebäugelt wurde, auf die Westintegration.[2] Getragen vom Konsens aller Parteien intensivierte die Regierung Calvo-Sotelo die Beitrittsbemühungen zur NATO und EG. Die NATO-Mitgliedschaft im Mai 1982 war ein wichtiger Beitrag zur Depolitisierung des Militärs. Schwieriger gestalteten sich die im Februar 1979 eingeleiteten Beitrittsverhandlungen zur EG - bereits am 28.7.1977 hatte Spanien Antrag auf Mitgliedschaft gestellt -, die sich über sechs Jahre hinzogen, bis am 12. Juni 1985 die Beitrittsakten Spaniens und Portugals unterzeichnet wurden. Zum 1. Januar 1986 wurden die beiden iberischen Länder Mitglied der EG. Der Antrag auf die EG-Mitgliedschaft war von allen großen Parteien Spaniens einschließlich der Kommunisten mit der Hoffnung auf politische und wirtschaftliche Veränderungen unterstützt worden. Die EG wurde wie in Griechenland als wichtiger Faktor zur Sicherung und Vertiefung der Demokratie gesehen. Insbesondere die Parteien links der Mitte erhofften sich auch einen Wandel der noch durch den Franquismus geprägten gesellschaftlichen Herrschaftsstrukturen. Dabei waren sich die Wirtschaftsexperten durchaus der großen Anpassungsprobleme bewußt, die angesichts der Rückständigkeit und geringen Wettbewerbsfähigkeit der spanischen Wirtschaft mit dem Eintritt in den Gemeinsamen Markt verbunden sein würden, doch erhoffte man sich gerade durch den äußeren Anpassungsdruck einen Modernisierungs-

---

[1] Vgl. Kohler 1981: 309, Anm. 1.
[2] Zur Außenpolitik vgl. Niehus 1991: 227ff.

schub und damit nicht nur politischen Beitrag der EG-Mitgliedschaft zur Stabilisierung des Landes.

Während des gesamten spanischen Demokratisierungsprozesses hatte die politisch-institutionelle Neuordnung absolute Priorität gegenüber der Bekämpfung wirtschaftlicher Probleme sowie der überfälligen wirtschaftlichen Modernisierung und Umstrukturierung. Bis Mitte der 80er Jahre kann man von einer tiefen Depression der spanischen Wirtschaft sprechen. Die Wachstumsraten des BIP waren niedrig, zum Teil sogar negativ, Investitionen und Beschäftigung gingen zurück, das Haushaltsdefizit stieg, die Arbeitslosenrate schnellte hoch auf Werte über 20%, lediglich die Inflationsrate konnte von teilweise bis zu 29% schrittweise gesenkt werden auf 14,6% 1981 und 11,3% 1984. Erst ab Mitte 1985 kam es zu einer spürbaren Verbesserung der Wirtschaftslage mit Wachstumsraten des BIP und der Investitionen weit über dem europäischen Durchschnitt, einer weiter sinkenden Inflationsrate und steigender Beschäftigung, wenngleich die Arbeitslosigkeit weiter bei Werten nahe 20% blieb.[1] Dabei versuchte man die Konsolidierung der Demokratie im sozioökonomischen Bereich durch den Abschluß von Pakten und Übereinkommen abzusichern.[2] Bereits der noch in der Transitionsphase vereinbarte Moncloa-Pakt, hatte neben politisch-strukturellen Reformen auch wirtschaftliche Modernisierungsmaßnahmen beinhaltet, doch war seine Wirkung mehr politischer denn sozioökonomischer Natur. Deutlichstes Beispiel für die Politik konzertierter Sozialpakte war das Arbeiterstatut von 1980, eine Art Betriebsverfassung, an deren parlamentarischer Beratung die sozialistische Gewerkschaft UGT (= *Unión General de Trabajadores*/Allgemeiner Arbeiterbund) maßgeblich beteiligt war. 1979 schloß die UGT mit dem Unternehmerverband CEOE (= *Confederación Española de Organizaciones Empresariales*/Spanische Vereinigung der Arbeitgeberorganisationen) ein „Rahmenabkommen", 1981 ein erneutes „Grundsatzabkommmen" und zusammen mit den Arbeiterkommissionen und der Regierung ein „nationales Beschäftigungsabkommen", 1983 ein Tarifabkommen und 1984 ein „Wirtschafts- und Sozialabkommen", an dem sich auch die Regierung und die Vereinigung der Mittel- und Kleinunternehmer beteiligten. Der Nachteil der Pakte war, das schon lange fällige Strukturmaßnahmen unterblieben, um die sozialen Kosten bei der Krisenbewältigung möglichst geringzuhalten. Anders als die UCD-Regierung, die es bei isolierten Maßnahmen beließ, die vor allem zum Abbau von Arbeitsplätzen führten, betrieben jedoch die Sozialisten seit ihrem Regierungsantritt eine kohärente und langfristig angelegte Industrie- bzw. Umstrukturierungspolitik.

---

[1] Vgl. Lang 1991: 190. Zur wirtschaftlichen Entwicklung Spaniens nach dem Übergang zur Demokratie vgl. ebd.: 193ff.

[2] Vgl. dazu Lang 1991: 198ff u. Bernecker 1991: 137ff.

Nach dem radikalen Bruch mit dem vorhergehenden Regime gestaltete sich der Prozeß der demokratischen Konsolidierung in Portugal langwieriger als in Spanien und vor allem in Griechenland.[1] Die entstehende Parteienstruktur und die neuen Institutionen waren längere Zeit äußerst instabil. Waren unmittelbar nach dem Umsturz alle Parteien mehr oder weniger mit einem sozialistischen Anspruch aufgetreten, so trat nach den Wahlen und der Einsetzung der ersten verfassungsmäßigen Regierung im Sommer 1976 ein zunehmender Rechtstrend ein. Wie in Spanien stand die Sozialistische Partei zunächst programmatisch weit links, ihre schließlich eingenommene verfassungspolitische Position und realisierte Politik sowie ihre klare Bindung an die westeuropäische Sozialdemokratie zeigten jedoch bald, daß diese Linksorientierung nicht in die Praxis umgesetzt werden sollte.[2] Die „Flexibilität" der Parteien und Regierungen seit 1976 zeigte sich auch darin, daß bis Anfang der 80er Jahre von den vier großen Parteien bis auf die Kommunisten alle an der Regierung waren und selbst eine so kleine Partei wie die der Monarchisten, die unter 1% blieb, an Regierungen beteiligt wurde und sich im Verlauf weniger Jahre die unterschiedlichsten Koalitionen bildeten. Die Sozialisten gingen Koalitionen mit den beiden rechts von ihr stehenden Parteien der Sozialdemokraten und des Demokratisch-Sozialen Zentrums ein, die wiederum selbst eine Regierung bildeten. Insgesamt fand in der Phase der nachrevolutionären demokratischen Konsolidierung eine Entwicklung von der zeitweiligen Dominanz der Linken zur Stabilisierung der rechten Mitte statt.

Deutliches Zeichen der längere Zeit andauernden Labilität der politischen Situation war die Kurzlebigkeit vieler Regierungen. Bis Ende der 70er Jahre war das Parteiensystem zu keinen dauerhaften Mehrheiten fähig und immer neuen Spaltungen ausgesetzt. Die Sozialistische Partei, die mit 34,9% der Stimmen 1976 einen klaren Wahlsieg gegenüber den anderen Parteien, aber mit 107 von 263 Sitzen keine absolute Mehrheit im Parlament erzielt hatte, bildete eine Minderheitsregierung unter Soares, die sich auf wechselnde Mehrheiten stützte und damit eine Art „Brückenfunktion"[3] zwischen sozialen und regionalen Unterschieden und konfligierenden Positionen erfüllte. Soares' Regierungsprogramm zielte auf eine Konsolidierung der „revolutionären Errungenschaften", zugleich aber auch auf die westeuropäische Integration ab. Am 28. März 1977 stellte Portugal noch vor Spanien den Antrag auf Beitritt zur EG. Die Minderheitsregierung konnte sich eineinhalb Jahre an der Macht halten, agierte jedoch nicht sehr wirksam.[4] Im Januar 1978 mußte sie um Mitglieder des rechtsgerichteten Demokratisch-Sozialen Zentrums CDS erweitert werden, nachdem zuvor

---

[1] Zur Entwicklung bzw. Konsolidierung der portugiesischen Demokratie vgl. Bruneau 1984: 75ff, Lewis/Williams 1984: 120ff, Maxwell 1986: 132ff u. 1995: 162ff sowie Sänger 1994: 298ff.
[2] Zur Entwicklung der Sozialistischen Partei vgl. Sänger 1994: 408ff.
[3] Kohler 1981: 73f.
[4] Vgl. dazu Sänger 1994: 300ff.

Gespräche mit der Sozialdemokratischen Partei (PSD = *Partido Social Democratica*, vormals PPD) und der PCP gescheitert waren. Diese Regierungskoalition stürzte jedoch bereits im Juli 1978 nach Meinungsverschiedenheiten über die Landwirtschaftspolitik.

Die Konsensunfähigkeit der Parteien stärkte die Position des Präsidenten, der die bis dahin von ihm eingenommene Schiedsrichterrolle verließ. Von September 1978 bis Dezember 1979 folgten drei kurzlebige umstrittene Präsidialregierungen aufeinander.[1] Am 29. August 1978 ernannte Staatspräsident Eanes seinen Berater, den parteilosen Alfredo Nobre da Costa zum Ministerpräsidenten. Doch sein Regierungsprogramm, das er am 8. September präsentierte, wurde von allen Parteien abgelehnt[2], und bereits am 13. Oktober trat er zurück. Eine weitere, erst am 22. November eingesetzte überparteiliche Regierung unter C. A. Mota Pinto stieß auch bald auf Opposition der Parteien, die nun alle auf Neuwahlen drängten. Angesichts eines bevorstehenden Mißtrauensvotums des Parlaments blieb Eanes nichts anderes übrig, als die Regierung zu entlassen und Wahlen für den 2. Dezember 1979 anzuberaumen. Für die Zwischenzeit wurde im August eine Übergangsregierung unter der parteilosen Maria Lourdes de Pintasilgo gebildet.

Die umstrittenen Präsidialregierungen von 1978/79 waren ein deutliches Zeichen für die konsolidierungsfeindliche Schwäche der parlamentarisch-parteienstaatlichen Legitimität und die Verstärkung des Präsidentialismus. Die portugiesische Verfassung von 1976 begründete ein semipräsidentielles System[3], in dem dem Staatspräsidenten und dem Revolutionsrat als Institutionen mit Vetomacht eine wichtige politische Funktion zukam.[4] Die erste Zeit der Konsolidierung war durch eine Unterordnung von Parteien und Parlament unter die Entscheidungsgewalt von Staatspräsident und Revolutionsrat beeinträchtigt. Der Revolutionsrat[5] nahm in gewisser Weise „weitgehend die klassischen Funktionen eines Staatsoberhauptes ein"[6]. Zwar wurden seine Kompetenzen durch die Verfassung gegenüber der Transitionsphase, in der er das eigentliche Machtzentrum war, eingeschränkt, doch waren sie immer noch gerade

---

[1] Vgl. dazu Sänger 1994: 310ff.

[2] Jede Regierung ist nach Artikel 195 der portugiesischen Verfasung gezwungen, innerhalb von 10 Tagen nach Amtsantritt dem Parlament ihr Regierungsprogramm vorzulegen, das nicht formell genehmigt werden muß, gegen das jedoch jede Fraktion einen Ablehnungsantrag einbringen kann.

[3] Die Kompetenzen des auf 5 Jahre direkt gewählten Präsidenten gingen weit über die Repräsentation hinaus. Er war zugleich Vorsitzender des Revolutionsrates und Oberbefehlshaber der Streitkräfte, ernannte und entließ den Ministerpräsidenten, konnte das Parlament auflösen und Neuwahlen anordnen. Vgl auch unter V. Abschnitt 1.1.5 die präsidentiellen Elemente in der griechischen Verfassung von 1975.

[4] Vgl. dazu auch Kohler 1981: 118.

[5] Ihm gehörten der Staatspräsident als Vorsitzender, der Generalstabschef der Streitkräfte und sein Stellvertreter, die Stabschefs der drei Militärstreitkräfte, der Ministerpräsident, sofern er Militär war, und 14 Offiziere an, die von Heer, Luftwaffe und Marine entsandt wurden.

[6] Kohler 1981: 118.

vor dem Hintergrund, daß er keine demokratische, auf allgemeinen und freien Wahlen beruhende Legitimität besaß, erheblich und ein Störfaktor für die demokratische Konsolidierung. Der Präsident konnte in wichtigen Fällen nur in Übereinstimmung bzw. nach Konsultation mit dem Revolutionsrat tätig werden, so bei der Ernennung und Entlassung des Ministerpräsidenten, Auflösung des Parlaments und Festlegung des Wahltermins, Einberufung einer außerordentlichen Parlamentssitzung, Ausübung des präsidentiellen Vetos gegenüber Gesetzesbeschlüssen des Parlaments, Ausübung des Oberkommandos über die Streitkräfte, Ausrufung des Notstands, Kriegserklärung sowie Ernennung von Botschaftern u. ä. (Art. 136-140). Darüber hinaus wurde dem Revolutionsrat die ausschließliche Gesetzgebungsbefugnis in militärischen Angelegenheiten zuerkannt (Art. 148) und hatte er das Recht, als Garant der Verfassung jedes veröffentlichte Gesetz auf seine Verfassungsmäßigkeit hin zu überprüfen und in einer bindenden Erklärung gegebenenfalls dessen Verfassungswidrigkeit festzustellen (Art. 146). Bei den Sozialisten stärkte das Agieren des Präsidenten 1978/79 den Verdacht, daß Eanes in Zusammenarbeit mit den unabhängigen Abgeordneten im Parlament - Dissidenten der PS und PSD - die Errichtung eines Präsidialsystems anstrebe. Auch die Sozialdemokraten griffen den Präsidenten an und forderten vehement eine plebiszitäre Revision der Verfassung. Die Personalpolitik des Präsidenten hatte Ende der 70er Jahre zu einer Stärkung des konservativen Elements im Revolutionsrat geführt[1]. Die Gruppe der Linken, die im Sommer 1979 noch über eine Mehrheit von einer Stimme verfügte, warf Eanes vor, seine bereits starke verfassungsmäßige Stellung weiter auszubauen und ähnlich dem französischen Präsidenten selbst die Richtlinien der Politik bestimmen zu wollen. Sowohl die Einsetzung der überparteilichen Regierungen als auch die Ausschreibung von Neuwahlen wurde von ihnen, die eine neue Koalitionsregierung unter Führung der Sozialisten befürworteten, als einseitige Parteinahme zugunsten der politischen Rechten kritisiert.

Aus den vorgezogenen Parlamentswahlen im Dezember 1979 ging das im Juli 1979 gebildete Wahlbündnis Demokratische Allianz (AD = *Aliança Democrática*) aus PSD, CDS und PPM (= *Partido Popular Monárquico*/Monarchistische Volkspartei) und Reformisten[2] mit 42,5% der Stimmen und 128 von 250 Sitzen als klarer Sieger hervor, gefolgt von den Sozialisten, die mit einem Rückgang um fast 8 Prozentpunkte auf 27,3% und 74 Mandate eine deutliche Niederlage hinnehmen mußten, während die Kommunisten in einem Wahlbündnis mit der aus der Salazarzeit stammenden Wahlallianz MDP/CDE (= *Movimento Democrático Popular/Comissao De-*

---

[1] Der Präsident ernannte den Generalstabschef und dessen Stellvertreter sowie die drei Stabschefs und nahm so indirekt Einfluß auf die Zusammensetzung des Revolutionsrates.

[2] Eine Gruppe um zwei führende PS-Mitglieder, die unter Ministerpräsidnet Soares das Amt des Außen- bzw. Landwirtschaftsministers innehatten.

mocrático Eleitoral/Demokratische Volksbewegung/Demokratische Wahlkommission), der Allianz des vereinigten Volkes (APU = *Aliança Povo Unido*), mit 18,8% und 47 Sitzen ihre Position leicht verbessern konnten. Am 3. Januar wurde die neue Regierung unter dem Sozialdemokraten Francisco Sá Carneiro vereidigt, die als vorrangige Aufgaben die Revision der Verfassung und den Beitritt zur EG sah. Ein deutliches Zeichen der Veränderung setzte die Ernennung von Amaro da Costa zum ersten zivilen Verteidigungsminister seit 1926; erstmals seit der „Nelkenrevolution" vom April 1974 war somit kein Militär in der Regierung vertreten.[1]

Nach dem Sturz des *Estado Novo* war es durch Nationalisierungen der Banken, Versicherungsgesellschaften, des Transportwesens, Energiesektors sowie der Grundstoff-industrien, staatliche Verwaltung von Unternehmen, Enteignungen von Großgrundbesitz und die Übernahme von Betrieben in Arbeiterselbstverwaltung zu einer Umstrukturierung der Eigentumsverhältnisse gekommen. Die sozialen Reformen der Anfangszeit wie die Einführung garantierter Mindestlöhne und der Ausbau des Gesundheits-, Sozial- und Erziehungswesens und die Folgekosten der Nationalisierung hatten den Staatshaushalt schwer belastet und steigende Inflationsraten auf zeitweise Werte nahe 30% zur Folge gehabt. Bereits 1976 war die Regierung der Sozialisten auch unter dem Druck des IWF zu einer strikten Austeritätspolitik gezwungen. Der Rechtstrend bei den Wahlen 1979 lag so weniger an einer Veränderung der parteipolitischen Präferenzen als an der Enttäuschung großer Teile der Bevölkerung, die sich von der politischen Veränderung auch eine für sie persönlich spürbare Verbesserung des Lebensstandards erhofft hatten, statt dessen jedoch reale Einkommensverluste von mehr als 5%[2] hinnehmen mußten. Die Verschlechterung der Wirtschaftslage lasteten sie den regierenden Sozialisten an. Die allgemeine Folge dieser Enttäuschung war eine Abkehr von den sozialistischen Hoffnungen und Hinwendung auf das politisch wie wirtschaftliche Machbare, aber auch eine gewisse politische Apathie und sogar Verklärung der Zeit Salazars.

Im Zusammenhang mit der Ermächtigung der Regierung durch das Parlament, neben den verstaatlichten auch wieder private Banken und Versicherungen zuzulassen, kam es im März 1980 zu einer Kraftprobe zwischen Regierung und Revolutionsrat, der die ihm zustehende Prüfung des Gesetzes auf seine Verfassungsmäßigkeit in Anspruch nahm und es im April als verfassungswidrig ablehnte. Die von der Regierung beschleunigte Rückgabe von enteignetem Grundbesitz im Alentejo führte zu von den Kommunisten geführten Streiks der Landarbeiter. Ein vom Parlament verabschiedetes Autonomiestatut für Madeira wurde ebenfalls von Revolutionsrat und Verfassungskommission abgelehnt, während es für die Azoren in Kraft trat.

---

[1] Zur ersten ADF-Regierung unter Sá Carneiro vgl. Sänger 1994: 316ff.
[2] Zur Entwicklung der Wirtschaftsdaten vgl. Sänger 1994: 616ff.

Die trotz der Parlamentswahlen von 1979 verfassungsgemäß notwendigen Neuwahlen vom Oktober 1980[1] bestätigten die Regierungskoalition, die sich mit 44,9% und 134 Sitzen sogar noch verbessern konnte. Die PS hatte sich Mitte 1980 mit ehemaligen Abtrünnigen des PSD, den Unabhängigen Sozialdemokraten und einer weiteren sozialistischen Gruppe, der Linksunion der Sozialistischen Demokratie (UEDS = *União de Esquerda Democráta Socialista*) zur Republikanisch-Sozialistischen Front (FRS = *Frente Republicana e Socialista*) zusammengeschlossen und konnte ihre Position nicht ganz behaupten; das Bündnis kam auf 27,8% der Stimmen und 74 Sitze, von denen 66 auf die Sozialisten entfielen. Ebenfalls Verluste hinnehmen mußte die kommunistische Allianz mit 16,8% und 41 Mandaten.

Es wurde erneut eine Regierung unter Sá Carneiro gebildet. Nach dessen Tod bei einem Flugzeugabsturz Anfang Dezember 1980 wurde Francisco Pinto Balsemao Anfang Januar 1981 neuer Ministerpräsident. Im Dezember 1980 wurde Staatspräsident Eanes mit 56,4% gegenüber dem Kandidaten der AD, dem konservativen General Soares Carneiro, der 40,2% erhielt, im Amt bestätigt. Während Eanes bei seiner Kandidatur 1975 noch überparteiliche Unterstützung genossen hatte, sprachen sich 1980 nur die beiden linken Oppositionsparteien und Gewerkschaften für ihn aus, wobei Mario Soares aufgrund persönlicher Dissonanzen, der Niederlage bei den Parlamentswahlen und der Befürchtung, das um Eanes eine Alternative zur PS entstehen könnte, seine Unterstützung aufkündigte und die Sozialisten durch seinen Rücktritt in einer innerparteiliche Krise stürzte. Der AD-Block hatte bereits aufgrund der unterschiedlichen politischen Auffassungen über Funktion und Aufgabe des Staatspräsidenten, persönlicher Differenzen zwischen Ministerpräsident und Staatspräsident sowie der angestrebten Verfassungsrevision im Juni 1980 eine Unterstützung Eanes‘ abgelehnt.[2]

In der Periode 1980 bis 1983 wurden die Agrarreform durch weitgehende Reprivatisierungsmaßnahmen beendet, die Reallöhne im Interesse der Inflationsbekämpfung gedrückt und Arbeiterrechte wieder zurückgenommen. Man begann mit der Reprivatisierung von Versicherungen und einigen Industriebetrieben, enteignete Großgrund- und Fabrikbesitzer wurden entschädigt. Insgesamt war die Regierung Pinto Balsemao jedoch durch Passivität und Hilflosigkeit angesichts der Ende 1982 ihren Höhepunkt erreichenden Wirtschaftskrise - das Defizit der Leistungsbilanz erreichte seinen Höchststand und die Schuldenspirale stieg unaufhaltsam - sowie das Fehlen eines mittel- bis langfristigen Wirtschaftsplanes gekennzeichnet.[3]

---

[1] In den Übergangsbestimmungen der Verfassung (Art. 299 Abs. 1) war festgelegt, daß die erste Legislaturperiode am 14. Oktober 1980 endet.
[2] Vgl. Sänger 1994: 319f.
[3] Zur Regierung Pinto Balsemao vgl. Sänger 1994: 321ff.

Eindeutige politische Priorität hatte die Revision der Verfassung, die das Ergebnis des revolutionären Verlaufs des Regimewechsels gewesen war und schon bald im Konflikt zur politischen Realität stand. Sie wurde mehr und mehr als Übergangsverfassung [1] und Hindernis zu einer demokratischen Konsolidierung empfunden. Sie war einseitig beeinflußt von den Vorstellungen und Idealen der Linken und beruhte weder auf dem Konsens der Parteien noch der breiten Zustimmung der Bevölkerung, wie dies in Spanien der Fall war. Die Folge war, daß es den Mitte-Rechts-Parteien schwerfiel, mit ihr zu regieren, und eine Revision geradezu zwingend schien, während der Regierungswechsel in Spanien 1982 keinerlei Verfassungsdebatte auslöste. Auch die Sozialisten sprachen sich nach dem Zerwürfnis zwischen Eanes und Soares und nachdem sich letzterer auf dem Parteitag im Mai 1981 durchgesetzt hatte, für eine Erweiterung der Befugnisse des Parlaments und eine Einschränkung der Vormachtstellung des Präsidenten aus. Lediglich die Kommunisten, unterstützt von der CGTP-IN (= *Confederaçao Geral dos Trabalhadores Portugueses-Intersindical Nacional*/Allgemeiner Zentralverband der Portugiesischen Arbeiter) und linken Teilen des Militärs, stellten sich gegen die Revision.[2] Im Oktober 1982 trat schließlich nach langen Verhandlungen zwischen Allianz und Sozialisten eine revidierte Verfassung in Kraft, die die präsidentiellen Befugnisse verminderte, den Einfluß von Regierung, Parlament und politisch-zivilen Organen erhöhte, das wirtschaftliche System liberalisierte und den Rückzug des Militärs in die Kasernen abschloß.[3] Die Revision schwächte das semipräsidentielle System und schuf die verfassungsmäßigen Voraussetzungen für eine repräsentative, parlamentarische Demokratie, in der die Parteien ihre Vormachtstellung ausgebaut hatten, und stellte den Durchbruch im Prozeß der demokratischen Konsolidierung in Portugal dar.

Auch in Griechenland hatte sich die Opposition 1975 gegen die unter Führung der Konservativen ausgearbeitete Verfassung gestellt. Doch kam es 1985, nachdem die PASOK fast vier Jahre unter der Verfassung regiert hatte, überraschend, daß sie eine

---

[1] Eine Revision war nach Artikel 286 erst mit Beginn der zweiten Legislaturperiode mit Zweidrittel-Mehrheit möglich.

[2] Zur Verfassungsrevision und Haltung der Parteien vgl. Sänger 1994: 326ff u. 382ff.

[3] Allerdings wurden die sozialistischen Postulate der Verfassung nur abgeschwächt und nicht, wie von der AD angestrebt, vollständig aufgehoben. Der Präsident verlor seine politische Entscheidungsgewalt an Parlament und Regierung, jedoch wurde sein Vetorecht ausgeweitet. Seine Befugnisse bezüglich der Parlamentsauflösung, Ernennung und Entlassung der Regierung und der Militärspitze wurden eingeschränkt. Das Parlament erhielt auch die militärische Gesetzgebungsgewalt, gewann an Selbständigkeit und Einfluß gegenüber dem Präsidenten und erweiterter Kontrollfunktion gegenüber der Regierung. Der Revolutionsrat wurde aufgelöst und seine Aufgaben auf Staatspräsident, den neu geschaffenen, aus gewählten Mitgliedern bestehenden Staatsrat, Parlament und Regierung übertragen. Ein Verfassungsgericht übernahm die Aufgaben von Revolutionsrat und Verfassungskommission in Verfassungsfragen. Darüber hinaus verloren die Streitkräfte ihre Funktion als „Garant der demokratischen Errungenschaften und des revolutionären Prozesses". Ergänzt wurde diese Normalisierung im Dezember durch das ebenfalls mit Zweidrittelmehrheit revidierte Verteidigungs- und Streitkräftegesetz, das endgültig das Militär der zivil-politischen Macht unterordnete.

Revision in Angriff nahm. Die 1986 in Kraft getretenen Änderungen konzentrierten sich im wesentlichen auf den Abbau der präsidentiellen Machtbefugnisse.[1] Nach Pridhams dreistufigem Modell der parlamentarischen Institutionalisierung[2] bedeutet eine neue Verfassung bzw. eine einschneidende Verfassungsrevision eine (zeitweilige) Rückkehr auf die mittlere Ebene der *meso-choice*. In Griechenland fand jedoch vor allem eine Anpassung des Verfassungstextes an die verfassungspolitische Wirklichkeit der vergangenen zehn Jahre statt. Dennoch kam es anläßlich der Revision zu heftigen Auseinandersetzungen zwischen Regierung und Opposition und einer Belastungsprobe der - konsolidierten - Demokratie. Demgegenüber fand die umfassende, tiefgreifende Änderung der portugiesischen Verfassung einvernehmlich zwischen Regierung und größter Oppositionspartei statt und war erst die Voraussetzung für die dauerhafte Festigung der Demokratie.

Als Folge des Scheiterns seiner Wirtschaftspolitik trat Ministerpräsident Pinto Balsemao im Dezember 1982 zurück. Ein letzter Versuch zur Rettung des AD-Blocks unter dem Sozialdemokraten Vítor Crespo mißlang, so daß Staatspräsident Eanes das Parlament auflöste und für den 25. April 1983 Wahlen ausschrieb. Die PS übertraf ihr bis dahin bestes Ergebnis von 1976 und wurde mit 36,1% der Stimmen und 101 von 250 Mandaten wieder stärkste Partei, gefolgt von der PSD mit 27,2% und 75 Sitzen. Die kommunistische Volksallianz konnte sich ebenfalls verbessern auf 18,1% und 44 Mandate. Eindeutiger Verlierer der Wahl war die CDS, die vergeblich für den Fortbestand des AD-Blocks eingetreten war und mit nur 12,6% und 30 Sitzen schwach abschnitt. Die Wahl war ein klares Votum für einen schon im Vorfeld diskutierten *bloco-central* aus PS und PSD. Die Koalitionsregierung unter Marío Soares war jedoch durch die mangelhafte Konsensfähigkeit der beiden Parteien beeinträchtigt[3] und zerbrach bereits zwei Jahres später im Juni 1985, als sich der neue sozialdemokratische Parteivorsitzende Anibal Cavaco Silva deutlich von Soares distanzierte. In den zwei Jahren gelang eine außenwirtschaftliche und finanzielle Stabilisierung, jedoch um den Preis einer binnenwirtschaftlichen Rezession und einer Verschlechterung der sozioökonomischen Situation, so daß bereits von der „Neuen Armut“ in Portugal gesprochen wurde.[4]

1985 war die Regierung kaum handlungsfähig; der einzig nennenswerte Erfolg war der Abschluß des EG-Beitrittsabkommens, das am 12. Juni 1985 unterzeichnet wurde und einen über acht Jahre dauernden Prozeß abschloß, für den sich Soares nachdrücklich eingesetzt hatte. Der EG-Beitritt war von allen Parteien außer den Kom-

---

[1] Vgl. dazu den späteren Abschnitt 2.2.3.
[2] Vgl. unter I. Abschnitt 3.3.
[3] Zur Regierung des *bloco-central* vgl. Sänger 1994: 332ff.
[4] Vgl. Sänger 1994: 356ff.

munisten befürwortet worden.[1] Die Sozialdemokraten waren von Anfang an westeuropäisch orientiert und hatten bereits in ihrem Programm von 1974 nachhaltig für eine EG-Mitgliedschaft plädiert. Dabei ging es ihnen nicht nur um die Festigung des politischen Systems und die Zugehörigkeit zum Westen, sondern auch die Durchsetzung einer kapitalistischen Wirtschaftsordnung. Die Koalitionsregierung der AD wie auch die spätere PSD-Regierung Cavaco Silva nutzten den beantragten bzw. erfolgten EG-Beitritt auch als Legitimationsgrundlage für ihre den Zielen der „Nelkenrevolution" widersprechende bzw. die in ihrem Zusammenhang getroffenen wirtschaftspolitischen Entscheidungen wieder rückgängig machende Politik. Die Sozialistische Partei vertrat zunächst - vergleichbar der PASOK in Griechenland - die Option für Portugal als einen Mittler zwischen Europa und der Dritten Welt. Im Gegensatz zu seiner Partei hatte sich Soares jedoch bereits 1973 für die volle Integration ausgesprochen und konnte seine Position im Wahlprogramm von 1976 durchsetzen, wenngleich die mit dem EG-Beitritt verbundenen wirtschaftlichen Entwicklungsmöglichkeiten negativ beurteilt wurden. Die Kommunistische Partei lehnte den EG-Beitritt entschieden ab. Ihre Argumentation glich dabei der KKE in Griechenland; wie diese prognostizierte sie verheerende Folgen für die künftige ökonomische und soziale Entwicklung des Landes und befürchtete eine politische wie wirtschaftliche Unterwerfung unter die „internationalen Monopole".

Die erneut vorzeitigen Neuwahlen am 5. Oktober 1985 brachten - vergleichbar den spanischen Parlamentswahlen von 1982 - eine grundlegende Veränderung der politischen Landschaft und bedeuteten einen wichtigen politischen Einschnitt. Die Sozialisten erlitten eine in diesem Ausmaß nicht erwartete erdrutschartige Niederlage. Ihr Stimmenanteil verminderte sich um fast 16 Prozentpunkte auf 20,8%, die Zahl ihrer Mandate halbierte sich fast auf 57. Die öffentliche Meinung machte die PS für die Rezession verantwortlich. Überdies hatte Soares, der sich für das Amt des Staatspräsidenten bewarb, durch seinen Rücktritt eine schmerzliche Lücke hinterlassen, zumal sich der Wahlkampf immer stärker auf Personen und weniger auf Inhalte konzentrierte. Zudem machte der PS die von Beobachtern lange erwartete und im Juni konstituierte Partei von Staatspräsident Eanes, die Demokratische Erneuerungspartei (PRD = *Partido Renovador Democrático*), die sozialistische, sozialdemokratische und auch kommunistische Anhänger vereinte, große Konkurrenz. Mit 17,9% und 45 Mandaten wurde sie auf Anhieb drittstärkste Kraft. Die PSD war mit einem leicht verbesserten Ergebnis von 29,9% und 88 Sitzen stärkste Partei. Zu den Verlierern zählten auch die kommunistische Volksallianz mit 15,5% bzw. 38 Sitzen sowie die CDS, die auf nur noch 10% und 22 Sitze kam. Es wurde eine sozialdemokratische

[1] Vgl. Sänger 1994: 288f.

Minderheitsregierung unter Cavaco Silva gebildet. Da sich bei den Präsidentschaftswahlen Anfang 1986 überraschenderweise Marío Soares gegen den konservativen Kandidaten von PSD und CDS, Diego Freitas do Amaral in einer Stichwahl am 16. Februar mit 51,2% durchsetzte, begann für Portugal eine Art Kohabitation zwischen Präsident und Regierung.[1]

Nach einem Mißtrauensantrag der linken Oppositionsparteien gegen die PSD-Regierung löste Staatspräsident Soares bereits keine zwei Jahre später das Parlament auf und schrieb für den 17. Juli 1987 Neuwahlen aus. In einer personalistischen Wahl gelang der PSD bzw. Cavaco Silva ein erdrutschartiger Sieg mit 50,2% der Stimmen und 148 von 250 Sitzen. Zwar konnte die PS sich leicht verbessern mit 22,2% und 60 Mandaten, doch war sie weit abgeschlagen. Für die drei anderen großen Parteien war die Wahl eine schwere Niederlage: die PCP kam zusammen mit anderen linken Gruppierungen als Unitarische Demokratische Koalition (CDU = *Coligação Democrática Unitaria*) auf 12,1% und 31 Sitze, die CDS auf 4,4% und 4 Mandate und die PRD auf 4,9% und 7 Sitze.

Nach der Revision der Verfassung im Oktober 1982, der Wahl des ersten zivilen Staatspräsidenten und dem EG-Beitritt im Januar 1986 kam mit den Wahlen von 1987 der Konsolidierungsprozeß auch in Portugal zum Abschluß, trat das Land in eine Phase beachtlicher Stabilität. Die Zeit der die Entwicklung des Landes beeinträchtigenden instabilen Koalitions- und Minderheitsregierungen war beendet. Darüber hinaus bedeutet der Wahlsieg der „Rechten“, die 1991 ihr Ergebnis sogar noch leicht verbessern konnten, einen endgültigen Bruch mit der linken Rhetorik und dem revolutionär-sozialistischen Programm der „Nelkenrevolution“ von 1974. Die Regierung Cavaco Silva[2] verfolgte eine liberale Wirtschaftspolitik, bei der die Privatisierung aller nach 1974 verstaatlichten Unternehmen und Betriebe im Vordergrund stand. Im Juni 1989 wurde schließlich mit den Stimmen der Sozialisten die lange angestrebte Verfassungsrevision verabschiedet, die sämtliche sozialistischen Elemente aus der Verfassung strich, alle noch existierenden Einschränkungen oder Benachteiligungen der Privatwirtschaft aufhob und die Voraussetzungen für eine freie Marktwirtschaft schuf.[3]

Sowohl in Griechenland als auch in Spanien und Portugal war nach der Transition eine demokratiestabilisierende Tendenz zur politischen Mitte festzustellen:[4] Die Kräfte der extremen Rechten waren aufgrund der vorherigen autoritären Herrschaft in allen drei Ländern diskreditiert. In Griechenland blieben sie Splittergruppen unter

[1] Vgl. Sänger 1994: 246ff.
[2] Vgl. dazu Sänger 1994: 356ff.
[3] Zur zweiten Verfassungsrevision vgl. Sänger 1994: 388ff.
[4] Vgl. dazu Merkel 1990: 6f.

2%. Lediglich dem Nationalen Lager gelang 1977 ein gewisser Erfolg mit 6,8%; in der Folgezeit wurde es jedoch im Verlauf der Polarisierung zwischen PASOK und Neuer Demokratie von letzterer absorbiert. In Portugal konnten rechtsextreme Parteien überhaupt nicht Fuß fassen. Verbliebene Reste der Salazar-Anhänger wurden in der konservativen CDS integriert. Ähnliches gilt für Spanien, wo die rechtsradikale *Fuerza Nueva* nicht ins Parlament kam. Auch von der kommunistischen Linken ging, wenngleich sie zum Teil in nicht unbedeutender Stärke im Parlament vertreten war, keine destabilisierende Wirkung auf die demokratische Konsolidierung aus. In Spanien ließ sich die reformfreudig-eurokommunistische PCE in die Konsenspolitik im Übergang zur Demokratie einbinden und leistete damit sogar einen Beitrag zur Stabilisierung der Demokratie. Danach rieb sie sich in Flügelkämpfen und Abspaltungen auf und sank in den 80er Jahren von einem Stimmenanteil von über 10% zeitweise auf Werte unter 5%. In Portugal und Griechenland konnten sich orthodoxe kommunistische Parteien unter Führung der Altstalinisten Cunhal und Florakis eine stabile Wählerschaft von etwa 15% bzw. 10% sichern. Obwohl die Kommunisten in Portugal einen beachtlichen Einfluß auf die politische Entwicklung der ersten 20 Monate nach dem Umsturz ausübten und obwohl sie 1983 in einer Wahlkoalition auf 18,2% kamen, galten sie seit 1976 als nicht koalitionsfähig und wurden von den politischen Entscheidungszentren des Landes ferngehalten. Ähnliches gilt für die KKE in den 70er und 80er Jahren. Die griechischen Eurokommunisten konnten sich gegenüber der KKE nicht durchsetzen.

In allen drei Ländern bevorzugten die Wähler nach der Transition Mitte-Rechts- bzw. Mitte-Links-Parteien. In Spanien brachte diese Tendenz von 1977 bis 1982 die liberal-konservative UCD an die Regierung. Nach dem Zerfall der UCD und der Mäßigung der Sozialisten wurde die PSOE zur unangefochtenen Regierungspartei der 80er Jahre. Gleiches galt in Griechenland für die PASOK, die sich zunehmend gemäßigt gab und die Wähler der Mitte umwarb und 1981 die konservative ND ablöste, sowie - nur in umgekehrter Reihenfolge - für Portugal. Die PS war die dominierende Partei der 70er Jahre, verschliß sich jedoch im Krisenmanagement der Austeritätspolitik und sank unter 30%. Trotz einer Erholung 1983 mußte sie Mitte der 80er Jahre die Führung der portugiesischen Politik den neoliberalen Sozialdemokraten überlassen.

Einen entscheidenden Test ihrer demokratischen Stabilität bestanden die drei Länder mit dem ersten richtungspolitischen Wechsel in der Regierungsverantwortung: In Griechenland 1981 mit dem Wechsel von der ND zur PASOK, in Spanien 1982 von der UCD zur PSOE, in Portugal 1979 mit der Niederlage der Sozialisten und dem Wahlsieg der AD, wenngleich dies zu einer Verfassungsdiskussion und schließlich -revision führte.

Eine Besonderheit stellten die in bestimmten Phasen der Konsolidierung in den iberischen Demokratien zustandegekommenen Wirtschafts- und Sozialpakte dar.[1] Dies galt insbesondere für Spanien, wo die kommunistischen Arbeiterkommissionen und die sozialistische UGT 1977/78 bis 1986 in einer Serie von Pakten mit Staat und Unternehmen Lohn- und Streikzurückhaltung übten, um die noch zerbrechlichen demokratischen Institutionen in einer tiefen Wirtschaftskrise zu stabilisieren. 1986 weigerten sich jedoch die Gewerkschaften, weitere Abkommen zu unterzeichnen, da weder die Regierung ihre wirtschafts- und sozialpolitischen Verpflichtungen noch der Unternehmerverband seine Zusage hinsichtlich der Schaffung von Arbeitsplätzen im vereinbarten Umfang eingehalten hatten.[2] Zeitlich umgekehrt verlief die Entwicklung in Portugal. In der prekären Übergangsphase 1974 bis 1977 verschärfte die CGTP-IN an der Seite der Kommunistischen Partei die Klassenauseinandersetzungen durch lohnpolitische Forderungen und Streiks.[3] Seit Mitte der 80er Jahre gab es jedoch im Kontext einer nunmehr relativ konsolidierten Demokratie immer wieder konzertierte Aktionen zwischen Gewerkschaften, Unternehmerverbänden und Regierung.[4] Demgegenüber kam es in Griechenland nie zu vergleichbaren bi- oder trilateralen Pakten. Durch ihre Zersplitterung, ihren sich in immer wiederkehrenden Streikwellen ausdrückenden Konfrontationskurs, ihren Selbstausschluß, aber auch ihre Fremdausgrenzung von jeglicher gesamtwirtschaftlichen Mitbestimmung und Mitverantwortung bildeten und bilden die Gewerkschaften bzw. Arbeitsbeziehungen in Griechenland einen eher destabilisierenden Faktor im politischen und sozioökonomischen System des Landes.[5]

2.2 Krise statt Konsolidierung Mitte der 80er Jahre

2.2.1 Umstrittene Präsidentenwahl

Die Präsidentenwahl 1985 stand einerseits unter dem Eindruck der in das gleiche Jahr fallenden Parlamentswahlen, wirkte sich andererseits auch auf diese wie überhaupt das gesamte politische Klima aus.

---

[1] Vgl. Merkel 1990: 10.
[2] Vgl. dazu Bernecker 1991: 155ff
[3] Vgl. dazu Sänger 1991: 225ff.
[4] Vgl. dazu Sänger 1994: 481ff.
[5] Vgl. dazu unter V. Abschnitt 1.2.4.

Nachdem sich in den vergangenen dreieinhalb Jahren ein dem politischen Gleichgewicht[1] und der Stabilität förderliches Verhältnis entwickelt hatte zwischen Papandreou als Ministerpräsident mit einer deutlich gemäßigten und pragmatischen Politik und Karamanlis als Präsident, der - auch zur Enttäuschung mancher Vertreter der Neuen Demokratie - es abgelehnt hatte, sich in Parteistreitigkeiten verwickeln zu lassen, und entgegen vielen Erwartungen seine ihm von der Verfassung gegebenen Machtinstrumente hatte ruhen lassen[2], war davon ausgegangen worden, daß Karamanlis im Mai 1985 mit Unterstützung der PASOK-Fraktion in seinem Amt bestätigt werden würde. Papandreou selbst hob immer wieder ihre positive Zusammenarbeit hervor und erklärte, keinen besseren Kandidaten für das Präsidentenamt zu kennen. So überraschte er selbst seine Anhänger, als er am 9. März 1985 vor dem ZK der PASOK eine Verfassungsreform ankündigte, um die Macht des Präsidenten einzuschränken - dies, obwohl er sich bisher zufrieden über das Funktionieren der von ihm 1975 heftig kritisierten Verfassungsinstitutionen gezeigt hatte -, und betonte, unter diesen Umständen sei es Karamanlis nicht zuzumuten, weiter im Amt zu bleiben. Als eigenen Kandidaten nannte er Christos Sartzetakis, einen Richter am Obersten Gerichtshof. Der daraufhin erfolgende Rücktritt Karamanlis' am 10. März[3], verbunden mit seiner Feststellung, in den letzten Wochen hätten die Führer der im Parlament vertretenen Parteien, einschließlich Papandreou, ihm erklärt, seine Wiederwahl sei für die nationale Einheit unabdingbar, löste die bis dahin schwerste Erschütterung der jungen griechischen Demokratie aus, indem gleichsam im weiteren Verlauf die in der griechischen Politik mehr oder weniger latent vorhandenen antagonistischen zentrifugalen Kräfte entfesselt wurden.

Der angesichts der Schärfe und Zuspitzung der politischen Auseinandersetzungen aufkommende Vergleich mit der Situation vor der Militärdiktatur, mit anderen Worten das Auftauchen des „Geist[es] der sechziger Jahre"[4] fand seinen personalisierten Ausdruck einerseits im Präsidentschaftskandidaten Sartzetakis, der 1963 als Untersuchungsrichter gegen den Widerstand konservativer Kreise die Beteiligung von im Staatsdienst beschäftigten Rechtsextremen an der Ermordung des EDA-Abgeordneten Lambrakis aufgedeckt hatte und während der Militärdiktatur zeitweise inhaftiert war[5], und andererseits dem im September 1984 zum neuen Vorsitzenden

---

[1] Vgl. Manessis 1985: 801f.

[2] Korisis/Lepszy (1991: 229) meinen, daß Karamanlis „den damit verbundenen politischen, persönlichen und auch den Verfassungskonflikt" scheute.

[3] Nach Artikel 32 Absatz 1 der griechischen Verfassung wurde damit eine vorgezogene Neuwahl nötig.

[4] Axt 1985b: 37.

[5] Aus der Zeit stammten auch seine Kontakte zu Papandreou über dessen Widerstandsorganisation PAK.

der Neuen Demokratie gewählten Konstantin Mitsotakis[1], der 1965 zu den Zentrums-„Abtrünnigen" gehörte, die nach dem „Rücktritt" Georgios Papandreous eine neue Regierung bildeten und damit den „königlichen Staatsstreich"[2] legitimierten. Der von Papandreou wohl auch bewußt aufgrund seiner Vergangenheit ausgewählte Sartzetakis[3] symbolisierte den Widerstand gegen autoritäre, rechtswidrige Zustände in der Nachkriegsdemokratie, während der von Papandreou als „Verräter" und „Alptraum" titulierte Mitsotakis für das Vorstadium der Militärdiktatur stand.

Im Vordergrund von Papandreous Entscheidung stand jedoch weniger dieser symbolische Aspekt, sondern daß er im Fall der Unterstützung des Gründers und Ex-Vorsitzenden der Neuen Demokratie Karamanlis, dessen Wahl die PASOK fünf Jahre zuvor noch demonstrativ ferngeblieben war, die Abwanderung des angesichts seiner gemäßigten Politik bereits unruhigen linken Flügels der PASOK hätte befürchten müssen. So dagegen konnte er den Slogan vom „großen Wandel" neu beleben.[4] Während die Kommunisten beschlossen, die Kandidatur Sartzetakis' zu unterstützen, um „eine demokratische Reform der Verfassung zu ermöglichen", sah die Neue Demokratie in der gleichzeitigen Ankündigung Papandreous von Präsidentenwechsel und Verfassungsänderung erste Anzeichen für einen „konstitutionellen Staatsstreich".[5] Sie stellte keinen Gegenkandidaten auf, und ihre Abgeordneten beteiligten sich weder an den Abstimmungen, noch nahmen sie an der späteren Vereidigung des neuen Staatsoberhauptes teil.

Nachdem im ersten und zweiten Wahlgang die erforderliche Zweidrittelmehrheit erwartungsgemäß nicht zustande kam, wurde Sartzetakis im dritten Wahlgang am 29. März mit 180 Stimmen von PASOK-Abgeordneten und Kommunisten, also genau der notwendigen Dreifünftelmehrheit zum Präsidenten gewählt. Zusätzlich angeheizt wurde die Atmosphäre durch den verfassungsrechtlich zweifelhaften und von der Neuen Demokratie als illegal bezeichneten Ablauf der Wahl bzw. das Zustandekommen des Wahlergebnisses:[6] So wurde Sartzetakis mit der ausschlaggebenden Stimme des Parlamentspräsidenten Alevras gewählt, der nach dem Rücktritt Karamanlis' die Funktionen des Präsidenten ausübte. Laut Artikel 30 Absatz 2 der grie-

---

[1] Averoff hatte nach den bescheidenen Zugewinnen seiner Partei bei den Europawahlen und verstärkter innerparteilicher Kritik den Vorsitz niedergelegt. Die Parlamentsfraktion hatte daraufhin Mitsotakis mit 70 Stimmen (gegen 41 Stimmen für den Gegenkandidaten Stefanopoulos) zum Parteivorsitzenden gewählt. Mit ausschlaggebend für die Wahl Mitsotakis' war, daß die ND nach einem Papandreou hinsichtlich der rhetorischen Fähigkeiten und charismatischen Ausstrahlung ebenbürtigen Vorsitzenden suchte; vgl. Korisis/Lepszy 1991: 229.

[2] Vgl. unter IV Abschnitt 4.2.

[3] Es gab allerdings Gerüchte, daß Papandreou zuvor zwei anderen Richtern das Präsidentenamt angeboten, von diesen aber eine Absage erhalten haben soll; vgl. McDonald 1985: 134.

[4] Vgl. Axt 1985b: 21.

[5] Vgl. McDonald 1985: 134.

[6] Zur Diskussion über den Wahlablauf vgl. Venizelos 1986.

chischen Verfassung ist jedoch das Amt des Präsidenten „mit jedem anderen Amt, jeder anderen Stellung oder Tätigkeit unvereinbar". Die PASOK beschloß jedoch im Parlament mit den Stimmen der Kommunisten Alevras' Teilnahme an der Wahl und rechtfertigte dies mit dem Argument, diese Verfassungsbestimmung gelte nicht für ein ad interim berufenes Staatsoberhaupt. Wesentlich bedenklicher waren jedoch die Tatsache, daß durch die Verwendung farbiger Stimmzettel, um PASOK-Abgeordnete am Ausscheren zu hindern, gegen das von der Verfassung vorgeschriebene Prinzip der geheimen Wahl (Art. 32 Abs. 1) verstoßen wurde, und die folgende Argumentation Papandreous, so wichtige Wahlen wie die des Präsidenten brauchten nicht geheim zu sein, und im übrigen habe die PASOK nicht für die Verfassung von 1975 gestimmt[1], eine Aussage, die auf ein eigenwilliges Demokratieverständnis schließen ließ. Die Neue Demokratie ihrerseits betrachtete die Wahl aufgrund dieser Umstände als ungültig[2] und verstärkte mit der Erklärung, aus ihrer Sicht sei kein Präsident gewählt worden, die politische Krise. Ihrer Forderung nach sofortigen Neuwahlen wurde einen Monat später entgegengekommen, als Präsident Sartzetakis auf „Vorschlag" Papandreous mit dem 2. Juni als Wahltermin eine Vorverlegung um vier Monate vornahm, allerdings unter dem Vorwand der andauernden Zypern-Krise.

2.2.2 Die Parlamentswahlen von 1985

Die in den Monaten zwischen Präsidenten- und Parlamentswahlen scharfe, polemische Konfrontation zwischen PASOK und Neuer Demokratie förderte eine weitere Konzentration der Wählerschaft auf die beiden großen Parteien, die am 2. Juni 1985 fast 87% (1981: 84%) der Stimmen auf sich vereinten. Angesichts der Polarisierung hatten sich die 1981 noch unabhängig angetretenen EDIK und KODISO zuvor der PASOK bzw. der Neuen Demokratie angeschlossen.

Trotz der vor allem im wirtschaftlichen Bereich auch unter der sozialistischen Regierung fortbestehenden Probleme[3] und trotz, vielleicht aber auch gerade wegen der durch das Vorgehen Papandreous bei der Präsidentenwahl ausgelösten Krise ging die PASOK aus den Parlamentswahlen als klarer Sieger hervor. Mit einem Stimmenanteil von 45,82% und 161 von 300 Sitzen fiel ihr Verlust von 2,24 Prozentpunkten geringer aus als erwartet, war es Papandreou gelungen, die Verschleißerscheinungen als

---

[1] Vgl. *Archiv der Gegenwart* vom 23.03.1985: 281616f..

[2] Während des dritten Wahlgangs schlugen die ND-Abgeordneten auf ihre Pulte und riefen „Schande".

[3] Die Inflationsrate konnte zwar gesenkt werden, betrug mit 18,3% jedoch immer noch das Zweieinhalbfache des EG-Durchschnitts. Die Arbeitslosenquote war von 2,7% zu Beginn der 80er Jahre auf 7,7% 1985 gestiegen. 66,2% schätzten die Wirtschaftslage 1985 schlechter ein, als 12 Monate zuvor (gegenüber einem EG-Durchschnitt von 39,0%). Vgl. Gabriel/Brettschneider 1994: 517, 521 u. 526f.

Regierungspartei geringzuhalten. Die Neue Demokratie verzeichnete mit 40,85% der Stimmen und 126 Sitzen zwar einen Anstieg von 5 Prozentpunkten, blieb jedoch von ihrem Ziel der stimmstärksten Partei deutlich entfernt; immer noch über 57% (1981: 60%) der griechischen Wähler[1] sprachen sich eindeutig gegen eine Rückkehr der Konservativen an die Regierung aus. Die KKE verlor mit einem Stimmenanteil von 9,89% nicht nur einen Prozentpunkt und einen Parlamentssitz (12 Sitze), sondern auch ihren Fraktionsstatus im Parlament[2]. Die KKE-Inland konnte mit 1,84% der Stimmen leicht zulegen und zog mit einem Abgeordneten ins Parlament ein. Erneut ohne Sitz blieben die Rechtsextremen, die sich diesmal in der EPEN (= *Ethniki Politiki Enosi*/Nationale Politische Union) gesammelt hatten und mit einem Stimmenanteil von 0,60% noch schlechter als die Progressive Partei 1981 (1,69%) abschnitten.[3]

Ergebnis der Parlamentswahlen vom 2. Juni 1985

Partei	Stimmen in %	Sitze
PASOK (Papandreou)	45,82	161
Neue Demokratie (Mitsotakis)	40,85	126
KKE (Florakis)	9,89	12
KKE-Inland (Kyrkos)	1,84	1
EPEN	0,60	-
Sonstige u. Unabhängige	1,00	-

Wahlbeteiligung: 79,1%, Sitze: 300

Der vorangegangene Wahlkampf, dessen Bedeutung sich auch darin zeigt, daß bei Festlegung des Wahltermins noch 20% der Wahlberechtigten unentschieden waren[4], war durch ein selbst für griechische Verhältnisse ungewöhnlich hohes Maß von Fanatismus und einen gefährlichen Abbau des demokratischen Konsenses gekennzeichnet. Bezeichnend war die Darstellung des Ministers beim Ministerpräsidenten, Koutsoyorgas, der die Wahl als „Konfrontation zweier verschiedener Welten" bezeichnete, hier die sonnige Welt des Fortschritts der PASOK, dort die finstere Unterwelt der Reaktion der Neuen Demokratie. Beide Parteien, insbesondere aber die PASOK, konzentrierten ihre Strategie darauf, den Wahlsieg des Gegners als Katastrophe für das Land auszumalen.[5] Die PASOK nahm eine Gleichsetzung der Neuen Demokratie mit der autoritären Politik der Nachkriegsdemokratie vor[6] und zeichnete das Gespenst einer wiederauferstehenden revanchistischen Rechten, die im Fall eines

---

[1] PASOK-, KKE u. KKE-Inland-Stimmen.
[2] Laut parlamentarischer Geschäftsordnung benötigt eine Partei mindestens 10% der Stimmen oder 15 Abgeordnete, um als Fraktion anerkannt zu werden.
[3] Zum Wahlergebnis vgl. Clive 1985.
[4] Vgl. McDonald 1985: 133.
[5] Vgl. Clogg 1986: 138.
[6] Vgl. auch ihre Slogans „Das Volk vergißt nicht", „Das Volk vergißt nicht, was die Rechte wirklich will".

Wahlsieges ein Fortbestehen der demokratischen Institutionen gefährden würde. Die Neue Demokratie ihrerseits prophezeite bei einem Verbleib der PASOK an der Regierung den politischen und demokratischen Niedergang; die PASOK sei eine marxistische Partei und auf dem Wege, ein Einparteien-Monopol aufzubauen. Von beiden Seiten wurde - nicht zuletzt auch gefördert durch die seit den 60er Jahren bestehende Animosität der beiden Parteivorsitzenden - versucht, den Gegner persönlich zu diffamieren: Während die PASOK Mitsotakis Geheimkontakte zum Ex-König Konstantin sowie Amnestiepläne für die Obristen vorwarf und ihn schließlich der Kollaboration mit den Deutschen während der Besatzungszeit beschuldigte[1], verbreitete die Neue Demokratie das Gerücht, Papandreou habe nach seiner Verhaftung in der Metaxas-Diktatur Mitglieder einer angeblich trotzkistischen Vereinigung denunziert, um im Gegenzug eine Ausreisegenehmigung in die USA zu erhalten.[2]

Papandreous Strategie der Polarisierung und Emotionalisierung war in zweierlei Hinsicht wirkungsvoll: Es gelang ihm, sachlichen Programmdiskussionen auszuweichen und so von den mäßigen Regierungserfolgen, vor allem der wirtschaftlich weiterhin angespannten Lage sowie der Tatsache abzulenken, daß sein Programm wenig Neues zu bieten hatte. Gleichzeitig veranlaßte seine Anti-Rechts-Kampagne viele Wähler des linken Spektrums, aus Angst vor einer konservativen Regierung nicht für die Kommunisten, sondern für die PASOK zu stimmen.[3] Die Kommunisten, die der PASOK vorwarfen, mit linken Parolen eine rechte Politik zu betreiben, und gehofft hatten, unzufriedene PASOK-Anhänger für sich zu gewinnen, hatten Papandreous Wahlspruch „Nie mehr die Rechten" nichts Adäquates entgegenzusetzen. Interessanterweise und zum Nachteil der KKE hatte Papandreou zuvor das Angebot einer Zusammenarbeit auf der Basis eines minimalen Programms abgelehnt.[4]

Die Neue Demokratie hatte zwar während ihrer Oppositionszeit, dem Beispiel der PASOK folgend, den Aufbau ihrer organisatorischen Strukturen vorangetrieben und nach der Übernahme des Vorsitzes durch Mitsotakis in einem Versuch der programmatischen Erneuerung eine betont liberale Parteiideologie aufgestellt, die sich vor allem in den wirtschaftspolitischen Forderungen eines Bruchs mit den traditionellen - allerdings auch von den früheren ND-Regierungen praktizierten - staatlichen Interventionen in die griechische Wirtschaft, einer Stärkung und Erweiterung des Privat-

[1] Sie nutzte dabei die Veröffentlichung eines Fotos im regierungsnahen Boulevardblatt *Avriani*, das Mitsotakis zwischen zwei deutschen Offizieren zeigte. Mitsotakis, am Widerstand auf Kreta maßgeblich beteiligt, zweimal zum Tode verurteilt und beim Abzug der Besatzer gegen deutsche Gefangene ausgetauscht, ließ sich seinen Untergrundkampf von Widerstandsgenossen und von einem der abgebildeten Deutschen attestieren; vgl. dazu auch *Der Spiegel* 24/1985: 119f.

[2] Vgl. McDonald 1985: 113.

[3] Wahlanalysen (vgl. Epikentra 1985) gehen davon aus, daß bis zu zwei Prozentpunkte der PASOK-Wähler von 1985 durch traditionelle Kommunisten erbracht wurden.

[4] Vgl. McDonald 1985: 134.

sektors, zu dessen Konkurrent sich der Staat unter der PASOK verstärkt entwickelt habe[1], einer Reduktion der Staatsausgaben und Steuern sowie einer Abschaffung von hohen Importzöllen, Preis- und Lohnkontrollen[2] sowie den Schlagwörtern Entbürokratisierung, Technologieförderung und Wettbewerbsorientierung zeigte, doch ließ die Glaubwürdigkeit beim Wähler zu wünschen übrig: In dem Slogan „Liberale Neue Demokratie" (*Fileleftheri Nea Dimokratia*) sahen 47,4% einen Trick für die Parlamentswahlen, 30% meinten sogar, die ND wolle dahinter ihre rechtslastigen Tendenzen verbergen.[3] Die ideellen „Argumente" Papandreous, „Volkssouveränität", „Nationale Unabhängigkeit", „Erweiterung der Demokratie" oder „Fortsetzung des Wandels", fanden beim Wähler mehr Anklang als das eher trockene intellektuelle Programm Mitsotakis'. Der neoliberale Charakter von Mitsotakis' Manifest „Vorschlag für die Freiheit" vom Februar 1985 war auch innerhalb seiner eigenen Partei umstritten: Der traditionell-konservative Flügel fürchtete eine Beeinträchtigung seiner Klientel- und Patronagebeziehungen, der reformerische Flügel kritisierte die Vernachlässigung der sozialen Dimension.[4]

Als Fehlschlag erwies sich der Versuch der Neuen Demokratie, die Geschehnisse um die Präsidentenwahl gegen die PASOK zu instrumentalisieren. Mitsotakis' Erklärung, mit der ND würde nicht nur eine neue Regierung, sondern auch ein neuer Präsident gewählt, da man die Wahl Sartzetakis' vor dem Obersten Verwaltungsgerichtshof anfechten werde, gab Papandreou die Möglichkeit, als der Garant politischer Stabilität aufzutreten und Befürchtungen über eine fortdauernde Verfassungskrise und politische Unruhen im Falle eines ND-Wahlerfolges zu schüren. Die durch das liberale Programm umworbenen Zentrumswähler, für die Mitsotakis ohnehin vielfach noch das Stigma des „Abtrünnigen" trug, wurden so von der Neuen Demokratie eher abgeschreckt.[5] Papandreous wahltaktisches Manöver bei der Präsidentenwahl ging somit mehr als auf: Es gelang ihm, noch Wähler von den Kommunisten abzuziehen, ohne allzu große Verluste in der politischen Mitte zu erleiden.[6]

Von zweifelhaftem Nutzen für die Neue Demokratie war auch die auf Drängen der Parteiführung abgegebene Erklärung Karamanlis' zwei Tage vor den Wahlen, in der er feststellte, daß Griechenland sich in einem „Zustand der Verwirrung und Unge-

---

[1] Unter der PASOK-Regierung war die Staatsquote von 48,2% 1981 auf 58,4% 1985 angestiegen; vgl. Kasakos 1988: 37.

[2] Vgl. Katsoudas 1987b: 100ff.

[3] Vgl. Epikentra 1985: 25.

[4] Vgl. Korisis/Lepszy 1991: 229, 231.

[5] Auf dem zweiten Parteikongreß im Februar 1986 gab Mitsotakis die Haltung der Neuen Demokratie in der Präsidentschaftsfrage als wahltaktischen Fehler zu.

[6] Damit bestätigten sich auch nicht Prognosen, die von größeren Verlusten dieser Wählergruppe ausgegangen waren. Da sich die PASOK in ihrer Regierungszeit als relativ gemäßigt präsentierte, war für viele Wähler keine Absicherung durch Karamanlis als Präsident mehr nötig.

wißheit" befinde und innen- wie außenpolitisch in eine Sackgasse geraten könne; die Griechen sollten von ihrem Stimmrecht „einen guten Gebrauch" machen. Die PASOK bezeichnete dies als ein an die Zeit königlicher Einmischungen erinnerndes „Relikt aus früheren Zeiten" und erklärte, das griechische Volk brauche „keine selbsternannten Retter und Beschützer" mehr.[1]

Eine interessante Entwicklung zeigte sich bei der regionalen Analyse des Wahlergebnisses:[2] Während die Verluste der Sozialisten in ländlichen Gebieten mit 1,3 Prozentpunkten gegenüber 1981 gering ausfielen, mußten sie in den Städten einen Rückgang von 3,3 Prozentpunkten hinnehmen. Die Neue Demokratie dagegen verzeichnete ihre meisten Zugewinne (7,8 Prozentpunkte) in den städtischen Gebieten, vor allem den Großstädten Athen, Piräus und Thessaloniki. Ihr Wirtschaftsprogramm mit Versprechen wie großzügigen Steuersenkungen für Durchschnittsverdiener, Abschaffung von Importabgaben z. B. beim Autokauf und Erleichterung von Krediten[3] entsprach vor allem den Interessen der städtischen Bevölkerung, die stärker durch Inflation und Arbeitslosigkeit betroffen war als die Landbevölkerung, die durch das Heraufbeschwören einer drohenden Wirtschaftskatastrophe wenig beeindruckt werden konnte: Durch eine verbesserte Sozial- und Altersfürsorge, weitgehende Steuerfreiheit, subventionierte Elektrizität, Ausbau des Schul- und Gesundheitswesen, vor allem aber die starke Erhöhung der Agrarpreise auf westeuropäisches Niveau und massive EG-Zuschüsse ging es den Bauern unter der Regierung Papandreou besser als je zuvor. Der Neuen Demokratie gelang es nicht, die weitverbreitete Auffassung, bei den EG-Geldern handele es sich um Geschenke der PASOK, zu widerlegen, so daß sich paradoxerweise der von Papandreou so heftig kritisierte EG-Beitritt jetzt parteipolitisch für ihn auszahlte.

Nachdem die Parlamentswahlen den Höhepunkt der politischen Konfrontation gebildet hatten und Mitsotakis in einer ersten Stellungnahme der Regierung vorgeworfen hatte, den Staatsapparat zur Beeinflussung der Wähler genutzt sowie gegen Beamte psychologische Gewalt ausgeübt zu haben[4], und vor der Gefahr eines Abrutschens des Landes in einen „grünen Totalitarismus" - grün ist die Farbe der PASOK - gewarnt hatte[5], trat in der Folgezeit, verbunden mit der Akzeptanz des Präsidenten Sartzetakis durch die Neue Demokratie, eine Beruhigung des erhitzten politischen Klimas ein. Die Neue Demokratie konzentrierte sich auf nach der Wahlniederlage einsetzende innerparteiliche Auseinandersetzungen, die schließlich in einem zeitweiligen Rücktritt des Vorsitzenden Mitsotakis gipfelten und nach dessen Wiederwahl

---

[1] Vgl. *Archiv der Gegenwart* vom 02.07.1985: 28824.
[2] Vgl. Epikentra 1985.
[3] Vgl. Katsoudas 1987b: 100ff.
[4] Vgl. Dimitras 1991: 112.
[5] *Archiv der Gegenwart* vom 17.02.1985: 28877.

durch die Parlamentsfraktion[1] in die Abspaltung einer zehnköpfigen Abgeordnetengruppe um den stellvertretenden Vorsitzenden und Konkurrenten um die Parteiführung aus dem Jahr, 1984 Stefanopoulos, der Mitsotakis vorwarf, die ND durch einen autoritären Führungsstil zu seiner „persönlichen Partei" zu machen, und eine eigene Partei, die Demokratische Erneuerung (DIANA = *Dimokratiki Ananeosi*) gründete.[2] Nachdem unter Averoff der Demokratisierungsprozeß der Partei zum Stillstand gekommen war und der eigentlich alle zwei Jahre vorgesehene Parteitag immer wieder verschoben worden war, fand im Februar 1986 der zweite ordentliche Parteitag in Thessaloniki statt, der das Signal für einen programmatischen und organisatorischen Neuanfang setzen sollte.[3] Es wurde ein verändertes Parteistatut verabschiedet, das der Parteibasis ein Mitspracherecht bei der Wahl des Vorsitzenden einräumte, sowie ein „Politisches Rahmenprogramm", das zwar an den Grundsätzen der Partei festhielt, aber verstärkt soziale Aspekte einbezog. Die PASOK-Regierung ihrerseits sah sich angesichts der Tatsache, daß im Wahlkampf wirtschaftliche Probleme oft verdrängt und statt dessen weitere Wahlversprechen, z. B. Fortsetzung der automatischen Lohnanpassung und günstige Baudarlehen, gemacht wurden, mit einem erneut hohen Erwartungshorizont konfrontiert.

2.2.3 Die Änderung der Verfassung

Die 1985 von der PASOK in Angriff genommene und 1986 in Kraft getretene Änderung der griechischen Verfassung von 1975 konzentrierte sich ausschließlich auf den Abbau der zwar kaum in Anspruch genommenen, aber weitreichenden präsidentiellen Machtbefugnisse. Papandreou kam damit nur einem Teil der von den Oppositionsparteien 1974/75 erhobenen Forderungen nach[4]: Die nach Artikel 48 im Krisenfall möglichen Grundrechtseinschränkungen wurden sogar um die der Religionsfreiheit erweitert, die staatliche Kontrolle und Beeinträchtigung der Pressefreiheit von Radio und Fernsehen beibehalten und die Position des Parlaments kaum gestärkt. Die in der Regierungsvorlage vom 11. März 1985 enthaltene Erleichterung von Verfassungsänderungen[5] durch den Verzicht auf eine erneute, dritte Abstimmung im neu

---

[1] 82 der anwesenden Abgeordneten votierten für Mitsotakis, 37 enthielten sich der Stimme, eine Stimme war ungültig.
[2] Vgl. Korisis/Lepszy 1991: 230f.
[3] Vgl. dazu Katsoudas 1987: 102f u. Korisis/Lepszy 1991: 240ff u. 258ff.
[4] Vgl. Manessis 1985: 802.
[5] Vgl. Artikel 110.

gewählten Parlament[1] und den Wegfall einer fünfjährigen Sperre für eine erneute Änderung wurde nach heftigen Protesten der Neuen Demokratie und der Konsultation von Verfassungsexperten wieder fallengelassen.[2]

Insgesamt waren 11 der 20 Artikel des Abschnitts über den Präsidenten der Republik von der Verfassungsänderung[3] betroffen: Die bereits im April 1985, um die Wahl Sartzetakis' sicherzustellen, nicht eingehaltene Bestimmung über die geheime Wahl des Präsidenten (Art. 32 Abs. 1) wurde geändert und die namentliche Abstimmung festgeschrieben mit der Begründung, das Volk habe ein Anrecht, zu erfahren, wie die Abgeordneten ihr Stimmrecht bei einer so grundsätzlichen Entscheidung wie der Bestimmung des Staatsoberhauptes ausüben. Die in Artikel 35 Absatz 2 enthaltenen Ausnahmen von der allgemeinen Gegenzeichnungspflicht der Akte des Präsidenten durch die zuständigen Minister wurden auf das Notwendigste, wie z. B. die Ernennung des Ministerpräsidenten, beschränkt.

Eine Stärkung der im Parlament vertretenen Parteien bedeutete die Änderung von Artikel 37 über die Ernennung des Ministerpräsidenten und der Regierungsmitglieder:[4] Konnte der Präsident bisher im Fall, daß die stärkste Parlamentsfraktion kein mehrheitsfähiges Kabinett stellen konnte, am Oppositionsführer vorbei ein anderes Mitglied oder auch Nichtmitglied des Parlaments mit der Regierungsbildung beauftragen, so wurde er jetzt verpflichtet, in diesem Fall auch den Vorsitzenden der zweit- und drittstärksten Partei im Parlament einen jeweils dreitägigen Sondierungsauftrag zu erteilen. Bleibt auch dies ohne Erfolg, bemüht sich der Präsident nach der geänderten Verfassung um die Bildung einer Allparteienregierung zum Zweck der Durchführung von Parlamentswahlen. Anders als bisher liegt damit die Durchführung von Neuwahlen nicht mehr im Entscheidungsspielraum des Präsidenten und beschränkt sich seine Rolle auf die eines mit rein formellen Kompetenzen ausgestatteten Vermittlers ohne die Möglichkeit einer entscheidenden Einflußnahme auf die Regierungsbildung. Ist unter den Parteien keine Einigung zu erzielen, beauftragt das Staatsoberhaupt einen der Präsidenten der obersten Gerichtshöfe[5] mit der Bildung einer Übergangsregierung bis zu erneuten Wahlen. Entsprechend geändert wurde das Verfahren bei der Entlassung der Regierung (Art. 38) nach Rücktritt oder Mißtrauensvotum durch das Parlament. Auch hier hat der Präsident nur noch formale Befug-

---

[1] Für eine Verfassungsänderung müssen 3/5 der Abgeordneten in zwei mindestens einen Monat auseinanderliegenden Abstimmungen votieren sowie die absolute Mehrheit in einer dritten Abstimmung im nächsten Parlament.

[2] Angesichts der Tendenz griechischer Regierungen, ihnen und ihren „Klienten" dienliche Gesetze auszuarbeiten, wurden laufende Verfassungsänderungen befürchtet.

[3] Zur geänderten Verfassung vgl. Manessis 1985a, Manessis 1989 u. To Pontiki 1987. Vgl. auch die Gegenüberstellung der alten und neuen Fassung der geänderten Artikel in: Tsatsos 1988: 96ff.

[4] Vgl. auch Stein 1988: 82ff.

[5] Areopag (Oberster Gerichtshof), Staatsrat (Oberster Verwaltungsgerichtshof), Rechnungshof.

nisse; sein Recht, die Regierung nach Anhörung des Rates der Republik (Art. 39) - der darüber hinaus abgeschafft wurde - zu entlassen, wurde gestrichen und damit die Doppelverantwortlichkeit der Regierung gegenüber Parlament und Präsident beendet.[1]

Eine deutliche Verringerung der Macht des Präsidenten zugunsten des Ministerpräsidenten bedeutete die Änderung von Artikel 41, nach der der Staatschef nur noch dann das Recht zur Parlamentsauflösung hat, wenn dieses zwei Regierungen sein Vertrauen versagt hat, und nunmehr verpflichtet ist, dem Regierungsvorschlag einer Parlamentsauflösung zur „Bewältigung einer Frage von außerordentlicher nationaler Bedeutung" zu folgen. Die Gefahr einer mißbräuchlichen Verwendung des vage formulierten bisherigen Auflösungsrechts des Präsidenten[2] wurde damit zwar beseitigt, doch kritisierten sowohl Neue Demokratie als auch Kommunisten die jetzt uneingeschränkt bestehende Möglichkeit des Ministerpräsidenten - angesichts dessen, daß sich in Griechenland „dreimal am Tag eine Frage von nationaler Dimension" stellt[3] -, einen günstigen Wahltermin aussuchen zu können, als erhebliche Schwächung der Opposition.

Ebenso umstritten und bedeutend war die Änderung des Notstandsartikels 48, die von der Regierung als „Beitrag zur Demokratisierung" gerühmt, von der Neuen Demokratie jedoch als „Störung des Machtgleichgewichts" angesehen wurde.[4] Um einen Mißbrauch der Definition vor allem des inneren Notstandes entgegenzuwirken, wurden die Voraussetzungen auf den Fall einer äußeren Bedrohung und den eines bewaffneten Komplotts gegen die demokratische Ordnung begrenzt. Die Entscheidungskompetenz über die Verhängung des Ausnahmezustandes wurde auf das Parlament übertragen, das auf Vorschlag der Regierung mit 3/5-Mehrheit ein entsprechendes Gesetz beschließt; in Abwesenheit des Parlaments bzw. falls dessen Zusammenkommen nicht möglich ist, können die Maßnahmen aber auch durch Präsidialverordnung auf Vorschlag des Ministerrates beschlossen werden. Eine wesentliche Machtsteigerung der Regierung bzw. des Regierungschefs ergibt sich daraus, daß nach der Neufassung des Artikels 48 nicht mehr der Präsident allein, sondern die Regierung über den Präsidenten alle zur Bewältigung der Lage und Wiederherstellung der Ordnung erforderlichen Rechtsakte erlassen kann. Die Geltungsdauer des Aus-

---

[1] Zur Ernennung und Entlassung der Regierung vgl. auch Stoklossa 1988: 32ff.
[2] Der Präsident entschied letztlich allein über die „Stimmung im Volke" und die „Stabilität der Regierung"; vgl. auch unter V. Abschnitt 1.1.5.
[3] So der frühere Ministerpräsident Rallis; zit. nach Bielitzer/Aßhauer 1988: 56. Zur Parlamentsauflösung vgl. ebd.: 48ff.
[4] Vgl. Hake 1988: 67.

nahmezustands wie auch der Rechtsakte wurde von 30 auf 15 Tage reduziert, falls keine Verlängerung bzw. Billigung durch das Parlament erfolgt.[1]

Weitere Änderungen bestanden in der Verringerung des präsidentiellen Einflusses auf die Gesetzgebung - nach Artikel 43 Absatz 3 werden Rechtsverordnungen organisatorischen Inhalts nunmehr durch den Ministerrat erlassen - und seiner Möglichkeit, eine Volksabstimmung anzuordnen und Botschaften an das Volk zu richten (Art. 44 Abs. 2/3) - für ersteres benötigt er einen vorherigen Beschluß des Parlaments mit 3/5-Mehrheit, für letzteres das Einverständnis des Ministerpräsidenten[2] - sowie dem Verlust seines Amnestierechts für politische Verbrechen (Art. 47 Abs. 3), das jetzt in den Händen des Parlaments liegt

Am 7. März 1986 billigte das griechische Parlament in dritter Lesung mit den Stimmen der 157 anwesenden PASOK-Abgeordneten die Änderung der Verfassung von 1975. Die Neue Demokratie verließ wegen Nichteinhaltung der Reglementsordnung durch den Parlamentspräsidenten den Plenarsaal, während die Kommunisten, die in den beiden ersten Abstimmungen im Frühjahr 1985 vor den Parlamentswahlen angesichts ihrer Befürwortung der Beschneidung der „Superkompetenzen" des Staatsoberhauptes und der Notwendigkeit einer 3/5-Mehrheit für die Verfassungsänderung gestimmt hatten, sich nunmehr der Stimme enthielten, um ihre Unzufriedenheit zu zeigen mit der neuen Regelung der Parlamentsauflösung und Ausschreibung von Neuwahlen sowie der Durchführung von Plebisziten und der Ausrufung des Ausnahmezustands. Die KKE, aber auch Verfassungsrechtler sahen in diesen Änderungen ein den machtpolitischen Interessen der Regierung dienendes autoritäres Rechtsinstrumentarium, das die Stellung des Ministerpräsidenten auf Kosten des Staatsoberhauptes stärkt, damit er, gestützt auf die Mehrheit im Parlament, nach Gutdünken handeln könne. Formal wurden wesentliche Rechte des Präsidenten auf Parlament und Regierung übertragen, doch aufgrund der bereits bestehenden und gerade auch von Papandreou vorexerzierten Dominanz des Ministerpräsidenten nicht nur in der Regierung[3], sondern auch innerhalb seiner durch mangelhaft funktionierende demokratische Strukturen gekennzeichneten Partei sowie parlamentarischen Fraktion, nachdem durch Abschaffung des Präferenzkreuzes die Abhängigkeit der Abgeordneten erhöht worden war, fand faktisch eine weitere Konzentration der Macht in den Händen des Regierungschefs statt.[4] Sowohl von Kommunisten als auch Konservativen wurde ein ihrer Ansicht nach aus dieser Konstellation folgendes Machtungleichgewicht kritisiert: Während es jedoch der KKE um die unzureichenden Möglichkei-

---

[1] Zum Notstandsrecht vgl. Hake 1988: 61ff.
[2] Vgl. Tsatsos 1988: 85f.
[3] Vgl. unter V. Abschnitt 1.1.5.
[4] Vgl. Manessis 1985: 804ff. Katsoudas (1987a: 28) bezeichnet den Regierungschef als „parliamentary autocrat". Frohn (1988: 90) spricht von einer Entwicklung „von einem 'Cäsar' zum anderen".

ten einer wirksamen parlamentarischen Kontrolle ging, sahen die Konservativen die Gefahr davon ausgehen, daß das Staatsoberhaupt angesichts selbst in Krisenzeiten nunmehr fehlender Kompetenzen seine Rolle als Hüter des freiheitlich-demokratischen Systems nicht mehr erfüllen könne.[1]

Insgesamt hielten sich die in der Öffentlichkeit durch ökonomische Probleme überdeckten parteilichen Auseinandersetzungen um die Änderung der Verfassung jedoch in Grenzen, wohl auch deshalb, weil sowohl Karamanlis als auch Papandreou als Ministerpräsidenten über ihre Kompetenzen hinausgingen, so bei der Vorverlegung der Wahlen von 1977 und 1985, und somit gewissermaßen nur Verfassungstext und verfassungspolitische Wirklichkeit in Einklang gebracht wurden.

2.3 Die zweite Regierungsperiode der PASOK: Griechenland ein „riesiges Irrenhaus"?

Entgegen ihrem Versprechen von „noch besseren Tagen" sah sich die Regierung Papandreou angesichts der gravierenden wirtschaftlichen Lage, vor allem der um 20% pendelnden Inflationsrate, der unter den Stand von 1979 gesunkenen Industrieproduktion, des erstmals seit Ende des Zweiten Weltkriegs unter dem OECD-Durchschnitt liegenden Wirtschaftswachstums (1985: 1,4%), der seit 1981 auf 14,8 Milliarden $ verdoppelten Auslandsverschuldung, der schnell wachsenden Defizite im Haushalt und eines Minus in der Leistungsbilanz, das in den ersten sieben Monaten 1985 mit 2,1 Milliarden $ so viel wie im ganzen Jahr 1984 betrug[2], vier Monate nach den Parlamentswahlen am 11. Oktober gezwungen, auf einen stabilitätsorientierten Kurs umzuschwenken, und stellte ein „schmerzliches, aber notwendiges"[3] Sparprogramm[4] vor. Ziele des neuen wirtschaftspolitischen Programms[5] waren, die internen und externen Ungleichgewichte durch Beschränkung von Importen und öffentlichen Ausgaben sowie Erhöhung der Steuereinnahmen zu verringern und die Wettbewerbsfähigkeit der griechischen Produkte zu verbessern. Zu den Maßnahmen im einzelnen gehörten eine Abwertung der Drachme um 15%, die Erhebung einer obligatorischen zinslosen, sechsmonatigen Einlage (Importdepot) von 40-80% des

[1] Vgl. Manessis 1985: 807.
[2] Siehe auch die Vergrößerung des Leistungsbilanzdefizits von 5,8% des BIP 1984 auf 9,8% 1985; vgl. Weidenfeld/Wessel 1988: 116 u. 124f.
[3] So Papandreou in einer Fernsehansprache. Seine unpopuläre Forderung, die Griechen müßten weniger Geld ausgeben und mehr arbeiten, stand im Widerspruch zu den vor der Wahl verkündeten Parolen. Vgl. auch *Der Spiegel* 37/1985: 183ff u. 44/1985: 165.
[4] Das Parlament billigte das Sparprogramm am 5. Januar 1986.
[5] Zur Stabilitätspolitik 1986/87 vgl. Drakatos 1987 u. Petras 1987: 14ff.

Wertes vieler Einfuhrwaren[1], ein Lohn- und Gehaltsstopp bis Ende 1987, von dem allein der - allerdings reduzierte - automatische Teuerungsausgleich ausgenommen war[2], die Erhebung einer einmaligen Sondersteuer bei Unternehmern und Freiberuflern in Höhe von 3 bis 10%, der Abbau von Subventionen, ein rigoroses Eintreiben bestehender Steuerschulden sowie eine stärkere Bekämpfung und Bestrafung der Steuerhinterziehung, Preiserhöhungen für öffentliche Dienstleistungen sowie eine Beschränkung der staatlichen Neuverschuldung, die 1985 die Rekordhöhe von 17,5% des BIP erreicht hatte[3].

Interessanterweise rechtfertigte die PASOK ihre wirtschaftspolitische Wende mit der aus EG-Kreisen stammenden Befürwortung; vor kurzem noch wäre dies von Papandreou als unzulässige Einmischung und Bevormundung abgelehnt worden. Mit ausschlaggebend dürfte wohl die vorangegangene Verhandlung der Regierung mit der EG über einen Kredit in Höhe von 1,7 Milliarden ECU gewesen sein, dessen zweite Rate im Januar 1987 erst nach einer Prüfung der Stabilitätspolitik zur Auszahlung kommen sollte. Des weiteren erhielt die Regierung das Einverständnis, die Einführung der Mehrwertsteuer und die Durchführung einer Anzahl von Handelsliberalisierungen zu verschieben, Maßnahmen, die mit Ablauf der fünfjährigen Übergangsperiode nach dem EG-Beitritt fällig gewesen wären.[4] Durch ihre neue Wirtschaftspolitik wie auch ihre, gemessen an früheren Positionen, europafreundliche Wendung machte die PASOK einen deutlichen programmatischen Schritt in Richtung westeuropäischer sozialistischer und sozialdemokratischer Parteien. Dies wurde auch in Papandreous Ankündigung deutlich, Mitglied der Sozialistischen Internationalen werden zu wollen, die früher von ihm als westlich-sozialdemokratisch dominiert abgelehnt worden war.[5]

Infolge der als einseitige Belastung der Arbeitnehmer empfundenen Austeritätspolitik - in der Tat betrug der Reallohnverlust 1986 7,9% und 1987 5,1%, während die Unternehmergewinne 1986 gegenüber dem Vorjahr weiter anstiegen[6] - kam es zu angesichts der früheren PASOK-Popularität in ihrer Heftigkeit erstaunlichen Protesten, Demonstrationen und Arbeitsniederlegungen bis hin zu Generalstreiks, die das Alltagsleben vor allem in den Großstädten erheblich beeinträchtigten.[7] Mit 754 verlorenen Arbeitstagen je 1.000 Beschäftigten und Jahr war Griechenland von 1980 bis

---

[1] Dies hatte eine Verteuerung von 12.500 Importgütern um durchschnittlich 20-25% zur Folge.

[2] Für Unternehmen, die gegen diese Bestimmung verstoßen, wurde eine Geldstrafe bis zur Höhe von 5% des Jahresumsatzes festgelegt.

[3] Ziel war eine Senkung unter 10% binnen zwei Jahren; vgl. Bank von Griechenland 1986: 26ff.

[4] Vgl. dazu Kasakos 1987: 437ff.

[5] Vgl. Featherstone 1987: 132f.

[6] Vgl. Gabriel/Brettschneider 1994: 516 u. Drakatos 1987: 76.

[7] Clogg (1986: 140) spricht von den „ernstesten sozialen Unruhen seit der Machtübernahme der PASOK im Jahre 1981".

1988 das streikfreudigste Land unter 19 Industriestaaten.[1] Selbst die regierungsfreundliche Presse kritisierte das „Parasitentum" der Staatsmaschinerie und das „luxuriöse Leben" der PASOK-Führungsschicht. Erstmals regte sich auch innerhalb der PASOK-Führung Widerstand; kritisiert wurde nicht nur die Art und Weise der Maßnahmen, sondern auch, daß nicht früher gehandelt wurde. Papandreou, der die Streikwellen als internationales Komplott zur Destabilisierung der Demokratie und Wieder-an-die-Macht-Bringung der Rechten bezeichnete[2], schloß daraufhin acht Gewerkschaftsführer aus der PASOK aus, konnte aber nicht verhindern, daß die PASOK die Kontrolle über den Vorstand des größten gewerkschaftlichen Dachverbands GSEE verlor.[3] Bei den Kommunalwahlen im Oktober 1986 mußte die Regierung einen weiteren Rückschlag hinnehmen: Erstmals seit Beginn der 80er Jahre vermochte die Anti-Rechts-Rhetorik der PASOK die Wähler nicht mehr zu mobilisieren. Wahlabstinenz und sogar Stimmen der enttäuschten Kommunisten führten vor allem in den Großstädten zu überraschenden Erfolgen der Neuen Demokratie; in Athen, Thessaloniki und Piräus lösten ND-Kandidaten die sozialistischen Bürgermeister ab.[4]

Diese hohen politischen Kosten der Stabilitätspolitik veranlaßten Papandreou gegen Ende des Jahres 1987 - auch bereits mit Blick auf die im Sommer 1989 anstehenden Parlamentswahlen - zu einer erneuten Kurskorrektur in der Wirtschaftspolitik, zumal eine gewisse wirtschaftliche Besserung eingetreten war: Das Leistungsbilanzdefizit wurde von 3,3 (9,8% des BIP) auf 1,3 Milliarden $ (2,7% des BIP) reduziert, die Devisenreserven erhöhten sich, der Anstieg der Auslandsschulden konnte gebremst werden, und der Anteil des öffentlichen Defizits am BSP fiel von 13,5% 1985 auf 10,4% 1987. Die Inflationsrate war mit 16,4% immer noch hoch, aber deutlich niedriger als zwei Jahre zuvor. Demgegenüber ging das BIP aber real um 0,5% zurück.[5] Der mit dem Sparprogramm identifizierte und das Vertrauen der Wirtschaft genießende Wirtschaftsminister Kostas Simitis trat am 25. November 1987 angesichts der ständig schärfer werdenden Kritik aus den eigenen Reihen und der erneuten Wende Papandreous resigniert zurück. Sein Nachfolger Panajotis Roumeliotis kündigte zu

[1] Vgl. Axt 1990: 122.
[2] Zur Konfrontation mit den Gewerkschaften vgl. Petras 1987: 21ff.
[3] Im 45köpfigen GSEE-Vorstand kam es zur Spaltung, als 19 Kommunisten und 8 Sozialisten die Absetzung des regierungsfreundlichen Vorsitzenden Raftopoulos und die Ausrufung eines Generalstreiks am 14. November 1985 beschlossen. Raftopoulos sah dieses Vorgehen als illegal an und berief den GSEE-Generalrat ein, konnte jedoch nicht verhindern, das dieser am 31. Oktober den aus der PASOK ausgeschlossenen Jannis Papamihail zum neuen Präsidenten der GSEE wählte.
[4] Bisher hatten die Kommunisten im zweiten Wahlgang, in dem die beiden stärksten Kandidaten des ersten antreten, sofern keiner die absolute Mehrheit erzielt hat, den der PASOK unterstützt. Auch landesweit wurde die ND mit rund 45% stärkste Partei; vgl. Korisis/Lepszy 1991: 266.
[5] Vgl. Weidenfeld/Wessel 1988: 124f.

Beginn des Jahres 1988 eine Politik des Anheizens an mit Lohnerhöhungen zwischen 12 und 16%; die Streikfreudigkeit verringerte sich jedoch nur unwesentlich.

Das Image und der einstige Glanz Papandreous verblaßten im Verlauf seiner zweiten Amtszeit, doch blieb seine Dominanz innerhalb der PASOK wie auch der Regierung ungebrochen. Dabei kam ihm zugute, daß sowohl die stärkste Oppositionspartei durch Austritte[1] und persönliche Fehden beansprucht, als auch die Opposition innerhalb seiner eigenen Partei untereinander uneinig und damit geschwächt war. Papandreous Versprechen einer innerparteilichen Demokratisierung standen weiterhin in eklatantem Widerspruch zu seinem autokratischen Führungsstil.[2] Durch die nach den Parlamentswahlen vom Juni 1985 von Papandreou eingeführte Trennung von Partei- und Regierungsamt, von der er sich selbst als Partei- und Regierungschef ausnahm, sowie die durchschnittlich zwei- bis dreimal pro Jahr erfolgenden Kabinettsumbildungen[3] festigte Papandreou seine Position; kein Minister konnte sich seines Amtes sicher sein, kein eventueller Nachfolger sich profilieren. Bezeichnend waren die Führungslosigkeit und Apathie, die das politische Leben in Griechenland im Herbst 1988 während Papandreous sechswöchigem Krankenhausaufenthalt in London wegen einer Herzoperation kennzeichneten.

Der sich bei den Kommunalwahlen erst andeutende Niedergang der Regierung wurde durch die seit Mitte des Jahres 1987 publik werdende Verwicklung führender Politiker der PASOK, an ihrer Spitze Ministerpräsident Papandreou, in eine Vielzahl von Affären, die über Bestechung, Erpressung, EG-Subventionsbetrug, Anstiftung zur Untreue und illegale Waffengeschäfte bis zum jahrelangen illegalen Abhören Politiker aller Parteien, darunter Karamanlis und Mitsotakis, reichten.[4] Die insgesamt rund 200 derartigen Vorfälle gipfelten in den Skandal um den Bankrott-Bankier Koskotas:[5] Der erst 35 Jahre alte Koskotas, der innerhalb von sechs Jahren unter dubiosen Umständen vom einfachen Bankangestellten zum Haupteigner (85%) der Bank von Kreta, Besitzer von vier Zeitschriften, drei Zeitungen, darunter die angesehene *Kathimerini*, und des Fußballklubs Olympiakos Piräus aufgestiegen war, wurde der Veruntreuung von Einlagen in Höhe von 230 Millionen $ überführt. Im Sommer 1988 wurden durch Journalisten Absprachen bekannt zwischen PASOK-Vertretern und Koskotas, wonach dieser Zeitungen erwerben und diese auf die politische Linie der PASOK bringen sollte. Staatsunternehmen wurden veranlaßt, Gelder bei der

---

[1] Nach der Gruppe um Stefanopoulos trat u. a. auch der frühere Ministerpräsident und Vorsitzende der Neuen Demokratie, Rallis, aus der Partei aus.

[2] Petras (1987: 20) spricht in diesem Zusammenhang sogar von „one of the most monolithic and personalist parties in Europe".

[3] Vgl. Woodhouse 1991: 336f, 352.

[4] Vgl. die Zusammenfassung bei Featherstone 1990: 103ff.

[5] Zur ausführlichen Chronik des Skandals vgl. die Athener Tageszeitung *Eleftherotypia* vom 27.04. 1989.

Bank von Kreta weit unter dem Marktzins anzulegen, wobei die Zinsdifferenz an Regierungs- und Parteimitglieder sowie die PASOK selbst gezahlt worden sein soll. Der von Opposition und Teilen der Öffentlichkeit erhobenen Forderung nach einer Kontenüberprüfung bei der Bank von Kreta wurde durch ein von der PASOK-Mehrheit verabschiedetes, von Justizminister Agamemnon Koutsogiorgas maßgeblich unterstütztes Gesetz entgegengewirkt, das eine wirksame Untersuchung der Vorgänge durch die Nationalbank behinderte, wie überhaupt die Regierung seit den ersten Hinweisen auf Unregelmäßigkeiten sich bemüht hatte, weitere Nachforschungen zu verhindern. Koutsogiorgas, der für seine „Dienste" über 2 Millionen $ erhalten haben soll[1], trat zwar am 11. November 1988 als Justizminister zurück, übernahm jedoch im Rahmen der drei Tage später durch Papandreou vorgenommenen 15. Kabinettsumbildung das Amt des Ministers beim Ministerpräsidenten. Auch andere mit Korruptionsfällen in Verbindung gebrachte Politiker - hier sind vor allem Papandreous Sohn Georgios als Erziehungsminister und der bisherige Verkehrsminister Petsos zu nennen, der das Ministerium für öffentliche Ordnung übernahm - verblieben in der Regierung, während unbelastete Personen - so die früheren PASOK-Minister Simitis und Lazaris, Parlamentspräsident Alevras, der stellvertretende Erziehungsminister Tsoumakas und der für die ökologische Gesundung der Städte zuständige Laliotis - Papandreou eine Absage erteilten oder sogar aufgrund kritischer Stellungnahmen zum Rücktritt gedrängt bzw. entlassen wurden.

Papandreou, dessen Ansehen auch durch seine Liaison mit der 35jährigen ehemaligen Stewardeß Dimitra Liani und die bevorstehende Scheidung nach 37 Ehejahren von seiner aus den USA stammenden Gattin Margaret, die sich mit ihrem Einsatz für Frieden und Frauenrechte einen Namen gemacht hatte, gelitten hatte, sah sich zunehmendem Druck ausgesetzt: Im Dezember schieden weitere Regierungsmitglieder aus dem Kabinett aus, Papandreous schärfste Kritiker innerhalb der PASOK, Stathis Giotas und Apostolos Lazaris, legten ihr Abgeordnetenmandat nieder. Giotas, bis dahin Chef von Papandreous Rechtsbüro und stellvertretender Verteidigungsminister sowie Gründungsmitglied der PASOK, beschuldigte Mitglieder der Regierung des Verrats an den Idealen der Partei. Er sei bei Untersuchungen von Waffenkäufen des Staates auf „Abenteurer und Betrüger" gestoßen, die zusammen mit anderen Personen eine Art Nebenregierung gebildet und hemmungslos öffentliche Gelder in die eigenen Taschen gesteckt hätten; er lehne es ab, die allgemeine Degeneration im politi-

[1] Daher wurde dies Gesetz auch als *koutsonomos* bezeichnet nach *nomos* Gesetz und dem Sinn des Namens des Ministers (*koutsos* = lahm, hinkend).

schen Leben des Landes mitzumachen, und er wende sich gegen Drohungen und Druck, die darauf abzielten, ihn zu veranlassen, seine Pflichten zu verletzen.[1]

Den Haushaltsplan für 1989 konnte die Regierung am 18. Dezember 1988 nur in Verbindung mit der Vertrauensfrage durchsetzen. Zur gleichen Zeit trafen sich die Führer der Oppositionsparteien, um eine gemeinsame Strategie zum Sturz der Regierung Papandreou auszuarbeiten, ein angesichts des noch immer traditionell belasteten Verhältnisses zwischen Rechten und Linken bedeutender Schritt.[2] Zu Beginn des Jahres 1989 sah sich die PASOK gezwungen, der Bildung eines bis dahin durch sie verhinderten Untersuchungsausschusses zuzustimmen. Im März überstand die Regierung nur mit knapper Mehrheit einen von der Neuen Demokratie im Zusammenhang mit dem Koskotas-Skandal gestellten Mißtrauensantrag. Drei PASOK-Mitglieder, darunter die früheren Minister Tritsis und Mangakis, beteiligten sich aus Protest gegen die Korruptionspraktiken nicht an der Abstimmung und wurden aus der Partei ausgeschlossen. Darüber hinaus belastete der unter mysteriösen Umständen vor der Vernehmung durch einen Untersuchungsrichter ins Ausland geflohene und zeitweilig untergetauchte, dann aber Ende November 1988 in den USA verhaftete Koskotas und der im März 1989 festgenommene PASOK-Funktionär und Koskotas-Anwalt, Jannis Mantzouranis, auch Papandreou persönlich.[3] Dieser jedoch beharrte auf der bei seinen Anhängern populären Theorie von „finsteren Plänen in- und ausländischer Kreise gegen die Regierung“[4] und sah in der Koskotas-Affäre eine vom amerikanischen Geheimdienst gegen ihn initiierte Verschwörung. Lediglich der Hauptbelastete Koutsogiorgas wurde von Papandreou schließlich im März zur Entlastung seiner eigenen Person zum Rücktritt gedrängt, dann aber mit der Leitung der PASOK-Wahlkampagne beauftragt.

Mußte die PASOK in ihrer ersten Regierungsperiode bereits Abstriche von ihrem ursprünglichen Programm machen, so bestand in der zweiten eine eklatante Diskrepanz zwischen Anspruch und Realität. In vielen als Opposition von ihr noch kritisierten Praktiken übertraf sie sogar noch ihre Vorgängerregierungen, so bei der Einflußnahme auf die Fernsehberichterstattung - z. B. wurden fertige Nachrichtentexte zur Verlesung vorgelegt und der Fernsehdirektor entlassen, nachdem in einem Be-

---

[1] Zit. nach *Archiv der Gegenwart* vom 18.12.1988: 32857. Zum allmählichen Auseinanderbrechen der Regierung vgl. Diamandopoulos 1991: 115ff u. Sotiropoulos 1993: 20ff.

[2] In einem gemeinsamen Kommunique wiesen die Parteiführer Mitsotakis (ND), Stefanopoulos (DIANA), Florakis (KKE) und Kyrkos (Griechische Linke, ehemals KKE-Inland) auf die ideologischen Gegensätze ihrer Parteien hin, einigten sich aber auf die Forderung nach einem Rücktritt Papandreous und der Durchführung vorzeitiger Neuwahlen.

[3] Vgl. z. B. das Koskotas-Interview und den Bericht *The looting of Greece* im amerikanischen Magazin *Time* vom 13.03.1989: 8-14.

[4] So Papandreou im Dezember vor dem Parlament und im März in einer Fernsehansprache; vgl. *Eleftherotypia* vom 9. März 1989.

richt das gewaltsame Vorgehen von PASOK-Kräften gegen Demonstranten gezeigt worden war[1] -, vor allem aber auch bei der parteilichen Durchsetzung des Staatsapparates und dem Klientelismus, der von ihr noch perfektioniert wurde, da sie aufgrund ihrer weitverzweigten lokalen Organisation besser zwischen Parteifreunden und -gegnern unterscheiden konnte[2]. So wurde während der Regierungszeit der PASOK die Zahl der vom Staat Beschäftigten auf nahezu eine Million verdoppelt. Um möglichst viele Abgeordnete zufriedenzustellen, weitete Papandreou sein Kabinett auf 50 und mehr Mitglieder aus[3].

Dies verweist auf das auch unter der ND-Regierung bestehende Problem des „bürokratischen Klientelismus"[4], dessen eines wesentliches Merkmal die Verteilung von Posten in der Verwaltung und anderen staatlichen Institutionen an die Klientel darstellt, wobei hier ein regelrechtes „Besitzdenken"[5] der Regierenden im Hinblick auf den Staat zum Ausdruck kommt. Der Staat erscheint in diesem System als „Beute" des jeweiligen Wahlsiegers, die er zu seiner Machterhaltung einsetzt, indem er aus einer gestärkten Position weitere Gefälligkeiten (*rusfetia*) verteilt, um Wähler hinzuzugewinnen bzw. noch enger an die Partei zu binden. Die Wählerstimme wird bei diesem „politischen Handel" zum Tauschobjekt gegen Gefälligkeiten. Dies hat nicht nur zu einer maßlosen Aufblähung des Staatsapparates geführt, sondern auch zu entwicklungshemmender Ineffizienz, da Positionen weniger nach fachlichen, sondern mehr nach parteipolitischen Kriterien vergeben wurden. Hier liegt auch ein Grund dafür, daß auch der eigene Staat nicht das Vertrauen der Bürger gewinnen konnte, was wiederum den Klientelismus stärkt, da Anliegen nicht gegenüber den staatlichen Institutionen geltend gemacht werden, sondern über das Klientelsystem in den Institutionen selbst.[6] Damit ist der zweite Aspekt des „bürokratischen Klientelismus" angesprochen, der sich auf Erfüllung persönlicher Wünsche wie die Erteilung einer Baugenehmigung oder Konzession über den Einfluß auf die entsprechenden Behörden bezieht. Die Aufgabe eines Abgeordneten wird so oft weniger in seiner parlamentarischen Funktion gesehen, als vor allem darin, als Vermittler zwischen seinen Klienten bzw. denen seiner Partei und der Administration zu fungieren, d. h. er hilft ihm, einen Weg durch das „Labyrinth der griechischen Bürokratie"[7] zu finden, das die Politik selbst geschaffen hat. Obwohl Karamanlis in den 70er Jahren den „Fluch

---

[1] Vgl. Petras 1987: 20.
[2] Vgl. Mouzelis 1987: 280.
[3] Vgl. Manousakis 1993: 70f.
[4] Vgl. Lyrintzis 1984: 103f. Zum Klientelismus allgemein vgl. Gellner/Waterbury 1977. Zur Entstehung und Entwicklung des Klientelismus in Griechenland vgl. Manousakis 1993: 61ff.
[5] Ganslandt 1990: 32..
[6] Vgl. Wenturis 1990: 27.
[7] Katsoudas 1987b: 89.

des Rusfeti"[1] anprangerte und die Sozialisten ankündigten, mit dieser Tradition brechen zu wollen, stellen der Klientelismus und die durch ihn hervorgerufene Praxis von Korruption, Ämterpatronage, Postenschacherei und Vetternwirtschaft bis heute eine Konstante in der griechischen Politik dar.

Weitaus gravierender war jedoch die Verschlechterung ökonomischer Grunddaten 1981-1989: Bezeichnend für diese Entwicklung war, daß die Wachstumsrate des BSP, die in den 60er Jahren bei durchschnittlich 6,6% und in den 70er Jahren bei 5,6% gelegen hatte, in den 80er Jahren auf 1,8% zurückging.[2] Als eine wesentliche Ursache wird eine insgesamt verfehlte Wirtschaftspolitik gesehen: Während die Staatsausgaben von 30% auf über 50% des BSP anstiegen, gingen die staatlichen Investitionen zurück von 6,7% 1970 auf 5,6% 1980 und 5,3% 1989, wie insgesamt die Investitionen seit Ende der 70er Jahre stagnierten. Die Folge war eine Konsumorientierung der Gesamtwirtschaft und ein Teufelskreis aus öffentlicher Verschuldung, hoher Inflation und Stagnation der Produktion.[3] Griechenland war dabei, das wirtschaftliche Schlußlicht in der EG zu werden. Im BIP pro Kopf der Bevölkerung wurde es 1989 von Portugal überholt. Die Inflationsrate hielt mit 13,7% immer noch den EG-Rekord, das Defizit der öffentlichen Unternehmen erreichte 1,5 Milliarden DM, das Haushaltsdefizit hatte ein Rekordniveau von 18,2% des BSP erreicht, und die Staatsverschuldung entsprach der Höhe des BIP. Zu Beginn der 90er Jahre war Griechenland nach Polen das am meisten im Ausland verschuldete Land Europas. Durchgreifende Strukturmaßnahmen zur Verbesserung der Wettbewerbsfähigkeit der griechischen Wirtschaft - gerade auch im Hinblick auf die Vollendung des EG-Binnenmarktes - standen noch immer aus; im Gegenteil, hinsichtlich der Arbeitsproduktivität war Griechenland mittlerweile hinter Portugal und die Türkei zurückgefallen.[4]

Höhepunkt einer insgesamt negativen Entwicklung war die Aufdeckung der Verstrickung der Regierungspartei in Skandale und Korruptionsfälle, aus deren Anlaß Karamanlis Griechenland mit einem „riesigen Irrenhaus"[5] verglich und damit auch eine selbst in Teilen der PASOK bestehende Ansicht aussprach.

---

[1] Zit. nach Korisis 1980: 89
[2] Vgl. Psalidopoulos 1992: 376.
[3] Vgl. Psalidopoulos 1992: 376f.
[4] Vgl. Axt 1989a: 126ff, 1990: 122 u. 1991: 326 u. Weidenfeld/Wessels 1991: 110f.
[5] Vgl. *Der Spiegel* 46/1989: 232.

3. Krisenmanagement und Stabilisierung in den 90er Jahren

3.1 Die *„Apallagi apo tin Allagi“*

3.1.1 Politisches Patt und „historischer Kompromiß“: Der Wahlmarathon von 1989/90

Die dreimaligen Parlamentswahlen 1989/90[1], die in der täglichen Berichterstattung das Schlagwort von „italienischen Verhältnissen“ aufkommen ließen, beendeten die seit 1974 herrschende Phase stabiler Regierungen.

Die „regulären“ Wahlen vom 18. Juni 1989 ergaben eine politische Patt-Situation: Die Neue Demokratie ging daraus zwar mit 44,25%, einem Stimmenzuwachs von 3,4 Prozentpunkten gegenüber 1985, als mit deutlichem Abstand stärkste Partei hervor vor der PASOK, die mit einem Stimmenergebnis von 39,15% 6,67 Prozentpunkte verlor, jedoch verfehlte sie im Parlament mit 145 von 300 Sitzen knapp die absolute Mehrheit; die PASOK kam auf 125 Sitze. Damit ging ein Teil der PASOK-Rechnung auf, die im Frühjahr ein neues, mehr am Verhältniswahlrecht orientiertes Wahlgesetz[2] verabschiedet hatte, um so, wenn nicht einen Sieg der Konservativen, so doch eine absolute Mehrheit im Parlament zu verhindern. Nach dem alten Wahlrecht hätte die Neue Demokratie, deren Ergebnis annähernd dem der PASOK von 1985 entsprach, eine komfortable Regierungsmehrheit gehabt.[3] Besonders deutlich wurden die Auswirkungen des neuen Wahlrechts auch am Ergebnis der aus der KKE-Ausland und der in Griechische Linke (EAR = *Elliniki Aristera*) umbenannten KKE-Inland im November 1988 gebildeten Allianz der Linken und des Fortschritts (*Synaspismos tis Aristeras kai tis Proodou*), der sich etwa 1.000 enttäuschte PASOK-Mitglieder anschlossen, darunter so namhafte „Überläufer“ wie der ehemalige Koordinationsminister Apostolos Lazaris, der Papandreou-Berater Georgios Kassimatis und der stellvertretende Verteidigungsminister Stathis Giotas[4] und die mit einem

[1] Vgl. dazu Anastaskos/Voulgaris/Nikolakopoulos 1990.

[2] Statt drei gab es jetzt nur noch zwei Runden zur Verteilung der Parlamentssitze und zwar ohne Zugangsbeschränkungen. Parteien mit einem Stimmenanteil von 2% erhielten mindestens 3 Sitze; vgl. Featherstone 1990b: 105f.

[3] Nach dem neuen Wahlrecht benötigte eine Partei 48-49% der Stimmen für die absolute Mehrheit der Parlamentssitze.

[4] Zur Linksallianz vgl. Meinardus 1990a: 56ff.

Stimmenzuwachs von nur 1,39 Prozentpunkten auf 13,12% - der erhoffte Massenstrom enttäuschter PASOK-Wähler war ausgeblieben - die Zahl ihrer Mandate von 13 auf 28 mehr als verdoppeln konnte. Die konservative Splitterpartei DIANA (1,01%) gewann einen Parlamentssitz ebenso wie ein türkisch-stämmiger Abgeordneter, der in einem mehrheitlich von Moslems bewohnten westthrazischen Wahlkreis die Mehrheit erhielt.[1]

Ergebnis der Parlamentswahlen vom 18. Juni 1989

Partei	Stimmen in %	Sitze
Neue Demokratie (Mitsotakis)	44,25	145
PASOK (Papandreou)	39,15	125
Allianz der Linken und des Fortschritts (Florakis/Kyrkos)	13,12	28
DIANA (Stefanopoulos)	1,01	1
Unabhängige	0,59	1
Sonstige	1,46	-

Wahlbeteiligung: 79,9%, Sitze: 300

Nicht auf ging jedoch die weitere Kalkulation Papandreous, durch eine Koalition mit der nunmehr gestärkten Linksallianz, die dogmatischen Ballast, der die Programmatik der KKE früherer Jahre bestimmt hatte, wie die Ablehnung der EG-Mitgliedschaft, aufgegeben hatte, weiter an der Regierung zu bleiben. Bereits während des Wahlkampfes hatte diese mit ihrem Programm „Reinigung, Demokratie, Fortschritt" jegliche Zusammenarbeit mit der PASOK Papandreous, jenen Personen, „die verantwortlich sind für die politische, gesellschaftliche und moralische Krise unseres Landes"[2], abgelehnt, wie insgesamt ihre schärfsten Angriffe weniger den Konservativen, mit denen sie gemeinsam die „*Apallagi apo tin Allagi*", die Erlösung vom Wechsel, proklamierte, als den Sozialisten galten.[3] Trotz erheblicher personeller und sachlicher Zugeständnisse gelang es Papandreou nicht, die von ihm sogenannte „Regierung der demokratischen und progressiven Kräfte" zu bilden.

Alle Vorsitzenden der drei stärksten Parteien, Mitsotakis, Papandreou und Florakis, die gemäß der neuen Verfassung nacheinander den Auftrag der Regierungsbildung erhielten, mußten diesen erfolglos zurückgeben, wobei für die Kommunisten weniger der Aspekt der Regierungsbildung von Bedeutung war als die mit dem Sondierungsauftrag verbundene Akzeptanz als gleichberechtigte Partei.[4] Angesichts eines aus der

[1] Bisher waren die der muslimischen Minderheit in Westthrazien vertraglich zustehenden zwei Abgeordneten immer über die Listen der etablierten Parteien gewählt worden.

[2] Zit. nach Meinardus 1990a: 57. Zur Linksallianz und ihrem Bemühen um ein neues modernes Image vgl. ebd.: 56ff.

[3] Zum oft scharfen und unfairen Wahlkampf vgl. Featherstone 1990: 106ff.

[4] Florakis erklärte, mit 13% selbstverständlich keine Regierung bilden zu können, äußerte sich aber befriedigt, daß die lange verfemte Partei nun im Rampenlicht stehe. Zur Situation nach den Juniwahlen vgl. Meinardus 1990a: 58ff u. Featherstone 1990b: 111ff.

Juntazeit stammenden, noch immer gültigen Sondergesetzes, nach dem Straftaten von Ministern und Vizeministern nur in der darauffolgenden Legislaturperiode strafrechtlich verfolgt werden können und danach verjähren, einigten sich Neue Demokratie und Linksallianz schließlich in einem „historischen Kompromiß" - von Papandreou als „historischer Irrtum" und „Verrat am Wählerwillen" bezeichnet - auf die Bildung einer auf drei Monate befristeten Übergangsregierung unter der Führung von Mitsotakis' Stellvertreter Tzannis Tzannetakis[1], in der die Linksallianz bzw. die ihr nahestehenden, nicht im Parlaments sitzenden Juristen Nikos Konstantopoulos, ein bekannter Strafverteidiger und Widerstandskämpfer gegen die Junta, und Fotis Kouvelis, Vorsitzender der Athener Anwaltskammer, die für die Verfolgung der PASOK-Skandale wichtigen Ressorts des Innen- und Justizministers übernahmen.[2] Bezeichnend für den Verfall politischer Sitten und demokratischer Kultur war die Art und Weise der Einführung der neuen Regierung: Bis auf Verteidigungsminister Ioannis Charalambopoulos verweigerten alle ehemaligen PASOK-Minister eine ordnungsgemäße Amtsübergabe an ihre Nachfolger, in mehreren Ministerien waren Dokumente verschwunden bzw. vernichtet worden, so z. B. Protokolle über Verhandlungen mit der Türkei.[3] Kritisiert von konservativer wie kommunistischer Seite wurde auch der an die vordiktatorischen Unregelmäßigkeiten erinnernde, durch organisatorische Mängel beeinträchtigte Ablauf der Wahlen.[4]

Trotz der zeitlichen Befristung und des begrenzten Regierungsauftrags der *katharsis* (Reinigung)[5] bedeutete diese bis vor kurzem noch undenkbare Regierung einen wichtigen Beitrag zur „nationalen Versöhnung"[6] und endgültigen Bewältigung des Bürgerkrieges.[7] In diesem Zusammenhang bemerkenswert ist auch die von der

---

[1] Der Verzicht Mitsotakis' auf das Amt des Ministerpräsidenten wurde von den Kommunisten als Bedingung gestellt. Tzannetakis, ein betont liberaler Politiker, war aufgrund seines als Marineoffizier geleisteten Widerstands gegen die Militärdiktatur ein für die Linksallianz akzeptabler Kompromiß. Zur Regierungsbildung und den darauf erfolgenden Reaktionen vgl. Featherstone/Verney 1991: 53ff.

[2] Weitere von der Linksallianz, aber nicht KKE-Mitgliedern, die um den Rückhalt bei ihren Anhängern fürchteten, übernommene Ämter waren das des Arbeitsministers durch den Vorsitzenden der Gewerkschaft der Bankangestellten, Theocharis Papamargaris, sowie des Ministers für Kultur und Wissenschaft durch den Vorsitzenden der Demokratischen Union, Georgios Mylonas..

[3] Die Begründung von Papandreous Bürochef lautete: „Die Papiere sind für ungelöste Probleme da. Wir haben jedoch alle gelöst"; zit. nach Meinardus 1990a: 60, Anm. 22. Siehe auch die diesbezüglichen Bemerkungen Tzannetakis' in seiner Regierungserklärung, abgedruckt in: *To Pontiki* vom 7.07.1989.

[4] Vgl. Featherstone 1990b: 112f.

[5] Daneben nannte Tzannetakis in seiner Regierungserklärung vier weitere Zielvorgaben:

- „Entparteilichung" (*Apokommatikopoiisi*) des Staates, d. h. ein Ende der unter der PASOK ihren Höhepunkt erreichenden Parteibuchwirtschaft;
- Demokratisierung der staatlichen Massenmedien;
- Endgültige Bewältigung des griechischen Bürgerkrieges sowie abschließend
- Durchführung tadelloser demokratischer Wahlen in spätestens drei Monaten.

[6] Vgl. die Regierungserklärung von Tzannetakis, abgedruckt in: *To Pontiki* vom 7.07.1989.

[7] Bezeichnend für den Stimmungsumschwung war, daß der bekannte Komponist Mikis Theodorakis, früher Kommunist und Träger des Lenin-Ordens, sich Anfang 1989 der ND anschloß und 1990 sogar

PASOK im Wahlkampf 1985 nur angekündigte, von der Koalition nunmehr in die Tat umgesetzte Vernichtung von mehr als 16 Millionen nach dem Bürgerkrieg angelegten Dossiers über „verdächtige“ Personen sowie eine Gleichberechtigung von EAM-Widerstandskämpfern bei Pensionsansprüchen.[1] Ein weiterer bedeutender Regierungsbeschluß war die Demokratisierung der Massenmedien durch den Verzicht auf die staatliche Einflußnahme auf politische Sendungen und ein Gesetz über die Errichtung privater Radio- und Fernsehsender.[2]

Im Rahmen der Hauptaufgabe der Regierung, der *katharsis*, wurden vier parlamentarische Untersuchungsausschüsse eingesetzt und in drei Fällen gemäß des von der Verfassung in Artikel 86 vorgesehenen Verfahrens Anklage vor einem Sondergericht gegen mehrere ehemalige PASOK-Regierungsmitglieder erhoben[3]:

1. im Rahmen des Koskotas-Skandals wegen der Annahme von Bestechungsgeldern und der Veruntreuung von Staatsgeldern gegen Papandreou selbst sowie den ehemaligen Justizminister und stellvertretenden Ministerpräsidenten Koutsogiorgas, gegen die ehemaligen Minister Dimitris Tsovolas (Finanzen), Panajotis Roumeliotis (Wirtschaft) und Georgios Petsos (Verkehr);
2. wegen des illegalen Abhörens von Telefongesprächen nochmals gegen den ehemaligen Regierungschef sowie den früheren Geheimdienstchef und Europaabgeordneten Kostas Tsimas und den ehemaligen Direktor der Telefongesellschaft OTE Theofanis Tombras;
3. wegen Subventionsbetrug beim Verkauf von jugoslawischem Mais unter der Vorgabe griechischer Herkunft an andere EG-Staaten gegen den ehemaligen stellvertretenden Wirtschaftsminister Nikos Athanasopoulos.[4]

Im vierten Fall ging es um umstrittene Waffengeschäfte und hier vor allem die Umstände des sogenannten „Kaufs des Jahrhunderts“ (*agora tou aiona*), den überteuerten Kauf von 80 Kampfflugzeugen, bei dem horrende „Provisionen“ bzw. Bestechungsgelder an Regierungsmitglieder oder ihre Günstlinge geflossen sein sollen. Bis zum Ende der Legislaturperiode kam es jedoch nicht zur Einleitung einer formalen Strafuntersuchung.

In wirtschafts- und außenpolitischen Fragen erwies sich die Regierungskoalition jedoch aufgrund zu gegensätzlicher Standpunkte als von vornherein entscheidungsun-

---

als Minister ohne Geschäftsbereich Mitglied der Regierung Mitsotakis wurde. Zur Politik der Regierung Tzannetakis unter besonderer Berücksichtigung der für Griechenland ungewöhnlichen Koalitionsbildung vgl. Featherstone/Verney 1991: 57ff.

[1] Vgl. Featherstone/Verney 1991: 59. Nunmehr widersetzte sich die PASOK der Vernichtung dieser Dossiers mit dem Hinweis, wichtige historische Dokumente würden den Flammen übergeben.

[2] Private lokale Rundfunkstationen hatten bereits seit einigen Jahren am Gesetz vorbei ihre Tätigkeit aufgenommen; vgl. Fetherstone/Verney 1991: 58.

[3] Zu den Anschuldigungen vgl. auch unter V. Abschnitt 2.3.

[4] Vgl. Meinardus 1990a: 62ff.

fähig. Mit Blick auf die bevorstehenden Neuwahlen bewilligte die Regierung Tzannetakis entgegen finanzpolitischer Vernunft eine Anhebung der Lohneinkommen um 10%.

Die ohnehin stark emotionalisierten politischen Auseinandersetzungen wurden durch verschiedene terroristische Anschläge aufgeheizt, wobei der aufsehenerregendste die Ermordung des ND-Abgeordneten Pavlos Bakojannis, eines Schwiegersohns und politischen Beraters Mitsotakis', war.[1] Zu der Tat bekannte sich die Terrororganisation „17. November" - der Name geht auf den am 17. November 1973 gewaltsam niedergeschlagenen Studentenaufstand gegen die Junta zurück -, die seit 1975 knapp 20 Anschläge vorzugsweise gegen Angehörige der Sicherheitskräfte, in Griechenland stationierte US-Amerikaner, Industrielle, Zeitungsverleger und Justizbeamte verübte[2] und dabei 14 Menschen ermordet hat. Über die Mitglieder - der harte Kern wird auf 25 bis 30 geschätzt - ist nichts bekannt;[3] sie verfügt über keinerlei gesellschaftliche Basis oder nennenswerte, sich öffentlich zu ihr bekennende Sympathisanten. Allerdings wurde 1989 sogar über Querverbindungen zur PASOK spekuliert, da lediglich ein einziges Mal ein PASOK-Politiker zur Zielscheibe eines mißglückten Bombenanschlags wurde, und das ausgerechnet der frühere Verteidigungsminister Georgios Petsos, der später einer der Hauptbelastungszeugen gegen Papandreou war.[4]

Die Parlamentswahlen am 5. November 1989 brachten ebenfalls keine eindeutigen Mehrheitsverhältnisse: Die Neue Demokratie konnte zwar, auch begünstigt durch den Verzicht der DIANA und der rechtsextremen EPEN, mit 46,19% der Stimmen etwas zulegen, verfehlte aber wiederum mit 148 Sitzen knapp die absolute Mehrheit. Erstaunlicherweise konnte aber auch die PASOK mit 40,67% der Stimmen und 128 Mandaten ihr Ergebnis verbessern. Hinzuzählen kann man auch den Sitz des ehemaligen PASOK-Ministers Lazaris, der unabhängig angetreten und von der PASOK und den Kommunisten unterstützt worden war. Demgegenüber kam die Linksallianz, der ein nicht unbeachtlicher Teil - jeder sechste - ihrer Wähler offensichtlich das Zweckbündnis mit den Konservativen nicht verzieh, nur noch auf 10,97% und 21 Sitze. Je einen Sitz gewannen die im Herbst 1988 gegründete Ökologen-Alternative mit 0,58% der Stimmen und ein Vertreter der muslimischen Minderheit.

---

[1] Vgl. Meinardus 1990a: 66f.

[2] Im Frühjahr 1989 hatten bereits drei Anschläge gegen hohe Justizbeamte des Obersten Gerichtshofs, davon einer mit tödlichem Ausgang, die Öffentlichkeit aufgeschreckt.

[3] Zum „17. November" vgl. *To Pontiki* vom 13.01.1989 u. *Eleftherotypia* vom 7.07.1989.

[4] Vgl. Meinardus 1990a: 67.

Ergebnis der Parlamentswahlen vom 5. November 1989

Partei	Stimmen in %	Sitze
Neue Demokratie (Mitsotakis)	46,19	148
PASOK (Papandreou)	40,67	128
Allianz der Linken und des Fortschritts (Florakis/Kyrkos)	10,97	21
Ökologen-Alternative	0,58	1
Unabhängige	0,72	2
Sonstige	0,87	-

Wahlbeteiligung: 78,9%, Sitze: 300

Die Tatsache, daß mit Papandreou und der PASOK ein gerade erst durch Mißwirtschaft und Korruption diskreditierter Politiker bzw. dessen Partei nicht nur immer noch 40% der Stimmen erhielt, sondern ihren Stimmenanteil gegenüber den Juniwahlen sogar noch steigern konnte und damit zu einem Mitgewinner der Wahl wurde, erhielt fast mehr Aufmerksamkeit als die erneute Patt-Situation. Die Aufdeckung der Skandale hatte bei dieser deutlich geringere Auswirkungen auf das Wahlverhalten, als es eigentlich, zumindest nach westeuropäischen Maßstäben, zu erwarten gewesen wäre.[1] Papandreou war es gelungen, sich seinen Anhängern als Märtyrer und Opfer einer Verleumdungskampagne zu präsentieren, viele wollten nicht an eine persönliche Verwicklung „Andreas'" in die Affären glauben, sondern hielten sich an Verschwörungstheorien. Die *katharsis* wurde von der Umgebung Papandreous als gezielte Aktion zur Demontage der PASOK bezeichnet und ein regelrechter Solidaritätseffekt zugunsten des „Opfers" erzeugt. Bezeichnend war, daß die Neue Demokratie im zweiten Wahlkampf im Gegensatz zur PASOK und vor allem Papandreou Anspielungen auf die Skandale und die erfolgte Anklage vermied und sich auf außen- und wirtschaftspolitische Themen konzentrierte.[2]

Eine wichtige Rolle für die anhaltende PASOK-Stärke spielte auch der Klientelismus, der von der PASOK in einem Ausmaß praktiziert worden war wie von keiner Regierung zuvor[3] mit der Folge einer weiteren Aufblähung des ohnehin überbesetzten, ineffizienten Staatsapparates: So wurde allein im letzten Regierungsjahr 1989 die Zahl der Beamten um ca. ein Drittel auf 270.000 erhöht, weitere 96.000 wurden be-

[1] Interessant ist ein regionaler Vergleich der PASOK-Resultate (vgl. *To Pontiki* vom 10.11.1989): Bei den Juniwahlen sank ihr Stimmenanteil in den Städten von 44,15% 1985 auf 35,91% überdurchschnittlich hoch, während die Verluste in ländlichen/semiurbanen Gebieten mit einem Rückgang von 46,15% auf 39,70% geringer blieben. Eine wesentliche Ursache dafür stellte wohl die gezielte Förderung dieser Gebiete durch die PASOK-Regierung dar. Darüber hinaus kann man aber auch den auf dem Land größeren Einfluß des staatlich beeinflußten und gerade in Wahlkampfzeiten einseitig berichtenden Fernsehens nennen. Bei den Novemberwahlen konnte die PASOK in den Städten Zugewinne um fast 3 Prozentpunkte verzeichnen, wohingegen ihr ländlich/semiurabanes Ergebnis mit 40,80% relativ konstant blieb.

[2] Vgl. Verney 1990b: 133f.

[3] Vgl. Sotiropoulos 1993: 13ff.

fristet eingestellt mit Aussicht auf Festanstellung nach einem PASOK-Wahlsieg. Die Zahl der von der Regierung Papandreou während ihrer achtjährigen Amtszeit im öffentlichen Dienst erfolgten Neueinstellungen lag Schätzungen zufolge zwischen 300.000 und 400.000 bei einer Gesamtbevölkerung von 10 Millionen. Gehälter und Pensionen beanspruchten mittlerweile rund 50% des Staatshaushalts, während der Durchschnitt der übrigen EG-Länder bei 18-20% lag.[1] Die Neue Demokratie und Mitsotakis dagegen, die einen „für griechische Verhältnisse ungewöhnlich sachlichen Wahlkampf“[2] führten, befürworteten Sanierungsmaßnahmen, die Privatisierung von Unternehmen und damit verbundene Entlassungen von Arbeitnehmern sowie ein Einfrieren der Löhne.

Von Bedeutung für den Wahlausgang dürfte neben Charakteristika der politischen Kultur Griechenlands wie Personalismus und Klientelismus die Tatsache gewesen sein, daß die PASOK-Mißwirtschaft lediglich das traditionelle Mißtrauen der Griechen gegenüber dem Staat, das Gefühl, von diesem betrogen und ausgenutzt zu werden, bestätigte. Auch wurde in der Neuen Demokratie, deren Umgang mit der Macht sich im Prinzip nicht von dem der PASOK unterschied, wenngleich es unter der PASOK zu besonderen Exzessen kam, keine Alternative gesehen.

Axt unterscheidet sieben Wählergruppen der PASOK mit unterschiedlichen Motiven:[3]

1. Wähler mit politischer Lagermentalität, die in Griechenland besonders ausgeprägt ist;
2. die konsequenten Anti-Rechten, ein Ergebnis der Polarisierung in der griechischen Politik, die sich auch an den Verlusten der für ihre Kooperation bestraften Linksallianz zeigte;
3. die Bauern, deren Einkommen und Lebensstandard sich unter der PASOK-Regierung verbessert hatten, nicht zuletzt als Folge des EG-Beitritts;
4. die zahlreichen Günstlinge der PASOK-Herrschaft;
5. persönliche Gefolgsleute des charismatischen Papandreou, sogenannte „Andreisten“, die mit Papandreou von der Zentrumsunion zur PASOK wechselten;
6. Hörige des Populismus von Papandreou, der es verstand, von nicht erfüllten Reformvorhaben abzulenken und durch einen außen- und wirtschaftspolitischen „Zickzackkurs“ Popularitätsverluste auszugleichen, sowie
7. das sozialliberale/ sozialdemokratische Wählerpotential, dem eine Alternative fehlt.

---

[1] Vgl. zu diesen Zahlen Axt 1990: 129f, *Der Spiegel* 24/1989: 172 u. 48/1989: 180. Eine 1986 durchgeführte Studie ergab, daß von den 70% PASOK-Mitgliedern, die der Partei nach 1981 beigetreten sind, 89% im staatlichen Sektor beschäftigt sind; vgl. Kouloglou 1987: 135.

[2] Meinardus 1990a: 69.

[3] Vgl. Axt 1990: 123ff.

Wie schon bei den Wahlen zuvor scheiterten auch im November alle Regierungsbildungsversuche der drei Parteivorsitzenden: Angesichts ihrer bereits erlittenen Verluste kam für die Kommunisten eine erneute Koalition mit der Neuen Demokratie nicht in Frage. PASOK und Linksallianz wiederum fehlte eine Stimme zur Bildung einer Regierung; die Abgeordnete der Ökologen war nicht zur Zusammenarbeit bereit, und auf die Stimme eines unter türkischem Einfluß stehenden Moslemabgeordneten, der seine Bereitschaft signalisiert hatte, wollte und konnte eine griechische Regierung nicht angewiesen sein. Von abermaligen Neuwahlen nach dem Motto, so lange zu wählen, bis das Ergebnis paßt, war keine Lösung der Patt-Situation zu erwarten. Außerdem bestand das Problem, daß unter den gegebenen Umständen bei der im März anstehenden Präsidentenwahl keine erforderliche Mehrheit zustande kommen würde und damit laut Verfassung wiederum - die in diesem Fall vierten - Parlamentswahlen erforderlich wären. Infolgedessen einigten sich Neue Demokratie, PASOK und Linksallianz gezwungenermaßen auf die Bildung einer Allparteienregierung unter Führung des 85jährigen ehemaligen Zentralbankgouverneurs Xenofon Zolotas.[1]

Die Wahl des Finanzfachmannes Zolotas ließ darauf schließen, daß den Wirtschaftsproblemen von seiten dieser Regierung mehr Aufmerksamkeit geschenkt werden würde, zumal sich die griechische Wirtschaft in einem desolaten Zustand befand: Die wieder hochgeschnellte Inflationsrate betrug 1990 mit 20,3% fast das Vierfache des EG-Durchschnitts, die Drachme hatte 1989 nur noch ein Viertel der Kaufkraft von 1981 mit der Folge einer Flucht in Sachwerte und stabilere Währungen sowie zunehmender Steuerhinterziehung und Schattenwirtschaft, so daß selbst Steuererhöhungen das Finanzdefizit des Staates, das mit 18% des BIP mehr als das Vierfache des EG-Durchschnitts betrug, kaum mildern konnten. Angesichts einer Auslandsverschuldung von über 23 Milliarden $ und einer Staatsverschuldung, die der Höhe des BIP entsprach, wurden zu Beginn der 90er Jahre zwei Drittel aller Steuereinnahmen für die Schuldentilgung eingesetzt.[2] Doch statt längerfristige Maßnahmen für eine Sanierung der griechischen Wirtschaft einzuleiten, hemmten sich die drei Regierungsparteien gerade in der Wirtschafts- und Finanzpolitik gegenseitig, wurden ehrgeizige Absichtserklärungen nicht in die Tat umgesetzt und Gesetzesentwürfe wieder fallengelassen. Die Ursache für diese allgemeine Untätigkeit oder politische Apathie lag nicht nur in unüberbrückbaren Gegensätzen der Regierungsparteien untereinander und der Polarisierung in der griechischen Politik, die in einer Koalitions- und Kompromißunfähigkeit ihren Ausdruck fand, sondern auch darin, daß die drei Parteiführer

---

[1] Vgl. Featherstone/Verney 1991: 60f u. Verney 1990b: 135f.

[2] Vgl. Psalidopoulos 1992: 377. Zur wirtschaftlichen und finanziellen Lage vgl. auch Bank von Griechenland 1991 u. Weidenfeld/Wessel 1991: 110f.

lediglich an ihrer eigenen Profilierung und einer guten Ausgangsposition für die nächsten Wahlen interessiert waren. Ministerpräsident Zolotas, der „Regierungschef unter Vormundschaft“[1], bemühte sich vergeblich um weitergehende Maßnahmen als die nur kurzfristig Besserung verschaffende Sonderabgabe von 5% auf die Einkommenssteuer von 1989, Steuererhöhungen für Benzin, Öl, Tabak und Alkohol, Anhebung verschiedener Tarife und Gebühren[2] und vorläufiger Einstellungsstopp im öffentlichen Dienst[3]. Die Hoffnung auf ein wirkungsvolles, da von allen Parteien getragenes Austeritätsprogramm erwies sich als trügerisch.[4]

Mit dem Feststehen des neuen Wahltermins im April zogen die drei Parteivorsitzenden ihre Minister aus der Regierung zurück und wurde eine entscheidungsunfähige, im wesentlichen nur mit der Durchführung der Wahlen beauftragte Übergangsregierung aus Fachleuten gebildet. Den Vorwand für die Aufkündigung der Koalition Anfang Februar lieferte Papandreou mit seiner Weigerung, Umbesetzungen in der Armeeführung zuzustimmen. Mitsotakis nutzte diese Gelegenheit, um ein von seinem eigenen Parteifreund, Finanzminister Georgios Souflias, ausgearbeitetes unpopuläres Steuergesetz zum Scheitern zu bringen.[5] Der rein formale Versuch[6], einen neuen Staatspräsidenten zu wählen, scheiterte: Nachdem sich Karamanlis nicht zu einer Kandidatur bereit erklärt hatte, stellte die ND erst gar keinen eigenen Kandidaten auf und enthielt sich der Stimme, während die PASOK zunächst im ersten Wahlgang für den bisherigen Amtsinhaber Christos Sartzetakis, dann für den ehemaligen Parlamentspräsidenten Jannis Alevras stimmte, der jedoch auch nicht die im dritten Wahlgang ausreichende Mehrheit von 180 Stimmen erzielen konnte.[7] Am 13. März wurde das Parlament aufgelöst; den neu gewählten Abgeordneten war es möglich, mit einer nur absoluten Mehrheit von 151 Stimmen im zweiten bzw. einfachen Mehrheit im dritten Wahlgang einen Staatspräsidenten zu wählen. Eine treffende Schilderung der politischen Situation gab Karamanlis in seiner Erklärung anläßlich der Ablehnung der ihm angebotenen Präsidentschaftskandidatur mit der Begründung, er wolle sich nicht an dem beteiligen, was sich heute öffentliches Leben in Griechenland nenne. Im Land herrsche eine tiefe politische, wirtschaftliche und moralische Krise, die nicht durch unechte Gelegenheitskompromisse überwunden werden könne und für die sowohl die derzeitigen politischen Führer als auch das Volk und

[1] So die Tageszeitung *Kathimerini*; vgl. dazu auch Featherstone/Verney 1991: 61f.
[2] Post, Telefon, Strom, Wasser, Verkehr.
[3] Allerdings nur für die Amtszeit der Allparteienregierung.
[4] Zur mangelhaften Entscheidungs- und Handlungsfähigkeit der Allparteienregierung sowie zu den Ursachen vgl. Pridham/Verney 1991: 62f.
[5] Vgl. *Kathimerini* vom 13.02.1990.
[6] Von der ökologischen Abgeordneten nicht ganz zu Unrecht als „Wahltheater“ bezeichnet.
[7] Erster Wahlgang am 18.2.: Sartzetakis 151 Stimmen, zweiter Wahlgang am 25.2.: Alevras 127, Sartzetakis 21 Stimmen, dritter Wahlgang am 3.3.: Alevras 128, Sartzetakis 21 Stimmen.

der Staat, der kaum mehr präsent sei, verantwortlich seien.[1] Bezeichnend für die Stimmung in der Bevölkerung war die Tatsache, daß 1990 der Anteil der mit der Demokratie Zufriedenen rapide auf 38,5% absank, womit Griechenland in einem Vergleich mit anderen EG-Mitgliedsstaaten auf die mit Abstand letzte Stelle rückte, während der Wert sonst immer überdurchschnittlich bei mehr als 50%, teilweise sogar 55% lag[2].

Der nunmehr dritte Wahlkampf innerhalb von nicht einmal einem Jahr - passender wäre vielleicht der Begriff Dauerwahlkampf - wurde durch gegenseitige Beschuldigungen vor allem der beiden großen Parteien und ein Klima der Gewalt überschattet: Auf einer Wahlkundgebung der ND in Kreta kam es zu Schüssen, in deren Verlauf ein PASOK-Mitglied getötet und mehrere verletzt wurden. In Athen und Thessaloniki explodierten am folgenden Tag Brand- und Sprengsätze.[3]

Entgegen den Erwartungen konnte die Neue Demokratie am 8. April 1990 ihren Stimmenanteil nochmals leicht um 0,74 Prozentpunkte auf 46,93% erhöhen und erhielt damit 150 Mandate. Die ihr noch zur absoluten Mehrheit fehlende Stimme erhielt sie von der von ihr abgespaltenen DIANA, die mit 0,67% einen Parlamentssitz bekam. Im Juni 1990 wechselte der DIANA-Abgeordnete Theodoros Katsikis auch offiziell in die ND über, deren Mandatszahl sich im November 1990 auf 152 erhöhte, nachdem ein Sonderwahlgericht in Kerkyra bezüglich eines angefochtenen Sitzes zugunsten der ND entschieden hatte. Die PASOK mußte zwar mit einem Stimmenanteil von 38,61% und 123 Mandaten nur geringe Einbußen hinnehmen, verfehlte aber diesmal trotz eines mit den Kommunisten in fünf Einmannwahlkreisen[4] eingegangenen wahltaktischen Bündnisses mit gemeinsamen Kandidaten ihr Wahlziel, eine Regierung der Neuen Demokratie zu verhindern. Die Linksallianz, die durch diese erneute Kehrtwendung - Zusammengehen, wenn auch nur in Teilen, mit den wenige Monate zuvor noch verschmähten Sozialisten - sowie ihr im wesentlichen einziges, negatives Wahlziel der Verhinderung einer ND-Regierung einen schwachen, unglaubwürdigen Eindruck hinterließ und sich nicht als linke Alternative zu den beiden großen Parteien präsentieren konnte, erlitt einen weiteren Rückgang der Stimmen auf 10,23% und ihrer Sitze auf 19. Die Ökologen-Alternative erhielt mit 0,77% erneut ein Mandat; aus Westthrazien waren zwei muslimische Abgeordnete als Unabhängige vertreten.

---

[1] *Archiv der Gegenwart* vom 12.03.1990: 34313.

[2] Vgl. Gabriel/Brettschneider 1994: 549.

[3] Vgl. Verney 1990b: 136f.

[4] Insgesamt gibt es 56 Wahlkreise. Zu den 5 Sonderwahlkreisen, in denen das Mehrheitswahlrecht gilt, gehören 4 Inseln und ein Wahlbezirk in Mittelgriechenland.

Ergebnis der Parlamentswahlen vom 8. April 1990

Partei	Stimmen in %	Sitze
Neue Demokratie (Mitsotakis)	46,93	150
PASOK (Papandreou)	38,61	123
Allianz der Linken und des Fortschritts (Florakis/Kyrkos)	10,23	19
Linksallianz u. PASOK	1,02	4
Ökologen-Alternative	0,77	1
DIANA (Stefanopoulos)	0,67	1
Unabhängige	0,71	2
Sonstige	0,44	-

Wahlbeteiligung: 77,4%, Sitze: 300

In Wahlanalysen wurde davon ausgegangen, daß die - allerdings äußerst geringfügigen - Wählerverschiebungen auf den Wunsch der Wählerschaft nach der Alleinregierung einer Partei und einer damit erhofften Phase politischer Stabilität zurückzuführen waren. Spekuliert wurde auch über die Wirkung eines Briefes des Präsidenten der EG-Kommission, Jacques Delors, in dem er Anfang März die griechische Regierung aufforderte, unverzüglich drastische Maßnahmen einzuleiten und ein mehrjähriges Stabilisierungsprogramm zur Überwindung der Finanz- und Wirtschaftskrise auszuarbeiten, wenn Griechenland nicht seinen Weg in Richtung Binnenmarkt sowie Wirtschafts- und Währungsunion unterlaufen wolle.[1] Mehr als 75% der Griechen bezeichneten die Lage ihres Landes vor den Wahlen als „sehr schlecht". Berücksichtigt man allerdings, daß in absoluten Zahlen die Wählerschaft der Neuen Demokratie - wie die der PASOK und Linksallianz auch - bei den Wahlen im April sogar zurückging[2], stellt sich die Frage, ob angesichts der seit Juni wenig variierenden Wahlergebnisse, die Regierungsmehrheit der Konservativen nicht eher zufällig zustande kam.

Am 4. Mai 1990 wurde der nunmehr - angeblich mit der Zusicherung eines Mitspracherechts bei wichtigen Regierungsentscheidungen - zur Kandidatur überredete Karamanlis mit 153 Stimmen im zweiten Wahlgang[3] zum neuen Staatspräsidenten gewählt. Mit seiner aktiven Rückkehr auf die politische Bühne wurde die Hoffnung auf eine erneute Phase der Stabilität geweckt, wenngleich die Ausgangsposition - die Notwendigkeit eines rigorosen Sparkurses, für dessen Umsetzung eigentlich eine Re-

[1] Bestätigt wurde diese Auffassung durch den zwei Tage vor den Wahlen veröffentlichten Bericht einer von der Regierung beauftragten Finanz- und Wirtschaftskommisssion; vgl. *Kathimerini* vom 27.03. u. 6.04.1990

[2] Die Wahlbeteiligung ging von 79,9% auf 77,4% zurück.

[3] Für Karamanlis stimmten die ND-Abgeordneten, der DIANA-Abgeordnete und die zwei unabhängigen Moslems. Der Gegenkandidat der PASOK, Alevras, erhielt 125, der der Linksallianz, Konstantin Despotopoulos, 21 Stimmen.

gierung mit starker parlamentarischer Mehrheit erforderlich wäre - mehr als schlecht war.[1]

3.1.2 Die Regierung Mitsotakis

Trotz der knappen Parlamentsmehrheit kündigte Mitsotakis in seiner Regierungserklärung[2] einschneidende wirtschaftspolitische Maßnahmen an: Privatisierung staatlicher Unternehmen im Rahmen einer allgemeinen Verringerung staatlicher Eingriffe in das Wirtschaftsleben, Kürzung der Staatsausgaben, Erhöhung der indirekten Steuern, Abschaffung des automatischen Inflationsausgleichs für Löhne und Gehälter, Einfrieren der Löhne für Staatsangestellte, Sanierung der Sozialversicherung sowie Bekämpfung der Steuerhinterziehung und Schattenwirtschaft, die mittlerweile 40% der kommerziellen Aktivitäten ausmachte. Auch in der Außenpolitik kündigte er unter dem Motto „Griechenland ist unser Vaterland, Europa ist unsere Zukunft" eine Akzentverschiebung an hin zu einer prowestlicheren, kooperationsfreudigeren Haltung als unter der PASOK-Regierung, die Griechenland in eine „Isolation und an den Rand"[3] geführt habe. In den ersten Monaten zeigte sich diese Wendung in dem seit 26 Jahren ersten offiziellen Staatsbesuch eines griechischen Ministerpräsidenten in den USA, dem Abschluß eines neuen Vertrages über die amerikanischen Stützpunkte in Griechenland und der diplomatischen Anerkennung Israels.[4] Ein wesentliches Anliegen Mitsotakis' bestand darin, durch das Einschwenken auf einen konsequent marktwirtschaftlichen und proeuropäischen Weg das Vertrauen des Auslands in die griechische Wirtschaft und Politik wiederzugewinnen.

Doch bereits in den ersten hundert Tagen der Regierung Mitsotakis zeigte sich, daß dem von ihr für eine möglichst schnelle Gesundung der Wirtschaft beschworenen sozialen Konsens die Mobilisierung der von der kommunistischen und vor allem sozialistischen Opposition beeinflußten Gewerkschaften entgegenstand. Innerhalb weniger Monate kam es zu vier landesweiten Generalstreiks, die sich gegen die angekündigten Sparmaßnahmen, Tariferhöhungen für öffentliche Dienstleistungen[5], vor allem aber das im Juli 1990 verabschiedete „Entwicklungsgesetz"[6] richteten, das im Zuge

[1] Zumal auch die Konservativen 1990 nicht ganz auf Wahlversprechen verzichteten, so z. B. Verzicht auf eine Versteuerung der Altersrenten, Verdoppelung der Bauernrenten, Zuschüsse für kinderreiche Familien und berufstätige Mütter, Schaffung von 100.000 Arbeitsplätzen; vgl. *Der Spiegel* 16/1990: 167.

[2] Vgl. Meinardus 1990b: 185f.

[3] Zit. nach Meinardus 1990b: 186.

[4] Vgl. Catsiapis 1991: 351ff u. Meinardus 1990b: 324.

[5] Wasser, Strom, Telefon und öffentlicher Nahverkehr.

[6] Vgl. dazu *Kathimerini* vom 25.06.1990.

einer Liberalisierung des fast 70% der gesamten Wirtschaft ausmachenden öffentlichen Sektors unter anderem die Abschaffung bestimmter Privilegien der öffentlich Beschäftigten, den Verkauf von mindestens 100 der rund 300 staatlich kontrollierten und überschuldeten Firmen an Private, die Modernisierung des Pensionssystems[1] sowie die Förderung der Teilzeitbeschäftigung vorsah. Zwar konnte sich die Regierung gegenüber den Gewerkschaften durchsetzen, die einen weiteren Streik absagten und Tarifverträgen für 1991 und 1992 zustimmten, die Reallohnverluste von 5% mit sich brachten, doch stieß im weiteren Verlauf die radikale, an die Oppositionszeit der 70er Jahre erinnernde Rhetorik Papandreous, der nach seiner Wahlniederlage außerparlamentarische Kampfmaßnahmen zum Sturz der Regierung angekündigt hatte[2], auf fruchtbaren Boden, zumal 1991, ein Jahr nach der Regierungsübernahme durch die Neue Demokratie, 66,1% der befragten Griechen die wirtschaftliche Lage ihres Landes als schlechter als vor 12 Monaten bezeichneten[3]. Nicht nur deshalb verstärkten sich sehr bald die von Anbeginn bestehenden Zweifel, inwieweit die konservative Regierung einen konsequenten Sparkurs durchhalten würde, von dem Fachleute annahmen, daß er mindestens zwei Legislaturperioden in Anspruch nehmen müßte. Entgegen ihrem Versprechen, keine weitere Aufblähung des staatlichen Sektors zuzulassen, sah sich die Regierung in den ersten Monaten mehr oder weniger gezwungen zu 7.000 Neueinstellungen, einmal um dem nach acht Oppositionsjahren gestiegenen „Bedarf" ihrer „Klienten" entgegenzukommen, aber auch angesichts der Durchsetzung wichtiger Verwaltungspositionen mit PASOK-Anhängern.[4] Bereits in den ersten Monaten offenbarte sich die Diskrepanz zwischen einer grundsätzlich richtigen wirtschaftspolitischen Konzeption und deren konsequenter Umsetzung als für die gesamte Amtszeit charakteristische Schwäche der Regierung, nicht zuletzt gefördert durch fortlaufende Streiks und innerparteiliche Uneinigkeit. Trotz dieser Anzeichen wurde dem laut Weltbank bereits mit 25 Milliarden $ im Ausland verschuldeten Land im Februar 1991 von der EG zur beschleunigten Durchführung von Stabilisierungsmaßnahmen ein Sonderkredit in Höhe von 2,2 Milliarden ECU gewährt, allerdings mit strengen Auflagen für die Auszahlung der zweiten und dritten Tranche 1992 bzw. 1993 in Höhe von je 600 Millionen ECU[5].

Die Regierung Mitsotakis unternahm wiederholt Anläufe zu einer wirtschaftlichen Stabilisierung: Nach dem Entwicklungsgesetz vom Juli 1990 folgte im März 1991

[1] Vgl. dazu auch *Der Spiegel* 31/1990: 128ff.
[2] Vgl. *Kathimerini* vom 9.04.1990.
[3] Vgl. Gabriel/Brettschneider 1994: 526.
[4] Vgl. Manousakis 1993: 70f. Auch die von Papandreou eingeführte Praxis der „Mammut-Kabinette" wurde von Mitsotakis fortgeführt. Nach der Kabinettsumbildung im Dezember 1992 beispielsweise umfaßte die Regierung 52 Mitglieder.
[5] Vgl. Axt 1991: 326.

das „Programm der 22 Punkte". Inhalte dieses auf zwei Jahre angelegten Programms, das die Wirtschaft aus der Krise herausführen und die Voraussetzungen für die Gewährung der weiteren Tranchen des EG-Kredites schaffen sollte, waren unter anderem:[1]

- die Reduzierung der Inflationsrate auf 7%,
- die Verminderung des Zahlungsbilanzdefizits von 6% auf 3% des BIP,
- eine geringere Beanspruchung des Bankensektors durch die öffentliche Hand,
- der Abbau der Staatskontrolle über das Bankwesen,
- die Verringerung der im öffentlichen Dienst Beschäftigten um 10%,
- die Erhöhung der Staatseinnahmen durch eine effizientere Steuererhebung,
- eine restriktive Geldpolitik,
- die Privatisierung der öffentlichen Unternehmen sowie
- eine zurückhaltende Einkommenspolitik.

Im September 1992 folgte als erster Schritt zur Sanierung des vor dem Bankrott stehenden maroden Sozialversicherungssystems ein neues Rentengesetz, bestehend aus vier wesentlichen Punkten:[2]

1. Anhebung der Arbeitnehmerbeiträge von 3% auf 10% der Bruttogehälter;
2. Festlegung des Pensionsalters auf 65 Jahre für Männer und 60 Jahre für Frauen[3];
3. Abschaffung der Sonderkategorie der schweren und ungesunden Berufe, die eine vorzeitige Pensionierung ermöglicht und der bisher 40% (!) der Arbeitnehmer angehörten; und
4. Vereinheitlichung der rund 350 Pensionskassen, deren Unübersichtlichkeit dazu führte, daß Mehrfachrenten keine Seltenheit waren.

Dennoch gelang es der Regierung nicht, eine durchgreifende Trendwende zu erzielen. Als die zweite Rate der EG-Sonderkredits vom März 1991 anstand, verzichtete die griechische Regierung darauf, weil angeblich genügend eigene Finanzmittel zur Verfügung stünden, tatsächlich jedoch, um einer Ablehnung wegen der Nichterfüllung der stabilitätspolitischen Auflagen zuvorzukommen.[4] Ein Bericht der EG-Kommission konstatierte im März 1992, daß das Stabilisierungsprogramm trotz einer Reihe harter Maßnahmen mit einem Mißerfolg geendet habe und die weiteren Aussichten eher negativ seien.[5]

1993, dreieinhalb Jahre nach der Regierungsübernahme, konnten auch gewisse Verbesserungen nicht darüber hinwegtäuschen, daß die Regierung deutlich hinter den gesteckten Zielen zurückgeblieben war. Zwar war der Saldo der Leistungsbilanz mit

[1] Vgl. Axt 1992b: 335f.
[2] Vgl. *Kathimerini* vom 10.09.1992.
[3] Theoretisch bestanden diese Altergrenzen bereits, doch gab es unzählige Ausnahmen.
[4] Vgl. Axt 1992b: 336.
[5] Vgl. *Kathimerini* vom 7.07.1992.

0,1% des BIP erstmals positiv und konnte die Inflationsrate immerhin von 20,3% 1990 auf 14,4% gesenkt werden, aber sie betrug damit immer noch das Dreifache des EG-Durchschnitts. Der Schuldendienst stieg auf 3,5 Milliarden $ 1991 und 5,3 Milliarden $ 1992, und hinsichtlich der Staatsverschuldung lag Griechenland mit 113,6% des BIP immer noch mit an der Spitze der EG-Staaten ebenso wie in der Höhe des immerhin von 18% (1990) auf 15,4% des BIP gesenkten öffentlichen Defizits. Einzig die offizielle Arbeitslosenquote lag mit 7,8% unter dem EG-Durchschnitt, doch war dies „erkauft" um den Preis eines hoffnungslos überbesetzten öffentlichen Sektors.[1] Mehr als fraglich war damit auch die Realisierung des im März 1993 vorgestellten Konvergenzplanes zur Erfüllung der Kriterien der Europäischen Wirtschafts- und Währungsunion (EWWU).[2] Auch blieben gravierende Strukturprobleme der griechischen Wirtschaft ungelöst: Der öffentliche Sektor konnte nicht eingedämmt werden, und die Privatisierung unrentabel arbeitender Staatsunternehmen kam nur sehr schleppend voran[3], ausländische Unternehmen wurden durch Proteste und Gewaltandrohungen von Investitionen abgeschreckt, das Alltagsleben wurde gelähmt durch Arbeitsniederlegungen verschiedener Berufsgruppen und mehrfache Generalstreiks - im November 1991 gegen die Sparpolitik und Privatisierungsabsichten, im August/September 1992 gegen das neue Rentengesetz und die Privatisierung der Verkehrsbetriebe der Stadt Athen, im März 1993 für Lohnerhöhungen und erneut gegen Privatisierungen sowie im Juli 1993 gegen die Teilprivatisierung (49%) der Elektrizitätswirtschaft und der Telefon- und Fernmeldegesellschaft OTE[4] - mit teilweise gewaltsamen Zusammenstößen zwischen Streikenden, Streikbrechern und Polizei.

Die kaum zählbaren Erfolge in der Wirtschaftspolitik führten dazu, daß Mitsotakis nicht nur mit dem Widerstand der kaum kompromißbereiten Arbeitnehmer sowie der von Papandreou, der im Januar 1992 nach einem neunmonatigen Prozeß in einem mit sieben zu sechs Stimmen gefällten Urteil vom Obersten Gerichtshof aus Mangel an Beweisen freigesprochen worden war[5] und neuen Auftrieb erhalten hatte[6], angeführ-

[1] Zu den Wirtschaftsdaten vgl. Weidenfeld/Wessel 1994: 126f, 141.

[2] Zu diesem Problem vgl. auch Psalidopoulos 1992: 376ff

[3] Einige Unternehmen der Zement- und Textilindustrie sowie Werftbetriebe wurden veräußert.

[4] Vgl. die jeweilige Berichterstattung in *Kathimerini*. Vgl. auch *Der Spiegel* 39/1992: 201.

[5] Der ebenfalls angeklagte ehemalige Justizminister und stellvertretende Ministerpräsident Koutsogiorgas war während des Verfahrens gestorben. Ex-Finanzminister Tsovolas erhielt wegen Untreue im Amt eine Strafe von zweieinhalb Jahren Haft, die in eine Geldstrafe umgewandelt wurde, und der ehemalige Minister für öffentliche Arbeiten, Petsos, wurde wegen Beihilfe zur Korruption zu einer Bewährungsstrafe von zehn Monaten verurteilt. Der im Mittelpunkt des Skandals stehende Bankier Koskotas wurde am 23. Januar 1991 in einem ersten Verfahren wegen Urkundenfälschung zur Höchststrafe von fünf Jahren und am 8. November 1994 im Zusammenhang mit dem Finanzskandal um die Bank von Kreta zu 25 Jahren Haft verurteilt.

[6] Papandreou, der dem Prozeß ferngeblieben war und das Verfahren als Waffe der Regierung bezeichnet hatte, um ihn politisch und moralisch zu vernichten, erklärte nach seinem Freispruch das Ergebnis der Parlamentswahlen für irregulär und sprach von einer „Täuschung des griechischen Volkes"; vgl. *Kathimerini* vom 17.01.1992.

ten Opposition zu kämpfen hatte, sondern sich auch zunehmender Kritik aus den eigenen Reihen ausgesetzt sah. Ministerrücktritte und -entlassungen waren an der Tagesordnung: Im Januar 1991 trat der Bildungsminister, Vassilis Kontoyannopoulos, nach gewaltsamen Schülerprotesten gegen die Bildungspolitik der Regierung, bei denen ein Lehrer getötet wurde, zurück, im Juli der Minister für Tourismus, Jannis Kefalojannis, nach einem Streit mit dem Umweltminister über den Bau von Küstenhotels auf Kreta. Besonderes Aufsehen erregten die Entlassungen des Industrieministers, Stavros Dimas, im gleichen Monat infolge eines Streits mit der Ehefrau Mitsotakis', und des als möglicher späterer Mitsotakis-Nachfolger gehandelten Ministers beim Ministerpräsidenten, Miltiadis Evert, im Oktober 1991, der die Privatisierung von Staatsbetrieben und die Balkanpolitik von Außenminister Antonis Samaras kritisiert hatte. Evert und Samaras hatten sich zuvor gegenseitig beschuldigt, für die Veröffentlichung eines vertraulichen Briefwechsels des Regierungschefs mit US-Präsident Bush verantwortlich zu sein. Im Kern ging es bei der Auseinandersetzung jedoch bereits um die Nachfolge des 74jährigen Ministerpräsidenten und Parteivorsitzenden, dessen Amtsführung von der eigenen Partei zunehmend kritisiert wurde. Von seiten des linken Flügels um die ehemaligen Minister Evert, Dimas und Kanellopoulos wurde der Ministerpräsident wegen der zu unpopulären, vor allem den Durchschnittsbürger treffenden Wirtschaftspolitik und der mangelhaften innerparteilichen Demokratie kritisiert, von seiten des rechten Flügels um den populären Außenminister Samaras - der sich in diesem Punkt auf einer Linie mit Papandreou befand - wegen einer zu nachgiebigen Haltung im Streit um die Anerkennung der ehemaligen jugoslawischen Republik Makedonien[1], was schließlich zur Entlassung Samaras' im April 1992 führte. Zwar sprachen in der von Mitsotakis, der das Amt des Außenministers nunmehr selbst übernommen hatte, vier Tage später, am 17. April, gestellten Vertrauensfrage 152 der 300 Abgeordneten sich für den Ministerpräsidenten aus und beauftragten ihn mit der Fortsetzung seiner Politik, doch ließen die innerparteilichen Rivalitäten ebensowenig nach wie die Kritik an seiner Amtsführung, die hinsichtlich des Vorwurfs der Vetternwirtschaft[2] und der angeblichen Verwicklung in eine im April aufgedeckte Abhöraffäre[3] Parallelen zu seinem sozialistischen Vorgänger aufwies.

---

[1] Zur Makedonien-Frage vgl. unter III. Abschnitt 2.

[2] Dies richtete sich vor allem gegen den Einfluß seiner Familie auf die Regierungsgeschäfte. Seine Tochter, Dora Bakojannis, war Mitglied der Regierung, womit er die Praxis Papandreous fortsetzte, der seinen Sohn und Schwiegersohn in des Kabinett aufgenommen hatte.

[3] Im Auftrag des Mitsotakis-Vertrauten General a. D. Nikos Grillakas, früher Chef des militärischen Geheimdienstes, sollen 1988/89 Telefongespräche Papandreous sowie anderer Politiker und Journalisten überwacht worden sein. Im Mai 1993 trat Regierungssprecher Adrianopoulos von seinem Amt zurück, da er von Mitsotakis nicht ausreichend über den Skandal informiert worden war; vgl. *Kathimerini* vom 11.05.1993.

Am 6. September 1993 forderte der frühere Außenminister Antonis Samaras, der zwei Monate zuvor seine eigene Partei namens Politischer Frühling (POLA = *Politiki Anixi*) gegründet hatte, die mit ihm sympathisierenden ND-Abgeodneten auf, die Fraktion zu verlassen, um so die Regierung zu Fall zu bringen, da Mitsotakis angesichts der vielen Probleme auf allen Gebieten des nationalen Lebens, der Skandale und des „nationalen Verrats“ im Hinblick auf Makedonien nicht länger im Amt bleiben dürfe.[1] Das folgende Ausscheiden von vier Abgeordneten - drei traten unter Mitnahme ihres Mandats in den Politischen Frühling über, einer blieb als Unabhängiger im Parlament - und der damit verbundene Verlust der absoluten Mehrheit veranlaßten Mitsotakis, am 9. September den Rücktritt seiner Regierung bekanntzugeben. Präsident Karamanlis ordnete auf seinen Vorschlag aus Gründen von „außerordentlicher nationaler Bedeutung“[2] die Abhaltung von Neuwahlen am 10. Oktober an.

3.2. Die Rückkehr der PASOK

3.2.1 Wahlsieg und dritte Regierung Papandreous

Die Parlamentswahlen am 10. Oktober 1993[3] brachten eine Umkehrung der Mehrheitsverhältnisse zwischen den beiden großen Parteien, allerdings mit dem Unterschied, daß das von der Regierung Mitsotakis im November 1990 verabschiedete Wahlgesetz des „verstärkten Proporzes“[4] der PASOK mit 46,88% der Stimmen, also fast genau dem Ergebnis der Neuen Demokratie dreieinhalb Jahre zuvor, eine deutliche absolute Mehrheit im Parlament einbrachte, wo sie über 56% der Mandate verfügte. Mit einem Wahlsieg der PASOK war nach den Meinungsumfragen der vergangenen Wochen zwar zu rechnen gewesen[5], doch fiel er - die PASOK erzielte ihr zweitbestes Ergebnis seit ihrem Bestehen - höher als erwartet aus. Mit 170 von 300 Mandaten verfehlte sie allerdings die strategisch wichtige, für die Präsidentenwahl

[1] Vgl. *Kathimerini* vom 7. 09.1993.
[2] Artikel 41 der geänderten griechischen Verfassung.
[3] Vgl. dazu Rondholz 1993: 1312ff u. Featherstone 1994: 204ff..
[4] In dem Wahlgesetz (vgl. FAZ vom 10.11.1990) wurde - wie schon in den Jahren 1974 bis 1989 - ein Verhältniswahlrecht mit mehrheitsbildenden Elementen festgelegt: Eine Partei, nicht jedoch ein Wahlbündnis, erhält bereits mit einem Stimmenanteil von 43%-44% die absolute Mehrheit der Sitze. Liegt sie mindestens 3 Prozentpunkte vor der zweitstärksten Partei, genügen sogar 40-42%. Neu eingeführt wurde eine 3%-Klausel. Grundsätzliches Ziel der Regierung Mitsotakis war es, die Regierungsbildung zu erleichtern, um eine Situation wie nach den beiden Wahlen zuvor zu vermeiden. 1990 ging es ihr aber auch darum, ihre Ausgangsposition zu verbessern und die starke Opposition an der Betreibung von Newahlen zu hindern.
[5] Eine letzte Vorwahlumfrage ergab 39,9% für die PASOK und 33,2% für die ND; vgl. *Kathimerini* vom 9.10.1993.

im Frühjahr 1995 erforderliche Zweidrittelmehrheit. Andererseits verfügte die Neue Demokratie, die mit einem Stimmenanteil von 39,30% 7,63 Prozentpunkte verlor, mit 111 Sitzen[1] nicht über die notwendige Sperrminorität, um die Wahl eines Präsidenten zu verhindern und vorzeitige Wahlen zu erzwingen. Ein Teil der hohen ND-Verluste war auf den Politischen Frühling zurückzuführen, der auf 4,87% der Stimmen und 10 Sitze kam und damit noch vor der im Juni 1991 aus der Linksallianz ausgeschiedenen KKE[2] mit 4,54% bzw. 9 Mandaten lag. Insgesamt hatte die griechische Linke einen Stimmenrückgang von 2,75 Prozentpunkten zu verzeichnen, wobei die nunmehr geschwächte Linksallianz mit 2,94% knapp an der neu eingeführten 3%-Klausel scheiterte und ihre Vertretung im Parlament verlor, obwohl sie in einem emotionalisierten, oft polemischen Wahlkampf durch ihre Sachlichkeit - vielleicht lag aber auch gerade darin ein Grund für ihre Niederlage - positiv aufgefallen war.

Ergebnis der Parlamentswahlen vom 10. Oktober 1993

Partei	**Stimmen in %**	**Sitze**
PASOK (Papandreou)	46,88	170
Neue Demokratie (Mitsotakis)	39,30	111
Politischer Frühling (Samaras)	4,87	10
KKE (Papariga)	4,54	9
Allianz der Linken und des Fortschritts (Damanaki)	2,94	-
Sonstige u. Unabhängige	1,47	-

Wahlbeteiligung: 78,23%, Sitze: 300

Die Wochen vor den Wahlen waren durch gegenseitige Beschuldigungen und Vorwürfe des Verrats geprägt: Papandreou beschuldigte die Regierung des innen- wie außenpolitischen Verrats und versprach den Wählern in Anlehnung an die 1989er Wahlkampagne der Neuen Demokratie, er werde Griechenland von der „unfähigen und korrumpierten Clique befreien", die das Land derzeit regiere. Darüber hinaus beschuldigte er Mitsotakis, persönliche Freunde bei der Privatisierung begünstigt zu haben, und erhob den Vorwurf, ein Großteil dessen privater Antiquitätensammlung stamme aus zwei 1979 ausgeraubten kretischen Gräbern. Mitsotakis seinerseits bezeichnete den „Abtrünnigen" Samaras als „Verräter"[3], der 47% der griechischen

[1] D. h. 37% der Mandate, womit die ND - wie die anderen Oppositionsparteien auch - unterrepräsentiert war. Die früheren verstärkten Verhältniswahlsysteme sahen eine - wenngleich nur geringe - Bevorzugung auch der zweitstärksten Partei vor.

[2] Hintergrund war der beim Parteitag im Februar 1991 offen zutage getretene Konflikt zwischen orthodoxen und Reformkommunisten, bei dem sich erstere mit der Wahl der als konservativ geltenden Aleka Papariga als erste Frau in der 70jährigen Geschichte der Partei zur neuen Generalsekretärin durchsetzten.

[3] Dabei entbehrte es nicht der Ironie, daß Mitsotakis 1965 selbst zu den „Abtrünnigen" zählte, die zum Sturz der Regierung der Zentrumsunion um Georgios Papandreou mit beitrugen; vgl. unter IV. Abschnitt 4.2.

Wähler betrogen habe, und führte im übrigen eine Negativkampagne gegen die PASOK, deren „Dritte-Welt-Ideen" Griechenland zum wirtschaftlichen und nationalen Abstieg verdammen würden, und ihren Vorsitzenden, dessen gesundheitlicher Zustand ihm nicht erlaube, das Amt des Regierungschefs auszuüben. Samaras wiederum bezichtigte seine beiden Rivalen des nationalen Ausverkaufs im Hinblick auf die Makedonien-Frage.[1]

Der Hauptgrund für die Niederlage der Neuen Demokratie war der wirtschaftspolitische Stabilitätskurs der Regierung. Angesichts nur mäßiger Erfolge[2] konnte ein großer Teil der Bevölkerung nicht von der Richtigkeit der Wirtschaftspolitik überzeugt werden. Durch ihre Sparmaßnahmen und die Privatisierung von Staatsunternehmen hatte die Neue Demokratie viele „Klienten" verprellt. Dies konnte auch durch die nach der Ausschreibung von Neuwahlen noch verteilten Wahlgeschenke wie die Verbilligung des Autokaufs durch die Senkung der Besonderen Konsumentensteuer für Kleinwagen[3], die Schaffung neuen Baulandes[4] sowie ein Ansteigen der Neueinstellungen und Beförderungen im öffentlichen Dienst[5] ebensowenig aufgewogen werden wie durch die - angesichts der Wirtschaftsdaten unverständliche - Ankündigung einer Beendigung der Austeritätspolitik nach den Wahlen. Der Wahlsieg der PASOK, die einen Wahlkampf mit nur vagen programmatische Aussagen und ohne ein konkretes wirtschaftspolitisches Programm geführt hatte, kam insgesamt einer Protestwahl gegen Mitsotakis gleich, gegen eine Politik, die für den Durchschnittsbürger eine empfindliche Senkung des Lebensstandards mit sich brachte. Mit der Ankündigung der Wiederherstellung des Wohlfahrtsstaates und der Rücknahme bisher erfolgter Privatisierungen zielte Papandreou auf die von der ND-Politik besonders betroffene Mittelschicht und die 45% der in Verwaltung und Betrieben der öffentlichen Hand Beschäftigten. Der Verkauf solcher Betriebe wurde von Papandreou wählerwirksam als „Ausverkauf nationaler Interessen"[6] bezeichnet und der Vertrag der griechischen Regierung mit einem deutschen Unternehmen über den Bau eines Flughafens bei Athen als „Kolonialvertrag"[7] tituliert.

Betont nationalistische Aussagen wie der Kampf für die „Verteidigung des Griechentums" und die „Wiederherstellung der griechischen Würde", in denen Papandre-

---

[1] Zum Wahlkampf vgl. Featherstone 1994: 205ff.
[2] Vgl. den vorherigen Abschnitt 3.1.2.
[3] Ein Wahlversprechen von 1990.
[4] Durch Brände, teils sogar Brandstiftung vernichtete und eigentlich der Wiederaufforstungspflicht unterliegende Waldgebiete.
[5] Nicht mehr verwirklichen konnte sie die geplante Legalisierung von 200.000 illegal errichteten Bauten sowie die Erhöhung der Beamtengehälter.
[6] Zit. nach FAZ vom 8.10.1993.
[7] Zit. nach FAZ vom 12.10.1993.

ou mit dem von ihm als „faschistoiden Rechten“[1] verfemten Samaras wetteiferte, spielten bei der Wahlentscheidung eine untergeordnete Rolle. Das für eine erst kürzlich gegründete Partei gute Ergebnis des Politischen Frühlings kann man wohl auch nicht, wie in deutschen Medien dargestellt wurde, auf die „insulare und xenophobe Selbstbezogenheit der Griechen als Nation“[2] und wachsende nationalistische Tendenzen zurückführen[3], sondern es ist eher angesichts der Dominanz der beiden „Dinosaurier“[4] Mitsotakis und Papandreou, die ihre seit den 60er Jahren bestehende Feindschaft auf der politischen Bühne austrugen[5], als der wachsende Wunsch nach einer neuen Politikergeneration zu interpretieren. Mit der Ankündigung der „Überwindung des politischen Establishments“ und der Kritik am „abgekartete[n] Spiel“ der Parteiführer[6] gelang es dem 42jährigen Samaras - ähnlich wie Papandreou mit seinem Schlagwort des „Wandels“ - sowohl Konservative als auch Wähler der Linken anzusprechen, wobei er allerdings, wie die von ihm Angeprangerten auch, populistische Elemente einsetzte und sich nicht zu einer echten Alternative entwickeln konnte.

Angesichts der maroden Staatsfinanzen konnte die neue Regierung Papandreou nicht an die hemmungslose Ausgabenpolitik ihrer beiden ersten Amtsperioden anknüpfen. Entsprechend moderat fiel auch die Regierungserklärung Papandreous am 24. Oktober 1993[7] aus, in der er sich um einen Mittelweg bemühte zwischen den Wahlversprechen Einkommenswachstum, Erhöhung der Sozialleistungen, Rücknahme der Privatisierungen einerseits und der Sparmaßnahmen erfordernden wirtschaftlichen Zwangslage andererseits.[8] In der Wahl Georgios Gennimatas' als Wirtschafts- und Finanzminister sowie des 1987 wegen seines stabilitätspolitischen Kurses zum Rücktritt gedrängten Kostas Simitis als Handelsminister und Minister für Industrie,

---

[1] Zit. nach *Der Spiegel* 29/1993: 104.

[2] So in einem Kommentar der FAZ vom 12.10.1993.

[3] Dagegen spricht auch die Tatsache, daß die mit der Massenzuwanderung illegaler Saisonarbeiter und Immigranten vor allem aus Albanien - Schätzungen gingen 1993 von 300.000 aus (vgl. Rondholz 1993: 1315) - verbundenen Arbeitsmarkt- und Sozialprobleme im Wahlkampf keine Rolle spielten und rechtsextremen Kräften keinen Aufschwung brachten (die EPEN blieb mit nicht einmal 10.000 Stimmen unter 0,1%), während der Rechtsradikalismus in Mittel- und Westeuropa wieder auf dem Vormarsch war. Selbst 1936 hatte die nach faschistischem Vorbild errichtete Diktatur Metaxas‘ keine Massenbasis; vgl. unter III. Abschnitt 5.3.

[4] Womit in griechischen Zeitungen auf das Alter der beiden Parteivorsitzenden angespielt wurde.

[5] Siehe auch das in Analogie zu seiner gerichtlichen Verfolgung stehende Bemühen Papandreous, Mitsotakis wegen des Abhörskandals und des Verkaufs der größten staatlichen Zementfabrik unterhalb des Marktpreises vor ein Sondergericht zu bringen; vgl. Featherstone 1994: 207. Im Januar 1995 beschloß das Parlament jedoch, daß Mitsotakis sich nicht gerichtlich verantworten mußte.

[6] Zit. nach *Der Spiegel* 29/1993: 542.

[7] Vgl. *Griechenland aktuell* vom Okt. 1993.

[8] Papandreou erklärte 1994 zu einem „Jahr der Umsicht“, die Arbeitnehmer müßten auch künftig mit schwierigen Zeiten rechnen; vgl. *Griechenland aktuell* vom Okt. 1993.

Energie und Technologie wurde darüber hinaus ein Zeichen für stabilitätspolitische Tendenzen gesehen.

Erwähnenswert in diesem Zusammenhang ist auch die außenpolitische Wendung der Partei, die im Oktober kurz vor den Wahlen ein neues Grundsatzprogramm verabschiedet hatte, in dem sie sich ausdrücklich zur EU und NATO bekannte und Papandreou sich ganz im Gegensatz zu seiner früheren Oppositions- und Regierungspolitik für eine konstruktive Zusammenarbeit und Vertiefung der Beziehungen zu den USA aussprach.[1]

Zwar wurden im Januar 1994 auch eine restriktive Lohnpolitik mit Einkommenszuwächsen im öffentlichen Dienst weit unter der Inflationsrate durchgesetzt und im April eine von den Betroffenen und der Opposition kritisierte Steuerreform[2] verabschiedet, die grundsätzlichen Probleme vor allem des hohen Kreditbedarfs der öffentlichen Hand (12,1% des BIP 1994, 10,3% 1995) und des Anstiegs der Staatsverschuldung auf 113,0% des BIP 1994 und 114,4% 1995[3] blieben jedoch bestehen. Ebensowenig wurde der auch in einem EU-Bericht Anfang 1994 angemahnten Notwendigkeit der Sanierung der öffentlichen Finanzen, Verbesserung der Verwaltung und Privatisierung staatlicher Unternehmen entsprochen.[4]

Vielmehr begann die Regierung mit den Verkehrsbetrieben von Athen Privatisierungen der konservativen Regierung - gemäß ihrem Wahlversprechen - rückgängig zu machen[5] und deuteten erste Anzeichen auf eine Fortsetzung der Mißwirtschaft und Skandale der früheren sozialistischen Amtszeit hin. Hinsichtlich des Nepotismus übertraf Papandreou seine Vorgängerregierungen schon bei der Regierungsbildung: Sein Sohn Georgios wurde zweiter, für die Auslandsgriechen zuständiger Außenminister und später zum Erziehungsminister befördert, seine Ehefrau Dimitra Büro- und Protokollchefin im Amt des Ministerpräsidenten, ihr Vetter Georgios Lianis Staatssekretär für Kultur und sein nicht im Parlament vertretener Leibarzt Dimitrios Kre-

---

[1] Vgl. *Griechenland aktuell* vom Okt.1993. Unmittelbar nach seinem Wahlsieg erhielt Papandreou eine Einladung vom amerikanischen Präsidenten Clinton.

[2] Inhalte waren u. a. die Anhebung des Steuersatzes für Besserverdienende von 40% auf 45%, eine Steuer von 15% auf bisher steuerfreie Gewinne aus Geldmarkt- und Immobilienfonds sowie auf in- und ausländische Staatspapiere und die Einführung von Mindesteinkommen für die steuerliche Bewertung der Einkommen von Freiberuflern; vgl. *Kathimerini* vom 21.01. u. 7. 04.1994 u. Giannitsis 1997: 15f.

[3] Vgl. Weidenfeld/Wessel 1996: 122, 1997: 103 u. 1998: 213.

[4] Hinsichtlich der Konvergenzkriterien für die Wirtschafts- und Währungsunion bildete Griechenland 1994 und 1995 bis auf die Höhe der Staatsverschuldung von 113,0% bzw. 114,4% des BIP (Belgien 135,0%/134,4%) das Schlußlicht in der EU: Inflation von 10,9%/9,0% bei einem Schwellenwert von 2,7%/2,5% und einem EU-Durchschnitt von 3,3%/2,9%, Kapitalmarktzins von 20,8%/17,3% bei einem Grenzwert von 10,4%/10,8%, Haushaltsdefizit von 11,4%/9,3% bei einem Grenzwert von 3%; vgl. Weidenfeld/Wessel 1995: 116 u. 1996: 122.

[5] Die ND kündigte ihrerseits eine Reprivatisierung nach dem nächsten Regierungswechsel an; vgl. *Kathimerini* vom 15.12.1993.

mastinos Minister für Gesundheit und Soziales.[1] Die als reformfreudig geltenden Dimitrios Tsovolas, ehemaliger Finanzminister, und Vasso Papandreou, eine mit dem Regierungschef nicht verwandte frühere EG-Kommissarin, lehnten bezeichnenderweise in einer nach Verlusten bei der Europawahl vorgenommenen Regierungsumbildung eine Aufnahme in das Kabinett ab. Im Dezember 1994 erklärte der Minister beim Ministerpräsidenten, Anastasios Peponis, der ein Gesetz gegen das weitere Anwachsen der Bürokratie ausgearbeitet hatte, seinen Rücktritt aus Protest gegen die im ersten Regierungsjahr laut Presseberichten durch den Entscheid einiger Minister erfolgte Einstellung von 60.000 neuen Beamten.[2] Peponis hatte sich in der Vergangenheit wiederholt gegen Korruption, Nepotismus und die Aufblähung des Staatsapparates ausgesprochen. Auch der Regierungschef selbst schien sich wieder in dubiose Geschäfte zu verwickeln.[3]

Die Neue Demokratie, die nach dem Rücktritt des für die Wahlniederlage verantwortlich gemachten Mitsotakis im November 1993 den früheren Athener Bürgermeister, Miltiades Evert, zum neuen Parteivorsitzenden gewählt hatte[4], vermochte es jedoch nicht, ihr Image beim Wähler zu verbessern und von den Unzulänglichkeiten der PASOK-Regierung zu profitieren. Vielmehr machte sie den Eindruck einer stagnierenden, gespaltenen Partei: Evert gelang es nicht, den starken Flügel um Mitsotakis, der seine Wahl unterstützt hatte, an sich zu binden bzw. in die Parteiführung zu integrieren. Ebensowenig bestand er seinen ersten Test der Europawahlen[5], bei denen die Partei mit nur noch 32,7% weiter zurückfiel und das schlechteste Ergebnis in ihrer Geschichte erzielte. Die Verluste der PASOK waren mit 10,2 Prozentpunkten zwar noch größer, doch blieb sie mit einem Stimmenanteil von 37,6% stärkste Partei. Zwar wurde die Europawahl von den griechischen Wählen besonders genutzt, um Protest zum Ausdruck zu bringen, doch war die Tatsache, daß die beiden großen Parteien bei keiner Wahl in den 80er Jahren eine derart niedrige Stimmenzahl auf sich vereinigten, ein deutliches Indiz für zu Beginn der 90er Jahre gewachsenen Unmut und Parteiverdrossenheit.[6]

---

[1] Zu den Regierungsmitgliedern vgl. *Griechenland aktuell* vom Okt. 1993.
[2] Vgl. FAZ vom 12.12.1994.
[3] So bestanden Ungereimtheiten im Zusammenhang mit dem Bau und der Finanzierung einer Luxusvilla durch zinslose Kredite von Regierungsmitgliedern und Industriellen.
[4] Evert wurde durch die Fraktion und 71 führende Parteifunktionäre mit 141 Stimmen gewählt. Auf seinen Gegenkandidaten, den früheren Verteidigungsminister Ioannis Varvitsiotis entfielen 37 Stimmen; vgl. *Kathimerini* vom 4. 11.1993.
[5] Auch die durch organisatorische Mängel beeinträchtigten Kommunalwahlen am 16./23. Okt. 1994 festigten eher die Position der Regierungspartei, die in 37 von 53 Bezirken gewann, 231 von 434 Bürgermeistern stellte und deren Stimmenanteil landesweit bei 44% lag, während die ND nur auf 39% kam. Der Stimmenzuwachs der beiden großen Parteien gegenüber den Europawahlen war vor allem darauf zurückzuführen, daß sie als einzige landesweit kandidierten.
[6] Davon profitierten der Politische Frühling, der seinen Stimmenanteil nahezu verdoppeln konnte auf 8,7% sowie die KKE und die Linksallianz mit 6,3% bzw. 6,2%.

Auf dem dritten Parteitag der PASOK seit ihrer Gründung vom 14. bis 17. April 1994 wurde Papandreou als Parteivorsitzender bestätigt. Zwar konnte dieser, durch Krankheit geschwächt, seine Amtsgeschäfte nur noch stundenweise ausüben, doch war zu diesem Zeitpunkt noch niemand „zum Königsmord“[1] bereit. Allgemein wurde damit gerechnet, daß Papandreou im Frühjahr 1995 für das Amt des Staatspräsidenten kandidieren und damit den Weg für einen Nachfolger freimachen würde, doch teilte er im November 1994 seinen Verzicht mit. Am 8. März 1995 wurde daraufhin Kostis Stefanopoulos, der nach dem Scheitern der DIANA bei den Europawahlen an der 3%-Hürde seine Partei aufgelöst und sich aus der Politik zurückgezogen hatte, mit den Stimmen von PASOK und Politischem Frühling im dritten Wahlgang zum neuen Präsidenten gewählt und so die von der ND erhoffte Parlamentsauflösung und vorzeitige Neuwahlen verhindert.

Im Sommer 1995 verstärkte sich jedoch die innerparteiliche Kritik - angeführt vom Handels- und Industrieminister Kostas Simitis, dem früheren Europaminister Theodoros Pangalos, der ehemaligen EU-Kommissarin Vasso Papandreou und dem Europaabgeordenten Paraskevas Avjerinos - an der mangelhaften Regierungsfähigkeit des Ministerpräsidenten und vor allem der wachsenden Machtfülle seiner Ehefrau Dimitra Liani-Papandreou. Im August verfügte Papandreou die Suspendierung der Mitgliedschaft des Abgeordneten Kyriakos Spyrounis in der PASOK und forderte in einem Schreiben an den Parlamentspräsidenten zudem den Entzug von dessen Mandat, nachdem dieser die politischen Ambitionen seiner Ehefrau kritisiert und den Premier selbst aufgefordert hatte, seine politische Laufbahn „in Würde“ zu beenden, d. h. unverzüglich die Frage seiner Nachfolge zu regeln.[2] Anfang September trat Simitis von seinem Ministerposten zurück, legte gleichzeitig sein Mandat im Zentralkomitee der PASOK nieder und reagierte damit auf heftige Kritik an der schleppenden Durchführung der Privatisierung der Werft Hellenic Shipyards. In seinem Rücktrittsschreiben griff er die Regierungspolitik an und kritisierte überdies den Führungsstil Papandreous.[3] Zuvor hatte bereits Pangalos, verbunden mit scharfen Attacken gegen den Ministerpräsidenten, seinen Rücktritt aus dem ZK erklärt. Die folgende Regierungsumbildung am 14. September offenbarte die zunehmende Isolierung des Regierungschefs; mehrere PASOK-Politiker weigerten sich öffentlich, in sein Kabinett einzutreten.

Als Papandreou Ende November 1995 mit einer Lungenentzündung auf die Intensivstation eines Krankenhauses eingeliefert wurde und sich sein Gesundheitszustand in der Folgezeit weiter verschlechterte, war die griechische Politik in wachsendem

---

[1] FAZ vom 25.06.1994.
[2] Vgl. *Kathimerini* vom 10.08.1995,
[3] Vgl. *Kathimerini* vom 12.09.1995.

Maße gelähmt. Papandreou weigerte sich, von den Ämtern des Ministerpräsidenten und Parteivorsitzenden zurückzutreten; Innenminister Akis Tsochatzopoulos nahm nur vorübergehend dessen Amtsgeschäfte wahr. Innerhalb der PASOK verstärkte sich gegen Jahresende die Forderung, den Ministerpräsidenten abzulösen, ihn notfalls durch eine gerichtliche Verfügung für amtsunfähig zu erklären. Eine Gruppe von Vertrauten Papandreous, vor allem aber seine Ehefrau, wies dies Verlangen als verfassungsrechtlich unzulässig zurück.[1] Am 10. Januar 1996 überstand die Regierung ein Mißtrauensvotum mit 168 gegen 118 Stimmen. Nach längerem Zögern erklärte Papandreou schließlich fünf Tage später - auch angesichts der drohenden Absetzung gegen seinen Willen - seinen Rücktritt vom Amt des Ministerpräsidenten, blieb jedoch weiter Vorsitzender der PASOK.[2]

Zu den Anwärtern auf seine Nachfolge zählten der frühere Minister Kostas Simitis, der 1974 zu den Mitbegründern der PASOK gehörte, in den vergangenen Jahren jedoch zu einem innerparteilichen Oppositionsführer geworden war, der Innenminister und geschäftsführende Ministerpräsident Akis Tsochatzopoulos, der wie kaum ein anderer führender PASOK-Politiker loyal zu Papandreou stand und über Sympathisanten vor allem im Parteiapparat, weniger in der Parlamentsfraktion verfügte, sowie Verteidigungsminister Gerassimos Arsenis, der als „politischer Erbe" Papandreous galt und für die sozialistischen Ziele der PASOK stand. Weniger Aussichten hatten der Ex-Vizepremier Jannis Charalambopoulos und Parlamentspräsident Apostolos Kaklamanis, die beide von einigen älteren Parlamentariern als Übergangslösung bevorzugt wurden, um einen Frontalzusammenstoß der beiden Favoriten, Simitis und Tsochatzopoulos, zu vermeiden, der die Einheit der Partei gefährden könnte.[3] Nachdem der erste Wahlgang, bei dem die 167 PASOK-Abgeordneten über die Nachfolge Papandreous abstimmten, noch ohne klare Entscheidung geblieben war, setzte sich Simitis bei der folgenden Kampfabstimmung mit 86 gegen 75 Stimmen bei 6 Enthaltungen gegen Tsochatzopoulos durch und wurde am 18. Januar 1996 zum Ministerpräsidenten gewählt.

---

[1] Nach Artikel 38 der Verfassung entläßt der Präsident der Republik die Regierung, wenn das Parlament sein Mißtrauen ausgesprochen hat. Ein Wechsel im Amt des Ministerpräsidenten ist ansonsten nur nach dessen Rücktritt oder Tod möglich. Vor der Verfassungsänderung von 1986 hatte der Präsident die Möglichkeit, die Regierung nach Anhörung des Rates der Republik zu entlassen. Zur Diskussion um die Nachfolge Papandreous vgl. FAZ vom 6.12.1995, 7.12.1995 u. 9.12.1995 u. *Die Zeit* vom 8.12.1995.

[2] Vgl. *Kathimerini* vom 16.01.1996. Dabei war in seiner Erklärung nicht von einem „Rücktritt" die Rede, sondern lediglich davon, daß er wegen seiner angegriffenen Gesundheit „in der derzeitgen Phase" seinen Amtsgeschäften als Ministerpräsident nicht nachkommen könnte. Eine Rückkehr Papandreous als Regierungschef wäre „möglich", so der Regierungssprecher Chytiris. Vgl. dazu auch *Der Spiegel* 4/1996: 115f.

[3] Zum Kampf um die Nachfolge Papandreous vgl. *Die Zeit* vom 8.12.1995 u. FAZ vom 9.12.1995.

3.2.2 Von der Demagogie zur Sachlichkeit: Der neue Stil unter Simitis

Mit der Amtsübernahme durch den 59jährigen Simitis, der nach einem Jura- und Wirtschaftsstudium in Marburg und London aktiv am Widerstand gegen die Obristen beteiligt war, bis er 1969 ins deutsche Exil fliehen mußte, wo er als Professor für Handels- und Bürgerliches Recht an der Universität Gießen lehrte, vollzog sich in Griechenlands Politik zugleich ein Generationen- und Stilwechsel. Simitis verfügt über kein Papandreou vergleichbares Charisma und hat einen für griechische Verhältnisse geradezu emotionslosen Führungsstil; ein neuer Politikertyp, eine Art „Anti-Papandreou“[1]: nüchtern, pragmatisch, nicht populistisch und schon in den 70er Jahren proeuropäisch, als Papandreou die EG noch als Tarnorganisation der verhaßten NATO verschmähte. In seiner Regierungserklärung kündigte er den „Beginn einer neuen Ära, einen neuen Stil und ein neues Ethos“[2] sowie eine straffere Regierungsarbeit an. Er sagte Nepotismus und Korruption den Kampf an und nannte als eines der vorrangigen Ziele seiner Arbeit die Erfüllung der Maastricht-Kriterien und Griechenlands Teilnahme an der EWWU.[3] Das neue Kabinett war mit 40 Ministern und Staatssekretären die kleinste Regierungsmannschaft in Griechenland seit 15 Jahren. Mehrere Günstlinge Papandreous wie sein Leibarzt und ein Vetter seiner Frau waren nicht mehr im Kabinett vertreten, dafür jedoch seine entschiedene Kritikerin Vasso Papandreou, die das neu geschaffene Entwicklungsressort übernahm, das für die Bereiche Industrie, Energie, Technologie, Handel und Tourismus sowie die Sicherstellung der effizienten Verwendung der EU-Mittel zuständig ist.[4]

Nach dem Tod Papandreous am 23. Juni 1996 wurde Simitis auf dem planmäßig stattfindenden Kongreß der PASOK vom 27. bis 30. Juni in Athen auch zum neuen Parteivorsitzenden gewählt. Dabei konnte er sich mit 2.733 der 5.111 (= 53,45%) gültigen Stimmen erneut gegen seinen Rivalen, Innenminister Tsochatzopoulos, für den 2.324 (= 45,47%) Delegierte votierten, durchsetzen.[5] Der Technokrat Simitis trat damit die Nachfolge der Populisten Papandreou an, der in den über zwei Jahrzehnten seit Gründung der Partei ihre Identifikationsfigur und ihr Zentrum gewesen war, um das sich alles drehte. Simitis strebte den Wandel von der ganz auf ihren Gründer fi-

---

[1] *Der Spiegel* 40/1996: 184.
[2] Zit. nach *Archiv der Gegenwart* vom 22.01.1996: 40735.
[3] Vgl. *Polis* 1/1996: 32f.
[4] Zur Regierungsmannschaft Simitis‘ vgl. FAZ vom 23.01.1996 u. *Polis* 1/1996: 17.
[5] Vgl. *Kathimerini* vom 1.07.1996. Beide Politiker hatten sich ursprünglich nur für das neu zu schaffende Amt der stellvertretenden Parteivorsitzenden beworben, da sich Papandreou, der im März 1996 das Krankenhaus wieder verlassen hatte, noch einmal an der Parteispitze bestätigen lassen wollte.

xierten Führer- zu einer sozialdemokratischen Volkspartei westeuropäischer Prägung an. Dabei stand er vor dem Problem, sich nicht offen von der Politik seines Vorgängers distanzieren zu können, wenn er nicht der Opposition Munition liefern und vor allem seine innerparteilichen Rivalen vom ehemaligen Papandreou-Flügel gegen sich aufbringen und die Partei der Gefahr einer Spaltung aussetzen wollte. Bereits im Dezember hatte der frühere PASOK-Finanzminister und im Zusammenhang mit dem Skandal um die Bank von Kreta verurteilte Dimitiris Tsovolas[1] die Demokratische Soziale Bewegung (DIKKI = *Dimokratiko Koinoniko Kinima*) gegründet und umwarb nun mit populistischen Sprüchen jene Anhänger der PASOK, denen Simitis zu weit rechts stand.[2] Auch auf dem Parteitag gab es äußerst kritische Äußerungen über den Regierungschef und wurden Zweifel an seinen Führungsqualitäten geäußert. Papandreou hatte in der Vergangenheit solche Flügelkämpfe mit diktatorischer Strenge und rigorosen Parteiausschlüssen unterbunden.[3]

Am 22. August 1996 beschloß die Regierung - wohl auch, um keine Wahlgeschenke verteilen zu müssen, kurzfristig - die regulär erst im Oktober 1997 anstehenden Parlamentswahlen auf den 22. September 1996 vorzuziehen.[4] Wenige Monate nach seiner Wahl durch die Parlamentsfraktion suchte Simitis auch die Bestätigung durch den Wähler, nicht zuletzt angesichts der notwendigen finanz- und wirtschaftspolitischen Maßnahmen zur Erfüllung der Konvergenzkriterien der EWWU und der in diesem Zusammenhang unumgänglichen einschneidenden Sparmaßnahmen.

Der Wahlkampf[5] verlief ruhiger, weniger aggressiv und polemisch als alle vorhergehenden; sachliche Fernsehdebatten traten an die Stelle früherer, oftmals von temperamentvollen Auseinandersetzungen geprägter Massenveranstaltungen im Freien, so daß in den Zeitungen von „Sofa-Wahlen" gesprochen wurde. In der Bevölkerung zeigte sich ein für Griechenland ungewöhnlich hohes Maß an Gleichgültigkeit und Apathie. Weder Sozialisten noch Konservative erreichten in Umfragen mehr als ein Drittel der Wählerstimmen, nahezu 20% waren noch unentschlossen oder verweigerten die Auskunft darüber, wem sie ihre Stimme geben wollten, über die Hälfte erklärte, daß sie diese Wahl nur „wenig" oder „gar nicht" interessiere.[6] Das den Wahlkampf dominierende Thema war die Wirtschaftspolitik, wobei ein politischer Rollentausch zwischen Neuer Demokratie und PASOK bzw. ihren Vorsitzenden stattfand: Der konservative Evert schlüpfte in die Rolle des Populisten, der großzügig

---

[1] Vgl. unter V. Abschnitt 3.1.2.
[2] Vgl. Podimata 1996: 7.
[3] Vgl. dazu unter V. Abschnitt 2.1.1.
[4] Vgl Podimata 1996: 3ff.
[5] Vgl. dazu Featherstone/Kazamias 1997: 157, 159f.
[6] Vgl. *Archiv der Gegenwart* vom 22.09.1996: 41424. Erstmals einigten sich Zeitungen und Fernsehsender darauf, in den letzten 10 Tagen vor der Wahl keine Meinungsumfragen mehr zu veröffentlichen, um das Ergebnis nicht zu beeinflussen; vgl. Featherstone/Kazamias 1997: 160.

Wahlgeschenke verteilt; für den Fall eines Wahlsieges der ND versprach er den Bauern höhere Renten sowie billigeren Sprit für ihre Traktoren und den mittelständischen Unternehmern Steuervergünstigungen. Demgegenüber mahnte der PASOK-Chef Simitis unablässig zur Sparsamkeit und wies darauf hin, daß sich die Zusagen Everts auf umgerechnet rund 10 Milliarden DM beliefen und, solange er nicht verrate, woher er das Geld nehmen wolle, unglaubwürdig seien. Auch außenpolitisch bewegte sich Evert in den Spuren Papandreous, indem er mit betont nationalistischen Parolen auf das Selbstwertgefühl der Griechen zielte, während Simitis für einen Ausgleich mit der verfeindeten Türkei und die europäische Integration seines Landes plädierte.

Bei den Wahlen am 22. September 1996[1] konnte sich die PASOK trotz des Verlustes von über 5 Prozentpunkten als Regierungspartei behaupten. Dank des mehrheitsfördernden Wahlsystems[2] genügten ihr 41,49% der Stimmen für eine klare Parlamentsmehrheit von 162 von 300 (= 54%) Sitzen. Die Neue Demokratie büßte gegenüber 1993 weitere 1,18 Prozentpunkte ein und erzielte mit 38,12% und 108 (= 36%) Mandaten das schlechteste Ergebnis bei nationalen Parlamentswahlen seit ihrer Gründung, und das obwohl der um ihre Wähler konkurrierende Politische Frühling, der vor drei Jahren fast 5% der Stimmen erhalten hatte, deutliche Einbußen hinnehmen mußte und mit 2,94% an der 3%-Hürde scheiterte. Nachdem Samaras durch sein populistisch-nationalistisches Auftreten und als belebendes Element im Kampf der „Dinosaurier" Papandreou und Mitsotakis einen Anfangserfolg erzielt hatte, war es seiner Partei nicht gelungen, in der Folgezeit ein eigenständiges Profil zu entwickeln. 1996 konnte sie somit nicht mehr Protestwähler an sich ziehen, ganz im Gegenteil zur DIKKI, die vor allem PASOK-Wähler ansprach, die zuvor von der populistischen Rhetorik Papandreous angezogen worden waren. Vergleichbar dem Politischen Frühling 1993 kam sie auf Anhieb auf 4,43% und 9 Mandate. Von den Verlusten der PASOK profitierten auch die beiden anderen links von ihr stehenden Parteien: die KKE, die sich leicht verbessern konnte auf 5,61% und 11 Sitze und vor allem die Linksallianz, die ihr Ergebnis mit 5,12% fast verdoppelte und mit 10 Abgeordneten wieder ins Parlament einzog; sie erzielte damit nicht nur ihr bislang bestes Ergebnis, sondern schloß auch fast auf ihre Rivalen von der KKE auf.

---

[1] Vgl. dazu Afendoulis 1996a: 3ff u. Featherstone/Kazamias 1997: 160ff.
[2] Vgl. unter V. Abschnitt 3.2.1.

Ergebnis der Parlamentswahlen vom 22. September 1996

Partei	Stimmen in %	Sitze
PASOK (Simitis)	41,49	162
Neue Demokratie (Evert)	38,12	108
KKE (Papariga)	5,61	11
Allianz der Linken und des Fortschritts (Konstantopoulos)	5,12	10
DIKKI (Tsovolas)	4,43	9
Politischer Frühling (Samaras)	2,94	-
Sonstige u. Unabhängige	2,28	-

Wahlbeteiligung: 76,4%, Sitze: 300

Die Wahlniederlage stürzte die Neue Demokratie in ihre seit ihrer Gründung tiefste Krise. Seit Karamanlis 1980 den Parteivorsitz niedergelegt hatte, war sie immer wieder von Flügelkämpfen bis hin zum Austritt einiger Abgeordneter um den Populisten Samaras erschüttert worden, doch schlossen Beobachter jetzt auch eine Spaltung der Partei nicht mehr aus: Auf der einen Seite stand die Parteirechte um Evert, die ihre politische Heimat in der streng konservativen ERE hatte und unter dessen Vorsitz die Partei weiter nach rechts gerückt war, sehr zum Ärger der Liberalen um Mitsotakis auf der anderen Seite, die in der Tradition der alten Zentrumsunion standen. Noch in der Wahlnacht hatte Evert seinen Rücktritt erklärt und damit die Verantwortung für die Niederlage übernommen, doch entschloß er sich wenige Tage später zu einer erneuten Kandidatur für den Vorsitz. Am 4. Oktober wählte die Fraktion der ND Evert erneut an die Parteispitze. Mit 103 gegen 84 Stimmen konnte er sich gegen den früheren Erziehungs-, Wirtschafts- und Finanzminister und Vertreter der liberalen Reformkräfte, Georgios Souflias, durchsetzen.[1] Zwar riefen Evert und sein unterlegener Gegner die Partei zur Geschlossenheit auf, doch war die Krise nicht überwunden.

Unter dem Druck seiner Kritiker mußte Evert der vorzeitigen Einberufung des im Sommer 1997 ohnehin fälligen Parteitages vom 23. bis 25. März sowie der Erhöhung der Zahl der Delegierten auf über 3.600 zustimmen, womit der Einfluß der Parteibasis gegenüber den weitgehend vom Vorsitzenden abhängigen Vertretern des Parteiapparates gestärkt wurde. Aus der erneuten Konfrontation von Evert und Souflias ging ein Neffe des Parteigründers, Kostas Karamanlis, als unerwarteter und mit 70% Zustimmung eindeutiger Sieger hervor. Mit dem 40jährigen, seit 1989 als Abgeordneter im Parlament sitzenden und bisher kaum in Erscheinung getretenen Karamanlis konnte sich der jüngste und unerfahrenste der vier Bewerber für den Parteivorsitz - neben Evert und Souflias der ehemalige Regierungssprecher Polydoras - durchset-

[1] Vgl. Afendouli 1996a: 4 u. Featherstone/Kazamias 1997: 162f. Zuvor hatten auch der frühere Wirtschafts- und Finanzminister Manos und Mitsotakis' Tochter, Dora Bakojannis, ihr Interesse an einer Kandidatur angemeldet, dann aber zugunsten von Souflias verzichtet.

zen.[1] Dabei kam ihm vor allem sein Name, seine Nichtverwicklung in die Zwistigkeiten der vorherigen Monate sowie ein gewisses rhetorisches Talent zugute, denn während Souflias als einziger Kandidat zumindest in Umrissen ein Programm zur Erneuerung der Partei präsentiert hatte, enthielt die frei gehaltene Rede Karamanlis' inhaltlich oder programmatisch kaum Bemerkenswertes. Mit einem jungen, aber in der Tradition des Parteigründers stehenden Gesicht erhofft sich die ND, das auch durch Everts populistischen Stil verlorengegangene Ansehen und Glaubwürdigkeit zurückzugewinnen.

Auf seiten der PASOK war es Simitis mit dem Wahlsieg gelungen, seine Stellung innerhalb der Partei zu festigen und aus dem Schatten seines charismatischen Vorgängers zu treten. 39 der 162 PASOK-Abgeordneten waren neu ins Parlament gewählt worden ohne vorherige Erfahrung, 11 weitere waren nicht im vorherigen Parlament vertreten, 48 Abgeordnete, darunter mehrere ehemalige Weggefährten und Kabinettsmitglieder Papandreous, verloren ihre Mandate,[2] so daß der Simitis-kritische Flügel zumindest in der Parlamentsfraktion deutlich geschwächt wurde. Die Tatsache, daß sein Konkurrent um den Regierungs- und Parteivorsitz, Tsochatzopoulos, das Verteidigunsressort übernahm, wurde überdies als Zeichen für eine fortschreitende Aussöhnung der einstigen Rivalen gedeutet. Gleichzeitig hatte Simitis nun auch ein Mandat des Volkes erhalten, mit dem er seine im Wahlkampf vertretene Politik der wirtschaftlichen Gesundung, der Beschneidung des Staatssektors und der relativen Zurückhaltung im Verhältnis zur Türkei gegen innerparteiliche wie oppositionelle Anfechtungen verteidigen und konsequent weiterverfolgen konnte. Die Tatsache, daß Simitis trotz der Ankündigung einer Fortsetzung der Sparpolitik die Wahl gewann, scheint auf einen Wandel in der politischen Kultur des Landes hinzudeuten. Die Mehrheit der Wähler ließ sich offenbar nicht mehr durch populistisch-nationalistische Parolen beeinflussen. Allerdings hatte sich der Stimmenanteil links der PASOK von 7,48% auf 15,16% mehr als verdoppelt, was eine nicht zu unterschätzende Gefahr für die weitere Wahlposition der Partei darstellt gerade im Hinblick auf die zu erwartenden Proteste gegen die wirtschafts- und finanzpolitischen Entscheidungen der Regierung Simitis; kritische Stimmen aus dem linken Flügel der Partei sahen denn auch im Wahlerfolg nur einen „Pyrrhussieg", da zu viele bürgerliche Wähler für Simitis gestimmt und zu viele alte, traditionelle PASOK-Wähler abgewandert waren.

---

[1] Die Vorentscheidung fiel bereits im ersten Wahlgang, in dem 1.408 Delegierte für Karamanlis votierten, 1.055 für den von Mitsotakis unterstützten Souflias, 876 für Evert und 118 für den Außenseiter Polydoras. In der folgenden Stichwahl stimmten 2.350 für den nunmehr von Evert unterstützten Karamanlis und 1.048 - weniger als noch im ersten Wahlgang - für Souflias. Vgl. *Kathimerini* vom 24.03.1997 u. FAZ vom 24.03.1997.

[2] Vgl. Featherstone/Kazamias 1997: 162.

In der neuen Regierung übernahm Wirtschaftsminister Jannis Papantoniou, der als Verfechter eines konsequenten Sparkurses gilt, zugleich das Finanzressort, um als „Superminister“ die Sanierung der zerrütteten öffentlichen Finanzen ungeachtet des damit verbundenen sozialen Unruhefaktors voranzutreiben, um Griechenland wenigstens mit Verspätung im Jahr 2001 die Teilnahme an der EWWU zu sichern[1]. Auf diesem Weg bestand Simitis im Dezember 1996 die bis dahin schwerste politische Kraftprobe seiner Amtszeit, als das Parlament mit 160 gegen 136 Stimmen gegen den vehementen Widerstand von Gewerkschaften und Berufsverbänden den durch zahlreiche Sparmaßnahmen gekennzeichneten Staatshaushalt 1997 verabschiedete. Vorgesehen waren unter anderem verschiedene Abgabenerhöhungen, die Streichung von mehr als 200 Steuerfreibeträgen sowie Einsparungen im öffentlichen Dienst, womit man bis Ende 1997 das Budgetdefizit von 7,5% des BIP auf 4,2% und die Inflationsrate von 7,9% auf 4,5% senken wollte.[2] In den Wochen nach Einbringung des Budgets Ende November 1996 war es zu Protestaktionen aufgebrachter Landwirte gekommen, die einen Monat lang mit Blockaden der Hauptverkehrsstraßen das öffentliche Leben erheblich beeinträchtigten und die damit ihren Forderungen nach Senkung der Treibstoffpreise, Anhebung staatlicher Subventionen, Umschuldungen und Rückerstattung der Mehrwertsteuer Nachdruck verleihen wollten. Widerstand gegen die Sparpolitik gab es überdies von Lehrern, Ärzten des öffentlichen Gesundheitswesens, Rentnern, Steuer- und Zollbeamten, Angehörigen des diplomatischen Dienstes sowie Seeleuten, wobei sich letztere gewaltsame Zusammenstöße mit Fernfahrern lieferten, nachdem ein Gericht ihren Ausstand für illegal erklärt hatte.[3] Simitis hatte jedoch schon zu Beginn der Proteste - auch als Warnung an seine innerparteilichen Gegner - deutlich gemacht, eher einen Sturz der Regierung in Kauf zu nehmen als in der Sparpolitik nachzugeben.

Im Lauf des Jahres 1997 wurden ein Gesetz zur Unabhängigkeit der Zentralbank, ein Gesetzentwurf zur allmählichen Reduzierung des Personalbestandes im öffentlichen Sektor, die Bildung einer mit umfassenden Vollmachten ausgestatteten Kommission, die sich mit der Auflösung, Zusammenlegung oder Ausgliederung staatlicher Einrichtungen befaßt, sowie eine Verwaltungsreform in Angriff genommen. Zudem wurde die Privatisierungspolitik gegen den andauernden sozialen, gewerkschaftlichen und politischen Widerstand fortgesetzt.[4] Dabei war die Sparpolitik auch innerhalb der PASOK-Regierung nicht unumstritten. Die Chefs der Ressorts Inneres,

---

[1] Zu den Anstrengungen zur Erfüllung der Konvergenzkriterien vgl. Frangakis 1996: 317ff u. 1997: 321, 324 sowie Giannitsis 1997: 18ff, zum Regierungsprogramm allgemein Afendouli 1996b: 3ff.

[2] Vgl. *Kathimerini* vom 23.12.1996, Giannitsis 1997: 18ff u. Drakopoulos 1997: 5ff.

[3] Vgl. Drakopoulos 1997: 6f, 9.

[4] Zur Wirtschafts- und Finanzpolitik 1997 vgl. *International Herald Tribune* vom 18.12.1997 u. Frangakis 1998: 339f.

Verkehr und Kommunikation sowie Arbeit und Gesundheit begaben sich mit ihren Vorstellungen zur Wirtschafts- und Sozialpolitik in Gegensatz zum Ministerpräsidenten. Nach dessen Kritik trat schließlich der Verkehrs- und Kommunikationsminister, Haris Kastanidis, im September zurück.[1] Anläßlich der Verabschiedung des Staatshaushalts 1998 kam es zu deutlichem Widerstand von rund 30 Fraktionsmitgliedern gegen den politischen Kurs von Simitis, der schließlich den Ausschluß von drei „Dissidenten", die den Etat nicht mittrugen, aus der PASOK-Fraktion anordnete.[2]

Das Wirtschaftswachstum 1997 lag mit 3,4% des BIP über dem EU-Durchschnitt von 2,7%, und auch die anderen wirtschaftlichen Grunddaten hatten sich gegenüber dem Vorjahr verbessert, wenngleich Griechenland noch immer als einziges EU-Mitglied keines der Konvergenzkriterien zur EWWU erfüllte: Die Inflationsrate ging von 7,9% auf 5,2% zurück (Referenzwert 2,7%), das Budgetdefizit von 7,5% des BIP auf 4,0% (Referenzwert 3%), womit der Ende 1996 gesetzte Zielwert sogar unterschritten wurde, die Bruttoverschuldung des Staates von 111,6% des BIP auf 108,7% (Referenzwert 60%); der langfristige Zinssatz lag bei 9,8% (Referenzwert 7,8%)[3]. Entsprechend gehört Griechenland - im Unterschied zu Spanien und Portugal[4] - nicht zu den Gründungsmitgliedern der EWWU.

Als wichtiger Schritt zur für 2001 angestrebten EWWU-Mitgliedschaft trat Griechenland am 14. März 1998 in den Wechselkursmechanismus des Europäischen Währungssystems (EWS) ein, wobei die Parität des ECU zur Drachme mit 1 zu 357 festgelegt wurde, was eine faktische Abwertung um 13,8% bedeutete.[5] Als Folge der Abwertung wurde eine Verteuerung der Importe und damit Erhöhung der Inflationsrate um ein bis zwei Prozentpunkte in Kauf genommen. Ungeachtet dessen setzte sich die Regierung eine Rückführung der Inflationsrate auf 2,5%, des Haushaltsdefizits auf 2,4% des BIP bis Ende 1998 und 2,1% bis Ende 1999 zum Ziel. Als flankierende Maßnahme verabschiedete das Parlament ein Reform- und Sparpaket, das einen weiteren Abbau der staatlichen Subventionen und Investitionen der öffentlichen Hand, die Beschleunigung der in die Wege geleiteten Privatisierung von elf staatseigenen Betrieben, darunter die drei Banken[6], die Erdölgesellschaft Depa, die dritte Tranche der 1996 an die Börse gegangenen Telekommunikationsgesellschaft OTE

---

[1] Vgl. *Kathimerini* vom 2.09.1997.
[2] Vgl. *Kathimerini* vom 22.12.1997.
[3] Vgl. Weidenfeld/Wessels 1998: 198, 213.
[4] Spanien: Inflation 1,8%, Haushaltsdefizit 2,6% des BIP, Staatsverschuldung 68,8%, langfristiger Zins 6,2%. Portugal: Inflation 1,8%, Haushaltsdefizit 2,5% des BIP, Staatsverschuldung 62% des BIP, langfristiger Zins 6,2%.
[5] Vgl. *Kathimerini* vom 14. u. 16.03.1998 u. Drakopoulos 1998: 5.
[6] Die Reduzierung des staatlichen Einflusses im Bankensektor war ein besonderer Schwerpunkt 1998; vgl. dazu Drakopoulos 1998b: 7ff.

sowie die Duty-Free-Geschäfte, Schritte zur Sanierung des hochdefizitären Sozialversicherungssystems, eine flexiblere Gestaltung der Arbeitszeitregelung, die Wiederbesetzung von nur 4 von 5 Beamtenstellen sowie die allmähliche Schließung von 170 unrentablen Staatsbetrieben und unproduktiven Organisationen vorsah.[1] Bemerkenswert in diesem Zusammenhang war, daß der Wirtschaftsminister der ND-Regierung unter Mitsotakis, Stephanos Manos, und neun weitere Abgeordnete der Neuen Demokratie ebenfalls für das Gesetz stimmten und sich damit nicht an der Obstruktionslinie des Parteivorsitzenden Kostas Karamanlis beteiligten, der daraufhin Manos und fünf weitere Abweichler aus der Partei ausschloß. Während die Athener Börse positiv auf den EWS-Beitritt reagierte, wurde er von der ND als übereilt und wirtschaftlich schädlich heftig kritisiert - auch hier ein Rollentausch zwischen den beiden großen Parteien.

Ein fortdauerndes Problem und latenter Destabilisierungsfaktor sind die internen Widerstände gegen die notwendigen Strukturreformen und Einschnitte, gegen die sich die jeweils Betroffenen vehement wehren in Form von Demonstrationen, Streiks und Straßenblockaden. Symptomatisch waren die Demonstrationen und ein landesweiter Generalstreik der Arbeitnehmer im April 1998 gegen den Beschluß des Parlaments, die von der Illiquidität bedrohte nationale Fluggesellschaft Olympic Airways zu sanieren, nachdem sich Vorstand und Belegschaft trotz langer Verhandlungen nicht auf einen entsprechenden Plan hatten einigen können.[2] Die Sanierung wurde mit den Stimmen der PASOK-Fraktion und gegen den Widerstand der konservativen Opposition gebilligt, deren Abgeordnete die Abstimmung boykottierten. Allerdings war sie weit weniger umfangreich, als von der Regierung ursprünglich geplant, so daß die Entscheidung des Parlaments als erste ernsthafte politische Niederlage Simitis‘ seit seiner Amtsübernahme im Januar 1996 gewertet wird.[3] Auch im linken Flügel der Partei richtete und richtet sich weiter Widerstand gegen das umfangreiche Privatisierungsprogramm, die Pläne zur Sanierung der staatlichen Post, Bahn und Athener Verkehrsbetriebe sowie einen weiteren Gesetzentwurf zur Reform der Sozialversicherung.

Gegenwärtig bewegt sich Griechenland im Rahmen des Plans der Regierung, der eine Erfüllung der Konvergenzkriterien bis Ende 1999 vorsieht.[4] Das Haushaltsdefizit liegt bei 2,2% des BIP. Die Einkommens- und Steuerpolitik für 1999 zielt auf eine

---

[1] Vgl. FAZ vom 2.03.1998 u. Drakopoulos 1998: 5.

[2] Vgl. *Kathimerini* vom 10.04.1998. Olympic Airways hatte 1997 einen Verlust von schätzungsweise 7 Milliarden Drachmen zu verzeichnen. Während bei den meisten internationalen Fluglinien die Personalkosten rund ein Viertel der Ausgaben betragen, liegen sie bei Olympic bei fast 50%.

[3] Simitis konnte den Beschluß im Parlament überhaupt nur mit der Drohung durchsetzen, daß es im Falle eines ablehnenden Votums zur Liquidierung der Fluggesellschaft kommt.

[4] Zur jüngsten Entwicklung vgl. Drakopoulos 1998c: 4f, die Griechenland-Beilage der FAZ vom 23.11.1998 u. FAZ vom 28.12.1998.

weitere Senkung der Inflationsrate auf 2,4%. Die Gesamtverschuldung wird mit mehr als 100% des BIP auch weiter deutliche über dem Referenzwert liegen, doch zeigen die Beispiele Belgiens und Italiens, daß die Verletzung lediglich des Schuldenstandskriteriums den Weg in die Währungsunion nicht versperrt, sofern ein sinkender Trend der zusätzlichen Neuverschuldung erkennbar bleibt. Die Wachstumsprognosen gehen für die Jahre 1998 und 1999 von einer überdurchschnittlichen Zunahme des BIP um 3,5% bzw. 3,7% aus. Die Regierung Simitis kann seit ihrer Amtsübernahme auf beträchtliche Fortschritte verweisen, vor allem wenn man sich die Situation zu Beginn der 90er Jahre mit einer Inflationsrate in Höhe von 20% und einem Budgetdefizit von 18% vergegenwärtigt[1]. Seither konnten mehr als 120 Unternehmen (teil-)privatisiert werden; allein in den Jahren 1997 bis 1998 betraf dies ein Volumen von etwa 2 Milliarden Ecu[2]. Für 1999 stehen weitere Privatisierungen an, u. a. die Internationale Messegesellschaft von Thessaloniki, die Wasserwerke und Hafengesellschaften von Athen und Thessaloniki, der Kanal von Korinth, die Athener Börse, die Belieferung der Olympic Airways mit Verpflegung und vermutlich auch die Fluggesellschaft selbst.[3]

Dennoch ist gegenwärtig immer noch der ausgedehnte öffentliche Sektor ein „wesentlicher hemmender Faktor für die Verbesserung der Leistungsfähigkeit“ der griechischen Wirtschaft[4]. Schlüsselfaktoren für die weitere Entwicklung werden neben einem anhaltend hohen, über dem EU-Durchschnitt liegenden Wirtschaftswachstum die künftige Steuer- und Lohnpolitik, die Sanierung und Privatisierung der Staatsbetriebe sowie weitere Reformierung der Sozialversicherung - hier plant die Regierung, die über 350 Sozialversicherungsfonds zu 7 zusammenzufassen - sein. Von besonderer Bedeutung ist dabei das immer wieder ins Stocken geratende Privatisierungs- und Sanierungsprogramm der Regierung[5], das erheblichen Widerstand seitens der Gewerkschaften, Opposition, aber auch innerhalb der Regierungspartei hervorgerufen hat und hervorruft. Zwar bekräftigte Simitis in einem Interview mit der französischen Zeitung *Le Monde* am 29. August 1998 seine Entschlossenheit, seinen Regierungskurs ungeachtet der damit verbundenen politischen Kosten durchzusetzen, und verweist in diesem Zusammenhang auf die über 70 %ige Zustimmung der Bevölkerung zu einem Eintritt Griechenlands in die EWWU[6], doch baut die Opposition - nach ih-

[1] Vgl. unter V. Abschnitt 3.1.2.
[2] Vgl. Frangakis 1998: 340.
[3] Vgl. FAZ vom 28.12.1998.
[4] So der Wirtschafts- und Finanzminister Papantoniou in einem Artikel in der FAZ vom 23.11.1998.
[5] Die Bedeutung der Privatisierungsvorhaben für die Haushaltssanierung zeigt sich auch daran, daß für 1998 die Privatisierungserlöse auf immerhin etwa 3% des BIP geschätzt werden; vgl. FAZ vom 28.12.1998.
[6] In einer Eurobarometer-Umfrage vom Herbst 1997 befürworteten allerdings nur 59% ausdrücklich den Euro, 27% waren dagegen, womit Griechenland an fünfter Stelle bei der Befürwortung der ge-

ren Erfolg bei den Kommunalwahlen im Oktober 1998[1] nicht ohne gewisse Aussichten - bereits mit Blick auf die Mitte 2000 anstehenden Parlamentswahlen auf die Unzufriedenheit der Bevölkerung die vor allem von der „alten Garde“[2] der PASOK mit Besorgnis registriert wird: Die Popularität von Simitis hat sich zu Beginn des Jahres 1999 nahezu halbiert auf nur noch 24,8%; 56,7% sind mit der Regierung insgesamt unzufrieden.[3] Die außer- wie innerparteiliche Opposition gegen die Reformpolitik Simitis‘ stellt somit einen nicht zu unterschätzenden Risikofaktor dar und könnte den von Simitis konsequent eingeschlagenen wirtschaftlichen Weg nach Europa zumindest beeinträchtigen.

3.3 Die EU als Stabilitätsfaktor

18 Jahre nach dem Beitritt Griechenlands zur EG stellt sich bilanzierend die Frage, ob und inwieweit sich dieser tatsächlich stabilisierend auf die Demokratie ausgewirkt hat und eventuell noch auswirkt.

Führte der (geplante) Beitritt Ende der 70er und auch zu Beginn der 80er Jahre noch zu einer scharfen Polarisierung und Spaltung in zwei unversöhnliche Fronten[4], so ist diese nunmehr einer grundsätzlichen EG-/EU-Befürwortung gewichen. Selbst die KKE stellte nach ihrer Wahlkoalition mit der Griechischen Linken 1989/90 die EG-Mitgliedschaft nicht mehr in Frage. Symptomatisch ist der Wandel der PASOK, die von einer prinzipiellen Ablehnung der Gemeinschaft[5] über die Forderung nach einem Sonderverhältnis nach dem Modell Norwegens oder Jugoslawiens und dem Verlangen nach einem Referendum sowie der Neuverhandlung der Beitrittsbedingungen zu dem Entschluß kam, in der EG zu verbleiben, dort aber unnachgiebig für die griechi-

---

meinsamen Währung stand; der EU-Durchschnitt lag bei 51% dafür und 37% dagegen; vgl. Eurobarometer 48, März 1998: 45.

[1] Die Neue Demokratie gewann in 423 Gemeinden, die PASOK in 372, die KKE in 40, die Linksallianz in 30, die DIKKI in 13 und der Politische Frühling in 9. Ähnlich war das Ergebnis auf Präfekturebene, wo die ND 18, die PASOK nur 14 Präfekturen gewann; vgl. Afendouli1998b: 4f.

[2] Drakopoulos 1998c: 5.

[3] Vgl. *Time* vom 15.02.1999: 34. Bereits zum Jahresende 1997 waren in Griechenland nur 38% zufrieden mit der Funktionsweise der Demokratie in ihrem Land, 60% waren unzufreiden. Eine geringere Zufriedenheit in den EU-Mitgliedsstaaten gab es nur noch in Italien (30%) und Belgien (29%) bei einem EU-Durchschnitt von 49%. Befragt über die Erwartungen für das kommende Jahr meinten nur 34%, daß es besser wird (EU-Durchschitt 34%), 38%, daß es gleich bleibt (EU-Durchschnitt 50%) und 25% - der mit Abstand höchste Wert im EU-Vergleich -, daß es schlechter wird (EU-Durchschnitt 12%). (Vgl. Eurobarometer 48, März 1998: 1, 4) Im Vergleich zu vor fünf Jahren waren allerdings 1997 40% der Meinung, daß sich ihr Leben verbessert hat (EU-Durchschnitt 33%), 32%, daß es ungefähr gleich geblieben ist (EU-Durchschnitt 44%). Demgegenüber waren jedoch 28% - nach Frankreich der höchste Prozentsatz innerhalb der EU - der Ansicht, daß sich ihr Leben verschlechtert hat. Vgl. Eurobaromter 47, Okt. 1997: 3.

[4] Vgl. Axt 1992a: 269.

[5] Zur früheren EG-Kritik vgl. unter V. Abschnitt 1.2.3.

schen Interessen zu kämpfen, und schließlich kurz vor den Parlamentswahlen im Oktober 1993 ein neues Grundsatzprogramm verabschiedete, in dem sich die Partei ausdrücklich zur EU und NATO bekennt.[1] Dieser Wandel wurde vor allem nach den Parlamentswahlen von 1985 deutlich, als die Regierung Papandreou erklärte, daß die europäische Einigung die Freiheit, demokratische Ordnung und vor allem ökonomische Entwicklung des griechischen Volkes garantiert, und ihre proeuropäische Wende damit begründete, daß ohne den EG-Beitritt Griechenland dazu verurteilt gewesen wäre, ein bloßer Beobachter historischer Entwicklungsprozesse zu bleiben.[2] Allerdings trug dieser Meinungsumschwung einen „merkantile[n] Zug“[3], da Griechenland von Entwicklungsprogrammen und Krediten der EG profitierte. Bis heute finanziert die Europäische Union alle größeren Infrastrukturvorhaben[4] in Griechenland mit. 1998 erhielt Griechenland aus Brüssel Nettozahlungen von umgerechnet 10,2 Milliarden DM, das sind etwa 5% des BIP.[5]

Hinsichtlich der politischen Strukturen des Landes ging durch die EG eine stabilisierende Wirkung aus insofern, als Griechenland fest in ein System relativ stabiler freiheitlicher Demokratien eingebunden wurde und die EG-Mitgliedschaft den jeweiligen griechischen Regierungen einen Handlungsrahmen setzte, den selbst die PASOK - trotz anfänglichem Verbalradikalismus - nicht überschritt[6], so daß man sagen kann, daß der „ausländische Faktor“ sich entgegen der Vergangenheit, in der er oft negativ auf das politische System Griechenlands eingewirkt hatte, sich nunmehr als stabilisierender Faktor erwies.[7] Demgegenüber wurden in den 80er Jahren aber auch Chancen verpaßt[8], so auf außenpolitischem Gebiet, wo sich die Regierung, anstatt für die wesentlichen außen- und sicherheitspolitischen Interessen Griechenlands bei den EG-Partnern Verständnis zu wecken, durch einen übertriebenen deklaratorischen Radikalismus Sympathien verscherzte. Hier fügten sich auch in den 90er Jahren die Differenzen um den Krieg im ehemaligen Jugoslawien und insbesondere die makedonische Namensfrage ein, in der es aufgrund übertriebener Reaktionen nicht gelang, für die durch die geschichtliche Erfahrung bedingten Bedenken Verständnis zu wecken.[9] Dies spiegelt sich in einer gegenläufigen Tendenz in der Bevölkerung

---

[1] Zur Mäßigung der PASOK insgesamt vgl. unter V. Abschnitt 2.1.1. Zur Änderung der Europahaltung vgl. Verney 1990: 213ff.
[2] Vgl. *To Vima* vom 1.01.1986, zit. nach Wenturis 1987: 362f. Vgl. auch die Haltung Papandreous während der 60er Jahre unter V. Abschnitt 1.2.3.
[3] Axt 1992: 270.
[4] Vgl. dazu Afendouli 1998: 5.
[5] Vgl. FAZ vom 2.03.1998.
[6] Zur EG und Konsolidierung der griechischen Demokratie vgl. unter V. Abschnitt 1.2.3 u. Verney 1990a: 219f.
[7] Vgl. Verney 1990a: 219f.
[8] Vgl. dazu Axt 1992: 251f.
[9] Vgl. Axt 1992: 98f. Zum Makedonien-Problem vgl. unter III. Abschnitt 2.

wider. In Umfragen zur EU äußern sich die Griechen überdurchschnittlich positiv: Im Herbst 1997 sahen 60% der Befragten die EU-Mitgliedschaft als eine gute Sache an, 70% waren der Meinung, daß ihr Land von der EU-Mitgliedschaft Vorteile habe, während die EU-Durchschnittswerte bei 49% bzw. 44% lagen.[1] Ende 1996 sprachen sich 63% für eine europäische Regierung aus, die dem Europäischen Parlament verantwortlich ist, und 65% für das Subsidiaritätsprinzip, Werte, mit denen Griechenland mit an der Spitze der EU-Staaten lag bei einem EU-Durchschnitt von 54% bzw. 61%.[2] Überhaupt wünschten 69% - damit steht Griechenland mit weitem Abstand zu Italien (53%) an erster Stelle im EU-Vergleich - eine wichtigere Rolle des Europäischen Parlaments; im EU-Durchschnitt war dies nur eine Minderheit von 38%.[3] Auch gehört Griechenland (52%) neben Dänemark (71%) zu den einzigen EU-Staaten, deren Bevölkerung sich mehrheitlich für die Europapolitik interessiert.[4] In einer 1996 durchgeführten Umfrage hielten 61% der befragten Griechen eine europäische Staatsbürgerschaft zusätzlich zu ihrer nationalen für notwendig, „um beim Bau Europas weiter voranzukommen"; leicht höhere Werte gab es nur in Italien und Irland, während der EG-Durchschnitt bei 50% lag.[5] Andererseits sind eine ungewöhnlich starke Skepsis und Mißtrauen gegenüber der EU vorhanden sowie die angesichts der griechischen Geschichte nachvollziehbare unterschwellige Furcht, von „Brüssel" unterdrückt zu werden und somit stets wachsam sein zu müssen und sich zu wehren.

Von verpaßten Chancen in den 80er und Anfang der 90er Jahre läßt sich auch im wirtschaftlichen Bereich sprechen, wenngleich Griechenland vor allem in Landwirtschafts- und Infrastrukturprogrammen von EG-Geldern profitiert hat. Ein Vergleich mit den fünf Jahre später der EG beigetretenen Ländern Spanien und Portugal zeigt, daß diese die sich bietenden (Entwicklungs-) Chancen offensichtlich besser bzw. effektiver genutzt haben:

[1] Vgl. Eurobarometer 48, März 1998: 20f.
[2] Vgl. Eurobarometer 46, Mai 1997: 34f.
[3] Vgl. Eurobarometer 48, März 1998: 62.
[4] Vgl. Eurobarometer 41, Juli 1994: 9
[5] Vgl. Eurobarometer 45, Dez. 1996: 89.

Bruttoinlandsprodukt zu jeweiligen Marktpreisen je Einwohner (in DM, errechnet über Kaufkraftparitäten)[1]

	1970	1980	1987	1991
Griechenland	4.362	10.494	13.535	16.421
Spanien	6.683	14.269	20.071	26.560
Portugal	4.395	10.593	14.816	20.122
EG-∅	8.742	18.462	25.480	32.081

Staatsverschuldung (in % des Bruttoinlandsprodukts)[2]

	1974-1983	1985	1988	1990	1997
Griechenland	29,7	62,6	80,2	96,3	108,7
Spanien	37,6	70,9	75,2	68,4	68,8
Portugal	18,1	45,2	42,9	44,5	62,0
EG-∅	42,8	66,7	70,0	68,4	70,98

Wirtschaftlicher Strukturwandel: Erwerbstätige nach Wirtschaftssektoren (in %)[3]

	1960	1970	1980	1985	1991	1994
Landwirtschaft						
Griechenland	53,8	38,8	28,7	28,9	21,6	21
Spanien	40,3	28,5	18,5	16,9	10,7	10
Portugal	43,6	32,8	28,0	23,9	17,5	12
EG-∅	22,7	15,5	12,1	11,0	6,2	5
Industrie						
Griechenland	13,5	23,8	28,7	27,4	28,6	24
Spanien	29,1	36,0	34,8	32,1	33,1	30
Portugal	28,9	33,4	35,3	33,9	33,7	32
EG-∅	38,3	38,1	34,5	31,6	31,8	30
Dienstleistungen						
Griechenland	27,7	37,4	42,6	43,7	49,8	56
Spanien	30,6	35,5	46,7	50,9	56,3	60
Portugal	26,9	33,9	36,7	42,2	48,7	56
EG-∅	38,9	46,4	53,4	57,4	62,0	64

[1] Vgl. Gabriel/Brettschneider 1994: 520. Die durchschnittliche Zuwachsrate des BIP 1986-1991 lag in Griechenland bei nur 1,7%, in Spanien und Portugal dagegen bei 4,3% und 4,2%; vgl. eurostat 1993: 44.

[2] Vgl. Gabriel/Brettschneider 1994: 539 u. Weidenfeld/Wessels 1998: 198.

[3] Vgl. Kasakos 1988: 37, Gabriel/Brettschneider 1994: 510f, Sänger 1994:617 u. eurostat 1993: 145 u. 1997: 149.

Für die „Sünden“ der 80er Jahre hat Griechenland einen hohen Preis zu bezahlen. Der Weg in die Währungsunion ist schwieriger und entbehrungsreicher als für die anderen EU-Staaten: Von 1993 bis Ende 1998 hat Griechenland das Defizit des Staatshaushalts von 13,8% auf 2,2% des BIP vermindert und damit dreimal mehr als die EU-Partnerländer. Im selben Zeitraum nahm die griechische Staatsverschuldung von 113,6% auf 107,7% ab, in den anderen EU-Ländern dagegen von 65,9% auf über 70% zu. Die Inflation wurde in Griechenland von 14,4% auf 4,7% gedrückt, im EU-Durchschnitt jedoch nur von 4,1% auf 1,9%. Nach einem Rückgang des Bruttoinlandsprodukts um 0,5% 1993 wächst die griechische Wirtschaft im fünften Jahr hintereinander und seit drei Jahren mehr als der EU-Durchschnitt. Für das Jahr 1998 wird von einer Zunahme des BIP um real 3,5% und der Industrieproduktion sogar um 4% ausgegangen; das ist der höchste Zuwachs in den vergangenen zwei Jahrzehnten und das trotz der internationalen Krisen.[1] Die Reformen der vergangenen Jahre tragen offensichtlich Früchte und äußern sich in einer höheren Produktivität und einer Belebung der Investitionen.

Überdies muß man berücksichtigen, daß die wirtschaftliche Lage und Entwicklung nur ein Einflußfaktor auf die Stabilität der Demokratie ist. Orientiert man sich an der politischen Kultur, fällt der Vergleich für Griechenland weniger ungünstig aus, so z. B. hinsichtlich des Engagements der Bürger: 1990 bezeichneten sich 55,8% der Griechen als sehr oder ziemlich an Politik interessiert, dagegen nur 33,5% der Spanier und 13,3% der Portugiesen bei einem EG-Durchschnitt von 44,8%.[2] Ein ähnliches Bild ergibt sich hinsichtlich politischer Diskussionen, zu denen es bei durchschnittlich 40,3% der befragten Griechen kommt, während die Werte bei den Spaniern und Portugiesen bei lediglich 7,8% bzw. 6,1% und auch der EG-Durchschnitt unter 20% lagen.[3] 90,4% der befragten Griechen hielten 1992 die Demokratie für die beste Staatsform, in Spanien waren es 78%, in Portugal 82,8% und im EG-Durchschnitt 78,8%;[4] überdurchschnittlich ist auch die Unterstützung von Grundrechten[5]

Angesichts der bereits mehrfach angesprochenen massiven Wirtschaftsprobleme und der gehäuften Fälle von Korruption und Mißwirtschaft wuchs auch die Anzahl derer, die sich von der EU-Mitgliedschaft eine mittel- bis langfristige Linderung der

---

[1] Zu den Wirtschaftsdaten vgl. Weidenfeld/Wessels 1994: 141, 1995: 104f, 1996: 108, 1998: 198, Europäische Kommission 1998: 70 u. FAZ vom 28.12.1998.

[2] Vgl. Gabriel/Brettschneider 1994: 544.

[3] Der griechische Wert ergibt sich aus dem Durchschnitt der Jahre 1985-1991, der spanische und portugiesische aus dem der Jahre 1985-1992. Griechenland liegt damit - erst mit weitem Abstand gefolgt von Luxemburg mit 20,5% - an der Spitze der EG-Staaten, deren gemeinsamer Durchschnitt je nach Umfragejahr zwischen 15% und 18% schwankt, während Spanien und Portugal die Schlußlichter bilden; vgl. Gabriel/Brettschneider 1994: 578f.

[4] Vgl. Gabriel/Brettschneider 1994: 548.

[5] Vgl. Gabriel/Brettschneider 1994: 552.

Probleme erhoffen nach der Devise „Lieber von Brüssel regiert werden als im Sumpf der eigenen Probleme untergehen."[1] Es fällt auf, daß bereits in den Jahren 1981 bis 1986 die Mehrheit der befragten Griechen bei der Beseitigung regionaler Strukturdefizite durch Finanztransaktionen (66%) sowie der Bekämpfung der Inflation (54%) und Arbeitslosigkeit (51%) den EG-Institutionen eine größere Kompetenz zuweist als der eigenen Regierung.[2] In keinem Land war Ende 1997 mit 58% das Vertrauen in die EU so groß - im EU-Durchschnitt überwog sogar die Zahl derer ohne Veretrauen (41%) die Zahl derer mit Vertrauen (37%) - und mit 72% der Wunsch nach einer wichtigeren Rolle der EU im 21. Jahrhundert so ausgeprägt wie in Griechenland (EU-Durchschnitt 45%).[3]

Mit einer weiteren Vertiefung der Integration und der daraus folgenden Ausweitung der europäischen Kontrolle wird auch die Anzahl der Bereiche zunehmen, in denen die Regierung zu Anpassungen gezwungen wird, so daß unter diesem Gesichtspunkt die EU-Mitgliedschaft weiter als stabilisierender Faktor wirken kann. Dies zeigt zur Zeit sehr deutlich der sich durch die angestrebte Teilnahme an der EWWU im Jahr 2001 ergebende Handlungszwang zur Reduzierung des Staatsanteils und der öffentlichen Defizite. Jahrzehntelang dienten staatliche Unternehmen den Regierungen jeglicher Couleur als bevorzugtes Instrument zur Schaffung von Arbeitsplätzen und Befriedigung materieller Ansprüche ihrer Wählerklientel. Die Leistungsfähigkeit in den Unternehmen wurde demgegenüber systematisch vernachlässigt mit der Folge, daß sich in den 90er Jahren der jährliche Subventionsbedarf der öffentlichen Unternehmen und anderer Staatsbetriebe auf umgerechnet 3,6 Milliarden DM verdreifacht hatte[4] mit entsprechender Rückwirkung auf die Haushaltslage. Die Sorge, den wirtschaftlichen Anschluß an Europa zu verlieren, erzwingt bzw. begünstigt einen Prozeß des Umdenkens, der längerfristig auch auf die politische Kultur wirkt, in der der Klientelismus seit der Unabhängigkeit des Landes ein beständiger Faktor war. Die Tatsache, daß mit der seit Januar 1996 amtierenden Regierung Simitis ausgerechnet eine Regierung der Partei, unter deren Führung es in den 80er Jahren zu einem Ausufern von Klientelismus, Populismus, Nepotismus und Korruption, einem regelrechten Verfall der politischen Kultur, gekommen war, für eine in ihrer Konsequenz und Entschlossenheit noch nicht dagewesene Modernisierungs- und Sanierungspolitik steht, kann auch als ein Zeichen für den stabilisierenden Einfluß Europas angesehen werden.

---

[1] Axt 1992: 270.
[2] Vgl. Wenturis 1990: 239.
[3] Vgl. Eurobarometer 48, März 1998: 3, 8.
[4] Vgl. FAZ vom 23.11.1998.

Zusammenfassung

Griechenlands Weg nach Europa, sein Ringen um demokratische Strukturen, aber auch die geistig-kulturelle Zugehörigkeit zu Europa im 20. Jahrhundert, litt unter Fehlern, die im 19. Jahrhundert nach der Unabhängigkeit begangen wurden. Vor allem die übereilte, unkontrollierte Einführung fremder, westeuropäischer Institutionen, allen voran der Monarchie, die nicht den sozialen Gegebenheiten entsprachen, und die Aufblähung des Staatsapparates erwiesen sich als Hemmfaktoren. Nach der Absetzung des absolutistisch regierenden Königs Otto war 1864 die Staatsform einer - wie es seit 1959 hieß - „gekrönten Demokratie" eingeführt worden, die bis 1968 die Grundlage der griechischen Verfassungstradition bildete. Die Anerkennung des „Prinzips des erklärten Vertrauens" 1875 durch Georg I., d. h. daß die von ihm gewählten Regierungen das Vertrauen der Mehrheit des Parlaments haben müssen, bedeutete den Beginn des Parlamentarismus in Griechenland, doch wurde in der Praxis regelmäßig davon abgewichen. Eine wachsende Desillusionierung über die westlichen Institutionen, verbunden mit einem idealisierten Bild „einheimischer" Verfahren der politischen und sozialen Organisation, trug mit zu der bereits in der jahrhundertelangen Fremdherrschaft begründeten Zweideutigkeit der politischen Identität und Orientierung des Landes bei. Der 1895 abgewählte Reformpolitiker Trikoupis zog am Ende des 19. Jahrhundert die Bilanz, die Bedingungen in Griechenland seien nicht reif für das Funktionieren der parlamentarischen Institutionen gewesen.

Ein erneuter Versuch, Griechenland innere soziale und wirtschaftliche Stabilität zu geben, erfolgte zu Beginn des 20. Jahrhunderts. Der sich zu einer liberalen Bewegung entwickelnde Militäraufstand von Goudi 1909 - im griechischen Selbstverständnis nach dem Befreiungskampf 1821-1827 der zweite Versuch einer nationalen Wiedergeburt - leitete, vergleichbar ähnlich reformistischen Armeeinterventionen in Lateinamerika, den Eintritt neuer politischer Kräfte in das politische Leben des Landes ein. Venizelos und die von ihm gegründete Liberale Partei unternahmen Schritte zu einer Modernisierung des Staatswesens nach westlichem Vorbild. Mit der auf ihre Initiative hin 1911 revidierten Verfassung begann Griechenlands Entwicklung als Rechts-, Sozial- und Wirtschaftsstaat.

Auch im Zuge dieser vor allem vom aufsteigenden Bürgertum unterstützten Reformpolitik kam es anläßlich der Frage der griechischen Haltung im Ersten Weltkrieg zu einem - zeitweise sogar die Form einer territorialen Spaltung annehmenden - Konflikt zwischen dem pro-deutschen König Konstantin I. und dem auf seiten der Entente stehenden Ministerpräsidenten Venizelos, in dessen Folge ein tiefer Riß durch die überpolitisierte griechische Gesellschaft ging. Im Kern handelte es sich dabei um einen verfassungspolitischen Konflikt über die Rechte des Königs und schließlich auch die Frage der Staatsform überhaupt. Die Spaltung in Venizelisten und Antivenizelisten bzw. Royalisten hatte nachhaltige Auswirkungen auf die griechische Politik bis 1941 und stand jahrzehntelang einer ungefährdeten demokratischen Tradition entgegen. Der Grad der Mobilisierung überstieg den der politischen Institutionalisierung und Sozialisation, und der Fundamentalkonsens über die Methoden der Konfliktaustragung zerbrach mit entsprechend desintegrativen Wirkungen auf das politische System; gleichzeitig entstanden die Voraussetzungen für die Prätorianergesellschaft der Zwischenkriegszeit.

Ebenso negativ auf die Bemühungen um den Aufbau eines modernen Staatswesens wirkte sich die Überbeanspruchung durch die *Megali Idea* aus, den Traum, alle auf der Balkanhalbinsel und in Kleinasien lebenden Griechen territorial zu vereinigen. Der katastrophal endende Kleinasienfeldzug gegen die Türkei (1919-1922) konfrontierte das Land mit einem kaum zu bewältigenden Flüchtlingsproblem. Darüber hinaus bedeutete der endgültige Verlust der die griechische Politik seit der Unabhängigkeit des Landes beherrschenden Leitidee eine traumatische Erfahrung für die griechische Gesellschaft und erzeugte ein Gefühl des Verlorenseins, der Desorientierung und Entfremdung. Diese Identitätskrise wirkte sich zwangsläufig auf die kollektiven und individuellen Einstellungen zum Staat und zur Politik aus.

Entsprechend schlecht waren somit die Startbedingungen der 1924 errichteten Republik. Die fortdauernde Konfrontation der beiden politischen Lager vergiftete das politische Klima und führte zu einer permanenten Legitimitätskrise, in der die politischen Alltagsfragen und anstehenden, vor allem sozioökonomischen Probleme immer wieder von der Grundsatzfrage Republik oder Monarchie, Venizelismus oder Antivenizelismus überlagert wurden, und die schließlich in den Untergang des - ob nun „königlichen“ oder republikanischen - demokratischen Systems münden mußte. Im Kampf um die Macht versuchten beide Seiten, den militärischen Machtfaktor für sich einzusetzen, und nahmen damit bewußt die Politisierung des Offizierskorps in Kauf, das sich immer wieder zu Interventionen berufen fühlte. Zwar förderte die Erfahrung der kurzlebigen Diktatur unter General Pangalos 1925/26 einen vorübergehenden Ausgleich zwischen beiden Lagern, doch ab 1932 lebten die Instabilitäten und die „Nationale Spaltung“ wieder auf. Das liberale Lager selbst spaltete sich in einander feindselig gegenüberstehende Gruppen; die griechische Republik nahm eine ähnliche Entwicklung wie die Weimarer Republik. Eine systemdestabilisierende Erscheinung war die Tendenz der Parteiführungen zu Manipulationen mit der Verfassung und zum Ausbau von Unterdrückungsmaßnahmen, um den politischen Gegner zu neutralisieren. Gleiches galt für die zunehmenden Diskussionen über den „Bankrott“ des parlamentarischen Systems, die Erörterung autoritärer Systeme oder zumindest einer autoritären Variante der Verfassung sowie den darin zum Ausdruck kommenden Mangel an Demokraten unter den Politikern. Hier wirkte sich auch das internationale Umfeld aus, das nach der Demokratisierungswelle nach dem Ersten Weltkrieg ab 1922 eine autoritäre Gegenwelle erlebte. Die Verschärfung sozialer und politischer Konflikte, die Unfähigkeit der politischen Parteien und Institutionen, Systemloyalität zu produzieren, die permanente Verletzung demokratischer Spielregeln, wiederholte Rückgriffe auf Notstandsgesetzgebungen sowie die allgemeine Verwilderung politischer Sitten brachten die Demokratie in Mißkredit und provozierten geradezu einen autoritären Umsturz.

Zwei gescheiterte Putschversuche venizelistischer Offiziere nach der Wahlniederlage des venizelistischen Bündnisses 1933 bzw. dem drohenden Verlust der liberalen Mehrheit bei den 1935 anstehenden Senatswahlen stärkten die Position der Radikalen im gegnerischen Lager, die jegliche verfassungsmäßige Legalität abstreiften und staatsstreichartig die Monarchie restaurierten, die kurze Zeit später dem bereits seit Jahren auf dieses Ziel hinarbeitenden Metaxas den Weg in die Diktatur öffnete. Dabei kam ihm auch die für die Errichtung einer Diktatur günstige Stimmung in der Öffentlichkeit zugute: Viele Menschen waren der permanenten Instabilität, Putsche, Putschgerüchte und -versuche überdrüssig, begannen mit dem wachsenden Bedürfnis nach Sicherheit und Ordnung auch jeglicher Artikulation von politischen, wirtschaftlichen und sozialen Interessenkonflikten ablehnend gegenüberzustehen. Dem sich innenpolitisch-ideologisch an den faschistischen Staaten Deutschland und Italien orientierenden, außenpolitisch jedoch im Lager der freiheitlichen Demokratien stehenden Metaxas-Regime selbst gelang es jedoch nicht, sich bei den Massen zu verwurzeln. Der Tod des Diktators und die Besatzung bedeuteten sein Ende.

Die griechische Niederlage im April 1941 hatte ein Paradoxon zur Folge: einerseits folgten mehr als drei Jahre der Okkupation bis zum Oktober 1944, andererseits wurde durch die sich formierende Resistance das gesamte überkommene politisch-gesellschaftliche System in Frage gestellt. Die auf Initiative der Kommunisten gegründete EAM begann, den Staat in den befreiten Gebieten von den „Graswurzeln“ her neu aufzubauen. Doch schon während der Besatzung trat der Widerstand teilweise zugunsten innergriechischer Auseinandersetzungen in den Hintergrund, begann sich eine neue Art der Spaltung zu entwickeln.

Der sich nach der Befreiung noch fünf Jahre bis Oktober 1949 hinziehende Bürgerkrieg, der mehr Menschenleben als der Zweite Weltkrieg in Griechenland forderte und weite Landstriche verwüstete, hinterließ tiefe Spuren im politischen System und in der politischen Kultur und beeinflußte die Entwicklung des Landes bis in die Zeit nach der Obristenherrschaft. Nachdem die tiefe Kluft zwischen Venizelisten und Antivenizelisten zunächst durch den erfolgreichen Abwehrkampf gegen Italien 1940/41 und dann den Widerstandskampf gegen die Besatzungsmächte überbrückt worden war, durchzog ein neuer Riß die griechische Gesellschaft. Mißtrauen, Angst und Fanatismus wurden von beiden Seiten mit demagogischen Mitteln geschürt und vergifteten das politische Klima. Dem entsprach das Fehlen einer beständigen regierungsfähigen Mehrheit bis 1952; der sich um eine innere Befriedung und Versöhnung bemühende Kurs der diversen liberalen Zentrumsparteien war zum Scheitern verurteilt.

Die Einführung des Mehrheitswahlrechts auf amerikanischen Druck und das Auftreten der dominanten Persönlichkeiten Papagos und Karamanlis begünstigte 1952-1961 eine Phase relativer Stabilität unter den konservativen Regierungen der Griechischen Sammlung bzw. ERE, die die Voraussetzungen für einen wirtschaftlichen Aufschwung und überdurchschnittliche Wachstumsraten schufen. Die Ausgestaltung der Staatsform der „gekrönten Demokratie“ stand jedoch einer dauerhaften Konsolidierung entgegen. Nach den Schrecken des Bürgerkriegs lähmte das Gespenst des Kommunismus das politische Leben des Landes. Jegliche reformistischen und progressiven Ideen erschienen in dieser Atmosphäre suspekt. Das Fortwirken der Bürgerkriegsmentalität zeigte sich auch in der Beibehaltung autoritärer Machtinstrumente der Exekutive sowie der starken Beschneidung der rechtsstaatlichen wie demokratischen Garantien, welche auf Notstandsbasis gerechtfertigt wurden. Die „außerordentlichen Maßnahmen“ wie Militärgerichte, Deportationen, Entzug der Staatsbürgerschaft und Gesinnungszertifikate blieben rund 20 Jahre in Kraft und boten der Exekutive die Möglichkeit zum Machtmißbrauch gegen Oppositionelle überhaupt.

Neben dem Staat existierte ein mit ihm konkurrierender, aber auch verfilzter Machtapparat, das sogenannte *Parakratos*, bestehend aus Militärs und mit ihnen kooperierenden Geheimdiensten und paramilitärischen Verbänden, dem Thron und dem „ausländischen Faktor“, der die politische und gesellschaftliche Entwicklung mit wechselndem Erfolg unter Kontrolle zu halten versuchte. Dies führte zu einer Erschütterung der Rechtsordnung und entfremdeten politischen Kultur. Der Antikommunismus wurde zur Staatsideologie der 50er und 60er Jahre, zum wichtigsten Instrument sozialer Kontrolle und Demobilisierung, womit die restriktive Natur des griechischen politischen Systems abgesichert wurde. Sein Hauptmerkmal war die Unterteilung der griechischen Bürger in „national Gesinnte“ einerseits, deren Loyalität zum bestehenden, militant antikommunistischen System sowie zur traditionellen Werten verhafteten Ordnung außer Frage stand, und „nicht national Gesinnte“ andererseits, die in irgendeiner Form die etablierte politische und soziale Ordnung ablehnten oder ihr auch nur kritisch gegenüberstanden und denen aus diesem Grund die gleichberechtigte Partizipation am politischen System wie überhaupt am öffentlichen

Leben durch eine Reihe - nicht selten am Geist und Inhalt der Verfassung von 1952 vorbeigehender - repressiver, willkürlicher Gesetze und Regierungsdekrete verweigert wurde. Dieser „ausschließende" Charakter der griechischen Demokratie sowie die parastaatlichen Strukturen standen - ungeachtet einiger positiver Ansätze - dem Aufbau einer langfristig stabilen parlamentarischen Demokratie entgegen. Die Osmose zwischen Regierungspartei und Staat, d. h. die Säuberung der Verwaltung und der Sicherheitskräfte von Oppositionellen und Durchsetzung mit Anhängern, vor allem aber die Manipulationen bei der Parlamentswahl von 1961 zeigten eine deutliche Tendenz der Konservativen, die Möglichkeit eines Machtwechsels zu unterbinden.

Mit der Wahl von 1961 setzten eine Verhärtung des politischen Klimas und ein Prozeß des Vertrauensverlustes gegenüber der Regierung Karamanlis ein. Gestützt auf den Vorwurf der Wahlfälschung stellte die Opposition, angeführt von Georgios Papandreou, dem es erstmals in der Nachkriegszeit gelungen war, die liberalen Parteien der Mitte in der Zentrumsunion zu vereinigen, die Legalität der Regierung in Frage. Die Schärfe der zunehmend auch auf die Straße getragenen Auseinandersetzungen nahm zu; die Umstände der Ermordung des EDA-Abgeordneten Lambrakis im Mai 1963 offenbarten das Ausmaß der Aktivitäten parastaatlicher, geradezu terroristischer Elemente und den Verfall des Rechtsstaates.

Gleichzeitig waren die Wahlerfolge der Zentrumsunion 1963 und 1964 Ausdruck einer sich ausbreitenden Aufbruchstimmung in Griechenland. Es hatte ein Prozeß der sozialen und politischen Mobilisierung stattgefunden, der das Ergebnis der rapide, abrupte und ungleichgewichtige Veränderungen mit sich bringenden wirtschaftlichen und sozialen Entwicklung seit den 50er Jahren war, gegenüber der die in der Nachkriegszeit etablierten staatlichen und parastaatlichen Machtstrukturen zusehends unangemessen waren. Die Wahlsiege der Zentrumsunion schienen einen Ausweg aus der sich anbahnenden Repräsentations- und Legitimationskrise zu bieten, versprachen sie doch demokratische Reformen, ohne das gesamte politische und gesellschaftliche System in Frage zu stellen. Allerdings bedeutete die von Papandreou angekündigte Liberalisierung und Modernisierung einen Angriff auf die parastaatlichen Strukturen und damit auf das etablierte Machtgleichgewicht zwischen parlamentarischer Rechten, Thron und Militär, und vor allem die beiden letzten waren nicht bereit, sich damit abzufinden. Zwar vermochte die Regierung Papandreou, in den 16 Monaten ihrer Amtszeit viele ihrer Vorhaben einer Effektivierung des Staatsapparates und vor allem einer Stärkung der rechtsstaatlichen Prinzipien sowie einer Liberalisierung des öffentlichen Lebens zu verwirklichen, doch gelang es ihr nicht, Verwaltung, Justiz, Streitkräfte und Polizei unter ihre volle Kontrolle zu bringen; letztlich scheiterte sie am Beharrungsvermögen der alten Machtstrukturen.

In dem aus der Frage der Ablösung des Verteidigungsministers im Juli 1965 entstandenen folgenschweren Verfassungskonflikt zwischen Ministerpräsident und König konnte man eine Neuauflage der Auseinandersetzungen von 1915 zwischen Venizelos und Konstantin I. sehen, und zwar sowohl hinsichtlich des darin enthaltenen Streits um die Befugnisse des Königs und der Regierung als auch der verhängnisvollen Auswirkungen auf die Demokratie. Der die Regierung Papandreou stürzende „königliche Staatsstreich" leitete eine tiefe Repräsentations- und Legitimationskrise ein, die schließlich zur Aufhebung des Parlamentarismus und zur Militärdiktatur führten. Nach der Ausschaltung Papandreous experimentierte der König - begleitet von laufenden Demonstrationen und Massenkundgebungen zugunsten des entmachteten Ministerpräsidenten - mit Minderheitskabinetten, deren Mitglieder zum Teil mit dubiosen Mitteln aus der Zentrumsunion abgeworben wurden. Die Systemkrise, in der die verfassungsmäßigen Institutionen ihre Autorität verloren und die parlamentarische Demokratie zur Farce geriet, nahm ein bedrohliches Ausmaß an.

Ende 1966 erhärteten sich die Gerüchte eines bevorstehenden Staatsstreichs des Militärs. Angesichts der inner- und zwischenparteilichen Rivalitäten und Zwistigkeiten geriet jedoch der Gedanke an eine solche Bedrohung in den Hintergrund, wurde vergessen, aus welchem Bereich Gefahr für die parlamentarische Demokratie drohte: Während der Hof und die Konservativen nur die Gefahr einer erneuten Regierungsübernahme durch die Zentrumsunion sahen, in der der linke Flügel an Gewicht gewonnen hatte, konnte diese die Gefahr einer Diktatur nur von seiten des Hofes erkennen. Das Militär als autonomer politischer Machtfaktor wurde darüber von beiden Seiten vergessen. Nach der mit der Beendigung des Zweiten Weltkriegs einhergehenden zweiten Demokratisierungswelle gehörte Griechenland zu den Staaten, in denen in einer mit Beginn der 60er Jahre einsetzenden Gegenwelle militärische Staatsstreiche die demokratischen Strukturen beseitigten. Das politische System der Nachkriegszeit hatte den grundlegenden Test jeder Demokratie, die Bewältigung eines Machtwechsels, nicht bestanden.

Durch ihr Machtmonopol, den Rückgriff auf lediglich allgemeine Werte wie Patriotismus, Nationalismus und Ordnung, das Fehlen einer umfassenden Ideologie sowie damit verbunden den Verlust an Modernisierungsfähigkeit und affektiver Identifikation der Bevölkerung mit dem System trug die Militärdiktatur von 1967-1974 die für ein autoritäres System typischen Kennzeichen. Jede Äußerung freien politischen Denkens war untersagt bzw. wurde im Keim erstickt. Mit Hilfe ihres umfassenden Terror- und Einschüchterungsinstrumentariums gelang es den Obristen, ihre Gegner von vornherein auszuschalten und ihre Macht zu etablieren, ohne sich jedoch mit ihrer an die „nationalen Ideale" appellierenden Parole „Griechenland griechischer Christen" in der Bevölkerung eine Basis von Anhängern zu schaffen. Der König versäumte es, eine entschlossene Haltung gegen die Putschisten einzunehmen und besiegelte damit das Schicksal der Monarchie.

Als fundamentale Schwäche des Obristenregimes erwies sich dessen Unfähigkeit, sich durch eine entsprechende Institutionalisierung und Legitimation dauerhaft zu konsolidieren. Bezeichnend war, daß die Militärs sich nicht einmal an die von ihnen selbst in den Verfassungen von 1968/73 aufgestellten Regeln zu halten vermochten. Auf die wachsenden Krisenerscheinungen reagierte der Diktator Papadopoulos Anfang der 70er Jahre mit einer spürbaren Liberalisierung, die ihren Höhepunkt in der „zivilen" Regierung Markezinis erreichte, doch versetzten die in diesem für das Regime kritischen Moment im November 1973 eskalierenden, von den Studenten angeführten Unruhen dem Regime seinen entscheidenden Schlag; es war nicht in der Lage, mit der Doppelbelastung von Liberalisierung und Mobilisierung fertig zu werden. Die nach einem internen Coup an die Macht gekommene Junta aus *Hardlinern* der Militärpolizei versuchte vergeblich, durch massive Repressionen den Verfall des Systems aufzuhalten. Der von der Junta initiierte Staatsstreich auf Zypern und die folgende militärische Intervention der Türkei offenbarte das völlige Versagen des autoritären Regimes und war nur noch der letzte Auslöser für seinen Zusammenbruch im Juli 1974.

Im Rahmen der zu Beginn der 70er Jahre einsetzenden dritten Welle der Demokratisierung in Südeuropa und Lateinamerika kehrte Griechenland nach dem Sturz der Junta sehr schnell zur demokratischen Staatsform zurück. Ein Teil der Militärführung entmachtete die *Hardliner* um Ioannidis, bemühte sich im Rahmen einer Machtübergabe an die politische Rechte ein gewisses Maß an Einfluß zu wahren, war jedoch letztlich zu geschwächt, um sich gegen die jetzt in Richtung auf eine Regierungsübernahme zusammenarbeitenden Führungsspitzen der ERE und Zentrumsunion durchzusetzen. Dabei erleichterte die externe Krise den internen Prozeß der Transition, indem sie sowohl eindämmend auf das bestehende Mobilisierungs- und Radikalisierungspotential wirkte als auch die Entscheidungs- und Handlungskompetenzen des gewissermaßen in der Rolle eines *„modernizing monarch"* eine Klammer zwischen modernisierenden und traditionellen Elementen bildenden Karamanlis vergrößerte. Seine Übergangsstrategie bestand in einer „Politik der vorsichtigen Normalisierung", die durch ein schrittweises, aber insgesamt zügiges Vorgehen einen reibungslosen Übergang ermöglichte. Die Parlamentswahlen vom November 1974 gingen als die bis dahin freiesten in die neugriechische Geschichte ein. Durch das Referendum vom Dezember 1974 fand die seit Gründung des neugriechischen Staates immer wieder zu Auseinandersetzungen führende Frage der Staatsform einen wohl endgültigen Abschluß. Das eindeutige Votum gegen die Monarchie bedeutete das Ende einer importierten Institution, die gerade im 20. Jahrhundert vor allem als Hindernis für eine eigenständige, ungefährdete demokratische Entwicklung des Landes hervorgetreten war. Mit dem Inkrafttreten einer neuen Verfassung im Juni 1975 war die Übergangsphase innerhalb eines knappen Jahres beendet und damit die Phase der Konsolidierung deutlich schneller eingeleitet als in Portugal und Spanien, wo die ersten demokratischen Wahlen erst rund zwei Jahre nach dem Ende des autoritären Regimes bzw. Francos Tod abgehalten wurden, wobei die Voraussetzungen in Griechenland angesichts einer nur siebenjährigen Diktatur und der damit gegebenen Möglichkeit, auf die - wenngleich autoritäre Züge tragende - Nachkriegsdemokratie aufzubauen, ungleich besser waren als in Portugal und Spanien mit 48 bzw. 36 Jahren autoritärer Herrschaftsform.

Die Erfahrung der Militärdiktatur wirkte sich insofern positiv auf Griechenlands Weg zur Demokratie aus, als sie nicht nur den traditionellen, oft mehr oder minder unheilvollen Einfluß des Militärs, des Königs und des Auslands auf die griechische Politik diskreditierte, eine Neuauflage der „disziplinierten" Nachkriegsdemokratie ausschloß und somit zur Liberalisierung beitrug, sondern auch die innere Versöhnung der durch den Bürgerkrieg über Jahrzehnte gespaltenen Gesellschaft förderte und einen bisher in Griechenland nicht gekannten Konsens der politischen Kräfte - eine der wesentlichen Funktionsvoraussetzungen für die Demokratie - herbeiführte. Karamanlis setzte auch weiterhin auf die von der Übergangsregierung eingeschlagene Politik der nationalen Versöhnung und zog damit die Lehre aus dem „ausschließenden" System der Nachkriegszeit, das zur Diktatur führte. Seine Konsolidierungsstrategie setzte vor allem auf die Schaffung von Bedingungen, die es anders als vor 1967

a) auch dem in der PASOK institutionalisierten, gestärkten linken Zentrum wie überhaupt der Linken erlaubten, voll am politischen System zu partizipieren und damit zu seiner Legitimisierung und Konsolidierung beizutragen, und
b) einen friedlichen, reibungslosen, d. h. nicht das politische System als solches und die demokratischen Spielregeln in Frage stellenden, Machtwechsel ermöglichten.

Im Unterschied zur Nachkriegsdemokratie wurde das politische System nicht durch parastaatliche Strukturen untergraben. Nach anfänglicher - taktisch bedingter - Zurückhaltung wurde auch das Problem der Demilitarisierung von Staat und Gesellschaft schnell gelöst. Nachdem das Militär seit Gründung des neugriechischen Staates regelmäßig so weit in innergesellschaftliche Auseinandersetzungen hineingezogen wurde, daß es mit anderen (zivilen) Gesellschaftsgruppen konkurrierte und sich durch Androhung bzw. Anwendung von Gewalt immer wieder mit oder gegen die zivile Führung durchsetzen konnte, nimmt es seit 1974 eine zurückhaltende Position ein, ist es erstmals auf die Aufgaben der Verteidigung zurückgedrängt. Insgesamt machte die Regierung der Neuen Demokratie mit der Demokratisierung und Liberalisierung des öffentlichen Lebens das ursprünglich von den Konservativen heftig kritisierte Zentrumsprogramm der vordiktatorischen Zeit zum Bestandteil ihrer Politik, wie überhaupt eine - bei den Parlamentswahlen von 1977 deutlich werdende - Linksverschiebung der politischen Kräfte stattfand, bei der das traditionelle Zentrum von der ND, vor allem aber der PASOK aufgesogen wurde.

Ein weiterer die junge Demokratie konsolidierender Faktor war das internationale Umfeld bzw. die Integration Griechenlands in die EG, die Karamanlis beharrlich verfolgte und so das Land nicht nur in ein politisches und ökonomisches Gerüst stabiler Demokratien einband, sondern auch einen bindenden Handlungsrahmen für seine Nachfolger schuf. Entgegen der Vergangenheit wirkte bzw. wirkt der „ausländische Faktor" nunmehr stabilisierend. Anläßlich des EG-Beitritts offenbarte sich jedoch auch in den von Karamanlis und A. Papandreou geprägten Slogans „Griechenland gehört zum Westen" bzw. „Griechenland gehört den Griechen" eine verschleppte Identitätskrise, d. h. die Frage, ob Griechenland eher zum Westen, zum Balkan oder zum Mittelmeerraum zugehörig anzusehen ist, ein Problem, das sich zwar nicht demokratiegefährdend auswirkte, eine kontinuierliche Entwicklung des Landes jedoch des öfteren behinderte.

Was die den Prozeß der Konsolidierung ausmachende Überwindung demokratiegefährdender Elemente, vertiefende Institutionalisierung und Legitmisierung des Regimes sowie Entwicklung einer entsprechenden politischen Kultur betrifft, machte Griechenland bis zu Beginn der 80er Jahre einen stetigen Prozeß durch. Deutlichstes Zeichen für eine Festigung der Demokratie war der friedliche Verlauf des Machtwechsels 1981, der nicht nur eine neue Regierung sondern auch erstmals eine sozialistische Partei in Griechenland an die Macht brachte. Anders als in der Republik nach dem Ersten und der „gekrönten Demokratie" nach dem Zweiten Weltkrieg bestand und besteht nunmehr ein - für das Funktionieren des demokratischen Systems unabdingbarer - Konsens der politischen Akteure, daß einerseits der Wahlsieger bzw. die Regierung ihre gewonnene, aber zeitlich begrenzte Macht nicht dazu einsetzt, die Aktivitäten der Wahlverlierer bzw. Opposition zu behindern oder sogar zu unterbinden und die Möglichkeit eines späteren Machtwechsels aufzuheben, andererseits aber die Wahlunterlegenen das Recht der Regierungsmehrheit, bindende Entscheidungen zu treffen, akzeptieren und ihre Opposition gegen Politikinhalte der Regierung, nicht aber gegen die Legitimität des konstitutionellen Regimes selbst richten.

Unter dem Gesichtspunkt, daß die PASOK durch ihre Mäßigung zunehmend in die Position der alten Zentrumsunion rückte, kann man zu Beginn der 80er Jahre von einer Restrukturierung des Parteiensystems sprechen mit der PASOK als (linker) Zentrumsregierung, der ND als konservativer und der KKE als linker Opposition. Die PASOK, die mit ihrem euphorischen Slogan des „Wandels" eine Art Vision gehegt hatte, erfüllte jedoch trotz einiger Reformen - letztlich waren diese jedoch nur eine Fortsetzung der von Karamanlis eingeleiteten Modernisierung - nicht nur nicht die in sie gesetzten Erwartungen, sondern trug auch die Hauptverantwortung dafür, daß die 80er Jahre eine für Griechenland in vielerlei Hinsicht verlorene Dekade bedeuten und eine Negativentwicklung von der Konsolidierung zur Krise stattfand. Bereits 1985 stellte ein kritisches Jahr für die griechische Demokratie dar, in dem es anläßlich der verfassungsrechtlich umstrittenen Präsidentenwahl, bei der die PASOK und vor allem ihr Vorsitzender ein eigenwilliges Demokratieverständnis an den Tag legten, kurzfristig zu einem bedenklichen Abbau des demokratischen Konsenses kam. In den beiden Parteivorsitzenden der PASOK und der Neuen Demokratie, Papandreou und Mitsotakis, die ihre seit Jahrzehnten bestehende Feindschaft auf der politischen Bühne austrugen, symbolisierten sich in gewisser Weise fortan die Auseinandersetzungen der 60er Jahre. Von beiden politischen Lagern wurde bewußt ein politischer Fanatismus geschürt, indem bittere Erfahrungen und Ängste der Vergangenheit geweckt wurden: auf der rechten Seite die Erinnerung an den Bürgerkrieg, auf der linken Seite die Erinnerung an die nachfolgende Repression und Militärdiktatur. Dieser rhetorischen Konfrontation steht jedoch vor allem seit Mitte der 80er Jahre mit der zeitweiligen Austeritätspolitik, die mit der aus EG-Kreisen stammenden Befürwortung gerechtfertigt wurde, und der allmählichen proeuropäischen Wende der PASOK, die sich schließlich 1993 in einem sich ausdrücklich zur NATO und europäischen Integration bekennenden neuen Grundsatzprogramm der Partei äußerte, eine zunehmende Angleichung in den grundlegenden Politikinhalten gegenüber.

Mußte die PASOK in ihrer ersten Regierungsperiode bereits Abstriche von ihrem ursprünglichen Programm machen, so bestand in der zweiten eine eklatante Differenz zwischen Anspruch und Realität. In vielen als Opposition von ihr noch kritisierten Praktiken übertraf sie sogar noch ihre Vorgängerregierungen; vor allem galt dies für die parteiliche Durchsetzung des Staatsapparates und den Klientelismus, der von ihr noch perfektioniert wurde. Noch gravierender waren die - bis heute zu tragenden - Folgekosten einer im wirtschaftlichen Bereich zum Teil verantwortungslosen Politik, die Griechenland immer tiefer in einen Teufelskreis aus öffentlicher Verschuldung, hoher Inflation und Stagnation der Produktion trieben. Die Mitte des Jahres 1987 einsetzende Aufdeckung von Mißwirtschaft und Verstrickung der Regierungspartei in Skandale und Korruptionsfälle offenbarte einen regelrechten Verfall politischer Sitten; insgesamt also eine Situation, die in einer weniger konsolidierten Demokratie zum Zusammenbruch des Systems führen kann, zumal die folgenden prekären Mehrheitsverhältnisse die seit 1974 herrschende Phase stabiler Regierungen beendeten und dreimalige Parlamentswahlen innerhalb von zehn Monaten erforderlich machten.

In der Bewältigung dieser kritischen, durch Regierungsinstabilität, um nicht zu sagen -unfähigkeit, geprägten Periode kann man aber gerade auch ein Indiz für eine fest verankerte konsolidierte Demokratie in Griechenland sehen. Dies verweist auf Eastons Theorie der „diffusen Unterstützung“, nach der es für die Verankerung eines Systems spricht, wenn es trotz (Leistungs-)Krisen Bestand hat. Dabei zeigte sich, daß die griechische Demokratie nicht nur die Krise bewältigen konnte, sondern dies auch in einer Art und Weise tat, die ihre Legitimität erhöhte. So gaben die Parteien nicht nur ihr traditionell konfliktorientiertes, bisweilen nahezu unversöhnliches Verhalten vorübergehend zugunsten für die griechische Politik ungewöhnlicher Koalitionsbildungen auf, sondern wurde zudem die durch den Bürgerkrieg noch immer belastete und mit Argwohn betrachtete Linke durch ihre Regierungsbeteiligung endgültig in das politische System integriert. Unter diesem Gesichtspunkt rückte die Tatsache, daß sich vor allem die Allparteienkoalition in ihrer Entscheidungs- und Handlungsfähigkeit oft als gelähmt erwies, in den Hintergrund. Nach Rustows Theorie über die Gewöhnungsphase einer jungen Demokratie trägt eine solche Erfahrung dazu bei, die politischen Kräfte noch enger an das System zu binden.

Von besonderer Bedeutung für die Konsolidierung und das Funktionieren der Demokratie ist die Herausbildung einer systemunterstützenden politischen Kultur. In EG-weiten Meinungsumfragen der 80er und 90er Jahre zeigte und zeigt sich in Griechenland ein überdurchschnittliches Interesse an Politik und eine überdurchschnittliche Unterstützung von Grundrechten. Auf den ersten Blick bedenklich erscheint, daß die Demokratiezufriedenheit, die während der 80er Jahre mit etwa 55% über dem EG-Durchschnitt lag, 1990 rapide absank und seither Werte unter 40% aufweist. Demgegenüber ist aber festzuhalten, daß die Zahl derer, die die Demokratie als die beste aller Staatsformen ansehen, kontinuierlich auf über 90% anstieg. Somit zeigt sich auch hier ein Beweis für den erfolgreichen Verlauf der demokratischen Konsolidierung; die Leistung der Regierung oder auch allgemein der Parteien ist weniger ausschlaggebend für die Unterstützung des politischen Systems als für den Ruf der (Regierungs-)Parteien. Auch hier kann man auf Eastons These der „difffusen Unterstützung“ verweisen.

Der gerade zu Beginn der 90er Jahre bestehende Unmut ist insofern positiv, als man ihn als Zeichen für ein wachsendes Bewußtsein gegenüber chronischen Mißständen in der griechischen Politik deuten kann. Die Konsolidierung einer Demokratie zeigt sich dann, wenn trotz aller Unzufriedenheit autoritäre und extreme Kräfte keinen Zulauf erhalten. Hier ergibt sich auch ein fundamentaler Unterschied zur Situation Mitte der 60er Jahre, als kompromißloses, polarisierendes Verhalten, Intrigen, Korruption und grenzenloser Opportunismus die Politiker diskreditierten und nicht nur eine gewisse, anfängliche Apathie gegenüber der Diktatur begünstigten, sondern auch manchen den gegen den allgemeinen Verfall politischer Sitten gerichteten Eingriff des Militärs begrüßen ließen.

Gleichzeitig weisen politische Strukturen und politische Kultur der 70er und 80er, zum Teil aber auch noch der 90er Jahre Merkmale auf, die sich eher negativ auf Entwicklung und Qualität der griechischen Demokratie auswirken: Als ein wesentlicher Schwachpunkt ist das Verhältnis zwischen Gesellschaft und Parteien bzw. deren Rolle als Mittler bei der politischen Willensbildung zu sehen. Sowohl Neue Demokratie als auch PASOK stützen sich in erster Linie auf ihre Führungspersönlichkeiten, vernachlässigen dabei ihr programmatisches und organisatorisches Profil und erwekken zum Teil den Eindruck, in erster Linie Ämterpatronage- und Interessenparteien zu sein, die sich lediglich am Erhalt oder der Eroberung der politischen Macht ausrichten, d.h. sie widersprechen dem in einer modernen Demokratie geltenden Grundsatz, daß eine Partei mehr sein muß als nur eine Koalition von verschiedenen Interessenten, die durch die Privilegien, die die Regierungsbeteiligung mit sich bringt, zusammengehalten wird, um eine verantwortliche Herrschaft über das Gemeinwesen auszuüben und dieses weiter zu gestalten. Unter diesen Umständen ist auch nicht zu verhindern, daß der Wahlausgang unter Umständen weniger durch die Parteiprogramme als durch „politischen Handel“, d. h. die Erfüllung von Wählerwünschen bis hin zu Wahlgeschenken, beeinflußt wird.

Ein weiteres Defizit der griechischen Demokratie ergibt sich aus dem Umgang der politischen Kräfte untereinander, bei dem die Tradition einer spannungsreichen, konfliktorientierten Politik bis heute - ungeachtet der 1989/90er-Koalitionen - fortwirkt. Allgemein werden politische Auseinandersetzungen durch ideologischen Formalismus beherrscht. Statt sich auf sachlicher Ebene mit den konkreten Problemen des Landes auseinanderzusetzen, zeichnen sich Debatten nicht selten durch Inhaltslosigkeit aus, werden „abgehobene“ Grundsatzdiskussionen über Demokratie, Freiheit und Gleichheit geführt oder gegnerische Politiker persönlich angegriffen. Dieser Tatbestand wird durch ein Defizit an Rationalität noch verstärkt. Insgesamt läßt sich von einem unterentwickelten Sinn für das politische *fair play* und die demokratischen Spielregeln sprechen. Von seiten der Regierung besteht eine gewisse Tendenz, die Opposition auszuschließen, worin man ein Fortleben der bis 1974 bestehenden Tradition sehen kann, die Opposition als störendes, im Gegensatz zum Staat stehendes Element zu behandeln. Die Opposition ihrerseits sieht ihre Hauptaufgabe weniger in der Kontrolle der Regierung, sondern bemüht sich, mit Hilfe der ihr wohlgesonnenen Presse, ein Klima politischer Instabilität zu schaffen, um die Regierung zu Fall zu bringen. Mehr noch, als in den meisten westeuropäischen Demokratien üblich, stellt sie sich prinzipiell und nicht nur in konkreten Bereichen gegen die Regierung. Die

Fähigkeit, Konflikte beizulegen und Kompromisse zu schließen, ist somit in der griechischen Politik noch immer unterentwickelt.

Nachdem die erste Hälfte der 90er Jahre mit dem Scheitern der Regierung Mitsotakis, der es - nicht zuletzt aufgrund fortlaufender Streiks und innerparteilicher Uneinigkeit - nicht gelang, eine grundsätzlich richtige wirtschaftspolitische Konzeption konsequent in die Praxis umzusetzen, sowie der Rückkehr Papandreous an die Regierung und damit verbundenen Anzeichen einer Fortsetzung der Mißwirtschaft und Skandale seiner früheren Amtszeit eher Anlaß zu Pessimismus gab, kam es ab 1996 mit dem Wechsel im Amt des Ministerpräsidenten zu einem vielversprechenden Stilwechsel in der griechischen Politik. Simitis' Wahlsieg trotz der Ankündigung einer Fortsetzung der Sparpolitik deutet auf einen Wandel der politischen Kultur; erstmals gewann eine Partei ohne jegliche Wahlgeschenke.

Die Regierung Simitis kann seit ihrer Amtsübernahme auf beträchtliche Erfolge verweisen und steuert gegenwärtig auf eine Teilnahme an der EWWU im Jahr 2001 zu, wenngleich abzuwarten bleibt, inwieweit sich der Widerstand der Gewerkschaften, Opposition, aber auch der innerhalb der Regierungspartei selbst bei den 2000 anstehenden Parlamentswahlen auswirkt. Ebenso fraglich ist aber auch, ob die dann gewählte Regierung - vor allem auch angesichts der sich daraus ergebenden Folgekosten - eine realisierbare Alternative hat. Die Fortsetzung des von der gegenwärtigen Regierung eingeschlagenen Kurses wäre um so wichtiger, damit - in Anlehnung an das Simitis-Zitat zu Beginn der Arbeit - vertane Chancen und das Unvermögen, einmal Begonnenes zu Ende zu bringen, die Hauptmerkmale der Politik Griechenlands im 20. Jahrhunderts, dies nicht auch in der Zukunft sind.

Schematische Darstellung der parteipolitischen Entwicklung in Griechenland

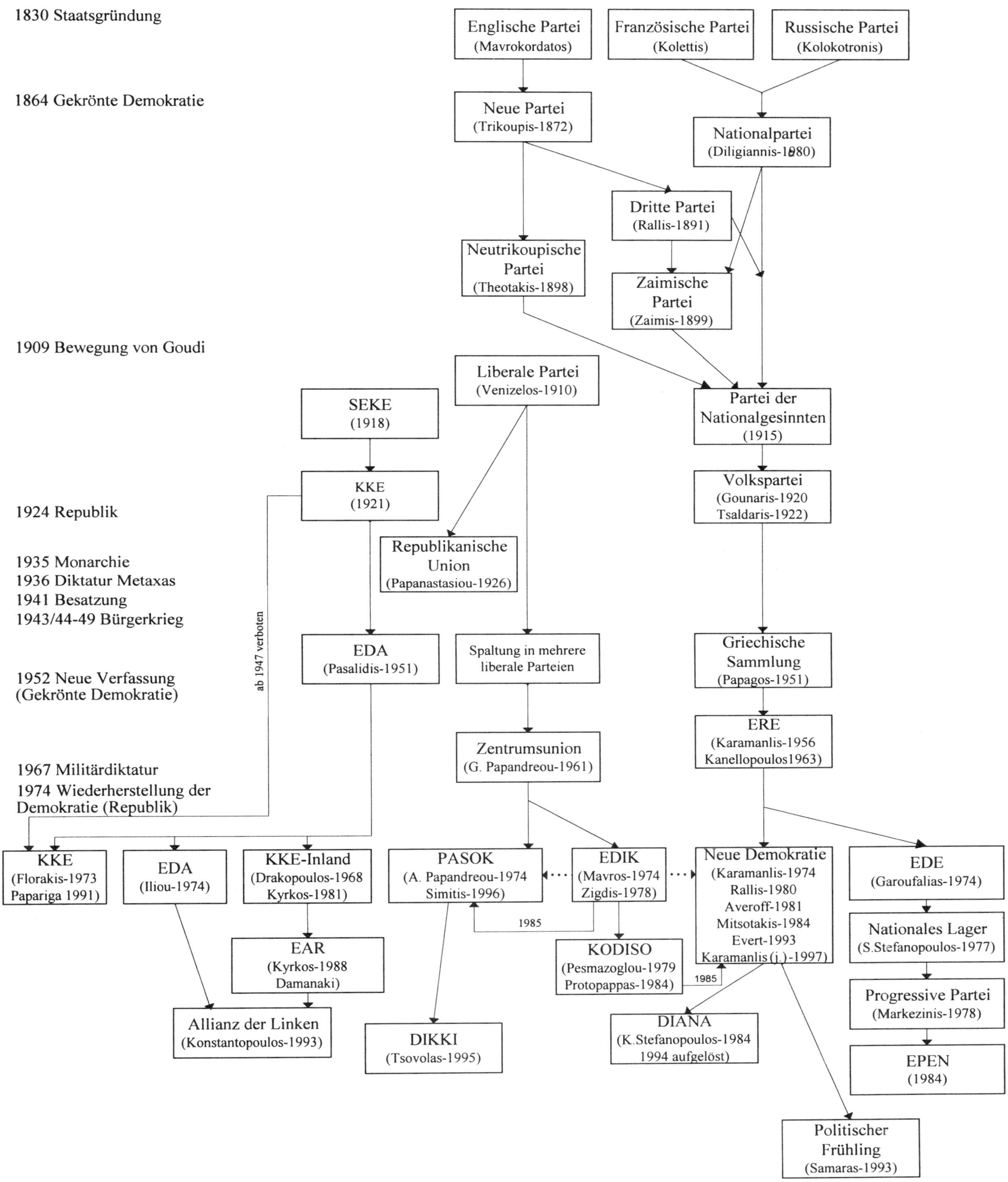

Abkürzungsverzeichnis

AD	Aliança Democrática (Demokratische Allianz)
ADEDY	Anotati Dioikisi Enoseon Dimosion Ypallilon (Oberste Leitung der Beamtenvereinigungen)
AP	Alianza Popular (Volksallianz)
APU	Aliança Povo Unido (Allianz des Vereinigten Volkes)
AKE	Agrotiko Komma tis Ellados (Bauernpartei Griechenlands)
AMAG	American Mission for Aid to Greece
AMFOGE	Allied Mission for Observing the Greek Elections
ASO	Antifasistiki Stratiotiki Organosis (Antifaschistische Militärorganisation)
ASPIDA	Axiomatikoi Sosate Patrida, Idean, Dimokratian, Axiokratian (Offiziere, rettet Vaterland, Ideale, Demokratie und Würde)
BIP	Bruttoinlandsprodukt
BMM	British Military Mission
BSP	Bruttosozialprodukt
CD	Coalición Democrática (Demokratische Koalition)
CDS	Centro Democrático y Social (Demokratisch-Soziales Zentrum)
CDU	Coligação Democrática Unitaria (Unitarische Demokratische Koalition)
CEOE	Confederación Español de Organizaciones Empresariales (Spanische Vereinigung der Arbeitgeberorganisationen)
CGTP-IN	Confederaçao Geral dos Trabalhadores Portugueses-Intersindical Nacional (Allgemeiner Zentralverband der Portugiesischen Arbeiter)
DE	Dimokratiki Enosis (Demokratische Union)
DIANA	Dimokratiki Ananeosi (Demokratische Erneuerung)
DIKKI	Dimokratiko Koinoniko Kinima (Demokratische Soziale Bewegung)
DSE	Dimokratikos Stratos Elladas (Demokratische Armee Griechenlands)
EA	Ethniki Allilengyi (Nationale Solidarität)
EAK	Ethnikon Agrotikon Komma (Nationale Agrarpartei)
EAM	Ethniko Apeleftherotiko Metopo → Ethniko Antifasistiko Metopo (Nationale Befreiungsfront → Nationale Antifaschistische Front)
EAMN	Ethniko Apeleftherotiko Metopo Neon (Nationale Befreiungsfront der Jugend)
EAR	Elliniki Aristera (Griechische Linke)
ECU	European Currency Unit
EDA	Eniaia Dimokratiki Aristera (Vereinigte Demokratische Linke)
EDE	Ethniki Dimokratiki Enosis (Nationale Demokratische Union)
EDES	Ethnikos Dimokratikos Ellinikos Syndesmos (Nationale Republikanische Griechische Liga)
EDIK	Enosi Dimokratikou Kentrou (Union des Demokratischen Zentrums)
EEAM	Ergatiko Ethniko Apeleftherotiko Metopo (Nationale Befreiungsfront der Arbeiter)
EFTA	European Free Trade Association
EG	Europäische Gemeinschaft
EK	Enosis Kendrou (Zentrumsunion)
EK-ND	Enosi Kentrou - Nees Dynameis (Zentrumsunion - Neue Kräfte)
EKKA	Ethniki Kai Koinoniki Apeleftherosi (Nationale und Soziale Befreiung)
ELAN	Elliniko Laiko Apeleftherotiko Naftiko (Griechische Volksbefreiungsmarine)

ELAS	Ellinikos Laikos Apeleftherotikos Stratos (Griechische Volksbefreiungsarmee)
ELD	Enosis Laikis Dimokratias (Union für Volksdemokratie)
ENA	Enosis Neon Axiomatikon (Union der Jungen Offiziere)
EOKA	Ethniki Organosi Kyprion Agoniston (Nationale Organisation Zypriotischer Kämpfer)
EON	Ethniki Organosis Neolaias (Nationale Organisation der Jugend)
EP	Ethniki Parataxis (Nationales Lager)
EP	Ethniki Politofylaki (Nationale Bürgerwehr)
EPE	Ethniki Politiki Enosi (Nationale Politische Union)
EPEK	Ethniki Proodeftiki Enosis Kentrou (Nationale Fortschrittliche Zentrumsunion)
EPEN	Ethniki Politiki Enosi (Nationale Politische Union)
EPOK	Ethniki Politistiki Kinisis (Nationale Kulturelle Bewegung)
EPON	Eniaia Panelladiki Organosi Neon (Geeinte Panhellenische Organisation der Jugend)
ERE	Ethniki Risospastiki Enosis (Nationale Radikale Union)
ES	Ellinikos Synagermos (Griechische Sammlung)
ESA	Elliniki Stratiotiki Astynomia (Griechische Militärpolizei)
ESKE	Enotiko Sosialistiko Komma tis Ellados (Vereinte Sozialistische Partei Griechenlands)
ESO	Elliniki Stratiotiki Organosis (Griechische Militärorganisation)
ETA	Euskadi ta Askatasuna (Baskenland und Freiheit)
EU	Europäische Union
EWG	Europäische Wirtschaftsgemeinschaft
EWS	Europäisches Währungssystem
EWWU	Europäische Wirtschafts- und Währungsunion
FRS	Frente Republicana e Socialista (Republikanisch-Sozialistische Front)
GSEE	Geniki Synomospondia Ergaton Elladas (Allgemeiner Verband der Arbeiter Griechenlands)
IDEA	Ieri Desmis Ellinon Axiomatikon (Heiliger Bund Griechischer Offiziere)
IWF	Internationaler Währungsfonds
KGSEOA	Koinon Genikon Stratigeion Ethnikon Omadon Andarton (Gemeinsames Generalhauptquartier der Nationalen Partisanenverbände)
KKE	Kommounistiko Komma Ellados (Kommunistische Partei Griechenlands)
KKE-ES	Kommounistiko Komma Ellados - Esoterikou (Kommunistische Partei Griechenlands - Inland)
KKE-EX	Kommounistiko Komma Ellados - Exoterikou (Kommunistische Partei Griechenlands - Ausland)
KODISO	Komma Dimokratikou Sosialismou (Partei des Demokratischen Sozialismus)
KP	Komma Proodeftikon (Progressive Partei)
KPdSU	Kommunistische Partei der Sowjetunion
KPJ	Kommunistische Partei Jugoslawiens
KYP	Kentriki Ypiresia Pliroforion (Zentraler Nachrichtendienst)
LKK	Laikon Koinonikon Komma (Soziale Volkspartei)
MDP/CDE	Movimento Democrático Popular/Comissao Democrático Eleitoral (Demokratische Volksbewegung/Demokratische Wahlkommission)
MFA	Movimentó dos Forças Amadas (Bewegung der Streitkräfte)
NATO	North Atlantic Treaty Organization
ND	Nea Dimokratia (Neue Demokratie)
OECD	Organization for Economic Cooperation and Development
OEEC	Organization for European Economic Cooperation

PAK	Panellinio Apeleftherotiko Kinima (Panhellenische Befreiungsbewegung)
PAME	Pandimokratikon Agrotikon Metopon Elladas (Pandemokratische Agrarfront Griechenlands)
PAP	Politiki Anexartitos Parataxis (Unabhängiges Politisches Lager)
PAS	Panellenikos Apeleftherotikos Syndesmos (Panhellenische Befreiungsliga)
PASOK	Panellinio Sosialistiko Kinima (Panhellenische Sozialistische Bewegung)
PCE	Partido Communista España (Kommunistische Partei Spaniens)
PCP	Partido Comunista Português (Kommunistische Partei Portugals)
PDK	Prososini Dimokratiki Kyvernisis tis Eleftheris Elladas (Provisorische Demokratische Regierung des Freien Griechenlands)
PDP	Partido Democrático Popular (Demokratische Volkspartei)
PE	Pankliriki Enosis (Panklerikale Union)
PEDY	Panelliniki Epitropi ton Dimosion Ypallilon (Panhellenisches Komitee der Beamten)
PEEA	Politiki Epitropi Ethnikis Apeleftherosis (Politisches Komitee der Nationalen Befreiung)
POLA	Politiki Anixi (Politischer Frühling)
PPD	Partido Popular Democrático (Demokratische Volkspartei)
PPM	Partido Popular Monárquico (Monarchistische Volkspartei)
PRD	Partido Renovador Democrático (Demokratische Erneuerungspartei)
PS	Partido Socialista (Sozialistische Partei)
PSOE	Partido Socialista Obrero Español (Spanische Sozialistische Arbeiterpartei)
RGW	Rat für gegenseitige Wirtschaftshilfe
SEDO	Syndonistiki Epitropi Dimosioypallilikon (Koordinationsausschuß der Beamtenvereinigungen)
SEKE	Sosialistiko Ergatiko Komma tis Elladas (Sozialistische Arbeitspartei Griechenlands)
SKE	Sosialistiko Komma Ellados (Sozialistische Partei Griechenlands)
SPADE	Symmachia Proodeftikon kai Aristeron Dyameon (Allianz der Progressiven und Linken Kräfte)
TEA	Tagmata Ethnikis Asfalias (Bataillone für Nationale Sicherheit)
UCD	Unión de Centro Democrático (Union des Demokratischen Zentrums)
UEDS	União de Esquerda Democráta Socialista (Linksunion der Sozialistischen Demokratie)
UGT	Unión General de Trabajadores (Allgemeiner Arbeiterbund)
UNO (UN)	United Nations Organization
UNRRA	United Nations Relief and Rehabilitation Administration

Literaturverzeichnis

Afendouli, I. 1996a: Victory for Simitis, in: Hermes, 4, 3-7.
Afendouli, I. 1996b: Simitis' four-year plan, in: Hermes, 5, 3-5.
Afendouli, I. 1998a: Greece heads into the final ,euro' stretch, in: Hermes, 26, 4-5.
Afendouli, I. 1998b: Results from local government election mark a change in political map, in: Hermes, 28, 4-5.
Agüero, F. 1991: Regierung und Streitkräfte in Spanien nach Franco, in: Bernecker/Oehrlein (Hrsg.) 1991, 167-188.
Ake, C. 1974: Modernization and Political Instability, a theoretical exploration, in: World Politics, 4, 576-591.
Alivizatos, N. 1978: The Greek Army in the Late Forties: Towards an Institutional Autonomy, in: Journal of the Hellenic Diaspora, 3, 37-45.
Alivizatos, N. 1979: Les institutions politiques de la Grèce à travers les crises 1922-1974. Paris.
Alivizatos, N. 1990: The difficulties of 'rationalization' in a polarized political system: the Greek Chamber of Deputies, in: U. Liebert/M. Cotta (eds.) 1990, 131-153.
Almond, G./*Verba*, S. 1963: The Civic Culture. Princeton.
Almond, G./*Verba*, S. 1980: The Civic Culture Revisited. Boston/Toronto.
Alogoskoufis, G. S./*Philippopoulos*, A. 1992: Inflationary expectations, political parties and the exchange rate regime: Greece 1958-1989, in: European Journal of Political Economy, 3, 375-399.
Anagnostidis, H. 1975: Griechenland nach der Diktatur, in: Die Neue Gesellschaft, 1, 36-39.
Anastasakos, G./*Voulgaris*, G./*Nikolakopoulos*, E. (Hrsg.) 1990: Ekloges 1989-1990. Athen. (Wahlen 1989-1990).
Anastasiades, T. 1987: Papandreou, un chef charismatique, in: Études, Sept., 163-172.
Anastasidis, G./*Venizelos*, E. B./*Kontogiorgis*, G. 1985: Eklogiko Systima kai Politiki Syngyria. Thessaloniki. (Wahlsystem und politische Zufälligkeit).
Angelopoulos, A. o. J.: Oikonomikes Apopseis. 1946-1958. Athen. (Wirtschaftsansichten. 1946-1958).
Antonakeas, N. 1950-1954: Politiki Istoria Ellados. 3 Bde. Athen. (Politische Geschichte Griechenlands).
Antonopoulos, I. A. 1994: Alvania & ellinoalvanikes scheseis 1912-1994. Athen. (Albanien und griechisch-albanische Beziehungen).
Apter, D. 1968: Some Conceptual Approaches to the Study of Modernisation. Englewood Cliffs.
Aspreas, G. 1963^2: Politiki Istoria tis Neoteris Ellados. 2 Bde. Athen. (Politische Geschichte Neugriechenlands),
Athanasiadis, T. (Hrsg.) 1975: I Epistrofi sti Dimokratia kai ta Provlimata tis. Athen. (Die Rückkehr zur Demokratie und ihre Probleme).
Arat, Z. F. 1988: Democracy and Economic Development. Modernization Theory Revisited, in: Comparative Politics, Oct., 21-36.
Auernheimer, G. 1995: Historische Voraussetzungen der politischen Kultur Griechenlands, in: Südosteuropa, 6-7, 335-372.
Axt, H.-J. 1982: Politischer Wandel in Südeuropa und die Perspektive des „mediterranen Sozialismus“, in: Neue Politische Literatur, 1, 202-228.
Axt, H.-J. 1985a: Die PASOK - Aufstieg und Wandel des verspäteten Sozialismus in Griechenland. Bonn.
Axt, H.-J. 1985b: Wandel und Kontinuität in Griechenland. Zur wirtschaftlichen und politischen Entwicklung seit 1981, in: Aus Politik und Zeitgeschichte B 26, 21-37.

Axt, H.-J. 1989a: Griechenland und die Europäische Gemeinschaft. Erfahrungen mit der Mitgliedschaft und Aussichten für 1992, in: Südosteuropa-Mitteilungen, 2, 126-138.
Axt, H.-J. 1989b: Athen: Konservativ-Kommunistische Reinigungskolonne, in: Blätter für deutsche und internationale Politik, 8, 918-921.
Axt, H.-J. 1990: 2,7 Millionen fanatische Griechen? Oder warum 40% der Wähler noch immer Papandreou bevorzugen, in: Südosteuropa, 2, 119-136.
Axt, H.-J. 1991: Griechenland, in: Weidenfeld/Wessels (Hrsg.) 1991, 323-328.
Axt, H.-J. 1992a: Griechische Außenpolitik in Europa: Verpaßte Chancen und neue Herausforderungen. Baden-Baden.
Axt, H.-J. 1992b: Griechenland, in: Weidenfeld/Wessels (Hrsg.) 1992, 335-340.
Axt, H.-J. 1993a: Makedonien: Ein Streit um Namen oder ein Konflikt vor dem Ausbruch?, in: Europa-Archiv, 3, 67-75.
Axt, H.-J. 1993b: Auf dem Balkan isoliert. Griechenlands außen- und sicherheitspolitische Situation nach dem Ende des Ost-West-Konflikts, in: Südosteuropa-Mitteilungen, 3, 242-251.
Axt, H.-J. 1996: Zeichen der Hoffnung?, in Südosteuropa, 2, 187-190.
Axt, H.-J./*Kramer*, H. 1990: Entspannung im Ägais-Konflikt? Griechisch-türkische Beziehungen nach Davos. Baden-Baden.

Baerentzen, L. 1978: The Demonstration in Syntagma Place on Sunday the 3rd of December, 1944, in: Scandinavian Studies in Modern Greek, 2, 3-52.
Bakojannis, P. 1972: Militärherrschaft in Griechenland. Stuttgart/Berlin.
Bakojannis, P. 1977: Anatomia tis Ellinikis Politikis. Genesis kai Parakmi tou Ellinikou Kratous. Athen. (Anatomie der griechischen Politik. Genese und Verfall des griechischen Staates).
Baloyra, E. (ed.) 1987: Comparing New Democracies. Transition and Consolidation in Mediterranean Europe and the South Cone. London.
Bank von Griechenland 1986: Ekthessi tou Diikitou tis Trapesis tis Ellados gia to etos 1985. Athen. (Bericht des Gouverneurs der Bank von Griechenland für das Jahr 1985).
Bank von Griechenland 1991: Ekthessi tou Diikitou tis Trapesis tis Ellados gia to etos 1990. Athen. (Bericht des Gouverneurs der Bank von Griechenland für das Jahr 1990).
Bernecker, W. L. 1991: Gewerkschaften und Arbeitsbeziehungen in der Monarchie, in: Bernecker/Oehrlein (Hrsg.) 1991, 121-165.
Bernecker, W. L./*Oehrlein*, J. (Hrsg.) 1991: Spanien heute. Politik, Wirtschaft, Kultur. Frankfurt/M.
Besson, W./*Jasper*, G. 1990: Das Leitbild der modernen Demokratie. Bauelemente einer freiheitlichen Staatsordnung. Bonn.
Beyme, K. v. 1985: Politische Parteien und die Konsolidierung der neuen Demokratie in Südeuropa, in: Journal für Sozialforschung, 25, 27-37.
Beyme, K. v. 1994: Systemwechsel in Osteuropa. Frankfurt/M.
Beyme, K. v./*Nohlen*, D. 1991: Systemwechsel, in: D. Nohlen (Hrsg.), Wörterbuch Staat und Politik. Bonn, 690-700.
Beyme, K. v./*Offe*, C. 1995: Politische Theorien in der Ära der Transformation. Politische Vierteljahresschrift - Sonderheft, 26, Opladen.
Bielitzer, B. /*Aßhauer*, M. 1988: Die Parlamentsauflösung, in: Tsatsos 1988, 48-60.
Binnendijk, H. 1987: Authoritarian Regimes in Transition, in: The Washington Quarterly, 2, 153-164.
Blondel, J. 1972: Comparing Political Systems. New York.
Braga de Macedo, J./*Serfaty*, S. (eds.) 1981: Portugal since the Revolution. Boulder.
Braun, E./*Heine*, F./*Opolka*, F. 1984: Politische Philosophie. Hamburg.
Brooks, J. E. 1988: Mediterranean neo-democracies and the opinion-policy nexus, in: West European Politics, 3, 126-140.

Bruneau, T. C. 1984: Continuity and Change in Portuguese Politics: Ten Years after the Revolution, in: Pridham (ed.) 1984b: 72-83.
Buck, K. H. 1978: Griechenland und die Europäische Gemeinschaft. Erwartungen und Probleme des Beitritts. Bonn.

Campbell, J./*Sherrard*, P. 1968: Modern Greece. London.
Candilis, W. O. 1968: The Economy of Greece 1944-1966. New York.
Carr, R./*Fusi*, J. P. 1979: Spain. Dictatorship to Democracy. London.
Catsiapis, J. 1975: La constitution de la Grèce du 9 juin 1975, in: Revue du Droit Public et de la Science Politique en France et à l'Étranger, 6, 1557-1598.
Catsiapis, J. 1980: La Grèce: Dixième membre des Communautés européennes. Paris.
Catsiapis, J. 1987: Les dix ans de la constitution grecque du 9 juin 1975, in: Revue du Droit Public et de la Science Politique en France et à l'Étranger, 2, 399-418.
Catsiapis, J. 1991: Grèce: l'heure du renouveau, in: Politique international, 2, 351-359.
Chandler, G. 1959: The Devided Land, an Anglo-Greek Tragedy. London.
Charalambis, D. 1981: Gesellschaftliche Klassen, politische Krise und Abhängigkeit. Die politischen Strategien der herrschenden Klassen in Griechenland und die innerbürgerlichen Widersprüche (1952-1974). Frankfurt/Bern.
Charalambis, D. 1989: Pelateiakes Scheseis kai Laikismos. Athen. (Klientelistische Beziehungen und Populismus).
Charatsis, S. 1985/1987: 1023 Axiomatikoi kai 22 Kinimata. 2 Bde. Athen. (1023 Offiziere und 22 Bewegungen).
Clive, N. 1985: The 1985 Greek election and its background, in: Government and Opposition, 4, 488-503.
Clive, N. 1990: The dilemmas of democracy in Greece, in: Government and Opposition, 1, 115-122.
Clogg, R. 1972: The Ideology of the ‚Revolution of 21 April 1967', in: Clogg/Yannopoulos 1972, 36-58.
Clogg, R. 1975: Griechenlands Aussichten nach den Wahlen, in: Europa-Archiv, 1, 7-14.
Clogg, R. 1976: Karamanlis' Cautious Success: the background, in: Government and Opposition, 3, 332-353.
Clogg, R. 1978: Griechenland: Das Ende des innenpolitischen Konsenses? Die Situation nach den Wahlen vom November 1977, in: Europa-Archiv, 8, 231-240.
Clogg, R. 1979: A Short History of Modern Greece. Cambridge.
Clogg, R. 1981: Greece: The Year of the Green Sun, in: The World Today, Oct., 401-404.
Clogg, R. (ed.) 1983a: Greece in the 1980s. London.
Clogg, R. 1983b: PASOK in power: rendez-vous with history or with reality, in: The World Today, Nov., 436-442.
Clogg, R. 1986: Griechenland im Krisenjahr 1985. Innenpolitische Entwicklungen, in: Europa-Archiv, 5, 137-144.
Clogg, R. 1987: Parties and Elections in Greece. The Search for Legitimacy. London.
Clogg, R. 1992: A concise history of Greece. Cambridge 1992.
Clogg, R./*Yannopoulos*, G. 1972: Greece under Military Rule. London.
Collier, D. 1978: Industrial Modernization and Political Change. A Latin American Perspective, in: World Politics, 4, 593-614.
Constantopoulou, P./*Veremis*, T. 1998: Documents on the History of the Greek Jews. Records from the Historical Archives of the Ministry of Foreign Affairs. Athens.
Converse, P. 1969: Of time and partisan stability, in: Comparative Political Studies, July.
Coulmassis, D. o. J.: Das antike Erbe und die Studie der antiken griechischen Kultur als Kristallisationselemente des modernen politischen Lebens. Unveröffentlichtes Manuskript.
Couloumbis, T. A.: The Structures of Greek Foreign Policy, in: Clogg (ed.) 1983a, 95-122.
Couloumbis, T. A./*Iatrides*, I. O. (eds.) 1980: Greek-American Relations: A Critical Review. New York.

Couloumbis, T. A./*Petropulos*, J. A./*Psomiades*, H. J. 1976: Foreign Interference in Greek Politics. A Historical Perspective. New York.
Coverdale, J. F. 1979: The Political Transformation of Spain after Franco. London.
Crawshaw, N. 1978: The Cyprus Revolt. An Account of the Struggle for Union with Greece. London.

Dafnis, G. 1955: I Ellas metaxy dyo Polemon. 1923-1941. 2 Bde. Athen. (Griechenland zwischen zwei Kriegen. 1923-1941).
Dafnis, G. 1961: Ta Ellinika Politika Kommata. 1821-1961. Athen. (Die griechischen politischen Parteien. 1821-1961).
Dagtoglou, P. 1979: I koinonia mas kai i politiki tis. Athen. (Unsere Gesellschaft und ihre Politik).
Dagtoglou, P. 1980: Verfassung und Verwaltung, in: Grothusen (Hrsg.) 1980a, 13-53.
Dagtoglou, P. 1988: Ausgestaltung und Probleme der griechischen Verwaltung, in F. Ronneberger (Hrsg.), Zwischen Zentralisierung und Selbstverwaltung. Bürokratische Systeme in Südosteuropa. München, 41-49.
Dahl, R. A. 1971: Polyarchie: Participation and Opposition. New Haven/London.
Dahl, R. A. 1982: Dilemmas of Pluralist Democracies. New Haven.
Dakin, D. 1972: The Unification of Greece, 1770-1923. New York.
Dakin, D. 1985: The Importance of the Greek Army in Thrace during the Conference of Lausanne 1922-1923, in: Greece and Great Britain during World War I. First Symposium, Thessaloniki 1985, 211-232.
Damianakos, S. 1975: De la démocratie en Grèce: Les constants d'une crise institutionelle chronique, in: Temps Modernes, 31, 410-439.
Danopoulos, C. P. 1985: From balconies to tanks: postjunta civil-military relations in Greece, in: Journal of Political and Military Sociology, 1, 83-98.
Danopoulos, C. P. 1991: Democratising the military: lessons from Mediterranean Europe, in: West European Politics, 4, 25-41.
Daskalakis, G. o. J.: Idees gia tin Politiki Katanoissi tis epochis mas. Athen. (Ideen zum politischen Verständnis unserer Zeit).
Delivanis, D. J. 1983: Die Probleme Griechenlands als zehntes Mitglied der EG, in: Balkan Studies, 1, 123-134.
Dervenagas, A. 1976: To Syntagma tis Ellados. Athen. (Die Verfassung Griechenlands).
Diamandopoulos, T. 1991: Kommatikes Oikogeneies: Syntiritika, Fileleftera, Sosialistika, Kommounistika Kommata. Athen. (Parteienfamilien: Konservative, Liberale, Sozialistische, Kommunistische Parteien).
Diamandouros, N. P. 1983: Greek Political Culture in Transition: Historical Origins, Evolution, Current Trends, in: Clogg (ed.) 1983b, 43-69.
Diamandouros, N. P. 1984: Transition to, and Consolidation of, Democratic Politics in Greece, 1974-1983: A Tentative Assessment, in: Pridham (ed.) 1984b, 50-71.
Diamandouros, N. P. 1986: Regime Change and the Prospects for Democracy in Greece: 1974-1983, in: O'Donnell/Schmitter/Whitehead (eds.) 1986, 138-164.
Diamandouros, N. P./*Kitromilidis*, P. M./*Mavrogordatos*, T. G. (Hrsg.) 1984: Oi Ekloges tou 1981. Athen. (Die Wahlen von 1981).
Diamaras, C. T. 1970: Tis Megalis Taftis Ideas. Athen. (Von dieser Großen Idee).
Diamond, L. 1989: Beyond Authoritarianism and Totalitarianism. Strategies for Democratization, in: The Washington Quarterly, 1, 138-163.
Diepgen, U. 1980: Massenmedien, in: Grothusen (Hrsg.) 1980a, 400-424.
Dimitras, P. E. 1983: La Grèce en quête d'une politique indépendante, in: Revue française de science politque, 1, 109-132.
Dimitras, P. E. 1984a: Greece: A New danger, in: Foreign Policy, 85, 134-150.
Dimitras, P. E. 1984b: L'anti-occidentialisme grec, in: Esprit, Juin, 123-130.
Dimitras, P. E. 1987: Changes in Public attitudes, in: Featherstone/Katsoudas 1987, 64-84.

Dimitras, P. 1991: Politikos Perigyros, Kommata kai Ekloges stin Ellada. 2 Bde. Athen. (Politisches Umfeld, Parteien und Wahlen in Griechenland).
Di Palma, G. 1984: Government Performance: An Issue and Three Cases in Search of Theory, in: Pridham (ed.) 1984a, 172-187.
Dobratz, B. A. 1985: Greece and its relationship with the west: a Study of international conflict, in: International Journal of Sociology and Social Policy, 5, 1-10.
Dobratz, B. A. 1987: The role of class and issues in shaping party preferences in Greece, in: The Journal of Social, Political and Economic Studies, 1, 51-76.
Dobratz, B. A. 1988: Foreign policy and economic orientations influencing party preferences in the socialist nation of Greece, in: East European Quarterly, 4, 413-430.
Dobratz, B. A. 1990: Party Preference and 'Erratic' Issues in Greece, in: Poltical Studies, 38, 345-354.
Dobratz B. A./*Kourvetaris* G. A. 1981: Electoral voting preferences and political orientations of Athenians in Greece: a three-perspective model. in: European Journal of Political Research, 3, 287-307.
Dobratz, B. A./*Kourvetaris*, G. A. 1982: Public opinion and civil-military relations in Greece since 1974, in: Journal of Strategic Studies, 1, 71-84.
Dobratz, B. A./*Whitefield*, S. 1992: Does scandal influence voters' party preference? The case of Greece during the Papandreou era, in: European Sociological Review, 2, 167-180.
Doulis, T. 1977: Disaster and Fiction: Modern Greek Fiction and the Impact of the Asia Minor Disaster of 1922. Berkley/los Angeles.
Drakatos, K. 1987: I Elliniki Oikonomia se Krisi. Athen. (Die griechische Wirtschaft in der Krise).
Drakopoulos, P. 1997: Budget blues à la Maastricht, in: Hermes, 7, 5-9.
Drakopoulos, P. 1998a: Drachma joins ERM fold. Greece one step closer to Economic and Monetary Union, in: Hermes, 22, 4-5.
Drakopoulos, P. 1998b: Bracing for the all-encompassing ‚Euro', in: Hermes, 26, 7-15.
Drakopoulos, P. 1998c: Course towards EMU unchanged. No choice for Greece but to persist amid turbulent international economic conditions, in: Hermes, 27., 4-5.
Dretakis, M. 1982: Vouleftikes Ekloges 1974, 1977, 1981: Mia Synkritiki Analysi. Athen. (Die Parlamentswahlen von 1974, 1977 und 1981. Eine vergleichende Analyse).
Druwe, U. 1992: Osteuropa im Wandel. Szenarien einer ungewissen Zukunft. Weinheim.

Easton, D. 1965: A Systems Analysis of Political Life. New York.
Easton, D. 1975: A Re-Assessment of the Concept of Political Support, in: British Journal of Political Science, 5, 435-357.
Economou, N./*Veremis*, T. 1984: Parties of the liberal center in the Greek elections of 1981, in: Journal of the Hellenic Diaspora, 4, 33-44.
Eddy, C. B. 1931: Greece and the Greek Refugees. London.
Efthymiou, P. 1981: Stratos kai Dimokratia. Pios fovate pion; In: Anti, 16.6., 12-14 (Militär und Demokratie. Wer fürchtet wen?).
Eisenstadt, S. N. 1966: Modernization, Protest and Change. Englewood Cliffs.
Eisenstadt, S. N./*Lemarchand*, P. 1981: Political Clientelism, Patronage and Development. London.
Elephantis, A. 1981: PASOK and the Elections of 1977: The Rise of the Populist Movement, in: Penniman (ed.) 1981, 105-129.
Elephantis, A./*Kavouriaris*, M. 1977: PASOK: Laikismos i Sosialismos, in: O Politis, Okt. (PASOK: Populismus oder Sozialismus).
Ellada 1982: Istoria kai Politismos. Bd. 7: To neo Elliniko Kratos. I Politiki. Athen/Thessaloniki. (Griechenland. Geschichte und Kultur. Bd. 7: Der neue griechische Staat. Die Politik).
Epikentra 1981: Vouleftikes Ekloges tou 1981. Sept.-Okt. Athen. (Die Parlamentswahlen von 1981).

Epikentra 1985: Vouleftikes Ekloges tou 1985. Mai-Juni. Athen. (Die Parlamentswahlen von 1985).
Esche, M. 1982: Die Kommunistische Partei Griechenlands 1941-1949. Ein Beitrag zur Politik der KKE vom Beginn der Resistance bis zum Ende des Bürgerkrieges. München/Wien.
Ethier, D. (ed.) 1990: Democratic Transition and Consolidation in Southern Europe, Latin America and South-East Asia. Houndmills.
Eudes, D. 1970: Les Kapitanos. La guerre civile grecque de 1943 à 1949. Paris.
Eurobarometer 41, Juli 1994: Die öffentliche Meinung in der Europäischen Union. Brüssel: Europäische Kommission.
Eurobarometer 42, Frühjahr 1995: Die öffentliche Meinung in der Europäischen Union. Brüssel: Europäische Kommission.
Eurobarometer 45, April 1996: Die öffentliche Meinung in der Europäischen Union.. Brüssel: Europäische Kommission.
Eurobarometer 46, Mai 1997: Die öffentliche Meinung in der Europäischen Union. Brüssel: Europäische Kommission.
Eurobarometer 47, Oktober 1997: Die öffentliche Meinung in der Europäischen Union. Brüssel: Europäische Kommission.
Eurobarometer 48, März 1998: Die öffentliche Meinung in der Europäischen Union. Brüssel: Europäische Kommission.
eurostat 1993: Statistische Grundzahlen der Gemeinschaft. 30. Ausgabe, Luxemburg.
eurostat 1997: Statistische Grundzahlen der Gemeinschaft. 33. Ausgabe, Luxemburg.

Fakiolas, R. 1987: Interest Groups: an Overview, in: Featherstone/Katsoudas 1987, 174-188.
Featherstone, K. 1982: Elections and Parties in Greece, in: Government and Opposition, 2, 180-194.
Featherstone, K. 1983: The Greek Socialists in Power, in: West European Politics, 3, 237-250.
Featherstone, K. 1987: PASOK and the Left, in: Featherstone/Katsoudas 1987, 112-134.
Featherstone, K. 1990a: Political parties and democratic consolidation in Greece, in: Pridham (ed.) 1990a, 179-202.
Featherstone, K. 1990b: The „Party-State" in Greece and the Fall of Papandreou, in: West European Politics, 1, 101-115.
Featherstone, K. 1994: The Greek Election of 1993: Backwards or Forwards?, in: West European Politics, 2, 204-211.
Featherstone, K./*Katsoudas*, D. K. 1985: Change and Continuity in Greek Voting Behaviour, in: European Journal of Political Research, 1, 27-40.
Featherstone, K./*Katsoudas*, D. K. 1987: Political Change in Greece. Before and After the Colonels. London/Sydney.
Featherstone, K./*Kazamias*, G. 1997: In the Absence of Charisma: The Greek Elections of September 1996, in: West European Politics, 2, 157-164.
Figueiredo, A. de 1976: Portugal: Fifty Years of Dictatorship. New York.
Finkle, J. L./*Gable*, R. W. 1971^2: Political Development and Social Change. New York u. a.
Fishman, R. 1990: Rethinking State and Regime: Southern Europe's Transition to Democracy, in: World Politics, 3, 422-440.
Fleischer, H. 1986: Im Kreuzschatten der Mächte. Griechenland 1941-1944 (Okkupation - Resistance - Kollaboration). Frankfurt/M., Bern, New York.
Fotiadis, S. 1979: Die Bedeutung der politischen und ökonomischen Strukturen Griechenlands für seine Integration in die EG. Diss. Tübingen.
Frangakis, N. 1996: Griechenland, in: Weidenfeld/Wessels (Hrsg.) 1996: 315-320.
Frangakis, N. 1997: Griechenland, in: Weidenfeld/Wessels (Hrsg.) 1997: 321-324.
Frangakis, N. 1998: Griechenland, in: Weidenfeld/Wessels (Hrsg.) 1998: 339-342.

Frohn, H. 1988: Von der „Funktionellen Monarchie" zur „Republikanisch Parlamentarischen Demokratie", in: Tsatsos 1988: 87-94.

Gabriel, O./*Brettschneider*, F. (Hrsg.) 1994²: Die EU-Staaten im Vergleich. Strukturen, Prozesse, Politikinhalte. Opladen.
Gaitanides, J. 1975: Griechenland - Heimkehr in die Demokratie, in: Aus Politik und Zeitgeschichte B 20, 29-38.
Gaitanides, J. 1987: Griechenland ohne Säulen. Neu bearb. u. erw. Aufl., München.
Gallagher, T. 1983: Portugal: A Twentieth-Century Interpretation. Manchester.
Gallo, M. 1969: Spain under Franco. New York 1969.
Ganslandt, H. R. 1990: Politische Kultur und politisches System in Griechenland, in: Aus Politik und Zeitgeschichte B 51, 29-38.
Gaulle, C. de 1970: Discours et messages, Bd. 1. Dans l'attente, février 1946 - avril 1958. Paris.
Gellner E./*Waterbury*, J. (eds.) 1977: Patrons and Clients in Mediterranean Societies. London.
Georgantidis, K. N./*Nikolakopoulos*, I. 1978: Metatopiseis Psifon kai Metavoles tou Eklogikou Charti stis Ekloges tis 20is Noemvriou 1977, in: Synchrona Themata, 1. (Stimmenwanderungen und Veränderungen der Wählerlandschaft bei den Wahlen vom 20. November 1977).
Giannitsis, T. 1997: Greece and the European Economic and Monetary Union, in: Thesis, 1, 13-21.
Giner, S. 1982: Political economy, legitimation and the State in Southern Europe, in: British Journal of Sociology, 2, 172-199.
Giner, S. 1986: Political Economy, Legitimation, and the State in Southern Europe, in: O'Donnell/Schmitter/Whitehead (eds.) 1986, 11-44.
Graham, R. 1984: Spain: Change of a Nation. London.
Graham, L. S./*Makler*, H. M. (eds.) 1979: Contemporary Portugal: The Revolution and Its Antecedents. Austin.
Grigoriadis, S. N. 1975: I Istoria tis Diktatorias 1967-1974. 3 Bde. Athen. (Die Geschichte der Diktatur 1967-1974).
Grothusen, K.-H. (Hrsg.) 1980a: Südosteuropa-Handbuch, III. Griechenland. Göttingen.
Grothusen, K.-H. (Hrsg.) 1980b: Außenpolitik, in: Grothusen (Hrsg.) 1980a, 147-190.
Gunther, R./*Diamandouros*, P. N./*Puhle*, H.-J. (eds.) 1995: The Politics of Democratic Consolidation. Southern Europe in Comparative Perspective. Baltimore/London.
Gurr, T. R. 1974: Persistance and Change in Political Systems 1800-1871, in: American Political Science Review, 68, 1482-1504.

Haensch, G./*Tümmers*, H. J. 1991: Frankreich. München.
Hake, A. 1988: Das Notstandsrecht, in: Tsatsos 1988, 61-67.
Harvey, R. 1978: Portugal: Birth of a Democracy. London.
Hering, G. 1981: Griechenland, in: F. Wende (Hrsg.), Lexikon zur Geschichte der Parteien in Europa. Stuttgart, 201-234.
Hering, G. 1987: Die Auseinandersetzungen über die neugriechische Schriftsprache, in: C. Hannich (Hrsg.), Sprachen und Nationen im Balkanraum. Die historischen Bedingungen der Entstehung der heutigen Nationalsprachen. Wien, 125-194.
Hering, G. 1992: Die politischen Parteien in Griechenland. 1821-1936. 2 Bde. München.
Hering, G./*Demetriou*, G./*Kelpanides*, M. 1980: Politisches System, in: Grothusen (Hrsg.) 1980a, 54-121.
Hermet, G. 1979: L'Exotisme Superflu: Réflexion sur les Systèmes politiques de l'Europe du Sud, in: Politique Étrangère, 1, 127-142.
Herz, J. H. 1978: On Reestablishing Democracy after the downfall of Authoritarian or Dictatorial Regimes, in: Comparative Politics, 10, 559-562.

Herz, J. H. (ed.) 1982: From Dictatorship to Democracy. Coping with the Legacies of Authoritarianism and Totalitarianism. London.
Hildenbrand, A./*Nohlen*, D. 1991: Regionalismus und politische Dezentralisierung in Spanien nach Franco, in: Bernecker/Oehrlein 1991: 41-75.
Hirschman, A. O. 1989: Entwicklung, Markt und Moral. München/Wien.
Holden, D. 1972: Greece without columns: The making of the Modern Greece. London.
Hornung, K. 1978: Sozialismus und Kommunismus in Griechenland. Innenpolitisches Kräftefeld und außenpolitische Optionen, in: D. Oberndörfer (Hrsg.), Sozialistische und Kommunistische Parteien in Westeuropa, Bd. 1: Südländer. Opladen, 267-345.
Huntington, S. P. 1968: Political Order in Changing Societies. New Haven/London.
Huntington, S. P. 1984: Will More Countries Become Democratic?, in: Political Science Quarterly, 193-218.
Huntington, S. P. 1991a: The Third Wave: Democratisation in the Late 20th Century. London.
Huntington, S. P. 1991b: Democracy's Third Wave, in: Journal of Democracy, 2, 12-34, in: Pridham (ed.) 1995, 129-151.

Iatrides, J. O. 1972: Revolt in Athens: The Greek Communist Party „Second Round". 1944-1945. Princeton.
*Iatride*s, J. O. (ed.) 1981: Greece in the 1940s: A Nation in Crisis. Hanover.
Iatrides, J. O. 1983: Greece and the United States: The Strained Partnership, in: Clogg (ed.) 1983, 150-172.
Ioannou, K. 1997: A tale of two islets. The Imia incident between Greece and Turkey, in: Thesis, 1, 33-42.

Jannopoulos, G. N. 1969: Die internationalen Implikationen des griechischen Problems, in: Nikolinakos/Nikolaou (Hrsg.) 1969, 88-100.

Kaikis, S. 1980: Die Gewerkschaften Griechenlands auf dem Weg zur Demokratisierung des Staatssyndikalismus, in: M. F. Hellmann u.a. (Hrsg.), Europäische Gewerkschaften. Berlin, 166-204.
Kallis, A. 1991: Rezeption und Verwerfung der Florentiner Union, in: G. Alberigo (ed.), Christian Unity. The Council of Ferrara-Florence. 1438/39-1989. Leuven, 573-591.
Kallis, A. 1992: Griechische Identität und Orthodoxie, in: Ders. (Hrsg.), Dienst am Volk Gottes. Herten, 77-95.
Kalogeropoulou, E. 1989: Election promises and government performance in Greece: PASOK's fulfilment of its 1981 election pledges, in: European Journal of Political Research, 3, 289-311.
Kaltsogia-Tournaviti, N. 1983: Greece: The struggle for Democracy, in: Jahrbuch des öffentlichen Rechts der Gegenwart, 32, 297-353.
Kamaras, P. 1974: To ellinikon isosigion pliromon ton eton 1948-1957. Thessaloniki. (Die griechische Zahlungsbilanz der Jahre 1948-1957).
Kanellopoulos, P. 1975: Istorika Dokimia. Athen. (Historische Essays).
Kanellopoulos, P. 1979: I evropaiki Proklisi. Athen. (Die europäische Herausforderung).
Karabelia, G. 1989: Kratos kai Koinonia sti Metapolitefsi 1974-1988. Athen. (Staat und Gesellschaft in der Redemokratisierung 1974-1988).
Karamanlis, K. o. J.: Logoi kai Diloseis. Ioulios 1974 - Maios 1976. Athen. (Reden und Erklärungen. Juli 1974 - Mai 1976).
Karamanlis, K. 1979: The Ideal of a United Europe, in: P. Drakopoulos (ed.): Greece - EEC. Political, Economic and Cultural Aspects. Athen, 33-47.
Karanikolas, G. D. 1963: Nothes Ekloges stin Ellada 1844-1961. Athen. (Gefälschte Wahlen in Griechenland 1844-1961).

Karelas, G. 1975: Syntagmatiki istoria tis Ellados. Athen. (Verfassungsgeschichte Griechenlands).
Kariotis, T. C. (ed.) 1992, The Greek socialist experiment. Papandreou's Greece 1981-1989. New York.
Karl, T.L/*Schmitter*, P. C. 1991a: What Democracy Is ... And is not, in: Journal of Democracy, 2, 75-88 (außerdem in: Pridham (ed.) 1995a, 3-16).
Karl, T. L./*Schmitter*, P. C. 1991b: Modes of Transition in Latin America, Southern and Eastern Europe, in: International Social Science Journal, 128, 269-284 (außerdem in: Pridham (ed.) 1995a, 153-168).
Kartsaklis, G. A. B. 1980: Economic System, in: Grothusen (Hrsg.) 1980a, 223-266.
Kasakos, P. 1987: I nea evropaiki dynamiki kai i Ellada - I oikonomiki diastasi, in: P. Kasakos/K. Stefanou (Hrsg.) I Ellada stin evropaiki koinotita. I proti pentaetia. Athen, 427-455. (Die neue europäische Dynamik und Griechenland - Die ökonomische Dimension, in: Griechenland in der Europäischen Gemeinschaft. Die ersten fünf Jahre).
Kasakos, P. 1988: Entwicklungsprobleme und wirtschaftspolitische Optionen im Griechenland der achtziger Jahre, in: Aus Politik und Zeitgeschichte, B 14-15, 36-46.
Kassaras, I. T. 1983: Die griechische Verfassung von 1975. Entstehung und Probleme. Heidelberg/Hamburg.
Kastrinos, A. 1963: I laiki Dikaiosyni kai Aftodioikisis eis tin Eleftheri Ellada 1941-1945, in: Istoriki Epitheorisis, 1. (Die Volksjustiz und Selbstverwaltung im Freien Griechenland 1941-1945).
Katiforis, G. 1975: I Nomothesia ton Vavaron. Athen. (Die Gesetzgebung der Bayern).
Katris, J. 1971: Ellada 1960-1970. I Gennisi tou Neofasismou. Genf. (Griechenland 1960-1970. Die Geburt des Neofaschismus).
Katsoudas, D. K. 1987a: The Constitutional Framework, in: Featherstone/Katsoudas 1987, 14-33.
Katsoudas, D. K. 1987b: The Conservative Movement and New Democracy: From Past to Present, in: Featherstone/Katsoudas 1987, 85-111.
Katsoulis, I. 1978: Griechenland, in: J. Raschke (Hrsg.), Die politischen Parteien in Westeuropa. Hamburg, 215-237.
Kirchheimer, O. 1981: Restriktive Bedingungen und revolutionäre Durchbrüche, in: Ders., Politische Herrschaft. Frankfurt/M., 30-57.
Khilani, N. M. 1982: Political and constitutional development in Greece, in: Journal of Constitutional and Parlamentary Studies, 2, 136-163.
Kofas, J. V. 1983: Authoritarianism in Greece: The Metaxas Regime. New York.
Kohler, B. 1981: Politischer Umbruch in Südeuropa. Portugal, Griechenland und Spanien auf dem Weg zur Demokratie. Bonn.
Kohlhase, N. 1981: Der griechisch-türkische Konflikt in der Sicht der EG, in: Europa-Archiv, 6, 161-170.
Koliopoulos, J. 1977: Greece and the British Connection. Oxford.
Kontogeorgis, D. G. (Hrsg.) 1977: Koinonikes kai Politikes Dynameis stin Ellada. Athen. (Soziale und politische Kräfte in Griechenland).
Kontogeorgis, D. G. 1985: Politiko Systima kai Politiki. Athen. (Politisches System und Politik).
Korisis, H. 1966: Die politischen Parteien Griechenlands. Ein neuer Staat auf dem Weg zur Demokratie 1821-1910. Hersbruck.
Korisis, H. 1980: Das politische System Griechenlands. Strukturprobleme einer Demokratie. Hersbruck.
Korisis, H./*Lepszy*, N. 1991: Die Nea Dimokratia Griechenlands (ND), in: H.-J. Veen (Hrsg.), Christlich-demokratische und konservative Parteien in Westeuropa, Bd. 3 Italien, Griechenland. Paderborn, 207-282.
Kouloglou, S. 1987: Sta Ichni tou Tritou Dromou. PASOK 1974-1986. Athen. (Auf den Spuren des dritten Weges. PASOK 1974-1986).

Koumoulides, J. T. A. (Hrsg.) 1977: Greece in Transition: Essays in the History of Modern Greece, 1821-1974. London.
Kourvetaris, G. A. 1989: Political élites and party organization in Greece: an entrepreneurial model, in: The Journal of Social, Political and Economic Studies, 2, 189-214.
Kourvetaris, G. A./*Dobratz*, B. A. 1984: Political Clientelism in Athens, Greece: a three paradigma approach to political clientelism, in: East European Quarterly, 1, 35-59.
Kourvetaris, G. A./*Dobratz*, B. A. 1987: A profile of modern Greece in search of identity. Oxford.
Kousoulas, D. G. 1965: Revolution and Defeat. The Story of the Greek Communist Party. London.
Kousoulas, D. G. 1974: Modern Greece: Profile of a Nation. New York.
KPEE 1981: Dyo Kommata, dyo Programmata, dyo morfes sois. Athen. (Zwei Parteien, zwei Programme, zwie Lebensformen).
Kraus, P. A. 1990: Elemente einer Theorie postautoritärer Demokratisierungsprozesse im südeuropäischen Kontext, in: Politische Vierteljahresschrift, 2, 191-213.
Kyriakou, M. X. 1986: Krise in der Ägäis. Würzburg.

Lancaster, T. D./*Prevost* G. (Hrsg.) 1985: Politics and Change in Spain. New York.
Lang, W. 1991: Die wirtschaftliche Entwicklung Spaniens seit dem Übergang zur Demokratie: von der Depression zur ökonomischen Revitalisierung, in: Bernecker/Oehrlein (Hrsg.) 1991, 189-223.
Larrabee, S. F. 1981/82: Dateline Athens. Greece for the Greeks, in: Foreign Policy, 45, 158-174.
Lawson, S. 1993: Conceptual Issues in the Comparative Study of Regime Change and Democratization, in: Comparative Politics, 26, 183-205.
Leeper, R. 1950: When Greek meets Greek. London.
Lefeber, L. 1989/90: The Socialist experience in Greece, in: International Journal of Political Economy, 4, 32-55.
Legg, K. R. 1969: Politics in Modern Greece. Stanford.
Legg, K. R/*Lemarchand*, R. 1972: Political Clientelism and Development: A Preliminary Analysis, in: Comparative Politics, 4, 149-178.
Lerner, D. 1964[2]: The Passing of Traditional Society.
Lewis, J. R./*Williams*, A. M. 1984: Social Cleavages and Electoral Performance: The Social Basis of Portuguese Political Parties, 1976-83, in: Pridham (ed.) 1984a, 119-137.
Llewellyn Smith, M. 1973: Ionian Vision. Greece in Asia Minor. 1919-1922. London.
Liebert, U. 1990a: Parliaments as a central site in democratic consolidation: a preliminary exploration, in: Liebert/Cotta (eds.) 1990, 3-30.
Liebert, U. 1990b: Parliaments in the consolidation of democracy - a comparative assessment of Southern European experiences, in: Liebert/Cotta (eds.) 1990, 249-272.
Liebert, U./*Cotta*, M. (eds.) 1990: Parliament and Democratic Consolidation in Southern Europe: Greece, Italy, Portugal, Spain and Turkey. London.
Lienau, C. 1989: Griechenland. Geographie eines Staates der europäischen Südperipherie. Darmstadt.
Lijphart, A. 1990: The Southern European Examples of Democratization, in: Government and Opposition, 1, 68-84.
Lijphart, A./*Bruneau*, T./*Diamandouros*, N. P. 1988: A Mediterranean Model of Democracy? The Southern European Democracies in Comparative Perspective, in: West European Politics, 1, 7-25.
Limberes, N. M. 1986a: The Greek elections of June 1985: a socialist entrenchment, in: West European Politics, 1, 142-147.
Limberes, N. M. 1986b: Mass voting behaviour: the factors that influenced the conservative vote during the 1981 Greek general election, in: European Journal of Political Research, 1-2, 113-137.

Linardatos, S. 1966: I Tetarti Avgoustou. Athen. (Der vierte August).
Linardatos, S. 1978/1979: Apo ton Emfylio sti Chounta. 3 Bde. Athen. (Vom Bürgerkrieg zur Junta).
Linardatos, S. 1988[5]: Pos eftasame stin Tetarti Avgoustou. Athen. (Wie kamen wir zum vierten August).
Linz, J. 1970: From Falange to Movimiento-Organización: The Spanish Single Party and the Franco Regime, 1936-1968, in: S. P. Huntington/C. H. Moore (eds.), Authoritarian Politics in Modern Society: The Dynamics of Established One-Party Systems. New York 1977, 128-203.
Linz, J. 1990: Transitions to Democracy, in: The Washington Quarterly, 13, 143-164 (außerdem in: Pridham (ed.) 1995, 107-128).
Linz. J. 1991: Autoritäre Regime, in: D. Nohlen (Hrsg.), Wörterbuch Staat und Politik. Bonn, 35-38.
Linz, J./*Stepan*, A. (eds.) 1978: The Breakdown of Democratic Regimes. 2 Vol. Baltimore/London.
Lipset, S. M. 1959: Some Social Requisites of Democracy: Economic Development and Political Legitimation, in: American Political Science Review, 53, 69-105.
Lipset, S. M. 1994: The Social Requisites of Democracy Revisited, in: American Sociological Review, 59, 1-22.
Loulis, J. 1981: New Democracy: The New Face of Conservatism, in: Penniman (ed.) 1981, 49-83.
Lyrintzis, C. 1984: Political Parties in Post-Junta Greece: A Case of 'Bureaucratic Clientelism'?, in: Pridham (ed.) 1984a, 99-118.
Lyrintzis, C. 1987: The power of populism: the Greek case, in: European Journal of Political Research, 6, 667-686.
Lyrintzis, C./*Nikolakopoulos*, E. (Hrsg.) 1990: Ekloges kai Kommata stin Dekaetia tou '80. Athen. (Wahlen und Parteien in den 80er Jahren).

Macridis, R. C. 1982: The Greek Election and the Victory of the Left, in: Queen's Quarterly, 2, 386-393.
Macridis, R. C. 1984: Greek politics at crossroads: what kind of socialism? Stanford.
Maier, H. 1982[2]: Griechenland, in: T. Stammen (Hrsg.), Parteien in Europa: Nationale Parteisysteme, transnationale Parteibeziehungen, Konturen eines europäischen Parteisystems. München, 223-227.
Manessis, A. 1967: Syntagmatikon Dikaion. Thessaloniki/Athen. (Verfassungsrecht).
Manessis, A. 1985: L'évolution des institutions politiques de la Grèce: à la recherche d'une légitimité difficile, in: Les Temps Modernes, Dec., 772-814.
Manessis, A. 1989: I Syntagmatiki Anatheorisi tou 1986. Athen. (Die Verfassungsrevision von 1986).
Manessis, A./*Papadimitriou*, G. 1976: To Syntagma tou 1975. Athen. (Die Verfassung von 1975).
Mano, P. 1977: La Grèce bloquée, in: Les Temps Modernes, Mars, 1471-1488.
Manousakis, G. M. 1975: Die Rolle der griechischen Armee in der griechischen Politik, in: Beiträge zur Konfliktforschung, 1, 61-85.
Manousakis, G. M. 1982: Der Aufstieg der Radikalsozialisten in Griechenland, in: Politische Studien, Juli/Aug., 401-418.
Manousakis, G. M. 1983: Die Panhellenische Sozialistische Bewegung (PASOK), in: Zeitschrift für Parlamentsfragen, 1, 68-77.
Manousakis, G. M. 1993: Entstehung und Wandlung des Klientelsystems in Griechenland, in: Südosteuropa-Mitteilungen, 1, 61-71.
Maravall, J. 1982: The Transition to Democracy in Spain. London.
Maravall, J. M./*Santamaría*, J. 1986: Political Change in Spain and the Prospects for Democracy, in: O'Donnell/Schmitter/Whitehead (eds.) 1986, I, 71-108.

Margaronis, S. 1975: The struggle for democracy has just begun, in: Journal of the Hellenic Diaspora, 2, 9-21.
Markesinis, B. 1975: Recent political and constitutional developments in Greece, in: Parliamentary Affairs, 3, 261-277.
Markesinis, S. 1966/1969: Politiki Istoria tis Neoteras Ellados. 4 Bde. (Politische Geschichte Neugriechenlands).
Martins, H. 1968: Portugal, in: S. J. Woolf (ed.), European Fascism. London, 302-336.
Mathiopoulos, B. P. 1969: Die Verfassung von 1952, eine Voraussetzung für den Militärputsch vom 21. April 1967, in: Nikolinakos/Nikolaou 1969, 28-47.
Mavrogordatos, G. T. 1983a: Stillborn Republic. Social Coalitions and Party Strategies in Greece, 1922-1936. Berkeley.
Mavrogordatos, G. T. 1983b: The Emerging Party System, in: R. Clogg (ed.), 1983a, 70-94.
Mavrogordatos, G. T. 1984: The Greek party system: a case of „limited but polarised pluralism"?, in: West European Politics, 4, 156-169.
Mavros, G. 1978: Ethnikoi Kindynoi: I Dimokratia se Krisi, Exoterikes Apeiles. Athen. (Nationalgefahren: Die Demokratie in einer Krise, äußere Bedrohungen).
Maxwell, K. 1986: Regime overthrow and the Prospects for Democratic Transition in Portugal, in: O'Donnell/Schmitter/Whitehead (eds.) 1986, I, 109-137.
Maxwell, K. 1995: The Making of Portuguese Democracy. Cambridge.
Metaxas, I. 1935: I Istoria tou Ethnikou Dichasmou. Athen. (Die Geschichte der nationalen Spaltung).
Metaxas, I. 1951-1960: To Prosopiko tou Imerologio. 4 Bde. Athen. (Sein persönliches Tagebuch).
McDonald, R.: Greece after PASOK's victory, in: The World Today, July, 133-136.
McDonald, R. 1989: Greece's year of political turbulence, in: The World Today, Nov., 194-197.
Medhurst, K. 1984: Spain's Evolutionary Pathway from Dictatorship to Democracy, in: Pridham (ed.) 1984a: 30-49.
Meinardus, R. 1985: Die Türkeipolitik Griechenlands. Der Zypern-, Ägäis- und Minderheitenkonflikt aus Athener Sicht. Frankfurt/M.
Meinardus, R. 1990a: 1989: Wahljahr in Griechenland, in: Südosteuropa, 1, 52-73.
Meinardus, R. 1990b: Regierungswechsel und neue politische Prioritäten in Griechenland, in: Südosteuropa-Mitteilungen, 3, 182-190.
Merkel, W. 1990: Vom Ende der Diktaturen zum Binnenmarkt 1991. Griechenland, Portugal und Spanien auf dem Weg zurück nach Europa, in: Aus Politik und Zeitgeschichte, B 51, 3-14.
Merkel, W. (Hrsg.) 1994: Systemwechsel 1. Theorien, Ansätze und Konzeptionen. Opladen.
Merkel, W. 1996: Theorien der Transformation: Die demokratische Konsolidierung postautoritärer Gesellschaften, in: Beyme/Offe (Hrsg.) 1996, 30-58.
Merritt, R. L. 1980: On the Transformation of Systems, in: International Political Science Review, 1, 13-22.
Meydenreuter, R. 1995^2: Die erträumte Nation. Griechenlands Wiedergeburt im 19. Jahrhundert. Bilder und Dokumente zu den bayerisch-griechischen Beziehungen im 19. Jahrhundert.
Meynaud, J. 1965: Les forces politiques en Grèce. Lausanne.
Meynaud, J. 1969: Bericht über die Abschaffung der Demokratie in Griechenland. Berlin.
Mitra, N. 1982: Greece - Papandreou for „Allaghi", in: Foreign Affairs Report, 3, 49-66.
Moore, B. jr. 1968: Soziale Ursprünge von Diktatur und Demokratie. Frankfurt/M.
Morlino, L. 1995: Democratic Consolidation: Definition and Models, in: Pridham (ed.) 1995a, 571-590.
Mouzelis, N. P. 1976: Capitalism and Dictatorship in Post-war Greece, in: new left review, 96, 57-80.
Mouzelis, N. P. 1978a: Modern Greece. Facets of Underdevelopment. London/New York.

Mouzelis, N. P. 1978b: On the Greek Elections, in: new left review, 108, 59-74.
Mouzelis, N. P 1978c: Class and Clientelistic Politics: the Case of Greece, in: Sociological Review, Aug., 471-497.
Mouzelis, N. P. 1986: Politics in a Semi-Periphery: Early Parliamentarism and Late Industrialisation in the Balkans and Latin America. Basingstoke u. a.
Mouzelis, N. P. 1987: Continuities and Discontinuities in Greek Politics: From Elefterios Venizelos to Andreas Papandreou, in: Featherstone/Katsoudas 1987, 271-287.

Niehus, G. F. 1991: Die Außenpolitik Spaniens nach Franco, in: Bernecker/Oehrlein (Hrsg.) 1991: 225-263.
Nikolakopoulos, I. 1985: Kommata kai vouleftikes Ekloges stin Ellada. I eklogiki Geografia ton politikon Dynameon. Athen. (Parteien und Parlamentswahlen in Griechenland. Die Wahlgeographie der politischen Kräfte).
Nikolinakos, M. 1969: Griechenland auf dem Weg zur Industrialisierung. Wirtschaftliche und soziale Hintergründe des Putsches, in: Nikolinakos/Nikolaou (Hrsg.) 1969, 8-27.
Nikolinakos, M 1970: Materialien zur kapitalistischen Entwicklung Griechenlands. 1. Teil/2.Teil, in: Das Argument, 2/3, 164-215/340-374.
Nikolinakos, M. 1974: Widerstand und Opposition in Griechenland. Vom Militärputsch 1967 zur neuen Demokratie. Darmstadt.
Nikolinakos, M./*Nikolaou*, K. (Hrsg.) 1969[2]: Die verhinderte Demokratie: Modell Griechenland. Frankfurt/M.
Nohlen, D. 1988: Mehr Demokratie in der Dritten Welt? Über Demokratisierung und Konsolidierung der Demokratie in vergleichender Perspektive, in: Aus Politik und Zeitgeschichte, B 25-26, 3-18.
Nohlen, D. 1991: Autoritäre Regime, in: Ders. (Hrsg.), Lexikon Dritte Welt. Länder, Organisationen, Theorien, Begriffe, Personen. Hamburg, 70-72.
Nohlen, D./*Mansilla*, F. 1991: Modernisierungstheorien, in: D. Nohlen (Hrsg.), Lexikon Dritte Welt. Länder, Organisationen, Theorien, Begriffe, Personen. Hamburg, 462-466.
Nuscheler, F. 1991[3]: Lern- und Arbeitsbuch Entwicklungspolitik. Bonn.

O'Donnell, G./*Schnitter*, P. C. 1986: Tentative Conclusions about uncertain Democracies. Baltimore/London.
O'Donnell, G./*Schmitter*, P. C./*Whitehead*, L. (eds.) 1986: Transition from Authoritarian Rule. Prospects for Democracy. 4 vol. Baltimore/London.
Offe, C. 1991: Das Dilemma der Gleichzeitigkeit. Demokratisierung und Marktwirtschaft in Osteuropa, in: Merkur, 4, 279-292.
Offe, C. 1994: Der Tunnel am Ende des Lichts. Erkundungen der politischen Transformation im neuen Osten. Frankfurt/M.
Ott, A. E./*Wenturis*, N. (Hrsg.): Griechenland vor dem Beitritt in die Europäische Gemeinschaft. Frankfurt/M.

Pantelis, A. M. 1979: Les Grands Problèmes de la Nouvelle Constitution Hellénique. Paris.
Pantelis, A. M. 1988: Ta Ellinika Eklogika Systimata kai oi Ekloges 1926-1985. Athen. (Die griechischen Wahlsysteme und die Wahlen 1926-1985).
Papacosma, V. 1977: The Military in Greek Politics, in: Koumoulides (ed.) 1977, 173-189.
Papacosma, V. 1981: The Republicanism of Eleftherios Venizelos: Ideology or Tactics, in: Byzantine and Modern Greek Studies, 7, 169-202.
Papacosma, V. 1983: The Historical Context, in Clogg (ed.) 1983a, 30-42.
Papadimitriou, G. 1992: Parteienfinanzierung in Griechenland, in: D. Tsatsos (Hrsg.), Parteienfinanzierung im europäischen Vergleich: Die Finanzierung der politischen Parteien in den Staaten der Europäischen Gemeinschaft. Baden-Baden.
Papadopoulos, Y. 1989: Parties, the State and Society in Greece, continuity within Change, in: West European Politics, 2, 55-71.

Papadopoulos, Y. 1990a: The decline of small parties and the emergence of two partism in Greece, in: F. Müller-Rommel/G. Pridham (eds.), Small parties in Western Europe in comparative and national perspective. London.
Papadopoulos, Y. 1990b: De l'opposition au gouvernement: l'évolution idéologique du PASOK, in: Revue française de Science politiques, 1, 98-124.
Papakonstantinou, T. 1952: Anatomia tis Epanastaseos. Theoritiki kai istoriki Analysis tis Dynamikis tou Kommounismou. Oi treis „Gyroi" tou K.K.E. Athen. (Die Anatomie der Revolution. Theoretische und historische Analyse der Dynamik des Kommunismus. Die drei „Kreise" der KKE).
Papalekas, J. 1982: Wandlungen in der soziopolitischen Struktur Griechenlands, in: Südosteuropa-Mitteilungen, 1, 3-15.
Papandreou, A. 1971: Democracy at Gunpoint. The Greek Front. Harmondsworth.
Papandreou, A. 1976: I Ellada stous Ellines. Athen. (Griechenland den Griechen).
Papandropoulos, A. 1989: Grèce, l'impératif moral, in: Politique internationale, 44, 359-367
Papaspiliopoulos, S. 1970: Soziopolitische Strukturen und ökonomische Unterentwicklung in Griechenland, in: Sartre (Hrsg.) 1970.
Pararas, P. I. 1975: To Chronikon Epanodou eis tin Dimokratian, in: To Syntagma, 1, 55-62. (Die Chronik der Rückkehr zur Demokratie).
PASOK (Hrsg.) 1978^4: I Ellada kai i EE. Mia Apantisi. Athen. (Griechenland und die EG. Eine Antwort).
PASOK 1981: To Symvolaio me to Lao. Athen. (Der Vertrag mit dem Volk).
PASOK - International Relations Committee (Hrsg.) o. J.: The Organization, Series A. Publication No. 1. Athen.
Pasquino, G. 1990: Party elites and democratic consolidation: cross-national comparison of southern European experience, in: Pridham (ed.) 1990a, 42-61.
Payne, S. G. 1961: Falange: A History of Spanish Fascism. Stanford.
Penniman, H. R. (ed.) 1981: Greece at the polls. The National Elections of 1974 and 1977. Washington/London.
Pentzopoulos, D. 1962: The Balkan Exchange of Minorities and its Impact upon Greece. Paris.
Perlmutter, A. 1971^2: The Praetorian State and the Praetorian Army: toward a Taxonomy of Civil-Military Relations in Developing Politics, in: J. L. Finkle/R. W. Gable, Political Development and Social Change. New York u. a., 305-324.
Petras, J. 1987: The Contradictions of Greek Socialism, in: new left review, 163, 3-25.
Petropulos, J. A. 1968: Politics and Statecraft in the Kingdom of Greece. 1833-1843. Princeton.
Petsalis-Diomidis, N. 1978: Greece at the Paris Conference 1919. Thessaloniki.
Pettifer, J. 1991: Greece: towards isolation?, in: The World Today, 10, 171-173.
Pettifer, J. 1993: Greece's post-election dilemmas, in: The World Today, 12, 225-227.
Pezmazoglou, S. 1982: I ainigmatiki fysi mias diplis asynepeias, in: O Politis, Juni/Juli, 29-35. (Die rätselhafte Natur einer doppelten Inkonsequenz).
Ploritis, M. 1975: Megiston Mathima. Ap ti Diktatoria sti Dimokratia. Athen. (Größte Lektion. Von der Diktatur zur Demokratie).
Podimata, A. 1996: It's official. Greece goes to the polls, in: Hermes, 3, 3-7.
Poulantzas, N. 1977: Die Krise der Diktaturen. Portugal, Griechenland, Spanien. Frankfurt/M.
Powell, J. D. 1971^2: Peasant Society and Clientelist Politics, in: J. L. Finkle/R. W. Gable, Political Development and Social Change. New York u. a., 519-537.
Preston, P. 1987: Spanien. Der Kampf um die Demokratie. Rheda-Wiedenbrück.
Pridham, G. (ed.) 1984a: The New Mediterranean Democracies: Regime Transition in Spain, Greece and Portugal. London.
Pridham, G. 1984b: Comparative Perspectives on the New Mediterranean Democracies: A Model of Regime Transition?, in: Ders. (ed.) 1984a, 1-29.

Pridham, G. (ed.) 1990a: Securing Democracy: political parties and democratic consolidation in southern Europe. London.
Pridham, G. 1990b: Southern European democracies on the road to consolidation: a comparative assessment of the role of political parties, in: Ders. (ed.) 1990a, 1-41.
Pridham, G. 1990c: Political parties, parliaments and democratic consolidation in southern Europe: empirical and theoretical perspectives, in: Liebert/Cotta (eds.) 1990, 225-248.
Pridham, G. 1990d: Political Actors, Linkages and Interactions: Democratic Consolidation in Southern Europe, in: West European Politics, 13, 103-117 (außerdem in: Ders. (ed.) 1995a, 591-605).
Pridham, G. (ed.) 1995a: Transition to Democracy. Comaparative Perspectives from Southern Europe, Latin America and Eastern Europe. Aldershot u. a.
Pridham, G. 1995b: Democratic Transition and the International Environment: a Research Agenda, in: Ders. (ed.) 1995a, 445-484.
Pridham, G./*Verney*, S. 1991: The Coalitions of 1989-1990 in Greece: Inter-Party Relations and Democratic Consolidation, in: West European Politics, 4, 42-69.
Przeworski, A. 1986: Some Problems in the Study of the Transition to Democracy, in O'Donnell/Schmitter/Whitehead (eds.) 1986, 47-63.
Przeworski, A. 1988: Democracy as a Contingent Outcome of Conflicts, in: J. Elster/R. Slagstad (eds.), Constitutionalism and Democracy. Cambridge, 59-80.
Przeworski, A. 1991: Democracy and the Market. Political and Economic Reforms in Eastern Europe and Latin America. New York.
Psalidopoulos, M. 1992: Griechenland und die Europäische Wirtschafts- und Währungsunion: Probleme und Perspektiven, in: Südosteuropa, 6, 376-387.
Psycharis, P. 1975: Ta Paraskinia tis allagis. Athen. (Die Kulissen des Wechsels).
Puhle, H.-J. 1991: Die Sozialistische Spanische Arbeiterpartei (PSOE): Analyse ihres Wahlerfolges, in: Bernecker/Oehrlein (Hrsg.) 1991, 19-39.
Putmann, R. D. 19712: Toward Explaining Military Intervention in Latin American Politics, in: J. L. Finkle/R. W. Gable, Political Development and Social Change, New York u. a., 284-287.
Pye, L. W. 1966: Aspects of Political Development. Boston.
Pyromaglou, K. 1958: O Doureios Ippos. Athen. (Das trojanische Pferd).

Rallis, G. 1983: Ores Efthynis. Athen. (Stunden der Verantwortung).
Reis, A. 1997: Revolution und Demokratisierung, in: F. Rosas (Hrsg.), Vom Ständestaat zur Demokratie. Portugal im 20. Jahrhundert. München, 89-105.
Reuter, J. 1995: Athens schwieriger Weg zum Abschluß eines Interim-Abkommen mit Skopje, in: Südosteuropa Mitteilungen, 4, 333-359.
Reuter, J. 1996: Außenpolitik und außenpolitische Strategien Griechenlands in den neunziger Jahren - Athens Balkan- und Europapolitik nach dem Zusammenbruch der sozialistischen Systeme, in: Südosteuropa, 9-10, 651-668.
Richter, H. 1973: Griechenland zwischen Revolution und Konterrevolution (1936-1946). Frankfurt/M.
Richter, H. 1979: Griechenlands Kommunisten, in: H. Timmermann (Hrsg.), Die kommunistischen Parteien Südeuropas, Länderstudien und Queranalysen. Baden-Baden, 257-300.
Richter, H. 1984: Zwischen Tradition und Moderne: Die politische Kultur Griechenlands, in: P. Reichel (Hrsg.), Politische Kultur in Westeuropa. Bürger und Staaten in der Europäischen Gemeinschaft. Bonn, 145-166.
Richter, H. A. 1986: British Intervention in Greece: From Varkiza to Civil War. February 1945 - August 1946. London.
Richter, H. 1988: Aspekte der griechischen Zeitgeschichte, in: Aus Politik und Zeitgeschichte, B 14-15, 25-35.
Richter, H. A. 1990: Griechenland im 20. Jahrhundert. Bd. 1. Megali Idea - Republik - Diktatur. 1900-1940. Köln.

Rigos, A. 1988: I B‘ Elliniki Dimokratia. Athen. (Die Zweite Griechische Republik).
Roberts J. M./*Legg*, K. R. 1991: Political strategies for economic manipulation: democratic elections in Greece 1960-1985, in: Western Political Quarterly, 4, 39-66.
Robinson, R. 1986: Drama and Polemic in Greece: The 1985 General Election, in: The Political Quarterly, 57, 88-94.
Rondholz, E. 1968: Griechenland: 21. April 1967. Dokumente. Bonn.
Rondholz, E. 1993: Papandreous Rückkehr, in: Blätter für deutsche und internationale Politik, 11, 1312-1217.
Ronneberger, F. 1983: Die politischen Systeme Südosteuropas. München.
Ronneberger, F. 1986: Vergleich der politischen Systeme Griechenlands und der Türkei, in: W. Gumpel/R. Schönfeld (Hrsg.), Südosteuropa. Politik und Wirtschaft. Festschrift für Rudolf Vogel. München, 55-68.
Ronneberger, F. 1989: Probleme der politischen Systemstabilität in Griechenland und in der Bundesrepublik Deutschland, in: Südosteuropa-Mitteilungen, 3, 186-196.
Rosas, F. 1997: Salazarismus oder die Kunst des Überdauerns, in: Ders. (Hrsg.), Vom Ständestaat zur Demokratie. Portugal im 20. Jahrhundert. München, 37-48.
Rousseas, S. W. 1968: Militärputsch in Griechenland oder: Im Hintergrund des CIA. Reinbeck.
Rozakis, C. 1996: Politikes kai nomikes diastaseis tis metavatikis symfonias tis Neas Yorkis metaxi Elladas kai PGDM. Athen. (Politische und rechtliche Dimensionen des Übergangsabkommens von New York zwischen Griechenland und FYROM).
Runciman, S. 1970: Das Patriarchat von Konstantinopel. München.
Rustow, D. A. 1970: Transitions to Democracy. Toward a dynamic model, in: Comparative Politics, 2, 337-363.

Sachar, M. 1969: The Emergence of the Middle East: 1914-1924. New York.
Sandschneider, E. 1995: Stabilität und Transformation politischer Systeme. Stand und Perspektiven politischer Transformationsforschung. Opladen.
Sänger, Ralf 1994: Portugals langer Weg nach „Europa". Die Entwicklung von einem autoritär-korporativen Regime zu einer bürgerlich-parlamentarischen Demokratie. Frankfurt/M., zugl.: Gießen, Univ., Diss., 1993.
Sartre, J. P. (Hrsg.) 1970: Griechenland. Der Weg in den Faschismus. Frankfurt/M.
Schlegel, D. 1978: Die Antipoden in der griechischen Politik, in: Außenpolitik, 2, 187-198.
Schlegel, D. 1982: Papandreou - Ein Mehr an Berechenbarkeit, in: Außenpolitik, 4, 406-422.
Schmidt, M. G. 1996: Der Januskopf der Transformationsperiode. Kontinuität und Wandel der Demokratietheorien, in: Beyme/Offe (Hrsg.) 1996, 182-210.
Schmitter, P. C. 1985: Speculations About the Prospective Demise of Authoritarian Regimes and its Possible Consequences (I), in: Revista De Ciencia Politica, 10, 83-102 (außerdem in: Pridham (ed.) 1995a, 87-106).
Schmitter, P. C. 1986: An Introduction to Southern European Transitions from Authoritarian Rule: Italy, Greece, Portugal, Spain, and Turkey, in: O'Donnell/Schmitter/Whitehead (eds.) 1986, I, 3-10.
Schmitter, P. C. 1992: The Consolidation of Democracy and Representation of Social Groups, in: American Behavioral Scientist, 35, 422-449 (außerdem in: Pridham (ed.) 1995a, 607-634).
Schmitter, P. C. 1995a: The International Context of Contemporary Democratization, in: Pridham (ed.) 1995a, 499-532.
Schmitter, P. C. 1995b: The Consolidation of Political Democracies: Processes, Rhythms, Sequences and Types, in: Pridham (ed.) 1995a, 535-569.
Schütz, E. 1968: Die politischen und soziologischen Gründe für den Verfall der parlamentarischen Demokratie in Griechenland. Köln.
Seferiades, S. 1986: Polarization and non-proportionality: the Greek party system in the postwar era, in: Comparative Politics, 1, 69-93.

Share, D. 1987: Transitions to Democracy and Transition through Transaction, in: Comparative Political Studies, 19, 528-548 .
Shinn, R. S. 1986[3]: Greece - A Country Study. Washington D. C.
Sivignon, M. 1978: La Grèce sans monuments. Paris.
Skouris, W. 1988: Reformbestrebungen der griechischen Verwaltung, in: F. Ronneberger (Hrsg.), Zwischen Zentralisierung und Selbstverwaltung. Bürokratische Systeme in Südosteuropa. München, 51-66.
Skriver, A. 1968: Soldaten gegen Demokraten - Militärherrschaft in Griechenland. Köln/Berlin.
Smith, O. L. 1977: On the Beginning of the Greek Civil War, in: Scandinavian Studies in Modern Greek, 1, 15-31.
Someritis, S. D. 1969: Die Diktatur vom 4. August 1936 und die Diktatur vom 21. April 1967, in: Nikolinakos/Nikolaou (Hrsg.) 1969, 119-140.
Sotiropoulos, A. D. 1993: Kratiki Graphiokratia kai Laikistiko Komma: I Petiptosis tou PASOK. 1981-1989 in: Synchrona Themata, 49, 13-24. (Staatliche Bürokratie und Populistische Partei: Der Fall der PASOK. 1981-1989).
Sovolos 1929: To Neon Syndagma kai ai Vaseis tou Politevmatos. Athen. (Die neue Verfassung und die Grundlagen der Regierungsform).
Spourdalakis, M. 1988: The Rise of the Greek Socialist Party. London/New York.
Stavrianos, L. S. 1952a: Greece: American Dilemma and Opportunity. Chicago.
Stavrianos, L. S. 1952b: The Greek National Liberation Front (EAM): A Study in Resistance Organization and Administration, in: Journal of Modern History, 24, 42-55.
Stavrianos, L. S. 1958: The Balkan since 1453. New York.
Stavrou, N. 1988: Greece under Socialism. New York/London.
Stein, H. 1988: Zur Stellung der politischen Parteien in Griechenland, in: Tsatsos 1988, 68-84.
Stepan, A. 1986: Paths toward Redemocratization: Theoretical and Comparative Considerations, in: O'Donnell/Schmitter/Whitehead (eds.) 1986, 64-84.
Streit, G. 1929: Der Lausanner Vertrag und der griechisch-türkische Bevölkerungsaustausch. Berlin.
Stoklossa, U. 1988: Ernennung und Entlassung der Regierung, in: Tsatsos 1988, 32-47.
Svoronos, S. 1976[2]: Episkopisi tis Neoellinikis Istorias. Athen. (Einblick in die neugriechische Geschichte).

Theodossis, G. 1989: Die griechische Verfassung von 1975-1986 und die Einsetzung von parlamentarischen Untersuchungsausschüssen, in: Jahrbuch des öffentlichen Rechts der Gegenwart, 38, 361-378.
To Olokaftoma ton Evraion tis Ellados. O. J. (Der Holocaust der Hebräer Griechenlands).
To Pontiki (Hrsg.) 1987: To Syntagma tis Elladas. Athen. (Die Verfassung Griechenlands).
Tovias, A. 1984: The International Context of Democratic Transition, in: Pridham (ed.) 1984a, 158-171.
Tsakonas, D. 1968[2]: Geist und Gesellschaft im neuen Griechenland. Bonn
Tsatsos, D. 1980: Die neue griechische Verfassung. Parlamentarische Ohnmacht statt demokratischer Kontrolle. Heidelberg.
Tsatsos, D. 1988: Die Rückkehr zum parlamentarischen Regierungssystem: Demokratie- und Verfassungsprobleme bei der Verfassungsänderung von 1986 in Griechenland. Hagen.
Tsokou, S./*Shelley* M. C./*Dobratz*, B. A. 1986: Some correlates of partisan preference in Greece, 1980: a discriminant analysis, in: European Journal of Political Research, 4, 441-463.
Tsonis, J. G. 1987: Die griechischen Parteien und die Europäische Gemeinschaft - Die parteipolitischen Auseinandersetzungen um die EG-Politik Griechenlands 1974-1984: Verhaltensmuster, Tendenzen, Divergenzen. München.

Tsonis, J. 1988: Zur Parteiendiskussion um den EG-Beitritt Griechenlands (1974-79), in: Südosteuropa, 1, 33-53.
Tsoukalas, K. 1974: I Elliniki Tragodia. Apo tin Apelefterosi os tous Syntagmatarches. Athen. (Die griechische Tragödie. Von der Befreiung bis zu den Obristen).
Tsoukalas, K. 1981: Koinoniki Anaptyxi kai Kratos. I synkrotisi tou Dinosiou chorou stin Ellada. Athen. (Gesellschaftliche Entfaltung und Staat. Die Zusammensetzung des öffentlichen Raumes in Griechenland).
Tsoukalas, K. 1986: Kratos, Koinonia, Ergasia sti metapolemiki Ellada. Athen. (Staat, Gesellschaft und Arbeit im Nachkriegsgriechenland).
Tsouloufis, A. 1989: I Antallagi ellinikon kai tourkikon plithysmon kai i ektimisi ton ekaterothen engataliftison periousion. Athen. (Der Austausch der griechischen und türkischen Bevölkerung und die Abschätzung des jeweiligen zurückgelassenen Vermögens).
Tzermias, P. 1986: Neugriechische Geschichte. Eine Einführung. Tübingen.
Tzermias, P. 1991: Das andere Byzanz. Konstantinopels Beitrag zu Europa. Freiburg/Schweiz.
Tzermias, P. 1994: Die Identitätssuche des neuen Griechentums. Eine Studie zur Nationalfrage mit Berücksichtigung des Makedonienproblems. Freiburg/Schweiz.

Vakalopulos, A. E. 1985: Griechische Geschichte von 1204 bis heute. Köln.
Valinakis, Y. G. 1994: La Grèce dans la nouvelle Europe, in: Politique Étrangère, 1, 223-232.
Vanhanen, T. 1984: The Emergence of Democracy. A Comparative Study of 119 States, 1850-1979. Helsinki.
Vanhanen, T. 1990: The Process of Democratization. A Comparative Study of 147 States, 1980-88. New York u. a.
Venizelos, E. B. 1986: Politiki Entasi kai Syntagma. Thessaloniki. (Politische Spannung und Verfassung).
Veremis, T. 1977: Oi Epemvaseis tou Stratou stin Elliniki Politiki. Athen. (Die Interventionen der Armee in die griechische Politik).
Veremis, T. 1985: Les interventions des militaires dans la politique grecque, in: Les Temps Modernes, Déc., 889-902.
Veremis, T. 1987: The Military, in: Featherstone/Katsoudas 1987, 214-229.
Veremis, T. 1991: Ellinotourkikes scheseis. Athen. (Griechisch-türkische Beziehungen),
Veremis, T. 1997: The Ongoing Aegean Crisis, in: Thesis, 1, 22-32.
Verney, S. 1990a: To be or not be within the European Community: the party debate and democratic consolidation in Greece, in: G. Pridham (ed.) 1990a, 203-223.
Verney, S. 1990b: Between Coalition and One-Party Government: the Greek Elections of November 1989 and April 1990, in: West European Politics, 4, 131-138.
Voyatzis, B. 1978: Die Entwicklung der sozialen Gesetzgebung seit der Jahrhundertwende in Griechenland, in: Mitteilungen der Südosteuropa-Gesellschaft, 3/4, 75-80.

Waldmann, P. 1991: Terrorismus und Nationalismus im Baskenland, in: Bernecker/Oehrlein (Hrsg.) 1991, 77-103.
Waldmann, P./*Bernecker*, W. L./*López-Casero*, F. (Hrsg.) 1984: Sozialer Wandel und Herrschaft in Spanien. Paderborn u. a.
Weidenfeld, W./*Wessels*, W. (Hrsg.) 1985: Jahrbuch der Europäischen Integration 1984. Bonn.
Weidenfeld, W./*Wessels*, W. (Hrsg.) 1988: Jahrbuch der Europäischen Integration 1987/88. Bonn.
Weidenfeld, W./*Wessels*, W. (Hrsg.) 1991: Jahrbuch der Europäischen Integration 1990/91. Bonn.
Weidenfeld, W./*Wessels*, W. (Hrsg.) 1994: Jahrbuch der Europäischen Integration 1993/94. Bonn.

Weidenfeld, W/*Wessels*, W. (Hrsg.) 1995: Jahrbuch der Europäischen Integration 1994/95. Bonn.

Weidenfeld, W./*Wessels*, W. (Hrsg.) 1996: Jahrbuch der Europäischen Integration 1995/96. Bonn.

Weidenfeld, W./*Wessels*, W (Hrsg.) 1997: Jahrbuch der Europäischen Integration 1996/97. Bonn.

Weidenfeld, W./*Wessels*, W. (Hrsg.) 1998: Jahrbuch der Europäischen Integration 1997/98. Bonn.

Welzel, C. 1993: Der DDR-Systemwechsel im Kontext globaler Demokratisierungstrends. Potsdam.

Wenturis, N. 1977 Die soziopolitischen Strukturen Griechenlands im Hinblick auf seine Integration in die EG. Frankfurt/Bern.

Wenturis, N. 1983: Die griechischen Gewerkschaften, in: H. Rühle/H.-J. Veen, Gewerkschaften in den Demokratien Westeuropas. 2 Bde. Paderborn.

Wenturis, N. 1984: Das politische System Griechenlands. Eine soziopolitische Analyse. Stuttgart.

Wenturis, N. 1987: Griechenland, in: W. Weidenfeld/W. Wessels (Hrsg.), Jahrbuch der Europäischen Integration 1986/87. Bonn.

Wenturis, N. 1990: Griechenland und die Europäische Gemeinschaft. Die soziopolitischen Rahmenbedingungen griechischer Europapolitiken. Tübingen.

Westebbe, R. M. 1980: Industry, Handcraft and Tourism, in: Grothusen (Hrsg.) 1980a, 267-290.

Williams, A. (ed.) 1984: Southern Europe Transformed. Political and economic change in Greece, Portugal and Spain. New York/London.

Whitehead, L. 1986: International Aspects of Democratization, in: O'Donnell/Schmitter/ Whitehead (eds.) 1986, 3-46.

Woodhouse, C. M. 1951[3]: Apple of Discord. A Survey of recent Greek Politics in their international setting. London.

Woodhouse, C. M. 1958: Zur Geschichte der Resistance in Griechenland, in: Vierteljahreshefte für Zeitgeschichte, 2, 138-150.

Woodhouse, C. M 1976: The Struggle for Greece, 1941-1949. London.

Woodhouse, C. M. 1982: Karamanlis. The Restorer of Greek Democracy. Oxford.

Woodhouse, C. M. (ed.) 1991[5]: Modern Greece: a short history. London.

Xydis, S. G. 1963: Greece and the Great Powers 1944-1947. Prelude to the „Truman-Doctrine". Thessaloniki..

Zervakis, P. 1988: Regierungsmehrheit und Opposition in Griechenland von 1975 bis heute, in: Zeitschrift für Parlamentsfragen, 3, 392-414.

Zeitungen/Zeitschriften:

Der Spiegel
Die Zeit
Eleftherotypia
FAZ (Frankfurter Allgemeine Zeitung)
Griechenland aktuell. Informationen aus Politik, Wirtschaft u. Kultur
International Herald Tribune
Kathimerini
Süddeutsche Zeitung
The Times
Time
To Pontiki